山东考试通史

上卷

王坦 主编

三場程式

一頭場四書文三篇詩一首二場五經文五篇三場策五道謄眞草稿不可缺一如眞草不全定行貼出

一題目字書眞草俱照題紙書寫如寫省筆俗字者貼出

一四書五經文題目長者無論眞草均須照題紙全寫違者貼出

一四書五經文題長者第一行低二格寫第二三行均比第一行再低一格寫違者貼出

一題字錯落者貼出錯而改正落而添註者免貼

一文內書寫卦畫及篆體者貼出

一遺漏全題於夾縫內添註者貼出

一卷頁不許裁割挖補違者貼出

三場程式

增補詩韻合璧卷之五終

科举考试规则

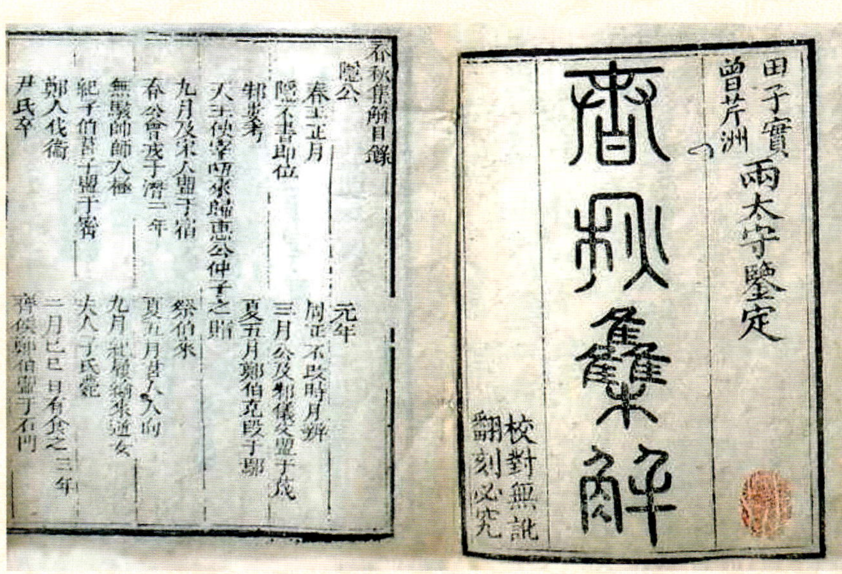

田子實
曾芹洲
兩太守鑒定

春秋集解

校對無訛
翻刻必究

春秋集解目錄

隱公 元年

春王正月 周正不改時月辨

隱不書即位 三月公及邾儀父盟于蔑

邾世考 夏五月鄭伯克段于鄢

天王使宰咺來歸惠公仲子之賵

九月及宋人盟于宿 祭伯來

春公會戎于潛 二年 夏五月莒人入向

無駭帥師入極 九月紀履緰來逆女

紀子伯莒子盟于密 夫人子氏薨

鄭人伐衛 二月己巳日有食之 三年

尹氏卒 齊侯鄭伯盟于石門

科举必读

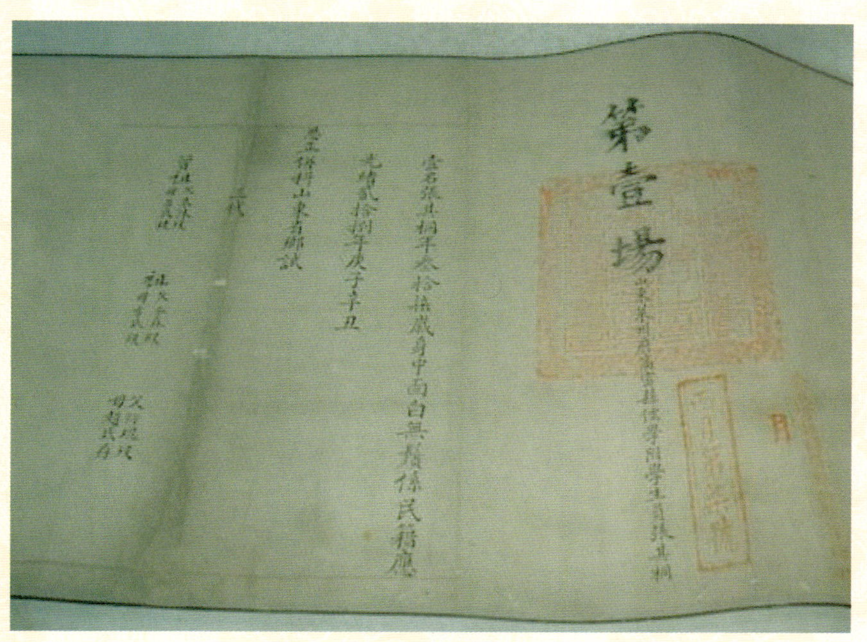

考试资格证明

清代科举考场夹带（二件）

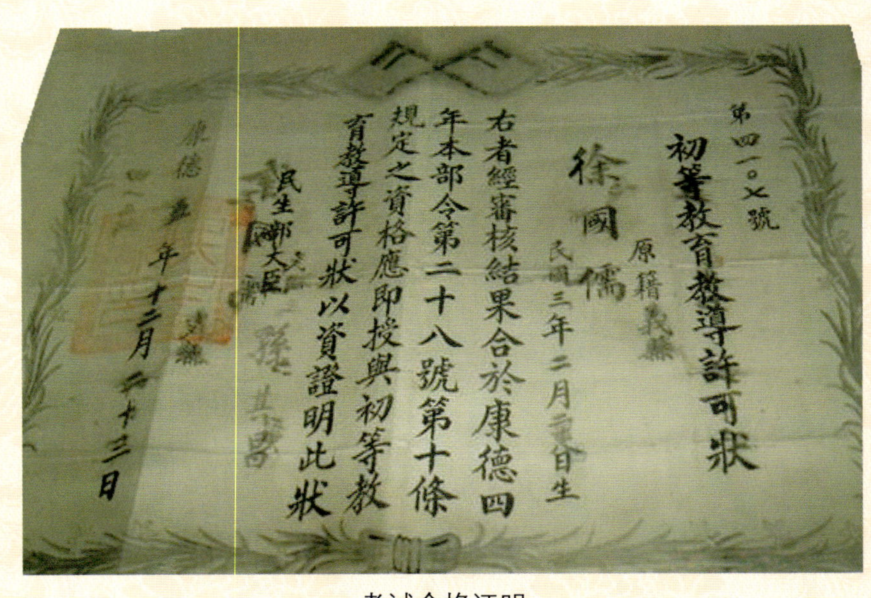

第四一〇七號

初等教育教導許可狀

徐國儒

民國三年二月

右者經審核結果合於康德四年本部令第二十八號第十條規定之資格應即授與初等教育教導許可狀以資證明此狀

民生部大臣

康德五年十二月二十三日

考试合格证明

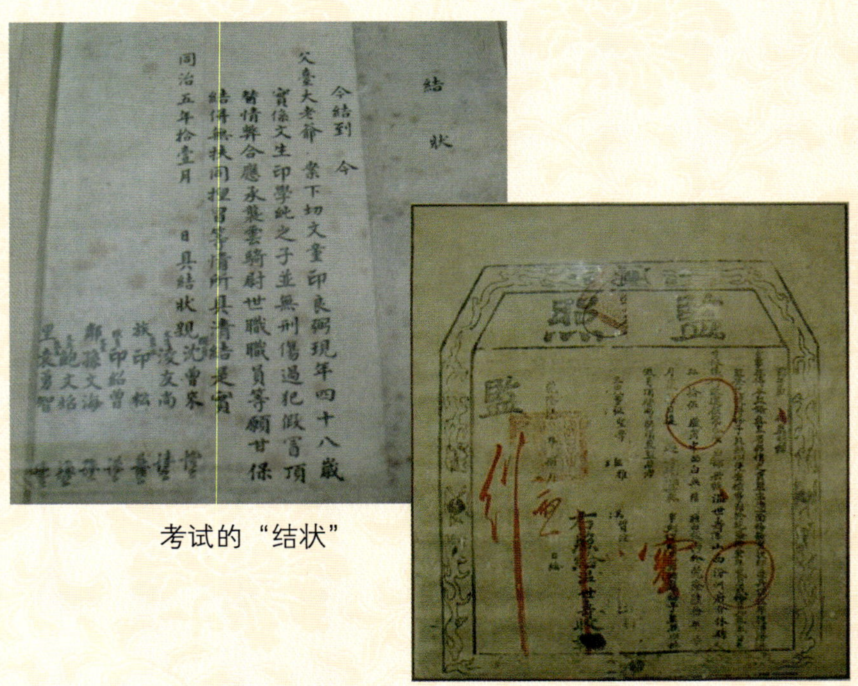

結狀

今結到 今

文童大老爺 案下切文童印良弼現年四十八歲

實係文生印學純之子並無刑傷過犯假冒頂

替情弊合應承襲雲騎尉世職職員等願甘保

結倘無扶同捏冒等情所具清結是實

同治五年拾壹月　日具結狀

考试的“结状”

监照（国子监发给监生的学历证书）

昌樂教育局	五三至一三〇	五	二十七元八角六分	十日
章邱講演所	一二七至一五二	一	一元八角二分	十三日
濟甯教育局	七九至一三〇	九	三十元零八角	十四日

教育廳代招海軍學校學生

初中肄業者即可投考

教育廳日昨發出佈告云：爲佈告事，案奉山東省政府第二九一八號訓令，以准海軍部咨請考送新生十五名，於六月一日以前送部復試，飭即遵照辦理，等因，附抄發規則簡章各一份，奉此，自應遵辦，茲訂於四月十日至五月九日報名，五月十一，十二兩日考試，凡年滿十四歲身體健全具有初中肄業程度，均得依章報考，簡章可於本廳辦公時間來廳取閱，特此佈告。其招生簡章如下：一，名額：十五名。二，年齡：足十四歲者（普通身高四英尺十寸重量八十五磅）。三，費用：在校費用概由學校供給。四，肄業年限：航海學生校課五年，艦課二年，軍官學校一年，輪機學生校課六年半，廠課一年，艦課半年。五，報名日期：二十年四月十日至五月九日。六，報名地址：山東省政府教育廳。七，報名手續：呈繳左列各文件：一，學歷證書或證明書。二，最近四寸半身像片二張（背面塡明姓名三代年齡籍貫）。三，報名費一元。八，考試科目：國文，英文，算術（最高爲命分及小數）。口試，體格，檢驗。九，考試日期：五月十一，十二兩日。十，考試地點：臨時宣佈。

山东省政府教育厅关于代招海军学校学生的公告

算術滙兌，口齒清楚
十級國語幫助母親做

察時，教員不在校

教育簡訊

教廳定八月十日在濟舉行二十年度留外生考試

▲教育廳組織考試委員會

▲聘青大楊振聲等為考委

山東留外學生，公費學生六名，補助費學生七名，因空額迄今未補，教育廳特於二十年考試，補此空額。關於招考簡章，及考試科目，已經教育廳擬出，通過省政務會議，現在考期已近，教育廳特組織考試委員會，由教廳秘書及各科長為考試委員，由廳長何思源為委員長，並聘青島大學校長楊振聲，理學院長黃任初，外國文系主任梁實秋三人為委員。楊振聲等，由青來濟，晤見教育廳長何思源，商洽考試手續。現教育廳已定於八月十日，舉行第一試，考試科目為黨義，國文，外國文共錄取十三名，計公費生；英國兩名，德國一名，日本三名。補助生：美國兩名，日本五名，資格須山東籍，曾在國立大學畢業，私立大學畢業，獨立學院畢業，不分性別，年在二十歲以下者方為合格云云。

山东省政府教育厅关于举行留外学生考试的公告

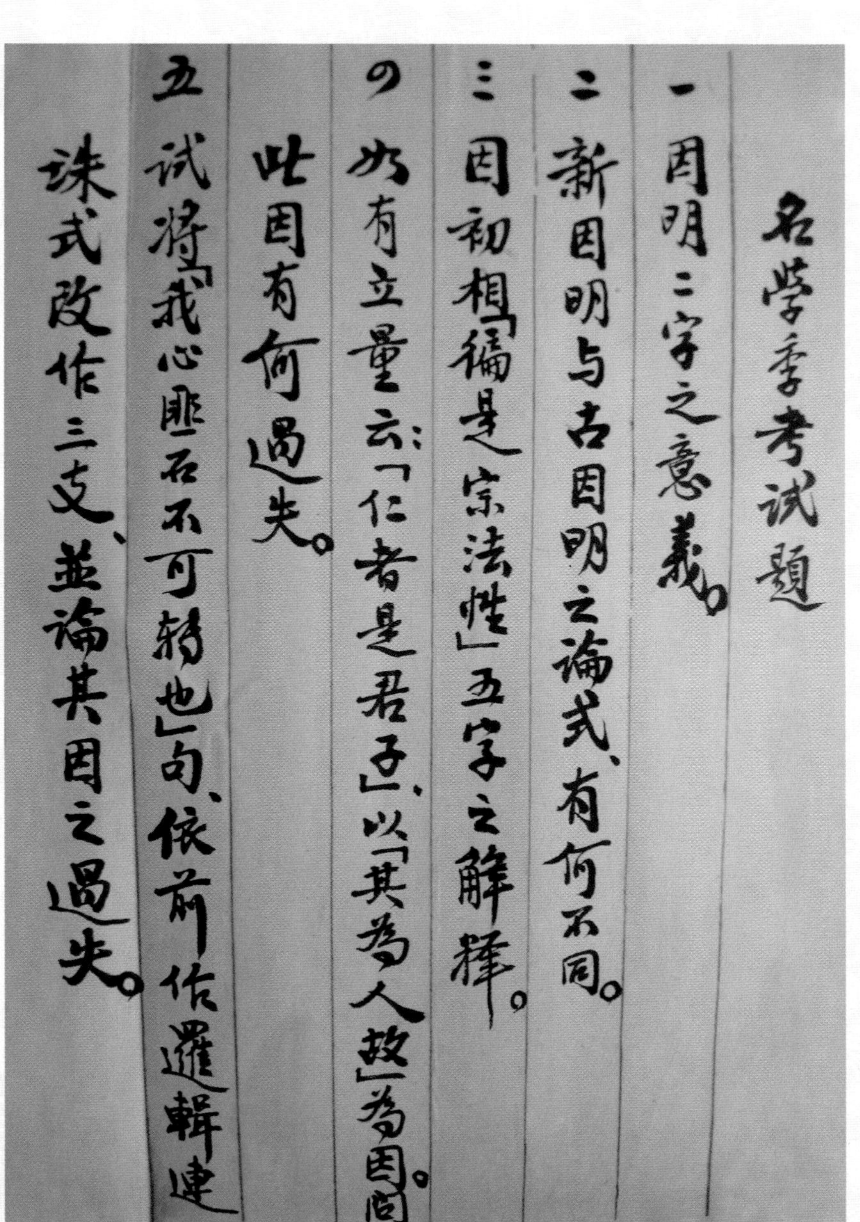

名学季考试题

一 因明二字之意義。

二 新因明与古因明之論式、有何不同。

三 因初相「徧是宗法性」五字之解釋。

四 如有立量云：「仁者是君子」、以「其為人故」為因。問此因有何過失。

五 試將「我心匪石不可轉也」句、依前作邏輯連珠式改作三支、並論其因之過失。

山东大学学业考试试题

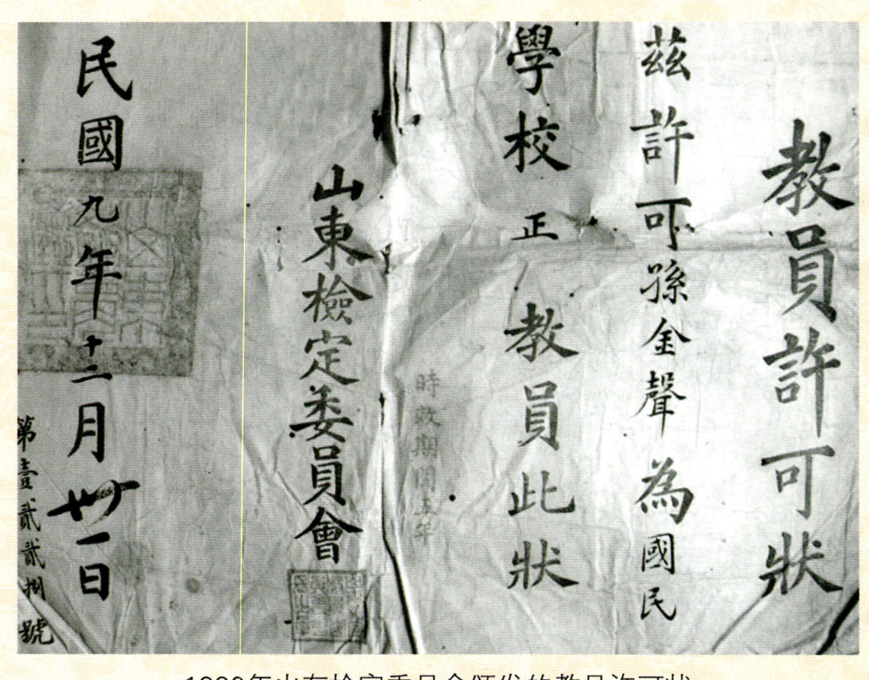

教員許可狀

茲許可孫金聲為國民學校正教員此狀

時效期間五年

山東檢定委員會

民國九年十二月廿一日

第壹貳貳捌號

1920年山东检定委员会颁发的教员许可状

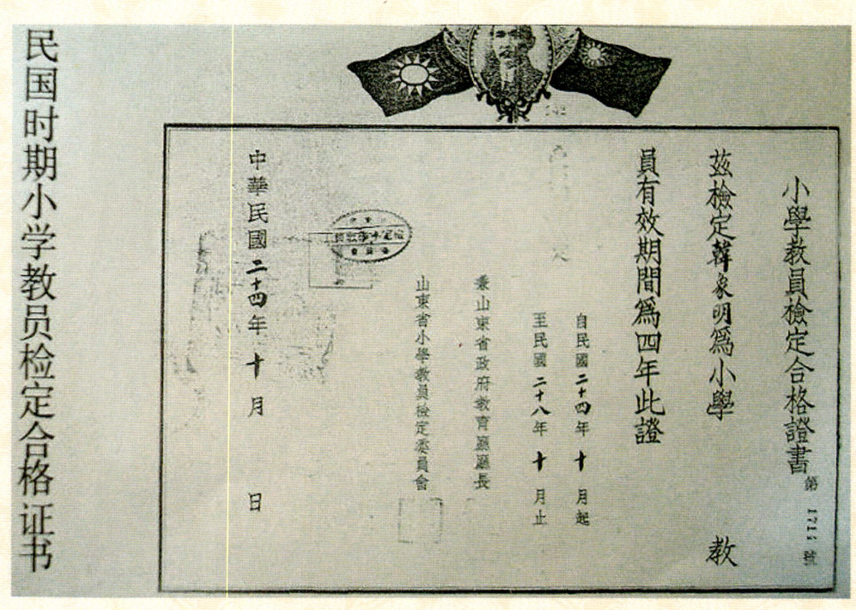

民国时期小学教员检定合格证书

小學教員檢定合格證書 第1711號

茲檢定韓象明為小學教員有效期間為四年此證

自民國二十四年十月起
至民國二十八年十月止

兼山東省政府教育廳廳長

山東省小學教員檢定委員會

中華民國二十四年十月 日

1935年山东省小学教员检定委员会颁发的检定合格证书

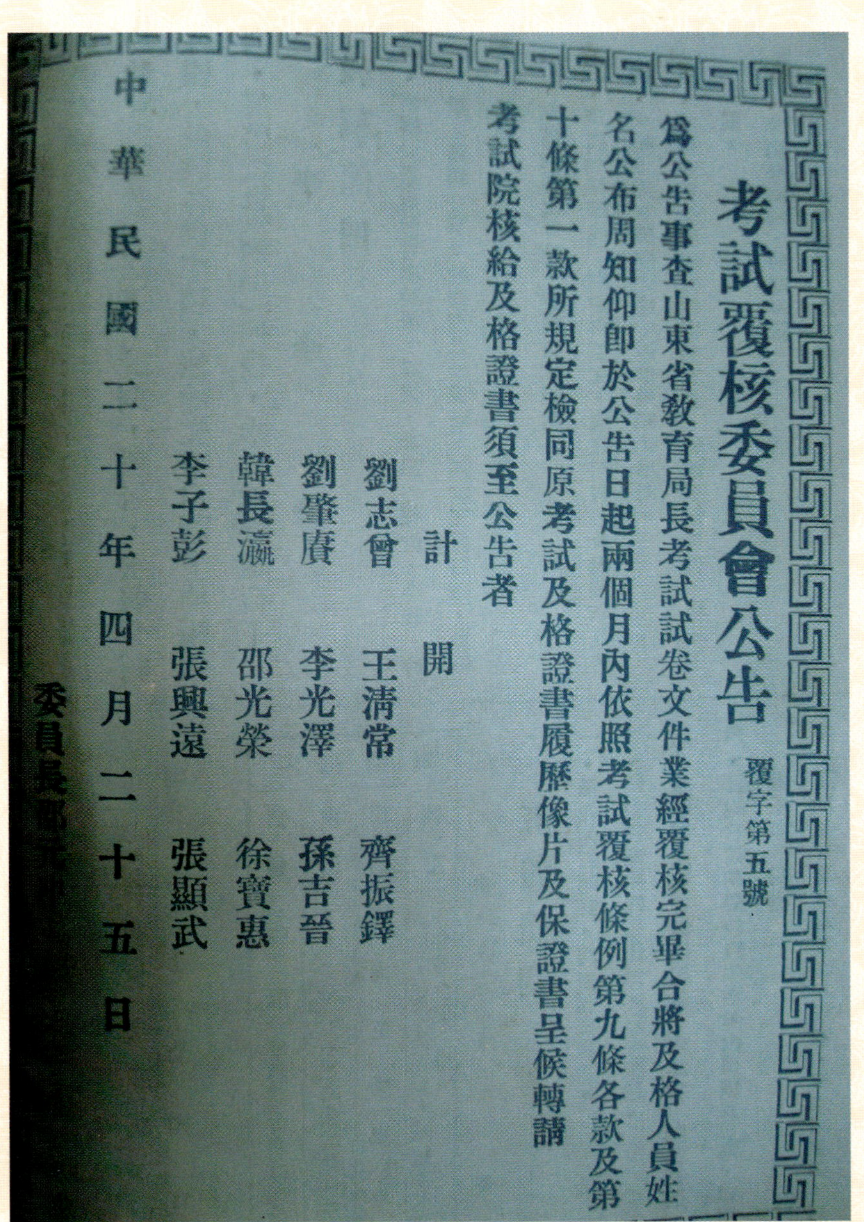

考試覆核委員會公告

覆字第五號

爲公告事查山東省教育局長考試試卷文件業經覆核完畢合將及格人員姓名公布周知仰卽於公告日起兩個月內依照考試覆核條例第九條各款及第十條第一款所規定檢同原考試及格證書履歷像片及保證書呈候轉請考試院核給及格證書須至公告者

計開

劉志曾　王清常　齊振鐸

劉肇賡　李光澤　孫吉晉

韓長瀛　邵光榮　徐寶惠

李子彭　張興遠　張顯武

中華民國二十年四月二十五日

委員長邵

1931年关于教育局长考试合格人员名单的公告

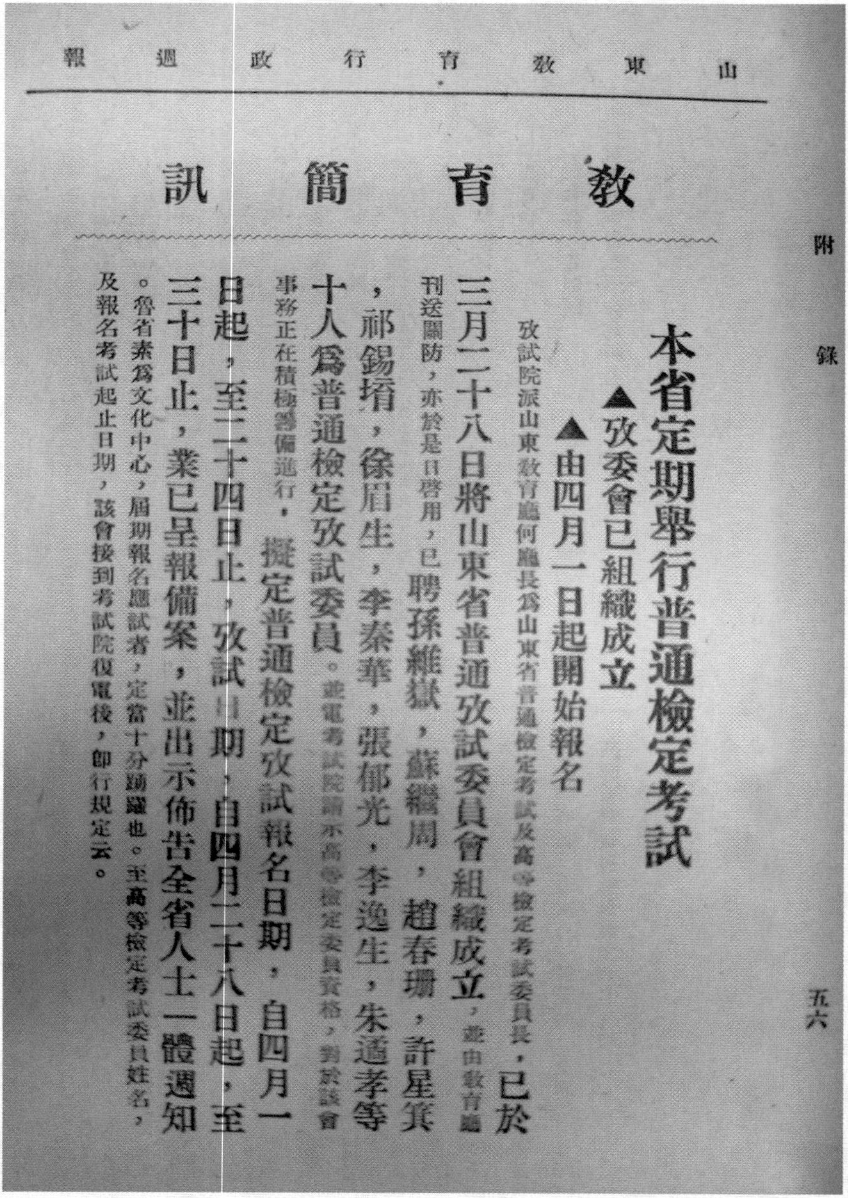

山東教育行政週報

教育簡訊

本省定期舉行普通檢定考試

▲攷委會已組織成立

▲由四月一日起開始報名

攷試院派山東教育廳何廳長爲山東省普通檢定考試及高等檢定考試委員長，已於三月二十八日將山東省普通攷試委員會組織成立，並由教育廳刊送關防，亦於是日啓用，已聘孫維嶽，蘇繼周，趙春珊，許星箕，祁錫堉，徐眉生，李秦華，張郁光，李逸生，朱遙孝等十人爲普通檢定攷試委員。並電考試院請示高等檢定委員資格，對於該會事務正在積極籌備進行，擬定普通檢定攷試報名日期，自四月一日起，至二十四日止，攷試日期，自四月二十八日起，至三十日止，業已呈報備案，並出示佈告全省人士一體週知。魯省素爲文化中心，屆期報名應試者，定當十分踴躍也。至高等檢定考試委員姓名，及報名考試起止日期，該會接到考試院復電後，卽行規定云。

1931年关于成立山东省普通检定委员会并定期举行考试的公告

繕具清冊，由教育局分呈備案。

二、由該縣縣政府佈告民衆及各該佃戶週知，以免誤會。

三、由教育經費委員會妥議地租辦法，此項地畝應先儘原佃戶租種。并應考查土質肥瘠及收益多寡，分別等次，酌量情形，核定租價，造具清冊呈廳核備。以上指示各節，應由縣長督同教育局，遵照辦理。除分令外，合行抄發原會呈，令仰縣局長遵照辦理，并將辦理情形，隨時具報備查。此令。」

教育簡訊

本省高等考試考委會已成立

△聘張鴻烈等十二人為委員

山東省高等檢定考試委員會，亦已籌備成立，聘**張鴻烈**（曾任國立河南中州中山路大學校長，現任山東省政府建設廳長）**王近信**（曾任國立河南開封中山各大學哲學主任教授，現任山東省政府教育廳秘書，）**王維鈞**，（曾任山東公立高等學堂工業專門教授），**賴執中**（曾任國立河南中州大學教授，）**皮松雲**（曾任國立武昌商科大學教務長），（以上三人均現任山東省政府教育廳科長），**俞物恆**（曾任山東省立鑛業專門私立青島大學教員，現任山東省政府建設廳技正，）**楊振聲**（現任國立青島大學校長，）**趙畸**（現任國立青島大學教務長），**黃際遇**（現任國立青島大學理學院長，）**曹理卿**（曾任國立河南中山大學理科學長，現任山東省政府建設廳科長），**黃鈺生**（現任私立南開大學教務長）等十一人為高等檢定考試委員，并定於五月十日起，至六月五日止，為高等檢定考試報名期間，六月十日起，至十三日止，為高等檢定考試期間，業已呈報備案，并布告全省人士一體週知云。

1931年关于成立山东省高等考试委员会的公告

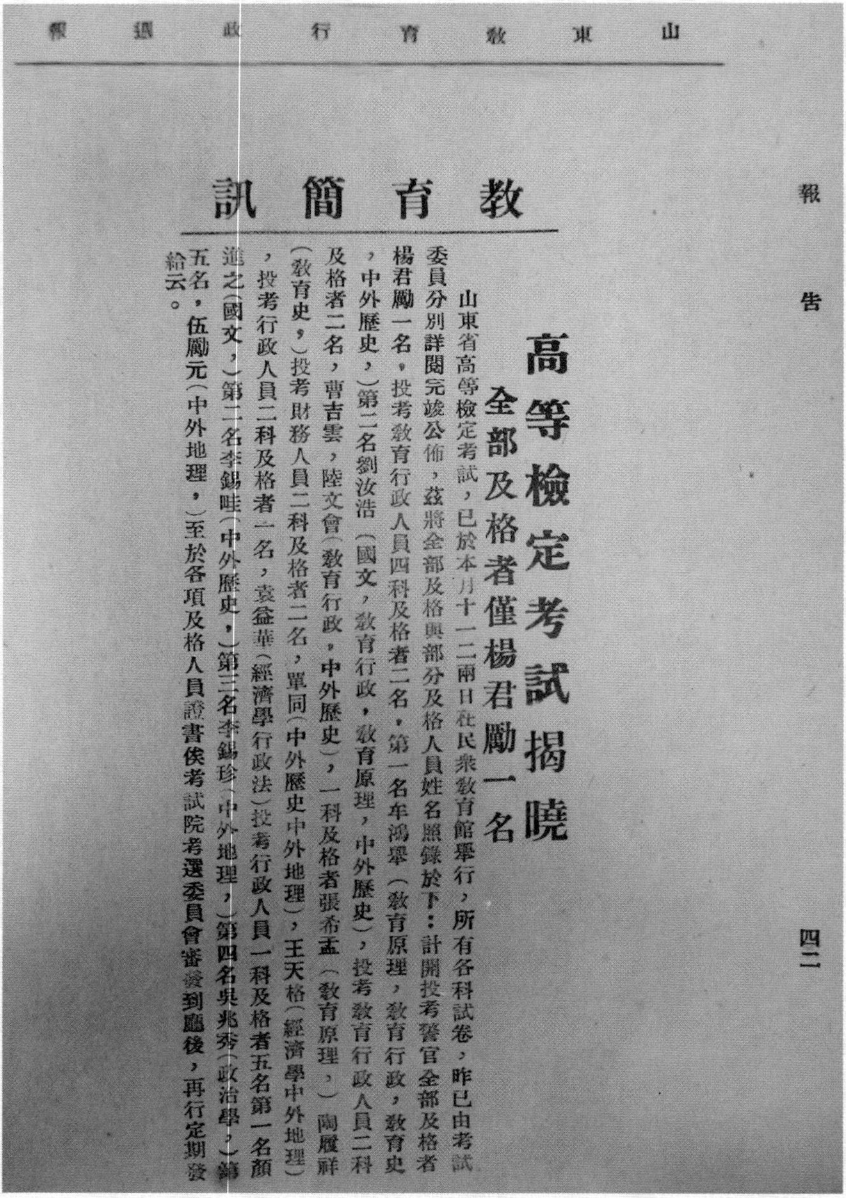

教育簡訊

高等檢定考試揭曉

全部及格者僅楊君勵一名

山東省高等檢定考試，已於本月十一二兩日在民衆教育館舉行，所有各科試卷，昨已由考試委員分別詳閱完竣公佈，茲將全部及格與部分及格人員姓名照錄於下：計開投考警官全部及格者楊君勵一名，投考教育行政人員四科及格者二名，第一名牟鴻舉（教育原理，教育行政，教育史，中外歷史，）第二名劉汝浩（國文，教育行政，教育原理，中外歷史），投考教育行政人員二科及格者二名，曹吉雲，陸文會（教育行政，中外歷史），一科及格者張希孟（教育原理，）陶履祥（教育史，）投考財務人員二科及格者二名，單同（中外歷史中外地理），王天格（經濟學中外地理），投考行政人員二科及格者一名，袁益華（經濟學行政法）投考行政人員一科及格者五名第一名顏進之（國文，）第二名李錫畦（中外歷史，）第三名李錫珍（中外地理，）第四名吳兆秀（政治學，）第五名，伍勵元（中外地理，）至於各項及格人員證書俟考試院考選委員會審發到廳後，再行定期發給云。

1931年关于高等教育考试结果的公告

DIPLOMA

This to Certify that

has Completed the course of study required in the Tungchou College in testimong here of the facuety amard him this Diploma.

文 憑

大美國長老會設文會館於山東登州城內特以聖道文學天化格算教育人才今有　府　縣　已按本館課程即

四書五經　化學辨質　天文學　地石學　化學
策論經義　格物測算　微積學　地勢學　數學
中國史記　代形合參　格物學　地理志　形學
萬國通鑑　圓錐曲線　心靈學　代數學　羅馬
福音合參　省身指掌　是非學　八線學　樂法
天道溯原　救世之妙　富國策　測量學　體操

逐一學完考准造就若此成堪敬重故本監督特予文憑以示嘉賞

大清光緒　年　月　日　監督　發給

登州文会馆毕业文凭

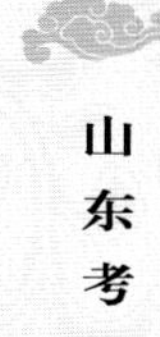

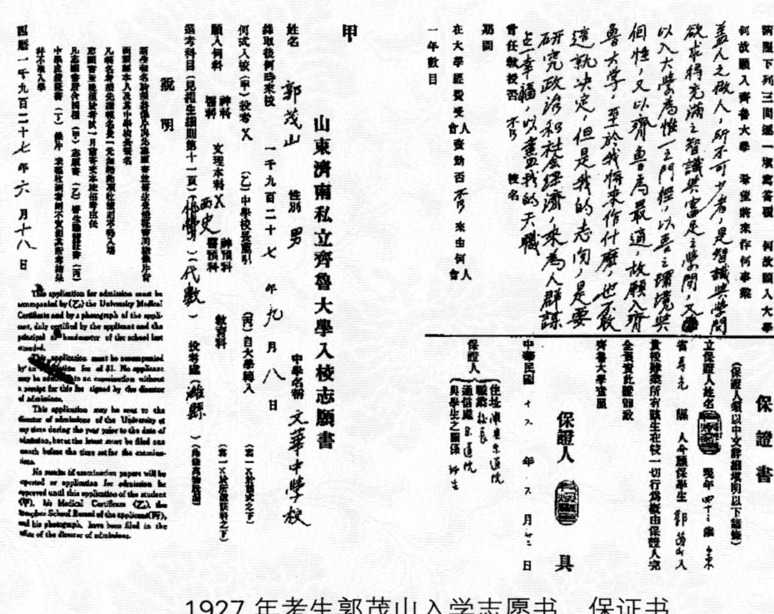

学生姓名 郭茂山 中学名称 文华

试拟下列三问选一演写答复 何故愿入大学 何故愿入齐鲁大学 希望将来作何事业

盖人之做人，所不可少者，是智识与学问，欲求得充满之智识与当足之学问，又非以入大学为惟一之门径，以吾之环境与个性，又以齐鲁为最适，故愿入齐鲁大学，至于我将来作什么，也不敢遽就决定，但是我的志向，是要研究政治和社会经济，来为人群谋上幸福，以尽我的天职

曾任教授否 否 校名

期间

在大学经费受人资助否 否 来由何人会

一年数目

保证书

（保证人须以中文详细填明以下诸条）

立保证人姓名 [illegible] 现年 四十三 岁 [illegible] 省 寿光 县 人今愿保举生 郭茂山 入贵校肄业所有该生在校一切行为概由保证人完全负责此证谨致

齐鲁大学当局

中华民国 十六 年 六 月 廿二 日

保证人 [illegible] 具

保证人 住址 [illegible] 职业 [illegible] 通信处 [illegible] 与学生之关系 师生

甲

山东济南私立齐鲁大学入校志愿书

姓名 郭茂山 性别 男 中学名称 文华中学校

录取后何时来校 一千九百二十七年九月八日

何试入校 （甲）投考 X （乙）中学校长荐引 （丙）自大学转入 （第一X于相当之下）

愿入何科 神科 医科 文理本科 X 神预科 医预科 教育科 （第一X于所愿入科之下）

选考科目（见招生细则第十一页）（[illegible] 西史 二代数） 投考处（潍县）（[illegible]）

说明

[illegible]

西历一千九百二十七年六月十八日

This application for admission must be accompanied by (乙) the University Medical Certificate and by a photograph of the applicant, duly certified by the applicant and the principal or headmaster of the school last attended.

This application must be accompanied by an application fee of $1. No applicant may be admitted to an examination without a receipt for this fee signed by the director of admissions.

This application may be sent to the director of admissions of the University at any time during the year prior to the date of admission, but at the latest must be filed one month before the time set for the examinations.

No results of examination papers will be reported or application for admission be approved until this application of the student (甲), his Medical Certificate (乙), the [illegible] School Record of the applicant (丙), and his photograph, have been filed in the office of the director of admissions.

1927 年考生郭茂山入学志愿书、保证书

保證書說明

本校各學院新生入學前，須照塡保證書，經本校審查認可後，方准註冊。

保證人須有正當職業。

第一保證人，須住濟南，如長期離濟，或失其保證人資格時，得由學生或其家屬另覓、重塡保證書。

本校教職員，不得任保證人。

本校對各保證人，有隨時訪問及調查之權。

保證人，負學生家庭與學校間，聯絡傳述之責。

保證人，負照顧學生疾病，及追償各項費用之責。

保證人中途退保，在未覓得新保證人前，仍須負責。

第一保證之住址或第二保證人之通訊處，如有變更時，須隨時通知本校。

齐鲁大学入学保证书说明

山東濟南私立齊魯大學

Cheeloo University

(Shantung Christian University)

檢驗體格證書

REPORT OF MEDICAL EXAMINATION

此證書須經實格相當之醫士填註
This certificate properly filled out and signed by a qualified physician, is required
簽押與志願書一同寄交本校註冊課
to be sent with each Application for Entrance to Cheeloo University.

姓名
Name of Applicant 李文英 Li Wen Ying
中文 英文

性別
Sex 女

年歲
Age 廿一

通信處
Address: 北平清華園[illegible]

原校名稱
From what school 北平私立貝滿女子中學

今查得該生之體格適宜
I have examined the applicant and consider him or her physically fit to
投入貴校肄業
pursue a regular course of studies in the University.

並以本醫士之推測彼將
I also consider that there is a reasonable expectation that he or she will be
能有一健全的生活
able to live a normal, active life afterwards.

Signed [illegible]
醫士簽押 中文 英文

畢業學校 P.U.M.C 學位 M.D

現充某醫院職務 P.U.M.C

日期
Date July 6, 1931

注意：若該生身體不健康不能習
If an applicant is not robust enough to pursue a university course, it
大學課程即不予簽押
will aid the University and, in the end, be to the interest of the applicant
則雙方均受益矣
if the examiner will refuse to sign this certificate.

1931 年考生李文英的体检证书

第一年級 FIRST YEAR 1917 — 1918

課目號 Course Number	課目 DESCRIPTIVE TITLE	秋期 Fall Term 學分	成績	講授 Lecture	實驗 Laboratory	春期 Spring Term 學分	成績	講授 Lecture	實驗 Laboratory
	Religious Education	2	B	2		2	B	2	
	Chinese History	2	B	2		2	B	2	
	Chinese	2	A	2		2	A	2	
	General Chemistry	3	A	1	4	3	C	1	4
	Western History					4	C	4	
	Psychology	2	A	2		2	B	2	
	Logic					2	A	2	
	English	4	B	4		4	A	4	
	Zoology	3	B	1	4				
	扣除 Deductions								
	總計 Total	18				21			
	共有學時數 Total Accumulated Credits 39								

第二年級 SECOND YEAR 1917 — 1919

課目號 Course Number	課目 DESCRIPTIVE TITLE	秋期 Fall Term 學分	成績	講授 Lecture	實驗 Laboratory	春期 Spring Term 學分	成績	講授 Lecture	實驗 Laboratory
	Religious Education	2	B	2		2	C	2	
	Chinese History	2	A	2		2	B	2	
	Chinese	2	A	2		2	C	2	
Astron. 7, 8	Astronomy (General)	3	B	3		3	B	3	
	Geology					3	C	2	
	Western History					4	B	4	
	Method of Teaching	2	B	2		2	B	2	
	English	4	C	4		4	C	4	
	Ethics	2	B	2					
	Economics	4	B	4					
	扣除 Deductions								
	總計 Total	21				21			
	共有學時數 Total Accumulated Credits 81								

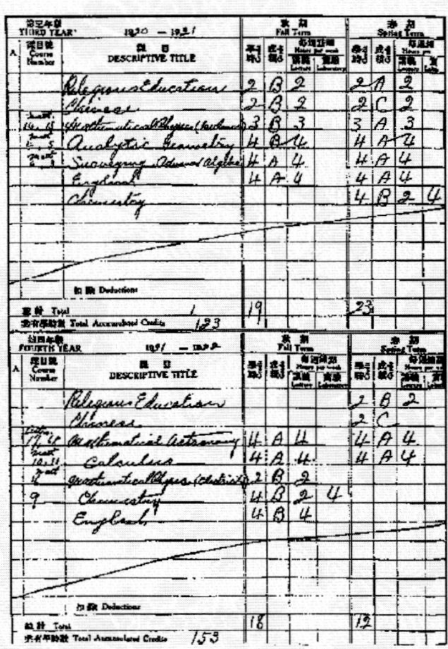

第三年級 THIRD YEAR 1920 — 1921

課目號 Course Number	課目 DESCRIPTIVE TITLE	秋期 Fall Term 學分	成績	講授 Lecture	實驗 Laboratory	春期 Spring Term 學分	成績	講授 Lecture	實驗 Laboratory
	Religious Education	2	B	2		2	A	2	
	Chinese	2	B	2		2	C	2	
	Mathematical Physics (Mechanics)	3	B	3		3	A	3	
	Analytic Geometry	4	B	4		4	A	4	
	Surveying / Advanced Algebra	4	A	4		4	A	4	
	English	4	A	4		4	A	4	
	Chemistry					4	B	2	4
	扣除 Deductions								
	總計 Total	19				23			
	共有學時數 Total Accumulated Credits 123								

第四年級 FOURTH YEAR 1921 — 1922

課目號 Course Number	課目 DESCRIPTIVE TITLE	秋期 Fall Term 學分	成績	講授 Lecture	實驗 Laboratory	春期 Spring Term 學分	成績	講授 Lecture	實驗 Laboratory
	Religious Education					2	B	2	
	Chinese					2	C		
	Mathematical Astronomy	4	A	4		4	A	4	
	Calculus	4	A	4		4	A	4	
	Mathematical Physics (Electricity)	2	B	2					
9	Chemistry	4	B	2	4				
	English	4	B	4					
	扣除 Deductions								
	總計 Total	18				12			
	共有學時數 Total Accumulated Credits 153								

齐鲁大学文理学院 1922 毕业生王炳霄的成绩证明书

民國二十四年 七 月齊大文學院新生入學考試成績表

准考號	姓名	性別	年歲	籍貫	原校名稱	會考及格否	教友否	黨義	國文	英文	算術	史地	科學	軍訓	平均成績	入何系	收錄號	拒絕號	備考
二〇一本	何繼武	男	二四	河北清苑	北平華北中學			35	45	55		60	31			外國語文		001	
二〇二平	鍾東朔	女	一九	河北永清	北平篤志女中				50	43						社會	001		
二〇三津	邵瑞琨	男	二三	河北臨榆	山海關田氏中學			36	42	35		60	58			歷史	002		
二〇四平	何麟圖	男	二一	河南南陽	北平大同中學			24	50	12		53	42			歷史		002	
二〇五本	鄭世榮	女	三二	安徽合肥	合肥三育中學			33	40	44		69	32			歷史	003		
二〇六平	湯瑞琳	女	二〇	山東蓬萊	北平貝滿女中		浸信	51	70	62		74	78			歷史	004		
二〇七平	韓鏡良	女	一九	遼寧海城	同上		美以美	34	60	50		56	73			社會	005		
二〇八平	郭詩暢	男	二一	廣東普寧	北平滙文中學			66	70	33		72	73			社會	006		
二〇九太原	張爾和	男	二二	山西趙城	太原新民中學											社會		003	
二一〇平	倪越容	女	二一	河北清苑	北平崇慈女中			53	50	44		42	33			社會	007		
二一一本	王俊三	男	二四	山東肥城	北平弘達中學			41	40	28		43	31			外國語文		004	
二一二平	呂鍾璧	女	一九	河北涿鹿	北平中國學院附中			29	50	41		52	35			外國語文		005	
二一三平	劉鴻機	男	一九	河北滄縣	河北省立滄縣中學			45	65	17		55	44			國文	008		
二一四津	畢家鈺	女	二一	北平	天津聖功中學			45								政治經濟		006	
二一五平	孟昭芳	女	一八	河北遵化	北平慕貞女中				35	40						社會		007	保薦
二一六京	楊宗芬	男	二四	江蘇邳縣	懷遠淮西中學		長老	38	60	54		72	48			歷史	009		
二一七太原	安愛英	女	二一	山西太谷	太原進山中學		美以美	26	40	18		28	44			政治經濟		008	
二一八唐山	陳吉祥	男	二二	河北豐潤	唐山豐灤中學			60	65	57		69	66			政治經濟	010		
二一九平	劉杰	男	二二	黑龍江肇州	黑龍江省立一師			47	60	12		48	42			國文		009	
二二〇平	伊桐	男	二三	黑龍江龍江	同上			33	45	21		46	63			政治經濟		010	
二二一通	劉振鎧	男	二一	河北文安	通縣潞河中學		公理	55	65	44		53	75			政治經濟	011		
二二二本	趙志規	男	三四	山東據縣	濟南愛美高中			38	60			27				國文		011	
二二三本	閻子純	男	二〇	河南睢縣	河南省立開封師範			39	80	9		61	28			國文	012		
二二四本	韓連珍	男	二二	山東安邱	山東省立濟南高中			45	75	22		60	52			歷史	013		
一一三平	朱濤譜	男	二〇	安徽涇縣	北平北方中學		長老	68	75	73		67	70			社會	014		以下在平報名

1935 年 7 月齐鲁大学文学院新生入学成绩表

自序

呈现在读者面前的《山东考试通史》，是一部专门论述山东考试制度发展沿革的著作，是我和课题组成员们历时五年多的研究成果。它以两千年来山东的区域政治、经济、社会发展为背景，详细梳理、阐述了考试制度在山东形成和发展的历史脉络，探讨了各个历史时期山东考试制度发展的基本规律和特点，向读者展示了一幅山东考试发展历史的壮美画卷，字里行间蕴藏和跳跃着古圣先贤们的智慧和创造之光。

我们为什么要研究和撰写这部通史？这是课题组在着手编写之前反复思考的一个重要问题。我们的基本想法是“一个基于”、“两个目的”。

“一个基于”，即基于在我们这个历史悠久、幅员辽阔、民族众多、差异明显的国度，无论是经济社会发展，还是教育文化发展，无不具有明显的区域特征。一方水土养育一方人，一方人在长期的生活和交往中，积淀而成了共同认可和遵循的理想追求、价值取向、生活习俗乃至行为方式。齐鲁大地是中华文明最早的发源地之一，龙山文化、大汶口文化、沂源文化是黄河文化的重要标志。在齐鲁这方独特的水土上，最早产生了考试制度的萌芽。我国历史传说中的尧通过多方考核，最终选择了“躬耕历下”、“能和以孝、烝烝治，不至奸”的大舜为自己的继承人。尧采用的推荐、“选贤与能”制度，必定有其标准和条件，也必定有中选者和落选者。从广义上说，这就是一种考试。在齐鲁这方水土上，开创了中国私学之先河。孔子在“杏坛”聚徒讲学，弟子三千，贤人七十。自正式的考试制度“始于隋”之后，从齐鲁之邦选拔出了大量的杰出人才。仅有籍可考的中状元者就多达38人，占全国有籍贯可考的397名状元的近十分之一。鲁人“多好儒学”，这是齐鲁的一种特有的文化现象。新中国成立之后，山东始终是考试大省，无论是考试理念、考试规模，还是考试方式、考试文化，都有一些特有的现象。

长期以来，这些弥漫于历史、充溢于现实的特有现象，只停留在人们的模糊印象中或记忆的碎片里，基本没有系统的梳理和提升。我们此次作“史”，意在从浩繁的历史经纬里梳理出一个明晰的“齐鲁经纬”。

“两个目的”：一是通过研究、撰写区域性考试史，考察其历史沿革及其嬗变的过程，从中梳理不同历史时期、不同社会发展阶段考试制度的继承、扬弃、发展、完善的大体脉络，为人们正确认识考试制度提供视角与依据；二是通过研究、撰写区域性考试史，考察全局与局部、中央与地方、集权与分权的关系，从中寻找某些规律，为改革和完善现行考试制度提供借鉴。

确定写作目的之后，接下来一个非常重要的问题就是“写什么”的问题。围绕考试问题，上至远古，下至当今，可写的东西浩如烟海，必须紧紧围绕我们的写作目的进行取舍，选择那些“贴题”、“扣题”的史料，避免写作中堆积材料、延伸枝节、漫无中心、让人不得要领的嫌疑。研究考试，既要研究考试内部诸因素的关系，如命题、考试实施、评卷、分数制度、统计分析等，这属于考试认识论的范畴；同时也要研究考试与其外部诸因素的关系，如考试与教育、教学的关系，与人事、劳动制度的关系，与经济社会发展的关系等，这属于考试社会学的范畴。在中国长期的考试历史中，考试认识论的水平决定了考试质量的高低，而考试社会学的是非，决定了考试的存废。我们撰写这部通史，基本按照上述两个范畴选择内容，以第一个范畴为主，兼及第二个范畴。

确定“写什么”之后，还有个“怎么写”的问题。一个是体例问题。因为我们要记述的是山东省从最早文明到现在的考试历史，因此，我们确定的基本体例是通史。所谓通史，首先要求叙述的内容广泛，我们不仅要记叙考试的历史，还要对不同历史时期和社会发展阶段的政治、经济、社会背景，以及宏观和局部的教育背景进行描述。其次，通史要求我们在叙述中体现历史发展脉络，以研究考试内部诸因素的关系为线索贯穿，给人一种整体的认识。另一个是“史”与“论”的结合问题。我们的基本设想是以“史”为主，史论结合。写“史”一定要严谨、准确，不可想当然、“莫须有”。关于“论”，鉴于种种制约因素及水平所限，能论则论，不能论则不论。但不能因此而使写“史”失去灵魂，见事不见人，见人不见思想，一定要进行必要的提炼概括，使其脉络清晰、纲举目张。

客观地讲，撰写此书的过程是一个学习、思考的过程。动笔之后，我们对许多问题有了新的认识。

其一，中国源远流长的考试制度从应运而生到顺时而变，经历了一个不断变革、完善的历史进程。

中国是考试的发祥地，考试是中国人的一大发明。科举制的创设常常被西方世界称作中国对人类贡献的第五大发明。中国考试从远古时期以考察、推荐为主要形式的“选贤与能”，到夏、商、周时期以口试或面试为主要形式的“敷奏以言”，再到西汉时期以笔试为主要形式的“察举制”，经历了从初始状态到制度化的革命性变化。始于隋、完善于唐的科举制度是我国考试史上的又一次根本性变革，在考试的制度、考试实战、考试思想三个方面形成了相当完备的体系。

齐鲁作为中华文明的发祥地之一，在考试制度的变革中始终处在前沿领域。齐国的招贤纳士制度，重用了一大批出身寒微的政治家，他们为齐国奠定东方霸主的地位立下了汗马功劳。孔子通过观察、谈话、实践等方式来了解弟子，一方面是为了更好地进行因材施教，另一方面也是对学生的学业进行督促检查，这虽然不能称为严格意义上的考试，但却是春秋战国时期私学中最常见的考查学生分析问题和解决问题的能力以及了解学生实际才能的有效方法。具有研究院性质的稷下学宫，其邀约诸子百家来稷下进行学术交流的“期会”争鸣，从某种意义上讲也是一种考试方式。在争鸣中，不同学派、不同的学者都展示各自的学识和见解，争取更大的学术声望和政治资本，为参政和干政奠定基础。由于举办此学术机构，齐国在招贤纳谏等方面大获其益，这也是其八百年长盛不衰的一个重要原因。

其二，选才和公平是中国考试制度的本质和灵魂。

人才乃民族之精华，选贤任能是一个民族生生不息、长盛不衰的决定性因素。但在中华民族漫长的发展史中，始终存在着与选贤任能相对立的“血统论”、“人事因缘”和“属托之翼”，致使“奸党”、庸才进入权力舞台，误国误民。中国历史上涌现出的各种各样的“考试”，不论考察还是推荐，其初衷都是为了选才，维系社会公平。但实践证明，这种方式往往抵挡不住权力本位和“人事因缘”。基于对考察、推荐制度实际效果的反思和对治国之道的探索，始有了科举制度。实践证明，自隋、唐延续至清中叶的科举制度，对于选拔人才、维系社会公平、制衡人情与关系比考察与推荐制度有更大的可靠性。

其三，中国考试制度的嬗变过程中出现的种种弊端，主要不在考试制度本身，而在于社会弊端。

纵观历史长河，凡政治清明、民风雅正、国民心态积极向上的时代，考风亦比较端正，较少出现科场舞弊现象，能

够层层选拔出大量杰出人才。唐朝初、中期，特别是“贞观、开元之治”，科举选士、文武并行，所得人才出众。房玄龄、张柬之、狄仁杰、姚崇、张嘉贞、张说、张九龄、颜真卿、白居易、郭子仪等一大批人才都是通过科举选拔出来的。有人统计，唐代制举，“凡七十六科，至宰相者七十二人”。凡政治浑浊、世风日下、国民心态消极低迷的时代，考风也难如人意，频发舞弊现象，压抑、扼杀人才。唐开元后期，奸相李林甫把持朝政，嫉贤妒能，陷害忠良，尤其怨恨那些年轻气盛、嫉恶如仇的新科进士。有一年科考，他竟指示考官一个也不录取，还欺骗唐玄宗说：“野无遗贤。”诗人杜甫就赶上参加这次考试，结果失望而归。奸相杨国忠的儿子杨喧参加明经科考试，因荒废学业，不及格，竟“列为上第”。清朝末年，慈禧专权，内忧外患，官场腐败，科考衰败。光绪十四年，30 岁的康有为第二次参加顺天乡试，因上书皇帝，遭到顽固守旧派的排斥。这次应考康有为本应考中第三名，但极端守旧派主考官徐桐却大骂康有为“如此狂生，不可中！”提笔勾去了康有为的名字。以上正反两方面的事例说明，同一种考试制度，出现两种结果，并非制度本身的问题，而在于政治的兴衰。

其四，考试制度与教育制度之间特别是与教育教学活动之间既有关联性，又有相对独立性，不应当等同视之、混为一谈。

包括日常考试、学业考试、资格考试、升学考试在内的各种考试，具有检测、诊断、激励、选拔等多种功能，它同教育教学活动、升学、就业既有联系又有区别。有什么样的教育制度、社会制度，就有什么样的考试制度，但考试制度并非等同于教育教学活动。考试，尤其是像高考这样的大规模高利害的考试，在很大程度上是一种手段和工具，犹如“度量衡”，它可以测量数量和质量，但至于度量出的数量和质量如何使用，具有什么意义，则是另外一回事。但是在社

会上，乃至教育界内部都常常混淆工具与其功用之间的界限。比如说，一些学校，考试考什么，就教什么，不考什么，就不教什么，把考试是“指挥棒”的说法，当成了“护身符”。这种做法的本质，是这些学校办学思想、教育思想不端正，背离了教育规律，自己方向不对，反把责任推给考试。单纯的考试被赋予了太多的社会功能，附加功能无限扩大，难堪重负。

对中国古代科举考试的认识也有类似的偏颇。许多文章论点，把科举考试说得一无是处。其实，科举考试是在总结荐举制弊端的基础上，经过几百年的探索后才逐步建立起来的。科举考试的建立，对选拔官员特别是文职官员，对缓解统治阶级内部、统治阶级与人民群众的矛盾，对发展教育，对各民族的融合，都发挥了重要的作用。很多人指责科举是极端形式主义，让举子作八股文，选拔庸才。实际上，仔细考察历史上中举的人，很多是很有作为的优秀人才。历史上的800多张状元卷到底作的什么文章，已无可考。既然无可考，凭什么说是“八股文”？迄今为止，我国发现的唯一的状元卷是明朝赵秉忠于万历年间中状元的殿试卷。这份卷子，坦言时弊，见解深刻，言辞华美，一气呵成，看不出任何的“八股气”。仅此一例，就足以提醒我们，不能对古代科举妄下结论。

现在与过去，今天与昨天，改革与继承，是不矛盾的，更不是对立的。现在是过去的延续，今天是昨天的继续，改革是优秀传统的弘扬和完善。我们应当以史为鉴，融会古今，古为今用，继往开来，不断完善当今的考试制度，使其在为国选才、促进教育改革和社会和谐等方面发挥更大的作用。

王　坦

2011年10月1日

前言

由招生考试理论工作者和教育史研究专家合作编写这部《山东考试通史》，是一件非常重要且意义深远的事。说它重要，是因为我们至今还没有一部专门研究山东考试的史书，此乃山东史学界的一个遗憾。山东素有孔孟之乡、礼仪之邦的美誉，还是教育的发祥地之一。有教无类的选拔方式影响了中国几千年，以六艺为主要内容的考试方式对我们今天的考试仍然具有重要的影响，但至今没有一部完整的考试史来总结辉煌的过去，实在与教育大省、考试大省的地位不相称。说它意义深远，是因为我们有了这么一项研究，后续的研究者们和教育招生考试工作者就既可以了解过去，又可以在此基础上展望和把握未来，实现继往开来。

考试是一种文化，也是一种制度，又是政治的体现。考试是教育的一种手段，是测量的技术。考试衍生了考试经济，培育了考试科学。考试有历史，承载悠久的传承；考试有发展，延续人类的文明。在经济飞速发展、国力日渐强盛的今天，在法治社会、在公平竞争的环境里，考试的作用日渐强大。同样，考试有着先天的局限性，有自身的不足，技术上、理论上、制度上都需要不断完善。山东是人口大省、经济大省，也是考试大省。通过仔细梳理山东的考试历史，既看到

中国考试的发展，也看到中国文化的进步。其中的盛衰、坎坷，同样具有宝贵的价值。本书重在史实，没有过多的评价，但确实融入了作者的思考和取舍。

山东有孔子，孔子的教育思想和教育实践影响着中国文化的发展。以孔子为创始人的儒家思想、儒家文化是影响我国历史最长的科举考试的主要内容，对中国思想、文化、经济的影响可谓至深、至远。研究山东考试的历史，可以在更深层次上了解中国文化发展的历史及其现状，可以更加深刻地了解中国博大文化的由来。

远古的考试让我们引以为自豪，震撼世界的科举促进了中华的文明。近代的考试促我们反省，同样的测量手段为何香飘异域，成就西方之强大？现代浩浩荡荡的考试大军催生了考试的文明、文化、科学，为何也催生了残疾人生？

史去不远，鉴古知今。

《山东考试通史》分上下两卷。上卷为近现代以前部分，主要考察了先秦至中华人民共和国建立以前山东地区考试制度（重点是科举考试和学校考试）的萌芽、建立、完善和发展的历史过程。先秦时期是山东考试制度的萌芽阶段，关注的重点是齐国的招贤纳士制度、稷下学宫的考试和以孔子为代表的私学的考试。秦汉至魏晋南北朝时期是山东考试制度初步建立的阶段，关注的重点是秦代的吏师制度、汉代的太学考试与选士制度，以及魏晋南北朝时期的选士制度与考试；隋唐至宋元明清时期是山东封建考试制度逐步建立和完善的阶段，关注的重点是山东学校制度的建立、科举制度在山东的实施和山东历代的状元；近现代时期，关注的重点是现代考试制度的确立及其实施和齐鲁大学的考试制度。下卷为当代部分，主要考察了新中国成立以后山东的考试情况，分为普通高考、自学考试、成人高考、证书考试、研究生招生考试、中专招生考试、校内考试等几大类，描述了山东教育考试的发展。

本书语言简练，内容翔实，图文并茂，对研究和学习山东招生考试历史的朋友会有一定帮助。近现代以前部分主要从史料出发进行梳理和甄别，按照一定的历史发展脉络，探讨考试制度的萌芽、建立、繁荣以及经验和教训。当代部分主要从现有的文件资料出发，结合专家的研究成果，分类梳理和取舍。应当说，史料的可靠性和史实的可信性都达到了目前比较高的水平。这就构成了本书的几个主要特点：第一，史料性。以大量占有原始的、第一手的史料为主要着力点，在有可能的情况下，最大限度地保留了这些珍贵的史料。第二，知识性。好多人参加过考试，但不敢说真正了解并熟悉考试，即使是长期从事这一工作的人。什么人考、考什么、怎么考、考试有什么用（分数的解释与使用）构成了考试史的总体框架，为什么考又给人带来大量的探讨空间，考试历史的延续与跌宕起伏基本与这一问题相关。积累多了，这就是知识。第三，创新性。山东考试史的研究过去虽然有一些，多散见于各类报章杂志，而全面系统地研究山东考试史的专著，本书还是第一部。可以说，本书的出版是一个创新，它填补了我省在此领域研究的一项空白，对于丰富和发展考试科学具有一定的推动作用。

山东考试史的研究，内容异常丰富，研究工作非常巨大，我们虽竭尽全力实现最初拟定的编写意图，尽量占有第一手资料，尽量引用权威数据，尽量展现全面内容，但由于编者学术水平所限，再加之研究时间不足，本书编写难免会存在一些问题和不足，敬请各位专家和同仁批评指正，争取在以后的研究中加以纠正。

编　者

2011 年 10 月

目录

第一章 先秦时期山东考试制度的萌芽

山东是中华民族的主要发祥地之一。早在四五十万年前，“沂源人”就在这块土地上繁衍生息，创造着中华文明。尧、舜、禹时期，其部落联盟的主要活动区域也是在山东地区。夏代的统治中心，大概前期在黄河下游，以山东地区为主，自“少康中兴”以后始迁至黄河中游，以河南、山西一带为主。商代的历史以盘庚迁都殷为界，可分为前后两个时期，前期大体上以今鲁西南地区为统治中心，后期以殷为统治中心。而周武王灭商兴周以后，封邦建国，姜太公封于齐，周公旦之长子伯禽封于鲁。由于周公的原因，作为“宗国”的鲁国受封颇丰，并且享天子之礼乐，在诸侯国中居于特殊地位。由此可见，无论是教育制度，还是考试制度，山东都走在中国的前列，为中华民族的文明史谱写了重要的篇章。

第一节 先秦时期的选士制度

一、远古时期“选贤与能”的传说

考试是选拔人才的一种方式，在我国源远流长。根据传说，我国先民在氏族社会时期，为了选拔贤能之人率领氏族或部落更好地生存下去，曾经建立了“选贤与能”的制度。《礼记·礼运》篇云：“大道之行也，天下为公，选贤与能，讲信修睦。”“选贤与能”的“选”有选择举用之意，“与”就是举。既然要选，就有选的标准和条件，也必然有中选者和落选者。从某种意义上可以说，它与后代的“考试”、“科举”有渊源关系，是后世考试制度的雏形。我国历史传说中的尧、舜、禹等部落联盟的首领，就是采用这种方式推举产生的。根据《尚书》中《尧典》、《舜典》、《大禹谟》，《史记》中的《五帝本纪》、《夏本纪》、《帝王世纪》等典籍所保存的一些弥足珍贵的记载，我们大体可以勾勒出那个时期“选贤与能”制度的基本轮廓。

据传，尧晚年欲确定自己的继承人，他召集由四岳（四个部落酋长）组成的议事会来讨论此事，命四岳“悉举贵戚及疏远隐匿者”，四岳共同推举了舜。理由是舜在“父顽、母嚚、弟傲”的不良家庭环境中，仍“能和以孝，烝烝治，不至奸”。此后，尧对舜进行了长期多方面的考察，先“以二女妻舜以观其内，使九男与处以观其外”；后“试舜五典百官，皆治”。又“使舜慎和五典，五典能从。乃遍入百官，百官时序。宾于四门，四门穆穆，诸侯远方宾客皆敬”①。上述一系列考察，证明舜确实是品行高尚，组织管理能力突出，且获得众人拥戴，尧才命其“摄行”天子之政，以观天命，对其继续考验、培养。舜不负众望，治理有方，当尧临死之前“乃权授舜”，这时在形式上还有氏族首领的公决。结果“舜让辟丹朱（尧之子）于南河之南。诸侯朝谨者不之丹朱而之舜，狱讼者不之丹朱而之舜，讴歌者不讴歌丹朱而讴歌舜。舜曰‘天也’，夫而后之践天子位焉，是为帝舜”②。

禹代舜大致也经历了这样一个反复考察、试用的过程。当

①② 《史记·五帝本纪》。

时，黄河流域洪水泛滥，酿成水灾，舜命四岳推选能率领众人治理水灾之人，四岳共举禹。于是，舜“命禹：‘女(汝)平水土，维是勉之’”，禹欣然受命。舜而后派契、后稷、皋陶“女其往视尔事矣”。禹薄衣食，卑宫室，数过家门而不入，呕心沥血，带领部族成员终于大获成功，“天下于是太平治”。禹在治水的过程中也深深赢得民众的拥戴。后来，禹取得了摄政为嗣的地位，“即天子位，南面朝天下，国号曰夏后”①。

从这些零星的文献记载可知，不仅推举部落联盟首领需要在推举前的实践中试用，加以多方考察，而且一些重要职务的人选，也由部落首领议事会提名，给予一定的试用期，能者上，不能者下，甚至被罚。例如，洪水泛滥，尧召集四岳共同商议治理水患的人选，嗣子丹朱、共工均被否决，后众人皆曰：“鲧可。”尧曰：“鲧负命毁族，不可。”岳曰：“异哉，试不可用而已。”尧于是听从岳的建议用鲧率领众人治理水患。结果，“九岁功用不成”。鲧治水失败，被诛于羽山。共工氏试之工师，淫辟而流于幽陵。因此，《史记·五帝本纪》有言：“三岁一考功，三考绌徙，远近众功咸兴。”这与《尚书·尧典》所说的“三载考绩，三考，黜徙幽明，庶绩咸熙”意思相近，都是强调在实践中对人的能力、品德、技能的综合考察，以成败论英雄。

上述传说，反映的是原始社会末期、阶级社会“文明曙光”来临前夕“选贤与能”的大体轮廓。以民俗学的研究成果相比较，这些传说无疑是可信的。

根据历史记载可知，舜是东夷之人。《孟子·离娄下》说：“舜生于诸冯，迁于负夏，卒于鸣条，东夷之人也。”诸冯，一说今山东诸城市，一说在今菏泽市南；复夏，在今山东泗水县境内；鸣条，今河南省开封市附近。《史记·五帝本纪》又说：“舜

① 《史记·夏本纪》。

耕历山，渔雷泽，陶河滨，作什器于寿丘，就时于负夏。”历山，一说在今济南市，一说在今泗水县；雷泽，即兖州泽；河滨，当指泗水之滨；寿丘，在曲阜市东北。根据文献记载可以断定，夷夏部落联盟在尧、舜、禹时代主要活动于山东一代。透过古籍上一鳞半爪的记载，我们可以窥视当时山东先民举贤的历史影子。

二、三代时期的“乡兴贤能”制度

三代时期（夏、商、西周），我国奴隶制社会由诞生到发展直至鼎盛，尧、舜、禹时期的“禅让制”也转变为嫡长子继承制，“天下为家，各亲其亲、各子其子。……大人世及以为礼”①。奴隶主贵族为维持其统治秩序，逐步建立并不断完善其统治机构和统治制度，官吏的任用主要是在贵族家族内部继承，世代相传，称之为世卿世禄制。夏商两代王位的继承采取父死子继和兄终弟及的方法进行。到西周时，随着宗法制的确立和日趋完善，采取层层分封的方式，把周王的兄弟、子孙和功臣分封到各地为诸侯，而诸侯国国君再将其子孙封为大夫，大夫在其封邑内再分封，最终形成天子有天下、诸侯有国、大夫有邑、士有家的格局。王公贵族凭借宗法和血统世代承袭着高官厚禄，自下而上形成宝塔式的统治机构。

尽管如此，商周时期有时还沿袭上古时期选贤举能的做法，将那些出身低微但有治国安民才能的贤能之士选拔出来，委以重任。相传商汤曾任用“耕于有莘之野”的伊尹为相。伊尹辅佐商汤推翻夏朝建立商朝。商汤去世后，伊尹又辅佐外丙、中壬，立太甲，为商政权的巩固和发展作出了重要贡献。商王武丁继位时，国势衰败，他“思复兴殷，而未得其佐”，后假借神灵托梦，使百工求之于野，得版筑奴隶傅说，遂提拔为相，经

① 《礼记·礼运》。

过数十年的治理，商朝空前强大，文治武功均有所建树，出现中兴盛世。周文王曾亲自寻觅贤良，终于在渭水之阳发现了穷困年迈的姜尚，与之交谈后大悦，说："自吾先君太公曰：'当有圣人适周，周以兴。'子真是邪？吾太公望之久矣。故号之曰'太公望'，载之俱归，立为师。"①其后，姜尚倾心辅助文王与武王，在完成翦商大业中发挥了重要作用，周立国后受封于齐。上述尽管是极个别的例子，其中还夹杂着后人附会的成分，这说明商周时期选贤任能的古风犹存。

据《礼记》、《周礼》记载，西周时还采取"乡兴贤能"的办法来选拔一些低级官吏。《周礼 · 地官 · 大夫》称乡大夫之职："正月之吉，受教法于司徒，退而颁之于其乡吏，使各以教其所治，以考其德行，察其道艺。""三年则大比，考其德行道艺，而兴贤者能者。"这说明，乡大夫的职责之一便是教化乡里，每三年在自己所管辖的地方，考核乡民的德行和道艺，选拔出贤德有才之人加以培养、任用。德行主要考察孝、悌这两种品德，道艺主要指射、御两种技艺。选拔出来的人一般只能担任伍长、乡吏等低级官吏。

另据《礼记 · 王制》记载："乡老论秀士，升诸司徒，曰选士。司徒论选士之秀者，而升至学，曰俊士。既升于学，则升造士。大乐正论造士之秀者，以告于王，而升诸司马，曰进士。司马辩论官材，论进士之贤者，以告于王，然后因其材而用之。"这说明，逐级选拔考试取士也是存在的。王室有大司徒负责其事，地方官吏密切配合，经初选、复选，然后入官学。学成后司马再选，并将选拔的结果告于王，最后量才录用。

至周代，还有诸侯进贡人才于天子的"贡士"制度。《礼记 · 射义》云："古者天子之制，诸侯岁献，贡士于天子。"诸侯三年

① 《史记 · 齐太公世家》。

一贡士,大国三人,次国二人,小国一人。“诸侯贡士于天子,天子试之于射宫,其容体比于礼,其节比于乐,而中多者,得与于祭。其容体不比于礼,其节不比于乐,而中少者,不得与于祭。”考察的内容是举止行为是否合乎礼,节奏步伐是否合于乐。优异者可以参与祭祖,并任命一定官职。选拔考试以习武比射为内容,应是部落联盟时期尚武风俗的延续。

值得注意的是,《礼记》所描述的商周时期兴贤、贡士的制度,必然会掺杂儒家学者的思想主张,表现出浓厚的儒家理想主义色彩。如此完备的考试制度在当时的社会发展状况下是难以建立的,但初步选拔人才的做法萌芽于这一时期还是可能的。

三、齐国的招贤纳士制度

春秋战国时期(公元前 770 年至公元前 221 年)是我国历史上的重大变革时期。政治上的主要标志就是王室衰微,“礼乐征伐自天子出”的局面逐渐被“礼乐征伐自诸侯出”的局面所替代。诸侯国为了自己的政治、经济利益,都十分重视内政、外交,纷纷招贤纳士,形成了用士养士的制度。在这一时期,齐国是最早重视尊贤纳士的诸侯国,也是最为受益的诸侯国,具有开创之功。

齐国有尊贤尚功的传统。《吕氏春秋·远见》记载:“吕太公望封于齐,周公旦封于鲁。二君者甚相善也。相谓曰:‘何以治国?’太公望曰:‘尊贤尚功。’周公旦曰:‘亲亲上恩。’太公望曰:‘鲁自此削矣。’周公旦曰:‘鲁虽削,有齐者亦必非吕氏也。’其后,齐日以大,至于霸,二十四世而田成子有齐国。鲁日以削,至于觐存,三十四世而亡。”《汉书·地理志》亦载:“昔太公始封,周公问:‘何以治齐?’太公曰:‘举贤而尚功。’”从上述记载可知,姜太公治齐是贯彻“尊贤尚功”的用人方针,与鲁国的"亲亲上恩"背道而驰。

太公治齐,执行"尊贤尚功"的用人路线,有其深刻的社会历史原因。一方面,太公受封以后,人才奇缺,单靠宗族部属难以在民族矛盾异常尖锐的东夷地区站稳脚跟。为了缓和民族对立情绪,稳定政权,他不得不在殷人旧部族和土著部族中选拔贤才,组成混合政府。文献资料表明,齐国的国氏、高氏,就是从氏族首领变为领主贵族的。另一方面,太公是以功臣受封的。他本人以文韬武略辅佐文武二王,在兴周灭商的革命中起了关键作用,自然深知人才的重要性。商纣王晚年残杀忠良,导致亡国灭家的惨痛教训,是他亲身经历的。因此,他治理齐国并没有照搬商周亲亲尊尊的用人路线,而是以其超人的谋略大胆采用"尊贤尚功"的用人方针。这样,不仅可以有效地缓解民族矛盾,而且还可以更有效地摧毁以血缘为标准来划定尊卑贵贱的奴隶制残余,在更大程度上巩固新兴的政治经济制度。以德才、功业为标准来授官封爵,可以鼓舞社会成员为国家出力尽忠,使官吏队伍保持永久的活力。

尤其值得一提的是,这一用人方针,不仅对齐国的创建和巩固带来了极大的利益,而且也使得齐国形成了一个尊贤尚功的优良政治传统。桓公不记管仲一箭之仇而任其为相,终使齐国成为五霸之首,体现了这一用人路线的巨大优越性。管仲出身于小商贩,在帮助公子纠与公子小白(即齐桓公)争夺王位的斗争中,险些射杀公子小白,因之而沦为罪隶。鲍叔牙虽然帮助公子小白夺取了王位,但他认为自己的才能不足以辅佐其称霸诸侯,于是向齐桓公推荐了管仲。为察其能,桓公召见管仲面试,管仲大谈"王霸之业",深合桓公之意,两人竟夕畅谈,遂冰释前嫌,桓公拜管仲为相。数年后,齐桓公"九合诸侯,一匡天下",首霸诸侯。对于人才的选拔,齐桓公是非常重视的。他曾告诫大臣说:对"居处好学,慈孝于父母,聪惠质仁,发闻于

乡里者"和"有拳勇股肱之力秀出于众者"，一旦发现就要逐级上报，有司应妥善安排，否则视为"蔽明"、"蔽贤"，予以重罚。① 据史书记载：有一个叫宁戚的卫国人，因穷困无以进见，齐桓公发现后车载以归。宁戚"说桓公以合境内"，桓公不感兴趣，再"说桓公以为天下"，桓公大悦，欲委以重任，遭到群臣非议。有人建议先派人到卫国去查验真假，若名实相符再任用也不迟。桓公不以为然，说："不然，问之，恐有小恶，以其小恶，忘人之大美，此人主所以失天下之士也。且人固难全，权用其长也。"②于是提拔重用，拜为卿。应当说，不拘一格举贤纳士是齐桓公能够成为霸主的重要原因之一。不但尊贤、重贤，而且选拔人才用其所长，不求全责备，这也是齐桓公人才思想的重要特点。

春秋时期，齐鲁的有识之士深深懂得人才的重要性，纷纷提出了举贤与能的主张。孔子认识到："为政在人。取人以身，修身以道，修道以仁。仁者，人也，亲亲为大。义者，宜也，尊贤为大。"③还说："举直错诸枉，则民服；举枉错诸直，则民不服。"④他明确指出："政在选臣。"晏子也说："举贤以临国，官能以敕民，则其道也。举贤官能，则民与若矣。"⑤不仅要求国君举贤官能以求国治，而且提出推举贤能时要察言观行。当时之世，要形成一套较为完备的举贤选能的考试制度尚不现实，但个别时期、个别名君察言观行来考核臣子官吏、甄别提拔人才应是必然的。

齐国前后800年，几乎每个兴盛的历史阶段都重用了一大

---

① 《国语·齐语》。

② 《新序·杂事第五》。

③ 《礼记·中庸》。

④ 《论语·为政》。

⑤ 《晏子春秋·内篇》。

批出身寒微的政治家。管仲以一介布衣在齐桓公那里得到了“仲父”之亲与卿相之尊。而力劝桓公捐弃一箭之仇、重用管仲的鲍叔牙，出身也极其微贱。齐景公即位后，以晏婴为相，而晏婴乃为“东夷之子”，“田氏庶孽”司马穰苴因“文能附众，武能威敌”①而被齐景公任命为大司马。战国时期，在“家贫则思良妻，国乱则思良相”的社会大氛围下，齐威王以人才为“明珠”，认为人才“将照千里，岂特十二乘哉！”②齐威王不爱珠宝爱人才，并且能够广开言路，达到集思广益。据史书记载，齐威王为了广开言路，曾下达一条谕令：“能面刺寡人之过者，受上赏；上书谏寡人者，受中赏；能谤议于市朝，闻寡人之耳者，受下赏。”③如邹忌，出身贫寒，鼓琴而见威王，以治国利民之计说威王，仅三个月便受相印。如孙膑，在魏国受膑刑而在齐却受到礼遇，不仅“齐将田忌善而客待之”④，而且，威王也立孙膑为军师。孙膑为齐国当时确定东方霸主的地位立下了汗马功劳。“齐国终先秦之世，号为强国的事业，几乎可以说是由平民政治家干出来的。”⑤如果我们将这一人才政策放在中国人才思想史这个更为广阔的历史画面去看，它无疑是中国封建社会考试制度之滥觞。

---

① 《史记·司马穰苴列传》。

②③ 《资治通鉴》卷2。

④ 《史记·孙子吴起列传》。

⑤ 王志民：《齐文化概论》，山东人民出版社1993年版，第35页。

第二节　先秦时期学校考试的萌芽

一、三代时期学校考试的传说

(一) 夏商时期学校教育萌芽的传说

教育是培养人的社会活动,自人类社会产生以后,教育就出现了。传说中的燧人氏教民“钻木取火”、“神农教民稼穑”,就是早期先民的教育活动。但是,作为培养人的专门机构——学校的出现,则是阶级社会产生以后。据《尚书·舜典》记载:舜曾命夔“典乐”,以“教胄子”。《礼记·名堂位》称:“米廪,有虞氏之庠也。”有虞氏即舜的氏族或部落。这说明,舜时已有专职“典乐”、“教胄子”的教官。“庠”是有虞氏的“学校”名称。孟子曾说:“庠者,养也。”①即把老人养在那里。因此,《礼记·王制》又称:“有虞氏养国老于上庠,养庶老于下庠。”“国老”、“庶老”有经验、有知识,把他们养起来,不让他们去干体力劳动的活,而从事教育孩子的工作,这既有原始教育的遗风,又是进行敬老和孝的教育的榜样。“庠”既然是供养老人的地方,便需要储存一定的粮食,所以后世又称之为“米廪(仓)”。这里被供养的老人很可能就是为氏族显贵服务的巫、吏,或者巫、吏就是从他们之中渐渐演变而来的。

与《周礼》、《礼记》提到的“成均”和“成均之法”一样,上述有关有虞氏之学和舜时设专职教官以乐教胄子的记载,可能有传说的成分,但却不能说毫无历史根据。

夏朝是从夷夏部落联盟转化而来的,“为政尚武”,重戎、

① 《孟子·滕文公上》。

尚武是夏代教育的主要特点，故有“夏后氏以射造士”①之称。《孟子·滕文公上》说：“夏曰校，殷曰序，周曰庠，学则三代共之，皆所以明人伦也。”又据《礼记·名堂位》记载：“序，夏后氏之序也。”由此可知，夏代已有“校”、“序”、“学”等教育组织。尽管它们创立的年代和分属什么类型的学校这些问题尚需进一步考证，但它们进行以习射为内容的军事教育和以“亲亲长长”为内容的人伦道德教育则是不争的事实。

商代的教育比夏代发达，除文献资料和传说以外，已有较多的文物可证。商代的学校在古籍上记载有“序”、“学”、“瞽宗”等。甲骨文不仅出现了“学”字，而且发现了“大学”和“庠”的名称。② 这有力地证明了商代确已存在学校这种专门的教育机构。

夏商时期的“庠”、“序”、“学”、“校”等教育场所，是供养奴隶主贵族“国老”和教育他们后代的地方，以“习射”和“名人伦”为主要教育内容，以“明君臣之义”和“明长幼之序”为教育目的。学礼习射必然带有竞争，考核要以胜负来决定。这一传统，在西周时期的国学中仍然保留着。

（二）西周官学的考试

西周的学校设置，集夏商之大成，且又有创新，形成了一套较为完备的学校系统。虽然文献记载不尽一致，但从出土的西周青铜器铭文中有关学校名称和制度的记载来看，二者相同之处颇多。综合各家之说可知，西周的学校分为“国学”与“乡学”两类。

“国学”系专为奴隶主贵族子弟而设。《礼记·王制》云：“天子命之教，然后为学，小学在公宫南之左，大学在郊。天子

① 《文献通考·学校》卷40。

② 王贵民：《从殷墟甲骨文论古代学校教育》，《人文杂志》，1982(2)，第23页。

曰辟雍,诸侯曰泮宫。”“国学”分为大学与小学两级。周天子所设的大学称“辟雍”,诸侯所设立的大学名“泮宫”。考古资料表明,金文中确有“小学”、“辟雍”等记载。《大盂鼎》铭文:“女妹辰又大服,余佳即朕小学,女勿克乃辟一人。”《麦尊》铭文:“在辟雍,王乘于舟为大丰,王射大龏,擒。”这说明,古籍所记西周国学当是可信的。山东省曲阜市是鲁国故城,至今仍保存着泮宫的遗址——古泮池。

“乡学”是按照当时地方行政区划为一般奴隶主子弟而设。据《周礼·地官》记载:“王畿千里,有六乡、六遂。乡之制,五家为比,五比为闾,四闾为族,五族为党,五党为州,五州为乡。遂之制,五家为邻,五邻为里,四里为酇,五酇为鄙,五鄙为县,五县为遂。”又据《礼记·学记》记载:“家有塾,党有庠,术(遂)有序。”依当时的生产力发展水平,西周不可能建立如此完备的乡学体系,上述记载自然有后儒臆想的成分,但出现带有教化性质的乡村学校还是可能的。

西周国学的入学资格为太子以至公卿大夫的子弟。《礼记·王制》记载:“乐正崇四术,立四教,顺先王诗、书、礼、乐以造士。春秋教以礼、乐,冬夏教以诗、书。王太子、王子、群后(公及诸侯)之大子、卿大夫元士之适子、国之俊选,皆造焉。”由此看来,作为“大学”的学生来源,除国子由小学而升入者外,还有由乡大夫选拔出来的“俊士”。国学的修业年限,文献无明确记载。《礼记·学记》所述“七年小成”、“九年大成”之制,符合教育的一般规律,当是可信的。

西周学校的考试分为两类:一是学业考试,二是选拔人才的考试。

学业考试是由有关教育管理官员大司乐统领,由大乐正、师氏、保氏等主持。“国学”中大学的考试,《礼记·学记》云:“比年入学,中年考校。一年视离经辨志,三年视敬业乐群,五年视博习亲师，七年视论学取友，谓之小成。九年知类通达，强立而不反，谓之大成。夫然后足以化民易俗，近者说服而远者怀之，此大学之道也。"考试是隔年进行，内容不仅有读、写、算基本技能，还有敬业、乐群、亲师、取友、知类通达等人伦道德综合方面的实践能力。考查中若发现有不受教者，报告于大乐正，大乐正再报告于王，王然后命三公、九卿、大夫、元士都入学，为他们习礼以感化之；还未改正，王亲自视学以示警告；如果仍不思悔改，则遣送远方，终身不齿，以示惩罚。"乡学"考试则与升学相联系，优秀者可以升至大学深造。若发现有不受教者，司徒就集合乡中耆老到乡学习礼予以感化；若还不改悔，则右乡移于左乡，左乡移于右乡；仍不思悔过，则屏之远方，终身不齿。①

关于选拔人才的考试方法，是由乡大夫就乡学中有德行道艺的，报于司徒，称曰"选士"。司徒将"选士"中的优秀者升入"国学"中的大学，称曰"俊士"。"选士"可免一乡的劳役，"俊士"可免一国的劳役。"造士"入大学 9 年学成以后，大乐正再就其中的优秀者报告于王而提名于司马，称"进士"。司马就"进士"中择其贤能者报告于王，视其才能的高下授以相应的官爵。②从某种意义上可以说，这是一种奖励措施。

上述考试与奖惩制度是否真正付诸实施，实难考证，但从文献记载来看，的确是相当完备的。这些措施不可避免掺杂有后儒的理想成分，体现了儒家先德后刑、恩威并施的理想主义管理思想。

二、孔子私学的考试

伴随着政治经济制度的变革，在意识形态领域和文化教育

①② 《礼记·王制》。

领域也必然会引起深刻的革命,西周“学在官府”、“政教合一”的教育制度到春秋初年已经解体了,官学衰落,私学兴起。以孔子、墨子为代表的思想家、教育家顺应历史潮流,高举“有教无类”的大旗,著书立说,聚徒讲学,将教育对象由少数贵族子弟扩大到广大的平民子弟,为教育的大发展开辟了一条新的道路。

《庄子·渔父》篇说:“孔子游乎缁帷之林,休坐乎杏坛之上。”后人因此以“杏坛设教”来指称孔门私学的创设。其实,春秋末年,私立学门者不乏其人,如周守藏史老聃“见周之衰,乃遂去”①,私自著书兴学;鲁国乐师师襄、夷人郯子、郑国的邓析,以及苌弘等,也都收徒讲学。因此,私学的首创之功并不属于孔子。但是,春秋时期“大规模招学生而教育之者,孔子是第一人”②。《史记·孔子世家》说孔门弟子“盖三千焉,身通六艺者七十有二人”。“三千”虽不必为确指,但仅就规模而论,孔门私学确非其他私学所可比拟。

在中国教育史上,孔子首次提出了“有教无类”的办学方针。对于“有教无类”这个命题,自古以来就有颇多争议。③ 东汉马融认为“有教无类”的意思是:“言人所在见教,无有种类。”皇侃疏:“人乃有贵贱,宜同资教,不可以其种类庶鄙而不教之也? 教之则善,本无类也。”④而朱熹则从孔子收徒不分人性善恶的角度来解释“有教无类”,他说:“人性皆善,而其类有善恶之殊者,气习之染也。故君子有教,则人皆可以复于善,而

---

① 《史记·孔子韩非列传》。

② 冯友兰:《中国哲学史》上册,中华书局 1961 年版,第 72 页。

③ 张良才:《孔子的教育平等思想及其现代价值》,《孔子研究》,1997(1),第 35—36 页。

④ 《论语义疏》。

不当复论其类之恶矣。”①从孔门弟子的情况来看，体现了诸多的“不分”，如不分等级、不分地域、不限年龄、愚智等。从地域来看，孔子弟子以鲁人为最多，来自卫、齐、楚、陈、秦、晋、宋、蔡等国的也不少。从出身情况来看，孔子弟子则又分属于不同的阶级和阶层。这其中既有贵族出身的孟懿子、南宫敬叔，也有出身低微和贫贱的，贫者如颜渊，过着“一箪食，一瓢饮，在陋巷”的清贫生活，子张出身“鄙家”。但也有十分富有的大商人，如子贡“家累千金”，“结驷连骑”②。从学生的个性方面来看，既有“回也闻一以知十”，也有“赐也闻一以知二”③，还有“柴也愚，参也鲁”④，等等。这充分说明，孔门私学对任何人都是平等看待的，孔子私学的大门向任何人都是敞开的。

孔子创办私学，致力于教育，是与他的“为政在人”的政治思想分不开的。办学的目的是培养智、仁、勇的君子，通过“学而优则仕”的方式，治国安民，实现自己的政治理想。从这个意义上说，孔子办私学是其谋求干政的一个重要组成部分。

孔子“以诗、书、礼、乐教弟子”⑤，其主要的教学方法就是讨论、问答。《论语》一书，是孔门弟子记录整理的孔子言论集，多数内容是孔子对学生所提问题的回答。当然也有孔子发问、学生回答的记录。论题不仅涉及到政治、经济、军事、文化、教育等，而且也包含历史与现实、制度与教化、修身与治国等方面。有些问题，不仅反复论辩，而且答案也因人而异。《论语·颜渊》记载，樊迟问仁，子曰：“爱人。”颜渊问仁，子曰：“克己复礼为仁。一日克己复礼，天下归仁矣。”仲弓问仁，子曰：“出门

① 《论语集注·卫灵公注》。
② 《史记·仲尼弟子列传》。
③ 《论语·公冶长》。
④ 《论语·先进》。
⑤ 《史记·孔子世家》。

如见大宾，使民如承大祭。己所不欲，勿施于人。”司马牛问仁，子曰：“仁者，其言也讱。”同一个问题，不同的回答，体现了孔子因材施教的教育思想。弟子在问问题的同时，不仅了解了孔子的看法，也发表了自己的意见。《论语·先进》记载：子路、曾皙、冉有、公西华侍坐，孔子问了他们各自的志向，四位弟子一一作答。孔子不仅了解了他们的志向和兴趣，也发表了自己的意见。《论语·公冶长》记载，孔子对颜渊、子路说：“盍各言尔志？”两人作答后，子路又对孔子说：“愿闻子之志。”孔子就对他们说出了自己的志向：“老者安之，朋友信之，少者怀之。”这种谈话问答，可以说是孔子考察弟子的方式。《后汉书·郑玄传》曾说：“仲尼之门考以四科。”四科：一曰德行，二曰言语，三曰政事，四曰文学。① 汉代史学家司马迁在《史记·仲尼弟子列传》中也说：“孔子曰：‘受业身通者七十七人’，皆异能之士也。德行：颜渊、闵子骞、冉伯牛、仲弓。政事：冉有、子路。言语：宰我、子贡。文学：子游、子夏。”从《论语》中可知，孔子对其弟子的才能、志向、优点、缺点是了如指掌。当鲁国大夫季孙氏向他了解孔门弟子情况时，他回答说：“由也果，于从政乎何有。……赐也达，于从政乎何有。……求也艺，于从政乎何有。”②当孟武伯问孔门弟子情况时，孔子又说：“由也，千乘之国，可使治其赋也。”“求也，千室之邑，百乘之家，可使为之宰也。”“赤也，束带立于朝，可使与宾客言。”但他们三个人都“不知其仁也”③。

孔子通过观察、谈话等方式来了解弟子，一方面是为了更好地因材施教，另一方面也是对学生的学业进行督促检查。这虽然不能称之为严格意义上的考试，但却是春秋战国时期私学

---

① 《论语·先进》。
② 《论语·雍也》。
③ 《论语·公冶长》。

中最常见的重视考查学生分析问题和解决问题能力以及了解学生实际才能的有效方法。孔门弟子,“大者为师、傅、卿、相,小者为教士大夫,或隐而不见”①。这说明,在当时动荡不安的乱世,孔门弟子以其真才实学而被诸侯大夫重用,为时代的进步贡献着自己的才智。

不仅孔门私学,与其同时代的墨子私学以及其后的孟子私学、荀子私学等,也都是以注重实际才能的培养为办学宗旨,他们对弟子的考核不一定拘于固定的形式,而是在日常的生活、郊游、言谈、问答中进行。私学在春秋战国时期之所以长盛不衰,就是因为私学大师重视言传身教,能够培养出德才兼备的“君子”、“贤士”,能为统治者不断输送治国安民的人才。而春秋战国特定的历史条件,也为他们提供了施展才华的大好时机。“朝为田舍郎,暮登天子堂”已屡见不鲜。“士”既然成为一种职业,而且身价很高,所以不少人争相学做士,希望有朝一日也能通过“学而优则仕”的途径踏上仕途。因之,出现了诸子之学骤兴、百家风起云涌的局面,从而推动了我国古代文化和教育的大发展。

三、稷下学宫的考试

稷下学宫,诞生于战国时期的齐国。稷是指齐国都城临淄的稷门(西门)。齐国在稷门下所设立的学校,称之为“稷下学宫”,也称“稷下之学”。它是我国封建社会第一所由政府设立的在用士养士基础上发展起来的高等学校,既是学者讲学读书的地方,又是培养封建官吏的场所,是当时东方的文化教育中心。

(一) 稷下学宫的兴衰

稷下学宫草创于齐桓公当政之时(公元前375至公元前

① 《史记·儒林列传》。

357 年)。齐威王以人才为“明珠”①,不爱珠宝爱人才,并且能够广开言路,大兴稷下之学,吸引了各国学者纷纷来齐。据史书记载,齐威王为了广开言路,曾下达一条谕令:“能面刺寡人之过者,受上赏;上书谏寡人者,受中赏;能谤议于市朝,闻寡人之耳者,受下赏。”②如孙膑,在魏国受膑刑而在齐却受到礼遇,不仅“齐将田忌善而客待之”③,而且,威王也立孙膑为军师。孙膑为齐国当时确定东方霸主的地位立下了汗马功劳。齐宣王在位时(公元前 320 至公元前 302 年),是齐国历史发展的鼎盛时期,也是稷下学宫的鼎盛时期。齐宣王一方面任用田婴为相,加强政治军事实力,同时大力发展经济,以增强物质基础;另一方面,齐宣王又提出了“愿得士以治之”的文化政策,大力发展稷下学宫。据载:“宣王喜文学游说之士,自如邹衍、淳于髡、田骈、接舆、慎到、环渊之徒七十六人,皆赐列第为上大夫,不治而议论,是以稷下学士复盛,且数百千人。”④齐湣王当政时期(公元前 301 至公元前 284 年),由于湣王一意孤行,不肯接受稷下先生的建议,致使稷下学士相继离去,稷下学宫由盛而衰。齐襄王和齐王建当政时,齐国大势已去,稷下学宫也江河日下,终与齐国一同灭亡。

(二)稷下学宫的教学活动

郭沫若先生曾经指出:“稷下之学的设置,在中国文化史上实在是有划时代的意义,它似乎是一种研究院的性质,和一般的庠、序、学、校不同。发展到能够以学术思想为自由研究的对象,这是社会的进步,不用说,也就促进了学术思想的进步。”⑤

---

①② 《资治通鉴》卷 2。

③ 《史记·孙子吴起列传》。

④ 《史记·田敬仲完世家》。

⑤ 郭沫若:《十批判书·稷下黄老学派的批判》,科学出版社 1956 年版,第 153—154 页。

来齐的稷下学士有儒家、道家、阴阳家、法家、名家、小说家等，诸子百家畅所欲言，各抒己见，他们在著书立说的同时，还讲学授徒，为齐统治者提供时政咨询，稷下学宫为天下学者提供了充分展示才能的舞台。

齐国统治者创办稷下学宫，其目的在于广揽人才，使天下贤人集中于齐并为齐所用，进而完成一统天下的历史重任。用齐王自己的话来说，即"有智为寡人用之"①。徐干《中论·亡国》记载："齐桓公立稷下之官，设大夫之号，招致贤人而尊崇之。"正是由于齐统治者开明的文化政策，使得当时社会上所存在的不同学派在稷下学宫都有了一席之地，也为稷下学者著书立说提供了最好的机遇与条件。所以，《史记·孟子荀卿列传》说稷下学者"各著书言治乱之事，以干世主，岂可胜道哉！"《汉书·艺文志》中著录了一部分出于稷下的著作及篇数，它们对中国古代思想发展产生了极为重要的影响。大多数稷下先生既是学者又是教师，他们在著书立说的同时，也讲学授徒。一方面，在战国时期，求知问学似乎是士人踏入仕途的唯一途经，为了在社会上争得一席之地，士人便踊跃求学；另一方面，稷下先生们为了使自己的学派得以延续，思想学说得以传播和发展，便广泛招收弟子。这种双向选择的成功结合，促进了齐之稷下的教育繁荣景象。有关资料均表明，在稷下学宫有众多的师生在开展教学活动。如淳于髡，齐王立"淳于髡为上卿。赐之千金，革车百乘，与平诸侯之事"②。他去世的时候，为其奔丧的弟子竟达3000人之多。孟子出行，也是"后车数十乘，从者数百人"，孟子准备离齐他适之时，宣王不惜"养弟子以万钟"为挽留条件。田骈为稷下先生时，"赀养千钟，徒百人"③。

①② 《说苑·尊贤》。

③ 《战国策·齐策一》。

其他著名学者，如儿说、慎子、接子、荀子等，也都有众多门徒。因而有学者称稷下学宫为“跨国性”的大学，也是不无道理的。

正是由于学生众多，学派林立，为了便于管理，稷下学宫还订立了学生守则——《管子》中的《弟子职》。关于《弟子职》的性质，历来颇有争议。清人洪亮吉在《弟子职笺序》中，认为是“古塾师相传以教弟子”。清人庄述祖也持相同观点。郭沫若则认为：“《弟子职篇》当是齐稷下学宫之学则，故被收入《管子》书中。此中弟子颇多，先生亦不止一人，观其‘同嗛以齿’及‘相要以齿’可证。且学中有‘堂’有‘室’，有寝有庖，师徒均食息其中，规模宏大，绝非寻常私塾可拟。”①郭沫若的这种推断，目前在国内学术界已基本达成共识。同时，通览《弟子职》全篇，其中的许多思想主张如尊师隆礼、谦恭虚心等，与在稷下“三为祭酒”的儒家人物荀子的思想主张如出一辙。通过《弟子职》可以看出，稷下学宫的教学与管理具有以下特点②：

第一，把尊师重道教育贯穿于日常生活与教学之中，追求传授知识与培养伦理道德规范的协同一致。

尊师重道，是《弟子职》的主体思想，强调师与道原本浑为一体，求学信道必须尊师，尊师则必须虚心。这就要求弟子在日常生活中对老师要处处体现出一个“敬”字。因之，在《汉书·艺文志》中，又将《弟子职》列入孝经类，因为《弟子职》要求学生视师如父，体现了孝的一种精神实质。当然，稷下学宫的这种尊师重道的风气并不是孤立存在的，而是与齐国乃至整个战国时期各诸侯国礼贤下士的社会风气相联系的，也是齐国的优良传统在稷下的体现，同时，也可理解为儒家“贤人政治”理想的渗透。教师在齐之稷下，享受着齐王最为优厚的礼遇。齐王

① 郭沫若：《管子集校》，科学出版社1956年版，第956页。

② 张良才：《从〈弟子职〉看稷下学宫的教学与管理》，《管子学刊》，1994(3)，第40—42页。

之举似一道无声的命令，群臣百姓自然会争相效法，形成了尊师重道的社会风气，而这种风气也自然会影响到稷下学宫的校风，二者互为表里，相得益彰。

第二，重视教学规程的建立，追求课堂教学与课外辅导的统一。

稷下的日常教学活动也是井井有条的。《弟子职》对课堂教学与课外辅导都有所要求，但是《弟子职》并未对学生必须听什么课作出规定。也就是说，在稷下，教与学同时都有比较大的自由度，不同学派之间的弟子可以自由选取所学科目，不受门户之见的限制，这在一定程度上又促进了诸家学说的融合。

第三，重视学校的卫生教育，培养学生文明、礼貌的行为习惯。

稷下学宫是一所规模宏大的寄宿制学校，师生人数众多，且来自不同国家和地区，有着不同的风俗与习惯。为了保证教学与研究活动的正常进行，《弟子职》在饮食起居、衣着仪表等方面作了相应的规定，甚至对洒扫应对也提出了一些细节要求，等等。《弟子职》是以四言对仗的格式编写而成的，对后世的影响是很大的，中国古代的一些童蒙读物也多以这种方式出现。更重要的是，《弟子职》从一个方面说明了稷下学宫的确是一所颇具规模的学校。

（三）稷下学宫的考试——期会

稷下学者于稷下除了教学与研究之外，还举行定期的集会，邀约各国的学者来稷下进行学术交流，是为常规性的学术活动。刘向《别录》指出："齐有稷门，城门也。谈说之士期会于稷下。"①"期会"意谓按约定的时间定期举行集会。各国学

① 《史记·田仲完世家》集解引。

者云集稷下，通过“期会”的形式聚集一堂，进行学术交流，其表现形式则是演讲与辩论。各派学者无不抓住这一有利机会，向大家宣扬本学派的观点和学说，促进了各学派之间的互相了解与吸收。同时，也必然引起不同学派的碰撞与冲突，论辩自然不可避免。稷下学者大都具备雄辩才能，利用各自的辩论技巧，试图在辩论中攻破对方学说的防线，使对方露出破绽，从而巩固和提高本学派的地位。在辩论中，各派互相攻讦，各持己见，形成了百家争鸣的繁荣景象。因而涌现了一批名垂千古的雄辩家，如史称淳于髡为“炙毂过髡”，邹衍为“谈天衍”，田骈为“天口骈”①。名家更是以善辩而著称，如儿说“持白马非马也，服齐稷下之辩者”②。田巴“服狙丘，议稷下，毁五帝，罪三王，服五伯，离坚白，合同异，一日服千人”③。宋妍、尹文也是“上说下教，虽天下不取，强聒而不舍”④。年仅 12 岁的鲁仲连，史称“笑谈却秦军”，是战国政治舞台上的活跃人物，时称“千里驹”。他不满意于名家的不涉时务的空谈，对田巴进行了面对面的反驳，他说：“堂上不奋，郊草不芸，白刃交前，不救流失，急不暇缓也。今楚军南阳，赵伐高唐，燕人十万，聊城不去，国亡在旦夕，先生奈之何？若不能者，先生之言有似枭鸣，出城而人恶之。愿先生勿复言。”鲁仲连的一席演讲，竟使得“一日服千人”的田巴从此“终身不谈”⑤。鲁仲连与田巴之辩，既是儒家与名家之辩，又是学生与先生之辩。

儒家的孟子、荀子都属于善辩者之列。为了捍卫和发展儒家学说，他们都积极参与辩论。孟子曾说：“岂好辩哉？予不得

---

① 《史记·孟子荀卿列传》。
② 《韩非子·外储说左上》。
③⑤ 《史记·鲁仲连列传》。
④ 《庄子·天下》。

已也。"①又说:"能言距杨墨者,圣人之徒也。"②孟子以"息邪说"、"放淫辞"为己任,儒学在战国中期的百家争鸣中能够挺立潮头并得以延续和发展,与孟子的努力有着最为直接的关系。荀子曾在稷下担任意为学术领袖的"祭酒",更是对"辩"予以高度肯定。他说:"其谁能以己之潐潐,受人之掝掝哉?"③又说:"君子必辩,凡人莫不好言其所善,而君子为甚。"④荀子的谈说之术强调的是"言必当理",并以此来批驳其他诸子学说,并宣扬儒家的礼义学说。荀子说:"言必当理,事必当务,是然后君子之所长也。"⑤据此,他对邓析、惠施等的"琦辞怪说"提出了批判,他指出:"君子行不贵苟难,说不贵苟察,名不贵苟传,唯其当之为贵。……山渊平,天地比,齐秦袭,入乎耳,出乎口,钩有须,卵有毛,是说之难持者也,而惠施、邓析能之,然而君子不贵者,非礼义之中也。"⑥

荀子通过论辩这种形式,阐发了孔子"为国以礼"的学说,以礼义作为评价诸子之学的标准。也由于荀子崇高的学术地位,使儒家思想在稷下学宫居于一个显要的地位。

毫无疑问,稷下期会争鸣的形式不拘一格。既有不同学派之间的辩论、相同学派内部之间的论争,也有先生之间的论争、学生之间的论争、先生与学生之间的论争,简直是五花八门。参加争鸣的各派,在争鸣中又可取人之长,补己之短。诚如刘向《别录》中所言:"胜者不失其所守,不胜者得其所求。"⑦

从另一种角度看,稷下学宫的期会争鸣也是一种考试方

①② 《孟子・藤文公下》。

③⑥ 《荀子・不苟》。

④ 《荀子・非相》。

⑤ 《荀子・儒效》。

⑦ 《史记・平原君列传》集解引。

式。在争鸣之中，不同的学派、不同的身份都展示了各自的学识和见解，以争取更大的学术声望和政治资本，为参政和干政奠定基础。

第二章 秦汉时期山东的学校考核与选士制度

公元前221年，秦灭掉六国，结束了长期以来诸侯分裂割据的局面，推行郡县制度，建立起统一的中央集权的君主专制政权。为维护和巩固统治，秦代采取了一系列措施。在文教方面，实行"书同文"、"行同伦"的政策；在统治思想上，则继续以法家主张为核心，采取了禁私学、禁游宦，焚百家之书，以法为教、以吏为师的政策。其结果是大大激化了各种社会矛盾，导致了秦王朝的迅速灭亡。

公元前206年，秦王朝在农民起义的浪潮中被推翻。四年后，刘邦建立了西汉王朝。汉代初期，统治者借鉴秦朝迅速灭亡的教训，实行以"无为而治"、"顺任自然"、"休养生息"为特色的"黄老政治"。到西汉中期，由于社会条件的变化，以及各种矛盾的日益滋长，统治者开始实施"推明孔氏，罢黜百家"的文教政策，推行有为政治。这一政策不仅使教育在社会政治生活中的地位空前提高，使儒学在官学和私学教育的各个方面都处于主导和支配的地位，而且使儒学逐渐成为学术和修养的主要表现。汉代"独尊儒术"的文教政策，对此后2000余年的中国历史产生了极其深远的影响。

山东本是儒学的故乡，是儒家活动最频繁也最深入的地区，自古以来就有浓厚的崇儒好学之风。作为全国首屈一指的礼仪之邦，即便在禁绝私学的秦代以及战乱时期，山东地区也保持着弦歌不衰的优良传统。例如汉高祖五年（公元前 202 年），汉军引兵围鲁时，"鲁中诸儒尚讲诵习礼，弦歌之音不绝"①。在汉代"独尊儒术"的背景下，山东教育发展得更为迅猛。尤其是以儒家道德为标准的人才选拔政策的推行，不仅深深地影响了山东的教育，而且进一步熔铸了山东好学乐学的社会风尚。

第一节　山东地方教育的发展状况

儒学以聚徒讲学的教育活动见长。自儒家学派创立始，这一传统就一直传承下来，即使在秦朝禁游宦、禁私学之时，儒者也在民间从事着教学授徒的活动。汉初六十余年间，政治学术气氛宽松，儒家私学得到了迅速发展。自汉武帝采纳董仲舒"兴太学以养士"的建议后，山东地区官方和民间的儒家教育活动更加活跃。

一、秦汉时期山东经学教育的发展概况

在秦始皇统一天下以后的大部分时间里，固然非常重视法吏，但也兼用儒生甚至方士。明代焦竑曾经说："秦时，未尝不用儒生与经学也。"众所周知，秦始皇曾有过"焚书坑儒"的粗暴之举，使儒学遭到了空前的灾难，但是，若由此认为整个秦代都是儒学发展的灾难时期，秦代山东的教育被破坏殆尽，则是

① 《汉书·儒林传》。

一种片面的看法。事实上，"焚书坑儒"事件的发生，已是秦始皇称帝的第十年，亦即秦王朝的后期。此前，秦在思想文化上还是相当自由的，学术文化氛围也相当宽松，儒学在秦王朝文化中占有相当的分量，只不过不是秦的政治主导思想而已。

从史书记载来看，秦朝的博士和诸生，以齐鲁之地者居多；儒家私学设教，弟子也以齐鲁之人居多。《史记·儒林列传》中说，虽然战国后期各国统治者戮力于征战，儒术不被当权者看重，被看成是"迂远而阔于事情"的学说，"然齐鲁之间，学者独不废也"。他们"咸遵夫子之业而润色之，以学显于当世"，"夫齐鲁之间于文学，自古以来，其天性也"。因此，战争期间，山东就成了培养儒者的大本营和儒者的储藏地。只要统治者征用儒者，齐鲁人才的优势马上就凸显出来。事实上，天下统一之后，被秦始皇征用的博士诸生，多是出自齐鲁之地的。史书记载的博士叔孙通、伏生以及淳于越等，都是今山东人。叔孙通，薛人，是孔子九世孙孔鲋（孔甲）的弟子，以通达权变而著称，能审时度势，知时变通，曾以文学被秦征为待诏博士。①伏生，即伏胜，济南人，自幼攻读《尚书》，秦统一后，被召为博士，曾冒着生命危险，将《尚书》藏于墙壁之中。博士淳于越是齐人，曾与仆射周青臣在朝堂上论辩，力主实行分封制，结果引出了秦始皇的焚书，山东教育由此遭受重创。

秦朝灭亡，汉朝建立，山东教育迎来了一个发展的新局面。《史记》记载说，"叔孙通之降汉，从儒生弟子百余人"。汉初，叔孙通曾自告奋勇，请刘邦允许他"征鲁诸生，与臣弟子共起朝仪"。这说明，即使在秦末，山东的教育活动也未曾中断。汉初至武帝之前的六十余年间，由于统治者采取自由宽松的文教政

① 赵承福主编:《山东教育通史》(古代卷)，山东人民出版社 2001 年版，第 266 页。

策，山东的地方教育得到了进一步的恢复和发展。

山东的教育以儒学传授为特色，儒学传授则主要表现为儒家经学的传授。两汉时期的经学传授，在武帝之前，主要形式是私学；武帝之后则是私学与官学并行不悖。两汉经学有今文经学和古文经学之分。今文经学多为汉初凭经学大师的记忆、背诵，以汉时通行的隶书抄录而成的儒家经典，发展在先；古文经学则是依据从地下或孔壁中挖掘出来，或通过其他途径保存下来的儒经藏本，以先秦的古文写成，发展在后。两种经书不仅书写字体不同，字句、篇章、解释以及所记古代制度、人物评价也多有不同。汉武帝设立太学，置五经博士教授弟子，博士所讲均为今文经学；光武帝所立十四博士，也都是今文经学。今文经学讲求微言大义，强调维护封建大一统，但因为拘泥于师承家法，后流于烦琐荒诞。汉初只有今文经学，并无古文经学。汉武帝时，鲁恭王拆孔子旧宅以广其宫室，得到曲阜的孔子九世孙孔鲋于墙壁中所藏的古文《尚书》、《礼记》、《论语》、《孝经》等典籍，均是古文写成；秦博士伏生在焚书时，亦将《尚书》藏于墙壁之中，“秦时焚书，伏生壁藏之，其后兵大起，流亡。汉定，伏生求其书，亡数十篇，独得二十九篇，即以教于齐鲁间”①。此外，河间献王刘德也向朝廷献出了很多古文典籍，古文经学即依据此类典籍发展起来。

古文经传主要有《费氏易》、《古文尚书》、《春秋左氏传》、《逸礼》、《周官》等，但其文本自各地搜集上来之后一直藏于秘府，没有立于官学，其学说仅在民间私相传习。西汉中期，刘歆对古文经学进行了研究，曾欲立《春秋左氏传》、《毛诗》、《逸礼》、《古文尚书》博士，遭到今文经学博士的反对。东汉光武帝立十四博士，再次确立了今文经在官学中的统治地位。后

① 《史记·儒林列传》。

来，韩钦、陈元、贾逵等均为古文经张目，但最终都告失败；《左氏》曾立而旋废，其他均未立博士。不过，汉章帝还是在一定程度上接受了贾逵的主张，下诏令诸儒选高才生随贾逵受《左氏》、《古文尚书》、《毛诗》等，服虔、马融等经学大师均推崇古文经，马融还将古文经传授给郑玄。整个东汉时期，古文经虽未立于官学，但在民间极为盛行，声势比今文经要大得多。古文经的特点是训诂有据，不凭空臆说，偏重名物考证，倡导文字学和考古学，被后世称为“汉学”。

以上是两汉经学的大体状况，就山东经学的整体状况来说，西汉主要是今文经学的天下，东汉时期则古文经学较盛。就《诗》学传授而言，鲁诗的创始人是申培，其师是荀卿的弟子浮丘伯。浮丘伯是齐人，与李斯一同师事于荀子，后居住于曲阜讲学，其知名弟子有穆生、白生、刘交和申培。申培是鲁人，汉文帝立为博士，晚年被汉武帝以厚赐招入朝廷，传《诗》的同时，又兼传《谷梁春秋》。其门徒很多，自远方至受业者千余人，为博士者十余人，有的担任了朝廷的重要官员。就其山东弟子而言，兰陵人王臧官至郎中令，曲阜人孔安国至临淮太守，都很有清名政声。其他山东弟子有瑕丘人江公、兰陵人缪生、鲁人许生等。瑕丘江公学于申公后，在家教授，其学传于子孙。汉宣帝爱好《谷梁》，征其孙为博士，并将《谷梁传》立于官学。许生的弟子韦贤，是鲁国邹人，号称邹鲁大儒，被征为博士、给事中，曾给汉昭帝讲《诗》，汉宣帝时位至丞相，封扶阳侯，一家八代，世传《鲁诗》，并且世代封侯袭爵，少子韦玄成也以明经至丞相。许生的另外一位弟子王式，东平人，师事鲁许生，是申培的再传弟子。王式曾为昌邑王刘贺授《鲁诗》，后昌邑王因荒淫被废，不能为昭帝后嗣，王式也牵连下狱，获释后居家，学子慕名前来求学，山东弟子有山阳人张长安、东平人唐长宾等，后均为博士。博士们闻王式德高才广，向朝廷推荐，汉宣帝于

是下诏拜王式为博士官。弟子张长安官至淮阳中尉，并将《鲁诗》传授给其侄子游卿，游卿以《诗》授汉元帝。以《鲁诗》授汉元帝的是另外一位山东经师高嘉，其子高容、其孙高诩均承其学。传《鲁诗》的高诩不肯为王莽新朝做官，东汉建立后才入京为官，后拜为博士，迁为大司农，位列九卿。东汉山东传《鲁诗》有名者是任城人魏应，光武帝初年入太学，学《鲁诗》，以刻苦用功闻名，汉明帝时任太学博士。他一边为官，一边收授门徒，弟子达数千人。汉章帝对魏应特别尊重，在其主持的白虎观经学会议上，让魏应专掌难问，可见其水平之高。

汉初，《诗》学分为鲁、齐、韩、毛四家，齐诗学的开创者是齐人辕固生，汉景帝时，以治《诗》为博士。辕固生门徒很多，其中最有名的弟子是鲁人夏侯始昌。夏侯始昌兼通五经，明于阴阳。东海郯人后苍，受业于夏侯始昌，汉武帝以明经擢其为博士，汉宣帝时官至少府，生平以《齐诗》、《礼》教授，弟子众多，传《诗》于翼奉、萧望之、匡衡、白奇等。萧望之是东海兰陵人，曾为太子太傅，主持过汉宣帝时期的石渠阁经学会议。匡衡是东海承县（今山东枣庄）人，汉元帝时期的博士，少时苦学，有“凿壁偷光”的故事，后累官至相，封乐安侯，主张以礼教民，推行教化。匡衡又传琅琊人师丹、伏理，伏理又以家传的方式传于伏湛、伏黯，伏黯传伏恭。这样弟子承传，形成了《齐诗》翼、匡、师、伏之学。除齐、鲁诗之外，山东山阳人张匡还传《韩诗》，北海胶东人公沙穆也习《韩诗》，东海人卫宏则传《毛诗》。

今文《尚书》的最早经师是济南经学博士伏生（伏胜）。汉初，他以壁藏《尚书》教于齐鲁之间。关于《尚书》的传授，《后汉书·儒林传》记载说：“济南伏生传《尚书》，授济南张生及千乘欧阳生，欧阳生授同郡倪宽，宽授欧阳生之子，世代相传，至曾孙欧阳高，为《尚书》欧阳氏学；张生授夏侯都尉，都尉授族子始昌，始昌传族子胜，为大夏侯氏学；胜传从兄子建，建别为小夏侯氏学。”欧阳生即欧阳和伯，专心授业，不仕于朝，汉代今文《尚书》三大流派主要出于欧阳氏。汉代《尚书》学四大流派之一《古文尚书》的最初传人是孔子后裔孔安国，《古文尚书》在两汉未立学官。汉武帝时，孔安国以治《尚书》为博士，千乘人倪宽事欧阳生，后被郡国选为博士，成为孔安国的弟子。另外，东汉孔子后裔孔僖也治《古文尚书》，承其家传。

《礼》的传授始自鲁人高堂生。《史记·儒林列传》云：“诸学者多言《礼》，而鲁高堂生最本。《礼》固自孔子时而其经不具，及至秦焚书，书散亡益多，于今独有《士礼》，高堂生能言之。”《士礼》即今存《仪礼》。汉武帝时，高堂生曾任《礼》博士。高堂生授瑕丘萧奋，奋授东海孟卿，卿授东海郯人后苍，苍授梁人戴德、戴胜和沛人庆普，于是，《仪礼》分为大戴、小戴、庆氏三家。据《汉书·艺文志》记载，当时三家都立于学官。山东之地，东汉时期治《礼》者有曹充，曹充治《庆氏礼》，为《庆氏礼》作章句辩难，传子授徒，于是《庆氏礼》大兴于世。其子曹褒亦精通《庆氏礼》，著述丰富，门徒众多，教授徒弟有千余人。

《易》在汉代的承传始于田何。田何是齐淄川人，秦始皇焚书时，因《易》为卜筮之书，不为秦代所禁，所以传授不绝。田何的弟子有东武人王同、洛阳人周王孙、梁人丁宽、齐人服生、梁人项生。丁宽授砀人田王孙，田王孙授沛人施雠、东海兰陵人孟喜、琅琊诸人梁丘贺，于是，《易》有施氏、孟氏、梁丘氏之学。孟氏之学传于梁人焦延寿，焦延寿以授京房，于是又有京氏之学。所以，今文《易》分为四家，西汉时均立于学官。孟喜、梁丘贺都是山东人。西汉末年，东莱人费直以治古文《易》出名，创立《费氏易》，其弟子以琅琊人王横最为出名，马融也是《费氏易》的传人。另外，还有东汉后期的济阴成武人孙期，也崇尚易学，是《京氏易》的传人。

《春秋》在西汉初年分为五家，即左氏、公羊、谷梁、邹氏、夹氏，后两家因无师、无书而不传。左氏是古文经学，只在民间流传，只有今文经的公羊、谷梁立于学官。汉初传《公羊春秋》最早的山东经师是齐人胡母生，其弟子多为齐地学者，淄川人公孙弘就是其有名的弟子。山东人多慕董仲舒之名而从之，如兰陵人储大、东平人嬴公都是董仲舒的弟子。嬴公弟子眭弘是鲁国人，学《公羊春秋》，为昭帝和宣帝时的博士，其弟子有百余人，东海人严彭祖和鲁人颜安乐都是其出名的弟子。严彭祖创立了严氏《公羊春秋》，颜安乐创立了颜氏《公羊春秋》。山阳人丁恭、北海安丘人甄宇、周泽都是东汉治《严氏春秋》的著名学者。任城人何休也是治《公羊春秋》的著名学者，他的《春秋公羊解诂》是东汉时期公羊学最著名的著作。申培的弟子瑕丘江公则是汉初《谷梁春秋》的唯一传人，汉宣帝时征他入朝，拜为博士，主讲《谷梁》，经过石渠阁会议上的辩论，宣帝设立《谷梁》博士，谷梁学跻身于西汉官学之列，从此，谷梁学大行于世。西汉后期的琅琊人房凤也是谷梁学的重要代表。

两汉经学有今古文之分，今文经学一直处于官学统治地位，但到了东汉，古文经学在民间大盛，今文经学则因其烦琐荒诞而日益走向衰落。东汉后期，山东经学大师郑玄统一了今古文。郑玄是北海高密人，汉代经学的集大成者，自幼刻苦好学，博学多识，号称神童，年轻时遍观群书，曾师事大经学家马融，又与何休相辩驳。他对汉代各家经说采其所长，超越今古文之争，打破各家藩篱，遍注群经，对汉代经学进行了一次大总结。他一生授徒传业，齐鲁学者均以之为宗，其门徒众多，对后世影响极大。正如范晔所评价的："自秦焚六经，圣文埃灭。汉兴，诸儒颇修艺文。及东京学者，亦各名家。而守文之徒，滞固所禀，异端纷纭，互相诡激，遂令经有数家，家有数说，章句多者或乃百余万言。学徒劳而少功，后生疑而莫正。郑玄括囊大典，网罗众家，删裁繁诬，刊改漏失，自是学者略知所归。”①

二、山东地方官学状况概述

由上可见，就两汉时期的经学传授而言，山东有着举足轻重的地位，占据着极大的比例。山东的地方官学，与此也非常相似。所谓地方官学，是指各地当局主办的、按照地方行政建制设立的学校。地方官学始自先秦，西周时即有“古之教者，家有塾，党有庠，术有序，国有学”的记载，有较为完整的地方学校体系。春秋战国时期，地方官学日益衰废；秦代不注重地方官学的设置，汉初亦然。直到“文翁兴学”之后，汉代的地方官学才渐次恢复设立。不过，这种设立并非强制性、指令性的，而是带有明显的“诱进”、提倡色彩，且相关制度缺位，亦无正规的学业考试或考核要求。因此，此处只能就山东地方官学的整体状况作些简要叙述。

总的来看，就经学传授而言，两汉私学的发展状况明显要盛于官学。而在整个官学体系中，最高统治者主要致力于中央官学的办理，对于地方官学则没有制度性的具体规定和指令性的督办措施，也没有统一的规划和要求。因此，汉代地方官学的设置并不普遍，其制度建设也谈不上健全，办学资金难以切实保障，在教学、考核、师资管理等方面随意性较大。事实上，汉代有志求学的青年，多是不远千里赴京师太学学习，或投奔各地私学大师的门下，而不是入地方官学学习。清人赵翼分析说：“盖遭秦灭学，天下既无书籍，又少师儒，自武帝向用儒学，立五经博士，为之置弟子员。宣帝因之，续有增置。……盖其时郡国虽已立学，……然经义之专门名家，惟太学为盛，故士无有不游于太学者。及东汉中叶以后，学成而归者，各教授门徒。

① 《后汉书·郑玄传》。

每一宿儒门下，著录者至千百人，由是学遍天下矣。”①值得注意的是，此处所言的“学遍天下”乃是私家教学的功劳所致，而不是地方官学的成就。

那么，汉代地方官学的整体状况如何呢？作为尚处于初创状态的学校类型，汉代地方官学的招生不像太学那样，有朝廷明文规定的标准和一定的录取途径，而是由地方当局自行掌握，往往是广延生徒、来者不拒。如，琅琊地方学校就“有远方及国内诸生四百余人”。学成后的出路如何，是决定学生入学积极性的关键因素。汉代地方官学是由地方长官自主创办的，因而他们会尽力提拔录用自己的学生，但是，地方长官的用人权力是有限的，一般只能将学生录用为没有制度保障的“散吏”之类，加之汉代中央官学与地方官学尚未建立起衔接制度，即《文献通考·学校一》中所说的“乡里学校人不升于太学”，故而地方官学学生的出路是相当有限的。另外，察举制对地方官学的学生也没有制度上的优待，即是说，学生无论是出自官学、私学抑或是自学，朝廷在选用制度上都一视同仁。因此，学习者就不必一定要进入地方官学学习。换言之，地方官学学生的质量并不甚高。

汉代地方官学的学生来源质量既如上述，那么，官学教师的状况又如何呢？史料表明，地方官学中的师资水平亦属一般，罕有名师。两汉时期，中央政府太学中的学术官称为博士。地方政府中从事教育的官员，称郡国文学，又有文学官、文学博士、文学祭酒、文学掾、文学掾史等称谓，简称“文学”。文学是地方学术官，职责与中央政府中的博士类似，除作为地方长官的学术顾问外，在建立地方官学之处，文学还负责进行教学活动，并向上司荐举“通明经术者”，推广教化，等等。汉代郡文

① 《陔余丛考·两汉时受业者皆赴京师》。

学的实际地位是很低的，资深文学的官秩才仅为百石，在正式官员中属于最低一级，远低于县丞和县尉（其最低待遇尚为二百石）。因此，稍有水平的经师即不愿做郡文学之类的微职，或者权以郡文学作为察举入仕的跳板，或者希望被立为中央官学的博士，或者干脆自设私学，教授经学。如山东任城人魏应，即“除济阴王文学，以疾免官，教授山泽中，徒众常数百人”①。山东曲阜孔庙之《乙瑛碑》则记载：“元嘉三年诏书，为孔子庙置百石卒史一人，掌主礼器。选年四十以上，经通一艺，杂试，能奉弘先圣之礼，为宗所归者。”经过激烈角逐，鲁相推荐任郡文学的曲阜人孔和担任此职，还被人们视为升迁。② 在此情形下，地方官学的师资状况就可想而知了。

正是由于地方官学的学生来源状况不佳，官学教师的学术水平也属一般，师资力量普遍薄弱，加之地方官学得不到朝廷经费的支持，各地官学的兴办就不仅取决于地方财政状况，更取决于地方长官的意愿、见识和积极性，因而各地官学的发展状况很不平衡。大体而言，文化底蕴浓厚、经济力量较强的地区，官学兴办得相对较好。事实上，虽然史料中有不少关于地方办学的记载，却未见朝廷有关于地方官学兴办的硬性要求，亦未见有地方长官直接因为办学成就突出而受到朝廷表彰、嘉奖或升迁的，这说明，汉代地方官学的兴办均是地方长官的自发行为。对地方长官而言，钱谷税收乃是为政之要务，兴办各种工程也立竿见影、效果显著，都比兴办官学重要得多。因此，汉代地方官学也就缺乏相应的制度建设，更谈不上对官学教学效果的考试、考察或考核。

对最高统治者而言，培养和网罗人才的任务靠太学基本上

① 《后汉书·儒林传·魏应》。

② 高文著：《汉碑集释》，河南大学出版社 1985 年版，第 174 页。

就可以实现，地方官学的作用主要是社会教化。董仲舒在《对贤良策》中即明确指出，“南面而治天下，莫不以教化为大务；立太学以教于国，设庠序以化于邑”，认为“养士之大者，莫大乎太学”，地方设庠序学校的作用则在于“化”，即教化一方、移风易俗。当今学者经过考察后也认为：“汉代地方官学的主要任务在于奖进礼乐，推广教化，不是像我们今天所理解的那种进行经常性教学的学校。它没有正规的课程设置，有的学官只有在一年的某些时节招集一些知识分子讲经，也有些知识青年常常自动地、个别地到学官那里去问业。地方官学对中央官学并没有从属的关系，师资也较差。”①这种概括是切合汉代地方官学实际情况的。

汉代地方官学的大体情况已如上述，那么，山东地区的状况又如何呢？应该说，建立地方学校，以广教化、育贤才，本是儒家的一贯主张。山东作为儒家学派的故乡，对此自然有着更为深刻的认识，因而，即便在地方官学教育不受重视的两汉时期，山东官学的设置也比其他地区普遍。例如，东海承县（今山东省枣庄市峄城区）人匡衡为平原郡学官时，“学者多上书荐衡明经，当世少双”。时人曾语之曰：“无说《诗》，匡鼎来；匡说《诗》，解人颐。”②汉成帝时，赣遂为齐郡的文学史，“教授数百人”。北海高密人郑玄，“少为乡啬夫，得休归，常诣学官，不乐为吏”③。曲阜《史晨后碑》记载，东汉桓帝建宁二年（公元169年），鲁相史晨于曲阜孔庙举行祭孔典礼，国、县各级官员并“泮宫文学先生、执事、诸弟子，合九百七人，雅歌吹笙，考之六

---

① 毛礼锐等著：《中国古代教育史》，人民教育出版社1979年版，第189页。

② 《汉书·匡衡传》。

③ 《后汉书·郑玄传》。

律，八音克谐，荡邪反正，奉爵称寿，相乐终日”①。可见当时曲阜的地方学校，其规模是相当大的。又如，管辂的父亲担任琅琊国即丘（今山东临沂）长官时，管辂“时年十五，来至官舍读书”，“黉（即学校）上有远方及国内诸生四百人，皆服其才也”，②可见当时临沂的官学，其规模亦相当可观。再如，至东汉中叶以后，政治局势动荡不已，很多地方已经无力顾及地方教育，然而山东地方长官在尽力守土的同时，仍然兴办学校。史载，孔融任北海（国都在今山东昌乐）相时，仍“更置城邑，立学校，表显儒术”③。由此可见，即使在战乱时期，山东也保持着浓厚可贵的好学之风。正因如此，作为儒学发源地的齐鲁教育，在士人的心目中享有极高的声望。如蜀郡太守文翁的兴学之举，被史家评价为“由是大化，蜀地学于京师者，比齐鲁焉”④。“武帝时，始为博士学官置弟子员。前此所谓博士者，虽有弟子，要皆京师自授其徒，其徒自愿受业，朝廷未尝有举用之法，郡国亦无荐送之例。而蜀化僻陋，非齐鲁诸儒风声教化之所被，故文翁遣其民就学。”⑤文翁的兴学业绩，却要用齐鲁作比较，可见山东文化教育之发达。

第二节　秦代的吏师制度与弟子考核

巩固统一和加强法制，是秦代政治的两个基本原则，也是秦王朝对文化教育实施管理、制定文教政策的指导思想。吏师制度作为秦王朝依托政权强力推行的基本教育形式，是统治者

① 高文著：《汉碑集释》，河南大学出版社 1985 年版，第 350—351 页。

② 《三国志·魏书·管辂传》注引《辂别传》。

③ 《后汉书·孔融传》。

④ 《汉书·循吏传·文翁》。

⑤ 《文献通考·学校七》。

巩固统一和加强法制的主要教育措施，也是考试制度在秦代的主要表现。这一制度，对山东地区的考试也产生了深刻的影响。

一、吏师制度出台的相关背景

秦在统一六国之前，就有崇尚法刑、轻视礼乐的传统。战国中期，商鞅变法，奖励耕战，倡导刑名之学，强调以法治取代礼制，认为“圣人之为国也，壹赏、壹刑、壹教。壹赏则兵无敌，壹刑则令行，壹教则下听上”①。主张“民勇，则赏之以其所欲；民怯，则杀之以其所恶。故怯民，使之以刑则勇；勇民，使之以赏则死。怯民勇，勇民死，国无敌者必王”②。将诗书礼乐等斥为“六虱”，同时提出设官置吏为天下师的主张，认为“圣人必为法令，置官也，置吏也，为天下师，所以定名分也”，并主张制度应随时而变，认为“圣人之为国也，不法古，不循今，因世而为之治，度俗而为之法”③。秦灭六国之前，韩非著《五蠹》、《说难》、《孤愤》，承袭商鞅的思想，薄礼义之教，斥私学“乱上反世”，明确将“以法为教，以吏为师”并提：“明主之国，无书简之文，以法为教；无先王之语，以吏为师。”④这样，“以法为教，以吏为师”作为相互依存的一项与秦国基本国策相一致的文教政策，逐渐被提到秦国的议事日程上来。

公元前221年，秦始皇兼并六国，一统天下，实施法教、吏师制度的条件逐渐成熟，加之六国贵族对自己的失势不满，儒生又喜欢谈古论今，危害统一。这就更加快了秦始皇将商鞅、韩非所提出的“以法为教，以吏为师”的思想变为现实的速度。

---

① 《商君书·赏刑》。

② 《商君书·说民》。

③ 《商君书·壹言》。

④ 《韩非子·五蠹》。

秦始皇三十四年(公元前213年),置酒咸阳宫,博士70人前来为之贺寿,儒学博士淳于越借机向秦始皇提出"师古"、"分封"的主张,结果引发了一场讨论。丞相李斯继承商鞅、韩非的思想,指出制度应随时而变,春秋时期诸侯并争、游宦盛行,而今天下一统,法令一出,要扭转"人闻令下,则各以其学议之,入则心非,出则巷议,夸主以为名,异取以为高,率群下以造谤"①的局面,必须禁私学,因为"私学相与而非法教",并提出焚烧诗书,以杜绝儒士借《诗》、《书》抨议政治,以非当世,同时指出,凡"欲有学法令,以吏为师"。吏师制度由此取代了其他教育形式,成为秦代教育领域一枝独秀的基本形式。

二、吏师制度的基本内容

吏师制度是秦朝培养官吏的主要方式,是以在职官吏(以基层官吏为多)充当教师,以国家法令条文为主要教学内容的教育制度。有关秦吏师制度的规定,在湖北云梦县睡虎地11号墓出土的秦代竹简中,其中有不少条文就曾涉及到。这是秦代推行吏师制度的明证,也是我国教育史的珍贵资料。根据记载,秦统一六国之前,在政府机构就设有专门训练吏员的教学场所——"学室",供人学习朝廷法律法令。这种学习具有垄断性,其他人不得入内。《睡虎地秦墓竹简·秦律十八种·内史杂》规定:"非史子也,毋敢学学室,犯令者有罪。"所谓"史",即秦国在政府机构中从事文字工作的低级文吏,"史子"则是"史"之弟子,亦称"学童"。由此可见,早在秦统一全国之前,秦国就已经设立"学室";入"学室"学习的人必须是"史"之弟子,否则就违背了规定,要受到处罚。如此规定,显然是"学在官府"在秦国的表现,也体现了秦律的严苛。秦王朝统一全国

① 《史记·秦始皇本纪》。

之后，在禁止各种学派和私学的同时，为了培养知法、执法、守法的官吏和驯民，在全国各地更加全面地推行了“吏师制度”。

此外，秦还专门制定《除弟子律》，就学吏弟子的管理、任用办法作了具体规定，如规定学吏弟子必须正式登记入籍，吏师有役使弟子的权力，对表现不好的弟子有除名的权力；同时也规定，吏师不能任意处理、役使或惩罚弟子，也不得阻止弟子除籍，或不予适当安排工作，否则吏师本人也要受到“耐刑”、“资一甲”、“二甲”等方面的处罚。①

睡虎地出土的秦简中，尚有一篇《为吏之道》。据有关学者推测，这可能是学室中供吏师弟子学习的教材。该书相当具体地阐述了官吏的行为规范，要求官吏应做到正直、廉洁、谨慎、沉稳、治事得当，还阐述了道德修养、为人处世及人际关系的若干原则和准则。

秦代的吏师通称为“史”。秦代对“史”的资格审查非常严格。秦律的《内史杂》中有规定：“下吏能书者，毋敢从史之事。”下吏是指某些犯了过错的下级官吏，即使他们具有书写的能力，也不准作史的事务。另外还有一条规定：“令赦史毋从事官府”。犯过罪的史虽经赦免也不准再在官府供职。这些规定，保证了师资的质量。

需要说明的是，秦虽实行吏师制度，但官吏并不一定都能为师。在此情况下，秦往往又以博士充任吏师，进行教授。早在秦之前，六国就有博士之设置。秦沿袭六国之制，置各种博士达 70 人。他们或议政事，或备咨询，或掌古籍，充当统治者顾问。在推行吏师制度的过程中，一部分博学的博士以吏师的名义担任教授，传习律令及其他文化知识，补充了吏师制度。

① 《睡虎地秦墓竹简 · 秦律杂抄 · 除弟子律》。

三、吏师制度的教学内容与考核

文字是学为文吏者首先应该学习的内容,也是吏师制度的基本教学内容。在史籍中,常把对文字的学习称为"习史书"。这不仅表明学习文字与获得称为"史"所必备的各种能力之间有着非常密切的关系,而且识字课本编写中的体例也可能与"史"的实际工作有联系。文字教学并非全由吏师包揽,很多弟子在入籍前就已经有了一定的文字基础。不过,文字教学只是学为文吏的基础,法律教学则是吏师制度的中心内容。李斯在禁私学的奏辞中明确提出,在"天下已定"之后,"学习法令辟禁"乃是"士"的主要职责。事实上,秦代整个吏师制度下的教学活动,都是围绕法律教育进行的。除此之外,学吏弟子还要学习处理诸如文书、档案、会计、案狱等实际事务的能力。

依照规定,学吏弟子在学期间可以享受免除徭役和兵役的待遇。为了使教者尽责、学者尽力,秦律规定,学吏弟子在学习年限内不能完成学业的,吏师要受到一定的经济处罚,弟子则不仅要免除学籍,而且要补偿在学习期间免除的徭役和兵役,以此督促学吏弟子努力学习朝廷的法律法令。

学吏弟子在学期间,其学习状况由吏师加以考核。依照秦律,学吏弟子结业后,吏师应认真鉴定其才能品行,保举为吏。如果因吏师鉴定有误导致任用不当,吏师则要受到一定惩处。由此可见,秦王朝主要利用吏师对学吏弟子的学业及品行进行考核。

在湖北云梦出土的《睡虎地秦墓竹简·法律答问》篇中,采取一问一答的体例对秦律进行解释,这种体裁很像考生为应付考试所做的试题。联想到该墓主人生前的身份以及后来唐朝长孙无忌等人专门为明法科考生参加科举考试所注释的《唐律疏议》、张鷟的《龙筋凤髓判》、白居易的《甲乙判》等法律体

裁的作品,我们认为,《法律答问》一篇很有可能是该墓主人生前为参加应试的考生所讲授的案例分析。西汉著名的文字学家许慎在《说文·序》中说:“尉律:学童十七已上始试,讽籀书九千字,乃得为史。”《汉书·艺文志》征引萧何律也说:“太史试学童,能讽书九千字以上,乃得为史。”根据“汉承秦制”的传统,秦代有可能已形成了完善的法学考试制度。

以上种种规定,无疑对于山东地区的教育和考试有着深刻的影响,使之亦呈现出专制、强权的鲜明时代特色。总体来看,秦代的吏师制度虽然从表面上似乎是源于西周“官师合一”、“政教合一”、“学在官府”的教育管理制度,但实质上其指导思想却出自法家的“以法为教,以吏为师”,而不是西周尊尊亲亲、长幼有别的德治思想,因而与西周教育有着本质的区别。秦朝禁绝私学讲授,焚毁民间藏书,士民唯一可学的只有国家的法令,教育者必然是执法的官吏。因此,吏师制度乃是秦代尊崇法家思想的必然产物。而秦王朝利用政权强力推行吏师制度,其结果是进一步加剧了“法令之外无学、官吏之外无师”的局面。这不仅否定了正常的文化创造、发展和消费,否定了教育的学术研究,也否定了春秋以来专职教师的存在,阻碍并冲击了教育教学水平的进一步提高。此外,秦代的“吏师”从总体上说,无论是政治地位还是学术水平,都与夏、商、周时代的“官师”不可同日而语。凡此种种,皆表明秦代的吏师制度,乃是中国教育发展史上的一次大倒退。

第三节　汉代的太学考试与选士制度

汉朝建立后,废除了秦代独尊法家的教育政策,逐渐确立起以儒家思想为主、其他学说并存的教育体系。在人才选拔制度上,实行通过学校内部考试入仕与各级政府推荐入仕相结合

的方法。太学作为汉代的最高学府，武帝时建立，其后规模逐步扩大。它不仅是全国文教中心和示范教学的辐射源，而且在国家政治生活中发挥着重要的作用。太学的学生，最初都是按照既定标准和途径，经过一定的考试和考查，从民间选拔录取。西汉末年以后，才有令官员子弟就读于太学的举措。太学生经过结业考试，根据成绩等第，就有可能获得相应的官职。因此，进入太学，成为太学生，对普通百姓来说本身就是选士的一个途径。就此而言，虽然太学为朝廷所设立，其影响力却波及全国各地，对各地教育发挥着巨大的影响。正因如此，要考察汉代山东地区的考试状况，就既要考察汉代的选士制度，也要论及汉代的太学考试。

一、汉代的太学考试

如上所述，汉代地方官学的办学状况充其量仅属一般，不仅与太学相比不能同日而语，而且比私学亦相去甚远。严格说来，汉代的地方官学并未建立起真正的考试制度，至多表现为郡文学对学生学业的非正规考查。太学则不然。作为汉朝中央政府兴办的大学，太学不仅是我国历史上有文献记载的正式大学，而且有正规的考试制度。因此，要考察山东的考试历史，就不能不考察汉代的太学考试制度。

汉武帝时，采纳董仲舒、公孙弘等人的建议，于元朔五年（公元前 124 年）在长安设立太学，置博士弟子（太学生）。太学设立之初，仅有学生 50 人，到西汉后期平帝时，已发展到万人。东汉光武帝把太学迁往洛阳，并将太学的校舍加以扩大。到汉顺帝以后，太学生发展到 3 万多人，连匈奴等少数民族贵族子弟也到太学来学习，洛阳成为当时世界著名的文化教育中心。汉代太学为封建统治阶级培养了大批官吏和官吏的后备力量，并在促使儒学成为地主阶级的统治思想，从而巩固封建统治等方面发挥了重要作用。

汉代，太学的教师称为博士，博士中的长官西汉时称仆射，东汉时改称祭酒，由太常挑选德高望重的博士充任。西汉的博士多由名流充当，采用征拜或举荐的方式选拔，是相当慎重和严格的。成帝阳朔二年（公元前23年）诏曰："古之立太学，将以传先王之业，流化于天下也。儒林之官，四海渊源，宜皆明于古今，温故知新，通达国体，故谓之博士。否则学者无述焉，为下所轻，非所以尊道德也。'工欲善其事，必先利其器。'丞相、御史，其与中二千石、二千石杂举可充博士位者，使卓然可观。"①从汉成帝的诏书看，明确指出博士必须德才兼备，要有"明于古今"、"通达国体"的广博学识，具有"温故知新"的治学能力，可以为人师表，可以尊为道德的风范，具有丰富的教学经验等。根据这些标准，各地向中央荐举博士，东汉时则直接由太常考试选拔，只有试经上乘，才有机会入选。此外，皇帝还亲自召请一些人任博士，如贾谊"颇通诸家之书，文帝召以为博士"②，"鲁人公孙臣上书，陈终始五德传。……文帝召公孙臣以为博士"③；有的是从贤良文学或明经拜选为博士的，如公孙弘，"年六十，以贤良征为博士"④，平当"以明经为博士"⑤，师丹"州举茂才，复补博士"⑥；也有从其他官升迁为博士的，如晁错"为太子舍人，门大夫，迁博士"⑦。由于严格的挑选，两汉太学的博士，一般说来都是德才兼备、学有专长的。其中，出自山东地区的博士数量最多，此上文已有详述，兹不赘言。

---

① 《汉书·成帝纪》。
② 《汉书·贾谊传》。
③ 《汉书·张苍传》。
④ 《汉书·公孙弘传》。
⑤ 《汉书·平当传》。
⑥ 《汉书·师丹传》。
⑦ 《汉书·晁错传》。

两汉太学对教师的选拔严格,对学生的要求同样如此。汉代的太学生又称为博士弟子、弟子,或诸生、太学生等。博士弟子的来源有两途:一是由太常选拔京都或京郊内年龄在 18 岁以上,仪状端正者 50 名,作为博士弟子,即正式的太学生。另一种是从地方(郡、国、县)选择优秀学生,标准是"好文学,敬长上,肃政教,顺乡里,出入不悖",送其到京都太学,"得受业如弟子",是一种非正式的特别生。开始时,正式生不仅可以免赋役,而且还有一定的俸禄,特别生则待遇稍差。后来,太学生的来源越来越广,入学条件的审查也变得越来越不如以前严格。东汉时期,开始规定一定等级的官僚子弟享有进入太学接受教育的特权,与太学初创时相比,入学条件的等级性有所增强。

在汉代,尽管读书人可以通过荐举、征召或选举的方法进入仕途,但参加太学的考试却是进入仕途的稳妥途径。太学里有严格的授课和年级制度,考试则是作为一种督促、检查学生学习、衡量学生学习程度的手段。太学的考试基本采用"设科射策"的形式。"策"是指教师所出的试题。所谓"射",即揣摩、猜测之意,是以射箭的过程来形象描写学生对试题的理解和回答过程;"科"则是教师(主考)用以评定学生成绩的等级标记,从优到劣依次分为甲科、乙科(有时也细分为甲、乙、丙三科或上第、中第、下第等)。学生所取得的实际等级是将来授官的依据,通常甲科(上第)为郎中,乙科(中第)为太子舍人,丙科(下第)为文学掌故,下等(不能通一经)和不勤学者要被黜令退学。

汉代太学考试的方法有射策、策试、口试等。射策的考试比较严格,事先将考题封存,不许外漏,考试时由考生抽签答题。为了严肃考试纪律,使考试制度更加公平公正,汉代在射策考试中已出现了糊名制度。所谓射策,颜师古在《汉书·萧望之传注》中曾作如下解释："射策者，谓为问难疑义，书之于策，量其大小，置为甲乙之科，列而置之，不使彰显。有欲射者，随其所取而释之，以知优劣。射之，言投射也。"宋人《文献通考·学校一》对射策作了解释："（射策），此即后世糊名之意。但糊名则是隐去举人之名，以防嘱托徇私，此则似是隐问难之条，以防假手宿钩。"

随着时间推移，太学考试的年限和设科的标准也有所变更。关于考试年限、考试科目和录取人数，汉代四百多年有一个变化的过程。西汉是一年一试，即《汉书·儒林传序》所说的"一岁皆辄课。"根据难易分为甲乙两科，"能通一艺以上，补文学掌故缺；其高第可以为郎中，太常籍奏"。到王莽时，仍是每岁一试，增加了录取人数，改为甲乙丙三科。《文献通考·学校一》载："岁课，甲科四十人为郎中；乙科二十人为太子舍人；丙科四十人为文学掌故。"东汉初年又恢复了甲乙二科。从质帝起，不分甲乙科，只取高第，后来又增加了补官的名额。到桓帝时，太学生增加到 3 万多人，旧的考试办法已不能适应当时的要求，改为每两年考一次，并废止人数的限制，而以通经多少为衡量标准。

《文献通考·学校一》中对于新的考试方法有如下详细的记载："永寿二年，诏复课试诸生，补郎舍人。其后复制，学生满二岁试，通二经者，补文学掌故；其不通二经者，须后试，复随辈试之，通二经者亦得为文学掌故。其已为文学掌故者，满二岁试，能通三经者，擢其高第为太子舍人；其不得第者后试，复随辈试，第复高者亦得为太子舍人。已为太子舍人，满二岁试，能通四经者，推其高第为郎中；其不得第者后试，复随辈试，复高第者亦为郎中。满二岁试，能通五经者，推其高第补吏，随才而用。其不得第者后试，复随辈试，复高第者亦得补吏。"

这是一种新的太学课试之法，是一个按照通经门数累进考试递升的制度。首先，由一年一试改为二年一试，不及格者可以留校再考；及格者委任官职的仍可以留校，满二年后参加高一级的考试。这样就使太学生可以参加多次考试，直到通五经为止，有利于把太学生培养成通才，对督促学生勤奋学习及选拔官吏也有积极的作用。其次，取消了传统甲科擢级录用的待遇，所有学生都必须按部就班地以通经门数论资排辈。这就拉开了录取任官的间隔，大大减轻了学生出路的压力，同时又给学生留下了不断努力、以求一逞的机会，从而将学生牢牢地束缚在学业中而不致绝望，不失为笼络人心的高明之策。然而，按照这一制度，即使在最顺利的情况下，学生也要10年才能通过全部考试而获得为吏资格。如果在任何一个环节未能通过，就要耽误两年。于是，耗尽毕生精力，“结童入学，白首空归”，也就成了很多太学生状况的真实写照。

二、汉代的选士制度

选士制度是国家选拔士人、用以补充官员队伍的制度，从严格的意义上说，是从本属平民百姓的“士子”中按照一定标准和程序选拔官员后备力量。选士制度性质上属于政治制度，而不是教育制度，但它的任务正好与古代普通教育的基本目标相吻合，实际上是“学而优则仕”思想在制度上的保证。由此，选士制度就成为古代教育最主要的调控手段，对地方教育和考试具有“指挥棒”的功能。

（一）汉代选士制度之概述

汉代是中国封建社会第一个长久地维持和巩固其统治的朝代，有必要也有可能建立固定的、规范性的选士制度。汉代选士的科目众多，其对象、标准和方式也有所不同，但都是由主管官员按照相关规定来考察士人，向朝廷荐举。察举制度是在先秦乡里举荐制度基础上发展起来的，是由地方官吏把本地区德才兼备的人推荐到中央，再由中央有关官员或皇帝策问考核，策问合格后授予官职的制度，是汉代选官制度的主体。察举面向全体士人，无论是中央官学、地方官学、私学还是自学和通过家庭教育学有所成的士人，皆可通过察举的各个科目获得入仕的途径。汉代的察举多表现为地方举选，首先注重的是个人德行方面的要求，也重视经学造诣和从政、议政的能力，但并不排斥学业考试。相反，随着时间的推移，考试成绩越来越成为士子能否入仕的重要因素。

重视贤士、儒生的选拔与任用，从刘邦开始以至东汉，逐步形成了一套比较完备、灵活的用人机制，采取征辟、察举、征召、荐举、任子、纳赀等多种形式选拔人才。作为汉代选拔人才主要制度的察举办法，从汉高祖刘邦开始到文帝、惠帝、景帝均实行过，却都没有形成一种固定的制度。真正制度化还是发端于汉武帝刘彻王朝的初年，在汉武帝采纳了董仲舒关于把察举制度化的对策建议后，于公元前 134 年把察举制作为一种选士的基本制度确定下来。

选士制度在汉代尚处于初创阶段，它以德行经术为主要标准，辅之以考试成绩，体现了尚贤使能的精神，为“学而优则仕”提供了有力的制度保证，因而对当时的学校教育及教育管理具有重要的指导和约束作用。

首先，汉代的选士制度促进了官学和私学的发展。汉代太学博士弟子学成之后，通过考试便可得到相当的官职，但其数量很少，远不及地方官学的学生众多。而地方官学的学生，没有什么机会能得到官职。同时，汉代私学相当发达，当时著名的经学大师，往往招收成百上千的生徒，大大超过了官学学生的数量。察举制度为那些没有太学学历的士子提供了步入仕途的途径，大大促进了地方官学和私学的发展。汉代的各类学校兴旺发达，很大程度是因为察举制度保证了学生的前途和出路。所以汉代的察举、征辟等制度，自始至终受到异常重视。

其次，察举、征辟制度的确立和实行，极大地激发了人们学习儒术的积极性，使两汉经学教育获得昌盛。由于汉代察举、征辟的主要对象是士人，选士的主要标准是德行经术，这就从人才选拔的途径保证了"独尊儒术"文教政策的贯彻，从而大大激发了社会各阶层人士学习经学的积极性。由此，国家无须耗费大量的人力、物力去创办更多的学校，也无须制定什么强制性的措施去督促人们读书，只要建立起一套符合国家利益的稳定的选士制度，士人就会自动施教，自觉向学，并使自己学习的内容与标准主动地与选士的标准统一起来。因此，汉代选士制度是影响当时学校教育运行的最重要因素，也是汉代统治者教育宏观管理的最重要的行政措施。

再次，汉代选士制度的流弊也给学校教育带来了一些消极影响。两汉察举制本身存在两个明显的弊病：一是地方官吏把持察举大权，士人没有靠山便很难被举；二是以"声名"取士，重名声、舆论。这些流弊反映到官学尤其是中央所设的太学之中，便使太学生"不修道艺，不治德行"，而形成奔竞游走之习，虚浮不实之风，交游结纳，士风日下，出现许多沽名钓誉的伪君子。有鉴于此，东汉顺帝之时，尚书令左雄改革孝廉察举，定制"诸生试家法，文吏课笺奏"①。自此，察举不仅重名声，而且增加考试取士的内容，在消除流弊方面收到一些成效。然而，不管是重名声，还是重考试，都是以功名利禄为诱惑，来激发天下学子刻苦学习经学的热情，由此也就势必出现道德水准下降、学习不切实务、教学呆板僵化等一系列问题。这样，汉代选士制度作为一种指导和制约的因素，把包括官学和私学在内的各级各类学校教育导上了歧路。

① 《后汉书·左雄传》。

（二）汉代选士制度的创立

汉代选士制度始于汉高祖十一年（公元前196年）。这年二月，高祖下诏求贤，要求郡守劝勉贤士应诏，并书其行状、仪容、年纪，以待擢用；郡守若遗贤不举，则要被免官。他在诏令中说："盖闻王者莫高于周文，伯者莫高于齐桓，皆待贤人而成名。今天下贤者智能，岂特古之人乎？患在人主不交故也，士奚由进？今吾以天之灵，贤士大夫，定有天下，以为一家，欲其长久，世世奉宗庙亡绝也。贤人已与我共平之矣，而不与吾共安利之，可乎？贤士大夫有肯从我游者，吾能尊显之。布告天下，使明知朕意。"①刘邦的这一诏书，可以说是有文字可查的中国历史上第一次全国性的人才征聘。在这个诏令中，刘邦还要求从中央到地方的各级长官（诸侯王和郡守）必须向朝廷举荐人才，如果有而不举，察觉后给予免职处罚；地方官察访本乡贤才，要亲自登门请其出仕，然后由官府准备车驾送他们赴京，并登记他们的身材、仪表、年龄等情况上报朝廷。诏令中所说的这种"选士"办法，实际上就是后世科举中"乡贡"的最初形态。

汉文帝二年（公元前178年）十一月，皇帝下诏："举贤良方正能直言极谏者，以匡朕之不逮。"十五年（公元前165年）又下诏："诸侯王、公卿、郡守，举贤良能直言极谏者。"②文帝还亲自出题策问。所谓"策问"，就是皇帝就时政中的问题提问，令被荐举者作答。答者要对时政问题进行分析，提出相应的解决问题的主张和建议，是为"对策"。对策要封好交皇帝亲自拆阅，评定高下，然后酌授官职。不过，由于时局及其他因素所限，文景之世40年间，朝廷选士并未能够经常性地举行。

---

① 《汉书·高帝纪下》。

② 《汉书·文帝纪》。

察举真正作为一种制度，是在汉武帝时期确立下来的。《汉书·武帝纪》载：建元元年（公元前 140 年）冬，武帝诏令丞相、御史、列侯、中二千石、二千石、诸侯相等各级官员，“举贤良方正直言极谏之士”。董仲舒就是在这次贤良对策中被列为上第的，公孙弘也是通过举贤良而成名的。其后，汉武帝接受董仲舒的建议，重选举取士，于元光元年（公元前 134 年）冬，令郡国举“孝廉”各 1 人，察举正式成为一种制度。元封四年（公元前 107 年），汉武帝又令诸州各岁举“秀才”1 人。自此，每年各州举“秀才”，各郡举“孝廉”，历代沿袭，成为固定的选士制度。

（三）选士的科目与要求

察举制作为汉代选士制度的主体，是定期或不定期地设置科目，将各方面的人才选拔进入各级政权机构的一种制度。察举的科目可分为两大类：一为经常性举行的科目，称作常科，一般是每年由州郡长官按规定的名额、标准向朝廷推荐人才；另一类为特科，是皇帝根据需要临时指定选士标准和名目的科目。其科目具体分为孝子廉吏（孝廉）科、秀才（茂才）科、贤良方正直言极谏科、文学科、有道科、明经科、明法科、治剧科、童子科、治狱平（明达法令）科、勇猛知兵法科、阴阳灾异科以及“四科”（即质朴、敦厚、逊让、有行）等。

首先需要说明的是，虽然察举是考察后予以荐举的意思，但随着时间的推移，考试在其中占据的分量日益增大，并逐渐成为察举制度的重要环节，而且要求愈加严格。例如，董仲舒虽是应察举而入仕的，但在面试中，却增加了两次策问，用以考核其实际治事才能。用考试的办法测量人才的知识面与应变能力，并以此遴选人才，是一个有历史意义的突破。汉代察举的考试方法，无论是“对策”即笔试，还是“射策”即抽签式的口试、笔试，都统一命题，根据考试成绩确定名次等第，这是第一次出现的新事物，已展示了科举考试取士的端倪。难怪唐、宋以降，士大夫多称应诏察举而跻身仕途的晁错、董仲舒、公孙弘等为最早的科举出身者。被举者经考试后，由政府量才录用，这样既保证了选才标准能贯彻实行，选出真正的人才，还能保证竞争的相对公平，令下层人士有进入国家管理层的可能。

孝廉是汉武帝时设立的一种科目，是察举制常科中最主要、最重要的科目。孝廉是孝顺父母、办事廉正的意思。汉武帝采纳董仲舒的建议，于元光元年（公元前134年）下诏郡国每年察举孝者、廉者各1人。不久，这种察举就通称为“举孝廉”，并成为汉代察举制中最为重要的岁举科目。“名公巨卿多出之”，是汉代政府官员的重要来源。

孝廉举至中央后，按制度并不立即授以实职，而是入郎署为郎官，承担宫廷宿卫之责，目的是使之“观大臣之能”，熟悉朝廷行政事务。然后经选拔，根据品第结果被任命不同的职位，如地方的县令、长、相，或中央的有关官职。一般情况下，举孝廉者都能被授予大小不一的官职。汉顺帝阳嘉元年（公元132年），根据尚书令左雄的建议，规定应孝廉举者必须年满40岁。同时，又制定了“诸生试家法、文吏课笺奏”这一重要制度，即中央对儒生出身的孝廉，要考试经术，文吏出身的则考试笺奏。从此以后，岁举这一途径就出现了正规的考试之法，孝廉科因而也由一种地方长官的推荐制度，开始向中央考试制度过渡。

治狱平科出现于西汉后期。西汉末年，社会危机加深，统治者为了维护自己的政权，急需利用法律这一武器加强对民众的管理。汉平帝元始二年（公元2年），令“中二千石举治狱平，岁一人”，并将其定为岁举。治狱平科每年录取的人数虽少，却为后来明达法令科的设立提供了借鉴。东汉初，法律考试已成为选官的重要内容。据《后汉书·百官志一》应劭（约公元153—196年）注引光武帝诏书云：“方今选举，贤佞朱紫错用。丞相故事，四科取士：一曰德行高妙，志节清白；二曰学通行修，经中博士；三曰明达法令，足以决疑，能案章覆问，文中御史；四曰刚毅多略，遭事不惑，明足以决，才任三辅令，皆有孝悌廉公之行。自今以后，审四科辟召，及刺史、二千石察茂才尤异孝廉之吏，务尽实核，选择英俊、贤行、廉洁、平端于县邑，务授试以职。有非其人，临计过署，不便习官事，书疏不端正，不如诏书，有司奏罪名，并正举者。”这里的明达法令，应该是考查被举荐者对国家法令所熟悉和掌握的情况。关于该科考试的内容，文献未明确记载，笔者推测，应该是考查考生对国家颁布的律令条文的熟悉情况。

两汉时期，除察举制外，还有其他选士途径，其中最著名的是“征辟”，即征召、辟除的合称。《文献通考·选举》曰：“盖东汉时，选举辟召皆可以入仕，以乡举里选循序而进者，选举也；以高才重名躐等而升者，辟召也。故时人犹以辟召为荣焉。”按规制，中央最高行政长官如皇帝、三公九卿，地方官如州牧、郡守，都可自行聘任僚属，此即为“征辟”。“征辟”与“察举”的最大不同之处，是前者不需要进行考试，也不需要经过地方荐举。此外，“征”与“辟”亦有区别：由皇帝直接聘请人做高级官员，称为“征”或“征召”，他们大多数是德高望重、学识渊博或闻名于世的人；由官府（中央或地方）直接聘请人来任职，称为“辟”或“辟除”，被聘者只能担任低级官吏，如“掾史”之类官员。在汉代，被皇帝征召做高官的人很少，而被官府“辟除”任职的人则较多。

（四）选士的人数限额与年龄

两汉时期，由于官学、私学都很发达，希望入仕的人数与日俱增。在此情形下，为保证选士制度的正常运行，统治者对于选士的人数作了名额限制。西汉时规定，各郡国不分大小，每年按人口比例荐举孝廉，平均20万人口荐举1名，不足20万人口的郡隔年或隔两年荐举1名。到东汉时，由于察举制的弊端不断涌现，加之各地人口的增长和文化教育发展的不平衡，旧制就越来越显得不公平了，因而统治者对于各郡的荐举名额进行了重要改革。如汉和帝永元五年（公元93年），司徒丁鸿等人上疏："自今郡国率二十万口，岁举孝廉一人，四十万二人，六十万三人，八十万四人，百万五人，百二十万六人。不满二十万二岁一人，不满十万三岁一人。"①和帝同意了这一建议，于是各地按照人口比例察举孝廉。但如此一来，对于人口稀少、文化不够发达的边远地区，需二三年才能举1名孝廉，不利于鼓励当地人努力进取，故和帝永元十三年（公元101年），皇帝再次下诏，令幽、并、凉州等边地各郡"十万以上，岁举孝廉一人，不满十万二岁举一人，五万以下三岁举一人"②。

汉代选士制度除了对入仕员额有所规定外，还对入仕者的年龄作了限制。例如，东汉顺帝阳嘉元年（公元132年），皇帝下诏规定："孝廉年不满四十不得举"，规定举孝廉必须在40岁以上，此举源自孔子"四十而不惑"的古训。③ 但同时也规定："其有茂才异行，若颜渊、子奇，不拘年齿。"④就是说，对于有特殊才干者，可以放宽限制。上述规定，源于尚书令左雄的意见。左雄在关于察举改制的建议中提出"限四十以上"，但对于学识、才干特别高的人，年龄不受限制。朝中有人反对左雄的意见，但顺帝十分支持左雄的改革，最终颁布了诏令。

其实，以上规定也只是大致的原则，具体执行时也有变通。如在征诏博士人才时，年龄限制则为50岁以上。到东汉质帝（公元145—146年）时，又令郡国举明经之士，年龄限制在50

---

① 《后汉书·丁鸿传》。
② 《后汉书·和帝纪》。
③ 《后汉书·左雄传》。
④ 《后汉书·顺帝纪》。

岁以上、70岁以下。

（五）山东选士之概况

汉代的选士制度，是国家统一与中央集权发展的一个重要标志。众多人才通过臣僚推荐、皇帝考试的途径选拔上来为国家所用，较之以往由君主或臣僚个人招贤聘能、任用于私人的办法，无疑是一个重大的进步。山东作为教育、文化的发达地区，尤其是作为儒家思想的发源地，在汉代以儒术为主要标准的选士制度中自然占尽先机。以下仅以太学博士之选为例，简述山东选士的概况。

汉代自汉武帝时立太学，设置五经博士，其中多数为山东人。《史记》记载："言《诗》，于鲁则申培公，于齐则辕固生，于燕则韩太傅；言《尚书》，自济南伏生；言《礼》，自鲁高堂生；言《易》，自淄川田生；言《春秋》，于齐鲁自胡母生，于赵自董仲舒。"①可见，在五经博士中，山东人占据了绝大多数，由此也可看出，山东不仅今文经学极盛，而且在西汉时期的学术格局中占有极其重要的位置。东汉光武帝刘秀时，于太学中立五经14位博士。史料记载，"及光武中兴，爱好经术，未及下车，而先访儒雅，采求阙文，补缀漏逸。……于是立五经博士，各以家法传授，《易》有施、孟、梁丘、京氏；《尚书》欧阳、大小夏侯；《诗》齐、鲁、韩；《礼》大、小戴；《春秋》严、颜。凡十四博士，太常差次总领焉"②。14家之中，山东就有8家，即孟喜、梁丘贺所传的《易》，欧阳和伯、夏侯胜、夏侯建所传的《书》，辕固生、申培所传的《诗》，颜安乐所传的《公羊春秋》。由此可见，山东地区不仅是两汉时期儒学的大本营，传经大师也多出自山东。

---

① 《史记·儒林列传》。

② 《后汉书·儒林列传》。

第三章 魏晋南北朝时期山东的学校考核与选士制度

自曹操统一北方，公元220年曹丕称帝，建立魏国，到589年杨坚建立隋朝、统一南方为止，历时369年，史家将其合称为“魏晋南北朝”时期。这是一个封建军阀割据混战的时期，也是各少数民族入主中原、迅速汉化的时期。在近400年的时间内，统一局面维持时间不足十分之一，因之官学时有断续而私学、家学勃兴。朝代更替频繁，割据政权林立，士族势力膨胀，民族融合加强，玄学思潮兴起，全国经济、文化中心南移，各种专科教育得到发展，以及新的选士制度的出台和推行，是这一时期政治、经济、思想、教育等方面的显著特点。这不能不深深地影响山东地区的教育和考试，使之呈现出鲜明的时代特色。

第一节 魏晋南北朝时期官学教育之概况

魏晋南北朝时期，是我国历史上继春秋战国之后的又一个典型的乱世阶段。受政权变动频仍的影响，这一时期官学的总体形势是时兴时废、似断又续。此期教育事业的延续主要不是

依靠官学，而是依靠私学和家学，但这并非等于说这一时期的官学教育就完全乏善可陈。事实上，这一时期的官学教育虽发展状况欠佳，但也呈现出若干新的特点，在教学内容、考试方法以及学校类型等诸方面皆有所变革，使之成为教育史上“继汉开唐”的新时代。

一、乱世中的中央官学与考试制度

要考察和反映这一时期山东的教育和考试状况，就不能不首先述及乱世中的中央官学，因为中央官学乃是整个教育体系中最重要、最显赫、也最令人关注的部分之一。事实上，自汉武帝“独尊儒术”之时起，读书、做官就成为一般士子人生的一大要务；而能够进入中央官学，且从中央官学中顺利毕业，乃是士子能够任官的一大途径。在这些环节中，考试所占的分量与日俱增，尤其是相关制度的出台，使考试更成为普通士子所要面临的一大问题。因此，要反映山东的教育与考试状况，就不能不对这一时期的中央官学作简要梳理。

公元 220 年，曹丕废汉自立，是为魏文帝，三国鼎立局面从此正式开始。在三国中，曹魏首开太学。史书记载，黄初元年（公元 220 年）之后，“新主乃复始扫除太学之炭灰，补旧石碑之缺坏，备博士之员录，依汉甲乙以考课。申告州郡，有欲学者，皆遣诣太学”①。一时之间，太学聚集了弟子数百人。《三国志·文帝纪》也记载说，黄初五年（公元 224 年）夏四月，“立太学，制五经课试之法，置《春秋》、《谷梁》博士”。可见，自曹魏初年，文帝即立太学于洛阳，摆出了崇儒兴学的政治姿态。

为鼓励学生心向儒学、努力进取，魏文帝黄初年间，刘劭设计了一套中国考试史上著名的“五经课试法”，令在太学中推

① 《三国志·王肃传》注引。

行。此法明文规定:“时慕学者始诣太学,为门人。满一岁,试通一经者,称弟子;不通者,罢遣。弟子满二岁,试通二经者,补文学掌故;不通者,听随后辈试;试通二经者,亦得补掌故。满三岁,试通三经者,擢高第为太子舍人;不通者,随后辈复试,试通亦为太子舍人。舍人满二岁,试通四经者,擢其高第为郎中;不通者,随后辈复试,试通亦为郎中。郎中满二岁,能通五经者,擢高第随才叙用;不通者,随后辈复试,试通亦叙用。”①可以看出,此法是参照东汉时左雄的太学考课法设计的,但比前者更为精致和明确,同时,汉代的考课法纯为一种选举制度,“五经课试法”则将其功用扩充到学校教育中,成为学校中的一种考试制度,因而此法与前者相比,既有继承,又有创新。它把学习者分为预科生(门人)和正式生(弟子),成为古代学校管理的一大发明;它将考试与年级升等结合起来,更加突出了考试在学校管理中的作用;它规定以通五经为太学教育的最高目标,通经越多,所授官位越高,从而把学校考试与文官任用结合在一起,为学生的学习注入了动力。

虽然曹魏统治者立太学的时间比较早,并出台了以上方法,试图恢复两汉儒学的盛况,但由于当时社会上层人士漠视儒学、研习玄学的风气非常严重,加上局势动荡,统治集团内部又党争激烈、政治腐败,儒家饱学之士往往对朝廷学官坚辞不就,因而太学的师资力量甚为薄弱。史料记载,当时太学博士学问狭窄粗疏,并不认真教学,不过冒滥充数而已。至魏明帝太和(公元 227—232 年)、青龙(公元 233—236 年)年间,政局更加混乱。地方上很多人为逃避兵役,纷纷请求入太学读书,以致太学生有千人之众,一时间人满为患。学生本为避役而来,自然无意于学,正所谓“冬来春去,岁岁如斯”。时人刘靖

① 《通志·选举略二》。

的一番话，可以视为对这一情形的最好表达。他说：“自黄初以来，崇立太学二十余年，而寡有成就。盖由博士轻选，诸生避役，高门弟子，耻非其伦，故无学者。虽有其名而无其人，虽设其教而无其功。”①

曹魏太学如是，蜀吴的太学更是不及。蜀自公元 221 年刘备称帝即立博士，然史籍于此记载甚略，难知其详。至于吴，孙权于公元 229 年称帝，次年立都讲祭酒，大概可算是吴立国学之始。但直到公元 258 年（吴景帝永安元年）立《五经》博士，才算真正建立起太学教育制度，而这一制度的实际实施情况，也难以确考。

同汉代相比，三国的太学在教学内容上已有较大变化。汉代的太学除汉平帝时略有不同外，皆以今文经为教学内容，古文经学则在民间知识阶层中流行。到三国时期，太学里的教学则以贾逵、马融、服虔、郑玄等古文经学家注释的经书为主。在这一方面，由于在汉代山东就是古文经学的一方重镇，加上古文经学家郑玄等人的卓越贡献和巨大影响，相比其他地区，山东的学术积淀甚为深厚，因而山东士子在太学经学考试中常常较为得心应手。

公元 265 年，司马炎废魏自立，建立西晋，是为晋武帝。自此之后，中央官学开始朝国子学和太学两个方向分化。据记载，晋武帝登基时，就有太学生 3000 余人。到泰始八年（公元 272 年），太学生的人数竟然达到 7000 余人。这一年，有关部门向晋武帝建议汰选太学生，“才任四品，听留，”②即只有才能堪任四品官员的太学生，才可留下继续学习，以改变太学中鱼龙混杂、秩序混乱的局面。于是晋武帝命令已经考过经书的人

① 《三国志 · 刘馥刘靖传》。

② 《宋书 · 礼志一》。

留下，其余的人则遣还各地；又命大臣子弟入太学读书。经过严格考试整顿之后，太学生仍有3000多人，来自山东的学生亦为数甚多，这是西晋太学最发达的时期。据咸宁四年（公元278年）所立《晋辟雍碑》记载，当时在太学参加释奠礼的学生来自全国70余县，共计300余人。其中，来自山东兖州的就有41人，青州的有29人，其学生数额在16个州郡和地区中分列第三、第五位，可见当时山东的地方教育是很强盛的，学生的考试能力也很强。晋武帝死后，西晋政局一直不稳，太学状况不佳，徒有其名。

东晋建立以后，晋元帝于建武元年（公元317年）立太学。晋成帝时，因为内乱，太学遭到破坏。成帝接受当时的国子祭酒袁环的建议，于咸康三年（公元337年）复立太学于秦淮水南。穆帝永和八年（公元352年），又因为殷浩兴军西征，罢遣太学学生，太学名存实亡。升平元年（公元357年），穆帝又将通常在太学举行的释奠礼改在中堂（政事堂）举行，可想而知，当时太学的地位已有所下降。

除太学外，西晋时还建立了国子学。国子学初建于武帝咸宁二年（公元276年），原隶属于太学。咸宁四年，定国子学官制度，设国子祭酒、博士各1人，助教15人。东晋时代，国子学的发展不甚理想。太元十年（公元375年）二月，孝武帝立国学，国子学才开始与太学并驾齐驱。然而也就在这一年，孝武帝却将国子助教减为10人，多少可反映出当时国子学的发展状况，已不仅不如从前，也难与太学相抗衡了。

同三国时的太学教育相比，两晋太学和国子学的课程和教学内容有一些变化。西晋初年，设有博士19人：《孝经》郑氏、《论语》王氏、《春秋谷梁传》尹氏各1人，《春秋公羊传》何氏、颜氏各1人，《春秋左氏传》王氏、服氏各1人，《礼记》、《仪礼》、《周官》（即《周礼》）、《毛诗》、《尚书》、《周易》则王氏、郑氏各1人。东晋元帝太兴二年(公元319年),设《周易》王氏、《尚书》郑氏、《古文尚书》孔氏博士各1人,《毛诗》、《周官》、《礼记》、《论语》、《孝经》郑氏各1人,《春秋左氏》杜氏、服氏共1人。而《仪礼》、《春秋公羊传》、《春秋谷梁传》以及郑玄所注《周易》皆不设博士。太兴四年(公元321年),又增《仪礼》郑氏、《春秋公羊传》博士各1人。对照上章的相关内容就不难看出,太学和国子学的上述课程设置,很大一部分来源和得益于山东的经学研究,可见山东地区的学术对中央官学的贡献和影响。

南北朝时期,太学与国子学兴废不常,且两者的等级区分已不那么突出。南朝宋齐梁陈四代都建有国学,但除宋梁时状况稍好外,齐陈则很不发达。其中,梁武帝在天监四年(公元505年)设五馆(分教《五经》),天监五年立集雅馆,大同七年(公元541年)立士林馆,显示了古代大学教育办学形式的多样化。

相比之下,北朝各政权虽多为少数民族所建,然而其太学和国子学教育却不亚于南朝。北魏道武帝统一北方后,即设立太学,置《五经》博士,学生有1000余人。天兴二年(公元399年),增添国子太学生,人数达到了3000人。明元帝时,改国子学为中书学,立教授博士。太武帝始光三年(公元426年),另建太学,令州郡选有才学者入学读书;太平真君五年(公元444年),又令王公以下之家送子孙入太学,并明令禁止私学。孝文帝太和九年(公元485年)立皇宗学,专教皇族子弟。次年,又改中书学为国子学。太和十四年,孝文帝亲政,开始对北魏进行旨在促进汉化的政治改革。迁都洛阳后,孝文帝接受刘芳等人的建议,于太和二十年(公元497年)设立国子学、太学和四门学。从此,中央官学又出现了一个新成分——四门学,以满足不同阶层的学习要求。

北魏分裂为东、西魏后，东魏后为北齐所取代，西魏则为北周所取代。北齐立有国子寺、太学和四门学。其中国子寺设祭酒 1 人、博士 5 人、助教 10 人、学生 72 人；太学设博士 1 人、助教 20 人、学生 200 人；四门学设博士 20 人、助教 20 人、学生 300 人。北周除太学外，周武帝又于天和二年（公元 567 年）设露门学，置学生 72 人。

由上可见，魏晋南北朝时期，中央官学已呈现出太学、国子学、四门学等多种类型、多种形式并存的局面，从而突破了两汉的固有格局，极大地丰富了中国古代中央官学的办学实践。这些学校形式，为隋唐时期中央官学的发展提供了非常重要的实践准备。

二、西晋始立之国子学

以上为魏晋南北朝时中央官学之概况。在此，还应特别论及西晋始立之国子学，因为这不仅是我国古代教育史上于太学之外、另立传授同样内容的中央官学之始，也是西晋教育制度的一个主要特点。同时，这也是魏晋时期门阀势力膨胀在官学设置上的反映，是中国历史上教育等级性日益鲜明的表现。魏晋时期，山东平原的华氏、琅琊的王氏、兰陵的萧氏、济阴的卞氏、泰山的羊氏、清河的崔氏、东海的王氏、高平的郗氏等，皆是闻名遐迩的著姓望族。国子学的设立，使这些豪门的势力更为膨胀。因此，要反映这一时期山东地区的教育状况，就不能不谈及国子学。

魏晋时期，乃是我国历史上门阀士族势力膨胀的时期。篡夺曹魏政权的司马氏集团，就是门阀士族的代表。门阀士族多是受益于汉代的选士制度而登高位，并靠儒家名教起家，这不仅成为他们维系家族的法宝，而且也成为他们用来排斥政敌、消除异己的有力武器。所以，当司马氏集团建立西晋之初，就不遗余力地掀起了一股崇儒兴学的热潮。

为了整顿太学秩序，进而保持门阀士族的优越地位，西晋武帝于咸宁二年，于太学之外诏立国子学，其名乃是根据《周礼》中“国之贵游子弟，国子受教于师”的意思而定的。咸宁二年开始建造校舍，咸宁四年确定国子学的学官制度，惠帝元康三年（公元293年），又进一步明确了国子学的入学资格。南齐国子助教曹思文说：“晋初，太学生三千人，既多猥杂。惠帝时欲辨其泾渭，故元康三年始立国子学，官品第五以上，得入国学。天子去太学入国学，以行礼也；太子去太学入国学，以齿让也。太学之于国学，斯是晋世殊其士庶、异其贵贱耳。”①这里说得很明白，建立国子学乃是晋初整顿太学的一种举措，目的在于“殊其士庶、异其贵贱”，即为门阀士族提供一个享有特权的教育机构。

国子学创办之初，只是与太学平行的一所学校，两者并无高下之分，在学历层次上无区别，在学习内容上也几无二致，甚至从管理体制上看，国子学还隶属于太学。这是国子学发展初期的必然现象。但是，由于创办国子学的本意就是严士庶之别，两者的实际地位在人们心目中很快就有所区别了，尤其是对于学生入学资格的限制，使国子学的政治地位迅速超越了太学，成为贵胄子弟的专门场所。国子学和太学实际地位的差异，从教官的设置上也可看出。据《宋书·百官志上》记载，太学教官逐渐演变为有博士而无祭酒，国子学则既有博士也有祭酒，并配备了15名助教。选择国子博士的标准，是“履行清淳，通明典义”，并且必须是高级士族的人才有资格被聘任。因此，国子学的创办，乃是魏晋时期门阀士族阶层享有政治、经济特权在教育上的反映，表明封建学校教育的等级性得到了进一步

① 《南齐书·礼志上》。

加强。当然,国子学和太学并行的双轨制,也意味着我国封建官学教育制度多元格局的开始。

三、专科学校教育的兴起

专科教育的开设也是魏晋南北朝时期教育的一个特色,其兴起最早当在魏晋之际。魏明帝时期开办的崇文馆和律学(公元227年),西晋武帝时期设立的书学,南朝刘宋元嘉二十年(公元443年)所立的医学校,都是为适应当时社会发展的需要而产生的专科教育机构。以律学为例,公元229年,针对当时社会上不重视法律,执法人员法律素质低下的状况,魏明帝采纳了大臣卫觊的建议,下令设置律博士一人,"转相教授"法律。律博士官品不高,位居六品中中,比儒学学官的品级还低,但职责却很重要,专门负责教授地方行政官吏和狱吏法律知识。此类学校的创办,标志着专科教育在官学系统中已占有重要的一席之地。

南朝时期的官学设置,有中央官学和地方官学。统治者较重视中央官学,地方官学则若有若无。根据历史记载,南朝宋的官学教育是比较有成绩的。刘宋元嘉十五年(公元438年),文帝下令在京师开办单科性的四馆,命雷次宗开儒学馆,何尚之开玄学馆,何承天立史学馆,谢元立文学馆,开创了玄、儒、史、文四科教育并立的局面,丰富了中央官学的教育内容和专业设置。宋明帝泰始六年(公元470年)开办的"总明观"中设有道、儒、文、史、阴阳五科(后因阴阳无人而废),实即五个专业,"总明观"应该近似综合性质的大学和研究院。后来,虽然"总明观"很快被废止,但教育史学家依然认为这是中国古代大学教育发展史上的一大进步。

当时的专科学校教育在形式、内容、规模上都还未形成完备的制度,开办的时间也都不长,但多学科教育的局面确实形

成了。它在事实上也突破了“独尊儒术”的藩篱，为隋唐时期教育体制的完备和分科教学制度的发展奠定了基础。

四、官学教育的基本特点

总体来看，魏晋南北朝时期是我国历史上教育制度变革的又一个重要时期。这一时期，虽然官学教育“时兴时废，若有若无”，但还是出现了许多新的特点。具体而言：第一，从学校教育制度的演变来看，由汉代单一的太学发展到国子学和太学并立，北魏时期又增加了面向皇室子弟的宗学和面向寒门庶族子弟的四门学。门阀士族与寒门庶族的分野，是地主阶级发展进程中一个必然的历史阶段，设置不同的学校以吸纳不同阶层的教育对象，是适应此历史阶段所必需的。其次，随着“独尊儒术”文教政策的解体，魏晋南北朝开办专科学校培养专门人才，史学、文学、玄学、律学、医学、书学、佛学等专科教育由此兴起，形成了多渠道办学和多学科并举的教育格局。它一方面打破了“独尊儒术”的局面，促进了教育内容的补充，拓展了教育的社会职能；另一方面，也有利于各种人才的培养，适应了社会多元发展的需要。第三，少数民族政权为了加速本民族的封建化而更为重视地方教育，导致我国封建地方官学制度在北魏时期得以正式确立，这为形成全国的学校教育网络奠定了良好的基础。最后，封建官学体制的诸多变化促成了教育管理机构的独立。北齐国子寺的创立，结束了我国封建官学由太常兼管和祭酒并管的局面。自此，教育以一个独立的实体身份在国家机构中占有了一席之地。从上述角度看，魏晋南北朝时期教育的发展不论是在广度上还是在深度上，都远远超过两汉教育，也为隋唐教育体制的完备奠定了基础。

第二节　山东地方教育发展概况

在魏晋南北朝中央官学的整体格局中，来自山东的士子和源自山东的学术，皆占有非常重要的地位。这一现象绝非偶然，而是源于山东源远流长的文化积淀和在两汉时期就非常繁荣的地方教育。事实上，即便是在魏晋南北朝的乱世状态下，山东地区的地方官学也未曾中断，私学、家学则更是昌盛发达。以下对这些内容作简要的梳理和分析。

一、山东的郡县学

曹魏时期，山东基本上是其大后方，社会秩序相对安定，州县学相对发达。曹操早在“挟天子以令诸侯”的建安八年（公元203年）就曾下令：“丧乱以来，十有五年，后生者不见仁义礼让之风，吾甚伤之。其令郡国各修文学，县满五百户置校官，选其乡之俊造而教学之，庶几先王之道不废，而有以益天下。”①这一兴学令得到了一定程度的贯彻，州县学有所恢复。魏文帝曹丕登位后，有感于“阙里不闻讲诵之声，四时不睹蒸尝之位”。为了给自己塑造一个创业垂统、安民立化、弘扬礼乐、整齐风俗的君主形象，曹丕下诏封孔子后裔议郎孔羡为宗圣侯，食邑百户；又令鲁郡整修孔庙，设百户吏卒进行守卫，“又于其外广为室屋，以居学者”②。鲁郡这一得天独厚的条件，是山东其他郡所无法比拟的。

此外，史籍记载，济阴、琅琊二郡的官学也成绩斐然。郑袤

① 《三国志·魏书·武帝纪》。
② 《三国志·魏书·文帝纪》。

为济阴太守时，“下车旌表孝悌，敬礼贤能，兴立庠序，开诱后进”①。管辂的父亲担任琅琊国即丘（今山东临沂）长官时，管辂“时年十五，来至官舍读书，始读《诗》、《论语》及《易》本，便开渊布笔，辞意斐然。于时黉上有远方及国内诸生四百余人，皆服其才也。琅琊太守单子春雅有材度，闻辂一黉之俊，欲得见，辂父即遣辂造之，大会宾客百余人”②。从这两条史料可知，当时郡县学的教学内容仍以儒家经典为主，学校规模也比较大。

到了两晋时期，山东地区屡经战乱，数易其主，然郡县之学亦有所兴。史书记载，西晋时，平原太守李重等人“崇德化，修学校，表笃行，拔贤能”③。华轶曾为西晋博士、散骑常侍，后随东海王至兖州任留府长史。到任后，华轶在自己力所能及的范围内，推行崇儒兴学，办理地方教育，还公布了一条教令，专门设置“儒林祭酒”一职，以重典崇礼、专司教育。④ 石勒统治时期，曾令“郡国立学官，每郡置博士、祭酒二人，弟子百五十人，三教修成，显升台府”⑤。后来的石虎也发布了于各地郡国设立五经博士的规定。后秦政权也有兴地方学校之举。《晋书·姚苌载记》中说：“苌下书令留台诸镇各置学官，勿有所废，考试优劣，随才擢叙。”东晋宋文帝鉴于鲁郡曲阜的学舍多已残毁，于元嘉十九年（公元442年）曾下诏说：“阙里往经寇乱，黉校残毁。并下鲁郡修学舍，采召生徒。”⑥

北魏是魏晋南北朝中持续时间最长的王朝之一。这一时

① 《晋书·郑袤传》。

② 《三国志·魏书·管辂传》注引《辂别传》。

③ 《晋书·李重传》。

④ 《晋书·华轶传》。

⑤ 《晋书·石勒载记下》。

⑥ 《宋书·文帝纪》。

期，山东属于其势力范围。在北朝的各少数民族政权中，北魏是最倾力于推进“汉化”进程的，其重要举措之一就是崇儒重教、大兴学校。献文帝天安元年（公元 466 年），相州刺史李䜣上奏，主张在各郡国设置学官，以推行教化、培养人才，使儒家文化得以传播；高允则认为还须进一步建立正规的学校制度，才有利于人才的培养和风俗的淳化。文帝准二人之请，下诏在全国设立郡国学校制度。依照该制度规定，大郡立博士 2 人，助教 4 人，学生 100 人；次郡立博士 2 人，助教 2 人，学生 80 人；中郡立博士 1 人，助教 2 人，学生 60 人；下郡立博士 1 人，助教 1 人，学生 40 人。该制度还规定，地方学校的博士与助教都应是“博关经典、世履忠清、堪为人师者，年限四十以上”，学生则须取“郡中清望，人行修谨，堪循名教者，先尽高门，次及中第”①。应该说，这是一个较为完整的正式的地方学制。它以历代中央学制为标准，不仅确定了各地方学校的师生数额，而且明确了师生的取录标准。由朝廷颁布这样的地方学制，在中国古代还是第一次。此前，尽管各个朝代也甚为注意推进地方教育，但朝廷往往或者颁布的是带有“诱进”色彩而非强制性质的诏令，或者出台的是地方学官制度而非地方学校制度。地方学官是地方官府的属吏，而不是学校的职官。虽然在北魏之前，不少地方官吏也注意办理属地教育，甚至有些地方学校办得还很有规模，但总体来说，这些学校既不经常，也不正规，并且缺乏制度性的保证，往往因官员之去留而兴废无常，而且事实上，不少学校乃是定期举行“乡饮酒”、“射礼”等传统仪式的地方，是教化之所而非教育机构。北魏的这一制度则不然。它不仅把地方教育纳入学校化和常规化，并且明确了与中央官学的同等性质，还注重与中央官学在教学内容和学习程度上的衔

① 《魏书·高允传》。

接。正因如此，史家在记述了上述史实后，明确指出“郡国立学，自此始也”①。

当然，颁布制度是一回事，实际执行情况则是另一回事。如果按照上述制度执行，那么山东的郡县学可谓盛极一时，因为山东的齐郡、鲁郡等都属于“大郡”，泰山郡、平原郡等属于次一等的大郡，北海郡、东莱郡等属于“中郡”，乐安郡、勃海郡等则属于“下郡”。如此一来，山东地方学校的学生就应数以千计了。而事实上，史料中除有献文帝天安元年七月“初立乡学，郡置博士二人，助教二人，学生六十人”②等少数记载外，山东地方官学的具体办理情况是不得而知的。虽然北魏的几代统治者如献文帝、孝文帝、文明皇后等都进行了声势浩大、持久坚决的“汉化”改革，但同时也遭到了拓跋鲜卑贵族的强烈抵制。宣武帝所言的“学业堕废，为日已久”，道出了地方官学发展不佳的窘况。到明帝孝昌（公元525—527年）之后，北魏国内局势动乱严重，山东的地方学校也受到了强烈冲击。

北魏之后的北齐是一个短命的朝代，然而统治者为了粉饰太平、树立形象，依然下令州郡立学。如文宣帝即位后，就诏令州郡修立学校，广延生徒，以“敦述儒风”；又令在郡学内立孔庙，学官博士以下，每月均须祭拜，这为后来在各级学校内遍设孔庙开了先河。尽管北齐规定各郡都必须设学，必须置博士、助教等，但实际上生员多是被强迫而至，而士族及豪强子弟则不屑入学，也可以不入学。据记载，高昂“其父为求严师，令加捶挞。昂不遵师训，专事驰骋，每言男儿当横行天下，自取富贵；谁能端坐读书，作老博士也？”③高昂的这番高论，简直就是西周末年没落贵族子弟原伯鲁“可以无学，无学不害”之论的

① 《魏书·高允传》。
② 《魏书·显祖纪》。
③ 《北齐书·高昂传》。

翻版，北齐学校教育的衰败由此可见。社会风气如此，山东地区的学校教育即便是受到重学传统的影响而稍好一些，也很难再有大的作为。

二、山东的私学和家学

与“时兴时废，若有若无”的中央和地方官学相比，魏晋南北朝时期山东的私学和家学可用“生机勃勃”一词来描述。这一时期动乱的局势影响了官学的正常运行，私学就应社会发展的需要而填补了官学办理不彰而留下的空白。应该说，魏晋南北朝时期的私学与两汉时期的私学是有所不同的。两汉私学的发展是以“独尊儒术”为背景，以古文经学的研究和教学为动力的，因为它虽经屡次斗争，也难以取代今文经学或占据官学地位，从而不得不以私学的形式进行学术的授受，因而从本质上看，两汉私学乃是在与官学的挑战、斗争中兴起和发展的，可视为对官学教育的补充，对儒学研究的深化和另辟蹊径，因而两汉官学、私学都甚发达。魏晋南北朝时期的私学则不同。它是因填补官学的空白而日益发达，并挣脱了“独尊儒术”的羁绊，以社会发展的需要来确定学术重心。

自春秋以降，私人讲学之风逐渐兴起。孔子以“有教无类”思想为指导，广收门徒，力倡私学，使山东受到私人讲学之风的强烈影响。此后，山东学术大师层出不穷，私学风气日盛。数百年的私人讲学传统，不仅极大地滋养了士大夫的讲学热情，而且使聚徒授业、兴办私学成为山东地区的一种社会时尚和积年习惯，成为学术大师的一大使命和职责，并且成为知识分子参与社会生活、体现自身价值的重要手段。魏晋南北朝的乱世局面，恰好为私学的强势发展提供了难得的机遇、空间和条件。

如上所述，包括山东在内的一些学术大师，不愿就任中央

官学博士之职，而在地方上兴学授教。如，三国时期山东人邴原聚徒讲学，“一年中往归原居者数百家。游学之士、教授之声不绝”①。西晋时期，济南东平人刘兆“博学洽闻，温笃善诱，从受业者数千人。武帝时，五辟公府，三征博士，皆不就。安贫乐道，潜心著述，不出门庭数十年”②。山东高密人徐苗“少家贫，昼执鉏耒，夜则吟诵。弱冠，与弟贾就博士济南宋钧受业，遂为儒宗”。后徐苗自己也在家乡办私学、“务教授”③。《晋书·唐彬传》还记载说，唐彬曾不远千里，到山东东海郡的学术大师阎德处，“随师受业，还家教授，恒数百人”。《晋书·隐逸传》则记载，张忠因适逢永嘉之乱，遂“隐于泰山”，立学授徒，从者甚多。北齐时，平原人张买奴“经义该博，门徒千余人”，④可见张氏私学之盛。正是因为山东私学之风甚盛，士子学习刻苦，史料中在评述其他地区的学者时，常常与山东学者相比。如，在记载和评价范宣之事迹时，就称其“虽闲居屡空，常以讲诵为业。谯国戴逵等闻风宗仰，自远而至，讽诵之声，有若齐鲁”⑤。评价冯伟的事迹时，则称其“门徒束修，一毫不受。耕而饭，蚕而衣，箪食瓢饮，不改其乐”⑥。

除学术大师开办私学外，注重家族教育，也是魏晋南北朝地方教育的一个重要特点。如上所述，这一时期，山东地区的门阀士族甚多，如平原的华氏、琅琊的王氏、兰陵的萧氏等，皆是拥有巨大政治、经济势力的望族。对士族而言，家族中每一个成员的名声，直接关系到家族在朝中和社会上的地位与影响；家族中的学术根底，也直接影响到家族的声望；家族成员的团结，则是保障家族存亡的重要因素。因此，魏晋南北朝时期，世家著姓都极为重视家族教育和学术传授，这也是这一时期山

---

① 《三国志·魏书》。

②③⑤ 《晋书·儒林传》。

④⑥ 《北齐书·儒林传》。

东地方教育的一大特点。

门阀士族系由累世为官而产生，为官的根基则在于学术的授受。因此，为保持门第的势力和家族的长盛不衰，就必须在家族内进行学术的授受。此类事例史不绝书。如，《晋书·孝友传》记载，王延因天下丧乱，于农桑之暇，从容不迫地训诱宗族；刘殷的家庭教育更是别致，他有七子，五子各授一经，另二子授《史记》和《汉书》，一家之内，经史并举。东晋王羲之是琅琊王氏之后，师从多人，博采众长，练就一派独具特色的书法新体，被称为"书圣"。他家子弟多善书，幼子献之七八岁时学书，工草隶，善丹青，被称为"小圣"，其子凝之、徽之、操之及孙辈皆得其传，俱工于书法。颜之推家族世传《周官音义》，子弟从小就受到良好的家庭教育。为训诱子弟，他还结合自己立身治家的经验，写成《颜氏家训》一书，成为后世家庭教育教材的蓝本。此外，这一时期，普通百姓也非常注意家庭教育，例如东海郯人何承天"五岁丧父，母徐广姊也，聪明博学，故承天幼便渐训义"①。房景先"幼孤贫，无资从师，其母自授《毛诗》、《曲礼》"②。可以说，这是汉代邹鲁之谚语"遗子黄金满籯，不如教子一经"③在此时期的生动反映。

必须申明的是，由于魏晋时期山东的门阀势力非常强大，加上九品中正制的入仕制度保证，使得士族家族教育的内容不必限于儒家经学的授受，而是可以旁及其他，广泛涉及哲学、史学、文学、艺术、玄学、书学等多种学科的内容，从而为后世教育的多学科发展奠定了基础。

王羲之在给东晋望族谢万的一封信中，曾经谈及王家祖孙三代一次相聚的情形。他说："顷东游还，修植桑果，今盛敷荣。

---

① 《南史·何承天传》。

② 《魏书·房景先传》。

③ 《汉书·韦贤传》。

率诸子，抱弱孙，游观其间。有一味之甘，割而分之，以娱目前。虽植德无殊邈，犹欲教养子孙，以敦厚退让，戒以轻薄。庶令举策数马，仿佛万石之风。”①此处说得很明白，对士族而言，家族教育除要传授学术和其他专门知识外，还应注意从日常小事入手，陶冶良好的家风。事实上，除此之外，对违规成员实施家法制裁，也是门阀家族教育的一大做法，这从晋武帝时石苞惩处其子石乔的事例即可看出。②

应当说，家族教育在魏晋南北朝时期的山东地区是很普遍的，许多儒学家、玄学家、科学家、艺术家都是通过这种形式培养起来的。这种方式被称为“世袭家传”。这是我国古代进行科技教育和艺术教育最常见的一种形式。一方面，它弥补了古代官学科技教育和艺术教育之不足，对科技和艺术的发展起了一定的推动作用；另一方面，它又是一种保守的传授方式，限制了科技艺术的交流与发展。所谓“祖传秘方”，就是这一教育形式带来的不良结果。

三、山东士族的南迁

西晋末年，统治阶级上层为争夺帝位而陷于混乱，匈奴、鲜卑、羯、氐、羌等少数民族乘机进入中原，长安、洛阳迅即陷落，包括齐鲁在内的黄河中下游地区成为各族混战的战场。在此历史背景下，司马睿立国江东，以琅琊王氏为首的齐鲁士族追随南渡，并成为东晋开国的政治支柱，其文化取向对当时及后世的影响既深且远。

据《晋书》记载，永嘉之乱后，齐鲁士族大部南迁，其中具有代表性的有琅琊王氏、颜氏、刘氏和诸葛氏，高平郗氏，泰山

---

① 《晋书·王羲之传》。

② 《晋书·石苞传》。

羊氏，鲁国孔氏，济阴卞氏，东平臧氏和刘氏，东海王氏，等等。这些家族南迁时，不只携带自己的亲属，还将所属部曲、佃户一起迁移，有时众至千人甚至多达万人。如此规模的迁移，在中国历史上是空前的，对迁出地和迁入地都造成很大影响。由于这些世家大族及其士人世代生活在齐鲁本土，齐鲁文化绵延期间形成的某些传统，对他们家族及其士人性格、心理、气质、生活方式、思维方式和行为规范以至人生价值取向的影响，都体现在他们的家族教育及其家族文化传统之中。因此，在特定的历史条件下，齐鲁士族及其士人就成为齐鲁文化的体现者。两晋之际，作为齐鲁文化载体的齐鲁士族及其士人的南迁，实为包括齐鲁文化在内的传统文化的南向播迁。

秦汉魏晋的政治和文化中心在北方，长江以南只有长江下游建康（今南京）一带开发较早，其他大部分地区相对落后。永嘉之乱后，齐鲁与中原士族的南迁，将学术文化中心移于江南，这既使传统的民族文化得以保存、延续、传播，同时也促进了齐鲁、中原文化与荆楚文化的进一步交流、融合，从而改变了当时江南地区的文化面貌和历史进程，使儒家思想进一步传播到江南，意义巨大，影响深远。

第三节　魏晋南北朝时期的选士制度与考试

魏晋南北朝时期的选士制度，除了继续贯彻两汉的察举制外，还创立了九品中正制。两种选士制度的并行，说明封建皇权既不得不屈从于门阀士族的特权要求，又不能不防止门阀士族对君主权威的过度侵害，因而，“计资定品”与考试取士的抗衡，就成为选士过程中的主要矛盾。只是由于门阀政治在魏晋时期逐渐占据上风，九品中正制也就日益成为这一时期选士制度的主流。它在实施过程中所产生的流弊，极大地影响了此期的士风和教育的发展，也影响了察举制的有效开展。随着士族势力的逐渐衰落，到南北朝后期，许多统治者既对九品中正制进行了不同程度的改革，又更为注重从庶族中寻求政治支持力量，更加强调选士过程中的考试因素，从而为科举制度的诞生奠定了基础，准备了条件。

在上述背景下，山东地区也经历了从两种选士制度的并行到考试分量不断加大的过程。下面立足于山东门阀士族的社会存在，分析这一时期的选士制度和考试状况。

一、魏晋时期山东的门阀士族

门阀制度发端于东汉，确立于魏晋，南北朝前期达到鼎盛，后期逐渐衰落。在门阀制度下，家世名望是衡量身份的最高标准。只有那些祖辈做过大官、名望很高，而且世代都做过大官的人，才能被承认进入士族阶层。士族中间也有等级差别，一般说来，族中成员能长期保持上品官级的，为最高一层，称“右姓”或“茂姓”。其他大族虽然也在士流之内，只能算是下一层。士族特别关心的，是如何永久保持优越的门第族望，保持政治、经济上的特殊地位。为了保持高贵的血统，他们特别讲究门当户对的婚姻，绝不允许与庶族地主联姻通婚。另外，通过编撰“家谱”的办法，把士族的世系源流明确地记载下来，以备查考，由此催生出盛行一时的“谱牒学”。士族为了标榜自己的特殊身份，还发展了一整套烦琐的礼仪法规，在平时的生活中，士族一般不与庶族人士来往。

门阀士族制度是等级制度的一种特殊形式。魏晋南北朝时期，山东地区或源于山东的门阀势力发展强盛，出现了许多具有很大影响的世家大族，以下对此作简要叙述。

（一）清河崔氏

清河崔氏家族，大致从曹魏崔琰开始发迹，直到北魏年间都势力很盛。崔琰曾任曹魏时尚书、中尉，生有二子，崔谅和崔钦。崔谅曾任晋中书令，谅子崔遇为后赵特进。崔遇之子崔瑜，为黄门郎。崔瑜之子崔逞，曾任前秦齐郡太守、北魏御史中丞等职。崔逞有七子，其中二子早亡，另外五子中又以崔諲、崔祎、崔颐较为有名。崔諲在刘宋占据山东时期，曾任青、冀二州刺史。崔祎曾在刘宋为官，北魏占据青、齐后，崔祎之孙相如进入北魏，曾考举冀州秀才。崔颐起初曾任北魏太子洗马，后升至散骑常侍，又被魏太武帝任命为冀州刺史。

（二）琅琊王氏

魏晋南北朝时期，在山东地区的门阀士族中，琅琊（今山东临沂北）王氏可以称得上是头号门阀。自东汉青州刺史王仁算起，王氏家族可以分为两大系：一是王仁孙王祥、王览一系，二是王览的从祖兄王雄一系。

王祥曾担任曹魏太尉，西晋时任太保，他有五个儿子，其中夏、烈、芬早年死去，王肇为晋始平太守，王馥为晋上洛太守。王览在晋为官至宗正卿，生有六子：王裁在晋为官至抚军长史，王基在晋为官至治书侍御史，王会在晋为官至侍御史，王正在晋为官至尚书郎，王彦在晋为官至中护军，王琛在晋为官至国子祭酒。王览的孙子们南渡后，势力发展很快，迅速成为东晋首姓，其影响极大。

总体来看，王氏家族在两晋时期当属鼎盛时期，特别是在东晋时最为突出。当时不仅拥有王导那样的大政治家，而且他的子孙们也多为朝中要员，从而使王氏家族在政治上处于举足轻重的地位，成为江南侨姓士族中实力最强的大姓之一。王氏家族在文化上也负有盛名，出现了著名的大书法家王羲之和王献之，其书法艺术代表了东晋南朝时期的最高水平，成为中国古代文化的珍贵遗产。

（三）兰陵萧氏

兰陵萧氏原籍兰陵郡兰陵县（治今山东苍山兰陵镇，一说

为今山东枣庄市峄城镇东)。西晋灭亡后,萧氏迁往江南,居住在东晋晋陵郡武进县(今江苏常州市)。东晋政权在当地设置南兰陵郡南兰陵县,以后这一地区便被称为南兰陵,因此萧氏也被称为南兰陵人。

东晋时期,萧氏还是寒门,到了南朝时期逐渐成为豪门。刘裕的继母即为萧氏,出自兰陵。萧氏家族依靠与刘氏的姻亲关系,地位逐渐上升。萧氏族人多是将军,多因军功显要,才挤入了士族阶层。

刘宋之后,兰陵萧氏连续出了两朝帝王,族人也多为朝中高官,这才使得萧氏与王、谢、袁等豪族一样成为一等士族。在南朝,出身寒微却因军功而显达的人有很多,但能列于士族的并不多,至于成为高门、甲族的就更少了,萧氏一族算是唯一的一家。

(四)平原华氏

平原华氏自华歆开始,成为显赫家族。华歆,平原高唐人,东汉时任县吏,后来考取孝廉,魏文帝时官至司徒,明帝时任太尉。华歆有三子:长子华表,任晋太子少傅、太常;次子华博,任晋三县内史;少子华周,任晋黄门侍郎、常山太守。

华表长子华廙,任晋尚书令、太子少傅;华廙之弟华峤任晋秘书监、尚书。华表的其他儿子名位不很显要。华廙有三子:华混任晋侍中、尚书;华荟任晋河南尹;华恒娶晋武帝之女荥阳长公主为妻,任东晋左光禄大夫。

(五)泰山羊氏

自羊续起,泰山南城(今山东平邑南)羊氏家族逐渐发展成为士族世家。羊续为东汉南阳太守,生有三子:羊祕任曹魏京兆太守,羊衜任曹魏上党太守,羊耽任曹魏太常。西晋时,羊祜是开国元勋,加上羊祜之姊羊徽瑜是司马师之妻,使羊氏家族的势力达到顶峰。

羊祕有二子:羊祉任魏郡太守,羊繇任车骑掾。羊繇有五子,其中羊亮任晋大鸿胪,羊忱任晋徐州刺史。

羊衜一支,在西晋时势力与影响较大。羊衜有三子:羊发任晋都督淮北护军,羊祜任晋征南大将军,羊承没有做官,羊衜之女徽瑜是司马师之妻,入晋后称为弘训太后。

羊耽一支延续时间较长。羊耽有二子:羊瑾任晋尚书右仆射,羊琇任晋中护军。羊瑾之子羊玄之任晋尚书右仆射,玄之之女献容是晋惠帝皇后。羊琇的五世孙规之任南朝宋任城令,后归降北魏,任雁门太守。

(六)东海王氏

东海王氏开始于东汉末年,兴盛于魏晋。东汉末年,东海郯人王朗,魏文帝时任司空,著有《易》、《春秋》、《孝经》、《周官》等传。王朗之子王肃博取众家之说,曾为《尚书》、《诗》、《论语》、《三礼》、《左传》作解,成为一代儒师,曹魏时为宫中领军和散骑常侍。

王肃有八子,长子王恽,早死。其余诸子中较著名的有:王恂为官至晋河南尹、侍中,王虔为官至尚书,王恺为官至后将军,王隆为官至后将军。其中,尤以王隆一支最为兴盛。王隆之子王景,在晋为官至大鸿胪。王景之子王雅,在晋为官至领军、尚书、散骑常侍。王雅长子准之,任散骑常侍;王雅次子协之,任黄门;王雅次子少卿任侍中。

(七)高平郗氏

高平郗氏在两晋时期地位和影响力比较显著。西晋时,高平金乡人郗鉴因博览经籍,成为著名的儒士,西晋时任中书侍郎,东晋时先后担任过兖州刺史、安西将军、都督扬州江西将军、假节、尚书令、司空等职,影响较大,生有郗愔、郗昙二子。

郗愔曾任东晋徐兖二州刺史、假节,刘宋镇军将军、都督浙江东五郡军事。郗昙任东晋北中郎将、领徐兖二州刺史、假节

等职。

(八) 琅琊颜氏

琅琊颜氏起源于曹魏时期的颜斐、颜盛。颜斐担任过黄门侍郎、京兆太守,颜盛曾任青、徐二州刺史。兄弟二人在曹魏时期从鲁迁到临沂。自此以后,琅琊颜氏主要指的是颜盛的后代,颜盛生子给事中颜钦,颜钦生汝阴太守颜默,颜默生颜含。西晋灭亡后,颜含随司马睿渡江,颜氏于是成为随晋元帝渡江的百家"中原冠带"之一。

到江南后,颜含历任东阳太守、黄门侍郎、散骑常侍、大司农等职。自此时起,颜氏家族在士族中开始有了地位。颜含生颜髦,为官至侍中、光禄勋等。颜髦生颜琳,官至骑都尉。颜琳生靖之,官至宋御史中丞。颜靖之生腾之,官至宋巴陵太守。颜腾之生炳之,炳之生见远,做官至齐御史中丞。见远生颜协,颜协官为常侍。颜协生之推、之仪。颜之推有思鲁、愍楚、游秦三子。游秦在唐初历任廉州刺史、郓州刺史。

由上可见,山东地区门阀士族的势力是非常强大的。这种现象并不奇怪,因为士族本来就是由累世为官而产生的,汉代为官须以经学为根基,山东则是儒家经学的大本营。这一方面再次证明,两汉时期山东的教育、考试和经学授受是极其发达的,另一方面,也预示着山东将是魏晋时期选士制度的又一重镇。

二、九品中正制与考评考核

正是基于门阀士族的社会存在,并在反思察举制弊端的基础上,魏晋南北朝时期,统治者出台了一种新的选官制度——九品中正制。九品中正制上承两汉察举制,下启隋唐科举制,是中国古代三大选官制度之一。作为一种新制度,九品中正制原本是为了抑制豪强势力,改变地方"名士"把持乡论的积弊,

但在实际操作过程中，选士大权却迅速为门阀士族所攫取。到了隋代，随着门阀制度的衰落，此制才最终被科举制所取代。

（一）九品中正制的出台背景

九品中正制是继承东汉官吏选拔制度并加以改革的结果。东汉选拔官吏，主要依据儒家的道德行为标准，宗族乡党的评定成为政府选拔官吏的主要甚至唯一的依据。汉末，经过黄巾大起义之后，各地人员大量流移，彼此人地两疏，户籍混乱，给乡间评议带来很大的困难，用人时很难再核之乡间。加上到东汉末年，选举日益呈现出“台阁失选用于上，州郡轻贡举于下”的现象，以及贤士“沉滞诣死不得登叙”、“有党有力者纷然鳞萃”①的弊端。九品中正制的出台，就是要抑制浮华，不让名士“清议”在政治上取得优势。曹操当政的二十多年中，用人“决于胸臆”、“各引其类”的情况就大量存在，选举的名实不符成为选士制度的最大问题。在此背景下，“综核名实”、“实立而名从之”的呼声在汉魏之际十分强烈。

“综核名实”最直接的关注点，在于对人德行和才能的衡量与把握上。与传统“任人唯贤”的思想不同，曹操极力主张“唯才是举”。在曹操看来，“今天下尚未定，此特求贤之急时也。……若必廉士而后可用，则齐桓其何以霸世！今天下，得无有被褐怀玉而钓于渭滨者乎？又得无盗嫂受金而未遇无知者乎？二三子，其佐我明扬仄陋，唯才是举，吾得而用之，”②明确提出以才能取士的思想，力图摒弃以往求全责备、沽名钓誉的察举积弊。即是说，无论人的德行如何，即便是“盗嫂受金”之辈，只要是“被褐怀玉”的有才之士，都可受到重用，从而突出了其求实务本的选官理念。

① 《抱朴子·外篇·审举》。

② 《三国志·武帝纪》。

当然，在提出新主张的同时，曹操也未完全废弃传统的乡闾评议。史载，曹操平定荆州时，托当地大名士韩嵩"条品州人优劣，皆擢而用之"；替曹操主持选举的毛玠及山东人崔琰等"总齐清议，十有余年"，"其所选用，皆清正之士。虽于时有盛名而行不由本者，终莫得进"①。所谓"总齐清议"，就是掌握和平衡各地的清议。可见，曹操对乡闾评议并未笼统否定，反对的只是汉末乡闾评议中产生的弊病。纠正的办法，一是提倡"唯才是举"，反对虚伪道德和名实不符；二是压制朋党浮华和私人操纵选举，力图将选举之权控制在政府手中。如韩嵩之条品荆州人士，就不同于汉末名士私人操纵的乡闾评议，而与后来由中央政府任命并向中央政府负责的中正情况更为近似。九品中正制的诸多特点在曹操当政时期已有萌芽，到曹丕执政时进一步加以制度化。

（二）九品中正制的具体内容

九品中正制的完备，当在曹丕登基之后。《通典·选举二》中记载说："延康元年，吏部尚书陈群以天朝选用不尽人才，乃立九品官人之法，州郡皆置中正以定其选。择州郡之贤有识鉴者为之，区别人物，第其高下。"由此可见，九品中正制正式初步定型于延康元年（公元220年），是由陈群负责制定的。该制度自此步入常规化阶段，西晋时进一步加以完备，南北朝时又有所变化。总体来看，九品中正制的完善主要从中正制度、品评制度两方面着手，具体内容则可分为以下几个方面：

第一，设置中正官。中正官是掌管一个地区品评选举的负责人。设置中正官的目的，是为了以官府品评代替以往的名士清议，确保品第人物的权威性和权力的集中性。魏晋中正官僚系统由州、郡两级组成，郡设小中正，掌管一郡的品第选举；州

① 《三国志·毛玠传》。

设大中正(亦称“州都”、“都中正”、“都士”、“大公平”、“大师”等),掌管州中数郡的品第选举。中正官的任职资格主要由德才条件和身份条件构成。所谓德才条件,即为了体现“中正”,必须具有“德充才盛”、“贤有识鉴”等要求;所谓身份条件,即中正只能由本地人充当,且多由现任中央官员兼任,以保证对被品第者情况熟悉且能有权威。一般说来,郡中正须由本地“著姓士族”充任,州中正则须由本地大士族在朝的现任官员来兼任,其品第应是二品。由于魏晋朝廷的一品官员总是空缺,二品实际上已是极品官员了。此举显然是为避免各地方官员干预选举事务,确保朝廷对选举的直接控制。郡中正由各郡长官推选,晋时改由州中正荐举、司徒府任命。州郡大小中正都设有属员数名,称为“访问”,其职责主要是代表中正官执行察访士子的任务。

第二,确立品评制度。品评制度是九品中正制的操作系统,由评价标准、评议程序、品评方案等要素组成。品评制度的评价标准有三:一是家世,二是道德,三是才能。家世又称“簿阀”、“簿世”或“资品”,指被评者的族望和父祖官爵。这是品评人物时最为重要的因素,其次才是道德和才能。其评议程序、品评方案则是:首先,由中正官负责评议人物,按照家世、道德和才能状况对人物进行综合性、概括性的评价,其评语被称为“状”或“行状”。如曹魏时中正王嘉“状”吉茂为“德优能少”,西晋时中正王济“状”孙楚为“天材英博,亮拔不群”①。其次,中正官对所有被评者进行比较和权衡,并对每个人作出高下优劣的品定,称为“品”。“品”共分为九等,即上上、上中、上下、中上、中中、中下、下上、下中、下下。但类别却只有二等,即上品和下品。一品被视为圣人之品,无人能得,形同虚设,故

① 《晋书·孙楚传》。

二品实为最高品。由于八、九品很少有人感兴趣，故其评定渐渐消失。西晋初，三品尚可算高品（上品），以后降为卑品（下品）。于是，所谓上品，意即二品；所谓下品，则是指三、四、五、六、七几个品级。

第三，结果逐级上报。清人赵翼在《廿二史札记·九品中正》中说："魏文帝初定九品中正之法，郡邑设小中正，州设大中正。由小中正品第人才以上大中正，大中正核实以上司徒，司徒再核，然后付尚书选用。"就是说，各级中正官须将评议结果（即所谓"品状"）汇总上报，上交司徒府复核批准，然后送吏部作为选官的根据。中正评定的品第又称"乡品"，和被评者的仕途密切相关。任官者其官品必须与其乡品相适应，乡品高者做官的起点（又称"起家官品"）往往为"清官"，升迁也较快，受人尊重；乡品卑者做官的起点往往为"浊官"，升迁较慢，受人轻视。

第四，考评、复核与监督。中正品第人物的"品状"，皆用黄纸写定并藏于司徒府，故称"黄籍"。按照规定，中正为士人评议的等级并非终身不变，而是三年就须复核、调整一次，称为"清定"。中正对所评议的人物，可根据三年间此人的表现情况予以升品、降品或复品；中正所评定的人物品级上报中央后，吏部在核实过程中也可予以变更。一个人的"乡品"一旦升（降）后，官品及居官之"清浊"也往往随之变动。降品或复品时，中正都须去司徒府改正"黄籍"。为了提高中正的权威，朝廷还禁止被评者诉讼枉屈，也禁止地方官染指品第事务。但如果中正官品评人物时违法，一旦调查核准，朝廷则要追查其责任。

（三）九品中正制的基本评价

以上即为九品中正制的基本内容。由上可以看出，相比察举制，九品中正制在选士方面确实前进了一步，突出表现为朝

廷对选举大权控制的加强、对各种评价的考核和对评定标准的细化。一方面，它将选举权力相对集中，在朝廷吏部和各级中正之间形成了一个相对独立的选举网络，使选士工作步入了专门化轨道，并将品评人物的导向由民间舆论转向官方定夺。这既有利于避免他人对选举事务的干预，也有利于增强品评工作的专业性和针对性。另一方面，品第权力层层限制，品评工作的各个环节既相互贯通，又相互制约，既有利于增强朝廷对"综核名实"的控制力度，也有利于加强对士人的制约和管理。另外，吏部对中正"品状"的复查，中正官对士人定期的"清定"，有关部门对中正工作的监督，等等，既显示出朝廷对选士工作的重视，也折射出考评考核的比重在选士制度中的加强。这反映出我国古代选士制度演进与发展的必然趋势，也是这一制度不断完善的重要表征。

此外，评价人物由分科推荐改为分等定品，以九个品级细化考察标准，以量化形式衡量人物高下，这是古代选举的一个重大举措。应该说，东汉察举制导致选士"名实不符"的一个重要原因，在于其标准的笼统性、评语的含糊性和结论的一次性。九品中正制则不同，它以细化的品级、动态的考察为特征，为吏部选官提供了较为全面、真实的依据，正所谓"吏部不能审定，核天下人才士庶，故委中正铨第等级，凭之授受，谓免乖戾"①。梁朝史学家沈约在论及九品中正制时，评述说："汉末丧乱，魏武始基，军中仓卒，权为九品，盖以论人才优劣，非为世族高卑。因此相沿，遂为成法。自魏至晋，莫之能改。州都郡正，以才品人。"②

总体来看，九品中正制在魏晋时期经历了两个发展阶段：

---

① 《通典·选举二》。

② 《宋书·恩幸传序》。

第一,从陈群提议创建到司马懿设立州中正,为九品中正制的初创阶段。这一时期,由于门第不是品定高下的唯一标准,德才尚能受到一定程度的重视,故而中正选举尚能较为注重考察乡论,此制在选贤任能方面曾起到过积极的作用。第二,自司马懿设立州中正到西晋建立,为九品中正制的定型阶段。这一时期,随着以司马氏为首的世家大族逐渐把持政柄,中正的威权日益加重,无论中正的选任,还是选举标准的确定,都已日益呈现出门阀化倾向。进入西晋,九品中正制终于完成了向门阀化转变的历史过程,成为巩固门阀统治的政治支柱。这一制度的发展历程,正如卫瓘所云:"其始造也,乡邑清议,不拘爵位,褒贬所加,足为劝励,犹有乡论余风。中间渐染,遂计资定品,使天下观望,唯以居位为贵。人弃德才而忽道业,争多少于锥刀之末,伤损风俗,其弊不细。"①

综观九品中正制发展的全过程,它以"唯才是举"为创立起点,尝试以一种大规模调查、登记的方式,测定国家人才资源,进而罗致天下贤能之士。应该说,这种创意是无可厚非甚至是应予肯定的。那么,为什么九品中正制屡屡遭到时人及后人的批评,甚至将其斥责为"世胄蹑高位,英俊沉下僚"的罪恶渊薮呢?

笔者认为,问题主要出在该制度的评价标准和中正设置两方面。中正评议人物的标准本来是家世、道德、才能三者,然而在品第人物的过程中,才德标准逐渐被忽视,家世则越来越重要,最终成为了唯一的标准。毫无疑问,这是魏晋时期门阀士族独享特权的一种反映,是中央政权与地方势力妥协的结果,也是最高统治者迫于压力不得不采取的一种方案。但是,首重家世的结果,是既堵塞了庶族人士的入仕之路,更加大了门阀

① 《晋书·卫瓘传》。

士族的势力，使得九品中正制迅速由开放性向封闭性转变，既造成制度的进步性日益丧失，更导致了社会人才合理流动的日益停滞。

设置中正官的原初目的，是为了集中选士大权，加强中央的威权；是希望以朝廷派员、专人品评代替褒贬不一、众说纷纭的名士清议，以改变以往评价的多元性、导向的混乱性；是力图体现选士工作的权威、中正和符合实际。然而事实是，对地方而言，地方官员无权干预选举事务，中正完全控制了州郡的品评局面，任意评判，无所忌惮；对中央而言，吏部虽然具有对品评结果的核实权，然其矫正机制亦十分软弱，即所谓“吏部选用，必下中正，征其人居，及父祖官名”①。而按照制度规定，郡中正须是当地的“著姓士族”，州中正则必须是在朝廷任职的当地大士族。如此一来，选人的“权威”固然能够实现，选举的“中正”却再也难以做到了。对于这种情况，刘毅评论得切中肯綮、一针见血。他说：“今立中正、定九品，高下任意，荣辱在手。操人主之威福，夺天朝之权势；爱憎决于心，情伪由于己。”“今之中正，不精才实，务依党利；不均称尺，务随爱憎。所欲与者，获虚以成誉；所欲下者，吹毛以求疵。”②中正权力的相对独立和不受约束，必然出现“上品无寒门，下品无势族”的局面。到南朝时期，在中正的评议中，甚至父祖官爵的高低也无关紧要，所重视的只是魏晋间远祖的名位。而辨别血统和姓族只需查阅谱牒，中正的品第反成了无足轻重的例行公事。由此，九品中正制不仅蜕变为维护和巩固门阀统治的重要工具，而且本身也成为门阀制度的重要组成部分。

（四）山东九品中正制概况

九品中正制的性质既如上述，山东作为门阀势力极其强大

---

① 《通典·选举二》。

② 《晋书·刘毅传》。

的地区之一，也就不可能不对这一制度产生影响。事实上，山东在曹魏时期就是其较为稳固的大后方，到晋代时则成为司马氏立朝的重要支持力量。因而，虽然在九品中正制的创立方面陈群具有举足轻重的作用，但山东士族的作用也不可忽视，如泰山羊氏作为西晋元勋望族，对这一制度的定型和推行就起到了非常重要的作用；崔琰作为曹魏尚书，更是亲自主持选举事宜。史载，崔琰与毛玠主持选举时，“拔贞实，斥华伪，进逊行，抑阿党。诸宰官治民，功绩不著而私财丰足者，皆免黜停废，久不选用”。可以说，九品中正制的定型，就是在包括山东在内的北方士族的支持和推动下完成的。

山东士族不仅对九品中正制的形成发挥了重要作用，更受到这一制度的强烈影响，从中受惠颇丰。如前所述，魏晋南北朝时期，山东地区出现了许多影响很大的世家大族。纵观其发迹和发展史，不难看出，这些门阀士族的成员在这一时期多任高官，或雄霸一方，或权倾朝野，这不能不说是拜九品中正制所赐。其中情形，正如时人段灼所言：“今台阁选举，涂塞耳目，九品访人，惟问中正。故据上品者，非公侯之子孙，则当涂之昆弟也。”①州郡中正既然是士族中人，当然就会维护士族利益，唯门第是举，由此进一步加强了山东士族的势力。只是到永嘉之乱后，“中原冠带”大部分随司马皇室南迁，山东士族的力量才大大削弱。

可以说，九品中正制的大行其道，对魏晋时期山东的地方教育与考试考核工作造成了极大的冲击，使这一时期成为山东考试发展史上的低谷期。虽然如前所述，吏部拥有对中正“品状”的复查权，中正也有对士人定期的“清定”权，朝廷更有对中正品评的监督权，但是，随着考评、任官大权迅速为世家大族

① 《晋书·段灼传》。

所攫取和垄断,这些考查复核之类的规定日益形同具文,普通士子入仕的机会日益渺茫,寒门显达的道路多被堵塞,九品中正制的些许进步性迅速丧失。在九品中正制保障下的山东士族,可以醉心于哲学、文学、艺术等领域的自由发展,也可以无视朝廷恢复儒学的种种努力,从而使朝廷兴学的企图每每流于破灭,这是魏晋南北朝地方官学不兴、考核工作不畅的重要原因。

三、察举制的继续推行与考试分量的加强

魏晋南北朝在选士制度上不仅创立了九品中正制,还继续推行汉代以来的察举制度。察举制在曹魏和西晋初期曾一度兴盛,但随着九品中正制的很快定型,察举取士虽在断续实行,却已渐渐退居次要地位。到南北朝时期,各种政治力量对比的变化,使得察举制的地位开始再度上升,考试在选士工作中的分量亦逐渐增加。这种变化不仅对当时的政局影响甚巨,而且对山东地区的教育和考试也产生了不可忽视的影响。

(一)魏晋南北朝时期的察举制

早在曹魏之初,曹丕在颁布九品中正制后不久,就于黄初二年(公元221年)春正月诏令全国各郡察举孝廉,令郡国人口“满十万者,岁察孝廉一人。其有秀异,无拘户口”。黄初三年春正月,曹丕再次诏令:“今之计孝,古之贡士也。十室之邑,必有忠信。若限年然后取士,是吕尚、周晋不显于前世也。其令郡国所选,勿拘老幼,儒通经术,吏达文法,到皆试用。”①魏明帝即位后,于太和二年(公元228年)再次发布诏令:“尊儒贵学,王教之本也。自顷儒官或非其人,将何以宣明圣道?其高

① 《三国志·文帝纪》。

选博士,才任侍中、常侍者。申敕郡国,贡士以经学为先。”①在短短数年间,曹魏统治者就接连发布了三个关于察举的诏令。这还只是察举的岁举诏令,有关特举的诏令在这一时期发布得更为频繁。如据《三国志·魏书》记载,黄初四年(公元223年)五月,文帝诏“举天下隽德茂才,独行君子”;太和二年十月,明帝诏“公卿近臣举良将各一人”;太和四年(公元230年)十二月,明帝诏“公卿举贤良”;青龙元年(公元233年)三月,明帝诏“公卿举贤良笃行之士各一人”。

由此可见,虽然曹魏时期九品中正制业已出台,朝廷对于察举的关注程度却是高于九品中正制的。究其原因,一是曹魏初立,九品中正制此时尚属初创,操作程序不完备,实施效果也不明朗,统治者只好沿用两汉旧法,以应一时之需;二是九品中正制只是对士人入仕资格的考察和品评,并非一项直接的选官制度,不如察举制度便捷和直接;三是九品中正制偏重的是门阀士族的利益,与曹操“唯才是举”的选人方略有所冲突,与王朝的统治利益也并非完全一致,因而只要有可能,统治者就会更倾向于察举制度。

到西晋时期,尽管九品中正制已基本定型,察举制还是持续了一阵兴盛的势头。当时岁举与特举交替进行,很有一番广招人才的气象。史书记载:“泰始中,将兴伐吴之役。下诏曰:吴会未平,宜得猛士以济武功。虽有旧荐举之法,未足以尽殊才。其普告州郡,有壮勇秀异、才力杰出者,皆以名闻;将简其尤异,擢而用之。苟有其人,勿限所取。”②这是就岁举而言。至于特举,史书记载的就更多了,如泰始四年(公元268年),皇帝诏“王公卿尹及郡国守相,举贤良方正直言之士”;泰始五

① 《三国志·明帝纪》。

② 《晋书·马隆传》。

年，诏“州郡举勇猛秀异之才”；泰始七年，诏“公卿以下举将帅各一人”；泰始八年，诏“内外群官举任边郡者各三人”。① 由此可以看出，似乎是西晋伐吴在即、急需人才的背景，促成了察举制的一时之盛。然而，这只是一种表象，是问题的一个方面。事实上，虽然西晋皇族也是世家大族，但一旦登上皇位，就与各地方的门阀士族产生了一定程度的权势、利益之争。在此情形下，“伐吴”不过是一个冠冕堂皇的借口，其实质则是皇室试图借此扩展自身的势力和政治基础，是与地方门阀士族的一种悄然博弈。

随着门阀士族势力的迅速增强、九品中正制的强力推行，以及由察举入仕所得官位与九品中正制所授官位的日益悬殊，加之察举制的考试要求越加严格，到西晋后期，由察举入仕者日见其少，察举的实际地位迅速下降。东晋时期，朝中大权多被以“中原冠带”为主的士族所攫取，门阀势力更为昌炽，庶族士子皆以能够跻身士族、与之交游为尚。在此背景下，由察举入仕的途径更加少人问津，察举制之颓势一发不可收拾。南北朝时期，朝代更迭频繁，社会动荡频仍。在惨烈战争的影响下，南朝士族的势力受到冲击，皇室的地位则逐步得以加强；北朝在少数民族的统治之下，士族势力日益衰落，皇权主导了朝廷政治。在此背景下，察举制再次出现了复兴的趋势。

以上即为魏晋南北朝时期察举制推行之概况。由此可见，皇室集团与士族集团、士族集团与庶族集团之间力量的此消彼长，直接影响了九品中正制与察举制之间的关系，并且决定了两大制度间的地位对比。这种现象毫不奇怪，因为从本质上说，这两种制度代表着两种不同的选官导向，更是不同的集团利益在政治博弈、人事关系和选士事务中的反映。

---

① 《晋书·武帝纪》。

最后应该说明的是，魏晋南北朝时期的察举制，总体来看与两汉察举制有着一脉相承的关系，其科目、对象与要求等既有继承，也有若干新的变动。概要而言，第一，这一时期的察举制，除孝廉、茂才、贤良方正、能言极谏等科目继续设置外，其特科的设置更为灵活，范围更加扩大，增加了许多特诏科目；第二，察举的对象，由原来的儒生、文吏两大类融合为一，儒生成为察举的主体人选；第三，考试范围逐步扩大，考试要求愈加严格，黜落程度日益加深；第四，门第限制较为宽松，这一时期，下层人士通过察举入仕者占了接近一半，在汉代则仅占四分之一左右。

（二）察举制的变化与考试分量的加强

考察魏晋南北朝察举制的发展进程，可以发现，考试所占的比重是随着这一制度的日益推进而逐步加强的。注重考试的选拔功能，引入才能竞争机制，弱化德行考察的甄别作用，增加学业考试的分量比重，可以说是这一时期相比两汉时期察举制的最大不同。

早在曹魏时期，为有效遏制选士中出现的浮华之风，景初至嘉平年间（公元237—254年）就再度在选士中倡行学业考课之制，魏明帝还进一步要求刘劭制定“都官考课法”，以利考试的实际操作。杜恕对此法加以完善，力主“使州郡考士，必由四科，皆有事效；然后察举，试辟公府，为亲民长吏”，并上疏希望能在各州郡尽皆实行，以“立必信之赏，施必行之罚”。① 王昶对考试更为重视，明确指出：“考试犹准绳也，未有舍准绳而意正曲直，废黜陟而空论能否也。”②主张将考试与考察结合起来，以加重考试在察举中的分量。

---

① 《三国志·杜畿附恕传》。

② 《三国志·王昶传》。

西晋统治时期虽短，然亦力倡察举制度，并十分注重考试。史料显示，在西晋察举的诸科目中，贤良、秀才二科皆须策问考试，且晋武帝常常亲临策问，其问卷多是关于当时社会急需解决的问题。其他科目，如孝廉一科，须考试经学，也常有问策；良将一科，“言问核试”；廉吏、良吏等科，则重点考核朝廷律令。

南北朝时期，考试在察举制中的作用更受重视。如南朝宋武帝永初二年（公元421年），皇帝“车驾幸延贤堂，策试诸州郡秀才、孝廉。扬州秀才顾练、豫州秀才殷朗所对称旨，并以为著作佐郎”①。刘宋皇帝的这一策试举措，以及给策试优异者所授官阶之高，对社会各阶层都产生了不小的触动。之后，策试就成为察举制度中经常性的做法，皇帝也常常亲临策问。如《文献通考》记载说：“凡州秀才、郡孝廉，皆至策试，天子或亲临之。”②此外，统治者还申明“非才勿举”的原则，组织专人制定考核才能的衡量标准。梁武帝执政时，进一步明确了“设官分职，惟才是务”的选举原则，并诏令“今九流常选，年未三十，不通一经，不得解褐”，“其有能通一经，始末无倦者，策实之后，可量加叙用”。③

在对考试的重视和严格方面，北朝比南朝毫不逊色。如北魏太和七年（公元483年），孝文帝明令对考选“秀孝”不实者，处以“大辟”、“罔上必诛”等极刑，并令中书省直接负责此项工作。④ 北齐文宣帝天宝十年（公元559年），皇帝命大臣辛术察举官员百人。辛术选官的标准是考射策十条，能通八条以上，

---

① 《宋书·武帝纪下》。
② 《文献通考·选举一》。
③ 《梁书·武帝纪中》。
④ 《魏书·高祖纪上》。

即授予九品官职。① 北齐皇帝还亲自在朝堂上策试，并制定了极其严格的考试规则。如，发现考生“字有脱误者，呼起立席后；书迹滥劣者，饮墨水一升；文理孟浪者，夺席脱容刀”②。很明显，北朝的察举选士已由过去侧重对被举荐者德行的考察转向侧重于对考生能力的考试，考试逐渐成为人们入仕的必经之途。这一特征，为后世科举制度的创立与推行奠定了基础。

除此之外，破除门第之见、出身之限，克服门阀政治的影响，是保证察举制度能够顺利进行和有效实施的关键。南北朝时的诸多统治者都已认识到这一点，并力图以适当的方式加以解决。如梁武帝于天监七年（公元 508 年）就曾下令，各地须于州设立“州重”，郡设置“郡崇”，乡设立“乡豪”，专门负责士子推荐事宜，以使选士工作“无复膏粱寒素之隔”。③北魏孝文帝在发布“选举以实”的诏令中，重申了选举的两个原则，一是“门尽州郡之高”，二是“才极乡闾之选”，并令“诸州举秀才，先尽才学”。④ 当然，在门阀政治影响甚重的南北朝时期，要淡化“士庶之别”绝非易事，因此统治者不得不稍作变通，采取门第与才能并重的权宜之计。然而，加重考试在选士工作中的分量，无疑可以视为南北朝这一特殊时代背景下统治者意欲破除门第、出身之限的一种策略。这也为后世科举制度广开门路、怀牒自进等举措准备了必要的前提。

（三）魏晋南北朝时期山东察举之概况

虽然在魏晋时期，九品中正制对士族势力雄厚的山东影响巨大，但曲折发展、兴衰不定的察举制，对山东地区的影响也不可忽视。如上所述，山东是曹魏统治时期的后方重土，也是西晋政治格局中的重要力量。由于具有得天独厚的文化、教育、

---

① 《北齐书 · 儒林传序》。

②③ 《文献通考 · 选举一》。

④ 《魏书 · 高祖纪上》。

学术优势，加上长期历史传统的影响，在曹魏和西晋强力推行察举取士的短暂时期内，山东亦受惠不少，尤以普通士子为最。然士族中人，亦有不靠九品中正制登位而应察举入仕者。如《晋书》记载，山东平原华氏族人华谭就曾被州郡举为秀才，“至洛阳，武帝亲策之曰：‘今四海一统，万里同风，天下有道，莫斯之盛。然北有未羁之虏，西有丑施之氐，故谋夫未得高枕，边人未获晏然。将何以长弭斯患，混清六合？’”①可见，晋武帝对山东士子还是相当礼遇的。

永嘉之乱后，门阀士族大部分随司马皇室迁往江南，山东九品中正制的基础受到极大削弱。在此背景下，山东的察举取士渐占上风。南北朝时期，山东大部分时间处于北朝统治之下。北朝各政权虽多为少数民族所建，但注意学习汉族文化、推行汉制，却是各政权的共同之处。推行察举取士制度，就是各政权实施“汉化”的一条重要措施。如，早在北魏太武帝执政期间，就察举征召了卢玄等数百名汉族士人充实各级官僚机构；崔浩则推荐了北方高门数十人，以为朝廷所用。《魏书·儒林传序》也记载说，北魏孝文、宣武时期，“州举茂异，郡贡孝廉，对扬王廷，每年逾众”。其中，山东由于其独特的地区优势，故而成为北朝察举取士的一方重镇，如据《魏书·文苑传》载，东平王考选御史时，竟然引来800余“预选者争相引决”，可见此时期察举状况之盛。直到北周宇文氏执政时期，山东的察举取士仍推行不辍。如武帝建德六年（公元577年）三月，皇帝诏“山东诸州，各举明经、干治者二人。若奇才异术、卓尔不群者，弗拘多少”。同年七月，皇帝再诏“山东诸州，举有才者，上县六人，中县五人，下县四人，赴行在所，共论政治得失”。同年九月，皇帝再次下诏，令“东土诸州儒生，明一经以上，并举送，

① 《晋书·华谭传》。

州郡以礼发遣”。① 一年间竟然三下诏令，从中不难看出宇文氏求贤心情之切，以及欲借汉族士人力量雄图天下之决心。

山东士人不仅常常应察举入仕，而且在察举制度的制定过程中也发挥了很大的作用。如曹魏之初，山东高唐人华歆就曾参与察举制度的订立。史载：“三府议：‘举孝廉本以德行，不复限以试经。’歆以为：‘丧乱以来，六籍坠废，当务存立，以崇王道。夫制法者所以经盛衰，今听孝廉不以经试，恐学业遂从此而废。若有秀异，可特征用，患于无其人，何患不得哉！’帝从其言。”②从这段文字看，当时三府的建议是孝廉一科不必试经，因为根据以往的做法，该科都是只论德行，不需考试。但时任司徒、主管选士工作的华歆从兴“六籍”、“崇王道”的角度，阐述了经学考试的必要性。魏文帝采纳其言，并于黄初三年明确规定了“郡国所选，勿拘老幼，儒通经术，吏达文法，到皆试用”的考试原则。华歆之论，实质上是有感于当时社会思潮趋于多元的背景，希望重新树立起尊孔崇儒的旗帜，明确察举选士的基本方向。由此亦可看出华歆在当时政坛上的影响。

总之，魏晋南北朝时期，在选士制度方面表现为察举制与九品中正制的并行与对抗。这是这一时期独有的现象，也是中国考试史和选士制度史上的一大景观。两种制度间的地位关系，是不同集团之间博弈选择的结果，也是不同集团之间力量对比的一种反映。其中，弱化德行比重，加重学业分量，将人才选拔的决定性因素集中在考试环节而不是考察环节上，乃是这一时期选士工作的一大转向。这是各种势力数百年反复较量的结果，是经过无数次选士尝试的最终选择，也是选士制度将有重大改革的一个信号。从此之后，山东与其他地区一样，将进入科举取士时期，迎来考试发展史上一个新的时代。

---

① 《周书·武帝纪》。

② 《三国志·华歆传》。

第四章 隋唐时期山东的学校考核与科举考试

隋唐时期作为我国教育发展史上的一个重要阶段，是封建教育从发展走向成熟的时期，这不仅表现为封建官学制度的日益完善，而且体现在考试制度的日益完备上。山东地区向来有着丰厚的文化积淀，自古就一直极为重视教育。因此，这一时期山东地区的考试制度，既有和全国各地相似的特点，也有自身的地域特色。到宋元时期，与全国其他地区一样，山东的考试制度也经历了重大的变化。科举制度的调整与改革、防弊措施的相继出台，是这一时期山东地区教育体制变动的突出特点。到明清时期，随着中央集权专制的日益加强，山东地区的考试制度更为完善，考试规章也更加严密，然而无论从考试内容、考试程式，还是从考试方法等方面来说，都日渐呈现出思想僵化、突出形式、恪守教条、空疏无用等弊端。所有这些，都预示着古代考试制度的重大变革即将到来。

第一节　隋唐时期的发展状况与生员考核

经过魏晋南北朝长达300余年的分裂，到了隋代，国家重

新归于统一。由于国祚较短，虽然隋文帝、隋炀帝皆设庠序郡县之学，但实际上在教育方面建树不多。从某种意义上说，隋朝在中国教育发展史上起到了承前启后的作用。到了唐代，尤其是开元、天宝年间，中国封建社会进入“盛世”时期。社会的稳定，经济的繁荣，为各项事业的发展提供了必要的条件，教育事业也随之发展起来。山东地区的学校教育与相关考试，也呈现出相当繁荣的局面。

一、隋唐时期山东地方官学发展概况

隋唐时期的学校教育及考试制度，是在隋唐时期社会政治、经济、文化发展的基础上产生的，也是隋唐时期重文政策在教育上的具体体现。唐代的地方官学及考试制度，吸取了隋代的某些做法，并在此基础上加以完善。学校种类之齐全，管理之严密，制度之规范，皆远超前代，表现出鲜明的历史进步性。

（一）隋朝山东地方官学发展概况

隋文帝即位之初，对教育事业十分重视，除在中央设立国子学、太学、四门学、书学、律学、算学、医学等官学外，还诏令在地方州县也设立学校，并明确规定了每个州县的贡举人数。由于统治者的重视，隋初山东地区的学校教育非常发达。一时之间，“四海九州强学待问之士，靡不毕集焉”。“京邑达乎四方，皆启黉校。齐、鲁、赵、魏，学者尤多，负笈追师，不远千里，讲诵之声，道路不绝。”①可见，隋朝初年，山东的地方官学是较为繁荣的。

但是，山东地方官学的这一局面维持的时间并不甚长。隋文帝晚年，由于重视佛教而不悦《诗》、《书》，学校教育逐渐衰落。统治者认为，“国学胄子，垂将千数；州县诸生，咸亦不少。

① 《隋书·儒林传序》。

徒有名录，空废岁时，未有德为代范，才任国用；良由设学之理，多而未精。今宜简省，明加奖励”。遂于仁寿元年（公元601年）下诏：“国子学惟留七十人，太学、四门学及州县学并废。”①山东地方官学遂遵令停废。

隋炀帝即位后，曾重振教育，再兴学校，地方官学再度得到发展。《隋书·儒林传》载：“炀帝继位，复开庠序，国子、郡县之学，盛于开皇之初。”还下诏征集学行优敏者，给予优厚待遇，“即当随其器能，擢以不次。若研精经术，未愿进仕者，可依其艺业深浅，门荫高卑，虽未升朝，并量准给禄”。还下令整饬学校功课，“申明旧制，教习生徒，具为课试之法，以尽砥砺之道”。② 然而，此种好景亦不甚长。由于炀帝执政时期专横跋扈、穷奢极欲、穷兵黩武，使得地方官学很快呈现出“师徒怠散”、“空有建学之名，而无弘道之实”③的状况。总体来说，在隋朝统治的30余年间，山东的地方官学经历了一个由兴到衰、由衰到兴，终至再度衰落的发展过程。

（二）唐朝山东地方官学发展概况

唐朝代隋而兴，注意吸取隋朝失败的教训，对于学校教育及地方官学设置皆极为重视。例如，早在唐高祖武德元年（公元618年），李渊就在恢复中央官学的同时着手重建地方官学。是年五月，李渊敕令：“上郡学置生六十员，中郡五十员，下郡四十员。上县学生四十员，中县三十员，下县二十员。”④当全国底定后，李渊于武德七年（公元624年）再下诏曰：“方今幽夏既清，干戈渐戢，搢绅之业，此则可兴。宜下四方诸州，有明一经以上未被升擢者，本属举选，具以名闻。有司议等，加阶叙

① 《隋书·高祖本纪》。

② 《隋书·炀帝纪》。

③ 《隋书·儒林传》。

④ 《旧唐书·儒学传上》。

用。……州县及乡里，并令置学。”①李渊不仅恢复了国子学、太学、四门学，而且也大力整顿了地方官学，规定了各校的招生标准和人数，定其名额为“上郡学置生六十员，中、下以十为差；上县学置生四十员，中、下亦以十为差”②。唐玄宗开元二十六年（公元 738 年），皇帝再下兴学敕令曰：“古者，乡有序，党有塾。将以宏长儒教，诱进学徒。化民成俗，率由于是。其天下州县，每乡之内，各里置一学，仍择师资，令其教授。”“令天下州、县、里别置学。”③这样，从武德初年到开元末年，经过 100 多年的发展，唐代的地方官学形成了州、县、乡、里四级制和经学、医学双轨制的完整制度。

由于统治者的一再大力提倡，唐代前期至开元时，地方官学发展得相当繁盛。据《新唐书·选举志》载，全国地方官学的学生超过 8.3 万人。虽然《山东通志·学校志》仅记载兖州、黄县、汶上等州县学创设于唐代，但从统治者的上述诏令、唐代的有关规定以及山东一向有重文崇教之传统中皆可以推断，当时山东地区的其他州县也是应当设学的。例如，唐制规定，地方长官的一项重要职责，就是大力发展治内的教育事业。地方长官每年须进行考课，以定其政绩优劣。考课的内容有“四善”和“二十七最”。“四善”为德义有闻、清慎明著、公平可称、恪勤匪懈；“二十七最”中最重要的是“礼义兴行，肃清所部”，此为“正教之最”。每一个地方长官，都必须努力做到有“四善”和“二十七最”之“一最”。④

唐代地方官学的种类主要有三：经学、医学和崇玄学。唐代地方官学，除在府州和县设有由长史等官员管辖的经学外，

① 《通鉴·高祖武德七年二月》。

② 《新唐书·儒学传上》。

③ 《通鉴·玄宗开元二十六年正月》。

④ 《新唐书·百官志》。

还设有直辖于太医署的府州“医学”，以及直辖于中央礼部的府州“崇玄学”。府州医学自贞观三年（公元629年）始设，置医药博士、助教及学生若干人。崇玄学于开元二十九年（公元741年）设立，天宝二年（公元743年）改地方“崇玄学”为“通道学”，博士则一度被称为“道德博士”。府州县学的学生，一般系下级官吏及庶民子弟，所习内容虽与中央官学相似，也以“九经”为主，但要求相对较低，一般只要达到通一经的程度，或“虽未通经，精神通悟，有文词、史学者”，即可毕业，升入中央官学之四门学，或者参加科举考试。这不仅加强了中央与地方在学制上的衔接，也给有志求学者以奋发进取的机会。地方官学学生在校除学习传统的“九经”正业外，还须兼习吉凶礼。每当地方举行吉凶仪式时，即令学生前往演礼，礼毕返校。崇玄学中的生徒，则令学习《道德经》、《庄子》、《文子》以及《列子》等。

唐代前期直到开元、天宝年间，由于统治者的大力倡扬，包括山东在内的地方官学得到了较快的发展，各州县皆奉令设学，甚至在乡、里这样的基层组织也鼓励人们创办学校。然而，由“安史之乱”所导致的长达八年的大动乱，使教育事业赖以存在的基础受到了极大的削弱。唐肃宗、代宗皆为昏庸之主，不重视文教事业，加之藩镇割据一方，为保全辖地而大兴军力，使得山东的地方官学走入发展的低谷。唐德宗时，社会相对稳定，地方教育状况略有起色，但因统治者重科举而轻学校，加之地方经济依然不振，官学发展状况也大不如前。

唐宪宗执政的元和年间，号称唐朝的所谓“中兴”时期。然而，滥增的官俸、失控的军费、藩镇经济的独立，使各地官学依然难以振兴。即便如山东这样被称为“礼义之乡”的地区，官学也相形颓废。史载，山东曾长期为藩镇李正已盘踞。李死后，山东重归中央管辖，朝廷命曹华为兖海观察使，重兴山东文教。《旧唐书·曹华传》载:“初,李正己盗有青、郓十二州,传袭四世,垂五十年,人俗顽骜,不知礼教。华令将吏曰:‘邹、鲁儒者之乡,不宜忘于礼义。’乃躬礼儒士,习俎豆之容,春秋释奠于孔子庙,立学讲经,儒冠四集。出家财赡给,俾成名入仕,其往者如归。”可见,由于藩镇割据,数十年间,连山东这样的儒者之乡竟然也已到了“人俗顽骜,不知礼教”的境地,学生四散无从,孔庙无人释奠,官学不振之状由此可知。此种状况,一直延续到唐代末年。

二、隋唐时期山东地方官学的考核

要考察山东地方官学的考核事务,首先应该明确地方官学的管理制度设计及管理人员。唐初,地方行政区划设置承袭隋朝开皇旧制,主体是郡、县二级制。唐武德元年(公元 618 年)改郡为州,天宝元年(公元 724 年)又改州为郡,乾元元年(公元 758 年)复改为州。贞观元年(公元 627 年)于州上设道,作为监察区域;开元十一年(公元 733 年),将道作为地方最高一级行政区划。于是,唐代最终在地方上形成了道、郡(州)、县三级行政管理体制。①

贞观年间,全国分为十道;开元时期,分全国为十五道。每一道统辖若干郡(州),每一郡或州统辖若干县,县下为乡、里。地方官学由府州的长史主管。《新唐书·选举志》载:“州、县学生,州、县长官补,长史主焉。”可见,长史是负责地方生员补选事务的官员。按照《通典·职官典·州郡》上的记载,各州长史还有权自主招聘州县医学博士,不必经吏部集选任命。地方州一级官学的具体事务则归司功参军掌管,其职责是掌理考

① 山东省地方史志编纂委员会编:《山东省志·建置志》,山东人民出版社 2003 年版,第 87—88 页。

课、假使、祭祀、礼乐、学校、表疏、书启、禄食、祥异、医药、卜筮、陈设、丧葬。负责县级学校管理的是司功佐,职责与司功参军相同。

唐代的官学设置,分为中央官学和地方官学两级。各级官学的课程内容是一致的,只是地方官学的要求相对较低,只要学生粗通文艺、经学、医学或玄学,或在经学方面达到通一经的程度即可。因此,只要简要考察一下唐代官学课程的大致设置,就能够明了山东地方官学的学习内容,以及生员考核的基本依据。唐代官学的教学计划颇为细致,学科设置也比过去有所扩大。据《新唐书·选举志》载,唐代将儒家经典分为"正经"和"旁经"两大类。"正经"又分为大经、中经和小经。大经包括《礼记》、《春秋》、《左传》,中经包括《诗经》、《周礼》、《仪礼》,小经包括《易经》、《尚书》、《春秋公羊传》、《春秋谷梁传》;"旁经"主要是《孝经》、《论语》、《老子》。课程设置因学校的性质、层次不同而有所不同。上述各门课程,国子学、太学、四门学均须开设,但不要求全习。按照相关规定,学生如学习二经,必选一大经、一小经,或选二中经;学习三经,必选大、中、小三经各一经;学习五经,则大经必须全习,其余中、小经各一。《孝经》和《论语》为兼习学科。《道德经》本是玄学的主要科目,但国子学等三学中有时也列为兼习学科。各学科的修业年限为:《孝经》和《论语》须学习一年;《尚书》、《公羊传》、《谷梁传》各限一年半;《易经》、《诗经》、《周礼》、《仪礼》各限二年;《礼记》、《左氏传》各限三年。从上述各学科的修业年限,便可推知,各类经科学校总体修业年限为九年。唐代专科学校开设课程也较丰富,如书学的学生就须学习《石经》、《说文》和《字林》,其余字书也须兼习。医学学生学习的内容是《本草》、《甲乙经》、《脉经》,学完这些内容后,再分成体疗、疮肿、少小、角法、耳目口齿五科进行学习。如此课程设置,为学生提供了较为宽广的专业知识基础，从而拓宽了以儒家经典为主体的学校课程体系。总体来看，无论是学习儒家经典，还是学习专科性知识，其范围、程度皆远远超过前代。

与课程设置一样，地方官学的生员考核也与中央官学相似，但难度相对较小，基本形式和内容则相差无几。因此，只要简要考察一下唐代官学大致的考核制度设计，就能够明了山东地方官学的考核状况。依照相关规定，各级官学的考试考核分为三种，即旬考、岁考和毕业考试。

第一种是旬考，即每十天举行一次考试，于旬假前一日进行，属于考查测验的性质。考试内容为本旬及以前所学的知识，偏重记忆理解和熟练掌握程度。考试形式分读经（背诵）和讲经（讲解）两种，学生可任选其一。选择读经者，要读经文三千言，每一千言中试一帖，帖去三字，共须试三帖九字，通二为及格；选择讲经者，讲经文六千言，每二千言问大义一条，总三条，通二为及格。① 在旬试的考查中，无论是读经还是讲经，“通一及全不通，斟量决罚”②。后因旬考相隔时间太近，改为每月一考。

第二种是岁试，即学年考试，旨在测试学生一年之学业状况。一般是在一年中所学的各门功课之中，由官学博士随机抽选，口问大义十条，通八条为上，通六条为中，通五条为下。生员连续三年岁试不及格、名列下等而又不堪贡举者，令其罢归原籍。③

第三种为毕业考试，也即资格考试或甄别性考试。官学在籍学生学满年限后，由本学的博士出题考试，长史或丞主持考试。乡贡须怀牒自列于州县，与在籍学生共同参加资格考试。

①③ 《新唐书·选举志上》。
② 《唐令拾遗·学令》。

考试及格者，即可出校应科举考试，或者直接担任各种政府职务。通过这一关者，地方政府为其举行乡饮酒礼，“会属僚，设宾主，陈俎豆，备管弦，牲用少牢，歌《鹿鸣》之诗，因与耆艾叙长少焉”①。

总之，唐代对于地方官学学生的考核，旬考、岁考是由本校的博士主持的，毕业考试则由长史等主持。开元二十五年（公元737年），唐玄宗下令：“诸州县学生，年二十五以下，八品、九品子若庶人，生年二十一以下，通一经以上；及虽未通经，精神通悟，有文词、史学者，每年铨量举选，送所司简试，听入四门学充俊士。”②可见，唐代对于地方官学的考核是较为宽松的，学生能通一经便可升学，或充俊士，或由长史挑选，送礼部应试。《新唐书·选举志》载：“每岁仲冬，州、县、馆、监举其成者，送之尚书省。而举选不由馆学者，谓之乡贡，皆怀牒自列于州、县。”由此可见，唐代要求地方每年皆须进行考核和选送。地方官学考核的制度化和经常化，一方面督促了学生的学习，促进了学校教学的有效管理；另一方面，也看做是对教师教学质量的经常性考察。

对于考核未能通过的学生，唐代也有明确的处置措施。一般说来，地方官学会给予学生一定的“复读”、“留级”机会，即未合格者可以继续返回本学学习，但最长修业年限不超过九年。此外，还出台有相应的层层“降级”制度，如《旧唐书·归崇敬传》载：“不率教者，则申礼部。国子不率教，移为太学；太学之不变者，移之四门；四门之不变者，归本州之学；州学之不变者，复本役，终身不齿。”依此规定，地方官学的学生可在府、州、县、乡学等层层“降级”进行学习。对于屡考不过、不堪教

① 《新唐书·选举志上》。

② 《唐会要·学校》。

化的学生，则最终会被罢归原籍。山东地方官学的考核，就是基本依照上述规则进行的。

第二节 科举制度的滥觞与考试制度的初步形成

创始于隋、形成于唐的科举考试制度，是我国封建社会持续时间最长、影响范围最广的人才选拔制度，也是我国考试发展史上的一件大事。它不仅对学校教育具有巨大的导向作用，而且集中体现并在很大程度上实现了儒家“学而优则仕”的思想主张。这不仅保证了儒家思想在中国传统文化中的正统地位，也保证了以四书五经为特色的中国文化的衍传和发展。

作为全国首屈一指的礼仪之邦和儒家学派的发祥地，山东自古以来就有浓厚的崇儒好学之风，即便在战乱期间，也往往保持着弦歌不衰的优良传统。科举制度的滥觞与推行，科举制度的考试内容、取士标准等，极为契合山东故有的地域传统和文化特色，使山东在适应和奉行这一制度时显得得天独厚、游刃有余，并且人才辈出、获益颇丰。更为重要的是，这一制度对封建社会后期山东地区的政治文化以及学校教育，都产生了巨大而直接的影响。因此，要研究与反映山东考试的历史，就不能不认真梳理这一制度，并对此进行较为细致的考察。

一、科举制度的滥觞与确立

科举考试制度是中国古代影响最为深远的选士制度。与此前的人才选拔方式相比较，科举制度将人的才智作为入仕的主要标准，选拔方式由推荐为主转向考试为主，具有较为鲜明的客观性、公平性和公正性。这一制度的问世，是我国人才选拔制度的一大创举，在中国考试发展史上具有划时代的意义。

（一）科举制度的出台背景

选士是中国历代统治者非常重视的一项工作。早在先秦时期，统治阶层就已经认识到人才的重要性，将其视为国家发展和社会建设的重要力量。西周时，中国社会采用分封制，周礼之下，社会阶级分明，管理国家由天子、诸侯、士卿、大夫等分级负责。到了汉代，仕进制度的主体是以基层推荐和高层考察为特征的察举制，由各级地方推荐德才兼备的人才，强调儒家德行，注重士子"声名"，以儒术作为取才的主要标准。由于察举制缺乏客观的评选准则，虽有连坐制度，但后期逐渐出现了地方官员徇私舞弊、所荐不实的现象。

魏晋南北朝之时，实行"九品中正"制或"九品官人"法，由中央特定官员按出身、品德等考核民间人才，分为九品录用。这一时期豪门士族势力日增，把选士大权牢牢掌握在自己手里，使人才选拔逐渐演变为"上品无寒门，下品无势族"的只重"门荫"的局面，甚至呈现出"高门华阀有世及之荣，庶姓寒门无寸进之路"的状况，世风日坏，教化日衰，官学教育受到极大冲击。选士大权被豪门垄断，使中央集权统治受到了严重威胁。鉴于这种情况，魏晋末期，最高统治者已采取措施，欲加强考试成分，罢除"门资"之制，但因豪门世族势力盘根错节、尾大不掉，九品中正制仍作为权贵们的特殊权益延续了近300年。

魏晋南北朝时期长期的战乱，客观上削弱了豪门士族的原有势力，庶族地主的势力开始上升。隋朝统一全国后，在政治、经济、文化等方面实行改革，以图加强中央政府的权力，扩大政权的阶级基础。隋文帝审时度势，于开皇年间正式废除了九品中正制，收回地方辟举之权，由吏部尚书和侍郎直接掌管各级官员的铨选。《文献通考·选举十二》载："自隋时，海内一命之官，并出于朝廷，州郡无复有辟署之事，"一再下诏举行特科，选取各类人才。《隋书·高祖纪》载，开皇二年（公元582年）正月，“诏举贤良”；开皇五年（公元585年）四月，诏“征山东马荣伯等六儒”；开皇十八年（公元598年）七月，“诏京官五品以上，总管、刺史，以志行修谨、清平干济二科举人”，“选举先德行，次文才，最为称职”。由是，以加强考试因素、注重以才取人为特色的科举制度已呼之欲出。

（二）科举制度的滥觞

文帝去世后，隋炀帝于大业二年（公元606年）七月，“始建进士科”，实行策试取士之制；大业三年（公元607年）四月，又诏文武有职事者，以孝悌有闻、德行敦厚、节义可称、操履清洁、文才秀美等“十科”举人，“有一于此，不必求备”；大业五年（公元609年）六月，诏“诸郡学业该通、才艺优洽，膂力骁壮、超绝等伦，在官勤奋、堪理政事，立性正直、不避强御四科举人”。① 从上述频频以二科、十科、四科举人的史实中可以看出，隋朝统治者十分重视收罗人才，强调以德、才举人，试图增加考试在仕进制度中所占的比重。

集中选士大权，采用考试办法分科举人，是隋代的一大创举。清代名人张之洞曾云：“取士之法，……汉魏至隋选举为主，而亦间用考试，如董、晁、郗、杜之对策是也；唐宋至明，考试为主，而亦参用选举。”②此言道出了中国古代仕进制度的重大变化，即先是以荐举为主、考试为辅，后以考试为主、荐举为辅。此一变化即肇始于隋代，因为由上可知，“分科举人”的字眼是首现于隋代的，进士科的创设也始于隋炀帝时。“科举”即“分科举人”之简称；进士科的设置，则被人们公认为是科举制起始的主要标志。虽然隋代的“进士科”还没有严格的制度性规

① 《隋书·炀帝纪》。

② 张之洞：《张文襄公奏稿·变通政治人才为先遵旨筹议折》。

定，科举之制也不过初具雏形，但它毕竟取代了九品中正制，为庶族地主参加政权开辟了道路，在仕进制度的变革方面作出了创榛辟莽的贡献。因此，隋代被公认为是科举制度的滥觞之时。

（三）科举制度的正式确立

所谓科举制度，意即采用分科考试的办法选拔人才的一种制度；或者说，是“按照不同的科目通过考试来选取人才的考试制度”；①或者也可以说，是政府设科公开招考，士人“怀牒自进”、自由报考，以考试成绩作为录取主要标准的一种选士制度。②

唐承隋制，逐渐订立出一套较为完备的考试取士制度。武德四年（公元621年）四月，唐高祖诏令：“诸州学士及白丁，有明经及秀才、俊士、进士，明于理体，为乡曲所称者，委本县考试，州长重覆，取上等人，每年十月随物入贡。”③明确规定了应试日期、对象、预选办法等。次年三月，唐高祖再下荐举诏，更为明确地指出：“择善任能，救民之要术；推贤进士，奉上之良规。自古哲王，宏风阐教；设官分职，惟才是举。然而岩穴幽居，草莱僻陋；被褐怀珠，无因自达。……招选之道，宜革前弊；惩劝之方，式加常典。苟有才艺，所贵适时，洁己登朝，无嫌自进。宣令京官五品以上及诸州总管、刺史，各举一人。其有志行可录，才用未申；亦听自举，具陈艺能。”④这一诏令，明确规定了除在任官员须负举人之责外，还希望“岩穴幽居”、“被褐

---

① 黄留珠：《中国选官制度述略》，陕西人民出版社1989年版，第197页。

② 李国钧、王炳照总主编：《中国教育制度通史》（第二卷），山东教育出版社2000年版，第427页。

③ 《唐摭言·杂记》。

④ 《唐大诏令集·荐举上》。

怀珠”者亦能“自举”、“自进”。自此,以“唯才是举”、“洁己登朝”为鹄的,以官员举荐与“怀牒自应”相结合,以公开设科、定时招考为特色的科举制度正式确立。

隋唐开始的科举进士之法,由州郡长官策试,层层筛选之后才由朝廷最后策试,录取的关键在于才学和智谋,而不在所谓德望,相当程度上剥夺了权贵们营私的特权。依照规定,应考者“既至省,皆疏名列到,结款通保及所居,始由户部集阅,而送于考功员外郎试之”①。即是说,所有应考者皆须“结款通保”,方能参加考试。这一方面增加了应考者违规的经济成本,另一方面,由于“责任连带”制度的出台,也加大了应考者违规的社会、政治成本,从而较为有效地避免了科举舞弊的现象。

科举制度自唐初正式确立后,又经几代统治者的不断补充,才渐趋成熟和完备。高宗以前,由于庶族地主的势力尚不十分强大,科举入仕的门径还相对较小,一般庶族地主子弟不得不靠战功以求擢升。武则天执政时,为笼络人心、巩固统治,在选人任官方面采取了较为宽松的政策,即一方面开荐举之门,令各级官吏及百姓可以自荐做官,即所谓“试官”;另一方面,下令举行经常性的制科考试,使“文策高者特授以美官”,“拜中书舍人、员外郎,次拾遗、补缺”,②每岁登科者多达数万。此外,还开创了武举选拔军事人才的先例,并亲临洛城殿考贡士,首创了科举考试中殿试制度的先河。

到了开元、天宝时期(公元713—756年),科举制中的大部分考试科目已经形成,考试内容和形式也已基本确立。与汉代的察举制相似,唐代科举分为常科和制科两种。常科为常年不变、每年举行的考试,即“岁举之常选也”;制科是由天子特诏

---

① 《新唐书·选举志上》。

② 《通典·选举三》。

考选，一般出于朝廷临时之人才需求，亦称“制举”或“特科”。唐代常科的考试科目繁多，据《新唐书·选举志》记载，其科目有秀才、明经等十多种；制科由于是天子根据人才需求临时而设，因而五花八门，科目更多，仅从《唐会要·制科举》的记载上看，唐开制举就多达7大类、63科。自此，唐代的科举制度已日益完备和成熟。

（四）考生来源与考前相关规定

依据唐代规定，参加科举考试的考生来源主要有两大途径：由中央、地方官学经过规定的学业考试合格，选送到尚书省应试的，称为生徒；不由馆、学而学有所成的士人，自己向所在州县报考，经州、县考试选拔报送尚书省应试的，称为乡贡。①

科举考试为国家大典，因而唐代对报考者的资格及其表现都有严格的要求。依照规定，凡是违犯法令者、工商子弟、衙门皂隶子弟，皆不得参加科举考试。直到开元末年，仍保持着“工商之家，不得予于士”②的规定。唐代后期，由于每年参加考试的人数增长过快，朝廷对报考者的资格要求更严。元和二年（公元807年），唐宪宗敕令各地，州府所贡举之士，若“迹涉疏狂，兼亏礼教；或曾任州府小吏，有一事不合清流者，虽薄有辞艺，不得申送”。开成元年（公元836年），中书门下省奏请，凡参加科举考试的人，须五人相保，如有“缺孝悌之行，资朋党之势，迹由邪径，言涉多端者”，一律不得应试。否则，“如容情故，自相隐蔽，有人纠举，其同举人并三年不得赴举”。③ 即是说，如果所举之人有上述劣迹而被人告发，除被举者免除考试资格外，参与连保的五人三年内亦不得参加科举考试。

举荐士子参加抡材大典，是明文规定的地方官员的应尽之

① 《新唐书·选举志上》。

② 《唐六典·各部郎中员外郎条》。

③ 《唐会要·进士》。

责。为防止官员玩忽职守、营私舞弊，唐代对官员举荐行为亦有极严格的规定。如依照唐律，“诸贡举非其人，及应贡举而不贡举者，一人徒一年，二人加一等，罪止徒三等”，还明令“凡贡举非其人者、废举者、校试不以实者，皆有罚”。① 即是说，对于当举不举、所举非才等官员，都要给予处罚。

科举报考的时间一般是在每年仲冬开始。考生届时会集京师，到礼部、户部递交履历和推荐书，办妥应试手续，并参加各种试前仪式。第二年二月初春，考生赴尚书省礼部贡院应试。应试手续主要包括：(1) 疏名列到，即书写所谓“到状”。考生除签名报到外，应交纳文解、家状等有关文状，写明籍贯、三代名讳及本人体貌特征，官员子弟还要写明亲戚关系。(2) 结款通保，即须五人联名相保，目的在于保证应考者的品德行为，减少科举舞弊的概率。手续办妥后，由户部集阅审核，即检查考生的“文状”是否完备，是否有考生户籍的记载，考生品德是否属实等，审查结果须张榜公布，即所谓“驳榜”。凡审核不合格者，均被驳回，剥夺其考试资格。由此可见，唐代对报考者资格及其表现的审查是非常严格的。

(五) 考试科目与内容

唐代科举分文举和武举两大类。文举又分常科和制科两种。常科的考试科目繁多。据《新唐书·选举志》记载：“其科之目，有秀才，有明经，有俊士，有进士，有明法，有明书，有明算，有一史，有二史，有三史，有开元礼，有道举，有童子。而明经之别，有五经，有三经，有二经，有学究一经，有三礼，有三传，有史科。”在这十多种科目中，秀才、明经、进士、明法、明书、明算为常行之科，其他为非常设之科。秀才科注重选博识高才、出类拔萃的人物，隋、唐皆以此科为最高，然而也最难通过，因

① 《新唐书·选举志上》。

此至高宗初年秀才科便已少人问津、渐行废除。明经、进士两科则最受士人重视，几乎年年开设，其考试的核心内容主要是儒家经典。初唐孔颖达、颜师古等人所撰之《五经正义》及其注疏，即为教学及科举考试的标准本。

唐高宗以后，进士科的地位慢慢超越了明经，成为科举中唯一重要的科目，应进士之举的被称为"白衣公卿"、"一品白衫"。史载，"大抵众科之目，进士尤为贵，其得人亦最盛焉"，"缙绅虽位极人臣，不由进士者，终不为美"。① 唐朝宰相薛元超甚至发出如下感慨："吾不才，富贵过人，平生有三恨，始不以进士擢第，不娶五姓女（五姓为崔、卢、郑、王、李，皆为当时之名门望族），不得修国史。"②造成这种现象的原因，主要是进士科考生需要发挥创意方能及第，而明经只需熟读经书便能考上，因而进士科最能显示人的聪明才智；而且进士科的评选标准甚严格，考上的人数往往只是明经科的十分之一，因而特别为人看重，仕途出路明显优于明经一科。"三十老明经，五十少进士"，道出了进士科竞争的激烈程度和考试及第的难度。

唐代制举科目，是在两汉察举之特举科目的基础上加以扩充而设立的。高宗显庆三年（公元 658 年）诏举"志列秋霜"科，为唐代制举之开端。此后其科目日益增多，多达七大类、近百种。如，"文"即"文词宏丽"类，就有词殚文律、词标文苑、蓄文藻思、文艺优长、文以经国、文经邦国、藻思清华、手笔俊拔、文史兼优、文词雅丽、文词秀逸、词藻宏丽、讽谏主文、文词清丽、博学宏词等十五科。其他如武、吏治、长才、不遇、儒学、贤良忠直等，每一类皆有数科乃至十数科不等。③ 总体来说，唐

---

① 《唐摭言·散序进士》。

② 转引自王鸿鹏、王凯贤等编著：《中国历代文状元》，解放军出版社 2004 年版，第 2 页。

③ 《唐会要·制科举》。

代制举科目之丰富，远远超过两汉察举的特设科目，此后历朝更是相形见绌。它文武相济，在人才选拔方面发挥了重要的作用。

（六）科举考试的方法

科举制自产生后，就不断探索考试的方法。经过多年的探索，唐代最终形成了帖经、问义（有墨义、口试之分）、策问、诗赋等四大类考试方法。“帖经”是唐代科举考试的一种主要方法，类似今日的填充考试，偏重考查考生的记诵能力，为各科考试所通用。“墨义”是一种对经义简单的笔试问答，只需考生熟读熟记经文和注释，也主要是考查考生的记忆能力。“口试”与墨义相似，只是让考生当场口头回答而已。该方法较为简单，但随意性较大，容易给考官和考生提供联合作弊的机会。“策问”由汉代“射策”发展而来，要求考生针对当时社会经济、政治、文化等方面的问题，发表评论，设想解决问题的办法。它要求考生既要具有一定的经史知识，又要通晓时务，既要有相当的智慧谋略，又要有很高的写作水平，因而成为考试中最为重要的一种方法。“诗赋”是后来加试的一种方法，它要求考生当场写作诗、赋各一篇，主要考查学生的文学修养和文学创作能力。诗赋考试在一定程度上推动了唐诗的兴盛，但也曾引发过唐代旷日持久的存废之争。

以上诸种方法，从不同侧面考查了考生的各种能力，其中既有记忆能力、理解能力，也有文学创作能力，还有认识和处理社会问题的能力。考试方法的多样化，对于综合评价考生质量、选拔真正人才，发挥了重要的作用。

二、山东科举考试状况之概述

众所周知，山东是孔孟之乡、礼仪之邦，自古以来就有崇儒好学的优良传统。史载，“齐郡风俗，男子多务农桑，崇尚学业”,鲁人“多好儒学”。源远流长的浓厚学风,重文向学的历史积淀,使得山东在以崇儒为特色的科举考试中占尽先机,具有得天独厚的优势,考生往往能够如鱼得水、大显身手。

在隋唐时期科举不同层次的各类考试中,山东士人究竟有多少参与其中,多少金榜题名,史无确载。不过,我们可以从相关文献中加以推测。唐代,山东地区大部分属河南道,下辖11个州(郡),即郓州、齐州、兖州、青州、曹州、濮州、密州、沂州、莱州、淄州和登州;北部的部分地区属河北道,有博州、德州、棣州等,共计14个州(郡)。①《通典·选举三》载:“大唐贡士之法,多循隋制。上郡岁三人,中郡二人,下郡一人。有才能者,无常数。……自京师郡县,皆有学焉。……旧令诸郡虽有一、二、三人之限,而实无常数。到尚书省,始由户部集阅,而关于考功课试,可者为第。”即是说,虽然有名额限制,但在实际操作时各地往往不受此限。由此我们完全可以推想,山东作为人才济济的省份,士子参加科考者肯定数量极多。即便在科举制度刚刚推行的唐朝初期,每年由各地贡送(即乡贡)的士人数量就已十分可观,如贞观、永徽之际,“岁贡常不减八九百人”;睿宗景云之前,“乡贡二三千人”②。由此可以推知,山东之乡贡每年至少应有数十人。

随着庶族地主阶级势力的日益壮大,以及科举制度日益为人们熟悉和适应,参加科举考试的人数与日俱增。史载,“开元天宝之中,一岁贡举,凡有数千”③。这是指经过州县和国子监选拔后送到尚书省参加考试者,而在各地参加每年预选考试的人数必定更多,因为每年冬天,州、县、馆、监等各类学校,都要

---

① 山东省地方史志编纂委员会编:《山东省志·建置志》,山东人民出版社2003年版,第87—93页。

② 《唐摭言·乡贡》。

③ 《通典·选举六》。

课试生徒，为科举层层递送人才。据此而言，再考虑到山东独特的地域文化特色，那么山东每年贡送中央参加科举考试的人数应有百余人以上，每年在府、州、县等地方官学参加各类考试、考核的学生则不可胜数。

以上所述的还只是科举中的常科考试。随着唐代制科考试从无到有，科目从少到多，山东参加此类考试的也不在少数。史载："开元以后，四海晏清，士无贤不肖，耻不以文章达。其应诏而举者，多则二千人，少犹不减千人。"①投考制科者之所以人数甚多，一方面是因为此科对于考生的身份限定不严，也无特别报考手续。无论是已得官之人，常科及第而未得官之人，还是学馆生员，或是布衣庶民，都可报考此科。另一方面，唐代科举常科及第后仅获得出身（即任职资格），若要当官还须参加吏部的铨选考试。按照通常程序，科举常科出身者少则一年、多则数年才能通过铨选考试获得官职。制举则不然，凡此科登第者，不须再经过吏部考试即可直接授官，即所谓"即举即用"，从而使得贫寒之士常常乐于投身此科，一显身手。此外，此科较少繁文缛节，最能显示应试者水平，直接入仕后往往身显位尊，这也是该科受人青睐的一大原因，正如时人穆质所言："国家取贤之道，其礼部吏部，失之远矣，则制策之举，最为高科。"②由于这一入仕途径非常便捷、直接，加之制举科目繁多，应试灵活，山东参加此类考试的也为数众多。

总之，肇始于隋、确立于唐的科举制度，将育士与选士紧密结合在一起，进一步刺激了人们的学习积极性，促进了学校教育的发展。科举考试的幸运者，不仅实现了富贵荣华、光宗耀祖的夙愿，而且也鼓舞和激励着一代又一代的士子，为实现梦

① 《通典·选举三》。

② 《全唐文·对贤良方正能直言极谏策》。

想而勤学苦读。直至今日，散布在山东各地的状元村、进士巷，以及各种牌坊、碑刻、匾额等，既是山东文化、教育发达的历史折射和时代见证，又是山东人的骄傲，延续、影响并熔铸了山东崇文向学的良好民风。

第三节　宋代以前山东的状元

状元是中国科举制度中的最高荣誉，是科考士子趋之若鹜、梦寐以求的荣誉称号。将进士科第一人称为状元，始于武则天天授元年，但这只是士大夫和民间的通俗称谓，并非朝廷明文规定。长期以来，朝廷在金榜和进士题名碑上，只将其称为“第一甲第一名”。直至明朝初期，才明确规定“状元”是殿试一甲第一名的专称。

中国历史上从唐高祖武德五年（公元 622 年）壬午科开始选状元，到清末光绪三十年（公元 1905 年）甲辰科止，历史上共产生了近 800 名状元。现在能考知姓名的状元共 596 人，其中可以考证的山东籍状元 36 人，分布在全省 17 个县市。

唐朝自高祖武德五年至哀帝天祐四年（公元 907 年），共举行进士科考试约计 263 次，取进士近 7000 人，现有名可考的状元 155 人，有籍贯可考的 59 人，其中山东籍的 6 人，祖籍山东者 1 人。五代十国的科举考试，基本上承袭唐代的制度。这一时期，政权林立，战乱频仍，文献和史料有限，对科举取士的记载更是匮乏。从现有史料看，这一时期共开科 47 次，有名可考的状元 18 人，有籍贯可考的状元 7 人，其中山东籍状元 3 人。

以下即分为两部分，对上述10人的生平与事迹略作介绍。①

一、唐代山东的状元

（一）孙伏伽

孙伏伽（？—公元658年），字号不详，贝州武城（唐辖境包括今山东临清、河北清河以及武城、夏津两县，治所在山东武城）人。据传，其原名孙富贵，因小时贪玩，父亲曾以枷锁状书桌将其禁锢，令其读书，故名"伏枷"，后因该名不吉，改为现名。孙伏伽是唐武德五年（公元622年）壬午科状元，为唐代第一科状元，也是我国历史上记载完备、有据可查的第一位状元。

孙伏伽早年在隋朝时已考中进士，隋炀帝大业末年曾任京畿万年县（今陕西西安）的法曹，后任大理寺史，是一位怀才不遇的下级官吏。隋朝灭亡后，孙伏伽降顺大唐王朝，并且积极地为唐王朝出谋划策。唐王朝成立不久，孙伏伽就以下级官员的身份，针对百官一味迎合皇帝爱好而言事、令歌女于玄武门表演舞乐等弊端，上书高祖李渊，坦言三事，即"广开言路"、废"百戏散乐"、"为皇太子及诸王慎选僚友"。高祖阅后非常高兴，将他调任京城，任命为治书侍御史，并赐帛300匹。不久，孙伏伽又在灭王世充、窦建德之后，建议李渊取消追究王、窦余党的命令，并且为平定边防、减轻税赋、减免徭役等事频频上表

---

① 本部分基本参考资料如下：莫雁诗、黄明编撰：《中国状元谱》，广州出版社1993年版；康学伟等著：《中国历代状元录》，沈阳出版社1993年版；周亚非编著：《中国历代状元录》，上海文化出版社1995年版；马文卿编著：《山东历代状元》，黄河出版社1999年版；邹绍志、桂胜编著：《中国状元趣话》，武汉大学出版社2002年修订版；王鸿鹏、王凯贤等编著：《中国历代文状元》，解放军出版社2004年版；萧源锦著：《状元史话》，重庆出版社2007年版；等等。尤其必须一提的是，由于马文卿先生编著的是专论山东地区状元的大作，因而参考最多，于此特别致以鸣谢。以下各章之第三节同此，不再随文加注。

献策，还请设“谏官”一职。这些建议均被高祖皇帝采纳。

唐武德五年（公元622年），孙伏伽因上疏一事而被皇帝免官，赐他黄金千两，令其回原籍“暂时将息”。当时科举制度还不完备，故孙伏伽能以免官之身参加进士科考试，且得中第一。状元及第后，孙伏伽被任命为刑部郎中。由于皇上赏识，孙伏伽遇事常直言无讳。他不断上书，指陈时弊，评说得失，多被李渊所采纳。贞观元年（公元627年），孙伏伽上书谏止游猎骑射，再被皇帝采纳。贞观五年（公元631年），孙伏伽由于审理案件失误被免官，不久又被重新起用。贞观十四年（公元641年）被升为大理卿，成为朝廷重臣。高宗永徽五年（公元654年）因年老辞官，显庆三年（公元658年）病逝于家中，葬于老家武城。

孙伏伽为人忠直诚恳，敢于直言上谏，不顾个人得失，有魏征风骨。他性格宽宏大量，处事从容，荣辱不惊。据载，被擢升为治书侍御史时，他于朝中先行得旨，回家却秘而不宣。待朝廷下旨时，全家狂喜，他却若无其事。世人佩服其量，将他比作三国东吴时名臣顾雍，称其有宰相之风。

（二）孙逖

孙逖（约公元695—761年），博州（今山东聊城东北）人，唐开元二年（公元714年）甲寅科状元。

孙逖出身官吏家庭，幼从家学，文思敏捷，据说提笔就能作文成篇。唐景云初年，年仅15岁的孙逖拜谒雍州长史崔日用。崔日用试以《土火炉赋》，孙逖握笔立成，令崔日用为其年少而才高叫绝，遂为忘年之交，孙逖由此声誉日重。开元二年，孙逖年未弱冠，即一举连中进士、哲人奇士、手笔俊拔三科第一，成为名噪一时的少年状元。相传当年主考官考功员外郎王邱试《竹簾赋》，十分叹服，曾“降阶约拜”，待以贵宾之礼。当朝宰相张说看了他的进士策后，则拍案“心醉”。玄宗皇帝也召见予以奖掖。开元十年、十四年，他又以鸿文高中词藻宏丽、贤良方正二科，名震长安。

孙逖状元及第后，授山阴县尉。开元十年（公元722年）举贤良方正后，玄宗皇帝亲自在洛阳城门接见，授左拾遗，转左补阙。宰相张说尤重其才，孙逖也经常出入张说家门。朝野上下，称孙逖为人文之宗师、国风之哲匠。开元二十一年（公元733年），孙逖官拜考功员外郎、集贤院修撰。次年，知贡举，连续两年主持科举考试。史称其"精核进士，虽权要不能逼"，所取多俊杰之士，如杜鸿渐官至宰相，颜真卿为尚书，王昌龄诗词"超绝群类"，李华、萧颖士、赵晔等皆"著名当世"。开元二十四年（公元736年），孙逖拜为中书舍人。此时，其父孙嘉之已年近80岁，仍为县令。孙逖便上书玄宗皇帝，请求将自己降为外官，增加他父亲的官秩阶品。玄宗皇帝遂下诏令，提升孙嘉之为宋州司马。唐天宝三年（公元744年），孙逖任刑部侍郎。天宝五年（公元746年），因得风病请求散职。

孙逖掌诰八年，由他手所出的敕诏，令时辈所叹服。自开元以来，孙逖与齐浣、苏晋、贾曾、韩休、许景先等，为制诰之最。但在这些人当中，孙逖思虑文理尤为精审。宰相张九龄曾在他起草的诏诰中"掎摭疵瑕"，但"沉吟久之，不能易一字"。孙逖为人谦恭，颇获时人赞誉。后转太子詹事。上元元年（公元761年）病卒，赠尚书右仆射，谥号"文"。

（三）崔铏

崔铏（？—？），字号不详，博州（今山东聊城东北）人。唐宣宗大中十年（公元856年）丙子科状元。

崔铏家为名门望族。其祖父崔儆官至尚书左丞；伯父崔元略登进士第；父亲崔元受亦登进士第，为皋谟判官；叔父崔元式，官至刑部尚书、同平章事；哥哥崔钧、弟弟崔铢皆进士及第。唐大中十年，崔铏参加进士考试，主考官是黄门侍郎郑颢，共录取进士30人，崔铏名列榜首，成为状元。状元及第后，崔铏曾多次入诸侯府作幕僚，其他事迹不详。

（四）孔纬

在中国科举考试史上，有一令人击节称赞之事，就是同胞三兄弟皆中状元。这在科举考试史上是绝无仅有的一例。他们就是生于山东曲阜的孔子后裔孔纬、孔纁和孔缄，被人称为“孔氏三杰”。

孔纬（公元832—895年），字化文，鲁曲阜（今山东曲阜）人。唐宣宗大中十三年（公元859年）己卯科状元。

孔纬祖父孔戣，官至礼部尚书。其父孔遵孺，官终华阴县丞。孔纬自幼丧父，由叔父孔温裕、温业抚养。孔温裕官至河东（今山西太原）节度使，孔温业官至鄂岳观察使，均为方镇高官。孔纬利用这一有利条件，结交了很多朋友、名士，青少年时期便享有很高的才誉，并受到当世才子、宣宗皇帝之婿郑颢的高度评价。唐大中十三年，黄门侍郎郑颢再次出任知贡举，孔纬参加了进士科考试。是年取进士30人，孔纬高居榜首，状元及第，成为孔氏家族的第一个状元。

孔纬状元及第后，初任秘书省校书郎，后被当时宰相赵隐推荐，任翰林学士、考功郎中、知制诰。不久，他外迁官至梓州，在刺史崔慎由幕下从事。崔慎由改任河东节度使，孔纬仍旧相随。后来，他又从崔铉为杨州支使，再迁监察判官。

唐僖宗初年，孔纬出任御史中丞。御史中丞是御史大夫的佐官，职司监察。孔纬虽然儒雅，但疾恶如仇，公私分明，时人赞之为“不绳而自肃”。不久，孔纬改任户部侍郎、兵部侍郎，旋即又转为吏部侍郎，身居选荐官吏之要职，成为朝廷重臣。他处处遵循朝廷的诏令行事。贵戚权臣常有所请托，以致举荐书信“垒案如山”，但他从不拆阅。达官贵人们非常生气，便到处诋毁和诽谤他。尤其是他因此触怒了当朝宰相裴休，便被改官太常卿，职司皇家宗庙文化事宜。

广明元年（公元880年）十二月初，黄巢率领起义军攻破潼关，直逼京城长安。朝廷惊恐万状，宦官田令孜挟持僖宗逃往

蜀中。孔纬随驾扈从，到蜀中后，僖宗皇帝委任他为刑部尚书，兼理户部事务。遗臣们结党营私，排除异己。中书侍郎、同中书门下平章事（即宰相）萧遘，是当时少有的贤臣，也乘机报复素不相睦的孔纬，以供给调不及时的罪名，奏罢孔纬的刑部尚书、判户部事的官职。僖宗当即恩准，将孔纬改任徒有虚名的太子少保。

中和三年（公元883年）四月，在官兵和沙陀贵族李克用的围攻下，黄巢被迫率起义军撤出长安，向东退却。次年六月，黄巢退至狼虎谷（今山东莱芜西），部属丧失殆尽，绝望自杀而亡。僖宗在蜀中闻讯大喜，遂动身返回长安。光启元年（公元885年），孔纬随驾返回京城。黄巢的起义被镇压下去了，但唐王朝内部各种矛盾却进一步加剧，朝官和宦官以及地方割据势力争斗十分激烈。僖宗夹在中间，被各集团争来争去，实际上已经成为傀儡皇帝。

窥视已久的沙陀贵族李克用乘田令孜兵败之机，进军长安。田令孜慌忙下令焚烧京城，劫持僖宗皇帝逃往凤翔（今属陕西），后逃至陈仓（今陕西宝鸡）。孔纬再次随驾。到宝鸡后，僖宗诏授孔纬为御史大夫，并让他率百官赶赴行在。由于大部分朝官憎恨田令孜，尽管孔纬从中斡旋，费尽口舌，结果还是大部分以没有朝服、朝笏为由拒不前往。孔纬无可奈何，便召集其部下讲话："吾辈乃荷国恩，身为监察官。今皇上被劫持，召我们前去护驾，百官竟不从命，这违背了臣子之义。"说完，便失声痛哭起来。

孔纬到陈仓后，听说邠宁节度使朱玫率军来迎驾，怀疑其有不轨之心，亟奏皇上："关城小邑，不足以驻六师，请皇上速起驾去梁州。"次日，他们刚刚上路不久，朱玫的大军便包围了散关（今陕西西南），直逼陈仓。随驾途中，孔纬被任为兵部侍郎、同中书门下平章事，继而又改为中书侍郎、集贤殿大学士，成了僖宗的宰臣。朱玫被杀，京城收复，僖宗还京。孔纬因护驾有功，被皇帝诏拜为吏部尚书、左仆射，特赐“持危启运保义功臣”，并赐铁券一枚，可恕十次死罪，又赏他长安府邸一座、天兴县庄园一处，食邑四千户，成为盛极一时的重臣。

昭宗即位后，孔纬又加司空，进阶开府仪同三司，进位司徒，封鲁国公。大顺二年（公元 891 年），孔纬因事被贬为均州刺史，遂寓居华州（今陕西华县）。乾宁二年（公元 895 年），宰相韦昭度等被杀，昭宗想用为官正直的大臣，便派人将孔纬召还京城重掌相印。孔纬当时已患有重病，但依然抱病来到京师，朝见昭宗，恳请皇帝恩准回归田里。昭宗见此为之动容，但考虑到众臣皆望其归，因而不从所请，命人将其送至官署视事。当年九月，孔纬病卒，追赠太尉，被人称为“贤相”。

（五）孔纁

孔纁（公元 835—909 年），字号不详，鲁曲阜（今山东曲阜）人。唐咸通十四年（公元 873 年）癸巳科状元。

孔纁是己卯科状元孔纬之弟。唐咸通十四年，是科共录取进士 30 人，考官为礼部侍郎李昭。《唐语林》载，“大中、咸通之后，每岁试礼部者千余人”，其间“以文章称”、“以词翰显”、“以律诗传”、“以古风著”者人数极多。可见，在孔纁参加科考的前后十几年中，参加进士科考试的举子可谓人才济济。而孔纁能脱颖而出，名列榜首，实属不易。

孔纁状元及第后，被授予校书郎，后官至太原节度使，其他事迹史载不详。

（六）孔缄

孔缄（公元 841—？），字符德，鲁曲阜（今山东曲阜）人。唐乾符三年（公元 876 年）丙申科状元。

孔缄是孔子后裔，己卯科状元孔纬、癸巳科状元孔纁之弟，素有才名。乾符三年（公元 876 年），礼部侍郎崔沆任主考官，该科共录取进士 30 人。是年，进士科的试题赋题为《王者之道如龙首赋》,以"龙之视听有符君德"为韵;诗题之一为《一一吹竽诗》,诗题之二为《涨曲江池诗》,以"春"为韵。孔缄最早交卷,名居榜首,状元及第,同榜还有郑谷、高蟾等名士。

孔缄及第后,初授校书郎,后迁翰林学士,历左御史、户部尚书,后外放为江南节度使。哀帝即位后返朝,任礼部尚书,后因反对朱全忠篡位,被朱所杀,其他事迹不详。

(七) 孔拯

孔拯(? —?),字公济,祖籍鲁曲阜(今山东曲阜)。唐僖宗中和三年(公元 883 年)癸卯科状元。

据《山东通志》、《曲阜县志》记载,孔拯为孔子第 40 代孙,于中和三年参加科考。此科共录取进士 30 人,考官为礼部侍郎夏侯潭。孔拯考取状元后,官至侍中,余事不详。

二、五代十国时期山东的状元

(一) 崔光表

崔光表(? —?),字号不详,清河东武城(今山东武城西北)人。五代十国时后唐同光二年(公元 924 年)甲申科状元。

公元 923 年 4 月,沙陀部人李克用之子李存勖在魏州称帝,国号大唐,年号同光,是为庄宗,后唐正式建立。开国当年,未举行科举考试,次年开科考试。主考官为户部侍郎赵颀,共录取进士 14 人,崔光表以状元及第。

崔光表状元及第后即步入仕途。横海节度使卢质上奏,使崔光表为支使。任上协助卢质治理一方,安定百姓,建功立业。后官终右补阙、直史馆,卒于任上。

崔光表家族系名门,世代为官。其为后魏尚书之 12 世孙。其子为后周监察御史、右补阙,出任泰宁军节度判官,以死谏而赠秘书少监。其孙崔为宁,官至宋朝工部尚书。

(二) 王彻

王彻(? —?),字号不详,大名莘(今山东莘县)人,五代十

国后唐同光三年(公元925年)乙酉科状元。

王彻于后唐同光三年进京应进士举。是年知贡举者为礼部侍郎裴皞。该科参加考试者仅10人,录取进士4人。起初,拟定符蒙为状元,王彻第三名。放榜后,有人上奏说:"今年进士不由才进,各有阿私,物议以为不可。"于是,庄宗令翰林学士卢质在翰林院进行复试,令学士使杨彦珞监试。复试赋题目为《君从谏则圣》,以"尧舜汤禹倾心求过"为韵,诗题为《臣事君以忠》。复试后,庄宗亲览试卷,以王彻所作诗、赋"体物可嘉,属辞甚妙,细披制作,最异侪流",将王彻名次改为第一。对于此事,《旧五代史》、《唐书》中均记载说:"丁亥,礼部贡院新及第进士四人,其王沏(彻)改为第一,桑维翰第二,符蒙第三,成僚第四。……礼部侍郎裴皞既无黜落,特议宽容。今后新及第人,候过堂日,委中书门下精加详复。"

王彻状元及第后,官至左拾遗。其他事迹不详。

王彻为名门望族。其父王言,于唐代只官至黎阳(今河南浚县)令,但其子孙多人为高官。其子王祐(公元924—987年),累官左司员外郎、中书舍人、充史馆修撰、兵部侍郎。其孙王旦(公元957—1017年)为北宋名臣,终官宰相、太保、太尉兼侍中,卒后赠太师、尚书令、魏国公,谥"文正"。其曾孙王素、王质也都是宋代名臣。

(三)王朴

王朴(公元906—959年),字文伯,东平(今山东东平)人。五代十国时后汉乾祐三年(公元950年)庚戌科状元。

王朴自小聪明机警,传闻乡里。后汉乾祐三年(公元950年),礼部侍郎司徒诩知贡举。王朴参加进士考试,一举状元及第,授职校书郎,受到时任枢密使(后居相位)的朝廷重臣杨邠的极度赏识。王朴曾屡劝杨邠注重文章礼乐、富国足民等大事,杨邠却不以为意。王朴预料如此下去,于国于民,于己于友,都将不利,于是借故东归故里。路经澶州(今河南濮阳市西)，为郭威挽住。

郭威代汉立周，王朴随同来到大梁(今河南开封市)。广顺元年(公元951年)二月，郭威命皇子柴荣代他坐镇澶州，还特地选了三名他自己信得过的朝士作为柴荣的僚佐，辅佐他坐镇东方。他们分别是：侍御史王敏为节度判官，右补阙崔颂为观察判官，校书郎王朴为掌书记。在澶州，王朴负责管理节度府中一应往来的文书，随时参谋府中的大事小情。广顺三年三月，柴荣拜开封尹，晋封晋王，王朴随同前往，被拜为右拾遗，后又升为开封府推官。

同年底，郭威病重，第二年春天加剧。郭威自知不免一死，将职权交给柴荣。

柴荣登位之初，北汉举兵南下。柴荣力排众议，御驾亲征，在高平(今山西晋城县)击败汉兵，取得了重大胜利。初战告捷，坚定了柴荣的信心，慨然有削平天下之志，命群臣献计献策。王朴所献的《平边策》不仅有新意卓见，且正与柴荣的想法相合。柴荣从此更重视王朴。没有多久，王朴被迁升为左谏议大夫、知开封府事。同年秋，又迁升为左散骑常侍，充端明殿学士。

五代时期，黄河的水患连年不息，决口已是常事。早在广顺三年(公元953年)春，郭威曾派王峻前往视察。显德六年春，水患卷土重来，柴荣再命王朴前往河阴(今河南郑州市西北)视察河堤，根据当地水情，在汴口(今河南郑州市北附近)设立"斗门"，有效地控制了水情。王朴回来，路经故相李穀的住宅，他不顾身体极度劳累，前往探视，当场发病，跌倒在李穀的病榻之前。之后不久便不治而亡，享年54岁。柴荣闻讯，不顾群臣的劝阻，亲临祭堂吊祭。这在历代的君臣关系中，实不多见。

王朴的贡献不仅在政治与军事论著《平边策》中，还在于天文历法方面，以及音律上的造诣与贡献。他以运筹法精确计算，在短时间内，以有限的财力、人力完成了京城开封的扩建，更是引人注目。

第五章

宋元时期山东的学校考核与科举考试

公元 960 年,赵匡胤发动“陈桥兵变”,先后削平许多割据政权,结束了唐末五代的分裂局面,重新建立起中央集权的大宋王朝。宋朝分为北宋(公元 960—1127 年)和南宋(公元 1127—1279 年)两个时期。这是我国古代教育事业继续发展、考试制度日益完善的时期。宋初统治者在重建中央集权的国家之后,便在文教政策上作了重大调整,由原来的重视“武功”,改为强调“文治”,确立了“兴文教,抑武事”的“右文”政策。在北宋三次兴学运动的影响下,山东的各类教育空前发展,地方官学普遍设立,私学亦十分发达。

金与南宋对峙时期,山东属金朝统治范围。金朝的学校教育制度赓续唐、宋,儒学继续受到尊崇。熙宗时中央下拨专款修曲阜孔庙,册封孔子后裔孔璠为“衍圣公”。一些热心教育事业的地方官员在其辖地办起了一些地方学校。大定二十九年(公元 1189 年),金世宗诏令在全国各京、府、节镇、防御州普遍设立学校,增加生员数额。在这种时代背景下,山东各地先后创设和修复了一大批府、镇、州、县学。

元朝是中国历史上蒙古族统治者建立的统一王朝，公元1271年蒙古统治者改国号为大元，1279年灭掉南宋，1368年退出中原，据守漠北。蒙元统治者在征服南宋、金、西夏、吐蕃等政权，统一全国的历史进程中，既保持了本民族的文化特色，也受到金、宋等政权较高文明的影响，因此，元朝实行的文教政策，就与宋朝有着直接或间接的承袭关系。这也深深影响了山东的地方教育，使这一时期山东地区的官学考核与科举制度打上了鲜明的时代烙印。

第一节　山东地方官学的发展状况与生员考核

北宋时期实行的“右文”政策，其基本指导思想是加强中央集权统治，基本内容则是重文轻武、重视科举、广设学校、重用士人、抑制豪门、强化皇权、尊孔崇儒、提倡佛道，吸引庶族地主参政，扩大统治阶级的基础。这一政策，不同程度地为金、元所承袭，对山东地方官学的发展产生了深刻的影响。

一、宋元时期山东地方官学发展概况

北宋是历史上著名的重文崇儒的朝代之一，是继唐代之后中国传统教育的又一个繁荣发展时期。在国家“右文”政策的推动下，地方官学从北宋中期开始初步形成规模，到崇宁、大观年间达到鼎盛。在金、元统治时期，在宋代兴学运动的基础上，山东的地方官学亦得到了较大程度的发展。

（一）宋代山东地方官学发展概况

宋代的官学教育制度基本上沿袭唐制。与唐相似，宋代的地方行政区划也分为三级：第一级为路，第二级为州、府、军、监，第三级为县。中原地区多设州治，其他各地则视其特殊情况而分设府、军、监。据北宋宣和年间统计，山东地区共有5个

府、17 个州、2 个军、2 个监、89 个县。①

宋代各路不直接设学，仅置学官以管辖所属各学，因此，宋代的地方官学只有两级：一是由州、府、军、监设立的，称为州学、府学、军学和监学；二是由县设立的，称为县学。县学是宋代地方官学的重要组成部分，是数量最多、分布最广的学校。此外，部分书院也被纳入地方官学的办学系统。

宋初诸帝虽采取“重文”政策，但在科举和教育之间，对于科举取士特别重视，却忽视了培养人才的学校，因而自开国以后数十余年间，州、县学皆很少设置。山东州、县学的设立则开宋代地方官学设置之先河，其设立时间之早、影响之大，都为其他地方所不能及。例如，真宗大中祥符二年（公元 1009 年），允准曲阜县就先圣庙之侧立“孔氏家学”。此后，又给兖州赐额应天书院。这是宋代州、县设学之肇端，也是宋代“即庙建学”做法之开始。宋代曾有人评价说：“先圣者，道之所自出，而道非学校不行。故世之州县因先圣有学，所以重道也；即庙有学，所以传道也。”②

乾兴元年（公元 1022 年），兖州设立州学，“于文宣王庙建立学舍，以延生徒”③。第二年，仁宗赐兖州学田十顷，这是宋代朝廷赐予州县学田之开始，以后即作为一项制度确立下来，规定以后地方有愿立学者，均稍增赐田如兖州。《山东通志》亦称：“仁宗即位之初，赐兖州学田，又令旁府皆得立学。”仁宗时，宰相王曾因裁抑太后姻亲，被罢“知青州，为青州立学”，并上奏天子，“天子赐学名，且颁公田三十顷”。景祐五年（公元 1038 年），王曾因与吕夷简不和，再次罢相，知郓州，又为郓州

① 山东省地方史志编纂委员会编：《山东省志·建置志》，山东人民出版社 2003 年版，第 94 页。

② 《泾阳县重修孔子庙碑》，见《金石萃编》卷一三九。

③ 《长编》卷九九，乾兴元年十一月庚辰。

立学。又据《山东通志》记载，泰安州学于太祖开宝年间就已建立，长清县学为宋天禧二年（公元 1018 年）创建，平原县学为宋明道年间（公元 1032—1033 年）所建，莱州府学为宋明道年间知州李定所建。① 可见，庆历兴学前，山东的很多州县已经设学，并在全国产生了一定影响，成为庆历兴学的前奏。

宋朝地方官学的大发展开始于"庆历兴学"。此前宋代虽有"景佑兴学"之举，但无论范围、规模还是影响，皆与庆历兴学难以相比。由范仲淹主持推动的庆历兴学，是北宋历史上第一次全国性的大规模兴学运动，也是"庆历新政"的重要内容之一。范仲淹曾长期担任地方官吏，对不重教育只重科举的做法，早有改革意见。他批评说，重考试而轻教育的科举制度，犹如"不务耕而求获"，认为"三代盛王致治天下，必先崇学校，立师资，聚群才，陈正道"，②"敦之以诗书礼乐，辨之以文行忠信"，则"必有良器，蔚为邦才"。③

宋仁宗即位后，以范仲淹为相，推行庆历新政。庆历四年（公元 1044 年）三月，宋仁宗颁布了促进地方官学建设的诏令。诏令曰："州县皆立学，本道使者选属部官为教授，三年而代。选于吏员不足，取于乡里宿学有道业者，三年无私谴，以名闻。士须在学习业三百日，乃听预秋试；旧尝充试者，百日而已。"④这一诏令，实现了两个根本性转变，为州县兴学提供了动力。一是解除了景佑以来只允许上郡藩镇立学的禁令，使兴学范围扩大到所有州县；二是规定了参加科考者须在官学听读的时限，从而把官学建设与科举考试直接挂钩，极大地提高了地方

---

① 杨士骧、张曜：《山东通志·学校志第六》（卷八八），商务印书馆 1934 年版，第 2670 页。

② 《代人奏乞王洙充南京讲书状》，见《范文正公文集》卷八一。

③ 《上执政书》，见《范文正公文集》卷八。

④ 《长编》卷一四七，庆历四年三月乙亥。

官学建设的必要性和紧迫性。

自此，诸州县即开始大规模兴学。欧阳修称赞说："三月，诏天下皆立学，置学官之员。然后，海隅徼塞，四方万里之外，莫不有学。宋兴盖八十有四年，而天下之学，始克大立。"①四年十月，吉州学成，"学有堂筵斋讲，有藏书之阁，有宾客之位，有游息之亭。严严翼翼，壮伟闳耀。即成，而来学者常三百余人"。五年夏，邠州学成，"谈经于堂，藏书于库，长廊四回，室从而周，总一百四十楹。广厦高轩，处之显明；士人洋洋，其来如归"。山东各州县也应诏纷纷立学，如峄县县学、朝阳县学等即建于此时。

一般认为，范仲淹新政执行一年多之后，即被排挤出中央政府，庆历兴学亦告失败。州县兴学之诏，虽未撤销，但只留下空名。但从山东各州县看，庆历之后的至和、嘉祐年间仍然有县学不断设立，如至和三年（公元 1056 年）县监李允中建高苑县学，嘉祐五年（公元 1060 年）邑人张仲宣建章丘县学，等等。这说明，庆历兴学运动虽然失败，但兴学诏令的发布，为各地办学提供了合法的依据。

宋神宗熙宁二年（公元 1069 年），神宗任命王安石为参知政事，主持变法大计，掀起熙宁兴学运动，以求再次重兴学校教育。对于地方官学，王安石主要出台了两方面的改进措施：一是设置诸路学官，加强地方官学的管理，并力图改变州县有学而无教的状况。如，熙宁四年（公元 1071 年）初，在京东、陕西、河东、河北、京西五路先置学官，允许布衣中有经术、行谊者，权为地方官学教授，也允许州县官兼任本州教授。同年，又诏令诸路并置小学教授。这样，就使得地方官学在行政领导、师资力量及办学经费方面得到了基本保障。二是为地方学校拨充

---

① 《吉州学记》，见《欧阳修全集·居士集》卷三九。

学田，为州县学校的维持提供物质保障。熙宁四年之诏令云："州学给田十顷为学粮，元有学田不足者益之，多者听如故。仍置小学教授，凡在学有职事者，以学粮优定请给。"①在这些措施的推动下，"自京师至郡县皆有学"。至元丰年间（公元1078—1085年），全国已有18个路，53个州、府、军、监任命了学官教授。山东在熙宁、元丰年间也建起了一批州、府、县学。如，熙宁三年（公元1070年）县令崔益建德平县学，熙宁年间郡守李恭建济南府学，元丰年间县尹韩祗勤建泗水县学，元丰年间建东昌府学，等等。

北宋第三次兴学运动是由蔡京主持的崇宁兴学，其规模和范围都超过了前两次，且时间持续20年之久，取得了很大成绩。南宋学者陈傅良称赞说："崇、观之际，天下之学盛矣。提学有官，赡学有赋，上之加惠诸生甚隆也。"②当然，这一运动也存在着不少弊端，如为了筹集巨额学粮，各州县往往将沉重的负担加诸人民，甚至出现"利贵不利贱，利少不利老，利富不利贫"③的状况。

宋徽宗崇宁元年（公元1102年），蔡京奏请兴学贡士，朝廷随之发布一系列诏令，揭开了"崇宁兴学"的序幕。崇宁兴学的主要内容之一，就是诏令各地州县立学。县学生可选升入州学，州学生每三年贡入太学。根据蔡京等人的建议，朝廷出台了若干针对地方官学的规定，一是"天下州县并置学校，州置教授二员，县亦置小学"；二是州县学校实行升贡制度，"县学生选考升诸州学，州学生每三年贡入太学"；三是进一步完善了地方官学的经费保障制度，扩大了学校经费的来源，规定"州给常

---

① 《长编》卷二二一，熙宁四年三月庚寅。

② 《止斋文集·重修瑞安县学记》。

③ 《文献通考·选举四》。

平或系省田宅充养士费，县用地利所出及非系省钱”。①

崇宁二年（公元1103年），朝廷设置诸路提举学事司，掌管一路州县学政，“岁巡所部，以察师儒之优劣，生员之勤惰，而专举刺之事”。三年，取消科举，取士悉由学校升贡，故而增养县学弟子员，大县50人，中县40人，小县30人。此时，因措施得力，州县学发展迅速，同熙宁时相比，不仅规模大，数量也多。仅崇宁二年，全国生徒入学额就达21万多人。大观二年（公元1108年），提举京西南路学事路瑗称，他所辖共8州30余县，在诸路中属最小的，但已有学舍3300余区，教养生徒3300余人。山东也与全国一样，学校之设规模空前，崇宁至大观年间成为北宋时期山东新建儒学数量最多的时期。据《山东通志》记载，崇宁年间设立的学校有武定州学（崇宁元年）、莒州州学、乐安县学（崇宁元年县令黄铎建）、阳谷县学（崇宁四年县尹蔡著建）、临邑县学、莱芜县学、博兴县学，大观年间设立的学校有滕县县学、武城县学、登州府学、平度州学等。②

（二）金代山东地方官学发展概况

女真族建立的金朝，是继辽之后盘踞在中国北方的又一个强大的割据政权。女真族是个古老的民族，最早生活在黑龙江流域，是古代肃慎族的后裔。金王朝建立不久，就开始引进汉族文化礼仪。金太祖创业之初，曾依靠汉族儒士杨朴的帮助奠定基业，仿造汉制谋划文教事业。金熙宗即位后，实行更为彻底的汉化政策，曾下拨专款修曲阜孔庙。天眷三年（公元1140年），册封孔子第49代孙孔璠为“衍圣公”。皇统元年（公元1141年），金熙宗又亲祭孔庙，盛赞孔子“虽无位，其道可尊，使

---

① 《宋史·选举志三》。

② 杨士骧、张曜：《山东通志·学校志第六》（卷八八），商务印书馆1934年版，第2677—2680页。

万世景仰”①。这一系列措施，表明金朝统治者高度重视儒家的传统教育。

在金熙宗和海陵王当政时，已有少数州县官员开始集资修复当地的学校。金代系统地建立地方官学，则始于金世宗大定年间。大定十六年（公元 1176 年），朝廷下诏各地兴办府学。各地闻风而动，共设置府学 17 处，学生千人，招收的学生是“尝与廷试及宗室、皇家袒免以上亲，并得解举人”②。大定二十九年（公元 1189 年），金朝进一步扩充府学，将府学设置的范围由京府扩大到散府，其中，大兴、开封、东平等地府学学生各 60 人，大定、大名、济南等地府学学生各 40 人，其他府学各二十至三十人不等。就府学生员名额的分配来看，主要集中在今天的山西南部、河北南部、河南、山东等文化较为发达的中原地区。

金代州县学的设置稍晚于府学，其数量不详。州学招收学生的范围较为宽泛，包括“五品以上官、曾任随朝六品官之兄弟子孙，余官之兄弟子孙经府荐者同。境内举人试补三之一，阙里庙宅子孙年十三以上不限数。经府荐及终场免试者，不得过二十人”③。金代州学分为两种：一是节镇州所设学校，称节镇学；二是各防御州所设学校。各校所习的内容为“经书”、“子书”及《史记》、《汉书》等。

金朝的地方行政区划与北宋相似，也采用路、府（州）、县三级制，分其地为 19 个路。金朝山东地区共有 3 个府、20 个州、97 个县。④ 现据《山东通志》、《兖州府志》等史料，将金代所建或重修的山东境内的府、州、县学胪列如下：天会年间设立福山县学，天眷年间知州萧恭重建武定州学，皇统年间设立嘉

① 《金史·熙宗本纪》。

②③ 《金史·选举志一》。

④ 山东省地方史志编纂委员会编：《山东省志·建置志》，山东人民出版社 2003 年版，第 99 页。

祥县学,皇统年间县尹颜某重建费县县学,皇统年间县尹孔渊建馆陶县学,皇统年间知州高召重建沂州州学,皇统元年建宁海州学,大定年间重修胶州州学,贞元年间县尹鲁仔建冠县县学,贞元年间副枢密张晖建诸城县学,正隆年间知县胡学醇增修茌平县学,大定年间县尹尹从仕重修章丘县学,大定十年增修莱芜县学,大定十三年设立清平县学,大定二十四年设置济阳县学,大定二十九年益都府通判黄受雄建平安县学,大定年间太子洗马赵松石移建堂邑县学,大定年间设立鱼台县学,大定年间设立夏津县学,大定年间建昌邑县学,明昌六年建平度州学,大安年间县令李昌道建栖霞县学、州人史仲谦建濮州州学,等等。

(三)元代山东地方官学发展概况

元朝是由蒙古族建立的横跨亚欧的大帝国。随着疆域的扩大和文治的加强,元朝出现了学校教育"远被遐荒"的盛况。元世祖忽必烈是元代文教政策的奠基人,他清醒地认识到蒙古族"武功迭兴"、"文治多缺"的社会发展状况,出于加速蒙古社会封建化的需要,制定了一系列文教方针政策。至元四年(公元1267)正月诏令修缮曲阜孔庙,五月"敕上都重建孔子庙",到武宗时则进一步加封孔子为"大成至圣文宣王"。至元年间,元世祖诏令地方长官利用孔庙进行儒家伦理道德教育,强化社会教化。在"尊孔崇儒"文教政策的推动下,元朝恢复了前朝的各类各级学校,还建立了本民族的教育制度。

元统一中国后,定都大都(今北京市),将首都附近的山东、山西、河北称为"腹里",直属中书省,全国其他地区分设12个行中书省(简称行省)。行省之下有路、府、州、县四级。山东地区分属东平、东昌、济宁、益都、济南、般阳府6个路,路下设15个州，另有直属于中书省的8个州，全省共计102个县。①

元代地方官学制度比较完备，在路、府、州、县四级，均有相应的学校。路学创设于世祖至元九年（公元1272年），设有教授、学正、学录等学官各1员，府学及上中州学各设教授1员，下州学设学正1员，县学设教谕1员。教授命于朝廷，其他学官命于礼部各行省或宣慰司。1291年命江南诸路学及各县学内设立小学，选老成之士任教，并于“其他先儒过化之地，名贤经行之所”建立具有地方官学性质的书院，诸路皆设有提学官管理教育。1276年，改大都路学署为提举学校所；1287年又设江南各路儒学提举司，皆为地方学校的管理机构。元仿宋制，设置学田，1287年诏江南诸路学由官府改归本学管理，以便给养。学习内容除“五经”外，须先修《论语》、《孟子》、《大学》、《中庸》，从此“四书”与“五经”并列，同为各级官学的必习教材。

元朝自世祖中统二年（公元1261年）开始注意复兴地方学校事宜。《元史·选举志一》记载：“世祖中统二年，始命置诸路学校官，凡诸生进修者，严加训诲，务使成材，以备选用。”至元六年（公元1269年），元朝设置了管理地方学校的提举司及教育行政长官，要求各地官员须将教育视为自身的职责，“提刑按察司官所至之处，劝课农桑，问民疾苦，勉励学校，宣明教化。……事有似缓而实急者，学校是也。盖学校者，风化之本，出治之原也”②。路学学官设教授、学正、学录，府学、州学设教授、学正，县学设教谕。教授由朝廷任命，学正、学录、教谕则由礼部、行省或宣尉司任命。凡在路学、府学、州学和县学肄业的生

① 山东省地方史志编纂委员会编：《山东省志·建置志》，山东人民出版社2003年版，第104—105页。

② 《庙学典礼·官吏诣庙学烧香讲书》。

徒，学成后，经守令举荐，台宪考核，或用为教官，或取为吏属。

元代的山东地区，路、府、州、县学得到普遍设立，所设学校的数量大大超过宋代。据《山东通志》记载，清朝以前，山东的府、州、县学共118所，在元代即已设立的有90余所，其中元代创建、改建或重建的有41所。如济南路学，至元年间重建；邹平县学，至元七年县尹萧革改建；德州州学，至元三十一年（公元1270年）知州秦政建；济宁州学，至元二十九年（公元1294年）监州冀德方重建。

总体而言，元代山东地方官学有了很大发展，但不同时期又体现出发展的不平衡性。元朝前期，特别是世祖至元年间和成宗大德年间，山东地方官学发展最快，各地官学纷纷创设或修复，呈现出一派大兴文教的新气象。这一时期创建或增修路、府、州、县学60余所。成宗死后，最高统治阶层争夺帝位的斗争十分激烈，元朝统治已在中衰。这期间，除仁宗延祐年间外，山东地方官学极少创设或增修，官学发展处于停滞状态。元顺帝在位时间较长（公元1333—1368年），也较为重视兴学设教，尽管此时元的统治进入末期，但山东地方官学仍然有所发展，许多府、州、县学再次得到整修。

元代地方官学除设以上学校外，还设具有民族特点的蒙古字学、医学、阴阳学。诸路蒙古字学创设于1269年，目的在于普及蒙古文字，培养懂得蒙古文的人才。这一年，元世祖“以新制蒙古字颁行天下”。为了把蒙古文字推行到全国，普及到民间，元朝效法金朝设立“女真府学”和“女真国子学”的经验，于至元六年创设诸路蒙古字学。除招收蒙古族学生外，还吸收其他民族的学生入学肄业。为了保证办学经费，元贞元年（公元1295年），命有司割地充学田，作为学生饩廪的来源。诸路蒙古字学的学习科目与京师蒙古国子学相同，主要是译成蒙古文的《通鉴节要》。学官设教授、学正等。在学生员，得免杂役。

学成考试合格，可充任学官、译史等职。其学生名额是：诸路府州官子弟，上、下路各 2 人，府、州各 1 人。其余选民间子弟，上路 30 人、下路 25 人、散府 20 人、上中州各 15 人、下州 10 人。入学生徒，得免杂役。

诸路医学，创始于世祖中统二年（公元 1261 年），根据太医院使王猷的建议创设。《元史 · 选举志一》记载：是年五月，"太医院使王猷言：'医学久废，后进无所师授。窃恐朝廷一时取人，学非其传，为害甚大。'乃遣副使王安仁，授以金牌，往诸路设立医学"。于是，自南宋末年以来废弛已久的地方医学，又重新建立起来。学生主要招收在籍医户及开设药铺人家的子弟。一般良家子弟，若愿意就读，且资质亦可学医者，经考选也可入学肄业。学官有教授、学正、学录等。无论是教学人员或是医学生员，均得免杂役。学习内容除《素问》、《难经》、《神农本草》等医学经典外，还需研习 13 科（即大方脉、杂医科、小方脉、风科、产科、眼科、口齿科、咽喉科、正骨科、金疮肿科、针灸科、祝由科、禁科）的疑难问题。太医院每年将这些疑难问题"发下诸路医学，令生员依式习课医义，年终置簿解纳送本司，以定其优劣"。此外，医学生也要学习《四书》，否则不得行医。

诸路阴阳学，是元代学习天文、历算的学校，创设于至元二十八年（公元 1291 年），隶属司天台，学官有教授，所习为天文、术数等科，学有成就者录于司天台就职。据《元史 · 选举志一》记载：学校招收"通晓阴阳之人"入学，"依儒学、医学之例，每路设教授以训诲之。其有术数精通者，每岁录呈省府，赴都试验，果有异能，则于司天台内许令近侍"。在地方上设立培养天文、历算人才的学校，是元朝的创新，对后来的明朝教育产生了重要影响。

元代还定有"社学"之制。至元二十三年（公元 1286 年），颁令各路，劝农立社，凡各县所属村庄 50 家为社，每社成立学习一所。《新元史·食货志》记载:"诸县所属村疃,五十家为一社,择高年晓农事者立为社长。……每社立学校一,择通晓经书者为学师,农隙使子弟入学。如学文有成者,申复官司照验。"可见,社学是设在农村地区,利用农闲空隙时间,以农家子弟为对象的初等教育形式。它对于发展农村地区教育事业,普及传统文化具有一定的意义。这是元朝在教育组织形式上的一种创新,对后世产生了深远影响。

关于地方官学的学生来源和员额,元朝规定首先招收地方官的子弟,同时也招收一定数额的民间子弟。至元六年(公元1269年)规定,诸路府官子弟入学,上路2人,下路2人,府1人,州1人。余民间子弟,上路30人,下路25人。大德五年(公元1301年)十月,又定生员,散府20人,上中州15人,下州10人。诸路藏古字学与府学相同。

二、宋元时期山东地方官学的考核

考试制度是宋元时期地方官学制度的重要组成部分。《宋史·职官制》明文规定,州学教授的职责之一就是"掌其课试之事"。《京兆府小学规》规定,教授"每日出所课诗赋题目",学生"每日抽签问所听经义三道"、"试赋一首"。① 这说明,朝廷对于州县官学的考试是十分重视的。

但是,在州县学校广泛推行"三舍法"之前,地方官学并没有统一的考试制度;各地考试的方式、内容和难易程度,也没有统一的标准。宋哲宗元符二年(公元1099年),朝廷开始在州县学校推行"三舍法",令"诸州行'三舍法',考选、升补悉如太学"。至此,州县学校开始统一采用太学的私试、公试、舍试三级升舍制度。

① 《金石萃编·京兆府小学规》。

崇宁三年(公元1104年),宋朝颁诏废止科举考试制度,规定取士悉由学校升贡。崇宁五年又颁布学令,对于州县学校的考试作了如下规定:"凡县学生隶学已及三月,不犯上二等罚,听次年试补州学外舍,是名岁升。……每岁正月,州以公试上舍及岁升员,一院锁宿,分为三试。其公试,上舍率十取得其六为中格。中格者,以其名第自上而下参考,察之籍。既在籍,又中选,即六人之中取其四,以差升舍。其岁升中选者,得补外舍生。……凡州学上舍生升舍,以其秋即贡入辟雍,长吏集阖郡官及提学官,具宴设以礼敦遣,限岁终悉集阙下。"①可见,宋代将科举考试和太学的许多做法,如三级升舍制度、锁院制度(考官获任后要即赴贡院,不得与外界往来)等,皆移入地方官学的考试中,使地方官学考试活动也日趋规范。宋代山东地方官学的考核,就是基本依照上述规则进行的。

关于金代地方官学的考试及管理,《金史·选举志一》上记载说:"凡学生会课,三日作策论一道,又三日作赋及诗各一篇。三月一私试,以季月初先试赋,间一日试策论。中选者,以上五名申部。遇旬休节辰,皆有假。病则给假,省亲远行则给程。犯规者罚,不率教者黜。遭丧百日后求入学者,不得与释奠礼。"根据以上记载及其他史料,可知金代地方官学实行如下几种制度:(1)金代中央及地方官学,均实行国家统一规定的"会课考核"制度,即每三日作一道"策论"题,后三日作"诗"、"赋"各一篇;(2)金代地方官学实行三月一试的考试制度,府、州学考试合格的前五名,经府荐可直接参加礼部指出的会试,或者升补太学;(3)官学的考试内容与科举考试的内容完全相同,说明金代各级官学与科举考试的关系非常密切,在很大程度上可以说,官学就是科举制度的附庸。山东作为金朝实际控

① 《宋史·选举志三》。

制的地区，其州县学校的考试自然须依上述规定执行。

在元代正史中，对于地方官学的考试情况记载较少。元初，朝廷曾屡颁诏令，要求各地儒学加强考核学生。如中统二年（公元1261年）的兴学诏令就曾指出："凡诸生进修者，仍选高业儒生严加训诲，务要成才。"①至元六年（公元1269年），诏令要求各地行政长官及僚属，于朔望之日"俱诣文庙烧香；礼毕，从学官主善诣讲堂，同诸生并民家子弟，愿从学者讲议经史，更相授受，日就月将，教化可明，人才可冀"②。然其实际效果如何，并无确载。不过，对于元代地方官学考试的详细情况，我们可以从其他资料加以推测。程端礼是元代中期的教育家，曾长期在地方儒学及书院担任教授和山长。他根据多年教学经验编写的《程氏家塾读书分年日程》，对于儿童入学前后到大学教育的全过程都给予了详细的记载，可以弥补正史记载之不足。按照程氏的记载，地方儒学中8至15岁为小学阶段，15岁以后为大学阶段。小学阶段的考试内容大致是：每日夙兴，令学生熟读已习课文；小学习字，必于四日内，以一日令写《千字文》；欲考字，看《说文》、《字林》、《六书略》、《正始音》、《韵会》、《切韵指掌图》；双日之内，令玩索《大学》；已读《大学》的，令字求其训、句求其义；双日之夜，令背诵已读书一遍；小学不得令日日作诗作对，以免虚耗时日；等等。到大学阶段，学生学习的内容主要是朱注《四书》，然后依次为《周易》、《尚书》、《诗》、《礼记》、《春秋》、《通鉴》，还要学习《唐鉴》、《史记》等正史。③ 学生日常考试就针对这些内容而进行。经多次考试合格后，学生即可参加岁贡儒吏的考试，也可以被举荐为学官。

---

① 《庙学典礼·设提举学校官》。

② 《庙学典礼·官吏诣庙学烧香讲书》。

③ 《程氏家塾读书分年日程》卷一。

第二节 科举制度的调整与完善

隋唐以来,科举考试制度已成为中国封建社会选拔各级官员和各类治术人才的主要途径。从宋代开始,科举制度就做到了不论出身、贫富、门第如何,皆可怀牒应试。这样一来,不但拓宽了政府选拔人才的基础,还让处于社会中下阶层的知识分子有机会通过科考向社会上层流动。制度的这种变化,对维持整体社会的稳定起到了相当大的作用。

作为全国著名的礼仪之邦和具有浓厚好学之风的地区,如同隋唐时期一样,山东在宋元时期的科举考试中依然游刃有余、人才辈出。宋元时期,与全国其他地区一样,山东的考试制度也经历了重大的变化。科举制度的调整与改革、防弊措施的相继出台,是这一时期山东地区考试制度发展与演变的突出特点。

一、宋代科举制度与山东的考试

宋代在中国科举考试制度史上占有重要地位,它既承袭了隋唐科举制度的基本内容,又有自己的发展和创造。宋代曾结合本朝的实际情况,对科举考试制度存在的问题进行了激烈的讨论和改革的探索。自太祖建隆二年(公元 961 年)正式恢复科举考试,经过太宗、真宗、仁宗、英宗等朝代的调整与改造,使科举的各项规则、程序趋于完备,规模也逐步扩大,为元、明、清各代所效法。同时,由于各种社会矛盾的加剧,腐败现象严重,使科举考试制度本身固有的弊端更加难以消除,为后人留下了深刻的历史经验教训。

宋代科举考试的一般程式同前代相比,更为细致周密。宋代改良科举制度,其重要原因是皇帝欲加强对取士过程的控

制，减少考官及士子结党营私的可能。自宋太祖开宝六年起，取录的进士一律要经过由皇帝亲自主持的最后一关殿试，名次也由皇帝亲定。自此以后，进士都是“天子门生”，而不再是考官的门生。这一做法，基本上为以后的元、明、清各朝所沿用。

为了保证考试公平及公正，宋朝对考试的规则进行了进一步完善，先后废除了唐代科举考试中的公荐等做法，推行弥封、誊录、锁院等措施，同时还实行同知贡举制度、别头试（即亲属回避）制度等，以免考生和考官联手作弊。另一方面，为了防止作弊，考官都是临时委派，并由多人担任；考生到达贡院后，要对号入座，同考官一样不得离开考场。此外，由于宋代“右文”政策的确立，需要通过科举考试选拔大量的人才，每科进士通常达到数百人，因而放宽了应考者的条件，不论财富、声望、出身、年龄如何，皆可应考，对偏远地方的考生给予路费。自宋英宗治平二年（公元 1065 年）起，定期开考，三年一科，之后为明、清二朝所沿袭。这一系列的调整既反映了宋代社会现实的需要，也体现了科举制度自身演变的合理性及历史发展的必然性。

宋代的科举考试制度既因袭唐制，也有所发展。就其科目而言，大体亦分为常科和制科（又称制举、特科）两大类。除此之外，宋代还设有恩科、荫补（门荫）、词科、童子科、武举、道举、八行取士、十科取士以及纳资等入仕之途。这些科目或属于常科中的特例，或介于常科和制科之间，或是对常科与制科的补充和延伸，构成了一个既能满足不同类型人才的需要，又能兼顾社会各阶层利益的庞杂的选士系统。在上述科目中，最主要的有四类，即贡举、制举、武举和童子举。以下即对此作些简要叙述。

（一）贡举

贡举是指士子通过地方考试后贡之于朝廷的意思，又称为常贡，或曰正科，以别于制举。在宋代科举考试中，贡举占有最重要的地位和分量，宋代人才多出于贡举，皇帝最为重视，致使士子趋之若鹜。贡举考试分为 3 级，即解试（州试）、省试（由礼部举行）和殿试。解试由各地方进行，通过的举人可以进京参加省试。省试在贡院内进行，连考 3 天。殿试则于宫内举行，由皇帝亲自主持及定出名次。一般来说，应试者只要通过这 3 级考试，不需吏部复试即可被任命为官员。

按照宋朝的规定，殿试设初考官、复考官和详定官。考生试卷先由初考官阅，定好等第，加以弥封后，送复考官。复考官看完试卷后，再定等第后送详定官。详定官拿到试卷后，将试卷封条拆开，看初考官和复考官所定等第是否一致。如果两者所定等第相同则已，不同则对试卷进行审阅，然后从二人所定等第中选定一种，但不能自行另定等第。详定官定下来之后，由编排官取乡贯状字号，合以及第者姓名和名次及试卷上呈宰辅或皇帝批准，然后放榜公布。

（二）制举

制举，亦称“制科”，又称“贤良科”，宋代又有称“大科”的。这是仿照汉、唐两代的遗制设置的一种非常考试制度。统治者设制举的初衷，据《宋史·选举志》说，“制举无常科，所以待天下之杰”，为国家延揽人才，以免埋没无闻。然而在贡举制度比较完善的情况下，一般读书人都以贡举这一正途作为进身之阶，而那些未能通过贡举的，只好另寻门路，以致不能尽称统治者设置制举的本意。因此制举在宋代屡兴屡废，达 3 次之多。统治者设置制举的目的是想通过它多多挖掘对自己有用的人才，因此所定的科目五花八门，唯恐漏下各种英才豪杰。

（三）武举

宋太祖鉴于五代藩镇骄横，兵乱频仍，即位后重视文臣，抑制武事，朝野上下遂形成重文轻武的观念。虽说制举中也有

"武足安边洞明韬略"、"运筹决胜军谋宏远材任边寄"等有关武事的科目,但应试者寥寥无几,其原因仍如宰相富弼所说:"应制科者,必乐为贤良方正才识兼茂,耻为将帅边寄之名,盖今之人重文雅,而轻武节也。"

仁宗天圣年间,西方用兵,将帅乏人,在富弼、苏洵等建议下,于天圣七年(公元1029年)始置武举。次年仁宗亲试武举12人,"先阅其骑射,以策为去留,以弓马为高下"。当时武举由兵部主持,最后由天子亲试,与制举的"贤良方正能直言极谏科"在一起考试。后来仁宗采纳宋庠的建议,文武两科分开举行,以表示对制举的重视。

神宗熙宁年间,王安石建立太学三舍法,此时的武举考试,也应用三舍法在武学进行。元丰三年(公元1081年),神宗亲试武举,后又举行多次。神宗又认为古者取士文武不分途,不应把武举归兵部,于是武举同贡举一样由吏部主持,吏部的尚书主持文选,侍郎主持武举。哲宗元祐四年(公元1089年)诏令武举的解试、省试增试策一道。到了徽宗时代,武举考试又有变更,当时科举全被废除,文举、武举全用三舍法。

武举考试的程序同贡举略有不同。贡举分为解试、省试和殿试三个阶段,武举则在解试之前,还要先进行一次"比试",这是参加解试前的资格考试,又称"引试"。比试在京师由兵部委官看详,沿边地区由帅司主持。比试总额一般限在200人左右,沿边地区因兵事需要无一定限制。武举的解试由兵部主持,名额一般在70人左右,解试科目和比试相同,其试题分量与省试相仿。根据应举人的具体情况,分别定为"绝伦"(策略虽下而武艺高超)和"平等"(策优艺平)两项。武举的省试登榜人数,一般不超过30人,南宋时常在20—40人之间浮动。武举的殿试是从天圣八年(公元1030年)仁宗亲试武举12人开始的。宋代科举常在秋天发解,冬季会省,次年春季殿试,而武举的比、解、省试考试日期不固定，其殿试开场时间也随之无定期。

（四）童子举

宋代科举制中，除了贡举、制举、武举三类外，另有一种专为儿童应试设置的科目，称为童子科，又叫童子举。童子科始建于唐代，按规定凡10岁以下的童子，能通一经及孝经、论语，每卷诵文十通者，予官；诵文七通者，予出身。五代时，后唐与后周皆有童子应举考试，合格者亦放及第。

宋沿唐制，仍设童子科，又称应试神童。宋代童子应试年龄较唐代有所放宽，一般来说凡15岁以下的童子，能背诵挑试一经或两小经者，即可应试，补州县小学生；通五经以上则由州官荐入朝廷，由中书省复试，中则免解。荐入朝廷者，如程度优异，亦能拜官。宋代童子科应试内容，起初并无具体规定，一般视童子背诵经书以决中否。真宗时，除背诵外，始召试诗赋。南宋高宗时，考试仍重背诵，范围有所扩大，包括经史子集，御制诗文，武童诵兵书另加习步射。孝宗时，因礼部上言，提出童子试只重认诵，似稍显容易，也降低此科信誉，须加深难度。于是规定自淳熙八年（公元1181年）始，分为三等取录：凡全诵六经、孝经、论语、孟子及能文如六经义三道，语、孟义各一道，或赋一道，诗一首，为上等；诵书外，能通一经，为中等；仅能诵六经、语、孟，为下等。

宋代有关士子科举及第后待遇的规定，比唐代更为完备，前后变化也较多。就程序而言，宋代科举及第后，可直接廷试释褐，不必如唐代一样还要经过吏部的关试。就授官的品级来看，制科高于常科，文举高于武举；常科之中，进士高于诸科；诸科之中，九经和明经高于其他杂科。这样就形成了一个自上而下的多层结构，高居顶端的是人数极少的制科，其下依次是进士、九经、明经、诸科、武举。这反映了各个科目在宋代官僚体

制中的地位和影响，也足以说明这些科目在人们心中的地位。

二、金代科举制度与山东的考试

在辽金西夏诸朝中，金代不仅在教育制度方面汉化程度最深，而且科举制度的措施也最为完备。《金史·选举志序》记载："金承辽后，凡事欲轶辽世，故进士科目兼采唐宋之法而增损之。其及第出身，视前代特重而法亦密焉。"可以说，金代的科举考试制度，最基本的特点是兼采唐、宋及辽代故制并加以损益。

金朝统治者在占据江北的最初数十年间，实行的是南北两科分离的科举考试制度，即在北宋故地实行宋之旧法（即所谓"南选"），在辽朝故地实行辽之旧法（即所谓"北选"）。山东因属北宋故地，因而科举考试的程序、内容、时间等，与宋代大同小异。天会五年（公元 1127 年），统治者颁诏："河北、河东郡县，职员多缺，宜开贡举取士，以安新民。其南北进士各以所业试之。"①由于金代采用了辽宋两地各因其旧、因地制宜的做法，基本解决了补充吏员的问题，甚至一度出现了"入仕者多，故员不缺"的局面。

金熙宗天眷元年（公元 1138 年），"诏南北选各以经义、词赋两科取士"②。这种两科取士的制度，是南北两选最终统一的过渡办法。所谓"两科取士"，就是不分南北，所有应试者皆须参加经义、词赋考试；考中后称"两科进士"。《金史·选举志一》载："金设科皆因辽宋制，有词赋、经义、策试、律科、经童之制。……明昌初，又设制举鸿词科，以待非常之士。金取士之目有七焉，其试词赋、经义、策论中选者，谓之进士。律科、经

① 《金史·太宗本纪》。

② 《续文献通考·选举考》。

童中选者曰举人。"不难看出，这些科目与宋代科考科目是大体相似的。

到海陵王当政时期，南北分离的体制发生了很大变化，最终走向统一。天德二年(公元1150年)设立殿试制度，开始将南北两选之大权统一在中央手中。次年，"并南北选为一，罢经义、策试两科，专以词赋取士"①。正隆元年(公元1156年)又规定，"以五经、三史正文内出题，始定为三年一辟"。除如上这些常科、特科外，金代选官之途还有武举、恩科、进纳补官、学士院试等。不难发现，上述这些科目或以考试进，或以恩例钱财进，大体与宋制相似，甚至有些完全是宋制的翻版。这既可以看出金代与两宋选士制度的密切联系，也能够说明山东地区在金朝统治时期，其考试制度与宋代基本上是一致的。因此，对于金代山东地区科举考试的状况，只要参考上文所述的宋代状况即能约略得知，此处不再多言。

三、元代科举制度与山东的考试

科举制度在元代经历了非常曲折的过程。自太宗窝阔台采用耶律楚材等人的建议，于1237年颁诏试行科举之后，至元朝灭亡前夕的至正二十六年(公元1366年)举行最后一次考试，科举制度在一百多年间经历了三兴三废的过程。这在中国科举制度发展史上是绝无仅有的。

元代第一次科举制度的兴废，是在太宗窝阔台初定中原之时。当时耶律楚材进言，"治器者必用良工，守成者必用儒臣"，得到窝阔台的支持，"乃命宣德州宣课使刘中随郡考试，以经义、词赋、论分为三科，儒人被俘为奴者亦令就试"。② 耶

① 《金史·选举志一》。
② 《元史·耶律楚材传》。

律楚材推行的这次科举考试，内容并不复杂，程式也相当简略，属于元代科举考试的尝试性制度。但这项工作遭到蒙古权贵的激烈反对，因为这使得大批儒人脱离奴籍，并且获得免除赋役的待遇，触犯了权贵的利益，因此试行一年之后即遭废弃。

元世祖忽必烈即位后，朝野要求恢复科举制度的呼声甚高，故世祖诏令丞相史天泽等人议论制定详细的贡举法，但是由于受到权贵的激烈反对，屡议而不能决。至元十三年（公元1276年）"试诸路儒士于真定（约在今河北境内）"，同时又有总管判官王恽"奉命试儒于河南"。赵良弼、许楫等人皆在这一时期应试中选。继元世祖之后，历成宗，至仁宗时，经过几番努力，朝廷才开始制定科举考试的各项制度和章程。元仁宗皇庆二年（公元1313年）十一月下诏，定于"皇庆三年八月，天下郡县，举其贤者能者，充赋有司。次年二月，会试京师，中选者朕将亲策焉"①。次年八月，各地郡县举行乡试。延祐二年（公元1315年）二月会试京师。这是元代建国后正式举行的第一次科举考试。自此以后，直至元统元年（公元1333年），元代共举行过七榜考试，便再次废止。废止的原因，主要是蒙古贵族与汉族之间在政治、经济方面的斗争所致。

元代第三次恢复设置科举，是在元顺帝至正二年（公元1342年）。此次恢复考试之后，直至元末，共举行了八榜考试，到元朝灭亡前夕的至正二十六年（公元1366年）停止。

元代科举制度在曲折存废的发展过程中，虽然真正实施的时间不算很长，但酝酿和完善的时间并不算短。因此，元代科举考试制度是在广泛吸取历朝选士经验的基础上建立起来的，体制较为成熟。元代科举制度之内容，大致可从以下方面加以梳理。

① 《元史·选举志一》。

(一) 贡举

贡举是元朝科举的主要形式,中书省对乡、会、御三级考试规定了许多具体的措施,形成了一套比较系统而有特色的三级考试制度。

1. 乡试。

乡试由地方官府行省,包括直隶省、宣尉司主持。试期规定在八月二十日开始,七天完成。八月二十日试“经”,蒙古、色目人问五条;汉人、南人问经中疑义二条,经义一道。八月二十三日,蒙古、色目人试策一道,汉人南人试古赋、诏、诰、章、表一道。八月二十六日,汉人、南人试策一道。考生入场时,派“搜检怀挟官员”一人搜查,允许携带《礼部韵略》一书,此外不允许怀挟任何书籍文字。考试中,每名考生由一名军人看守。弥封、誊录、对读等试务官员,从各衙门中抽调。试院、考场由廉明干练官员妥善主管。每名考生一舍一席,相互隔离。考试官、试务官员进入试院后,即对外封锁监禁。试院必须严格遵守岁试日期,“迟误开试日期,监察御史、肃政廉访司纠弹治罪”①。

乡试录取名额总数限300人。先按种族分配,蒙古、色目、汉人、南人各75名,再按地区分配,山东宣尉司分配蒙古4人、色目5人、汉人7人,共16人。乡试录取以后,发给“解据”,作为凭证,同时将考试文案上报中书省,执送礼部,等待会试。监察官员另行上报监试文案,申报御史台,转中书省对照审查。

元后期,由于战乱,设有“流寓乡试之科”专供淮南、河南、山东、四川、辽阳等处及江南各省所属州县避乱之民会集京师者应试。分配名额,按各地原定名额计算。

2. 会试。

会试由中书省和礼部主办。继乡试之后,第二年二月开始

① 《元史·选举志一》。

考试。共有三场:第一场二月初一,第二场初三,第三场初五。统一命题。根据各族文化水平差距,仍然分类考试,允许汉人、南人试题相对难一些。蒙古、色目人考两场。第一场试经,有五个问题,从《大学》、《中庸》、《孟子》、《论语》内设问,以朱熹的《四书集注》作为标准答案,"其义理精明,文辞典雅者为中选"。第二场试时务题一道,答案限500字以上。

汉人、南人考三场:第一场试明经,有疑难问题二问,也从《大学》、《论语》、《孟子》、《中庸》内出题,并以朱氏(章句集注)为标准答案。同时问以大意,答案限300字以上。另外试"经义"一道,由举人自选一经,限500字以上,不拘格律。第二场试古赋、诏、诰、章、表一道。如果选择古赋、诏、诰题,要求用古体(即散文体);如果选择章、表,要求用四六骈体,参用古体。第三场试策一道,以经史、时务命题,不尚浮藻,提倡直述,限1000字以上。

会试的报名应试手续、考场纪律、自备试卷纸并加验印卷等手续均与乡试相同。另外,要求应试举人在考试前夕入院,住宿于考场中。第二天击钟3次开考,中午赐给午膳。至晚,鸣钟1次,锁院门。评阅试卷时,规定知贡举主考官坐当中,试官相对而坐,共同阅评。试卷按成绩优劣分为3等,每等分上中下,用墨笔批点。评卷完毕,由保管试卷官按号码登分造册,然后由知贡举官、同试官、监察御史、弥封官会同一起,调出原卷,对号拆封。知贡举官在卷首家状上亲书省试名次。拆封对号完毕,所有试卷付礼部"架阁"中保存,贡举诸官方可离开试院。及第者由中书省出榜张贴于省门两旁。共分两榜,汉人、南人一榜,蒙古、色目人一榜。

会试录取名额为100名,按种族分配,各占四分之一,即25名。蒙古、色目人愿意选择汉人、南人科目应试,合格者可加一等注授官职。①

3. 殿试。

殿试又称廷试、御试，是元朝贡举考试中的最后一关，由天子亲自主持。地点设在翰林国史院，只有一项考试，即试策。试期规定为三月初七，设有考试官 2 员，监试官 2 员，由监察御史充任，读卷官 2 员，还有其他各种佐理试务官员。考试官、读卷官皆由学识水平较高、品级也较高的官员充任。他们在殿试中实权很大。考前两天，初五日，各种考试官员入院。初六日，入院官员拟议策题，一般要求多拟几道，以供天子亲择。翰林学士虞集曾“充廷试读卷官，奉命拟制策三道”。初七，正式考试，考生按照严格的考场规则和考试纪律入院，分种族依次入座就试。每个考生面前皆有一名蒙古宿卫士看守。中午，赐给午膳。汉人、南人试策一道，限 1000 字以上；蒙古、色目人试时务策一道，限 500 字以上。从早晨至黄昏，一天完成。

殿试的试卷先经“监试官同读卷官”评阅。“以所策，第其高下。分为三甲（三等）进奏。”皇帝过目审阅用书后“作二榜”，用书写诏书的贵重黄纸书写名单，张贴于院内前门左右。“二榜”因此又称“左右榜”。蒙古、色目人为右（榜），汉人、南人为左（榜）。名单公布后，天子在国史院赐宴，举行“唱名谢恩”仪式，宣布“第一名赐进士及第”，按从六品叙阶，“第二名以下及第二甲，皆正七品；第三甲以下皆正八品。两榜并同”，②然后刻石题名于国子监。

所谓“两榜并同”，即两榜榜首并列为第一名。元朝进士分为两种，一为“进士及第”，一为“进士出身”。每次“及第”进士只有 2 名，其余皆为“进士出身”。2 名及第进士列在两榜榜

① 《元史·选举志三》。

② 《元史·选举志一》。

首。由此可断,元朝贡举,每次2名"及第"进士中,一名是右榜上的蒙古人或色目人,另一名则是左榜上的汉人或南人。这一点不同于唐宋,也不同于辽金,乃是元王朝分种族考试的产物。如延祐二年(公元1315年)廷试进士,榜首是护都答儿和张起岩。张起岩名单虽然写在护都答儿之后,实为并列榜首。根据(元史)《张起岩传》记载,张起岩"中延祐乙卯(二年)(公元1315年)进士首选,除同知登州事(从六品)"。其"同知登州"属"从六品",说明他的"首选"享受了第一名"进士及第"的待遇。元末顺帝元统元年(公元1333年)稍稍改变了制度,"左右榜各三人,皆赐进士及第"。即每次及第进士增加到6名,汉人与少数民族各半。

元朝贡举考试自延祐元年(公元1314年)正规开设之后,每次殿试进士合格人数大都是五六十人,有时多达八九十人。除两榜第一名各"赐进士及第"外,其余皆赐"进士出身"。元末顺帝时期,因战乱增加殿试录取人数,又分成三等进士,分别为"及第进士"、"及第出身"、"同进士出身"。据统计,元王朝自延祐元年正规开科举至元末(公元1368年)的54年中,一共开科举17次,共录取进士1139名。相对来说,其发展速度较快,规模也较大。

元朝进士录取后,直接由吏部铨注任官。元末至正二十五年(公元1365年),所有各种进士皆递升一级叙阶。进士及第,一般授任地方州级"同知"副长官,少数任中央高级文职,如翰林国史院或集贤院修撰。进士出身,一般任地方州级"判官",位置次于"同知"。或任县尹、县丞,也有少量任中央文职人员。①

对于各级考试中的落第者,元王朝亦予以出路。会试或殿

---

① 《元史·百官志八》。

试落第者，称为“下第举人”。自延祐元年正规开科举之时起，就“命中书省各授教官之另外，规定下第职，以慰其归”。另外规定，下第举人年70岁以上给予从七品流官致仕的待遇；年60岁以上者，授任教授。无出身的落第举人任书院山长、学正。

泰定元年（公元1324年）又重新规定，下第举人年30岁以上的蒙古、色目人，以及所有两举落第的举人，皆任教授；30岁以下的落第举人可任学正、山长。汉人、南人落第者，年50岁以上，以及两举落第的所有人，授任教授；50岁以下的任学正、山长。

元末至正年间（公元1341—1368年）规定所有下第者，悉授以路府学正及书院山长。而且在乡试中又增加“备榜”，录取一部分人专授以“郡学录”及“县教谕”（地方学校长官与教师）。

（二）童子科、制科和医学科

元朝设有童子科，但制度不够完善。“皆唯以其天资颖悟，超出儿辈，或能默诵经文，书写大字，或能缀辑（抄录）辞章，讲说经史”者应举。录取后，入国子学读书。据有关史料记载，元王朝共举童子科11次，录取童子16人。其中有汉人，也有少数民族。

元自延祐元年开始正规科举考试以后，曾下设“高尚之士，晦迹丘园”科，以求特殊人才，并要求各地方官向上“牒报”推荐，以便“斟酌录用”。这实际上就是元王朝的制科。

延祐三年（公元1316年），设立医学科举，专门选拔各类医药人才，充任各级医官、医学教授、各地行政机构中的司法刑医和民医。太医院为主考机构，依贡举之例，三年一次，设科考试，并制定了《试验医人条件》，按当时医学的13个分类，设置了10个科目，每一科目均规定了具体的考试内容。考试有乡试、会试两级。会试录取30人，分为三甲（三等）。“一甲充太

医,二甲副于举(即由吏部铨叙举用),三甲教授。"①

(三)贡吏试

元朝的吏员在各级行政机构运行中起着重要的作用。为了改善吏员质量,在吏员中引入了贡举考试的方法,制定了各种标准和考试项目,形成了元王朝独特的"贡吏试"。自元世祖至元十九年(公元1282年)开始实行贡吏试,历经成宗、武宗、仁宗、英宗等诸帝,几经修订,逐步系统、严密,其基本精神是改善吏职的文化素质,同时要求娴于吏事。

元王朝的贡吏试,内容很丰富。其主要内容和原则大致可归纳为以下三点:(1)确立岁贡吏员的对象有二,一是各路管内的学校学生,二是各路所属衙门中的吏员。(2)规定了贡吏名额:上路总管府三年一贡,儒、吏各一人,下路二年贡吏一人。(3)确立分级考试制,有初试、贡解试、廉访司试、省部试。

初试时儒吏分开试。儒试由按察司、本路总管府、儒学教授主持,多由学校中的优秀学生应试,只有"行义修明,文学优赡,通经史,达时务"者,方可"保申解贡"。吏试由各路长官及其僚佐会同儒学教授考试,要求懂得"行移算术,字画谨严,语言辩利,《诗》、《书》、《论》、《孟》内通一经"者,为合格。吏人初试合格,在贡解前,可在本路、府任用,至"岁贡"时,再行考试贡解,贡解试由廉访司(初称按察司)主持。凡经路、府初试合格者,"各路举荐,廉访司试选",既懂经史,又善吏业,"唯以经史、吏业不失章指者为中选"。合格者贡解省部,也可补为"按察书吏"。

成宗大德九年(公元1305年)补充规定,府州教授,年岁40以下,自愿参加吏员考试,允许补为中央六部令史。英宗至治二年(公元1332年)又补充规定,各道贡解时,优先贡解儒

① 《元史·百官志八》。

人，儒人不足，以合格吏员补足解额。贡吏试的主要功能，乃是选补各级官府机构中的一般吏员，既不同于唐宋时期的铨选，也不同于科举。但是它注入了科举考试的竞争机制，对于元朝迅速补充各级机构的文职人员发挥了有效的作用。

元代的上述考试制度，经过统治者在全国各地强力推行，山东也不例外。这一制度的实行，推动和刺激了各地官学教育的发展，调节了各民族文化发展的不平衡趋势，促进了民族间文化、风俗、习惯等方面的大融合，具有重大的历史意义。

总之，肇始于隋、确立于唐的科举制度，到宋元时期作了进一步完善。殿试制度、同知贡举制度、别头试制度等的实行，弥封、誊录、锁院等措施的出台，以及吏部关试的废除，都使得考试更为公平和公正，并且很大程度上避免了隋唐时期科举舞弊的现象。此外，放宽应考者条件，给予偏远地方的考生路费等做法，也极大地激发了士子参与科考的积极性，使宋元时期成为中国科举制度发展史上的一个重要时期。

第三节　宋元时期山东的状元

宋元时期，科举制度在山东继续推行。这一时期，山东先后经历了北宋、金、元三个朝代的统治，以下分三个部分，对山东籍状元的生平与事迹略作介绍。

一、宋代山东的状元

宋朝自建隆元年（公元 960 年）立国，当年即举行科举考试。宋太祖赵匡胤于开宝六年（公元 973 年）将殿试制度化，从而确立了乡、省、殿三级考试制度。宋代科举初依唐制，每年一次，之后逐渐每三年一次，英宗治平二年（公元 1065 年）后成为定制，历朝沿袭。

宋代“右文”政策的大力推行，使参加科举考试成为士子平生的一件大事。科举制度到宋代已日趋完善，不仅在考试防弊措施方面日益加强，而且对于状元的恩宠和重视程度也比唐代更为突出，除有赐宴、赐诗、给驺等较高的荣誉外，还赐予释褐、拜官等恩宠，从而形成了进士科空前的繁荣局面。

自建隆元年开科取士，到南宋度宗咸淳十年（公元1274年），两宋共取118榜进士，有状元118人，其中在正史中立传者55人，有籍贯可考的85人，山东籍11人。山东籍状元大都清廉正直，政绩颇佳，王曾、李迪、蔡齐皆位至宰辅，堪称朝中栋梁。下面对这11人的生平与事迹略作介绍。

（一）苏德祥

苏德祥（？—？），字号不详，青州高密（今山东高密）人。北宋太祖乾德元年（公元963年）癸亥科状元。

苏德祥生于书香门第、官宦之家。其祖父苏仲容，精于儒经，以儒学闻名乡里。其父苏禹珪，性情谦和，颇通儒学，后汉刑部尚书、丞相加右仆射、集贤殿大学士。苏德祥承嗣父祖学业，以上乘佳作在所取8人中得中榜首，夺得大宋王朝第四位状元的桂冠。

苏德祥状元及第后，衣锦还乡，荣归故里。家乡太守为他设宴庆贺。宴会上，到场助兴的伶人献辞：“昔年随侍，尝为宰相郎君（指苏德祥的父亲苏禹珪）；今日登科，又是状元先辈。”对他父子二人先后享受两朝荣华极尽称道。

苏德祥及第入仕后，累官至右补阙，内供奉。苏德祥还工诗善文，十分欣赏闲云野鹤的生活。清代学者厉鹗辑录的《宋诗记事》中收有其诗一首：“学就书闻在道林，几年辛苦用身心。九霄雨露酬知早，百首风骚立意深。清白野云闲里卧，古今碑碣醉中寻。因何负此多般艺，可惜教师鬓雪侵。”可见，苏德祥自作诗文应该不少，可惜诗文已几尽佚失，未能传世。

（二）柴成务

柴成务（公元934—1004年），字宝臣，曹州济阴（今山东定陶西）人。北宋太祖乾德六年（公元968年）戊辰科状元，为大宋开国以来的第九位状元。

柴成务出身于官宦之家。其父柴自牧，擅长诗文，举进士，官至兵部员外郎。状元及第后，柴成务出任峡州（今湖北宜昌）军事推官，不久又调任曹州、单州（今山东单县）观察推官，官衔也升为大理寺丞。

太平兴国五年（公元980年），柴成务转任太常寺丞，不久又升为殿中侍御史。从太平兴国八年（公元983年）以后，柴成务历任果州（今四川南充）、苏州（今江苏苏州）知州、两浙路转运使，官衔为户部员外郎，入直史馆。太宗赵光义赐其金紫，即三品以上大员的服饰。不久，又出任户部判官，迁本曹郎中。淳化二年（公元991年）三月，柴成务奉命出使朝鲜高丽国，其所为受到高丽人民的敬佩。

回国后，柴成务出任京东路转运使。当时黄河在宋州（今河南商丘）决口，京东大面积受灾。柴成务上疏说："河水所经之地肥沃，希望免除租税，劝民种艺。"太宗准其奏，并拜柴成务为司封郎中、知制诰，负责起草制、诏令、诰、敕书等。当时吕蒙正为宰相，与柴成务有姻亲关系，柴成务为避嫌欲辞掉制诰之职，太宗不许。淳化四年（公元993年），又与魏庠同知给事中，受到皇帝的恩宠。

此间，王小波、李顺在青城（今四川灌县）起义，太宗调集军队镇压，到至道元年（公元995年）才将起义扑灭。为安抚民心，太宗命柴成务出任川峡路安抚使。回京后，升为左谏议大夫，出知河中府（今山西永济西）。

至道三年（公元997年），柴成务出知梓州（今四川三台），任期未满，改知青州（今山东青州）。次年，宋真宗即位。柴成务未到青州任上，又奉诏与钱若水同修《太宗实录》。书成后，出知扬州（今江苏扬州）。不久，真宗诏还，出任刑部尚书。刑部一小吏对他傲慢无礼，被柴成务杖责，受到别人弹劾。真宗诏令处理此事。柴成务叹曰："长官杖一胥而被劾，何面目据堂决事耶！"乃上疏辞官，归隐田园，数年后病死，享年71岁。

柴成务博学多才，能言善辩，尤擅诗词，为士人所重，然其为官缺乏清廉名声，亦为舆论所惋惜。

（三）胡旦

胡旦（公元956—1034年），字周父，滨州渤海（今山东滨州东）人，北宋太宗太平兴国三年（公元978年）戊寅科状元。

胡旦少有才学，善于文辞，但恃才傲物，目空一切。据宋人笔记所载，吕蒙正（太平兴国二年状元）未登第时，曾与胡旦相识于某地。胡旦对吕蒙正甚为轻蔑。当时就有人告诉胡旦，说吕蒙正很有诗才。胡旦听后不以为然，叫人拿吕蒙正的诗来一看，诗的最后一句是"挑尽寒灯梦不成"。胡旦讥笑吕蒙正是个"渴睡汉"。吕蒙正含恨而去，于第二年高中状元，便使人告诉胡旦："渴睡汉状元及第矣。"胡旦听后，冷笑一声说："明年第二人及第，输君一筹"，并扬言"应举不作状元，仕宦不作宰相，乃虚生也"。第二年果真中了状元。太宗赐胡旦等新进士宴于开宝寺，并赐御制诗。御制诗曰："报言新进士，知举是官家。"钦点胡旦做"天子门生"。

胡旦中状元后入仕途，从此陷入了宋初的朋党之争，先与宰相卢多逊不和，后又与寇准、吕端等结为死对头，加之他恃才傲物，我行我素，不理物议，"野心大而行事疏，好结党而偏使气"，决定了他仕途坎坷、几度沉浮的命运。

胡旦入仕途后授将作监丞，接吕蒙正之职出任升州通判。胡旦到任时，南唐刚平定不久，僧人很多，朝廷下令裁减十之六七。胡旦认为"这些人无家可归，势必啸聚山林为盗"，将他们

“全数黥为兵丁”，即全部刺字充军。不久，胡旦升为左拾遗。他数次上书言时政利病，均不见采纳，并于太平兴国六年（公元981年）七月被外放为淮南东路（今江苏扬州东北）转运副使，任上依然恣意行事。次年初，太宗罢免诸路转运副使，胡旦与田锡、赵昌言、董俨等30人自转运副使改知州，胡旦改授知海州（今江苏灌云）。

胡旦曾五次被贬出京，之后在通州、徐州、洛阳、合肥任闲职，最后留在襄州，继续汉史撰述。这一时期，胡旦已双目失明，但他天赋过人，居然还能继续著书，并于天圣二年（公元1024年）写成《汉春秋》。刘太后见到《汉春秋》后，问及胡旦的仕历和该书的始末。经刘太后首肯，胡旦得迁官为秘书监致仕（退休），景祐元年（公元1034年）以80岁高龄病逝。

胡旦学识渊博，著述甚丰，著有《汉春秋》、《五代史略》、《演圣通论》、《唐乘》、《家传》等300卷著作，然而其人品却一直受人非议。总之，胡旦的前半生投身党派政治，以期宦海升达，后半生则寄情学术。他在政治上是失败者，在学术上则收获颇丰。

（四）梁颢

梁颢（公元963—1044年），字太素，郓州须城（今山东东平）人，北宋太宗雍熙二年（公元985年）乙酉科状元。

梁颢出身于官宦之家。其曾祖梁涓，官至成武（今山东成武）主簿，祖父梁惟忠，官至天平军（驻今山东兖州）节度判官。其父梁文度早死，梁颢便由叔父抚养。当时钜野（今山东巨野）人王禹偁以诗文著称，梁颢便拜他为师。

梁颢第一次赴京应举，未能中第，于是留在京城，上书朝廷，论述唐代以来的科场利弊，提出改进之策，结果上书后也未被理睬。雍熙二年，他再次参加进士考试，终于状元及第。及第后，被任命为大名府（今河北大名东）观察推官。雍熙四年

(公元987年),与赵昌言、陈象舆、胡旦等同时被贬。不久,被任命为鱼台(今山东鱼台西北)知县,加官大理评事,接着又奉诏还京,升迁为殿中丞,复入史馆修史,还任开封府推官、三司关西道判官、太常博士。

真宗即位后,梁颢奉命出使陕西,献《听政箴》。回京后,升为度支判官。不久,与杨励、李若拙、朱台符一同主持科举考试,还与钱若水重修《太祖实录》。咸平二年(公元999年),梁颢随宋真宗征辽,上书论用兵赏罚不明之弊,并献骑兵奔袭之术,得到朝野上下的称赞。

此后,梁颢历任知制诰、川峡路安抚使、右谏议大夫、翰林学士、权知开封府等职,于景德元年(公元1004年)六月暴病身亡,时年42岁,著有文集20卷。宋人王应麟将其事迹编入《三字经》:"若梁颢,八十二(应为二十二);对大廷,魁多士。彼即成,众称异;尔小生,宜立志。"以勉励学童学习。

(五)王曾

王曾(公元978—1038年),字孝先,青州益都(今山东青州)人,北宋真宗咸平五年(公元1002年)壬寅科状元。

王曾8岁时父母双亡,由其叔父抚养。他才思敏捷,善为文辞,年少即以文才闻名遐迩,且志向高远,曾借咏梅以抒胸志:"未须料理和羹事,且向百花头上开。"他在解试、省试、殿试中皆列第一,是北宋开国以来的第27位状元,是宋代第二个连获"三元"者,也是整个宋代的5个"三元"之一。著名文学家杨亿见到王曾所作之赋,赞为"王佐器也",主考官陈恕也感叹说:"王曾乃名世才也。我得曾,不愧知人矣!"翰林学士刘子仪对王曾开玩笑说:"状元试三场,一生吃著不尽。"王曾却正色答道:"曾平生之志,不在温饱。"

王曾中状元后,被授予将作监丞、济州(今山东巨野南)通判。赴任之际,顺便回故乡青州探亲。此事被青州知州闻悉,便组织全城父老到城外迎接。王曾不喜铺张，更不愿惊动父老乡亲。知州十分感动，连连说道："你是我所见过的状元之中最实在的，真是国家有幸，得到了你这样的人才。君乃真状元！将来一定会有更大的出息！"

王曾在济州任职期满，奉诏入京，历任著作郎、直史馆、三司户部判官等职。景德元年（公元1004年），王曾升迁为右正言、知制诰兼史馆修撰。王曾敢于向真宗直言极谏，颇得真宗的垂爱。景德九年（公元1016年），王曾以右谏议大夫参知政事（副相），因受宰相王钦若的排挤，被罢出知应天府（今河南商丘）、知天雄军（今河北大名）。

乾兴元年（公元1022年），真宗驾崩，仁宗以幼年即位，王曾升迁为吏部尚书。宰相丁谓与宦官雷允恭勾结弄权，专横跋扈，图谋不轨。王曾设下计谋，借刘太后之手，将丁谓罢相，分司西京，后流放海南。

丁谓被逐后，位居参政知事的王曾果敢料理政务，他为人端正，正直的大臣都十分信赖他。刘太后见状，便将王曾拜为中书侍郎、同中书门下平章事、集贤殿大学士、会灵观使。不久，又兼任户部尚书，进位昭文馆大学士、玉清照应宫使，王曾便成了执掌朝政大权的宰相。

王曾就任宰相位后，恪尽职守，整饬朝纲，选贤任能。范仲淹曾上书执政万余言，王曾看后大为赞赏，任范仲淹为秘阁校理。吕夷简是有才之人，王曾力荐其为相。明道二年（公元1033年），刘太后寿终正寝，仁宗亲政，次年，王曾升为最高军事机构枢密院的长官枢密使。第二年复为宰相，封沂国公。后来与吕夷简政见不一，常有分歧，一次竟在仁宗面前争辩不休，仁宗大怒，将二人同时罢免，王曾出知郓州（今山东东平），从此结束了宰相生涯。

宝元元年（公元1038年），王曾病逝，谥文正。皇祐年间，仁宗为其赐篆，“旌贤之碑”。宋代大臣赐碑篆，自王曾而始。王曾资质端厚，被后人视为仁宗朝第一贤臣。他出任地方官时，所到之处，都自出薪俸兴办学校。任青州知州时，把家中大批藏书捐赠学校。王曾书画俱佳，尤工诗赋，著有《王文正公笔录》等著作。

（六）李迪

李迪（公元971—1047年），字复古，濮州鄄城（今山东鄄城北）人，北宋真宗景德二年（公元1005年）乙巳科状元。

李迪7岁能文，曾从师于种放。李迪秉性深沉忠厚，有器量，文章写得相当出色，尤以诵文善悟而深得种放喜爱。乡试中举后，李迪准备到京师参加会试，结果在246名进士中被擢为第一。李迪状元及第后步入仕途，在短短的12年时间里，至天禧元年（公元1017年），就官至给事中、参知政事，令朝野上下刮目相看。

大中祥符元年（公元1008年）十月，李迪随真宗离京师，赴泰山封禅。当路过亳州（今安徽亳州市）时，真宗闻听此处常有盗贼横行，官军屡剿未平，遂命李迪出知亳州。李迪出知亳州后，利用明察暗访的办法，很快就摸清了盗贼的活动规律和聚集地点，并亲率官兵围剿，盗贼大都被擒获，亳州从此便安定下来了。

不久，李迪被召回京师，升为右谏议大夫、集贤院学士、知永兴军（今陕西西安）。之后，又徙任陕西都转运使。他上任后，悉心政务，精于量计，很快便准确地掌握了整个陕西的驻兵及粮草储备情况，深为真宗赏识，任为翰林学士。

真宗时期，西北边地一直不太平，李迪熟知陕西驻兵及粮储情况，更晓得西北边患的潜在威胁来自何方，于是建言重用曹玮，曹玮率兵迎敌取得三都谷大捷。经过这件事后，真宗更加信任和器重李迪，这也就为李迪进位宰辅奠定了基础。

明道二年（公元 1033 年）二月，仁宗亲政。召李迪为资政殿学士、判尚书都省，不久，又拜同中书门下平章事、集贤殿大学士，辅佐仁宗。景祐二年（1035 年）二月间，被吕夷简所陷，罢相，任为刑部尚书，先后出知亳州、相州、密州、徐州等地，后又改户部尚书，知兖州，复拜资政大学士。庆历七年（公元 1047 年），李迪病卒，时年 77 岁。李迪死后，仁宗赠司空侍中，谥文定，并亲篆“遗直之碑”，改其所葬之邓侯乡为“遗直乡”。

（七）姚晔

姚晔（公元 985—？），字号不详，曹州济阴曹南（今山东曹县曹南山）人。北宋真宗大中祥符元年（公元 1008 年）戊申科状元。

大中祥符元年，宋真宗于四月颁诏，将于十月举行泰山封禅大典。封禅前，于四月举行进士科考试。姚晔在所取中名居第一，状元及第，成为北宋开国以来的第 29 位状元。真宗特赐所取进士以绿袍、朝笏和淡黄绢衫一领、淡黄绢带一条。进士及第赐袍、笏等物，自是年而始。

按照宋制，士子一经录取，便立即授官。姚晔状元及第，旋即步入仕途，累官至著作郎，掌编修“日历”（每日时事）事宜。

（八）梁固

梁固（公元 987—1019 年），字仲坚，郓州须城（今山东东平）人。北宋真宗大中祥符二年（公元 1009 年）己酉科状元。

梁固是北宋状元梁颢之子，自幼好学，有“神童”之称，13 岁时即著《汉春秋》，备受其父赞赏。梁颢景德元年六月病逝，梁固以父荫被赐进士出身。为其父守制期满后，梁固当即请辞“恩荫出身”，愿赴乡举，与其他人一样参加科举考试，以真才实学获取功名。宋真宗允准，并对其志节予以褒奖。大中祥符二年，梁固考取进士科第一，又举服勤词学科，高中状元。因该年是在真宗东封泰山之后开科取士的，故称“东封榜”，梁固也因此被称为“东封榜状元”。父子同中状元在科举史上已属稀奇，同于22岁及第更为罕见，因此被人们传为美谈。

梁固及第后，被授以将作监丞、通判密州（今山东诸城等地）。不久奉诏回京入直史馆，任著作郎，赐金紫（五品官服），再迁户部判官、判户部勾院。

梁固有其父作风，善与人交，疏财慷慨，明于吏道。可惜入仕仅11年，就于33岁时因病早逝。他博览群书，才学渊博，文辞工整，著有文集十卷传世。

（九）蔡齐

蔡齐（公元988—1039年），字子思，莱州胶水（今山东平度）人。北宋真宗大中祥符八年（公元1015年）乙卯科状元。

蔡齐自幼丧父，寄住其外公刘氏家中，勤奋刻苦，尤其对古经典籍爱不释手。曾位至宰辅的李迪读过蔡齐的诗赋后，见到蔡齐曾祖蔡绾（时任莱州胶水令）时说：“此儿有大志，应善待他，不可轻视。”

大中祥符八年，蔡齐得中高第。按宋代惯例，皇帝在殿试后，必须从中选择一名才能、气质俱佳者赐为状元。蔡齐才貌双全，真宗见之，对寇准说：“得人矣！”并特地下诏派七名金吾卫戴盔穿甲、骑马持戟，为其先导开路，护送其披彩游街、归第。自此之后，用皇宫禁卫开路护送状元归第，便成为定制。

蔡齐中状元后，被授为将作监丞、通判兖州（治所在今山东省兖州市）。他到任后，宽政简律，损济有度，结果狱讼无冤，盗掠不行，民风大变，民众无不交口称赞。不久，蔡齐改判维州。维州自此风气大变，百姓安居乐业，社会秩序井然。

天禧二年（公元1018年），蔡齐任职期满回京，拜授秘书省著作郎、直集贤院、主判三司开拆司，并赐绯衣银鱼（五品官级），不久又迁右正言，居言职。

景祐二年（公元1035年），蔡齐拜授礼部侍郎、参知政事。

蔡齐与宰相王曾要好，后来王曾罢相，蔡齐受到排挤，也被罢免参政之职，以礼部侍郎衔外贬颍州。宝元二年（公元 1039 年）四月，蔡齐积劳成疾，卒于任上，终年 52 岁，被追赠为兵部尚书，谥文忠。

（十）张唐卿

张唐卿（公元 1010—1037 年），字希元，青州淄川（今山东淄川）人。北宋仁宗景祐元年（公元 1034 年）甲戌科状元。

张唐卿少年时代就以学问品行而闻名于乡里，17 岁时曾以诗文拜谒大臣韩琦，彼此结成忘年之交。及第后，张唐卿官拜将作监丞，出任陕州通判。他虽初入仕途，但处事干练，决断如流，深谙民意，通情达理。当时曾有一人之生母改嫁后病逝，后其父亦染病而亡。此人深为亲生父母不能合葬而忧怨，遂于夜间将其生母的尸骨从墓中盗出，然后与其父合葬。官吏要依法将其治罪，张唐卿复审此案，便对有司曰："此人不过只知有孝，不知有法。"遂命释放此人，不予治罪。在张唐卿看来，孝与法有时是矛盾的，如果不是什么重大政治问题，孝应先于法。张唐卿本人就是一位孝子。

不久，张唐卿之父病故。张唐卿闻知此讯，极度悲伤，结果于景祐四年（公元 1037 年）呕血而卒，年仅 27 岁便英年早逝。时人对其孝，既敬佩又惋惜，韩琦含泪为其写下墓志铭。仁宗下诏赐其家钱帛米麦。

（十一）王俊民

王俊民（公元 1036—1063 年），字康侯，莱州掖县（今山东莱州）人。北宋仁宗嘉祐六年（公元 1061 年）辛丑科状元。

王俊民是农家出身，祖上世代为农，直到其父才始登仕途。其父王弁，字子仪，进士及第，曾任郓州（今山东东平）司理。王俊民少年时代便随其父在郓州就学，17 岁入太学读书。

王俊民及第后，其父母双亲均已白发苍苍，但身体仍很健康。当时名臣韩琦曾写诗称贺，诗中有"青云一第人恒易，白发双亲事每难"之句，赞叹他考中状元，而双亲都还健在，时人皆以之为荣。王俊民被授应天府（今河南商丘）发解官。到任不久，便得狂疾，常常闷闷不乐。此后不久，因误服药物，年仅27岁逝于任上。

二、金代山东的状元

金朝科举皆沿袭宋辽旧制，初分南、北两选，以词赋、经义取士，后合并为一。据史载，金朝自金太宗完颜晟天会元年（公元1123年）开科取士，到金哀宗完颜守绪天兴三年（公元1234年）止，共开科43次，有名可考的状元42人，而事迹、籍贯可以确考者仅10余人，其中山东籍状元4人。

（一）张行简

张行简（公元1156—1215年），字敬甫，莒州日照（今山东日照）人。金世宗大定十九年（1179年）己亥科状元。

张行简出身于官宦人家。其父张玮，金章宗时曾任礼部尚书、御史大夫。张行简自幼聪颖好学，博通经史，天资聪颖。金大定十九年应进士举，张行简考中状元，初授应奉翰林文字。不久，其母去世，归葬益都（今山东寿光县境内）。守丧期间，他杜门不出，终日读书。丁忧期满后，回朝复任。章宗即位后，张行简转任修撰、太常博士，后任礼部侍郎。他通晓历法及历代典章制度，对金朝的典礼制度多有订正。承安五年（公元1200年），升为侍讲学士。泰和二年（公元1202年），担任庆贺南宋皇帝生日的副使，出使南宋。泰和五年（公元1205年），改任顺天军节度使，在任上只一年，便被召回朝廷，任命为礼部尚书、太子太保，兼侍讲，同修国史。

贞祐初年（公元1213年），张行简转官太子太傅、翰林学士承旨。他上书提出与东海郡侯和亲，建议派辩士与蒙古谈判议和，得到多数大臣的赞同。贞祐三年（公元1215年）七月，朝廷为备兵械，令内外职官不以丁忧致仕，皆纳弓箭。张行简明确反对向官员征收弓箭，并提出了备兵械的办法。此议得到大臣的赞同，也为朝廷所采纳，守丧官得以免征弓箭。

张行简于贞祐三年病卒。朝廷追赠银青荣禄大夫，谥号文正。张行简世家儒臣，深得礼仪之学，著有文章15卷，《礼例纂》120卷，藏之于家。

（二）李演

李演（约公元1180—1213年），字巨川，济州任城（今山东济宁）人。金章宗泰和六年（公元1026年）丙寅词赋科状元。

李演状元及第后，被授职应奉翰林文字。任职不久，父母相继去世，李演回家守制。贞祐初年（公元1213年），蒙古军大举南侵，济州任城也成了金、蒙两军的交兵之地。守丧期间的李演便自告奋勇地为御敌保城出谋划策。他召集济州百姓组编成军，同蒙古军队展开战斗。城破之日，李演被俘。元军将领见他衣着异于常人，且很早就知其名，便问道："汝非李应奉乎？"李演毫无惧色地答道："我是也。"蒙军士卒令李演给蒙将下跪，李演不予理睬。蒙军将领敬佩其气节，便劝其投降，并许以官禄。李演不为所动，严词拒绝道："我书生也，本朝何负于我，而利人之官禄哉！"蒙军将领闻此大怒，令随从打断李演的腿，迫使其下跪后推出斩首。

李演抗蒙入侵、英勇就义的壮烈事迹传到金国中都燕京（今北京）后，君臣皆甚为惋惜，遂追封李演为济州刺史，并下诏书，隆重厚葬，给李演立碑，以示纪念。

（三）商衡

商衡（公元1187—1232年），字叔平，曹州济阴（今山东曹县）人。金卫绍王至宁元年（1213年）癸酉特恩科状元。

商衡中状元后，授鄜州洛郊主簿，因廉能改授鄌县。不久，又被征召为威戎令。兴定三年(公元1219年),当地遭遇灾荒,人民生活疾苦,商衡便禀告行省,请求开仓赈灾,使饥民得以度过灾荒。后来,当地又发生地震,城墙坍塌,敌军乘机而入,商衡率人应敌,保住城池。任职期满,当地人民为感其恩,特立生祠以纪念。

此后,商衡再任原武令,因政绩卓著,不久迁尚书省令史,转户部主事,两个月后又任监察御史。

正大八年(公元1231年),商衡因母丧而还京,任总帅府经历官。天兴元年(公元1232年)二月,蒙古败金兵于铁岭。商衡召集金之溃兵,意图后举,不幸被俘。蒙古军劝其降,商衡视死如归,并遥望京城瞻拜曰:“但以一死报国耳!”遂引佩剑自刎,年仅46岁。

(四)王鹗

王鹗(公元1190—1273年),字百一,亦称伯翼,曹州东明(今山东东明)人。金哀宗正大元年(公元1224年)甲申词赋科状元。

王鹗少时聪慧,擅长词赋。状元及第后,授应奉翰林文字,正大六年被授归德府判官,行亳州城令。正大七年,任同知申州事、行蔡州汝阳令。同年,王鹗因母亲去世,回乡守孝。天兴二年(公元1233年),金朝处于内外交困、四面楚歌的境地,金哀宗决定迁都于蔡州。蔡州虽然远离蒙军,但与宋朝接壤,况蔡州又无险可守,形势危急。面对此情,金哀宗诏令致书求援兵。看到求援书信后,哀宗叹其文词甚佳,一问方知是王鹗所书,便立即召见,并下诏授王鹗为尚书省右司都事,升左右司郎中。

天兴二年(公元1233年)十一月,宋军助蒙攻蔡。蒙宋两军围困蔡州,于次年正月破蔡,王鹗为蒙军张柔所俘。张柔早闻王鹗的文才,纳为幕僚,后又用车将他送出城,并安置在保州。

中统元年（公元1260年），忽必烈继承蒙古汉位，是为元世祖。王鹗授拜翰林学士承旨，朝中制诰典章多出于其手。中统二年，王鹗上书忽必烈，请立国史院，又请修辽、金两朝历史，皆为世祖采纳，并诏立翰林学士院，设馆撰修实录及辽、金二史。王鹗还劝世祖设置十道提举学校官，负责管理学校。由于王鹗的力佐，当时朝中学者云集，使蒙古贵族逐渐重视文化教育。

至元元年（公元1264年），王鹗被加封为资善大夫。至元五年，王鹗已年近八旬，便上疏世祖，请求辞官。世祖准其请，并下诏其俸禄如旧发放，直到终生。尽管王鹗已辞官，但朝廷每遇大事，世祖仍然派人到王鹗府上询问计策，征求意见。直到至元八年，世祖仍然采用王鹗等人的建议，改蒙古国号为"大元"。

至元十年（公元1273年），王鹗以84岁的高龄而卒，忽必烈深为痛惜，诏谥文康。王鹗为一代硕儒，严于治学，尤以深究《乐》、《易》为最，著有《论语集义》、《汝南遗事》及诗文40卷。

三、元代山东的状元

元朝自开国之后，尽管曾多次廷议科举之事，但一直未能实行。直至仁宗皇庆二年（公元1313年）才正式决定实行科举。当年进行乡试，次年进行会试、殿试。

到至正二十六年（公元1366年）为止，共开科16次，取状元32人，其中山东籍状元只有张起岩1人。

张起岩（1285—1353年），字梦臣，亦字荣傅，号华峰，山东禹城（祖籍山东历城）人。元仁宗延祐二年（公元1315年）乙卯科左榜状元。

张起岩上四代皆为官。高祖张迪任元帅右监军，驻守济南；曾祖张福为济南路镇抚，祖父张铎为东昌录事判官，父亲张

范为四川行省儒学副提举。

状元及第后，张起岩初授登州（今山东蓬莱）知事，继而被特旨改为集贤修撰，转任国子博士，升国子监丞，进翰林待制，兼国史院编修官。其后不久，母亲左氏去世，丁忧期满后被授为监察御史。元惠宗时，张起岩迁翰林侍讲学士、知制诰兼修国史，修前三朝实录，加同知经筵事，后转燕南廉访使。

在燕南任职期间，张起岩敢于打击豪强，为民除害，百姓拍手称快。当张起岩回京任职时，当地百姓相拥而送，依依惜别。回京后，张起岩升江南行台御史中丞，拜翰林学士承旨、知制诰兼修国史、知经筵事，不久拜御史中丞。

至正三年（公元 1343 年），元顺帝决定设局修辽、金、宋三史，张起岩为总裁官。他知识渊博，尤其熟于金元典故和宋儒道学。三史修成后，张起岩已 65 岁，遂请求辞官告老还乡，顺帝应允，并授荣禄大夫。至正九年（公元 1349 年），张起岩卒于乡里，享年 69 岁，谥号文穆。

张起岩为官廉洁，孝老敬友，乐于助人，且博学多才，尤善篆隶，著有《华峰漫稿》、《华峰类稿》、《金陵集》，以及《辽史》、《金史》、《宋史》、《明宗实录》、《文宗实录》、《宁宗实录》等。

第六章 明清时期山东的学校考核与科举考试

明朝是我国封建社会的一个重要朝代。早在明初，太祖朱元璋就从历史经验教训和亲身实践中，认识到学校教育对于治理国家的重要作用，确立了“治国以教化为先，教化以学校为本”的文教政策。这一政策成为大明王朝兴办教育的基本指导思想。在此背景下，明代的地方教育事业得到了很大发展，无论是学校的种类、数量还是规模，都超过了历史上此前的任何一个朝代。

鸦片战争以前的清朝，是中国封建社会的最后阶段。清朝统治者定都北京后，很快意识到大力发展教育事业乃是治国安邦之策，确定了“兴文教，崇经术，以开太平”的文教政策，开始强力推进官学教育。总体来说，清朝官学制度基本上沿袭明朝，但在长期的发展过程中，也表现出自身的特点：一是重视八旗子弟教育，广泛设立各种名目的旗学；二是在地方官学中创立“六等黜陟法”，加强对生员的学业管理与考核；三是设立俄罗斯文馆，注意培养外语人才。

明清时期是我国封建社会的后期，社会各种矛盾十分尖

锐，制度效益日趋低下。为维持社会稳定，统治者实行文化专制主义政策，加强思想控制，主要表现为崇尚儒家经术、提倡程朱理学、严格管理学校、屡兴文字狱等。与此相呼应，统治者非常倚重科举制度，一方面大张旗鼓地开科取士、笼络士人，力图依靠这一制度的功利性来划一思想、整齐人心；另一方面则重新调整科举制度的考试内容、程式、方法等，加大打击科场舞弊行为的力度，从而使这一制度日益走向凝固和僵化。

在上述背景下，山东的教育也与全国一样，虽然各级地方官学普遍设立，学校教育盛况空前，但另一方面，各地对于生员的言行管理也日渐严格，考核方式日益凝固，考试内容日趋空疏。凡此种种，预示着山东地区的考试制度将发生重大的变化，即将翻开山东考试发展史上新的一页。

第一节　山东地方官学的发展状况与生员考核

如上所述，早在立国之初，明清时期的统治者就极为重视发展文教事业，制定了相似的“重文”政策。大力兴办各级各类地方官学，乃是此类政策的重要组成部分与具体表现。与此同时，统治者还采用种种措施，强化地方官学教师与生员的管理与考核，从而使明清时期山东地方官学的发展呈现出自身的面貌和特色。

一、明清时期山东地方官学发展概况

明清时期的教育是中国古代教育发展历程中的一个重要阶段，既是对唐宋以来教育的继承和发展，也逐渐形成了自己的风格和特点。在统治者看来，“帝王敷治，文教是先。臣子致

君,经术为本",①"治天下当先其重其急,而后及其轻且缓者。今天下初定,所急者衣食,所重者教化。衣食给而民生遂,教化行而习俗美。足衣食者在于劝农桑,明教化者在于兴学校。学校兴,则君子务德;农桑举,则小人务本。如是为治,则不劳而政举矣"。② 因而统治者纷纷大力兴办地方官学,以达到"经术为本"、以"明教化"的目的。综观明清时期的地方官学,可谓规模庞大,盛况空前。山东地方官学也呈现出相对繁荣的局面。

(一) 明代山东地方官学发展概况

明代初年,行政区划采用行省制,后改置为 13 个布政使司,性质与行省同。地方行政建置为府(直隶府)、州(直隶州)、县(散州)三级,全省共有 92 个县。洪武元年(公元 1368 年)四月置山东行中书省,洪武九年改为山东承宣布政使司,同时将省会由青州移到济南。此后,济南一直为山东的省会所在地。③

与宋代相似,府、州、县学也是明代地方官学最基本、最主要的形式,当然也有其他形式作为补充。在明代,府、州、县学的普遍设立始于洪武二年(公元 1369 年)。是年明太祖发布兴学令,要求全国各地普遍设立学校。兴学令称:"学校之教,至元其弊极矣。上下之间,波颓风靡,学校虽设,名存实亡。兵变以来,人习战争,惟知干戈,莫识俎豆。治国以教化为先,教化以学校为本。京师虽有太学,而天下学校未兴。宜令郡县皆立学校,延师儒,授生徒,讲论圣道,使人日渐月化,以复先王之

① 《清朝文献通考·学校考七》。

② 《明太祖实录》卷二六。

③ 山东省地方史志编纂委员会编:《山东省志·建置志》,山东人民出版社 2003 年版,第 110—111 页。

旧。"①据《明史》记载，洪武二年以后，"大建学校，府设教授，州设学正，县设教谕，各一。俱设训导，府四、州三、县二。生员之数，府学四十人，州、县以次减十。师生月廪食米，人六斗，有司给以鱼肉。学官月俸有差。生员专治一经，以礼、乐、射、御、书、数设科分教。务求实才，顽不率教者黜之"②。由这一记载可以看出，早在立国之初，统治者就非常重视地方官学的兴办。兴办的方法、设置及要求，则与宋代十分相似。

在兴办地方官学的同时，统治者更注重对学校师生的思想统制和言行控制。为达此目的，洪武十五年(公元1382年)，颁布"禁例十二条于天下，镌立卧碑，置明伦堂之左。其不遵者，以违制论"。禁例不准生员参与国家政治，不准议论朝政得失。如，第三条对生员作出如下规定："一切军民利病，农、工、商、贾皆可言之，唯生员不许建言"；第五条则对生员的学习活动提出以下要求："听师讲说，毋恃己长，妄行辩难，或置之不问。"③此类规定，都是为了禁锢思想，钳制舆论，整齐人心，维持统治。

明朝的地方官学，按照其性质划分，可以分为儒学、专门学校和社学三类。明代地方儒学的种类繁多，既包括按照地方行政区划设立的府、州、县学，还包括按照军队编制设立的都司儒学、行都司儒学、卫儒学，在谷物商品集散地设置的都转运司儒学，以及在土著聚居地设立的宣慰司儒学、安抚司儒学，等等。可见，明代儒学之设置既继承了宋代的做法，更有新的创造和发展，可谓无所不在、遍及各地。地方专门学校则包括武学、医学和阴阳学。这三大类地方学校设置的时间不一，医学和阴阳学皆设于洪武十七年(公元1384年)，武学设置的时间最晚。社学是设于城镇和乡村地区，以民间子弟为教育对象的一种地

①② 《明史·选举志一》。

③ 《续文献通考·学校考》。

方官学。洪武八年（公元 1375 年）明太祖下令设立社学，招收 8 岁以上 15 岁以下的儿童。正统元年（公元 1436 年），“诏有俊秀向学者，许补儒学生员”，把社学与府、州、县等儒学衔接起来。儿童入社学，先学习《三字经》、《百家姓》、《千字文》等，然后学习经、史、历、算等知识。同时也须兼读《御制大诰》、明朝律令，还要讲习冠、婚、丧、祭之礼。可见，在社学这类学校里，除了进行启蒙教育外，还进行较高级别的教育，既注重文化教育，又进行政治思想教育。明代社学设置得非常广泛，数量极为可观。如据《姑苏志》载：“洪武八年，府州县每五十家设社学一所。本府城市乡村共建七百三十所。”①一方州府所属的社学竟有近千所，可见明代社学设置之广，是远超前代的。

明代府、州、县学的教育内容较前代有所增加，最初以礼、乐、射、御、书、数为教育内容。洪武二十五年（公元 1392 年），重新规定课程，分为礼、射、书、数四类，删去了乐、御两类。关于礼的教学内容，明朝明文规定，凡生员都要熟读掌握经、史、律、诰、礼、仪等书，还把《明律》与《大诰》列为礼的内容，并“令天下府、州、县民，每里置塾，塾置师，聚生徒教诵御制《大诰》，欲其自幼知所遵守”。关于射的教学内容，明朝规定，每逢初一、十五日，皆须演习射法，由长官引导比赛，中者有奖。关于书的教学内容，除须学习以往的传统教材外，还要临摹名人法帖，如王羲之、智永、欧阳洵、虞世南、颜真卿、柳公权等人的字帖，规定每天皆须习字。关于数的教学内容，规定生员须精研《九章算法》等内容。

由于统治者的高度重视和大力推动，更由于朝廷明文规定须设的地方儒学种类繁多，社学又须遍及城乡，因此，山东地区

---

① 转引自孙培青主编：《中国教育史》，华东师范大学出版社 2000 年版，第 238 页。

的地方官学在明代也迅猛发展。据《兖州府志》、《山东通志》等文献记载，山东的府、州、县学在洪武年间就已得到前所未有的发展，几乎所有的府、州、县学都得以修建、重建或改建。例如，仅洪武二年至三年，创建、重建、重修或改建的就有十几处。如济南府学，洪武二年知府崔亮再建；滕县县学，洪武三年知州薛元义重建；沂州州学，洪武二年知州罗希、孟鼎在旧址的基础上重建；昌平县学，洪武三年密州同知署县事李益改建；等等。此外，山东的大嵩卫儒学建于永乐年间，成山卫儒学建于宣德二年（公元 1427 年），安东卫儒学建于成化年间。① 在此前后，邹平县学、齐东县学、巨野县学、济阳县学、曲阜县学、金乡县学、日照县学等亦纷纷建立。至于城乡之间社学的设置，其数量之多则是无法统计的。

（二）清代山东地方官学发展概况

清代地方行政建置与明代略同。清初全国分置 18 个省，清末增至 23 个。省下设府和直隶州，以下为散州和县。据《清史稿》记载，山东辖有济南、东昌等 10 个府，临清、济宁、胶州 3 个直隶州，8 个散州，96 个县。②

清代定都北京后，即在明代地方官学的基础上，诏令各地普遍建立府、州、县学。顺治元年（公元 1644 年），当战乱尚未止息之际，统治者即颁发诏令，要求“各省府、州、县儒学，食廪生员仍准给，增、附生员仍准在学肄业，俱照例优免”③。顺治九年（公元 1652 年），皇帝再次下诏谕礼部曰：“帝王敷治，文教是先。臣子致君，经术为本。自明季扰乱，日寻干戈；学问之

---

① 赵承福主编：《山东教育通史》（古代卷），山东人民出版社 2001 年版，第 392 页。

② 山东省地方史志编纂委员会编：《山东省志 · 建置志》，山东人民出版社 2003 年版，第 115 页。

③ 《清朝文献通考 · 学校考七》。

道,阙焉未讲。今天下渐定,朕将兴文教,崇经术,以开太平。尔部传谕直省学臣,训督士子。凡理学、道德、经济、典故诸书,务研求淹贯。明体则为真儒,达用则为良吏。果有实学,朕必不次简拔,重加任用。"①这清楚地说明,满清统治者也力图以传统理学为主要教学内容,以培养"真儒"、"良吏"以及整齐人心为教育目的,准备大力兴办地方官学。

在这一时代背景下,山东的学校教育发展迅速,顺治初年即在各府、州、县建立了官学。据《山东通志》载,清初共建府、州、县各级官学共计 118 所(含曲阜所建的孔、颜、孟、曾"四氏"学)。关于府、州、县学的教官,清朝规定,府学设教授(正七品),州学设学正(正八品),县学设教谕(正八品),均为 1 人,其职责是"训迪学校生徒,课艺业勤惰,评品行优劣,以听于学政"。此外,各学"皆设训导佐之",协助教授、学正、教谕教导学生。教官都由朝廷委派,依照规定,教授必须由科目出身,捐纳者必须是生员才能为教官。据《清朝文献通考·职官三》记载,清初山东地区就有教授 10 人,学正 11 人,教谕 91 人,共计 112 人,在全国名列第三(仅次于直隶和四川)。

各地府、州、县学的学生,如同明制,亦通称生员,分为廪膳、增广、附学三种。初入学者称附学生员,须经岁、科两试,等第高者才能递补膳、增广生员。地方官学的学生既是未来科举考试的考生,又是国子监贡、监生的潜在生源,都是官员的后备人选,因而其数量必须与朝廷官员的可容纳量相适应。正如统治者所说:"各省例定学额,为士子登进之阶。"②因此,地方官学的学额都由朝廷直接确定和控制。如,顺治四年(公元 1647 年),朝廷规定了各学廪膳、增广生员人数:府学各为 40 名,州

① 《清史稿·选举一》。
② 《清会典事例·礼部·学校》。

学各为30名，县学各为20名。这个数额只是就一般情况而言，事实上也有例外，如东平州即是廪膳生30名，增广生20名，增广生比其他州少10名。至于附学生员人数，各学均无限额。童生经过县试、府试选拔后，最后通过省学政主持的科试、岁试，才正式成为附学生员。各府、州、县学录取的附学生员人数并不一致。一般情况下，府学、州学录取数额为20名，而县学录取数额差别较大，较通常的数额为20名、15名或12名，但也有8名、16名及19名、21名的，如博山县8名，荣成县16名，潍县19名，寿光县21名。①

清代还仿照明制，在各处军队驻地设立卫学，专门教育"武臣子弟"。最初，卫学学额设廪膳、增广生员各10名。顺治十六年(公元1659年)，制定《直隶各卫学归并各府州学例》，大部分卫学并入府、州、县学。雍正十三年(公元1735年)裁卫立县，卫学随之改为县学，如大嵩卫裁撤后立海阳县，成山卫裁撤后立荣成县，原卫学都改为县学。尽管如此，山东仍有两处卫学保留了一段时间，且额设生员都与府、州学相同。一是德州卫学，设廪膳生、增广生各20名，每次录取的附学生员为15名；二是安东卫学，设廪膳生、增广生各20名，每次录取的附学生员为8名。乾隆七年(公元1742年)，安东卫学并入日照县学。②

此外，清代也仿照明制，在全国各城镇乡村地区设置社学。早在顺治九年(公元1652年)，朝廷就明文规定："每乡置社学一区，择其文艺通晓、行谊谨厚者，补充社师。免其差役，量给

① 赵承福主编:《山东教育通史》(古代卷)，山东人民出版社2001年版，第407—408页。

② 赵承福主编:《山东教育通史》(古代卷)，山东人民出版社2001年版，第408页。

饩廪养赡。提学按临日,造姓名册申报查考。"①康熙九年(公元1670年),朝廷再次下令各直省,要求各地设置社学、社师,规定"凡府、州、县,每乡置社学一。选择文艺通晓、行谊谨厚者,考充社师。免其徭役,给饩廪优膳"②。雍正元年(公元1723年),清廷重申在乡村办理社学的要求:"州县设学,多在城市,乡民居住辽远,不能到学。照顺治九年例,州县于大乡巨堡,各置社学。择生员学优行端者,补充社师。免其差役,量给廪饩。凡近乡子弟,年十二以上、二十以下,有志学文者,俱令入学肄业。仍造名册,于学臣按临之日,申报查考。如社学中有能文进学者,将社师从优奖赏。如怠于教习,钻营充补,查出黜革,并该管官严加议处。"③如上这一规定,不仅要求各地把社学办到乡村,而且明确了入社学读书的年龄以及社师的奖惩事宜,使社学条规更加完善。

与明代相似,清代社学亦属初等教育性质,与较高一级的府、州、县学在学制上相互连贯,注重社学与其他官学的衔接。凡在社学中肄业者,学业成绩优秀,经考试合格可升入府、州、县学,成为生员。若生员屡屡表现不佳,则被遣回社学。

与上述有所不同的是,义学的正规设置,可视为清代地方教育的一个创举。义学又称义塾,早在宋代即已有之,但它原来只是以宗族为单位设立,限于教授本族子弟。清代把它变为国家提倡、地方官员或士绅为贫寒子弟和少数民族子弟举办的学校,最初是在京城本族和西南少数民族范围内推行,逐渐遍及全国城乡。

康熙四十一年(公元1702年),经礼部议准,在北京崇文门外设立义学,这是清代设立义学的最早记载。此后,清政府多

①③ 《清会典事例·学校·各省义学》。

② 《清朝文献通考·学校考七》。

次下令，要求西南地区设立义学。康熙五十二年（公元1713年），朝廷进一步将义学推向全国，“各省、府、州、县，令多立义学，延请名师，聚集孤寒生徒，励志读书”①。五十四年（公元1715年），康熙再次下诏：“朕每年春行幸水淀，近见民生粗安。但移风易俗，莫过读书。况畿辅之地，王化所先，宜穷乡僻壤，皆立义学。该抚即遍示庄村，俾知朕崇文好学深意。”②雍正元年，又通令全国各省，将现任官员自立的生祠、书院改为义学，延师授徒，以广文教。不过，山东地区的义学办理时间较晚，直至乾隆以后，才开始广泛设置。然而直到清代晚期，义学之设仍然不断。其中既有官方设立的，也有很多民间热心人士所设立的，如临清堂邑人武训历尽艰辛，行乞30余年，兴办义学3所，被人们称为“千古奇丐”。由于义学遍布全省各地，其数量难以确切统计。

二、明清时期山东地方官学的考试与考核

由上可见，明清时期，由于统治者的大力提倡，特别是由于社学和义学的广泛设立，山东的地方官学无论就学校的种类、数量还是规模而言，都呈现出迅猛发展的状况。在此情况下，加强地方官学的考试、考核与管理，就成为一项非常重要的工作。事实上，通过考试与考核之类的方式，强化地方官学的管理，乃是对生员思想加以控制的手段，也是明清文化专制主义政策的重要组成部分。

（一）明代地方官学的考试与考核

考试通常是用来测量教学效果、实施教学管理的一种手段，但对于明代的地方官学而言，考试不仅仅限于此，同时也用于其他方面，如选择岁贡生员、输送科考士子等。以下主要以

①② 《清会典事例·学校·各省义学》。

地方儒学为例，对明代地方官学的考试与考核作简要考察。

明代地方官学的生员分为廪膳、增广、附学三种。廪膳生员在学期间享受政府提供的伙食。明初，凡生员均食廪，“月廪食米，人六斗，有司给以鱼肉”。后来，由于要求入学者增多，所以增广人数，“增广者谓之增广生员”。正统十二年（公元1447年），礼部又于额外增取生员入学，附于诸生之末，谓之“附学”生员。明代府、州、县学的学生数，廪膳、增广生员名额是有限制的，规定在京府学60人，在外府学40人，州学30人，县学20人，附学生员额没有限制。凡初入学者，即为附学生员，需经岁、科两试，才能递补为增广生员，再经考试合格，递补为廪膳生员。成为廪膳生员后，即可通过贡监进入国子监肄业。因此，明代地方官学的生员在学校内部是依据学行状况流动的，外部则与国子监相衔接。

地方官学考试的主持者，在明代并不仅仅是学校的教官，更多的是各级行政官员，如当地府、州、县的长官，或是提学官、监察御史、按察使等官员。《明史·选举志一》载：“提学官在任三年，两试诸生。先以六等试诸生优劣，谓之岁考。一等前列者，视廪膳生有缺，依次充补，其次补增广生。一、二等皆给赏，三等如常，四等挞责，五等则廪、增递降一等，附生降为青衣，六等黜革。”可见，府州县学的学生在学期间，都要接受提学官主持的考试。除提学官三年两次岁试生员外，教官也有“举诸生行优劣者一、二人，赏黜之以为劝惩”之责。如果生员“入学十年，学无所成者，及有大过者，……追夺廪粮”。天顺三年（公元1459年），明英宗敕谕提学官，对于“生员考试不谙文理者，廪膳十年以上，发附近去处充吏；六年以上，发本处充吏。增广十年以上，发本处充吏；六年以上，罢黜为民。未及六年者，量加决罚，勉励进学”①。此外，府、州、县官每月也要对学生进行一次考试。之所以如此，是因为这些官员在任职时就被要求督理学校，并且学校办理状况如何，还被作为地方官员政绩考核的内容之一。如上这些做法，显示出明代的地方官学还是作为政府的一个行政部门，而没有成为一个独立的教育教学单位。

明代府、州、县学生员在校考试，如不及格，就要受到降级、除名或扣除食粮的惩罚。生员毕业考试，如不及格，即取消应乡试的资格。贡生入监的升学考试，如考不及格，不但对学生要严惩，就是教师也有被撤职查办的危险。洪武十六年（公元1383年）规定，全国府、州、县学岁贡入监生员，如考不中式，不能入国子监，“教官训导停其廪禄，生员罚为吏”。永乐二年（公元1404年），规定“考不中式者，例当充吏”。宣德三年（公元1428年），集儒学生员“公同考试，食廪膳七年以上，学无成效者，发邻近布政使司府州充吏，鄙猥不堪无效者，追征食过粮米还官，黜退为民”②。

严格考核德行与课业，是明代地方官学考试中最基本的内容。洪武十五年（公元1382年）颁布的“学校禁例十二条”中就明确规定：“生员勤惰，有司严加考校，奖其勤敏，斥其顽惰。”③明代对于府、州、县等生员的考核，除德行外，还考查生员的课业，称为“考课”。关于考试的基本类型和具体方法，王廷相在其《督学四川条约》中有如下明确、详细的说明：“教官每月将终，会集生员当堂考试一次。其已成材者，《四书》、经义、论、策各一篇；未成材者，《四书》、经义各一篇；初学者，破承、对句各三首。每一季将终，提调官会集生员当堂考试一次，

① 《明史·选举志一》。
② 《松江府志·学校》。
③ 《续文献通考·学校考》。

出题与月考同。凡遇季考之月，免其月考。考毕，各较定次第高下，量示劝惩，仍书小榜于明伦堂张挂。其月考、季考等第，各填注揭帖，并上等试卷，季终提调官通并差人赍报，以凭查考。其生员无故不行赴考，并病痊假满不到等项，指名申来，以凭提问。”①由此可见，月考和季考乃是明代地方官学考试的基本类型，月考由各学教官主持进行，季考由各地方官主持进行。考试是根据学生的学习程度分别进行的，考试内容则与科举考试内容相适应。对于课业不佳、德行有缺的学生，也有非常具体的处置办法。

明代地方官学中比较规范、重要、经常性的考试，除月考、季考外，还有岁考。新生则要进行正规的入学考试。此外，为提高教学质量，明代地方官学对于生员学业的考核还有分经考试和随时抽查。前者是根据学生所学经书的不同而加以区分检测的考试，旨在对学生进行分组教学；后者则是在学生学习过程中不定期地抽取考核，旨在督促、激励学生用功于经书课业。明代山东地区地方官学的考试，即是基本按照上述规定进行的。

（二）清代地方官学的考试与考核

清代的官僚主要是通过科举来选拔的，故而，从培养未来官僚的目的出发，地方官学实行与科举考试相衔接的各类考试，使生员接受相应的考前训练。清代地方官学的重要考试，有童试、月课、季考、岁考、科试、拔贡与优贡等。由于拔（优）贡考试每12年才举行一次，不属于频繁、经常性的考试，且考试通过者是被贡送到国子监的，并不参加科举考试。因此，以下仅对前几种考试作简要叙述，以此阐明清代山东地方官学的

① 转引自李国钧、王炳照总主编：《中国教育制度通史》（第四卷），山东教育出版社2000年版，第260页。

考试与管理之状况。

童试是地方官学的入学考试，也称小试、小考，每三年内举行两次。凡是未取得生员资格的士子，无论年龄老幼，统称为童生。童生要进入官学，即须参加童试。童试包括县试、府试和院试三级考试，层层筛选，每一级考试又分为正考和复试。童生逐级通过知县主持的县试和知府主持的府试，最后由学政主持岁科考试，即院试。被学政录取者，才成为地方官学生员。

月课和季考是地方官学生员在学期间的日常考试，且均由教官主持。月课为每月举行一次的考试，季考则是每季举行一次。清代地方官学实行以考代教，因而这两种考试就成为地方官学的主要教学活动。考试内容最初为《四书》文一篇。雍正六年(公元 1728 年)朝廷下旨："科场取士，首场试以经书文艺，二、三场兼试策论，原欲其留心经济，为国家有用人才。今各学季考月课，但试文艺，不及策论，恐士子专尚文词，不务实学，于政治事务殊无裨益。嗣后应令该学政，严敕教官季考月课时，于书文一篇外，或试以策，或试以论，务期切近时务，通达政治，分别优劣，以示劝惩。"①至此以后，此类考试于《四书》外，兼试策论。

月课、季考均须评定等次，并将优等试卷按季汇送学政备查。由于此类考试乃是日常考核，不像岁考、童试、科试那样与功名有直接关系，故而月课、季考的缺席现象与日俱增。有鉴于此，雍正五年(公元 1727 年)，朝廷明确规定："生员除丁忧、患病、游学、有事故外，照定例严加考试。如有托故不到者，即严加惩治。三次不到者，详革。"②即缺考三次，就取消生员资格。然而，由于官学生员缺考的应付手段不断翻新，加上这种现象的消除须有赖于地方教官的职业操守和勤勉态度，因而缺

---

①② 《钦定学政全书·季考月课》。

考人员之增实难遏止，甚至造成“教官多阘茸不称职，有师生之名，无训诲之实”①的状况。故到乾隆元年不得不改为：生员如终年缺考，方取消生员资格。缺考问题难以解决，折射出士子不重日常学习、唯急功近利的心态，这是统治者过分重视科举所造成的一大痼疾。

岁考和科试是由学政主持的地方官学的最高级考试。依照定例，学政每三年中，须训回所属各学校，分别进行一次岁试和科试。对于生员来说，岁试乃是关系到升级或是降级的考试，科试则是科举前的入选资格考试。因而这两种考试对生员的意义非常重大。

岁、科两种考试的内容，都是科举考试的翻版。清初规定，岁、科两试均试《四书》文两篇，经文一篇。雍正元年（公元1723年），改为岁考试《四书》文二篇，科试加经文一篇，冬月试《四书》文、经文各一篇。雍正二年（公元1724年），规定岁考用《四书》文二篇，科试于《四书》文二篇外，加经文一篇；如遇冬月日短，则用《四书》文一篇，经文一篇。乾隆二十三年（公元1758年），根据科举考试的需要，又改为岁考试《四书》文一篇、经文一篇，科试试《四书》文一篇、策一篇，并摘问经义，令生员默写。两种考试都须加考五言八韵诗一首。② 这些考试内容，与科举考试的要求如出一辙，且与科举考试的变化相一致。

不仅是考试内容，就连岁、科两种考试的考场规则，也刻意模仿科举。如，每个考场都有民壮20人、军牢20人把守；考生进考场之前，都要由兵丁进行极为严格的搜查，然后由有关人等查验身份是否属实，才准许考生领卷入场、对号入座；考生考

① 《清史稿·选举志一》。
② 《清会典事例·学校》。

试时，凡饮茶、出恭等事，都有极严格的程序；至申刻净场时，无论是否完卷，一律必须上交，决不给烛。① 岁、科考试规则之严，与科举考试并无二致。

以上考试评定等第之后，接着是拆卷、唱名，试卷发给本人阅看，看毕缴回，分别进行赏罚。一、二等赏绢纱、绒花、纸、笔、墨；三等前十名赏纸、笔、纸花；四等以下，按规定给予处罚。发落完毕，一、二等生员在鼓乐导引下从中门出，三等从东角门出，四、五等从西角门出。

生员参加科试，凡名列一、二等及第三等的前几名（大省前10名，中、小省前5名）者，就取得了乡试的资格。其他名列三等的生员及因故未能参加科试的生员，在乡试之年的七月下旬，还可以参加学政主持的录科考试，录科未取及未参加科试、录科的生员，还可以参加一次录遗与大收的考试，录科、录遗的考试内容完全和科试一样，只要被录取，就可以参加乡试。无故不参加岁试，或告假缺考至三次以上，皆取消生员资格；有故缺考者，皆令按次补考附等。岁、科两试时如有违犯考规者，皆按规定严加处治。

生员岁试，按成绩分为六等给予奖惩，即所谓“六等黜陟法”。其具体内容是：凡考列一等，不管是增生、附生，还是青衣（生员的法定服色是蓝袍，如因故受罚，则改穿青衫，称为“青衣”）、发社（生员因故受罚，被府、州、县学遣送到社学，称为“发社”），都有资格“补廪”，成为廪生。如廪生没有空额，则附生以下都补增生；如增生名额也不足，则青衣、发社都补附生。等到廪生有缺额时，这些取得补廪资格的生员就可以依次递补。等待补廪称为“候廪”。原来被停发廪饩银或降级的廪生、增生，可以恢复原有等级。考列二等、文理亦通者，增生补

① 《钦定学政全书·考试规则》。

廪生，附生以下都可以补增生；如果没有增生缺额，青衣、发社可以恢复为附生；廪生停廪或降为增生者，可以恢复为廪生；增生降附生的可恢复为增生，但不许补廪。考列三等、文理粗通者，曾被停廪但未降为增生者，可以候廪；增生降附生的，可再恢复；青衣和发社可以恢复为附生。但由廪生降为增生的不准恢复。列为四等、文理有疵者，廪生免责罚，暂时保留廪生名号，但要“停饩”，限读书六个月，再补考。原来已受过“停饩”处分的廪生则不准补考，至下次岁考时再行定夺。增、附、青、社，“均扑责示惩”。列为五等、文理荒谬者，是廪生的，要被停廪，从廪生名额中除名，但暂时不降为增生；已被停廪的，则要降为增生；是增生的降附生，附生降青衣，青衣降发社，发社者黜为民。列为六等、文理不通者，当廪生十年以上者，受发社处分，六年以上的廪生和十年以上的增生，罚充本处吏役，其他统统黜革为民；入学不到六年的从轻发落，发往社学。① “六等黜陟法”是在明代方法的基础上发展起来的，但比明代更为周密、成熟。其基本特点是对生员实行动态管理，将生员等级与学业成绩紧密挂钩，有助于调动生员的学习积极性。这是清代地方官学管理的一个重要创新。

清代山东地方官学的考试与考核，就是基本依据上述规则进行的。然而，在清代的各省份中，山东虽然历史底蕴厚重、文教事业发达，但在科举考试录取数额的确定方面，并非以大省对待。如乾隆七年（公元1742年）规定：“生监科举，直省由学政录取，每举人一名，大省（江南、浙江、江西、福建、湖广）录科八十名，中省（顺天贝字号、山东、山西、河南、陕西、四川、广东）六十名，小省（广西、云南、贵州）五十名。”②就是说，在山

① 参见《钦定学政全书·发案发落》或《清史稿·选举志一》。

② 《钦定礼部则例·生监科举乡试》。

东地方官学中，每60名生员才能给乡试举人名额1人，可见考试竞争之激烈与残酷。如果再联想到士子从童试开始就须“过关斩将”、层层筛选，成为生员后又须经历月课、岁考、科试等考试，那么清代山东士子生存状况之不佳，也就可想而知了。

在清代，如果说，童试是地方官学的入口处，月课、季考、岁考是地方官学生员的经过处，那么，科试则是地方官学生员的出口处。通过科试，地方政府把经过严格考试训练的人才输送到科举考试的场所，供朝廷挑选使用。由此，地方官学教育就与科举考试连接了起来，成为科举取士的培训机构。

第二节　科举考试制度的完备、固定与僵化

科举考试制度发展到明清时期，已经变为一种相当严密和成熟的官员选拔制度。由于按照朝廷命令设立的地方官学几乎覆盖了全国所有地区，而参加科考的考生绝大部分也来自这些学校，甚至官学教官的业绩考核、地方长官的政绩评定，也以科举中举的人数为指标，因此，科举与地方官学内部考试的关系较以往更为密切。

制度设计极为完备，考试范围明确清晰，防弊措施缜密细致，违规惩戒日趋严厉，可视为明清时期科举考试制度演变的几大突出特点。这固然在一定程度上保证了考试的公平和公开，但同时也使得这一制度日益走向固定、呆板和程式化。尤其是，明清时期大为推行的八股时艺，以及出题范围极为狭小，答题时却要求士子既要严守圣训，又须花样翻新，从而使得该制度日益成为刁难人心、考验机变的工具，变得弹性不足、僵化有余。因此，制度的固定和僵化，亦可视为这一时期科举考试制度变化的时代特征。山东地区的考试制度自然也深受上述特点和特征的影响，呈现出重大革新前夕的时代面貌。

一、明代科举制度与山东地区的考试

选拔优秀人才充实到官员队伍中，以求化解矛盾，刷新吏治，扩大统治阶级的基础，一直是“王天下”者意图延续统治的最重要举措。因此自古以来，对甄别人才方法的强调与重视历久不衰。这种情形，在明代开国之君朱元璋的身上，也有着突出的表现。

（一）明代科举的基本状况与山东进士的总体分布

早在明建立前的吴元年（元至正二十七年，公元 1367 年），朱元璋就表达了“设文、武二科取士”的思想，认为“文武兼用，贤能并举，此三代治化所以隆盛也”，①希望经过三年的酝酿和准备，能够正式开科取士。洪武三年（公元 1370 年）五月，朱元璋下令本年八月份正式开科取士，并对考试日期、内容、程式、录取人数等都作了具体的规定。明代的科举考试即始于此时。

为了解决王朝新立、官员多缺的燃眉之急，朱元璋还打破了科举历来三年一试的定例，采取了“令各省连试三年，……举人俱免会试，赴京听选”的非常措施。② 这个措施实行了三年，朱元璋便敏锐地发现，录取的这些“后生少年”，文章虽写得头头是道，但缺乏实际工作能力，“能以所学措诸行事者，甚寡”。于是，洪武六年（公元 1373 年），他又断然决定科举暂时停罢，实行荐举，“别令有司察举贤才，必以德行为本，而文艺次之”③。然而荐举的情况并不比科举好，荐举人才任官后“政绩少闻”，不比科举入仕的人更有行政才能。尤其是学校的普遍建立，应试者的素质日益提高，为科举的恢复奠定了必要的基础。于是，洪武十五年（公元 1382 年）八月，下诏复设科举。此

---

① 《明太祖实录》卷二二。
② 《明史·选举志二》。
③ 《明太祖实录》卷七九。

后，直到终明之世，科举考试未再中断。

山东作为明朝的布政使司之一，从明初即开始组织各种级别的科举考试。例如，洪武二年（公元1369年）乡试，济南府考中郑钧等3名举人，兖州府考中黄宗等8名举人；洪武四年（公元1371年）会试，山东考中郑钧等8名进士。① 洪武十七年（公元1384年）之后，考中进士的人数总体趋势是逐年增多的，最多时达到38人（嘉靖二十三年）。现将明代山东布政使司所辖范围内各地区考中进士的人数列举如下：兖州府、藩王府各1人，蒲台、新泰各2人，宁海州、泗水各3人，成武、定陶、观城、乐陵、临淄、清平、日照、邹县各4人，巨野、陵县、栖霞、丘县、郯城、文登各5人，范县、福山、高苑、莘县、阳谷、峄县各6人，费县、博平、齐东、夏津各7人，昌乐、海丰、嘉祥、莒州、鱼台各8人，博兴、肥城、利津、商河、禹城、招远、邹平各9人，长山、茌平、德平、馆陶、金乡、宁阳、蓬莱、平阴各10人，朝城、高唐州、莱芜、齐河、青城、武定州各11人，单县、郓城各12人，乐安、泰安州、沂水、滋阳各13人，昌邑、冠县、寿张各14人，平度州、曲阜、沾化各15人，高密、黄县、即墨、聊城、临邑、武城各16人，沂州、临朐、恩县各17人，曹县、蒙阴、滕县各18人，济阳19人，长清20人，汶上21人，平原、堂邑各22人，德州、阳信各23人，寿光、诸城各26人，潍县、曹州各27人，濮州、新城各28人，胶州29人，淄川31人，安丘32人，东平州34人，章丘35人，滨州41人，莱阳48人，临清州51人，济宁州52人，掖县55人，历城、益都各66人，卫所等79人。② 以上共计1700人，仅次于南京及南直隶、北京及北直隶、福建、浙江和江西，位列全

① 赵承福主编：《山东教育通史》（古代卷），山东人民出版社2001年版，第398页。

② 李国钧、王炳照总主编：《中国教育制度通史》（第四卷），山东教育出版社2000年版，第500页。

国第四。

(二) 明代科举考试的基本类型与制度安排

明代的科举考试制度,既继承了此前朝代的许多做法,也有该朝的新创。总体来说,考试类型的相对固定,制度安排的完备缜密,以及科场违规惩戒的日趋严厉,等等,在该朝都表现得非常突出。从大的类型上说,明代的科举考试可分为文举和武举两大类。以下即依照这一线索,对明代的科举考试制度作些考察与梳理,并在文中的相关部分,对山东地区的考试状况作些叙述。

1. 文举。

明代的文科考试,其程序与出路都已基本固定。对于士人来说,最重要的考试有三种,即乡试、会试和殿试;其出路则主要是选拔庶吉士和科举入仕。以下即对这些内容作简要梳理与介绍。

(1) 乡试。

乡试,又称“乡闱”,是由南、北直隶和各布政使司举行的地方最高一级的科举考试。明代的乡试,原则上是按照地方行政区划分别进行的。明代地方行政区划的数量前后并不一致。洪武三年,全国共分为12个行中书省(简称行省),无四川、贵州和云南三省区,因此,这一时期的乡试单位共有12个。洪武十七年,调整后的全国行政区共计14个,由南直隶和13个布政使司组成,即增加了四川和云南两个布政使司。因此,从洪武十七年至永乐年间,全国乡试单位共有14个。永乐十一年,朝廷增设贵州布政使司。然而,由于贵州教育不甚发达,难以独立举行乡试,故基本采用“云贵合试”的办法。直到嘉靖十四年后,乡试才真正以15个主考单位进行。

与以往朝代一样,明代的乡试也制定了许多规则,主要包括考试的时间、内容、方式、考官的选用、考生的入试资格、录取

人数等，大体上沿用了元代的制度设计。由于这一考试覆盖全国各地，因而对各地教育的影响也最为直接、深刻和广泛。

明代的乡试每隔三年举行一次，考期一律定在子、卯、午、酉年的八月初九至十五日，所以又称“秋闱”、“秋贡”或“秋赋”。整个大明王朝，除个别年份因特殊情况外，其余年份都按规定的时间举行乡试。在明代整个科举考试中，这是最为固定的制度安排。各省乡试的地点也相对固定，山东省乡试的考场设在布政使司衙门所在地——济南府。

明代科举考试制度设计基本固定的标志之一，就是乡试考官人等的聘用日益规范化。乡试是程序复杂、意义重大的考试，因此从洪武十七年（公元 1384 年）后，不仅考场必须由兵丁把守，而且考官的聘用人数、职责及相关事宜也已基本明朗。明代乡试的考官分为内帘官和外帘官两大类，二者之间不得互通信息。内帘官进入试院后，直到整个考试结束方准出来，此即明代的“锁院”制度。明代乡试的考官类别与人数，基本如下：提调官、供给官、收掌试卷官、弥封官、誊录官各 1 人，主考官、监试官、受卷官各 2 人，同考官（即所谓“房考”）、对读官以及负责具体搜检事务的官员（巡绰、监门、搜检怀挟官）各 4 人。① 由这些考官种类即可看出，明代科举考试制度的设计是非常严密的。

明代对参加乡试人员的资格也有明确的限定。如洪武十七年规定：凡“国子学生，府、州、县学生员之学成者”，“儒之未仕者”（即尚未获得官职的知识分子），“官之未入流（即九品以下的低级政府工作人员）且无钱粮等项粘带者”，只要地方政府认为其人“性资敦厚，文行可称”，皆可经过一定报名程序后参加乡试。而在职之“学校训导”、“罢闲官吏”、“倡优之家”、

① 《礼部志稿》卷七一。

"吏卒之徒"或正在"居父母之丧者",则不准参加乡试。①

乡试的录取名额,是由朝廷决定的。洪武十七年,诏"不拘额数,从实充贡"。洪熙元年、宣德四年、宣德七年皆规定山东录取30名,正统五年和正统六年皆规定山东录取45人,景泰四年之后直至万历元年,皆规定山东录取70人。② 在全国15个主考单位中,山东乡试的录取名额数量名列第九。但是,实际录取名额与规定往往有出入,且山东各地录取举人的数量很不均衡。据《山东通志》载,宣德元年(公元1426年)山东乡试共录取举人42名,比洪熙元年(公元1425年)规定名额多12名。其中济南府录取名额最多,为12名,其次是兖州府11名,东昌府8名,莱州府5名,青州府4名,登州府最少,为2名。正统六年(公元1441年)山东乡试共录取举人52名,比规定名额多7名,其中兖州府最多,共21名,其他依次为济南府10名,东昌府7名,青州府6名,登州府4名,莱州府4名。崇祯九年(公元1636年),山东乡试录取举人89名,比规定名额多19名。其中济南府最多,为27名,其他依次为青州府16名,莱州府13名,兖州府、东昌府、登州府各11名。

(2) 会试。

会试是由中央礼部主持的全国性考试,称为"礼闱",考场设在北京顺天贡院。考期规定在乡试的次年,即丑、辰、未、戌年的二月初九日至十五日,又称"春闱"。会试的考生资格很明确,凡乡试之举人,皆可应考。参加会试的举人,"官给廪,传送礼部会试",即由各地官府负责向考生提供食宿费用及交通工具,将他们送到京师的礼部参加会试。

会试的考官由礼部聘请。考官的设置与乡试基本相同,包

① 《明会典·礼部三十六·学校二·科举·乡试》。
② 《明史·选举志二》。

括主考官、同考官、提调官、监试官、供给官、收掌试卷官、弥封官、誊录官、对读官、受卷官和巡绰、监门、搜检怀挟官等。会试共有三场，分别在二月初九、十二、十五日举行。试题由主考官和同考官于每场考试的前一天临时翻书拟定，命题经集体商定后，立即边刻边印，参与命题、制卷的所有人员一律不准离开工作场所，严格保密。三场的考试内容和程序，基本和乡试一样。明初入场搜检较宽。朱元璋曾说："此已歌《鹿鸣》而来者，奈何以盗贼待之？"①到了嘉靖末年，举人夹带的情况日益严重。嘉靖四十四年（公元 1565 年），明世宗便断然下令，除原设巡绰、监门、搜检怀挟的 4 名官员外，再"添设御史二员，专司搜检。其犯者，先荷校（戴枷）于礼部前一月，仍送法司定罪。"②

明代会试的录取人数通常届时奏请，其名额没有特别的限定，这是与乡试明显不同之处。会试的录取率因参加考试人数的多少而逐届变化，除洪武四年录取率为 60% 外，其他届次约在4.7% 到9.8% 之间。史载："会试之额，国初无定，少至三十二人，其多者，若洪武乙丑（洪武十八年，公元 1385 年）、永乐丙戌（永乐二年，公元 1404 年），至四百七十二人。其后或百名，或二百名，或二百五十名，或三百五十名，增损不一，皆临期奏请定夺。"③成化十一年（公元 1475 年）以后，一般取 300 名。特殊情况下，因题请及恩诏而另增 50 名或 100 名。会试被录取的人员在明代均称为"贡士"，第一名则称为"会元"。

（3）殿试。

殿试是明代科举的最高一级考试，也是最为隆重的考试，参加者为会试录取的"贡士"。殿试时"天子亲策于廷"，所以又称廷试。明初规定，殿试的时间在会试之后的三月初一日。

---

①② 《万历野获编 · 科场》。

③ 《明史 · 选举志二》。

从成化八年（公元1472年）起，改为三月十五日。

因为殿试由皇帝主考，所以不再另外设置主考官、同考官，辅助或代替皇帝评阅试卷的人称为读卷官。其余如提调、监试、受卷、弥封、掌卷、巡绰、印卷、供给等官，均由礼部提名上奏皇上钦定。这些官员均为朝廷各部、院、司、寺、局等部门的主要人员，由此可见明代对殿试之重视。

值得一提的是，殿试考试项目仅试时务策一道，可在1000字以上，不再考《四书》文或经义，也不再要求使用八股文格式，即是说，此次考试的题目和回答都相对自由。这在一定程度上表明，对明代统治者而言，检测考生对国家政治事务的意见、建议和能力，要比儒家经义更为重要。

殿试试题一般由内阁预拟，并在考试前一天呈请皇帝圈定。考试当天，皇帝亲御考场，文武百官行叩头礼。礼毕，皇帝亲赐策题，试题由礼部诸官分发。考生拿到试题后，即可作答。考试时间限一日，日落前必须交卷。考生完卷后，将试卷交受卷官，受卷官送弥封官，弥封毕送掌卷官，掌卷官立即呈送东阁读卷官处进行评阅（殿试卷不誊录，读卷官直接拿考生墨卷进行评阅）。明代参加殿试的人是一概不被黜落的，因此阅卷工作的重点主要是从中挑出三份试卷，以便确定一甲三名的人选，由皇帝钦定。至于其他的试卷，除二甲第一名和三甲第一名要略为斟酌外，其余名次的排列顺序是无关紧要的。

名列前几位的考生的评卷工作结束后，由相关官员拆阅第二、三甲试卷，填写黄榜。而后皇帝在大殿传旨召见一甲三名、二甲第一名和三甲第一名，即所谓“传胪”。传胪结束后，张挂黄榜，对外公布。此后，还有赐宴、簪花、赐状元朝服、进士谢恩、国子监题名刻石等事项。①

---

① 《礼部志稿》卷二三。

（4）士子出路。

明代文科士子的出路主要是选拔庶吉士和科举入仕两种。以下对这两种出路分别作些简要说明。

选拔庶吉士，是科举考试的一个附带产品，也是明代的独创。庶吉士之名源于《尚书·立政》中的“庶常吉士”，指周朝官府中办理日常政务的人。选拔庶吉士，在洪武年间即已开始。洪武十八年（公元1385年），朱元璋命考取的进士们到六部、都察院、大理寺等中央各衙门去实习政务，称为“观政进士”；而在翰林院、承敕监（掌给授诰敕之事）等近侍衙门观政的进士，则叫做“庶吉士”。① 庶吉士的选拔，目的在于锻炼刚刚考中的进士的实际工作能力，也是明代中央政府重视科举的一种表现。

洪武年间选出的庶吉士只在翰林院观政，还不专属翰林院管理。到了永乐二年（公元1404年）会试后，庶吉士方专属于翰林院，称翰林院庶吉士，所以选拔庶吉士也称为“馆选”、“点翰林”。此后，庶吉士逐渐由原来的观政于诸司，变为入翰林院继续学习，由户部、兵部、刑部等给庶吉士提供各种生活与学习用品，内阁则按月对庶吉士进行考试，合格者出任朝廷官员，逐渐形成了相关管理制度。②

明初选官，不拘资格，所谓“国初，典史授都御史，贡士授布政使，秀才授尚书”；“国初，举人跻八座为名臣者，甚众”，③在一定程度上体现了量才录用的原则和精神。但天顺（公元1457—1464年）以后，风气大变，取仕以科举为重，而科举又以进士为重。进士出身者被人捧为“甲科”，举人出身者则被视为“乙科”。举人会试不第，可申请入国子监为举贡，或经荐

---

① 《明太祖实录》卷一七二。

② 《明宣宗实录》卷一〇〇。

③ 《明史·选举志三》。

举、考选入仕；但举人与进士自入仕之初，即已有轩轾之别。举人出身者“或授小京职，或授府佐及州县正官，或授教职”；而进士出身者，“状元授修撰，榜眼、探花授编修，二、三甲考选庶吉士者，皆为翰林官。其他或授给事、御史、主事、中书、行人、评事、太常、国子博士，或授府推官、知州、知县等官”。① 更重要的是，“有明一代最重进士，凡京朝官清要之职，举人皆不得与。即同一外选也，繁要之缺，必待甲科，而乙科仅得遥远简小之缺。其升调之法亦多不同。甲科为县令者，抚、按之荐，部、院之行取，必首及焉。不数年，即得御史、部曹等职。而乙科沉沦外僚，但就常调而已”②。

进士出身的人如果进入翰林院，升官则更为迅速。明英宗以后，逐渐形成了“非进士不入翰林，非翰林不入内阁”的局面，甚至出现“南、北礼部尚书、侍郎及吏部右侍郎，非翰林不任”的现象，于是“庶吉士始进之时，已群目为储相。通计明一代宰辅一百七十余人，由翰林者十九”。所以，《明史》记载说，明代“科举视前代为盛，翰林之盛则前代所绝无也”③。顾炎武说得更加清楚：“明初荐举之法废，而科举之中尤重进士。神宗以来，遂有定例：州县印官以上、中为进士缺，中下为举人缺，最下乃为贡生缺。举、贡历官至方面，非广西、云南不以处之，以此为铨曹一定之格。间有一、二举贡，受知于上，拔为卿贰大僚，则必尽力攻之，使至于受罪、谴逐，且杀之而后已。……至翰林之官，又以清华自处，而鄙夷外曹。”④由上可见，明代举人、贡生入仕，与进士相比可谓“判若天壤矣”。

2．武举。

武举是为选拔武将而举行的考试，与文科选拔文官自有不

---

①③ 《明史·选举志二》。

② 赵翼：《陔余丛考》。

④ 《日知录·进士得人》。

同，其表现之一是文科从一开始就有比较稳定的程式，武举则几乎自始至终也没有订立固定的程式。

（1）明代武举考试制度的滥觞与推行。

明初明令设武举的时间，也是在吴元年。虽然当时朱元璋有设文、武二科取士的命令，但在实际开科时，并无武举一项。洪武二十年（公元1387年），礼部奏请依照以往朝代的做法，设武学，开武举，但未得皇帝批准。因此，洪武年间，科举中尚无武举。

永乐时期，武举也被置于统治者的考虑范围之外。宣德年间，巡按山东监察使上疏，建议举行武举，选拔武将之子为官。明宣宗令礼部讨论此事，结果遭到礼部尚书的反对，故亦未能实行。① 从洪武至成化年间，虽然屡屡有人建议开武举，朝廷也出台了相关规定，但因种种原因，武举也未真正举行。

武举真正开始举行，是在弘治六年（公元1493年）。虽然以后武举也由原来的九年一试改为三年一试，并规定武臣子弟于各直省应试，然其制度远不如文举完备。正德三年（公元1509年）正月，朝廷正式颁行武举条例，武举会试自此开始。以后，武科考试制度虽基本相沿不变，但“累朝选试升用法各不同”。

（2）明代历朝武举考试之规定。

虽然明代武举真正开始的时间较晚，但其考试制度的酝酿与出台却时日甚早。英宗天顺八年（公元1464年），朝廷出台武举法，令天下武衙门秉公推荐通晓兵法、勇谋出众的人才，由各地巡抚、巡按，会同“三司”（布政使司、按察使司、都指挥使司）官考试。考试合格者送兵部，再由兵部会同总兵官在帅府内试策略，教场内试弓马，能答策二道，骑射中四矢、步射中二

① 《明宣宗实录》卷五八。

矢以上者为合格,合格后即可授官。考试之前有官职者,可“量加署职二级,旗舍余丁授所镇抚,民授各卫试经历。俱月支米三石”。能答策二道,骑射中二矢、步射中一矢以上者,为次一等,“官量加署职一级,旗舍余丁授冠带总旗,民授各卫试知事。俱月支米二石”①。

不过,上述武举法并未详细规定考试内容的文武比重及其分量,武举也未能真正实行。宪宗成化十四年(公元1478年),议开设“武科乡、会试”,考试规章制度和文科考试相似。孝宗弘治六年规定,每次考试先试策略,后试弓马。考试完毕后,“文理优、韬略熟,及射中式者,升二级;文不堪优,射虽偶中,止升一级;虽善行文,射不中式,及射虽合试,策不佳者,俱暂黜以候再试”②。至此,明代武举方正式举行。

弘治十七年(公元1504年),武举改为三年一试。每次考试有两场,第一天考策略,第二天考射箭,“中式者照例升。乃将中式姓名,仿文举事例,出榜赐宴”③。这是武科赐宴之始。武宗正德以后,武科之制虽多有变化,但其宗旨愈来愈和文科考试规则相接近。正德三年(公元1509年)颁行武举条例,规定根据考试成绩,将考生分为上、中前、中后、下四等。正德十四年(公元1519年)定武科考试三场:第一场试马上箭,箭靶距离为30步。第二场试步下箭,箭靶距离为80步。第三场试策一道。子、卯、午、酉年乡试,丑、辰、未、戌年会试。④

世宗嘉靖元年(公元1552年)七月,规定各省应考武举乡试的人,由巡按御史于十月考试,南、北两京武学则由兵部选取。考试合格者为武举人,俱送兵部参加次年四月的会试。会

① 赵承福主编:《山东教育通史》(古代卷),山东人民出版社2001年版,第404页。

②③ 《明会典·武举》。

④ 《明武宗实录》卷一六六。

试由翰林二人为考试官，给事中、部曹四人为同考官。乡、会试皆分三场进行，考试的日期定在当月的初九、十二、十五日三天。初场考骑射，二场考步射，三场考策二道、论一道。“其答策有能洞识韬略，作论有精通文理，参以弓马俱优者，中式；其策、论虽优而弓马不及，或弓马偏长而策、论不通，俱发回，候开科再考。中式官生，照文举事例，梓名赐宴，仍俱升署职三级、月支米三石。指挥以上，斟酌推用。”①

嘉靖十七年（公元 1538 年），又改武科乡试日期于九月。嘉靖十九年罢武科乡试，第二年又下令恢复。嘉靖二十二年（公元 1543 年），又规定武科会试录取名额仿照文科的南、北卷例，分为边方（边疆）、腹里（内地）两部分分配，“以蓟镇、昌平、辽东、万全、宣府、大同、山西、陕西、延绥、甘肃、宁夏、云南、贵州为边方；以两京、京卫，南直隶、浙江、江西、福建、山东、河南、湖广、广东、广西、四川、河南、顺德、大名、广平、真定、保定为腹里。如每科五十名，边方取三十名，腹里取二十名”②。还规定在这些录取名额中，允许不及额，但不允许超额；所有被录取的人，必须是操行无过、言貌出众、膂力过人、弓马娴熟者。

神宗万历三十八年（公元 1610 年），定武举会试录取名额为 100 人左右。“其后有奉诏增三十名者，非常之制也。”③此后，终至明末，武举考试规则没有多大变化。

在明王朝武举考试制度的演进中，有如下三个特点值得注意：第一，武举考试的内容不断丰富，主要分为军事知识、理论和武艺两大项，以后考试难度逐步增加，文武比重越加清晰。第二，自宪宗成化十四年以后，武举考试设有乡试、会试两级，考试程序逐步与文举进士科同轨，粗具系统性。第三，自嘉靖

①② 《明会典·武举》。

③ 《明史·选举志二》。

二十二年开始，武举录取名额划区域分配，显示了武举在全国范围内有所兴盛的局面。①

二、清代科举制度与山东地区的考试

清代科举制度是在明代的基础上建立的。清代前期的统治者，着力于科举考试的制度建设，建立起一系列旨在维护公平和公开竞争的制度，如监生分皿、举人分省、官民分卷、商民分录、亲属回避、复试磨勘等，制度设计不可谓不完备，但科举的弊端也暴露得最充分。因此，清代的科举考试制度，呈现出突出的完备与腐朽并存的特点。这一特点，也深深地影响到了山东地区的考试状况。

（一）清代前期的考试制度建设

如果说清初的开科取士，首先是为了笼络士子，缓和汉族人们的反抗情绪，那么，随着全国局势的逐渐稳定，科举考试就转而为统治者的长治久安服务了。基于这一政治需要，清代统治者反复总结历史经验教训，加强考试制度建设，力求使考试更为公正客观。从这一方面来看，虽然说清代的科举制度是在明代的基础上建立的，但清王朝并未停留在仿照明制上，而是做了不少制度创新工作。就其大要而言，至少有以下几项：

1. 创立考官考试制度。

考官本身的学识和述评，直接关系到评卷的公正与否，进而影响到科举制度能否正常运行。因此，清代创立了对考官水平和质量严格把关的考试试差制度。

清初，考官只是由礼部、吏部按照规定在一定资格的官员中开列人选，让皇帝钦命。雍正三年（公元1725年），根据清世

---

① 赵承福主编：《山东教育通史》（古代卷），山东人民出版社2001年版，第406页。

宗的诏令，吏部将翰林院及进士出身的官员具名上奏，召集于太和殿，试以《四书》文二篇，弥封进呈，由皇帝披阅并钦定名次，派赴各地主持乡试。从此，考官考试制度正式实行。因当时把派遣京官外出担任考官称为“派委试差”，故将考官之考试称作“考试试差”。不过，这一时期，尚有考官保荐一途，即由当朝大员推荐科甲出身且“人品端方，学问醇正，堪膺衡鉴之寄者”，①出任各地考官。

在保举和考试两者中，统治者更倾向于后者，考试的方法也日益完善。当初考试录取名单和名次还通知被考官员本人，其后为防止请托，考试后秘密确定名次，不再揭晓。嘉庆十三年（公元 1808 年），皇帝诏令：“所有进士出身之满汉二品侍郎、内阁学士，并三品京堂，及未经考试试差之四、五品京堂，俱著于本月二十七日黎明，齐集乾清门，在尚书房考试。”②由此，所有考官均须经考试后方能任命，保举制不再实行。

2. 建立考试分录制度。

清代初期，会试仿照明制，分南、北、中卷，规定各卷的录取名额，但在实际过程中发现，各省的录取名额多寡不均，特别是边远地区，因为交通不便、文化水平较低等因素，录取的人数更少。故康熙五十一年（公元 1712 年），废南、北等字号，实行分省录取。名额分配的原则，一是依照丁赋轻重、人口多寡，以及文化水平、报考人数等，把各直省分为大、中、小省，区别对待；二是根据逐年情况的发展变化，随时调整；三是对边远地区单独编号，出台专门录取方法，“加惠边陲士子”，保证这些省份士子的取中机会。

在分省录取的基础上，清代还推行官民分录的规则，以防官员子弟挤占普通士子的名额。此外，为防止商人子弟挤占贫

---

①② 《清会典事例·贡举·乡会试考官》。

寒子弟的出仕机会,清代于顺治十一年后,还推行商民分卷录取的做法,为商人子弟专门设立商学和商籍。应该说,清代按地区、阶层分配录取名额的规制,虽然难以完全克服科举制度的弊端,但确实在一定程度上保证了各地各阶层子弟的入仕机会,巩固和扩大了政治统治的基础。

3. 订立子弟回避制度。

清代以前,各朝曾长期实行"锁院"、"别头试"等制度,以防科场作弊。清代在此基础上,进一步订立了极为细致的考官子弟回避制度,要求参与乡、会试的各类"入场官员",包括内帘主考、房考、内监试、内收掌、外帘知贡举、监临、提调等,其亲属皆应一体回避。规定要求:"入场官员之子弟同族,除支分派远、散居各省各府、籍贯迴异者毋庸回避外,其在五服以内,虽分居外省、外府、外县,及服制虽远,聚族一处之各本族,并外祖父、翁婿甥舅、妻之嫡兄弟、妻之姐妹夫、妻之胞侄、妻姐妹之子、嫡姐妹之夫、嫡姑之子、舅之子、母姨之子女之子、妻之祖孙女之夫、本身儿女姻亲,概令回避,不准入场考试。"①可见,此处所涉的"亲属"范围甚广,几乎囊括了官员的各种血亲关系。

不过,雍、乾年间,尚规定这些人还可以另卷考试,试卷由其他大臣披阅。此后,明令回避人员的范围愈来愈大,其官员范围扩大到外帘受卷、弥封、誊录、对读等官员,以及除巡绰官兵之外的场内所有人员;"亲属"的涉及面也愈来愈广,包括妻兄弟姐妹夫、胞姑之夫,以及考官的孙女婿,甚至尚未成亲的姻亲,都属于回避范围。如此严格细致的规定,折射出清代的科举舞弊现象已呈层出不穷、愈演愈烈之势,也表明统治者严防科考"弊窦"的决心之大。

① 《钦定科场条例·回避》。

4. 制定复试磨勘制度。

顺治十五年（公元1658年），清世祖因为顺天、江南考官受贿事败，曾亲自复试两闱举人，是为乡试复试之始。康熙五十一年（公元1712年），皇帝疑心新进士有代倩中式者，亲自复试进士于畅春园，是为会试复试之始。乾隆年间，皇帝或命督抚、学政于乡试后复试，或命专试若干省份中式者。自嘉庆以后，复试成为定制。这一制度无疑增加了士子侥幸考取的难度，提高了考试的公平性。

磨勘之制原是唐宋官员考绩升迁的制度。唐宋考绩官员时，须撰写考状。为防申报不实，须经吏部等部门复核，称为磨勘。清代将其引入科举考试，乡会试考卷派翰林官员复核，亦称为磨勘。磨勘的实行，起到了监督考官阅卷的公平与否和出题是否符合规定等作用。

（二）山东录取名额的分配与文鼎甲的地区比较

由以上简要所述即不难看出，清代的考试制度建设是颇有建树的，其制度设计之周密，远超前代。山东地区的考试状况，自然也受其影响，尤其是分省录取制度，对山东影响甚巨。

山东在清代科举各直省中不算大省，只被归于中省之列，以“北皿”编号。依照分省录取制度，山东录取名额在全国各省中居中等偏上位置。顺治二年（公元1645年），规定山东乡试正榜录取限额90名。此后，名额常有增减，因时而变。有时也因特殊情况，由朝廷下令重新限额。如顺治十七年（公元1660年）庚子科，限额减为46名，康熙三十五年（公元1696年）丙子科，又增加到60名，康熙五十年（公元1711年）辛卯科，再加到72名。乾隆九年（公元1744年），因顺天府乡试怀挟作弊现象十分严重，乾隆皇帝下诏减少各省录取名额十分之一。咸丰、同治年间，由于南方战事甚急，各省捐输军饷，动辄数百万两，于是按照捐输银两多少，先后增加各省的录取名额，山东只增加2名，增加最少。但在实际录取中，往往超出规定的限额，如顺治二年实取95人，顺治十七年实取48人，康熙三十五年实取65人。康熙五十年实取97人。① 而在会试考试中，从康熙五十二年至道光二十年间，山东会试规定录取名额则是从10人至22人不等。②

根据严懋功《清代馆选分韵汇编》的记载，清代自顺治三年（公元1646年）至光绪三十年（公元1904年），九朝共举行殿试112科，其中正科89科，恩科23科。其鼎甲在各省的分布情况是：江苏有状元49名、榜眼27名、探花41名，浙江有状元20名、榜眼29名、探花26名，安徽有状元9名、榜眼7名、探花5名，江西有状元3名、榜眼10名、探花5名，山东有状元6名、榜眼5名、探花3名，湖北有状元3名、榜眼5名、探花5名，湖南有状元2名、榜眼5名、探花6名，广东有状元3名、榜眼3名、探花4名，福建有状元3名、榜眼6名、探花1名，直隶有状元3名、榜眼2名、探花3名，顺天有状元1名、榜眼4名、探花3名，广西有状元4名、榜眼1名，河南有状元1名、榜眼2名、探花2名，山西有榜眼1名、探花3名，贵州有状元2名、探花1名，四川有状元1名、榜眼1名、探花1名，陕西有状元1名、榜眼1名。由上可见，在17个主考区中，山东殿试鼎甲数量名列第五位，属于中等偏上的位次。

（三）清代科举考试的基本类型与内容

清代的科举考试制度沿袭明代，也分为文举和武举两大类。以下即依照这一线索，对清代的科举考试制度进行考察与

---

① 杨士骧、张曜：《山东通志·学校志第六》（卷八八），商务印书馆1934年版，第2672页。

② 李国钧、王炳照总主编：《中国教育制度通史》（第五卷）之《康熙五十二年至道光二十年会试分省录取名额表》，山东教育出版社2000年版，第394—398页。

梳理,并对山东地区的考试状况作叙述。

1. 文举。

清代沿袭明代科举制,文科科举考试分三级进行,即乡试、会试和殿试。

(1) 乡试。

乡试是在各省城举行的地方考试,三年一科,考试日期定在子、卯、午、酉年的八月初九日至十五日,也称"正科",俗称"秋闱"。省城设有"贡院"作为乡试考试机构。遇新君登极、寿诞庆典等事,皇帝特诏举行的乡试,称为"恩科"。清代参加乡试人员的资格规定与明代相似,凡是地方府、州、县学生员均可应试。各地方学校生员由学政官考试录送,规定"倡优、隶皂之家,与居父母丧者,不得应试"①。

清代乡试共有三场,分别于八月初九日、十二日、十五日进行。三场考试的内容皆有明确规定。顺治二年(公元1645年),颁行《科场条例》,规定首场试《四书》三题,《五经》各四题,士子各占一经。二场试"论"一道,"判"五道,诏、诰、表内科一道。三场试"经史时务策"五道。考生阐释经义必须以预先指定的"传"、"注"为标准,以八股文为程式。康熙二年(公元1663年)废八股文,只试策、论、表、判。考试分为两场:第一场试策五道,第二场试《四书》论一篇,经论一篇,表一道,判五条。康熙七年(公元1668年),恢复三场考试,仍用八股文。

乾隆二十一年(公元1756年)规定乡试第一场只试《四书》文三篇,第二场试经文四篇,第三场试策五道。乾隆二十二年(公元1757年),规定第二场加试五言八韵唐律一首。此后,考试内容不断有所修改,但基本格局未有大变。②

① 《清史稿·选举志三》。

② 《清会典事例·贡举·命题规制》。

(2) 会试。

会试,即集于京城进行会考之意。和明代一样,清代的会试也是由中央礼部主持的全国性考试,称为“礼闱”,又称“春闱”,也有正科和恩科之分。在乡试正科的次年举行的称为会试正科,在乡试恩科次年举行的称为会试恩科。

通过了磨勘和复试,乡试中式举人方能取得会试的考试资格。举人参加会试,路费由地方政府发给。路费的多少,因路程的远近而不同,多者二三十两银子,少者三五两。边远省份的举人,不易至京会试,许乘驿马,沿途用黄布旗书“礼部会试”四字以为标识。

会试的时间,清初定于二月。雍正五年(公元1727年),因春季闰月,天气寒冷,将入场之期改为三月。会试开考之前,应试举人必须按规定的期限携带地方官公文到礼部报到、投卷。礼部司务厅汇齐后,呈送堂官于卷面及各页接缝处钤用堂印,然后由堂官亲自监视刻印,编写字号,交提调官送往贡院。

会试也分三场进行,每场三日。三月初九日为第一场,十二日为第二场,十五日为第三场。均前一日点名入场,后一日交卷出场。会试的入场搜检、坐号编排、封门启门、场规回避、试卷格式、受卷、弥封、誊录、对读等程序都和乡试相同。会试三场的考试内容和乡试完全一样。有所不同的是,会试第一场《四书》三题均由钦命,密封送内帘刊印颁发。

顺治三年(公元1646年),首次举行会试,取中400名。顺治四年(公元1647年)再行会试,取中300名。顺治九年(公元1652年)会试,仿照明代旧制,分南、北、中卷,共取中400名。康熙五十一年(公元1712年),“以各省取中人数多少不均,边省或致遗漏”,于是“废南、北、官、民等字号,分省取中”。由于各省大小不同,人才多寡不一,所以中额多少也不一样,多者二三十名,少者十余名乃至数名。这一年,山东省取中额为20

名。清代会试各科录取人数自百余名至二三百名不等。最多的一次是雍正庚戌科，录取了406名，最少的一次是乾隆己酉科，仅录取了96名。会试的前10名名次照例由皇帝钦定。

会试放榜日期，原定在三月五日内，康熙五十年（公元1711年）推迟至三月十五日内。乾隆十年（公元1745）以后，因会试改为三月举行，故放榜日期定于四月十五日内。放榜前一天，礼部奏请钦命钤印大臣率满、汉司官各一人护印入场。填榜毕，盖用礼部印，张挂于礼部门外。因会试放榜之时正值杏花盛开，所以又称“杏榜”。中式者称为贡士，第一名尊称为“会元”。①

放榜之后，新贡士的朱、墨卷也要由皇帝选派大臣进行磨勘，新贡士要到礼部填写亲供并在殿廷复试。会试的磨勘、复试均按乡试条例办理。磨勘、复试合格，新贡士就取得了参加殿试的资格，否则将视情节的轻重被罚停殿试一科或两科以上直至除名。主考、同考和有关人员也要受到不同程度的处罚。下第的举人，可以继续参加以后的会试，也可以通过拣选、大挑、截取等途径进入仕途。

（3）殿试。

和明代一样，清代的殿试也是最高一级的考试，是皇帝对贡士的亲自复查，一般只排名次，不会黜落。由于殿试是皇帝亲策于廷，所以又称廷试。参加殿试者为会试中式的贡士。清初二月会试，三月放榜，四月初殿试。以后又改为三月会试，四月放榜，五月初殿试。乾隆十年（公元1745年）改为四月二十六日殿试，五月初一日“传胪”。乾隆二十六年（公元1760年）又改为四月二十一日殿试，二十五日传胪，以后遂为定制。

殿试的地点，清初在天安门外。顺治十五年（公元1568

① 《清史稿·选举志三》。

年)改于太和殿前丹墀考试。雍正元年(公元 1723 年)恩旨开科,议定于十月二十七日殿试,由于"天气已寒,诸贡士若照旧例在丹墀对策,恐砚池冰结,难以书写,著在太和殿内两旁对策,再传谕总管太监,多置火炉,使殿内和暖,诸贡士得尽心作文写卷"。乾隆五十四年(公元 1789 年)谕:"新进士殿试,著在保和殿考试。"①从此之后,清代殿试都在保和殿举行。

殿试的内容为时务策一道,从清初至清末相沿不变。清初,策题二三百字,所问仅二三事,如顺治四年(公元 1646 年)丁亥科殿试策为《求得真才》、《痛革官弊》及《筹饷》三项;顺治六年(公元 1648 年)己丑科殿试策题为《联满汉》、《养民力》、《化顽梗》三项。康熙以后,策题乃长至五六百字,分列四五项。策目问条,最初由内阁预拟,送皇帝钦定。为杜绝"泄漏揣摩"之弊,乾隆二十六年(公元 1761 年)改为殿试前一日,读卷官齐集文华殿,密拟策题八条,当即送皇帝圈定。待试题下发后,读卷官同赴内阁,由监试御史临场监视,内阁中书用黄纸端书试题,当夜在内阁大堂传工匠刊刻印刷。印刷时,护军统领带领护卫军校等,封闭内外门,严密稽查,直到第二天早晨,印刷完毕,方解除戒严。②

殿试试卷,用白宣纸裱成。前面是素页,备写三代履历,后面用红线画直行,行写策文,加以弥封。另给草卷一本,尺寸比试卷略小,供对策时起草。试卷、草卷,都由礼部备办。殿试对策,以一日为限,不准给烛。不能完卷者,列入三甲之末。交卷时,监试大臣逐卷画押,以防抽换。净场后,汇送受卷官,点明转送弥封官。弥封后,收掌官用箱盛储送读卷官评阅。

殿试为皇帝亲策,所命的评卷大臣叫"读卷官"。清初多

---

① 《清会典事例·贡举·殿试》。

② 《钦定科场条例·殿试·殿试读卷》。

在内阁满本堂阅卷，读卷官可觅公所随便居住。乾隆二十五年（公元1759年），为防止"潜通消息"，规定"嗣后读卷官大臣，俱在文华殿阅卷，歇宿处所，即于文华殿两廊，并传心殿之前后房间。令读卷官及监察之王公大臣、科道收掌等官一同住宿。自阅卷以后，其门上启闭，交与景运门护军统领，派护军管理"①。四月二十四日，读卷官进呈前10本。殿试卷上贡士的姓名、履历、三代始终弥封，直到皇帝圈定名次后，才开始拆封。皇帝圈定名次后，当天读卷官引前10名进见皇帝。引见后，读卷官至红本房，于卷面用朱笔书写"第一甲第一名"、"第一甲第二名"、"第一甲第三名"等名次。其他10名以外的试卷，读卷官随即到内阁拆封，照阅卷时所定的名次，填榜官12人，用满、汉文填写大、小"金榜"及三传折子。小金榜进呈皇帝御览，大金榜用"皇帝之宝"钤印公布。三传折子由鸿胪寺赴阁领去，至传胪日用以唱名。

传胪是皇帝亲临、宣布进士登第名次的典礼，十分隆重，于五月二十五日在太和殿举行。所有金榜于东长安门外张挂三日后，照例恭缴内阁。②

（4）朝考。

清代殿试传胪后三日，还要召集诸进士在保和殿进行朝考，从中选拔翰林院庶吉士，入选者称为"馆选"。清代每科皆选庶吉士，初期仿照明制选而后试，无一定之额。雍正元年（公元1723年），规定新进士先行考试，以"诗文四六各体出题，视其所能，或一篇，或二、三篇，或各体俱作，悉听其便"③。此后，庶吉士均先朝考后选拔。但此时的朝考只是作为参考，庶吉士的选拔还主要是"令内阁、九卿确行保举"，等候皇上"亲加选

① 《清会典事例·贡举·殿试》。

② 《钦定科场条例·殿试·传胪谢恩》。

③ 《钦定科场条例·朝考》。

定”。乾隆三年(公元1738年)废除大臣保举例,规定将诸进士按朝考成绩“依省分甲第引见,临时甄别录用”。道光二十一年(公元1841年),定期考试卷分一、二、三等进呈。自此,朝考成绩成为选拔庶吉士的主要依据。按照清代的规定,殿试一甲三名在传胪后立即授职,状元授翰林院修撰,榜眼、探花授翰林院编修。其他进士,则按会试复试、殿试、朝考三次所得等第的数字,特别是朝考所得等第的数字,分别授以庶吉士、主事、中书、行人、评事、博士、推官、知州、知县等职。至于在殿试、朝考时出现文字谬误或犯规的进士,则以知县归班,不予分发。①

庶吉士在馆学习三年,经过考试,“优者留翰林院为编修、检讨,次者改给事中、御史、主事、中书、推官、知县、教职”。凡是留在翰林院的,不久都会迁调异地官。史载,“有清一代宰辅多由此选,其余列卿尹膺疆寄者,不可胜数。士子咸以预选为荣,而鼎甲尤所企望。”②此言虽不无夸张之嫌,但进士受人重视,却是不争的事实。在清代的政治舞台上,许多飞黄腾达的人物,都是进士出身的;即使不做官,进士也有很高的社会声望。

2. 武科。

清王朝建立后,沿袭明代的制度,在开设文科的同时,开设武科。武科和文科一样,分童试、乡试、会试、殿试四级进行。被录取的人,分别有武生、武举、武进士等称号。顺治元年(公元1644年)定武举三年一考,子、卯、午、酉年乡试,次年会试。顺治二年(公元1645年),武科乡试正式开考。从此,武科考试持续了200余年,成为清代科举考试的重要组成部分。

(1) 武童试。

清代于府、州、县儒学中设武生名额。未取得武生资格的

①② 《清史稿·选举志三》。

叫武童生。武童生要获得武生资格，亦须参加县试、府试和院试。考试前，令本县之武举、武弁、武生、各教习将所教武童姓名开明具结，审查合格，方准赴考。县试录取后，造册送府试，府试合格后，造册送院试（由学政主持）。县、府试原卷，须合订呈送学政，以备与院试卷一起查对笔迹。未经县试、府试的武童，学政不得收考。武童试，三年举行一次，于学政到任的第一年举行。学政到达任所，即巡视所属学校，举行岁考，“先文生，次文童，将文案发过，然后考试武生、童”①。

武童试分三场：头场马射，驰马发三矢，全不中的不准考第二场。二场步射，连发五矢，全不中的与仅中一矢的不准考第三场。马射、步射合格，再试开弓、舞刀、掇石。以上考试，称为外场。第三场原试策论，后改为默写《武经》一段，是为内场。负责武举考试的各种官员，其名称、职责与文科考试同，只是人员数额大体减半。②

关于府、州、县武生的学额，清初多寡无定额。康熙十年（公元1670年）定武童学额照文童例，按大、中、小学取录，府20名，大州县15名，中州县12名，小州县七八名。如济南府学额岁试录取20名，历城县15名，郯城县12名，费县8名。咸丰、同治年间，因为捐输的缘故，许多地方的学额都有所增加。

武生在学期限为三年。除骑射外，还学习《武经》、《百将传》、《孝经》、《四书》等课程。如在学期间有骑射不堪、文理荒疏及品行不端者，许该教官详请学政斥革。武生同文生一样，要参加学政“按临”时三年一次的岁考，欠考三次以上者黜革。倘文艺较优不能骑射，准其告退，与文童一例考试。乾隆时规定武生入学30年及年届六旬不能骑射的，免岁考，给予衣顶，

① 《清会典事例·兵部·武科·武童生考试》。

② 《清史稿·选举志三》。

归州县管辖。武生举优，于学政三年任满时举行一次。由学政出具考语，题明送部。到部时，礼部考试文艺，兵部考试骑射，具奏请旨送入太学，准作监生。武生不设廪生和增生，武生举优，也没有贡生名目，加之监生可以捐纳，所以虽有举优之名，而应者却寥寥无几。

（2）武乡试、会试。

武科乡试于子、卯、午、酉年十月于布政使司进行考试，中式者称武举人。次年九月，中式武举在京师进行会试，会试由兵部主持，中式者称武进士。同文科一样，武科也有正科和恩科之分。

武生、绿营兵丁皆可应武乡试；武举及现任营千、把总，门卫所千总，年满千总，通晓文义者，皆可参加武会试。但年过60者，不许应试。后来，规定武会试只以武举出身者为限，其他出身者不许应试。康熙年间，欲取文武兼备之才，曾经允许文生员应武乡试，文举人应武会试，但"颇滋场屋之弊"，导致了许多弊端，于是从乾隆七年（公元1742年）起，停止了文武互试之例。

武乡、会试都分内、外三场进行。顺治二年（公元1645年）规定：首场马箭射毡球，发九矢中二矢为合式；二场步箭射布猴，发九矢中三者为合式。马箭、步箭后，再开弓、舞刀、掇石以试技勇，顺治十七年（公元1660年），停试技勇，康熙十三年（公元1674年）恢复，并将头、二场考试内容作了一些修改。

武举之内场，清初试策二篇、论一篇，由巡抚出题。康熙四十八年（公元1709年）改试论二篇，题用《论语》、《孟子》；策一篇，题用《孙子》、《吴子》、《司马法》。乾隆二十四年（公元1759年）改为《武经》论一篇、策一篇。

清初，武乡、会试录取，"外场但有合式一格，其中弓马优劣，技勇强弱，无所轩轾。内场但凭文取中，致娴骑射、习场艺

者或遭遗弃”①。为解决这一矛盾，康熙五十二年(公元1713年)，下令武会试选择外场马、步箭，技勇俱优的考生编成“好”字号，密送内帘。内场试官先于其中择文理通晓者取之。数额不足，才从合式卷内选举。雍正二年(公元1724年)，又令各省武乡试外场考后也一体编“好”字号，后来又于“好”字号内再分“双好”和“单好”。内场先中“双好”，次中“单好”。乾隆以后，“外场严合式之格”，同时逐渐简化内场的考试内容。到了嘉庆十二年(公元1807年)，干脆将内场策论改为默写《武经》一段，约百余字，有不能书写或涂写错乱者，即为违式。此后，武乡会试“遂专重骑射、技勇，内场为虚设矣”②。

武乡试中额，不同的时期有所不同，略相当于文闱之半，全国数额多至300，少至100余人。山东的武乡试中额基本保持在40—70人之间，顺治、康熙前期与咸丰、道光间额数略高于其他时期。顺治二年(公元1645年)，乙酉科山东中额为63名。康熙二十六年(公元1687年)，山东中额为48名。康熙二十九年(公元1690年)庚午科后则减为45—48名之间，直到道光年间。咸同年间山东武乡试中额略有增加，一般在50名左右。武会试中额不定，康熙五十二年(公元1713年)分省取中，临期按武举外场合式人数请旨裁定。

(3) 武殿试。

武殿试是清代武科的最高一级考试，内容包括试策和考试马、步射，弓、刀、石等项。顺治二年(公元1645年)，会试后十月十五日举行殿试，以内阁部院翰詹各堂四人为读卷官，兵部满、汉堂官为提调，御史为监试。清初武殿试策题如文科殿试例，策目问条进呈由皇帝钦定三条。嘉庆时停试策，改为默写《武经》约百字。十七、十八日，于中南海紫光阁由皇帝亲试

①② 《清史稿·选举志三》。

马、步箭，十九日在景运门外箭亭亲阅开弓、舞刀、掇石，并御笔加记，以后遂为定制。①

十月二十日在太和殿传胪，传胪仪制与文殿试相仿。武进士也分三甲，第一甲三名赐“武进士及第”，二甲若干名赐“武进士出身”，三甲若干名赐“同武进士出身”。一甲三名，分别称为武状元、武榜眼、武探花。传胪后武殿试榜由兵部张挂于西长安门外。传胪当日赐武状元盔甲、弓箭、腰刀、撒袋、带、靴袜等物，其余武进士赐银五两。巡捕营备伞盖仪从，送武状元归第。传胪日的第二天，率武进士上表谢恩。然后，武进士分别以武职录用。“初制，一甲进士或授副将、参将、游击、都司，二、三甲进士，授守备、署守备。以后，一甲一名授一等侍卫，二、三名授二等侍卫。二、三甲进士授三等蓝翎侍卫，营、卫守备有差。”②

根据清人朱彭寿的《旧典备征》卷四《武鼎甲考》之记载，清代从顺治二年（公元 1645 年）到光绪二十四年（公元 1898 年），共举行武殿试 109 次，山东共考取武状元 14 人、武榜眼 8 人、武探花 5 人，仅低于直隶（武状元 27 人、武榜眼 18 人、武探花 15 人），在全国 21 个武举考试单位中名列第二。排名全国前五位的是直隶、山东、汉军（共 19 人）、河南（共 16 人）、顺天（共 15 人）。③ 这说明，与文举相比，在武举方面，北方人占有较为明显的优势。

总之，科举考试制度自隋创立以来，历经数百年的演变，到明清时期，已经成为一种非常成熟和完备的官员选拔制度。明

---

① 鄂尔泰、张廷玉编纂：《国朝宫史》（上），北京古籍出版社 1987 年版，第 68—69 页。

② 《清史稿·选举志三》。

③ 参见李国钧、王炳照总主编：《中国教育制度通史》（第五卷），山东教育出版社 2000 年版，第 418 页。

清统治者为保证考试的公平和公正，建立起了一整套严密、细致的科考规则，但同时也导致了科举制度的定型和僵化。虽然统治者屡屡发布命令，不遗余力地打击舞弊行为，然而这一行为却从未止息。当然，通过科举制度，统治者确实选拔了不少人才，但从另一个方面来看，考试范围日益狭窄，考试文体呆板固定，考试内容与社会发展相脱节，过分突出科举考试的选拔功能，窄化学校教育应有的职能，这不仅败坏了学风和社会风气，并在很大程度上阻碍了各类人才的脱颖而出。明清时期科举制度的成败利弊，为后世考试制度的改革留下了极为深刻的经验教训。

第三节　明清时期山东的状元

明清时期，山东承绪宋元之势，在各布政使司（直省）的考试格局中依然占有十分重要的位置。不过，由于江南诸地区的文化教育亦非常发达，加之统治者着意推行分省录取制度，使山东士子中式数额的位次有所下降。即便如此，山东仍可称为科举考试之重镇。以下即分明、清两部分，对这一时期山东籍状元的生平与事迹略作介绍。

一、明代山东的状元

朱元璋建立明朝后，即举行文武科考试，选拔天下贤才。明代文科考试只考一科，即进士科。考试内容以“四书”、“五经”等儒家经典为主，答题也须依照儒家经典，所试文体专用排偶对仗的八股文。此时方明确规定“状元”是殿试“一甲第一名”的专称。据统计，明朝共开科 90 次，取士 24000 余人，状元 91 人（洪武三十年有春夏两榜状元），其中山东籍状元 5 人。在明代武举中，没有山东籍人士获状元称号。

（一）韩克忠

韩克忠（？—1425年），字守信，武城（今山东武城）人。明太祖洪武三十年（公元1397年）丁丑科北榜（或称夏榜）状元。

“北榜状元”之称，起因于明初的一场科举大案。明初，取士不分南北，也无定额。洪武三十年，参加三月殿试的进士共52人，全部来自南方。北方人对此大鸣不平，怀疑是刘三吾、纪善等考官偏袒同乡，贬斥北方士子。当时，大明政权刚刚建立不久，根基还不稳固，尤其是北方人长期受元朝的统治，对明朝还多存疑心，这对明政权是一个潜在的不安定因素。这场取士风波的发生，更加重了朱元璋的不安。要巩固明王朝的政权，对北方人必须设法笼络，尤其是对北方士子更要如此。所以，朱元璋一边对刘三吾等诸考官大加责难，一边又急命前科状元侍读张信等12人对试卷进行复查。作为南方人的张信，也倾向于刘三吾的观点，并未了然朱元璋的真实意图，复查结果和刘三吾等人一样。朱元璋更加震怒，将张信、白信蹈等十余人处死，刘三吾年老免死，充军新疆。是年六月，重新举行殿试，朱元璋亲自阅卷，录取进士61名，全是北方人。所以，该榜进士叫做“北榜”，或称“夏榜”。

韩克忠状元及第后，授翰林院修撰，掌修国史。他学风淳实，恪尽职守，深受朱元璋的称赞，及第后仅三个月，便被擢为国子监司业。当时，国子监学政多堕，混乱不堪。韩克忠到任后，与祭酒张显宗整饬学政，修订监规，创立法制，兴废补坏，使国子监再次兴旺发达起来。

明建文年间，惠帝以韩克忠年轻聪慧，升迁其为河南按察佥事，主管司法事务。明成祖朱棣即位后，韩克忠被贬为涿鹿县令。明仁宗洪熙初年，韩克忠被起用为监察御史，不久死于任上。

（二）马愉

马愉（？—1447年），字性和，号澹轩，青州临朐（今山东临朐)人。明宣宗宣德二年(公元1427年)丁未科状元。

马愉7岁才会说话,但此后聪明异常,下笔成文。永乐十八年(公元1420年)马愉夺省魁,宣德二年廷对第一。自明朝开科至此已有15科,以廷对魁天下者,此前皆为南方人,北方诸省出状元自马愉始。状元及第后,马愉得授翰林院修撰,掌修国史。宣德九年(公元1434年)秋,明宣宗诏令特选以马愉为首的史官、庶吉士等37人进学文渊阁。据载,马愉曾劝皇帝毋骨肉相残,皇帝从之。第二年,宣宗驾崩,皇太子朱祈镇继承大位,是为英宗。英宗年幼践祚,朝政由太皇太后张氏摄持,委任杨士奇、杨荣、杨溥(时称"三杨")辅佐。正统元年(公元1436年),杨士奇举荐四人为侍讲、侍读,侍从英宗诵读经史,马愉便是四人之一,并充任经筵讲官,不久再迁至侍读学士。当时,司礼太监王振权倾朝野,视"三杨"为眼中钉,且经常插手内阁事务。王振借口杨士奇、杨荣等人年事已高,欲选任年富力强的人以替之,杨荣便上疏,将"贤德之人"马愉、曹鼐、苗衷三人推荐给英宗,以牵制王振。马愉遂以侍读学士身份入内阁,不久升为礼部右侍郎。

马愉为政宽厚,仁慈为怀,其内政外交上的建议,屡被英宗采纳。马愉入阁不久,杨荣、杨士奇、杨浦三人先后病死。王振专权跋扈日甚,朝廷政务日非。马愉等人虽然尽力报国,也只是杯水车薪,回天乏术。正统二十年(公元1447年),马愉病死于任上,享年53岁,被英宗诏赠为礼部尚书兼学士,谥号襄敏。明代赠官之兼职自此始。

(三)焦竑

焦竑(公元1540—1620年),字弱侯,号漪园,又号澹园,祖籍莒州日照(今山东日照),户籍江苏江宁(今江苏南京)。明神宗万历十七年(公元1589年)己丑科状元。

焦竑出身于书香门第,少年时即有大志。年幼时初拜督学御史耿定向为师，朝夕问学，后又问学于罗汝芳，学业大进，于嘉靖四十三年（公元1564年）乡试中举。此后，曾参加过几次会试，但都落第而归，直到50岁时方中状元。及第后，焦竑授官翰林院修撰，被选为皇长子讲官，自此步入仕途。但他性情耿直，不谙世故，因而仕途颇为坎坷。

焦竑入翰林院不久，大学士陈士陛上书万历皇帝，建议修国史，推荐焦竑主持这项工作，但是焦竑谦逊不就，只同意以一般撰写人的身份参与修撰。别人还未动笔，他已率先撰写出了《经籍志》，被其他翰林讥笑为太“认真”。他不仅勤于讲官职守，还广采博取历代储君可效法和诫勉的事迹，编成《养正图说》一书，准备进献给皇长子，被皇帝阅览后大加赞赏。由于焦竑恪尽职守、勤于撰述，与流俗不合，因而屡被他人诋毁。

万历二十五年（公元1597年），焦竑出任顺天乡试副主考，因录取的举人曹蕃等九人的卷子中多次出现险诞之语，于是遭到弹劾。焦竑虽上书辩解，但因他素负重名，又秉性耿直，为当时执政大臣所嫉恨，于是被贬为福宁州同知。一年后，在朝廷对官员考核时，焦竑又被指斥为任职以来无政绩，再次被降职。九年的仕宦生涯使焦竑心灰意冷，于是辞官不出，退隐田园，专事著述。

焦竑去官后，博通群书，自经史典籍至稗官杂说无不涉猎，尤精于文史之学。他治学严谨，不入俗流，常有独到之处。他擅长写作古文，风格典雅，卓然名家，还工于书法，被誉为东南儒者之宗。

焦竑藏书宏富且著作颇丰，主要有《澹园集》、《澹园续集》、《焦氏类林》、《禹贡解》、《逊国忠臣录》、《焦弱侯问答》、《献征录》、《俗书刊误》、《熙朝名臣录》、《国史经籍志》、《中原文献》等，由此奠定了他著名学者、文献学家、藏书家等的美誉。万历四十八年（公元1620年），焦竑以80岁高龄谢世，死后追谥文端。

（四）朱之蕃

朱之蕃（公元1561—1626年），字元介，号兰嵎，原为东昌府茌平（今山东茌平）人，后附南直隶籍（今南京）。明神宗万历二十三年（公元1595年）乙未科进士。

朱之蕃出身于一个小官僚家庭，自幼工书善画，诗文皆能。中状元后，按惯例授翰林修撰，历官左谕德、庶子、少詹事，累致礼部、吏部侍郎，为人耿直，为官清廉。万历三十三年奉命出使朝鲜时，凡当地人的馈赠，他一概拒收。朝鲜人为得其书画，送给他貂皮、人参为贽，他将其全部卖掉，用来购买法书、名画、古玩，收藏富甲南都。

朱之蕃勤奋好学，著述不辍，著有《使朝鲜稿》、《纪胜诗》、《南还杂著》、《兰嵎诗文集》等。其诗很有韵味，而且是明代状元中唯一以画著称者。他擅长山水，书法颇得颜真卿、文徵明之笔意。他于泰昌元年（公元1620年）所作《君子林图》卷，现收藏于北京故宫博物院。

朱之蕃生性慷慨，乐于助人，与邻居关系甚恰。其母去世后，他去职服丧，归隐田园。丧满后，朝廷屡次召他，他都辞却不出。临死前，他对儿子朱从义说："人生聚则成形，散则成气，一去一来而已。"笑谈而逝，享年66岁。

（五）赵秉忠

赵秉忠（公元1574—1626年），字季卿，号琪阳，青州府益都县（今山东青州）人。明神宗万历二十六年（公元1598年）戊戌科状元。

赵秉忠出身世宦之家。其祖父赵通、父亲赵禧均曾在朝为官。其父赵禧为人正直忠厚，官至礼部右侍郎。赵秉忠自幼勤奋好学，15岁时补府学生员，中状元时年仅25岁。

赵秉忠在廷试对策中，围绕着思想教化和纲纪法度这一主

题，详尽地阐述了治国的主张。他尤其强调了法治的重要性，认为朝廷制定纲纪大法，不仅要悬于皇宫大门两侧，还要写于法律条文之首；不但要首先在朝廷内实施，而且还要推广到郡国天下，以至边疆海域；强调君主要率先做出榜样，以激励百官庶民。万历皇帝在赵秉忠的卷首朱批“第一甲第一名”。赵秉忠凭借其聪明才智夺得了状元桂冠。

赵秉忠这份殿试试卷（俗称《状元卷》），在他辞世 357 年后的 1983 年春在其家乡发现。《状元卷》为册页、纸本，封底、封面全绫装裱，卷长3.3米，宽 38 厘米。卷首为赵秉忠及其上三代简历，正文之前有顶天朱批“第一甲第一名”六个大字，为明神宗朱翊钧所书。正文共 19 折，每折 6 行，以馆阁体小楷书写，共计 2460 字，朱笔断读，是明代典型的八股文。正文之后有九位读卷官的职衔、姓名，并钤有“礼部之印”、“弥封关防之印”各一方。它是我国现发现的唯一一份《状元卷》原件，至今保存完好，属于国家一级文物，真本珍藏于山东省青州博物馆。

赵秉忠中状元后，授职翰林院修撰，掌修国史。其后，赵秉忠又任少詹事、礼部侍郎，累迁礼部尚书。熹宗朱由校继承大位后，宦官魏忠贤专权，在朝中广植阉党。杨涟、左光斗、袁化中、魏大中、高攀龙等大臣因弹劾魏忠贤而遭杀害。在当时上疏弹劾魏忠贤的朝臣中，有赵秉忠的门生周顺昌、缪昌期等人，赵秉忠又不肯投靠魏忠贤，魏忠贤曾屡次在熹宗面前诋毁赵秉忠，企图加害于他。赵秉忠见朝中阉党横行，政治昏暗，自己对此也无能为力，曾多次上疏请求去职还乡。熹宗见他去意甚坚，遂迁其为礼部尚书，允准其请。不久，却遭魏忠贤陷害，被削职还乡。

天启六年（公元 1626 年），魏忠贤又大兴冤狱。周顺昌、缪昌期等皆惨死狱中。赵秉忠虽归隐田园，远离朝廷，在家过着著书立说的生活，但他仍以朝廷为念。眼看魏党横行，祸国殃

民，他忧戚日加，于是年罹病，愤懑而死，时年 53 岁。崇祯初年，朝廷铲除魏党势力，诏令赵秉忠官复原职，追赠太子太保衔，官赐厚葬。

二、清代山东的状元

清朝科举始于顺治三年，其中顺治九年、十二年（公元 1652 年、1655 年）实行满汉分榜，每科状元各一名。自顺治三年至光绪三十年（公元 1904 年），清代共开科考 112 次，取状元 114 人，其中山东籍状元 6 人。此外，在武科考试中，尚有山东籍状元 15 人。由于篇幅所囿，以下仅对 6 名文状元之事迹略作介绍。

（一）傅以渐

傅以渐（公元 1609—1665 年），字于磐，号星岩，学者称星岩先生，祖籍江西永丰，东昌府聊城（今山东聊城市）人。清顺治三年（1646 年）丙戌科状元。

傅以渐自幼聪颖过人，勤奋好学，3 岁即能诵书，5 岁熟读经史，10 岁便写得一手好文章，曾被选为诸生，受业于莘县孙兴公，屡次考试皆夺魁，顺治二年即乡试中举，在乡里传为佳话。

傅以渐状元及第后，深受清廷重视，屡屡封官晋爵，入仕十年便升至内阁大学士，身居政坛要津，是清代升官最快的状元之一。傅以渐状元及第后，先被授弘文院修撰。之后，充任会试同考官、《明史》纂修官、迁升国史院侍讲、左庶子、秘书院侍讲学士、少詹事、秘书院大学士等职。顺治十二年（公元 1655 年），上《安民策》，因甚合国情君意，加太子太保，成为康熙的老师。不久，充任《明史》、《太宗文皇帝实录》纂修，《太宗圣训》及《通鉴》总裁，又受命作《资政要览》后序，复核《赋役全书》等。顺治十三年，傅以渐上疏乞罢归乡，顺治帝不许。顺治十四年，又奉命修《易经通注》。顺治十五年，傅以渐带病主持会试大考，继而加封少保衔，进阶光禄大夫，不久改任武英殿大学士兼兵部尚书。此后，他多次上疏请求辞职。直到顺治十八年（公元1661年）初，顺治帝驾崩，康熙帝即位才准其辞职。康熙四年（公元1665年）病卒，终年57岁。

傅以渐仕宦15年，以清廉、勤政、关心百姓疾苦著称于世。他虽身居相位，但生活俭朴，行为规范，不求名利，奖掖后进。临终遗言不要抚恤，不要追加封号。傅以渐精于考究，严于治学，学识广博，精通经史，著述与奏议颇丰，名声播于四海，其道德文章被誉为"一时之冠"。

（二）邓忠岳

邓忠岳（公元1685—1750年），亦作邓钟岳，字东长，号晦庐，东昌卫（今山东聊城市）人。康熙六十年（公元1721年）辛丑科状元。

邓忠岳自幼天慧过人，品行端厚。其父酷爱藏书，在江南做官时常以千金购书，这为邓忠岳提供了得天独厚的读书条件。他刻苦好学，博览群书，不仅将家中藏书读尽，且常借读他人之书，故以博学多闻传扬于桑梓。

邓忠岳状元及第后，授职翰林院修撰，雍正元年（公元1723年）出任恩科江南乡试副主考，雍正四年以侍讲身份出任江南学政，雍正七年改任广东学政，次年六月由詹事府少詹事升为内阁学士，任广东广韶学政，雍正十一年四月升礼部右侍郎，九月因事革职。乾隆元年（公元1736年）出任浙江学政，乾隆六年由太仆寺少卿迁通政使，次年再任礼部右侍郎，乾隆九年以礼部侍郎出任江南乡试主考，迁礼部左侍郎，乾隆十二年再任江南乡试主考，乾隆十三年致仕回乡，乾隆十五年（公元1750年）谢世，享年66岁。

邓忠岳为官二十余载，曾三典乡试，四任督学，主掌地方抡材大典、学校之政，功绩颇著于天下。任江南学政时，刊刻《近思录》、《白鹿洞书院学规》等书，以教士子。提督广东学政时，按照《程氏分年读书法》教授学生研读经史，促进了当地教育质量的大幅提高。任浙江学政时，教授师生要"知廉耻、重名节、轻私利"，达观处世，宽厚待人。任江南学政时，曾于院试时破格提拔史可法之孙，为时人所称道。

邓忠岳门风严谨，对兄弟友爱相亲。他能书善文，精通《易经》，著有《知非录》、《寒香阁诗集》等。

（三）孙毓桂

孙毓桂（公元 1810—1870 年），字犀源，号梧江，济宁直隶州（今山东济宁市）人。清道光二十四年（公元 1844 年）甲辰科状元。

孙毓桂出身于显宦之家。其祖父孙玉庭，曾历任广西按察使，湖南、湖北、安徽布政使、广西、广东、云南、浙江巡抚，湖广总督、两江总督、协办大学士、体仁阁大学士等要职，政绩卓著。其父亦为政要，官至江苏巡抚。其叔孙瑞珍、堂弟孙毓汶都官至尚书。孙氏家门之盛，著称齐鲁，在北方名门望族之中，与诸城刘统勋、新城王渔阳家族齐名。

孙毓桂自幼好学上进，加之深受父、祖辈影响，十分热衷科举功名。中状元后，授职翰林院修撰，掌修国史。道光二十六年（公元 1846 年）至二十九年（公元 1849 年）以修撰出任云南学政。在任上协助总督林则徐处理事务。此后转地方官，官至山西、浙江按察使，代理浙江布政使。咸丰二年（公元 1852 年）因病去职，卒于家中。

（四）孙如仅

孙如仅（公元 1820—1880 年），字亦何，号松坪，济宁直隶州（今山东济宁市）人。清咸丰三年（公元 1853 年）癸丑科状元。

孙如仪中状元后，入仕十年内升至内阁学士。他先依例被授翰林院修撰。咸丰五年出任陕甘提督学政，咸丰九年、十年均以修撰衔充会试同考官，十一年任经筵讲官。同治元年（公元1862年）三月，以庶子充会试同考官，七月以侍读学士差派云南学政，八月调任江苏提督学政，十二月升为内阁学士。内阁学士位次内阁大学士，掌管传达诏命、章奏，官从二品。同治三年七月因回乡奔丧而离职。

孙如仪在督办学政和任科举同考官时，秉正公允，为人所称。出任陕甘提督学政时，所撰文章多被左宗棠督办新疆时采纳，其他著述及晚年事迹不详。

（五）曹鸿勋

曹鸿勋（公元1848—1910年），字仲铭，号兰生，莱州府潍县（今山东潍坊市潍城区）人。清光绪二年（公元1876年）丙子科状元。

曹鸿勋自幼好学，清同治十二年（公元1873年）作为“拔贡”入国子监，并以优异成绩名列一等，被分配到刑部任七品京官。状元及第后，曹鸿勋授职翰林院修撰，掌修国史。光绪五年，出任湖南乡试副主考，七年出任提督湖南学政。到任后即亲临各地视察，并从各地选拔优秀学生，使之入省城书院观摩学习。自此，诸生眼界大开，边僻诸府学风大为改变。光绪十一年（公元1895年）九月，他任职期满，请假回家省亲。次年五月，假满返京供职。

光绪十三年（公元1887年），曹鸿勋任上书房行走，奉慈禧和光绪皇帝之命教授载润。光绪十五年正月，曹鸿勋被授予五品衔，同年六月任陕西乡试主考，旋即改为江西乡试副主考。光绪十六年，出任翰林院庶常馆教习。光绪十九年，回京复任，仍在上书房行走。

光绪二十年正月，慈禧太后六十大寿，赏曹鸿勋四品衔。

从光绪十四年至光绪二十年，朝廷前后两次考察京官，曹鸿勋均得一等，受到慈禧太后和光绪皇帝的召见，并令军机处备案，以道员补空缺。不久，光绪帝命其以四品衔充任日讲起居注官，随皇帝出席重大活动，笔录皇帝言行，按年编次起居注，再出任右春坊右赞善、武英殿纂修、左春坊左赞善等职。

光绪二十三年（公元 1897 年），曹鸿勋知云南永昌（今云南保山）府。永昌地处偏远，属汉族与少数民族杂居之地，素称难治之府。他到任伊始，即平反数起大案，百姓皆称其明断。他还经常到乡村视察，凡有益于民生之事，无不竭力为之。曹鸿勋因政绩显著，调任为云南知府，后又任云南迤东道道员，继而署理云南粮储道，职司全省漕粮。光绪二十七年，任云南按察使。光绪二十九年，擢任贵州布政使，并代理贵州巡抚。光绪三十一年调补湖南布政使，旋即拜陕西巡抚。光绪三十三年，奉旨还朝协办资政院事务。宣统二年（公元 1910 年）九月，曹鸿勋病卒，享年 63 岁。

曹鸿勋断狱干净利落，为官办事认真，曾上书要求停修颐和园。他工于书法，作品被收入《宋元明清书画家辞典》，著作有《校经堂初集》四卷行世。

（六）王寿彭

王寿彭（公元 1874—1929 年），字次篯，一字眉轩，莱州府潍县（今山东潍坊市潍城区）人。清光绪二十九年（公元 1903 年）癸卯科状元。

王寿彭家境十分贫寒，少年时刻苦读书，17 岁中秀才，26 岁中举人。状元及第后，王寿彭授职翰林院修撰，后入进士馆学习法政，以第一名毕业，随即被派赴日本考察政治、实业和教育。考察归来，写成《考察录》一书，倡导改良教育和实业。宣统二年（公元 1910 年），被授予湖北提学使，后兼任布政使。在任期间，创办了两湖优级师范学校，并首创预算制度，还制订了学堂章程，被推广到各地学校试用。因其政绩卓著，兼任湖北代理巡抚。辛亥革命爆发后，王寿彭仓促离鄂，返回原籍。

王寿彭返回济南后，任山东都督府秘书、教育司长等职。袁世凯窃取大总统职位后，任命他为总统府秘书，但只让他负责文书事宜，不让参与机要。北洋政府总统虽屡易其人，因王寿彭有状元头衔，秘书位置始终未动。1925 年，张宗昌任山东军务督办时，为装潢门面，请王寿彭回山东任教育厅厅长。1926 年，王寿彭把当时省立的农、工、矿、医、法、商各专门学校，合并为山东大学，又增设文科，自己兼任校长。1928 年，国民革命军进入山东，王寿彭与张宗昌等一起被列为通缉要人，于是随张宗昌逃到天津租界定居。1929 年冬，病逝于天津。

第七章 山东现代考试制度在清末的艰难起步

中国是一个高度重视知识的国度，在长达两千余年的封建社会里，一直将一个人对知识的掌握程度与其社会地位的高低相联系，尤其是当科举考试成为国家选拔人才的主要途径后，中国成了世界上唯一官吏皆知识分子的国家。然而，中国封建时代知识分子的知识内涵是被限制在伦理道德范围之内的，从三字经、千字文到四书五经，他们在熟练背诵这些经典的同时，便自觉不自觉地接受了其中的价值观，把自我的道德修养与家庭、国家的荣耀相联系。他们大都遵循“学而优则仕”的古训，苦读寒窗的目的是为了一朝金榜题名。通过科举考试取得功名，既能光宗耀祖，更是实现修身、齐家、治国、平天下梦想的唯一途径。从这一方面讲，可以说，科举考试是中国封建社会得以长期繁荣发展的重要因素。中国封建社会的统治者是重视科举考试的，他们自上而下建立起了完备的考试制度体系，不仅有了严密的组织系统，而且在考试内容和形式上都有了标准化的要求。他们认识到，科举考试不仅是选拔人才的一种方式，更重要的在于可以通过科举考试来规范包括学校教育在内的一切教育活动。靠着科举制度，开创于春秋战国时期的儒家学术得以延续，儒家的道德观念也演变为社会的主流价值体系。在家为孝子，于国做忠臣，几乎成了读书人终生奋斗的目标。通过科举考试来规范教育教学活动，并通过这些活动进行道德观念的灌输和行为习惯的养成，教育顺理成章地成了统治者用以维持其统治的行政手段。就此而言，中国封建社会的统治者是成功了，因为当欧洲资本主义的萌芽得以充分发展，并最终酿成一场声势浩大的社会革命运动的时候，中国却迎来了封建社会新的繁荣发展的历史时期。中国以往的许多史学家对"康乾盛世"总是津津乐道，称其是空前繁荣的历史时期，但他们没有看到，这个所谓的空前繁荣发展是与世界潮流背道而驰的。当时，完成了资本原始积累的西方主要资本主义国家犹如一群极度膨胀的亟须开辟海外市场的怪物，而一个靠农业经济聚集了一定财富的国家，就好像一座不设防的库房，鸦片战争的悲剧是必然会发生的。

鸦片战争后，中国的知识分子开始研究西方社会。当魏源认识到，西方列强之所以能轻而易举打败中国，原因在于其握有"长技"，并提出"师夷之长技以制夷"主张的时候，便是中国漫长而艰难的工业化进程的开端。所谓"洋务运动"，其实质是中国一批高级官吏（当然，他们也是知识分子）试图在不改变社会政治制度的前提下，仿效西方工业文明对中国的社会经济实施改造的一种努力。这场持续了30多年的向西方学习的运动，并没有改变清王朝日趋没落的颓势。甲午之战的惨败和八国联军在京师的肆虐，打破了这些握有一定权力的知识分子的"强国梦"。严酷的现实告诉他们，欲免被列强瓜分的噩运，中国必须进行较为彻底的社会变革。

20世纪最初的10年是清末统治者自上而下推行新政的一段历史时期。综观新政所带来的影响，其最重要的成就莫过于教育上的变革——中国的教育开始脱离传统教育的轨道，向现代教育迈进。在这一过程中，变革的焦点是科举考试的废止和新式考试制度的建立。

第一节 清末新政时期的山东教育变革

一、清末新政与山东大学堂的创设

洋务运动因甲午惨败遭受重挫后，中国并没有停止社会改革的步伐。以康有为、梁启超、谭嗣同、严复等人为代表的新一代知识分子的影响力日益扩大。他们提出的社会改革主张得到光绪皇帝的支持，并制定了一套包括政治体制、经济政策和文化教育改革在内的变法措施。从历史发展的角度看，戊戌变法是洋务运动的继续和发展，旨在将中国工业化的进程由小范围的器物方面的变革，向全社会和制度层面的变革延伸。然而，这场由新一代知识分子推动的维新运动仅仅坚持了百日，便因光绪皇帝被软禁而夭折。由于变法维新是社会发展的大势所趋，而倒退只能是死路一条。因此，当顽固派倒行逆施和盲目排外的种种举措最终演变为一场空前的政治灾难的时候，清廷重又举起了变法的旗帜。

1901 年 1 月，逃亡中的晚清统治者以慈禧太后的名义颁布了实行变法的懿旨，要求朝廷百官、驻外使臣和各省督抚对“朝政国故、吏治民生、学校科举、军政财政”等方面的变法措施“各抒所见”，从而表明了推行新政的态度。从此后 10 年间清政府的革新措施看，新政涉及到了官制、兵制、工商和教育。尽管清末新政的内容远不及戊戌维新深刻，但毕竟开启了社会改革的大门，有利于社会生产力的发展和新的生产关系的形成，尤其是在教育方面的一系列改革举措，是根本性的。

1901 年 9 月,清廷发布“上谕”,规定了教育变革的原则和具体方法。“上谕”说:

> 人才为政事之本,作育人才,端在修明学术。历代以来,学校之隆,皆以躬行道艺为重,故其时体用兼备,人才众多。近日士子,或空疏无用,或浮薄不实,如欲革除此弊,自非敬教劝学无由感发兴起。除京师已设大学堂,应行切实整顿外,著各省所有书院,于省城均改设大学堂,各府及直隶州均改设中学堂,各州县改设小学堂,并多设蒙养学堂。其教法当以四书五经纲常大义为主,以历代史鉴及中外政治艺学为辅,务使心术纯正,文行交修,博通时务,讲求实学,庶几植基立本,成德达材,用副朕图治作人之至意。著各该督抚学政切实通饬,认真兴办,所有礼延师长,妥定教规,及学生毕业应如何选举鼓励,一切详细章程,著政务处咨各省悉心酌议,会同礼部复核具奏。将此通谕知之。①

这一纸“上谕”开启了中国教育大变革之门,其关键点在于,明确了由小学到中学,再到大学的三级学校教育体制和课堂教学形式,并认可了将“中外政治艺学”作为教学内容。这里的“政治”是指社会科学,而“艺学”则是指自然科学。虽然“上谕”仍强调了四书五经和伦理纲常在学校教育中的主导地位,依然坚守着“忠臣清官”、“孝悌人伦”的价值取向,也没有给西方自然科学的教学留下多少余地,但是改革的大门一旦打开,便不会完全按照统治者的意愿发展。或许是工业化的道路必须以现代教育为其先导,也或许是新式知识分子举办新式教育的愿望积蓄已久,当教育革新的闸门打开后,便很快汇成了一股如潮的洪流,其势头之猛、发展之快和冲击力之强,都是统治者所无法预知的。

① 朱寿彭:《光绪朝东华录》(四),中华书局 1958 年版,总第 4719 页。

山东是儒家学术的发祥地，有着重视教育的传统。明清两朝，不仅官学有了可观的规模，书院和各种形式的私学教育也得到充分的发展。鸦片战争后，虽然西方的教会组织从1862年便开始在山东设立教会学校，运用现代教育教学形式传授西方社会科学和自然科学，但由于有浓厚的军事侵略和经济掠夺的背景，这些教育组织一直受到山东官方和民众较为普遍的抵制，其影响是有限的。在洋务运动期间，山东除北洋水师在威海创办过水师学堂（1890年），在烟台设立过海军学堂（1894年）外，无人创办过新式教育组织。因此，直到1901年，山东的教育仍在上千年延续下来的沉闷氛围中年复一年地围绕科举考试运转。

晚清政府推行新政时，山东的巡抚是袁世凯。多年编练新军的经历，使他敏锐地嗅到了政治机遇的到来，他是这次新政的积极响应者。在1901年春天的“应诏陈言”中，他便提出了“广建学堂”的主张，并开始了新式学校规制的筹划。当年9月，接到兴办新式学校的“上谕”后，袁世凯在通饬各府、州、县遵诏举办中、小学堂的同时，将济南的泺源书院改设为大学堂，并组织人拟定了《山东省城试办大学堂暂行章程》。在奏折中，袁世凯慷慨陈词，他说：“国势之强弱，视乎人才，人才之盛衰，原于学校。诚以人才者，立国之本，而学校者，又人才所从出之途也。……盖各国学校之制，大都因时以损益，历久而观成。中国则古制就湮，事同创始，既不可徇俗以安于简陋，亦不可骇俗而病其繁难。要使等级不至相陵，规模于焉大备，庶几人易从学，学易收效，而才彦可期蔚兴矣。”①由于当时中小学堂均未举办，大学堂不可能有合格的生源，袁世凯遂决定将大学堂分

① 袁世凯：《山东省城试办大学堂暂行章程奏折》，载山东教育史志编纂委员会办公室编：《山东教育史志资料》，1983（2），第70—71页。

为备斋、正斋、专斋逐次递升的三个部分。备斋，相当于小学堂，“习浅近各学”；正斋，相当于中学堂，“习普通学”；专斋，是正式的大学堂，“习专门学”。因专斋只能在备斋、正斋培养出合格人才后才能举办，所以当时山东大学堂暂不设专斋。为保证学生自幼打下中学的根柢，袁世凯认为，在备斋之外，还须另设蒙养学堂，招收 7 岁儿童，用 8 年的时间“专令讲读经史，并授以简易天文、地舆、算术，毕业后选入备斋”。

备斋学制为 2 年，学习的课程包括四书五经、历代史鉴、国朝掌故、英文、德文、法文、数学、舆地、泰西近百年新史、柔软体操等。正斋学制为 4 年，学习的课程分为政治学和艺学两大类。政治学包括中国经学、中外政治学（含法学）、中外史学；艺学包括数学、天文学、地质学、物理学、化学、生物学、测量学、外语（含英、德、法文）、器具体操等。专斋的学制为 2 至 4 年，设中国经学、中外史学、中外政治学、方言学、商学、工学、矿学、农学、测绘学、医学，共 10 个学科，要求学生择一学科为主业，以具专长。

1901 年 11 月，山东大学堂的备斋招收第一届学生，名额是 300 人。《山东省城试办大学堂暂行章程》对招生办法、学生资格、课堂教学要求和学业考试都作了明确的规定。

关于招生办法，《章程》规定了初试加复试的方法。初试时，按府、州大小，将名额分为三等。十府、两直隶州共考选 220 名，其余 80 名，在省城就近考选。初试所考选的人员可多于名额的三分之一，以备复试时淘汰。

关于考生资格，《章程》规定，报考学生，“须在十五岁以上二十三岁以下，通解经史、文理明顺、身家清白、体质强实并无习气疾病嗜好者，方为合格”。考生还必须出具其父兄署名的“甘结”和族邻署名的“保状”。学生入堂后，还有 3 个月的时间对其“心术、品行、材质、口音（口语，即外语发音）”进行严格

考察。对于"心术不正、品行不端"者，即使材质、口音俱优也不准留堂肄业。

关于课堂教学，《章程》规定："中学、西学课程均以讲解为主，而西学有必须试验其理始明者，则以试验补之。凡讲解之书，次日须由学生问答；试验之理，次日须由学生演说"；"一书讲解不明不遽易他书，一班试验不熟不遽易别班，庶几读一书有一书之益，添一班有一班之效"；"备斋、正斋学生，每月均作中文策论一篇、经义一篇或作公牍书记文字，其日期由监督商承总教习酌定，课卷即由总教习评阅"。

《章程》将学业考试分为平日课堂考核与季考两种。平日课堂考核用积分法，"每季发给教习日记簿一本，令将逐日功课所完分数依次填注，呈由监督商承总教习并会同各教习详加稽核，以分数之多寡定学生之勤惰"；关于季考，"每年春秋季考两次，以平日堂课三分之二、季考课三分之一定其等级。如季考等级最下，应由教习呈请分别降革，以示儆戒。季考之外，教习亦可定期考核或由总教习、监督传考亦可"。

袁世凯的奏折和《山东大学堂暂行章程》得到清廷的赞许。当年 11 月的"上谕"说："查袁世凯所奏山东学堂事宜及试办章程，拟先于省城立学堂一区，分斋督课，先从备斋、正斋入手，俾初学易于速就，渐有师资，再行次第推广。其教规课程参酌中西，而谆谆于明伦理循礼法，尤得成德达材本末兼资之道。……通行各省，立即仿照举办，毋许宕延。"①山东大学堂是各省官方设立最早的新式高等教育学校，《山东大学堂暂行章程》也成了各省设立该类学校的摹本。

山东大学堂的创设拉开了山东教育由传统教育向现代教育转轨的序幕。尽管袁世凯的奏折和该学堂的暂行章程依然

① 朱寿彭：《光绪朝东华录》（四），中华书局 1958 年版，总第 4784 页。

延续着"中学为体,西学为用"的办学原则,培养目标、课程设置、教学内容以及学校管理上还保留了浓重的封建教育的色彩,尽管其所传授的西方自然科学知识仅相当于小学的内容,但是我们不能不说,从山东大学堂的设立开始,山东的学校教育已经发生了根本性的变化——由围绕科举考试运转的少数官吏的养成所向培养社会发展所需要的各类人才的现代学校转变。

二、山东现代教育体制的初步确立

1904 年 1 月,清廷公布了包括《学务纲要》、《大学堂章程》、《中学堂章程》、《高等小学堂章程》、《初等小学堂章程》在内的一系列学制系统文件,统称《奏定学堂章程》,这就是中国教育发展史上具有划时代意义的"癸卯学制"。该学制将中国的新式学校的主系统划分为三段七级,即初等教育阶段(包括蒙养院、初等小学堂、高等小学堂),中等教育阶段(中学堂)和高等教育阶段(包括高等学堂或大学预科、大学堂、通儒院)。主系统之外,还规定了师范类学堂(包括与中学堂平行的初级师范学堂、与高等学堂平行的优级师范学堂)和实业类学堂(包括与高等小学堂平行的初等农工商实业学堂、与中等学堂平行的中等实业学堂、与高等学堂平行的高等实业学堂)的设置。这一学制系统的公布与实施,使中国的学校教育发生了根本性的变革。以制定学制系统的方式规范学校教育体制和教育教学活动,是现代教育区别于传统教育的重要标志。因此,就全国而言,现代学校教育制度是以"癸卯学制"的颁布为开端的,而山东的现代学校教育则以山东大学堂的创设为端始。至 1904 年,山东已有 11 个府州设立了官立中学堂,80 余州县设立了高等小学堂,从而奠定了山东现代学校教育的基础。

在高等教育方面,清末教育改革期间,除山东大学堂外,山东还先后设立了山东官立法政学堂(1906 年)、山东官立高等农业学堂(1906 年)、山东优级师范选科学堂(1907 年)、山东优级师范学堂(1910 年)和山东法律学堂(1910 年)。

1904 年,山东大学堂更名山东高等学堂,次年,招收高等正科。该正科学制三年,相当于“癸卯学制”中的大学预科。因此,山东真正的现代高等教育实始于 1905 年。山东高等学堂的高等正科分为三个类别:凡将来欲读经济科、政法科、文学科的,入第一类;欲读格致科、工科、农科的,入第二类;欲读医科的,入第三类。自 1908 年始,山东高等学堂陆续有学生毕业。1912 年,按照“壬子癸丑学制”的规定,各省的高等学堂被裁撤。1914 年,山东高等学堂送走最后一批学生,学校停办。在 14 年的办学过程中,山东高等学堂“共培养了 770 多名具有现代科学知识的人才,并选送了 59 名留学生”①。

为给废科举后有“科名”的知识人士寻求仕进之路,同时也为解决司法制度改革后审判人才的大量需求,1906 年,山东巡抚杨士骧与布政使英建斌、提学使连甲共同筹议设立山东官立法政学堂。当年,招收一年半毕业的“速成科”学生 114 人。1908 年,开始招收三年毕业的“别科”班。至 1912 年该校据新学制改为“山东第一法政学校”止,共毕业学生 934 人。1910 年,山东提法使胡建枢因要在全省范围内筹备设立各级法院,急需法律人才,决定于法政学堂之外,创设山东法律学堂(学制三年)。该学堂第一次便招收了约 600 学生(其中包括一年半毕业的速成科和两年毕业的别科学生)。该学堂 1912 年据新学制改为“山东第二法政学校”。山东官立法政学堂和山东法律学堂以培养新式司法人才为目标,开了山东司法高等教育的先河。

① 山东大学百年史编委会:《山东大学百年史》,山东大学出版社 2001 年版,第 8 页。

1906年,为培养高等农业技术人才,创设山东官立高等农业学堂,学生定额为400人。初设时,因无合格的中学毕业生,于是先设立了农、林、蚕三个中等班。当年,中等班招收了120名学生,并开学授课。1910年,该学堂设高等正科,并招收农科、林科各一个班。该正科学生,有81人于1913年毕业。他们成了山东高等教育学校自己培养出的最早的高级农业技术人才。

以上学校之外,1908年,中、德两国政府决定共同投资在青岛设立一所以培养中国学生为主的高等学堂——青岛特别高等专门学堂,并拟定了章程。章程规定,学堂为“中、德两国政府合办”性质,设“监督”一名,总理全堂事务,由德国选派;设“总稽察”一名,由中国选派,负责稽查学堂管理、教员教学和学生的学业、品行等。学堂由中国政府“立案”认可,随时接受山东省视学官员的视察。每逢考试,学部可派员来堂会考,并与监督、总稽察共同“签押”学生的毕业文凭。学堂的学生由山东管理学务衙门考选送入,学生必须是高等小学堂毕业生。章程规定,如果德国政府欲送学生入堂学习,必须先送山东管理学务衙门考验,看是否与高等小学堂毕业水平相等,再由山东管理学务衙门送入肄业。学生毕业时,中国政府认可其学历,并与其他大学堂一样“给予奖励”。该学堂设预备班和高等班两部分。预备班学习基础课程,6年毕业;高等班分为法政、医、工、农林四科,3至4年毕业。1909年,学堂招收79名学生,并举行了隆重的开学典礼。1914年,该校因日本强占青岛而停办。

山东的师范教育起步较早。1902年,为选送赴京师大学堂师范馆学习的学生,于山东大学堂内设立师范馆。次年,在师范馆的基础上设立山东师范学堂,并成为独立的学校,这是山东最早的师范教育机构。1905年,在师范学堂设立优级师

范生班。该班从本校初级师范完全科内成绩优秀的学生中考试选拔，经一年优级师范预科课程学习后，分为文科和理科两个班。这批学生于1910年按规定送京复试毕业，学校也于这一年改名为山东优级师范学堂。辛亥革命前，山东优级师范学堂共培养了136名毕业生。1907年，为适应中学教育发展对师资的需求，依据1906年学部公布的《优级师范选科章程》，又在济南西关选址创设了"山东优级师范选科学堂"。学生先在预科学习1年，经考试合格后入本科。本科分为历史地理、理化、博物、数学四科，2年毕业。1910年，学部以该类学生学习师范的时间太短，无法胜任中学教师工作而通令各省停办该类学校。当年，山东优级师范选科学堂123名学生期满毕业，学校同时停办。山东优级师范学堂和山东优级师范选科学堂毕业的这200多名学生，是清末教育改革期间山东高等师范教育的成果。

中等学校教育分为普通中学堂、师范学堂和各种中等实业学堂。

山东的官立中学堂大部分由原来的书院改造而成。当时，山东有十府三直隶州，共设有官立中学堂14所，除曲阜官立中学堂因孔子故里而特行设立外，其余13所均设于府州官衙所在地。

表7-1　1906年山东官立中学堂表

中学堂名称	设置时间	备　注
东昌府官立中学堂	1902年	由原东昌府启文书院改设
青州府官立中学堂	1902年	由原青州府松林书院改设
济南府官立中学堂	1903年	由原济南府济南书院改设
曲阜官立中学堂	1903年	由原曲阜县昌平书院改设
沂州府官立中学堂	1903年	由原沂州府琅琊书院改设

（续表）

中学堂名称	设置时间	备　注
泰安府官立中学堂	1904 年	由原泰安府岱麓书院改设
武定府官立中学堂	1904 年	由原武定府敬业书院改设
曹州府官立中学堂	1904 年	由原曹州府佩文书院改设
登州府官立中学堂	1904 年	设于登州府城内北大街
兖州府官立中学堂	1904 年	就兖州府兖沂曹济道署而设
济宁州官立中学堂	1904 年	就济宁州河运道署而设
临清州官立中学堂	1905 年	设于临清州钞关街
胶州官立中学堂	1905 年	设于胶州北大楼
莱州府官立中学堂	1906 年	就莱州府考院而设

晚清统治者鼓励民众集资办学，在《奏定中学堂章程》中规定：由多人集资设立的，称“公立中学堂”，而个人出资设立的称“私立中学堂”。山东绅民自古就有办学的传统，创办新式学堂的积极性也很高。据记载，自 1903 年始，山东设立的“公立中学堂”有：济南的山左公学、公励中学堂、东运中学堂，蓝村的胶莱公学，烟台的东牟公学，青州的公立中学堂。此外，在曹州府还设有官立自费普通中学堂 1 所。该学堂由官府借助民力而设，其性质介于官、私立之间。至 1911 年，山东已设有官立和私立中学堂 21 所，基本完成了普通中学堂的布局。

山东的师范教育发端于 1902 年设立于山东大学堂的师范馆和次年举办的山东师范学堂。1904 年，为在短时间内培养大批小学教员，依据“癸卯学制”规定，改原总校士馆为山东师范传习所，招收了 80 名学生（其中“内班”20 名，住所学习简易师范课程；“外班”60 名，居家自学该课程。该传习所于次年停办）。与此同时，山东当局通令各府及直隶州裁撤校士馆，举办简易师范，并令各州县举办师范传习所。1907 年，又在济南设

立单级教员养成所,定额240名。除此之外,在曲阜还设有四氏师范学堂1所,在济南设有官立女子师范学堂1所。据1910年统计,全省设有初级师范(原简易师范)15所,一年毕业的师范传习所44处。这些中等教育性质的教员培养机构与山东优级师范学堂一起,构成了清末全省教师教育体系,初步奠定了山东师范教育发展的基础。

中等实业教育学堂多由初等实业学堂发展而来。为发展实业教育,山东当局于1904年设桑蚕学堂于青州,1905年设农业学堂于兖州。两处学堂均有较好的教学设施,办学也较正规,后来都发展为中等实业学堂。1911年,山东设有中等农业实业学堂3所,中等工业学堂3所,中等商业学堂1所。

按照“癸卯学制”的规定,初等学校教育的学制为九年(初等小学堂五年,高等小学堂四年)。清末,山东的小学堂自1902年开始设立,至1909年时,已有学堂3千余所,学生5万余人。1912年的统计显示,当时的小学堂共5052所,其中初小4766所,高小268所,学生总数已超过10万人。①

1911年时,山东有相当于高等小学堂的初等农业学堂34所。

在清末实施教育改革的十年间,山东初步建立起了由初等教育直到高等教育包括师范、实业教育在内的现代学校教育体系。十年时间,与上千年的封建时代相比只能算是短短的瞬间。尽管这时中国的政治制度一仍其旧,封建专制的性质没有发生变化,但这期间山东教育上的变革却是巨大的和带根本性的。可以说,经过十年的努力,山东的学校教育已经突破了封建教育的藩篱,开始了教育现代化的进程。

---

① 山东省地方史志编纂委员会:《山东省志·教育志》,山东人民出版社2003年版,第77页。

清末新式学校的社会功能已经发生了改变。以往,学校教育的社会功能主要体现在政治方面。学校以“明人论”为根本宗旨,通过灌输以君父为核心的伦理纲常,达到培养“忠臣孝子”的目的,尤其是清朝的统治者,为维持其专制统治而进一步强化了科举对学校教育的导向作用,学校完全成了科举的附庸,成了束缚知识分子思想的工具,同时也成了各级官吏的养成所。清末教育改革期间设立的新式学校,仍保留着“忠君”、“尊孔”的各种内容和规制,譬如《山东大学堂暂行章程》在设置了几乎与传统学校同等的经学内容的同时,在“条规”中还明确写道:“课士之道,礼法为先,而宗圣尊王尤为要义。堂内应恭祀至圣先师孔子暨本省诸先贤先儒,每朔望由教习率领诸生行礼,并宣讲圣谕广训,以束身心。若恭逢万寿圣节暨至圣先师孔子诞日,均须齐班行礼,以表虔恭。”在当时,这些条文无论在大学堂还是在中小学堂,都会被认真执行。但是,由于新式学堂设置了自然科学和社会科学的课程,并且引入了现代教育教学方式和考试制度,这就必然迫使学生将精力集中于这些课程的学习上。因此,新式学堂中那些传统的“礼法”已经无法束缚学生的思想和行为,学堂的政治功能日益弱化,而培养社会经济发展所需要的各种实用人才的功能逐渐凸现。新式学堂已经不再是各级官吏的养成所,使“人人有可农可工可商之才”成了教育教学的直接目标。这时的学堂已经不是少数有钱人的专利品,它已开始向所有“国民”敞开了大门。

清末的新式学校已经建立起了比较完备的组织系统。以往,学校教育完全围绕社会政治权力运作,缺乏完备的组织系统和规范化要求,许多州县学徒有其名,学生也只是为了取得参加科举考试的资格才在学校“具名”的。19 世纪中后期,山东官方曾三次拨款修复济南府学,都是因为其“墙宇倾颓弗治”。府学的管理尚且如此,其他学校更可想而知。清末教育改革是以学制系统的厘定为端始的。在学制系统的规范下，学校教育逐步成为一个独立的、结构严密的社会组织系统。这个组织系统是围绕社会政治、经济和文化发展对人才的需要运作的，有严密的层级管理系统和规范化的课程和教育教学要求。在这个组织系统内，聚集着一大批接受了新的社会价值观、掌握了新的社会科学和自然科学知识的青年知识分子，在这个组织系统内，正在形成一股推动社会进一步变革的重要力量。

晚清统治者实施教育变革是被迫之举，是要在最大限度保留传统教育内容和各种礼仪制度的前提下，融入西方社会和自然科学知识，试图使新式学校依然扮演维护封建专制制度的角色。山东的新式学校是在没有任何基础的条件下仓促上马，而且一开始便是高等、中等、初等学校同时举办，因此，这时的新式学堂就不能不受到传统教育的影响，招生和考试所受到的影响更是不可避免的。

第二节　现代考试制度在山东的艰难起步

清末教育改革期间，山东虽然设立了各级新式学堂，初步建立起了现代学校教育体制，但由于缺乏相应的社会基础，因此便不可避免地会出现一个新、旧教育共存，并相互交融、碰撞的历史时期。在这期间，中、高等学堂的招生和考试都无法摆脱传统教育的影响。

一、各级新式学堂的招生

清末教育改革是我国知识分子由传统向现代转变的一段历史时期。有机会进入新式中等和高等学堂接受新式教育的人，几乎都是饱读经书的旧式知识分子。1904 年 1 月公布的《奏定高等学堂章程》要求各省设立高等学堂 1 所，“以教大学

预科为宗旨，以各学皆有专长为成效”。关于学生的考录入学，《章程》规定：“高等学堂学生，虽例由中学堂毕业及有同等之学力者考选入堂，但此时学堂初开，尚未有此等合格学生；可酌量变通，选品行端谨、中国经史文学确有根柢者，先补习历史、地理、算学、格致、图画、东语、英语、体操各种普通学一年，然后升入高等学堂正科学习。此例于学堂开办合法五年后即不行用。”①这里，具备“品行端谨、中国经史文学确有根柢”条件的人，必定是旧时代的知识分子。《奏定中学堂章程》虽然也作了中学堂“以高等小学堂毕业者升入肄业”的规定，但在没有高等小学堂毕业生时，也变通为“准十五岁以上十八岁以下文理明顺、略知初级普通学者亦得入学”。

山东高等学堂 1905 年开始招收高等正科，因没有合格的中学堂毕业生，学生主要由各州县官负责在廪、附、增生和贡生中选拔保送。这些学生，不仅毫无自然科学知识，而且年龄也有很大差别，他们“自各州县到济南，来回路费政府供给，入堂读书每月还发 4 两银子。蓬莱县保送了 4 名秀才，其中还有一个武秀才。年龄程度参差不齐，旧文人的恶习一时又改不了，上课时有的拿着烟袋，外国文根本学不会，成绩一塌糊涂”②。按规定，高等学堂学生卒业，须经京师大学堂复试合格，才能取得毕业文凭。1908 年，山东高等学堂正科招收的首届学生到了毕业时限，经省初试合格后，送京复试。结果，二类一、二两个班由于成绩不及格，竟被全部驳回，重新补习。至 1911 年，山东高等学堂仅毕业一类两个班，二类四个班，共 52 人。

山东官立法政学堂招生时放宽了考生资格。京师法政学堂对考生资格的规定为：预科，须在 25 岁以下；别科，各部院人

① 舒新城：《中国近代教育史资料》（中册），人民教育出版社 1981 年版，第 570 页。

② 褚承志：《山东高等学堂》，载《山东文献》一卷，第二期，第 103 页。

员及举贡监生，在35岁以下；正科则须预科毕业。而山东官立法政学堂则规定："凡到省候补人员，年在五十岁以内者，皆得应考；其附学者，亦均系有职之人。"①1906年招收速成科时，对学生资格格外看重，投考者必须是候补官员，其附学学生，也必须是在职官员，无职生监是不准报考的。这样，对在职人员的年龄限制就不严格按规定办理了。因此，有的学生在毕业时，就已经是68岁的老人了。

山东优级师范选科学堂1907年招生时，按照《学部订定优级师范选科简章》中关于"学生入学之资格，以曾由师范简易科毕业，或在中学堂二年以上资格者为合格，如此类学生一时难得，应即考选经学、中文具有根柢，年在二十以上之纯谨学生，令先入预科，然后再入本科，以期核实，不合格者不得滥收"的规定，所招收的几乎都是廪、增、附生和监生，其中也有举人。经预科学习一年后，这些学生与从新式中学堂和师范简易科毕业生中招收的学生一起，进入本科学习。1910年，这一级有123名毕业生，其中举人1人、监生25人、廪生18人、增生12人、附生64人，只有3人无出身。可见招生时，旧时的科举出身是一项重要条件。

1905年，山东师范学堂设立优级师范班时，其学生是从本校初级师范毕业生中择优考取的。由于这些初级师范生也都来自"举贡生监"，因此，山东优级师范学堂的学生，其出身也都是旧式知识分子。

对于各级各类实业学堂的入学资格，《奏定学堂章程·实业学堂通则》规定：高等实业学堂，由年在18岁以上的中等学堂毕业生，经考选入学；中等实业学堂，由年在15岁以上的高等小学

① 《山东巡抚袁树勋奏法政学堂统筹划一折》，引自褚承志：《山东官立法政学堂》，《山东文献》三卷，第二期，第54页。

堂毕业生，经考选入学；初等实业学堂，由年在 13 岁以上的初等小学堂毕业生，经考选入学。由于当时没有相应的新式中、小学堂毕业生，于是又规定了变通办法，即：年岁相当、文理通顺、略知算术者，也可考选入学。《通则》要求，实业学堂的学生，“均须品行端谨，体质强健，其学力与各学堂程度相当者，取具妥实保人保结，始准考选入学”①。

山东官立高等农业学堂 1906 年招生时的变通办法是“招收本籍客籍子弟入堂肄业”②。这里的本、客在“籍”子弟，是指本省和外省在旧式学校的廪、增、附生而言。可见，这时山东的中等实业学堂在招生时，也都作了相应的变通，所招收的学生大都是有旧式学籍的学生。

1904 年，青州蚕桑学堂所招收的学生是由青州各属县遴选的，以“文理清顺，心地明白者为合格”③。

1905 年，兖州初级农业学堂招生时规定，学生以“十三岁以上十五岁以下，已略读经书、能执笔作文者为合格”。而在招生过程中，年龄实际上已经放宽到了二十岁。④

综上所述，清末中等和高等新式学堂，在创办初期皆以旧式学校学生为招生对象，而且年龄都尽可能予以放宽，这一情形持续了数年。有人回忆，登州中学堂初办时，风气未开，没有

① 舒新城：《中国近代教育史资料》（中册），人民教育出版社 1981 年版，第 744—745 页。

② 褚承志：《山东公立农业教育》，载《山东文献》四卷，第三期，第 14 页。

③ 《学务处商务局会详各县招生送往青州蚕桑学堂肄业文》，载朱有瓛主编：《中国近代学制史料》第二辑（下册），华东师范大学出版社 1989 年版，第 182—183 页。

④ 《光绪三十一年农工商务局上抚帅试办兖州初级农业学堂详文》，载朱有瓛主编：《中国近代学制史料》第二辑（下册），华东师范大学出版社 1989 年版，第 45—46 页。

人愿意将孩子送去读书。他报名后,"一切顺利,不用考试,报名就算入学"。后来,他又由登州中学堂进入山东高等学堂,是因为他学习成绩好,受知府赏识,由"知府和教师们商酌选送"的。对这些选送人员,山东高等学堂也仅进行简单的编班考试——当即笔试、当即阅卷、当即宣布结果。① 可见,新式学堂在初设时,招生考试环节是较宽松的。招生时的变通办法虽是不得已之举,但其弊很快便显现出来。首先,进入新式学堂的学生在毕业时都会得到相应的"科举名分"。小学堂毕业,考试合格,可得附生文凭;中学堂毕业,考试合格,可得贡生文凭;高等学堂毕业,经复试合格,可赏给举人;大学堂毕业,经复试合格,可赏给进士。这些"出身"名分,都是旧式知识分子刻苦读书的动力所在,也是他们赖以进取、发达的资本。因此,凡是有可以进入高一级学堂的机会,他们都会极力争取。这样,已经有了廪、增、附生资格的中学堂在校生实际上都具备了入高等学堂的资格,他们必不会安心于学习,其后果是中学堂课程不被重视。这就必然打乱新式学堂对知识连续性的要求——在中学堂读书的学生不具备高等小学堂毕业生的知识水平,而进入高等学堂读书的学生,也没有学习过中学的课程。这就不难理解为什么会发生 1908 年山东高等学堂学生考试作弊和复试不合格而被学部严厉批评的事件了。其次,不仅学生把目光只盯在高等学堂上,地方官吏也不重视小学堂和中学堂的发展。1909 年时,山东的高等小学堂仅 138 所,而官立中学堂也仅 14 所,这些新式学堂也都缺乏掌握现代科学知识的合格教师和相应的教育教学设备。整体上看,清末高等小学堂和中等学堂的发展是相对滞后的,这必然会影响高等学校的办学质量,并

① 孙继丁:《九十回忆(一)》,载《山东文献》一卷,第一期,第 12—14 页。

制约其发展。

1908 年，学部制定了《各项学堂分别停止招考及考选详细办法》，规定：高等学堂考选中学堂及与中学堂程度相等之学堂毕业生，不准招考未经各中学堂毕业的学生；优级师范学堂考选中学堂、初级师范学堂及与中学堂程度相等之学堂毕业生，不准招考未经各中学堂毕业的学生；高等实业学堂考选中学堂及与中学堂相等之学堂毕业生，不准招考未经各中等学堂毕业的学生；中学堂、中等实业学堂、初级师范学堂，应尽高等小学堂及与高等小学堂程度相等之学堂毕业生升入肄业。鉴于当时高等小学毕业生缺乏的实际情况，对中学堂、中等实业学堂、初级师范学堂招生也作了相应的变通规定。《办法》特别强调，“中学急应多设”，“高等小学急应多设”。① 可见，制定该《办法》的目的是要加强高等小学和中学的教学要求。

二、新式学堂的考试及奖励

1906 年，学部为统一和强化各级新式学堂的教学活动，修订了《各学堂考试章程》，该章程于次年公布并执行。《章程》将学堂的考试分为五种：临时考试、学期考试、学年考试、毕业考试和升学考试。

临时考试每月或间月一次，由各科教员自行组织，考察学生的学力情况，分别差等，以定分数；学期考试每半年一次，由学堂监督、堂长会同各科教员于暑假前举行，总汇全班学生而予以甄别；学年考试每年一次，由学堂监督、堂长会同各科教员于年假前举行，综合学生一年考试成绩，决定升、留级。以上三种考试由学堂自行办理，考试成绩要张榜公布。

① 杨学为等编：《中国考试制度史资料选编》，黄山书社 1992 年版，第 467 页。

毕业考试因要颁发文凭，所以格外郑重。除初等小学毕业由本学堂自行考试外，高等小学堂和中学堂毕业都要由本学堂呈请所在地地方官长会同学务官、教育会人员及本学堂人员莅临，方可举行毕业考试。初等小学、高等小学、中学毕业考试结束后，由本学堂汇造学生姓名、年龄、籍贯三代、分数清册，呈地方官并报提学使司备案。高等学堂的毕业考试，要呈请提学使司转报督抚会同议长、教育会会长、副会长考试。

对于毕业考试程序与方法，《章程》都作了详尽的规定：学堂必须先期将毕业学生履历册、功课分数册、请假旷课册、各教员科学讲义、所用教科书籍、学生笔记成绩汇具齐全，“高等学堂以上，呈送学部或各省提学使，中等以下学堂呈送督学局或地方官，由所呈请之衙门会同各项人员定期考试”；学生的毕业考试成绩以百分计，满80分以上为最优等，满70分以上为优等，满60分以上为中等，不满60分为下等，不满50分为最下等；学生的临时考试成绩与学期考试成绩平均计算，学期考试成绩与学年考试成绩平均计算，列中等、优等、最优等者升级，下等者留级，不满20分者出学。

《章程》对于升学考试的规定是：“升学考试者，本学堂既已毕业，升入程度较高之学堂，以期循序深造。初等小学毕业升入高等小学，高等小学毕业升入中学，中学毕业升入高等学，高等学毕业升入大学，概由所升入之学堂自行考试，分别去取，以期程度齐一。”①即是说，升学考试是由学生所报考学校自行组织的。这里的“程度齐一”，是指同一所学校对学生学力的统一要求。

山东官立法政学堂实施严格的月考制度，所学过的课程都

---

① 杨学为等编：《中国考试制度史资料选编》，黄山书社1992年版，第463—465页。

要考试,并进行详细记录。一份该校长期第一班学生1908年月考成绩册记录了55名学生的考试成绩。成绩册包括算术、地理、法学、商法四门课程和勤学、记功、记过、总分数、平均分数,共九个栏目。其第一至第五名学生的成绩如下:

表7-2 1908年4月山东法政学堂长期第一班王凤英等五名学生月考成绩表①

	算术	地理	法学	商法	勤学	共数	记功加分	记过减分	总均数
王凤英	95	100	85	88	100	468			93.6
姚毓恒	100	95	74	90	99	458			91.6
王纲	100	95	77	85	100	458			91.4
马天钧	100	90	82	85	100	457			91.4
尹德新	100	90	77	85	100	452			90.4

在统计总平均分数时,"勤学"作为成绩之一,是计算在内的,这有利于调动学生努力向学的勤奋精神。该班55名学生中,90分以上者5人,80分以上者18人,70分以上者23人,60分以上者5人,50分以上者3人,40分以上者1人。学生学习成绩的区分度基本上是合理的。从严格的月考成绩登记情况看,山东官立法政学堂在日常考试管理上还是很严格的。

当时,高等学堂的学生在毕业时要考查所学习过的大部分主干课程。山东官立法政学堂别科开设人伦道德、皇朝掌故、宪法、行政法、法学通论、民法、刑法、国际公法、国际私法、裁判所构成法、大清律例、政治学、财政学、论理学、理财原理、世界近代史、地理略说、日本文、体操,共计19门课程。一份1910年《山东官立法政学堂别科三班毕业试验分数底册》显示,有

① 光绪34年4月山东法政学堂长期第一班月考成绩。山东省档案馆,J110-01-003-001。

12 门课程作为毕业试验成绩计入平均分。该班 97 名毕业学生中，80 分以上者 3 人，为最优等；70 分以上者 61 人，为优等；60 分以上者 30 人，为中等；50 分以上者 1 人，为下等；补考中等 2 人。下表是名列最优等的三名毕业生的成绩册。

表 7-3　山东官立法政学堂别科三班毕业试验三名最优等毕业生成绩册①

名次	姓名	人伦道德	政治学	行政总论	财政总论	经济原理	商法	民法总则	刑法总则	民诉	刑诉	宪法	公法	总计	平均
最优等	王庆泰	75	65	68	79	90	92	86	80	90	90	95	90	1000	83.33
	张汉俊	75	70	70	86	85	70	81	75	85	82	95	95	969	80.75
	王云廷	65	80	70	82	89	78	85	75	80	85	90	82	961	80.08

97 名毕业生中，优等以上的有 64 人，占了总数的三分之二，从这一情形看，该校在学生毕业时，标准有些过于宽松了。

科举废止后，晚清统治者将新式学堂的毕业文凭与官阶、职务相联系，又为这些新式知识分子制定了奖励制度。

1908 年奏准的《法政学堂别科奖励章程》规定：凡考试列最优等、优等的毕业生，内以八品录事、二等书记官分部补用，外以直州判分省补用。最优等并加升衔；考中等的毕业生，内以九品录事、三等书记官补用，外以道库大使按司狱、县主簿分省补用。如系候补候选人员，考列最优等的毕业生，各就原官分别褒奖：京官奖以遇缺即补，尽先选用；外官奖以尽先补用。考列中等的毕业生，各就原官褒奖升衔。以下是 1910 年山东法政学堂别科一班毕业生毕业成绩、所评等级、简历和获奖情况。

① 山东省档案馆，J110-01-7-005。

表 7-4　山东法政学堂别科一班毕业生奖励情况表[1]

等级	姓名	成绩	简历	奖励
最优等	孙玮	81.02	直隶青县人，优贡、准补阳谷县丞	给予加一级
优等	马天钧	78.3	安徽太和人，监生、试用县丞	原官尽先补用
优等	王凤英	77.98	山东宁海人，副生	内以八品录事二等书记官分部补用，外以直州判分省补用
优等	沈学宽	74.53	直隶天津人，副生、试用县丞	原官尽先补用
优等	王纲	74.21	直隶南宫人，举人、试用盐大使	原官尽先补用
优等	卞顺清	71.71	江苏阳湖人，监生	内以八品录事二等书记官分部补用，外以直州判分省补用
优等	尹德新	70.52	直隶博野人，监生、试用县丞	原官尽先补用
中等	孙染汁	69.81	直隶东光人，优贡、试用府经历	原官褒奖升衔
中等	王荫池	69.13	直隶宁津人，监生、试用县丞	原官褒奖升衔
中等	马寿恒	68.97	浙江会稽人，补用州判	原官褒奖升衔
中等	乐增祺	68.9	贵州人，监生、试用县丞	原官褒奖升衔
中等	李基中	65.31	直隶无极人，举人、试用知县	原官褒奖升衔

① 褚承志：《山东官立法政学堂（上）》，载《山东文献》三卷，第二期，第58—60页。

（续表）

等级	姓名	成绩	简历	奖励
中等	陈瑞昌	65.13	直隶泺州人，副生、试用典要	原官褒奖升衔
中等	王维言	65.1	山东历城人，举人、谏选知县	原官褒奖升衔
中等	舒龄	64.7	内务府汉军正黄旗、举人	原官褒奖升衔
中等	张蓉镜	64	直隶交河人，副生、试用	原官褒奖升衔
中等	穆嗣修	61.86	直隶长垣人，举人、候补盐经历	原官褒奖升衔
中等	张幼齐	62	直隶滋州人，试用府经历	原官褒奖升衔
中等	李汝钧	62.26	奉天义州人，监生、试用知县	原官褒奖升衔
中等	徐上达	60.04	湖南永定人，监生	原官褒奖升衔
中等	李琪春	63.98	山东安丘人，贡生、布经历衔	内以九品录事三等书记官分部补用，外以道库大使按司狱县主簿分省补用
中等	王执中	62.45	直隶天津人，监生、试用从九	内以九品录事三等书记官分部补用，外以道库大使按司狱县主簿分省补用
中等	顾彭年	62	山东聊城人，监生	内以九品录事三等书记官分部补用，外以道库大使按司狱县主簿分省补用

从简历情况看，该班学生来自全国各地，可见招生并不局

限在山东范围之内，而且所招收的学生也都是具有举人、贡生、监生名分的人员；从毕业成绩看，最优等1名、优等6名、中等17名，对学习成绩优劣的区分基本上是合理的；从奖励情况看，所有人员都得到了相应的官阶奖励。

1907年，学部奏《师范奖励、义务折》，奏折称：振兴教育，以养成师范为始基，故师范一途，关系至为重要；优级师范学堂程度与高等学堂相比，同而略胜，初级师范学堂程度与中学堂相比，同而略胜。奏折认为，师范为各种学堂之根源，故奖励不能不稍优。

《奏定师范学堂毕业奖励章程》对各级师范学堂各类毕业生的奖励作了详尽的规定。①

优级师范学堂毕业，考列最优等的毕业生，作为师范科举人，以内阁中书尽先补用，并加五品衔，令充中学堂、初级师范学堂及程度相当之各项学堂正教员，俟义务年满，以应升之阶分别京外分部分省遇缺即补；考列优等的毕业生，作为师范科举人，以中书科中书尽先补用，令充中学堂、初级师范学堂及程度相当之各项学堂正教员，俟义务年满，以应升之阶分别京外分部分省遇缺即补；考列中等的毕业生，作为师范科举人以各部司务补用，令充中学堂、初级师范学堂及程度相当之各项学堂正教员，俟义务年满，以应升之阶分别京外分部分省遇缺即补；考列下等的毕业生，给及格文凭，令充中学堂及程度相当之各项学堂副教员，或高等小学以下各项学堂正教员，俟义务年满，作为师范科举人，奖给中书科中书衔；考列最下等的毕业生，给修业文凭，暂时准充高等小学堂以下各项学堂副教员。

优级师范选科学堂毕业，考列最优等的毕业生，比照优级

---

① 《奏定师范学堂毕业奖励章程》，载朱有瓛主编：《中国近代学制史料》二辑（下册），华东师范大学出版社1989年版，第269—270页。

师范学堂中等奖励办理,考列优等、中等的毕业生,比照优级师范下等办理,均令充中学堂及程度相当之各项学堂副教员;考列下等的毕业生,给及格文凭,准充小学堂及程度相当之各项学堂副教员;考列最下等的毕业生,给修业文凭。

初级师范学堂毕业,考列最优等的毕业生,作为师范科贡生,以教授用,并加六品衔,令充小学堂及程度相当之各项学堂正教员,俟义务年满,以应升之阶尽先补用;考列优等的毕业生,作为师范科贡生,以教谕用,令充小学堂及程度相当之各项学堂正教员,俟义务年满,以应升之阶尽先补用;考列中等的毕业生,作为师范科贡生,以训导用,令充小学堂及程度相当之各项学堂正教员,俟义务年满,以应升之阶尽先补用;考列下等的毕业生,给及格文凭,令充小学堂及程度相当之各项学堂副教员,俟义务年满,作为师范贡生,奖给训导衔;考列最下等的毕业生,给修业文凭。

初级师范简易科毕业,考列最优等的毕业生,比照初级师范中等奖励办理,考列优等的毕业生,比照初级师范下等办理,均令充小学堂及程度相当之各项学堂副教员;考列下等的毕业生,给修业文凭。

在对师范学堂毕业生实行奖励的同时,也制定了《奏定师范生义务章程》。①《章程》要求师范毕业生必须尽一定年限的义务:优级师范、优级师范选科的毕业生必须效力教育职事五年,初级师范、简易师范的毕业生必须效力教育职事四年。师范生在义务年限内,必须"尽心教育,不得营谋教育以外之事业,不得规避教育职事"。

从以上对师范学堂毕业生实施奖励和强制服务教育职事

---

① 《奏定师范生义务章程》,载朱有瓛主编:《中国近代学制史料》二辑(下册),华东师范大学出版社 1989 年版,第 270—271 页。

一定年限的规定看，清末统治者对师范教育是重视的。这对于刚刚从旧式教育脱胎而来的新式教育的发展是必要的，也是及时的。早期的师范学堂毕业生，在接受西方教育教学理论的同时，对教育的意义也就理解得更为深刻，服务新式教育的决心也就更大。山东许多名列最优等、优等的毕业生都将其身心贡献给了新式教育事业。

1910 年，山东优级师范选科学堂有四科（历史地理科、理化科、博物科、数学科）共 123 名学生毕业，其中数学科有 24 名学生毕业。从表中可以看出，他们来自山东各县，除 2 人外，都有旧式学校的出身，年龄都在 20 多岁。他们的毕业成绩，有 5 人为最优等，12 人为优等，5 人为中等，2 人为下等。

表 7-5　山东优级师范选科学堂数学科毕业生情况表①

姓名	籍贯	年龄	出身	成绩
周嘉坦	长山	22	附生	82.13
王国钦	章丘	32	附生	80.32
毕德芸	淄川	38	廪生	80.36
夏炳文	诸城	23	监生	80.24
刘文卿	濮县	26	廪生	80.2
王肇祺	历城	24	监生	77.22
田子元	寿光	26	附生	77.12
赵豫章	昌乐	26	附生	76.65
李琪选	安丘	28	附生	75.67
张象离	寿光	24		75.51

① 褚承志：《山东优级师范学堂》，载《山东文献》二卷，第一期，第 44—47 页。

（续表）

姓名	籍贯	年龄	出身	成绩
孙遵善	济宁	26	附生	75.25
李云霄	章丘	28	附生	73.75
赵如梅	金乡	28	监生	72.25
孔令煜	曲阜	23	附生	71.18
邵世杰	乐安	29	附生	70.4
高殿剑	济宁	25	监生	70.28
罗修勤	单县	23	监生	70.12
陈锡祯	武城	27	附生	69.66
李嵩云	菏泽	29	增生	68.78
吕敬宣	莱芜	28	监生	68.5
王连中	嘉祥	29	附生	62.64
张孝录	高苑	27	附生	62.06
赵奉先	黄县	23		56.55
丁俊升	寿张	22	监生	52.49

1910年春，山东师范学堂的优级师范班第一届学生毕业，送京复试合格。其文科班的鞠承颖、秦少文、王世栋、于明信考列为最优等；理科班的王世楷、田象孚考列最优等。他们毕业后都从事教育工作，成为山东现代教育的重要奠基人。

1906年，山东官立高等农业学堂招收中等班，分为农、林、蚕三科。该中等科学生于1909年10月期满毕业，按当时中等学堂毕业生奖励规定，考试合格应给予奖励。考列最优等的毕业生应奖拔贡，考列优等的毕业生应奖优贡，考列中等的毕业生应奖岁贡。但是，该中等科请奖时间却晚了两年多，直到

1911年冬，学部才收到报告。报告称：

本省高等农业学堂中等班农林蚕三科学生，业于宣统元年十月考试毕业在案。……经前司陈严为考核，程度实无不合，于本年七月遵照定章分门复试，嗣因东省多故，未及详咨。本署司莅任，该班学生屡次催请，又可借资鼓励，因接续前案，计算分数。计分方法，系将复试分数与本堂毕业考试分数相加平均后，再与历届历年分数相加平均之，作为该生实得分数。其二乘三除之法，毕业时尚未奉到，因按照本径分类以前办法，分别留等降等。计农科优等一名，中等三十名。林科优等三名，中等二十名，下等一名。蚕科优等四名，中等十八名。伏查定章，考列优等者奖给优贡生，中等奖给岁贡生，下等作为优廪生。①

因该班相当于中等学堂程度，所以在给奖时，均较高等学堂低一等。考列中等以上的毕业生，所得奖项相当于科举时代的"贡生"。当然，山东省官立高等农业学堂招收的这一届学生因为请奖晚了两年多，且已经到了民国时期，所以并没有得到被时人看得颇重的这一奖项。

兖州初级农业学堂是一所实业学堂，对于考试和奖励也有严格的规定，《试办兖州初级农业学堂章程》关于考试、奖励条文如下：

考试：学生毕业后按照高等小学堂章程，由本府会同本学堂堂长、教员等考验，凡列最优等、优等、中等者，均准保送中学堂或初级师范学堂，或中等师范学堂；下等者留堂学习，不愿留者，给以修业文凭；最下等者给以考试分数单，皆听其自营生业，仍造册通报查考。

---

① 褚承志：《山东公立农业教育》，载《山东文献》四卷，第三期，第16—17页。

奖励：学生毕业曾经本学堂考验，给予凭照者，仍俟学政按临时复加考试分别奖励，最优等者作为廪生，优等者作为增生，中等者作为附生，下等者作为佾生，均填给执照，咨部备案。①

初级农业学堂相当于高等小学堂，其毕业生奖励廪生、增生、附生，这可以使他们享受旧式府、州、县学生员的待遇。封建时代，人们对于学习的意义和价值还没有直观的认识，他们更加看重旧时读书人的这些所谓"名分"。

综观以上内容，我们会发现，清末这些新式学校的所谓奖励，要么是科举和生员的名分，要么是官阶的提升。封建统治者仍然将新式学校教育与科举制度相联系，试图通过招生、考试和所谓的奖励制度，强化科举取士的理念，把新式学校变为培养新一代官僚的场所。

三、山东高等学堂送审试卷被驳事件

1908 年，山东高等学堂正科第一届毕业生被学部以有作弊嫌疑而查处，在当时教育界引起了不小的震动。

1908 年 4 月，署理山东巡抚吴廷斌上"为山东高等堂正科毕业生请奖折"。学部按照考试章程，要求山东高等学堂将该科讲义、教科书、学生笔记和学堂考试试卷及成绩送学部查核。当年 8 月，学部收到以上材料，经"详加校阅"后，发现"其算学各卷于解析几何之第三题，有十三本错误尽属相同，日本语各卷所有更改、增减并错误之处，亦大致相同，中文译英文各卷又尽行雷同，如出一辙"。学部指出："此种试卷疑窦孔多，非试时场规不严，任其互抄，即系平日功课照录之过，殊难遽以定该

① 《山东试办兖州初级农业学堂章程》，载《东方杂志》九期，第 210—211 页。

生之成绩,若非将该堂学生十六名全数送京复试,不足以严考核而得真才。"①很显然,山东高等学堂的这些毕业生,在本学堂的考试中是有作弊嫌疑的。从"日本语各卷所有更改、增减并错误之处,亦大致相同"看,当局在向学部报送试卷时,是做了一些手脚的,但仍经不起学部的"详加校阅"。这种学生和学堂当局集体参与的作弊,在当时各省的高等学堂中大概不是个别现象。因此,学部在当年12月的奏折中说:"各省有名无实之学堂,何可指数,偶经此次部中指驳,将来为请奖计者,自必另造成绩以送部,徒多一作伪之门,于事何益?不能提倡学风,使校与校为名誉之竞争而欲于纸片中讨生活,此以科举思想施之也。吾知其难矣,然挑剔学生,此实创举。"②次年2月,在学部的坚持下,该班学生赴京参加学部的复试。试后,学部的奏折如下:

窃查光绪三十四年十二月臣部议复前署山东抚臣吴廷斌具奏,高等学堂正科毕业生请奖折内开,各生毕业试卷疑窦多端,拟令送京复试,再定奖励等语,奉旨允准在案。嗣于本年二月间,准升任抚臣袁树勋咨称,该学堂正科毕业学生之毛升三、许翦世二名业已出洋,兹将张重光等十四名送部复试。当经臣等于闰二月二十一至二十七等日将该生等调齐在臣部分场严密考试,除张澎华一名临时请病假外,共计复试完竣者十三名,臣等将试卷详细校阅,其平均分数均不及六十分,英文一门分数至多者不过二十分,成绩实系过低,万难准其毕业。臣等公同商酌拟令该生等仍回原堂补习二年,届时再行切实考试,必须程度确与奏定高等学堂章程相符,方准毕业,以杜冒滥而励

① 《学部奏复核山东高等学堂正科毕业试卷可疑,拟令该生来京复试折》,载杨学为等主编:《中国考试制度史资料选编》,黄山书社1992年版,第486页。

② 《东方杂志》六年,第一期,第1页。

人才。至该学堂中正科学生除此次请奖之第二类第一班毛升三等十六名外，尚有第二类学生六班，第一类学生四班及预科学生五班未届毕业，该生等既系与正科第一班同堂肄业，计其程度恐亦不能与学级相合，应由臣部札饬该省提学使司，按照该生等所学，将班次重加厘订，分别延长期限或一年或二年，务与奏定高等学堂章程相符，并饬该司慎选合格之教员、管理员，切实整顿以广甄陶。所有臣等拟令山东高等学堂正科毕业生回堂补习缘由，是否有当，伏乞皇上圣鉴训示。谨奏。①

该班学生皆未能通过学部的复试，被驳回学堂补习，直到1911年6月才有9人正式毕业。

从学部复试的结果看，该班学生平均成绩达不到60分，日语成绩均在20分以下，程度的确太差了。这也从一个侧面反映了新式学堂初办时的艰难。一般而言，一类的学生学起来困难还小一点，因为他们学习的是文科(经济、政法、文学)，因此，山东高等学堂一类的两个班均较二类毕业为早；二类学生读的是理科(格致、工科、农科)，对这些年在30岁上下，熟读经书的秀才们来说，数理化是他们所不易接受的。当然，由于山东的办学者和当政者也不愿面对学生不能毕业的结果，所以才会降低学习和考试要求，这在当时可能是较普遍的现象。1907年8月，山东师范学堂完全科二班51名学生毕业，成绩最高者93分，最低者78分；1908年毕业之完全科三班，43人中成绩最低者为73分。以上两班毕业生，从成绩上看，皆应在优等之列。② 显然，成绩偏高，有不符实际之嫌。

山东高等学堂复试被驳事件发生后，学部明显加强了复试

---

① 《学部奏“复试山东高等学堂毕业生程度过低，拟令回堂补习折”》，载《学部官报》93期，本部奏章。

② 褚承志：《山东师范馆与山东师范学堂》，载《山东文献》一卷，第四期，第81—82页。

力度。1910 年 2 月，学部通饬各省：“优级师范选科，其程度在高等学堂之列，取列最优等者，应送部复试，优等以下无庸送京。各项高等专门学堂，每年无论上学期毕业下学期毕业，均归入次年三月送考，唯送京复试时仍应连同各该生毕业试卷解部复核。至优级师范选科取列优等以下者，虽不送京复试，所有试卷应一律解送。”①

当时，中小学堂的管理存在的问题也不少。1908 年，署山东提学使罗正钧针对学校管理混乱的情形，通饬各府厅州县说：“嗣后，官立中学堂以知府、直知州为总经，小学堂以知州、知县为总理，主持全堂一切事务，监督、堂长以下，概归节制，其公立、私立各学堂定章有官宪考察之明文，亦须直接经理，令就范围。平时周历、各学堂课程、规则，有不合法者，认真纠正；教员、管理员有不得力者，查明禀换，并督饬劝学员分区劝导、广设初等小学，原有私塾、私馆一律责令改良，务去壅蔽而一事权。”②这种地方主要官员直接管理学堂一切事宜的办法，虽然体现了对学校教育的重视，但也说明学校教育体系的各种关系还没有理顺。统治者仍然将学校作为其实施政治统治的重要环节看待，他们对新式学校教育的社会意义和价值的理解还停留在“学而优则仕”的科举时代。

① 《学部通行各省优级师范选科最优等毕业生应令送部复试文》，载杨学为等主编：《中国考试制度史资料选编》，黄山书社 1992 年版，第 499 页。

② 《东方杂志》五年，六期，第 132 页。

第八章

现代考试制度在山东的确立与实施

清末教育改革奠定了现代教育的初步基础，但在专制制度的束缚下，脱胎于传统文化体系的现代教育制度不能不带有浓重的封建色彩。地方官吏对学校的直接管理和学生毕业要授予科举名分都与现代教育的基本精神相违背。辛亥革命后，以孙中山为代表的资产阶级革命派掌握国家最高权力的时间虽然只有三个月，但对我国社会发展的积极影响是十分深远的。1912年9月，教育部公布了“注重道德教育，以实利教育、军国民教育辅之，更以美感教育完成其道德”的教育宗旨。这一宗旨与蔡元培“五育”教育思想是一致的，体现着现代社会对全面发展人才的需求。在此后一年多的时间里，教育部公布了新的学制系统、各级学校令和学校规程等规范学校教育行为的法律文件。这一系列教育法规对于我国教育考试沿着正确的道路发展，有着重要影响。

辛亥革命至抗日战争爆发，山东社会可以分为两个大的发展阶段。1912至1928年5月，在北洋军阀政府统治下，山东经历了都督府、行政公署、巡案公署和省长公署时期。16年中，行政首长换过19人,社会之不稳定可见一斑。但是,在社会进步人士和广大教育工作者的努力下,山东的教育总体上是在逐步发展的。1928年6月,隶属南京国民党政府的山东省政府在泰安成立,有着7年留学欧美经历的学者何思源被任命为山东省政府教育厅厅长。在此后的十余年间,由于社会相对稳定,山东教育得到快速发展。

这一时期,通过各种学校教育法规的陆续颁布,现代教育考试逐步走上了制度化的道路。在教育考试方面,山东的考试主要包括:中、高等学校的入学考试,各级学校的学生学业考试,小学教员的检定考试。在任职选拔考试方面,山东也进行过教育局长(包括督学)考试、县长考试和高等、普通检定考试,但通过考试任职的仅数人而已。所谓"文官考试",仅是点缀官吏选拔制度的一只花瓶。

第一节　各级各类学校的入学考试

一、高等学校的招生与考试

民国政府成立后,基于社会发展对各类高级人才的需要,设立专门学校成为一时教育发展的中心任务。在清末教育改革的基础上,山东在不到五年间,先后设立了山东公立法政专门学校(1915年,由原官立法政学堂和第二法政学校合并改设)、山东公立农业专门学校(1912年,由山东官立高等农业学堂改设)、山东公立工业专门学校(1913年,济南中等工业学校与青州府高密中等工业学校合并而设)、山东公立商业专门学校(1912年创设于济南)、山东公立医学专门学校(1915年创设于济南)、山东公立矿业专门学校(1920年,由山东矿业传习所改设)。六大专门学校涵盖了社会经济发展的所有重要领

域，对于山东高级技术人才的培养有着重要意义。可惜的是，20年代中期张宗昌主鲁期间，为追求教育上的所谓“政绩”，强行将这六所专科学校合并为一所综合性大学——省立山东大学。该校在1928年随着张宗昌军政权的垮台而解散，不但综合性大学没有建成，也葬送了已经有了很好发展基础的山东专科教育。

（一）专门学校的招生与考试

1912年10月公布的《专门学校令》，将专门学校的教育宗旨规定为“教授高等学术、养成专门人才”，入学资格规定为“须在中学毕业或经试验有同等学力者”。

山东公立工业专门学校所宣示的教育宗旨为：“以造就工业上之高等智识技能并养成高尚人格，使将来实能从事工业为宗旨。”关于入学条件，除了中等学校毕业和经试验有相当学力者外，又特别规定：“凡欲入本校肄业者须品行善良、志向坚定、身体强健。”入学考试包括国文、数学、物理化学、图画、英文。对于有意报考的学生，学校还要求学生必须亲自到校填写志愿书、履历书，并呈验毕业证书，在取得学校的“应考字据”后，才能参加学校组织的考试。①

山东公立农业专门学校规定的入学资格为“中学校或甲种程度之实业学校毕业者”，考试科目为国文、英文（文法翻译）、数学（算术、代数、平面几何）、物理、化学、动物、植物、体格检查。②

山东公立商业专门学校所宣示的教育宗旨为：“以造就商业专门人才，期应用于实地并普及商业之知识，得与世界各国

---

① 见山东公立工业专门学校编印：《山东公立工业专门学校一览》(1920)，第18、26页。

② 褚承志：《山东公立农业专门学校》，载《山东文献》四卷，第三期，第20页。

在商业上相竞争为宗旨。”关于入学条件的规定是:“年在二十五岁以内,具有中等学校毕业资格,经本校试验合格。”考试科目包括英文、数学、国文、地理、历史、理化、常识测验、检验体格。该校附设甲种商业讲习科和专修科。讲习科以“教授商业上必需之智识技能为目的”。专修科以“教授商业上之专门智识技能应时势之需要为宗旨”,招收高小毕业和经考试有同等学力者,考试科目包括国文、算术、英文、常识,但旧制中等学校毕业生可以免试入学。①

山东公立矿业专门学校设有本科、预科、预科补习班和讲习科四个层次。讲习科属于补习教育性质,只要曾在矿业公司服务过,年龄在25岁以上35岁以下,能“略解文义”的人,都可以投考,考试也只考国文和算术两科;预科补习班是为预科组织生源而临时设立的,招收对象为高小毕业生,修业一年,学习目的在于准备报考预科班;预科班招收中学毕业生,考试科目为英文、国文、数学、物理、化学,修业一年。预科修业期满,成绩及格者升入本科。②

这一时期,由于社会经济相对落后,加上“学而优则仕”思想的影响,人们对经济类专门学校的价值还缺乏认识,所以,一般中等学校的毕业生都不愿投考专门学校。这就造成了许多同等学力的学生投考专门学校的现象。1917年,教育部视学视察山东工业专门学校后的报告说:“由该校招收者,计专门及讲习科四班,核阅试卷,按之各项程度,均属相当。惟班次太不衔接,对于学生留级问题,不免通融情事,此不惟该校为然,山东各专校,恐均不无此弊。揆厥原因,经费有限,所有各科班

① 见山东公立商业专门学校编印:《山东公立商业专门学校一览》(1924),第13、24、50页。

② 褚承志:《山东公立矿业专门学校》,载《山东文献》五卷,第四期,第20页。

次，不能同时扩充一也；中学毕业生无力升学者，几居十之八九，招考期至，报名寥寥二也。”①即是说，只有家庭经济困难而无力报考综合性大学的学生，才肯投考专门学校，而且往往连这样的学生也招不到。专门学校都办预科和预科补习班，以便降低学历要求，经一年学习后，再以同等学力者的身份参加考试。这些学生经过补习教育后，虽能应付考试，但实际上达不到应有的知识水平，因此，许多人学业考试不及格而面临留级。于是，就发生了在留级问题上的“通融情事”，而且这一现象在专门学校是普遍存在的。

（二）山东大学的招生考试

1912 年 10 月，教育部颁布《大学令》，将大学教育宗旨规定为“以教授高深学术、养成硕学宏材，应国家需要为宗旨”。学生的入学资格为：“大学设预科，其学生入学资格须在中学校毕业，或经试验有同等学力者”；“大学各科学生入学资格，须在预科毕业或经试验有同等学力者”。

1924 年 3 月，教育部颁布《国立大学条列》，将招生对象规定为“高级中学毕业生，或具有同等资格者”。该《条列》还专门强调“国立大学录取学生，以其入学试验之成绩定之”。由于高级中学设立不普遍，《条列》也规定，国立大学可以设立预科，招收旧制中学和初级中学毕业生。

1926 年夏天，山东军务督办张宗昌强行合并六所专门学校，成立省立山东大学。学校设文、法、工、农、医 5 个学院，下设 13 个系。原六专的学生分别编入各相应的院系和年级，因此，刚刚成立的山东大学便有了四个年级的学生，并在 1927 年有了第一届毕业生。在合并六专的同时，山东当局又将设于不

---

① 褚承志：《山东公立工业专门学校》，载《山东文献》四卷，第四期，第 78 页。

同地区的四所省立中学（设于济南的一中、设于聊城的二中、设于菏泽的六中、设于益都的十中）的高中部迁往济南，合并成立山东大学的附属中学。1926年8月，山东大学和附属中学同时招生。

山东大学所宣示的办学宗旨是"教授高深学术、养成硕学闳才应国家地方需要"。在招收学生时，"收受高级中学毕业生，或国立、公立大学及教育部认可之私立大学预科毕业或修业生具有同等资格者，采取学生以其入学试验之成绩定之"。第一届共录取了95名，连同原六专的学生，一年级学生共1088人。①

山东大学附属高级中学招生考试科目为国文、英文、历史、地理、数学、博物、物理、化学。学生分文科、理科、农科、工科、商科分别录取。其中文科正取81名（最高85.1分，最低51.9分），备取10名（最高50.9分，最低48.1分）；理科正取30名（最高75分，最低51.5分）；农科正取5名（最高65分，最低49.5分）；工科正取9名（最高81.9分，最低56.6分），备取1名（48.1分）；商科正取11名（最高65.9分，最低50.6分），备取1名（48.5分）。另外，录文科二年级插班生，文科7名，理科1名，工科1名。以上所录正取145名，备取11名。季羡林是该附属高中第一届招收的文科班学生，以第五名的成绩被录取。其考试成绩为：国文93，英文80，历史80，地理65，数学55，博物65，物理60，化学70，总分568，平均分71。②

1928年5月，北伐军入鲁，张宗昌军政权崩溃，成立不到两年的山东大学停办。

当年6月，新成立的山东省政府教育厅制定"教育行政纲

① 山东大学百年史编委会：《山东大学百年史》，山东大学出版社2001年版，第43—49页。

② 山东大学榜示底稿，山东省档案馆，J110-01-220-001。

要”，对于未来的山东大学提出了12条希望事项。其第四条即“严格考试学生”。

1930年夏，在接收了原省立山东大学和私立青岛大学校产的基础上设立国立青岛大学（1932年更名国立山东大学）。对于学生入学，《国立山东大学学则》规定如下：

> 第一，凡在公立或已立案之私立高级中学或同等学校毕业，经本大学入学试验及格者，得入本大学本科一年级肄业。
>
> 第二，凡在公立或已立案之私立大学本科肄业一年以上成绩及格，经本大学转学试验及格者，得转入本大学相当年级肄业。
>
> 第三，本大学入学试验及转学试验于每学年始业前举行一次，其招生规则另定之。
>
> 第四，新生入学时须填具入学志愿书并由保证人二人填具保证书。
>
> 第五，转学生在原校所得学分须经本大学之核定。
>
> 第六，本大学得酌收旁听生，其规则另定之。①

1932年，国立青岛大学在招生考试时采取“系数加权”的计分方法——每门课程的成绩乘以不同系数后相加并平均之的计分法。下面是数理学系录取表中一名被录取学生的成绩情况。

① 见国立山东大学编印：《国立山东大学一览》（1935），第13页。

表 8-1 朱延蔼入学成绩计算表

考生姓名	党义	国文	英文	中外历史地理	代数几何平面三角	代数解析几何	物理学	化学	生物学	各科总分数	平均分数	录取标准	录取记号	备注
朱延蔼		15	20	10	25	20	20	10	10					
		900	320	280	875		960		390	3725	37.3		√	
	29	60	16	28	35		48		39					

（资料来源：国立青岛大学招生入学试验成绩，山东省档案馆，J110-01-399-001）

表中，第一行数字为该科的加权系数，第二行数字是加权后的成绩，而第三行数字才是实际考试成绩。该生所考六门课程加权系数的总和为100，所以各科总分数除以100后得出平均分数（取小数点后一位数，四舍五入）。是否录取以平均分数为准，“√”是被录取的标识。值得注意的是，党义的成绩并没有计算在内，可能仅是录取的参考。从该考试成绩表看，数理系报名考试的有82人，实际录取17名，最高成绩为64分，最低成绩为35.2分。朱延蔼22岁，山东昌邑人，是山东高级中学的毕业生。该生实际考试成绩是很低的，而能被录取，只能以考试题目过难来解释。

采取加权的计分方法能够体现不同系科对考生学科成绩的不同要求。数理系以代数几何平面三角的加权系数为最高，英文、物理次之，国文又次之，中外历史地理和生物最低。可见，该系在招生中偏重招收数学、物理、英文学习能力强的学生。

20世纪30年代，国立山东大学不仅是山东唯一一所公立综合性大学，而且由于师资力量雄厚，很快成为国内著名的大学之一。每年报考该校的学生人数不断增加，考试竞争愈来愈激烈，录取比率也不断降低。

表 8-2　1930—1936 年投考山东大学人数与录取人数比较表

年	投考人数	录取人数	录取人数占投考人数的百分比
1930	360	153	42.5
1931	412	180	43.7
1932	697	99	12.8
1933	822	185	22.5
1934	864	176	20.4
1935	1026	195	19
1936	1786	196	10.9

（资料来源：《山东大学百年史》，第 86 页）

（三）国立山东大学部分招生考试试题及其特征分析

1934 年，山东大学入学考试分为公民党义、国文、英文、算学、物理、化学、历史、生物八科。钱洪翔主编的《全国大学入学试题精解》为我们留下了研究山东大学入学考试试题命题思路的重要资料，下面是其历史试题。①

一、本国史

1. 试述东晋、南宋不能恢复中原之原因。

2. 试述严光、方孝儒对于东汉、明代士风之影响。

3. 试胪列清末失地及其现今隶属之国。

二、世界史

1. 英美日三国在太平洋之势力如何？试申述之。

2. 答复下列各问题：

(1) 人口与气候有何关系？

(2) 人口最密的是哪几个国家？

① 钱洪翔主编：《全国大学入学试题精解》，现代教育研究社 1935 年版。

(3) 煤、铁的产额以何国最多?

(4) 煤油的产额以何国为最多?

(5) 麦的产额以何国为最多?

(6) 海洋与人生在地理上有何关系?

(7) 何谓苔厚?

(8) 玛利后地(Queen Mary Land)在何处?

(9) 何谓季风(Monsoon)?

(10) 何谓地质侵蚀作用?

3. 试述下列各都市之位置及其著名之理由:

(1) 汉堡(Hamburg)

(2) 伯明罕(Birmingham)

(3) 加尔加它(Calcutta)

(4) 基辅(Kief)

(5) 纽阿连司(New orleans)

4. 解释下列各名词:

(1) “杜来发司事件”(Dreyfus affair)

(2) The Concordat of 1801

(3) “航海法律”(Navigation Laws)

(4) “赎罪券”

(5) 维也纳会议

5. 试述封建制度之发生及消灭之原因。

钱洪翔主编的《全国大学入学试题精解》包括了全国主要大学的入学考试试题,是研究我国上世纪 30 年代大学入学考试试题设计指导思想和学生学力评价标准的重要资料。山东大学的考试试题有一定的代表性。

从设计指导思想看,试题以考查学生对基础知识、基础理论的掌握程度和综合分析问题的能力为主,试题类型少,但所涉及的知识面却很宽。从其历史考试试题可以看出,该试题分为中国史和世界史两部分，包括了名词解释、简答、论述三种类型。名词解释和简答题考查学生对与历史有关的政治、经济、文化、法律事件的了解程度和简洁归纳的能力，论述题考查学生利用史学理论对已发生的社会现象进行系统分析的能力。四个论述题中，两个涉及晋、宋两代的社会政治和汉、明两朝的文化及社会风气，属于中国古代史；一个关系到国际政治局势，属于世界当代史；另一个则兼及中外，贯穿古今，涉及到社会发展的所有重要理论。这一套历史试题包括了社会发展中的政治、经济、文化、法律以及与历史发展有关的地理、人文和世界政局，不仅范围广，而且要求学生具备很强的分析综合能力，欲完成这一套试题是不容易的。

从学生的学力评价标准看，试题要求学生对每一学科的主要术语和概念有准确的理解和把握，不仅要知其然，而且要知其所以然。知其然所考查的是学生记忆知识的能力，而知其所以然则是考查学生探求学理的精神。每一学科都有其基本术语和概念，准确把握这些术语和概念是进入该学科的门径。以生物学试题为例，该试题分为植物、动物和生物学理论三部分，共29个题目，所考查的是学生对近30个术语和概念的掌握程度。试题分为两种类型，其一是简答题，即第一部分的19个题目和第三部分的7个题目；其二是论述题，即第二部分的3个题目。简答题不仅要求学生了解该学科的基本术语和概念，而且要求学生能准确把握这些术语和概念的内涵。因此，许多题目要求学生在阐述术语和概念的同时，“举例以明之”。生物学将动植物按其“种”的不同，自下而上分为种、属、科、目、亚纲、纲、亚门、门。每一等级的动植物都有共同的特征，明确其特征并能准确地给动植物进行分类是学习生物学的基本能力。“门”是生物分类系统中最高的一个等级，哺乳动物又分为不同的亚纲。试题没有考查学生对不同类别动物特征的记忆，而是列出具有相同特征的动物，看其如何分类。这类试题能够反映出学生对生物进行正确分类的能力。第二部分的论述题考查学生对生物学重要理论和学说的理解程度，要求学生能够阐述达尔文进化论的核心理论，能够评析拉马克和魏斯曼学说，能够系统地陈述人类起源理论。

从内容看，试题重视学理与生活实际的联系，要求学生能够运用科学知识解释自然现象。物理试题中的常识测验题和解答题几乎都与生活有关；化学试题中的第三、四部分也都与生活密切联系；算学中第一部分关于时钟的试题，也是学生在日常生活中能够直观感觉的数学问题；国文考试中的作文以“国文学在今日应有之责任”为题，也体现了文学为生活服务的精神。因此，试题的内容与生活实际相联系是这一时期大学入学考试的一个重要特征。

与1934年相比，1937年山东大学新生入学考试时，进一步增加了试题的难度。以下是该年度山东大学入学考试部分学科的试题。①

国文：

作文（文言白话皆可）

抗敌时期学生之责任

译下文为文言：

我是负了这个诗袋子没处发卖却被一个妓者收得，这妓者是谁？

试解答下列诸问：

1. 老庄之异同若何？

2. 汉代经学有几派？

① 《国立山东大学1937年一年级新生入学试验》，山东省档案馆，J110-01-711-008。

3. 山水文学产生于何时?

4. 四六之名称始于何时何人?

5. 朱陆之争点何在?

很明显,将白话文译为文言文,是要考查学生运用古文体进行写作的能力,这反映了该学科对文言文的重视。这次考试增加了解答题,而且试题既包括文学问题,也包括人物思想方面的问题。这反映了命题者对"国学"认识的深化。他们已经认识到,国学所研究的范畴,不能仅仅局限于对语言文学的研究,而必须深入到对古代文化和思想的继承。所谓"国学大师",不能仅仅是对古代语言文学有精深的研究,更重要的在于,他们必须对古代思想家的学术有深入的研究和精到的理解。毫无疑问,将古代思想史列入考试范围是对国学研究范畴的扩展,当然也增加了考试的难度。

中国历史地理:

1. 略述秦始皇之政绩。

2. 两宋之党争有几?其影响如何?

3. 太平军起于何时?终于何代?其失败原因为何?试并述之。

4. 我国三大川发源何地?流经几省?与历代文化之关系如何?试分述之。

5. 我国最早之铁路始于何年?其名为何?现有之铁路线约长若干里?

世界历史地理:

1. 说明欧洲封建制度之成因及其对于当时社会之影响如何。

2. 试述工业革命与欧洲帝国主义之发展有何关系。

3. 试述土耳其民族复兴成功之原因。

4. 试举美国在地理上有何优点能使其在实业界占重

要地位。

5. 德意志战后所失之领土为何及协约国对德采何政策？

1937 年，山东大学将中国历史地理和世界历史地理分开，作为两门课程考试。这次试题只有一个类型，比 1934 年要简洁得多。中国历史地理和世界历史地理试题的形式几乎完全一致，前四个题均为论述题，而第 5 题都属于简答题性质。最为难能可贵的是，两者都没有将历史与地理分开，而是将两者结合起来命题的。中国历史地理的第 4 题，将我国的三大水系与区域文化的发展相联系；世界历史地理的第 4 题，将美国的地理环境与经济发展相联系。历史学与地理学的研究都是为人类社会的发展服务的。历史学所研究的是在不同时期人类社会所发生的变化，而地理学所研究的是在不同地理环境下人类的生存环境的差异。在同一历史时期，不同地理环境下人类的生存状况是不同的；在同一地理环境下，不同时期人类的生存状况也是不同的；在同一历史时期，地理环境大体相同的条件下人类的生存状况也会不同；在地理环境大体相同的条件下，不同时期人类的生存状况也会不同。历史学所研究的是人类生存环境的时间纬度，地理学所研究的是人类生活环境的空间纬度，两者都对人类社会的发展产生影响。因此，必须从历史与地理的相结合上，才能对人类社会发展的千差万别产生正确的认识。1937 年，山东大学中国历史地理与世界历史地理考试试题都是综合性很强的论述题。这一类试题，既能考查学生对与历史有关的政治、经济、文化、地理等基础知识的掌握程度，更能考查学生综合分析问题的能力，不是仅凭良好的记忆力就能完成的。相比之下，综合分析能力才是高级研究人才最重要的品质。

1937 年，生物学入学考试试题延续了该学科重视基本术语、概念和基本理论的命题思路。

生物学：

1. 试述下列名词之定义：

形态学(Morphology)

实验生物学(Experimental Biology)

受精作用(Fertilization)

比较解剖(Comparative Anatomy)

生态学(Ecology)

无脊椎动物(Invertebrates)

呼吸作用(Respiration)

生物发生定律(Biogenetic Law)

染色体(Chromosome)

2.

(1) 试详述一模式细胞之构造及其各主要部分之功用。

(2) 试绘五种普通生物细胞。

3.

(1) 试详述光合作用之意义(Photosynthesis)及其化学变化之程序。

(2) 试绘一模式果实并注明其主要部分。

4. 何谓世代交替？试于动物与植物界中各举一例，详述其生活史以明其世代交替之情形。

5.

(1) 试略述孟特尔之三大遗传定律(Mendel's Laws of Inheritance)。

(2) 试略述达尔文(Darwin)之天择论(Theory of Natural Selection)。

生物学是以实证和实验研究为主要方法的学科，在进行实证和实验研究时,必须严格按照实验程序进行,这就要求学习者对该学科的基础知识和基本理论有准确的理解和把握。这种一以贯之的命题思路,符合该学科对学生能力素质的要求。

二、中等教育学校的招生考试

辛亥革命后,山东的中等教育是在清末教育改革中举办的新式中等教育学校的基础上发展起来的。1927 年时,山东设有普通中学 66 所(其中省立中学 12 所,道、县立中学 24 所,私立中学 30 所),省立师范学校 6 所(省立第一、二、三、四师范,省立第一、二女子师范)和几十处县立师范讲习所。在职业教育方面,山东设有 78 所农业类学校(其中甲种 3 所、乙种 75 所),3 所工业类学校(其中甲种 2 所、乙种 1 所),15 所商业类学校(其中甲种 1 所、乙种 14 所),另有省立模范职业学校 1 所、县立职业学校 1 所、女子职业学校 4 所、职业补习学校 7 所、职业师范学校 1 所。

1928 年,以何思源为教育厅厅长的山东教育行政部门制定了《山东省政府教育厅教育行政纲要》,对山东各级各类教育的发展进行了重新规划。规划涉及到学校系统、普通教育、师范教育、职业学校和社会教育的整合与调整。

关于学校系统,《纲要》规定了"力求小学、中学、大学,暨师范、职业学校之沟通,以谋转学、升学之便利"的原则。具体要求是:(1) 划分初、高小学区,设立中心小学。(2) 中心高小得设职业科。(3) 扩充初中校数及级数:甲,一县一校;乙,二县合设一校;丙,初中分普通组与职业组;丁,初中毕业后,可升入高中普通科或职业科。(4) 扩充高中校数及级数:甲,根据从前府治,划分高中区,每区各设一校;乙,增加原有高级中学;丙,高中毕业后,可升入大学文理、农、工、商、教育等科。(5) 添设省立师范学校:甲,四年师范(三年修业,最后一年参观实习）；乙，乡村师范（招收初中毕业生）；丙，民众师范（招收初中毕业生）；丁，幼稚师范（招收初中毕业生）；戊，各种训练班；己，四年师范、乡村师范、民众师范、优质师范毕业后，得升入大学教育学院。

关于普通中学，《纲要》提出了"以职业教育与普通教育并重，以求适应学生之个性与其生活之环境"的原则。具体要求是：初中第三学年，分升学组与职业组，分别选科，职业组得延长一年；将原有县立师范讲习所及乙种实业学校，归并为初中，内设职业科与农业、工业推广部；高中普通科得单独设立；高中除普通科外，视社会需要及地方情形，添设农、工、商、艺术、家事及师范等职业科。

关于师范学校，《纲要》规定了"扩充优质师范、乡村师范及民众师范教育，以培养普及教育所急需之师资"的原则，具体要求是：省立各女子师范添设幼稚师范科；就适宜地点，添设省立乡村师范学校，并附设乡村师范速成班；省立师范及高中师范科，附设乡村师范科及乡村师范速成班；省城开办省立民众师范一所。

关于职业教育，《纲要》规定了"注重培养生活实用技能，以增加社会生产效率"的原则。具体要求是：调查全省实际需要，规定设置职业学校之种类与地点；全省添设职业学校若干所；充实原有职业学校内容；根据本地生活环境，酌设实用学科等。

经过数年的整合调整，到30年代中期，山东设15所省立中学（除省立第一至第十三中学外，设高级中学1所、女子中学1所），23所县立初级中学，30余所私立中学，6所省立师范学校，8所省立乡村师范学校（1934年乡村师范学校改称简易乡村师范），17所县立乡村师范学校和40余所县立师范讲习所。在职业教育方面，山东设有省立初级职业学校4所，县立职业

补习学校31所。在初等教育方面,抗战爆发前,山东设立的小学校数达到了4.2万所,在校学生达190余万人。

(一)普通中学的招生考试

1912年9月教育部公布的《中学校令》将普通中学的教育宗旨规定为:“以完足普通教育,造成健全国民为宗旨。”将中学的入学资格规定为:“须在高等小学毕业及与有同等学力者。如具有第一项第一种资格者超过定额时,应行入学试验,其试验科目为国文、算术二科。凡具有第一项第二种资格者,必须行入学试验,其试验科目为国文、算术、历史、地理、理科等,以高等小学校毕业程度为标准。”即是说,普通中学招收高小毕业生,只有在超过学校招生定额时,才举行简单的考试,而同等学力者报考普通中学则要通过严格的考试。民国初年,山东初等教育虽然得到一定发展,但至1917年,高等小学仅304所(另有完全小学63所),每年毕业的学生数量并不多,而且这些高小毕业生还都分散在各个县。这就必然会导致中等学校招生时,高小毕业生的不足。因此,这一时期的中等学校都招收了大批“同等学力”或高等小学尚未毕业的学生,这自然会影响到中等学校的教育质量。1915年,山东巡按使公署下发《饬各师范、中学嗣后招生须先尽相当资格不得任意滥收文》。该文如下:

> 查中校学生一览表,其由高等小学毕业者以次升入中学者固不乏人,但由高小肄业一二年或修业于甲、乙种实业学校者或曾在预科肄业者比比皆是,受学既分修短,程度自判低昂,且以不同统系之实业学校学生令入中学则前后所学势多扞格,揆诸定章,殊属不合。……嗣后,各中校添招新生务须按照定章先尽高等小学毕业生收录,如不足额再招同等学力者,并应将学生入学试验卷及报考册保存

校中，以备日后考查之用。①

在上世纪二三十年代，中学招生时"同等学力者"仍占比较大的比率。为保证普通中学的教学质量，1932 年 12 月国民政府公布的《中学法》将中学的入学资格规定为："高级中学入学资格，须曾在公立或已立案之私立初级中学毕业。其在初级中学毕业生人数过少之地方，得招收具有同等学力者，但不得超过录取总额五分之一。初级中学入学资格，须曾在公立或已立案之私立小学毕业或具同等学力者，均应经入学试验及格。"可以看出，这明显提高了普通中学的入学标准。

这一时期，招生考试都由各学校自行组织，许多学校设有招生委员会或考试委员会，全权处理考试和招生事宜。由于学校的知名度不一，学校招生也呈现不同情景。一般来说，优秀学生都集中报考省立中学，其他学校只能录取程度稍差的学生。

山东省立高级中学将"根据三民主义，随青年个性及社会需要，施以普通公民应具之训练，增进学生之知识技能，为研究高深学术及从事各种职业，以达适应社会生活之目的"定为学校的办学宗旨，制定了"适应个性"、"注重自动"、"提倡研究"、"增强程度"、"发展群性"的教学方针。该校招收"初中或同等学校毕业生"及"有同等学力者"。招生简章规定的考试科目为三民主义、国文（作文、填字、改错、释义、标点）、英文（生字、翻译、改错、造句）、算学（代数、平面几何）、常识（史地、理化、生物、时事）、口试、体格检查。②

菏泽的省立六中是一所知名度很高的中学，山东著名教育家王朝俊、丛禾生曾任该校校长。冯友兰、梁漱溟等著名学者

---

① 《教育报》(1915 年)二卷，第八期，法令文牍部分。

② 山东省立高级中学出版委员会编印：《山东省立高级中学一览》(1930)，教务概况部分。

多次应邀到校讲学。六中也曾培养了多位像何思源那样考取北大而后留学美国哥伦比亚大学的优秀人才。因此,山东教育界曾有“六中—北大—哥伦比亚”的美誉。有人回忆说,每年报考省立六中的学生不下两三千人,“六中对入学考试向来认真,从来没有听说有走后门的,一般教员不用说了,即令主持考试事宜的校长和教务主任也不例外。校长田竹桥的外甥、侄子落过榜,教务主任的儿子也落过榜。报名时,先看考生的年龄,岁数大于通常学龄者,除考在前三名,认为是可以培养的,其余都不录取。试卷划分以后,在众人面前拆封,不管是谁的儿子落榜,一样对待。我常对学生说:‘你们都是货真价实,没有一点掺假’”。由于学风好,河北、河南、江苏的许多学生也来投考六中。①

严格的考试录取制度是这一时期中学招生时共同遵守的准则。一位曾任菏泽私立南华中学校长的人回忆说:“录取学生完全按考试成绩,只要成绩达到规定的分数标准,学校就录取,达不到分数标准,再亲再厚也不给照顾。在这个问题上掌握得很严格。记得一次招收初中一年级学生时,我的一个侄子和另外一名考生分数相同,恰好是在规定的最低分数线上,如果两个考生都录取,按原计划就多招收一名学生,如果两个考生都不录取,计划招生人数就少一名。在这种情况下,负责招生工作的郅养斋,采取了两者取一的办法,录取了另外一名学生,没有录取我的侄子。原因是郅养斋在我家赵堂教学时,了解我侄子的学习情况,其他功课不错,数学差点,因此没有录取他。事后,我回家见到我二嫂子(我侄子的母亲),她抱怨我,对我说:‘兄弟,你在学校当校长,郅养斋当主任,是你当家还是

① 王先进:《我所知道的菏泽六中》,载山东省政协文史资料研究委员会编:《山东文史资料选辑》22 辑,山东人民出版社 1989 年版,第 170 页。

郅养斋当家？连自家的孩子都上不成学！’我回答说：‘嫂子，学校我当家，录取学生教务主任当家。’我并做了一些解释，才避免了家里的埋怨。”①这是一个很感人的故事，是山东老一代教育工作者敬业精神和坦荡胸怀的集中体现。

正谊中学是山东一所著名的私立中学，山东著名教育家鞠思敏长期担任该校校长。正谊中学设初级部和高级部两部分，以“给与青年求学机会、鉴别个性、考察社会需要，分施升学、预备或职业上之知能为宗旨”。该校学则规定的入学资格为：“受初级入学试验者，以小学修业六年及有相当程度者为合格；受高级入学试验者，以初级中学毕业及有相当之资格者为合格。”20年代时，该校设有临时性质的“考试委员会”，负责招生考试工作。考试委员会后来改为“招生委员会”，其委员由校长在本校职教员中聘任，其主席由“各委员中推选”。该委员会负责“办理考试新生一切事宜”。② 30年代时，正谊中学初中一年级一班招收100名学生。报考资格为：年满12至18岁，高级小学毕业或有同等学力的学生。考试分为两次，第一试考党义、国文、数学，第二试考常识、口试、体格检验。只有通过第一试才能参加第二试。由于学校的物质条件不如公立学校，所以每到招生时，正谊中学并不与其他学校争生源，待公立学校招完生后，再组织招生工作。虽然他们招来的学生文化程度较低，但经过优良校风的熏陶，仍然培养出了众多品学兼优的毕业生。该校1934年统计的毕业生情况为：“本科共毕业学生395人，其中，百分之一赴欧美留学，百分之一赴日本留学，百分之十五考入北京、南京、天津、上海、湖北、山西等地的大学，百分之七考入省外高等专门学校，百分之十四考入本省专

① 李真卿：《我和菏泽私立南华中学》，载山东省政协文史资料研究委员会编：《山东文史资料选辑》22辑，山东人民出版社1989年版，第159页。

② 正谊中学编印：《二十周年的正谊中学》(1933)，第54页。

门学校，百分之二考入师范二部，百分之二十进入中小学校任职，百分之十八服务社会，百分之二十二居家或职业不详。”①毕业生升学或就业情况是私立学校得以存在或发展的重要依据。在生源状况和办学条件都相对较差的情况下，能创造如此好的升学和就业率，是该校成为当时山东名校的原因。

招生委员会（或考试委员会）在组织招生考试中发挥着重要作用。该委员会一般是临时性质的，但其组织形式颇能体现民主办学的精神。私立济南育英中学为招生委员会制定的规程如下：

第一，本会根据本校行政组织大纲第十三条之规定组织之。

第二，本会委员由校长于教职员中聘请之。

第三，本会设主席一人，由委员中推选之。

第四，本会职务如下：（一）制定招生简章；（二）制定招考新生各种规则；（三）保存及处理关于招生之一切文件；（四）评阅试卷及核算成绩；（五）办理考试新生一切事务。

第五，本会开会由主席临时招集之。

第六，本规程经校务会议通过施行。②

由济南育英中学招生委员会规程可以看出，招生委员会委员由校长在教职员中聘请，而委员会主席则是由委员推选的，校长并不兼任招生委员会主席，招生考试的一切事宜均由该委员会全权处理。这既是民主办学的体现，也是招生公平的制度保障。明白了这一点，我们就不难理解私立南华中学校长的侄子在同等条件下没有被录取的原因了。

---

① 正谊中学编印：《正谊中学概览》（1934），第5—6页。

② 济南育英中学二十周年纪念会编印：《二十周年的济南育英中学》（1932），第41—42页。

（二）师范学校的招生考试

1912 年 9 月公布的《师范学校令》，对设立师范学校的意义仅写道："师范学校以造就小学教员为目的。"据此，1912 年 12 月公布的《师范学校规程》，关于师范学校的入学资格和考试的规定如下：

> 第四十九条 预科及本科入学之资格，须身体健全、品行端正，并具有下列各项学力之一者：
>
> 在高等小学毕业，或年在 14 岁以上与有同等学力者，得入预科。
>
> 在预科毕业，或年在 15 岁以上与有同等学力者，得入本科第一部。
>
> 在中学校毕业，或年在 17 岁以上与有同等学力者，得入本科第二部。
>
> 第五十条 凡志愿入学者，须由县行政长官保送，并由妥实之保证人具保证书送校长试验收录；其在高等小学毕业者，并呈验毕业证书。
>
> 前项试验科目，在高等小学校毕业生试国文、算术二科，非由高等小学校毕业者试国文、算术、历史、地理、理科等，以高等小学毕业程度为标准。
>
> 入学后须试习四个月以内。①

该《规程》还规定：预科是入本科学习的"必需之教育"；经一年预科学习，考试合格，即可入本科第一部学习；本科第一部修业年限为四年，第二部修业年限为一年。1922 年壬戌学制公布后，师范学校开始实行新学制，分为前期、后期，各三年毕业。

---

① 杨学为等主编：《中国考试制度史资料选编》，黄山书社 1992 年版，第 599 页。

1932 年 12 月公布的《师范学校法》，将设立师范学校的意义规定为："遵照中华民国教育宗旨及其实施方针，以严格之身心训练养成小学之健全师资。"次年 3 月，教育部制定了新的《师范学校规程》，对设立师范学校的意义作了进一步明确的界定。新《规程》指出："师范学校为严格训练青年身心，养成小学健全师资之场所，依照师范学校法第一条之规定，以实施左列各项之训练：（一）锻炼强健身体；（二）陶融道德品格；（三）培育民族文化；（四）充实科学知识；（五）养成勤劳习惯；（六）启发研究儿童教育之兴趣；（七）培养终身服务教育之精神。"新《规程》规定，专收女生的师范学校称女子师范，以养成乡村小学师资为主旨的师范学校称乡村师范；师范学校招收学生的年龄限于 15 足岁至 22 足岁；入学资格为初中毕业生，"均须经入学试验及格"。①

民国初年，山东的师范学校与普通中学一样，都难以招收到学历合格的学生，以至于 1915 年山东巡按使公署在《饬各师范、中学嗣后招生须尽先相当资格不得任意滥收文》中说："第一师范、第三师范本科一年级之学生一览表所载全班入学资格，均系与预科毕业有同等学力者一语，并无一人由预科毕业者，……各该生入学资格既不相合，所授课程岂能领悟？应饬各该校严加考核，有学力不逮者，务期设法补习俾得完全其学业。嗣后，本科学生应由预科毕业者升入，不得再蹈前辙，是为至要。"②

上世纪 20 年代，师范学校，尤其是省立师范生源质量得到极大提高。设于曲阜的省立第二师范是一所知名度很高的师范学校，山东著名教育家范明枢曾在该校任校长 7 年，形成了

① 杨学为等主编：《中国考试制度史资料选编》，黄山书社 1992 年版，第 722—724 页。

② 《教育报》（1915 年）二卷，第八期，法令文牍部分。

求真、严谨的优良学风。有人回忆说:“范老领导的二师教学质量越来越好,慕名考学的愈来愈多。每年报考二师的学生不下千人,约合30人取1名。”①

山东是较早认识到设立乡村师范重要性的省份。1928年6月,山东省政府教育厅制定《教育行政纲要》时,就已有了设立乡村师范学校的计划。1929年8月,在济南设立省立第一乡村师范,鞠思敏被任命为校长。当年招收本科和特科各一个班,本科班招收高小毕业生,三年毕业;特科班招收初中毕业生,一年毕业。后来,本科班改为四年毕业。该校的办学宗旨为:“依据中央颁行教育宗旨,暨本省实际情形,以养成优良乡村小学教师,并能改进农民生活,指导乡村自治之人才。”报考资格为:(1)高小学校毕业者;(2)师范讲习所毕业者(但须二年毕业);(3)旧制前期师范暨师范学校初级部肄业者;年龄满16岁至20岁。考试科目为党义、国文、算术、常识测验(包括社会及自然)、智力测验、体格检验、口试。②

乡村师范的培养目标是农村小学教师,要求学生毕业后必须有服务农村的志向。许多乡师在招生广告上也登出了学校的办学宗旨。第三乡村师范在招生广告上写上了该校办学的“十项信条”,即:(1)以教育为终身事业,以乡村为极乐世界。(2)用自己的心,劳自己的力;滴自己的汗,吃自己的饭。(3)改造小的乡村,沟通大的世界。(4)用犁耙锄头打倒帝国主义,在垅头田畔肃清军阀余孽。(5)以美术的观念改造社会,用科学的方法征服自然。(6)自我做起,养成好习惯;以身作则,遵守铁的纪律。(7)利用环境,改造环境;遇有困难,解决困难。

---

① 靳星五:《革命老人范明枢》,载山东省政协文史资料研究委员会编:《山东文史资料选辑》29辑,山东人民出版社1989年版,第8页。

② 山东省立第一乡村师范出版委员会编印:《山东省立第一乡村师范一览》(1932),第30、41页。

(8) 以教人者教己,在劳力上劳心。(9) 只有普及乡村教育,是唤醒民众的利器,是实行民治的基础。(10) 只有实行三民主义,是中国民族的出路,是世界大同的阶梯。①

山东省立第四师范学校招生简章规定的报考资格为:高级小学毕业或有同等学力者,年龄在 16 岁以上 20 岁以下。考试分为两次,第一试考党义、国语(造句、填字、作文)、算学(四则比例)。第一试录取者方能参加第二试。第二试的内容为自然常识测验、社会常识测验、口试及体格检查。该校招生简章规定了 11 条投考须知,即:凡投考学生均须依照规定之报名手续报名;报名后取得之"准考证"须妥为保存,无准考证者不得入场试验;入场时须按照规定之时间,迟到十分钟者即取消其考试资格;入场须按照准考证上之号数就座;准考证须放置座号上以备检查;考生在试场内除应用笔墨外不准携带他物(稿纸由本校置备);入场后除监试人员宣读试题外,对于题中任何疑问概不解答;试场内不准传递纸张、左顾右盼及私相谈话等事;试场内如有犯第八条之规定者由监试人分别情节轻重酌予扣分或扣考;卷内稿纸无论用否均须随卷缴回;送考亲友须在本校指定处休息,不得在试场旁探视。②

城市的学生报考乡村师范的人很少,这就给了农村学生一个入学读书的机会,而且读乡师每月还有 5 元钱的生活津贴。所以报考乡村师范学校的大多是家在农村的学生。有人回忆说:"乡师学生的年龄比一般的中学生要大,十四五岁的仅占 5%,十八岁以上的占 48%。学生已婚的占 59%。家长是农民

① 泽钧:《山东省立临沂简易乡村师范学校简史》,载山东教育史志编纂委员会办公室编:《山东教育史志资料》,1987(1),第 76—77 页。

② 山东省立第四乡村师范学校编辑委员会编印:《一个乡师的试验——山东省立第四乡村师范学校概况》(1933),第 21—22 页。

的占84%。不少学生家境贫寒,入学前种过地或教过小学。"①

(三)职业学校的招生与考试

民国初年的职业教育学校称为实业学校,分为甲、乙两种。1913年公布的《实业学校令》及《实业学校规程》规定,乙种实业学校"施简易之普通实业教育",招收12岁以上,"有初等小学毕业之学力者";甲种实业学校预科招收14岁以上,"高等小学毕业或经试验有同等学力者"。20年代时,依据壬戌学制的规定,分为初级职业学校和高级职业学校两种教育形式。1933年教育部制定的《职业学校规程》规定:

> 职业学校为实施生产教育之场所,依据职业学校法之第一条之规定,实施左列各项之训练:(1)锻炼强健体格;(2)陶融公民道德;(3)养成劳动习惯;(4)充实职业知能;(5)增进职业道德;(6)启发创业精神。还规定:初级职业学校入学资格,须曾在小学毕业或具有相当程度,年在十二足岁至十八足岁者,修业年限一年至三年,遇必要时得酌量缩短之;高级职业学校入学资格,须:(1)曾在初级中学毕业,或具有相当程度,年在十五足岁至二十二足岁者,修业年限三年;(2)曾在小学毕业,或具有相当程度,年在十二足岁至二十岁者,修业年限五年或六年。②

民国初年,人们对实业教育尚乏认识,投考这一类学校的人文化程度都比较低。1916年,山东省立女子职业学校招生简章规定的入学资格为:"以十三岁以上二十岁以下,粗通文字及未曾入学者均可。"③职业教育在当时不被重视,一方面在于

---

① 周星夫:《济南乡村师范简史》,载山东省政协文史资料研究委员会编:《山东文史资料选辑》30辑,山东人民出版社1989年版,第89页。

② 杨学为等主编:《中国考试制度史资料选编》,黄山书社1992年版,第604—605页、第732—733页。

③ 《山东省立女子职业学校简章》,载《山东教育公报》旬刊第59期。

教学设备多简陋，更重要的是课程设置不实用，以至于20年代时，职业学校“毕业生之赋闲者，约占十分之三”①。

1928年，山东省政府教育厅制定的《教育行政规划纲要》提出了调整职业教育学校结构、充实教育内容的改革措施，山东职业教育在招生考试方面逐步走上正轨。上世纪30年代初，山东的职业学校都明确提出了针对社会需要，培养实用人材的办学目标。

山东省立第一职业学校公布的办学宗旨是：“以推广职业教育造就生产人材，并养成其勤朴精神，使将来从事社会生产发展本国实业为宗旨。”该校还制定了明确的培养目标，即：“欲使毕业之学生一到社会，永久即有相当之地位及价值，能谋个人之生存；欲使毕业之学生均能应用其所学，各尽其职，各安其业，共同增进实业之发展，及社会秩序之安宁；欲使毕业之学生将来均为生产界之健全分子，无论直接间接皆能代社会谋相当之利益，造人类无穷之幸福。”报考资格为：“高级小学毕业，年龄在十四岁以上二十岁以下，品行善良、志向坚定、身体强健，经试验合格。”入学考试科目包括党义、国文、数学、自然、常识测验、口试。②

山东省立第二职业学校是一所专门招收女生的学校，所宣示的办学宗旨是：“本三民主义之精神及职业机会均等之原则，以培养女子独立之知识与技能及服务社会之道德，以期增加社会生产效率。”该校设蚕丝科、染织科和商科，报考资格为：“年在十四岁至二十岁之女子，身体健全，曾在高等小学毕业，或有同等学力者。”为培养社会需要的熟练工人，该校还设有修业为

① 民国政府教育部：《第一次中国教育年鉴》（丙篇），开明书店1934年版，第412页。

② 山东省立第一职业学校出版委员会编印：《山东省立第一职业学校一览》（1931），第1、11页。

一年的染织训练班，招收“十六岁以上二十六岁以下，粗通文字、身体健全、耐于劳动之女子”①。

三、省外大学及留学生选拔考试

自清末始，山东为培养各类高级人才，每年都有一部分经费用于资助到省外大学读书和出国留学的学生。其中有些省外大学招生和留学名额都是分配到省，由省组织考送的。因此，山东每年都要依据不同要求组织针对这一类学生的考试。

（一）推荐省外大学的考试

省外大学在山东招生有这样几种情形：一种是山东出资联合设立的学校，山东每年可选送部分学生入校学习；第二种是像清华校那样，属于“返还庚款”而设立的学校，每年按照各省“庚款”数确定考送学生名额；第三种是尊部令停办山东高等师范学校后，北京高等师范每年分配给山东的考送学生；第四种是为军事院校考选学生。

推荐河海工程专门学校学生的考试，属于第一种情形。设在南京的河海工程专门学校，是一所培养水利工程人才的专科学校。由于经费由山东、直隶、江苏、浙江四省分担，山东也应有学生入学学习。但学校在山东招考学生时，报考学生竟全数落第。山东巡按使公署强调，既然有分担办学经费的义务，就应有推荐学生的权利。经与学校协商，学校同意由山东自行组织考送 17 名学生入正科学习。1915 年 2 月，山东巡按使公署发布《东省河海工程学校学员入校之变通》公告：“南京河海工校来东省招考，所有应考人员全数落第。唯此校原系四省组合经费共同担负，若只有义务而无权利甚有不宜，且东省滨河带

① 山东省立第二职业学校出版委员会编印：《山东省立第二职业学校一览》（1933），第 33、26 页。

海，此项人才亦亟需要。公署现拟于春假前后招考三十人送入该校作为预科，察看程度合格后再升入正科云。”①

与此同时，山东巡按使公署发文，决定于4月5日至6日公开招考推荐河海工程专门学校学生。报考资格为中学毕业生，考试科目为国文、英文、数学、理化。

为清华学校选送中等科学生的考试，属于第二种情形。清华学校中等科每年在全国招考学生，名额分配到各省，采取各省组织考送、该校复试的录取办法。1909年，首次选送“庚款”留美学生时，山东曾从山东高等学堂选送了10名学生前往北京参加会考，不幸的是竟全数落榜。这次被录取一名山东籍学生，是北京汇文中学毕业的。②

1915年，清华学校分配到山东的考送名额为6名。《清华学校民国四年招考中等科学生规约》③称：“本校本年招考中等科第一年级学生一百三十名，应由各省按照本规约考取合格学生送校复试。本校鉴于历届各省所送学生多不及格，教授非常困难，中西教员啧有烦言，兹力矫此弊起见，凡不依照本规约办理者无论据何理由，恕不收录，宁缺勿滥。”关于考生资格，《规约》规定：“（1）年确在十一岁以上十三岁以下，而外观相符者；（2）身体坚实体格完全者；（3）品行端正资质聪颖者；（4）自量能力志愿不致中途辍业者；（5）确隶于招考省份之省籍者。”关于考试科目，《规约》规定：“（1）国文论说；（2）英文诵读、默写、初步作文；（3）中国历史、答问；（4）中国地理、答问；（5）算术、加减乘除、命分。”清华学校决定，在9月7日至9日安排六次复试，以接待各省考生。《规约》规定：学生入校后，先试学一年以甄别去留；学生于中等科四年毕业后，选升高等

① 《教育报》（1915年）二卷，第八期，第40页。

② 孙继丁：《九十回忆（一）》，载《山东文献》一卷，第一期，第19页。

③ 《山东教育公报》（1915年）旬刊二十七期，第297—303页。

科,于高等科四年毕业后,按经费及额数,选派到美国留学。1915 年,清华学校中等科一年级共招收 130 名学生,名额全部分配各省,并公布各省应考送名额。这一年,江苏分到的名额最多,为 18 名,其次是广东、四川各 13 名。其后依次为:江西 12 名,浙江、湖北各 9 名,安徽、河南各 7 名,山东、山西、福建、湖南各 6 名,直隶 5 名,甘肃、新疆、广西、云南各 2 名,贵州 1 名。清华学校中等科一年级招生以各省考送为主,复试只有 2 个小时,考送生一般都会录取。这样看来,清华招收学生的决定权实际上是掌握在各省的。清华学校后来能够发展成为一流大学,除了高水平的教学水平外,其集全国少年精英的招生制度,也是一个重要因素。

为北京高等师范考送学生的考试,属于第三种情形。民国初年,教育部对高等师范进行统一规划,全国分为六大高等师范区,山东被划在北京高等师范区内。山东高等师范停办,每年可根据分配学科及名额考送赴北京高师投考的学生。1915 年,山东考送北京高师图书手工专修科学生正取 5 名、备取 2 名,考送北京高师理科讲习班、单级讲习班正取学生 3 名。以下是山东《考试投考北京高等师范理科讲习班、单级讲习班取定各生姓名分数的榜示》内容:

> 为榜示事:照得本月二十六日在本署考试投考北京高等师范理科讲习班、单级讲习班各生所有各科试卷业经评定甲乙,除函知北京高等师范学校查照外,合行榜示仰取定各生务于九月十日来署领取公函赴京入校肄业可也。特示须至榜者,计开,正取三名:王守同 81.6,王景植 75,李纯仁 50。①

从榜示内容看,该理科讲习班、单级讲习班学生经山东组

① 《山东教育公报》(1915 年)旬刊三十七期,第 261 页。

织考试录取后，即可入学学习。榜示录取人员，并公布其分数，是这一时期组织考送学生的通常方式，能够体现考生公平竞争的原则。

为海军学校考选学生，属于第四种。1931 年 4 月，山东省政府教育厅发布关于"代招海军学校学生"的布告。布告称，受海军部咨请，于 6 月 1 日前考选 15 名学生，送部复试。凡"年满 14 岁，身体健全，具初中肄业程度"者皆可报考。该校招生简章规定的考试科目为国文、英文、算术（最高为命分及小数）、口试、体格检查。有 89 名学生报名应考。当年 5 月，山东省政府教育厅公布考试录取结果如下：

> 查本厅奉命代招海军学校新生，经考试完竣，所有各生试卷，亦经详加审订，计正取学生牟恩编等十五名，备取学生孔德高等八名，正取学生不能赴部复试时，准以备取学生依次递补，除将各生等试卷成绩表、体格检验表及像片等呈送山东省政府核示外，合将录取各生姓名公布周知，仰各该生邀同保证人即日来厅填写保证书及志愿书，听候送部复试为要，此布。计正取生十五名：牟恩编……。①

代省外学校招生是当时山东省政府教育厅的一项重要工作。为使符合条件的人员都能报考，一般都要提前发布布告，并通知各地市教育行政部门和学校周知；考试结束后，也一定会公示录取结果。

（二）组织官费留学生考试

山东官费留学活动始自清末。1903 年，为培养新式学堂师资，山东派遣 55 名学生入日本宏文书院学习。1906 年，派遣学生留日形成了高潮。此后，留学生派遣又开始向欧美转移。

① 《教育厅代招之海军学生揭晓》，见《山东教育行政周刊》133 期。

1910 年，学部制定《考选学生及各省提学使考送学生办法》，将各省考送的学生分为第一格和第二格两种。第一格要求很高，招考 15 岁以上 20 岁以下，身体坚实、体格完全、身家清白，自量能力志愿能完成学业者，考试科名包括中文、英文、历史、地理、算学、格致、德文或法文。其中历史、地理、算学、格致均用英文考试。凡考试合格者，不限名额，送京复试。第二格 300 名留学生中的 200 名，分配到各省，由各省负责考选后送京复试。考选年在 12 岁以上 15 岁以下的报考者，考试科目为中文、英文、历史、地理、算学，以"国文通达，并能通历史、地理、算学各科为合格"。这一年，山东分配所得的第二格名额为 8 名学生。

民国初年，各省考送留学生考试基本沿用清末办法。1915 年 9 月，山东官费留日学生出现 16 名缺额。其中 6 名由自费生考选，另 10 名由省内考送。山东巡按使公署发布《宣示招考赴日留学生》公告，规定：凡品行学问优异堪资造就，在国内充任中小学校教员或中等以上学校教员三年以上者、曾任教育行政职务三年以上者、以自费留学已入外国大学或专门学校肄业者、在本国大学预科或公私立专门学校毕业者，均可报名应试。考试科目为国文，英文（默写、文法、翻译），代数、几何、三角，物理、化学。10 月 31 日，榜示了经考试录取的 10 名留学生姓名。榜示内容如下：①

为榜示事：照得本公署考送留日学生，业已分门试验，严定分数，参照年龄录取学生十名。凡录取各生，仰即静候本公署咨部查核见复后，再凭饬遵须至榜者。计开：

录取学习窑业科学生二名：马清源、韩堉桦

① 分别见《山东教育公报》旬刊三十七期，第 266 页；四十二期，第 307 页。

录取学习应用化学科学生二名：张梦云、亓淦田

录取学习纺织科学生一名：胡有诰

录取学习染色科学生一名：宋显新

录取学习采矿科学生一名：于德润

录取学习冶金科学生一名：李光第

录取学习制丝科学生一名：刘振刚

所录取的学生都是赴日学习实业科目的。可见，这一时期的官费留学，以培养社会经济发展人才为目标。

1916 年，教育部公布《选派留学外国学生规程》，提高了留学国外学生的资格。《规程》规定，要从五类人员中选派留学国外学生：曾任本国大学教授或助教授继续至二年以上者；曾任本国专门学校、高等师范学校教授继续至二年以上者；曾经留学外国大学、高等专门学校、高等师范学校本科毕业者；本国大学本科毕业生；本国专门学校、高等师范学校本科毕业者。具前三款资格者可免试部分或全部试验。考试分为第一、第二两次。第一试由各省行政长官组织，考国文、外国文。第二试由教育部在北京组织，考试科目为国文、外国文、调验成绩、口试。《规程》规定，第一试及格才能参加第二试，第一试及格试卷要送教育部复核。

以下是 1917 年至 1925 年第二试榜示的部分山东合格人员情形：①

1917 年，派补留美二名，派补留日三名。

1919 年，派补生六名。

1920 年，周德挺75.95，于逮孝65.43，王傅義72.50，邵峻嵩64.68，孙宗钰68.58，李仰臣62.18，高祀瑛65.68，赖

① 杨学为等主编：《中国考试制度史资料选编》，黄山书社 1992 年版，第 620—622 页。

绍周61.00，杜光埙66.83，秦文藻60.83，宋锡鑿65.68。派补生一名：徐彦之68.17。

1922年，应全部试验一名：张国杰（英）60.76；应全部试验女生二名：潭素兰（美）64.00，王淑静（美）62.46；自费生二名：刘奇峰（美），李顺卿（美）。

1925年1月，录取六名：朱辅鑫（日）、佟乐泽（日）、张金玳（日）、潘振德（日）、曹萃文（日）、王铭新（日）。

1925年2月，补录应全部试验五名：董大年68.25，邹树槐68.25，李富美67.25，于庆均65.25，王葆先61.75；全部免试一名：谷源瑞。

以上仅是教育部榜示的山东考选留学生参加第二试的部分人员，他们都是经过本省和教育部两次严格考试后赴国外的公费留学生。

何思源本人就是获得山东公费资助完成了其在北京大学的学业，并靠官费留学美国的。因此，何思源担任山东省政府教育厅厅长期间，更加重视留学教育，每年都拨出较大比例数目的经费作为考取省外大学和留学国外学生的补助。1929年，山东的高等教育几近空白，21万元（占总教育经费的11.85%）的高等教育经费有16万用于留学生补助。后来，随着教育经费的逐年增长，用于留学教育的经费也在逐年增加。

1931年，山东省政府教育厅制定《山东省考选国外留学生规程》，其内容如下：①

第一，本省为培植专门人材起见，特设国外留学公费生及补助费生学额；其国别及额数，于每年编造预算时，由教育厅呈准省政府定之。

① 民国山东省政府教育厅编印：《山东省政府教育厅第二次工作报告》（1932），第66页。

第二,公费生及补助费生遇有缺额时,由教育厅呈准省政府及教育部,组织考试委员会考补,但补助费生总额半数,得就国外留学自费生中选补,其办法另定之。

第三,留学生不分性别,以本省籍人民在三十五岁以下者为限。

第四,凡具有左列资格之一者,得报名投考:(甲)曾在公立或已立案之私立大学、独立学院或专门学校本科毕业者;(乙)曾任公立或已立案之私立专科以上学校教授或副教授二年以上、讲师三年以上者。

第五,留学生肄习之科目,于考选前,由教育厅呈准省政府及教育部定之。

从第一和第五的规定我们不难发现,该《留学规程》的最大特点是作为公费或补助费的留学生所报考的专业,必须服从省政府安排,以保证学成之后能够成为本省急需的专门人才。

第二节 各级各类学校的学业考试和操行考查

为保证教育教学质量,学生入学后要进行各种考核评定,学业考试和操行考查是其中重要的考核内容。

1912 年 10 月 25 日,教育部公布《学生学业成绩考查规程》,将学生学业成绩分为平时成绩和试验成绩两种。平时成绩由教员依据学生勤惰与学业优劣,随时评定;试验成绩分为学期试验、学年试验和毕业试验三种。专门以上学校可免学期试验。成绩评定分为甲、乙、丙、丁四等:80 分以上为甲等,70 分以上为乙等,60 分以上为丙等,不满 60 分为丁等,丁等为不及格。

《规程》规定,学期成绩分为学科学期成绩和总学科学期成绩两种:学科学期成绩由该学科学期试验成绩参合平时成绩评定;各学科学期成绩之和除以学科数,即为总学科学期成绩。专门以上学校,可免学期试验。

《规程》规定,学年成绩分为学科学年成绩和总学科学年成绩两种:学科学年成绩由该学科学年试验成绩参合平时成绩评定(在施行学期试验的学校,以学期成绩分数相加以二除之,为该学科学年成绩);各学科学年成绩总和除以学科数,即为总学科学年成绩。

《规程》规定,毕业成绩分为学科毕业成绩和毕业总成绩两种:学科毕业成绩由该学科学年成绩之和除以学年数得之;各学科毕业成绩之和除以学科数,即为毕业总成绩。

《规程》规定,小学校以学生平时成绩评定学业成绩,不施行试验,但遇必要时,也可施行适宜之试验;专门以上学校,可以用试验成绩作为学业成绩。

同日,教育部公布《学生操行考查规程》,将学生操行成绩分为甲、乙、丙、丁四等。考查操行的要点有二:关于心性者,为气质、智力、感情、意志等项;关于行为者,为容仪、动作、言语等项。①

一、高等教育学校的学业考试

(一)专科学校的学业考试

20 世纪一二十年代,山东有六大专门学校,这些学校都制定有严格的学业考试制度。

1920 年时,山东公立工业专门学校将考试分为临时考试、学期考试、学年考试、毕业考试四种方式。又将四种考试分为笔记考试、口述考试、宿题考试三种方法,并规定:临时考试由

① 杨学为等主编:《中国考试史文献集成》七卷,高等教育出版社 2003 年版,第 25—26 页。

教员"酌量学生程度"随时施行；各学科的学年成绩，以该学科各学期成绩分数平均计算；各学科的毕业成绩，以该学科各学年成绩分数平均计算。临时、学期、学年考试都由任课教员评定后列表报教务处，由教务主任汇呈校长核定并榜示。①

山东公立商业专门学校将学生考查成绩分为学业考试成绩与操行考查成绩两种。学业考试成绩又分为平时成绩与试验成绩两种。试验分为临时试验、学期试验、学年试验与毕业试验。平时成绩由教员依据学生勤惰与学业优劣随时评定；临时试验由主任教员酌量随时举行；学期试验于年假前 7 日内举行，学年试验于暑假前 10 日内举行；毕业试验于修业最后学年举行。

该校重视学生平时学习成绩和实习成绩，规定平时成绩占试验成绩的五分之二，实地练习成绩占学业成绩的五分之一。

该校规定，学生必须于毕业学年内"自由编纂左列各种成绩之一种，借以考核平素之修养，并由校派定教员评定分数加入实习成绩：(一) 各种统计图表；(二) 关于各种交通上之图表；(三) 关于国内外生产消费之调查报告；(四) 关于发展各种商业上之设计；(五) 关于各种广告及商品之图画；(六) 关于各种商业科学之译著论述；(七) 其他有关商业上之一切成绩"。

该校认为，考试是衡量学生学业成绩的重要方法，为加强考试过程的管理，他们制定了详细的考试规则，具体如下：

一、依试验纸面署名之座号就座；

二、笔墨或吸墨纸簿记棒均自行携带；

三、试验纸面应填写之字须先行填写；

四、竖式试题低二格写，答案顶格写；

---

① 见山东公立工业专门学校编印：《山东公立工业专门学校一览》(1920)，第 28 页。

五、竖式试题如有数目字用汉字,旁加括弧;

六、起草纸与试验纸同时给发,交卷时须并交草稿;

七、各科试卷须依该科教员所定格式填写;

八、如因必要事出试验室须禀监试员陈明,经其认可,由他员随往监察之;

九、不得怀挟图书讲义及手抄物(经教员指定者不在此例);

十、不得旷领试验纸及另纸起草;

十一、发给之稿纸不得损坏;

十二、不得耳语及窃窥他人答案;

十三、不得传递代倩;

十四、不得紊乱座号;

十五、不得吸食烟草;

十六、交卷不得逾规定期限;

十七、交卷时不得翻阅他人答案;

十八、交卷后不得稽留不退;

十九、退出后不得复回取物;

二十、室外各生不得窥瞰。①

显然,以上这二十条是考场规则。其中一至七条属于考场和考试的一般规范,八至二十条则是针对作弊行为而规定的禁止事项。该校对违背八至二十条规则的学生定有罚则,视情节轻重,分别扣减成绩分数。罚则分为五种:第一,就本(学)科分扣减;第二,就操行分扣减;第三,本(学)科不给分;第四,本(学)科分与操行分均扣减;第五,本(学)科不给分并扣减操行。

① 见山东公立商业专门学校编印:《山东公立商业专门学校一览》(1924),第29—30页。

1912 年教育部公布的《学生学业成绩考查规程》中有“专门以上学校，得免学期试验”的规定，但山东的公立专门学校都实行学期试验。山东公立农业专门学校每学年实行三学期制，而且每学期都进行学期试验，他们曾向山东省行政公署请示如何计算学年成绩。行政公署咨询教育部后答复：“学年试验即为第三学期试验，在每学期施行试验之学校，宜以第一、第二两学期成绩分数平均后再与学年试验成绩分数相加以二除之，若第一学期免除试验之学校，则以第一、第二两学期并为一次试验之分数与学年试验成绩分数相加以二除之。”①这样一来，农业专门学校与工业专门学校在计算学年成绩时，方法是不一样的。工专是以各学期考试分数的平均数为该学科的学年成绩，而农专则是以前两学期考试分数的平均值，再与第三学期考试的分数平均。山东行政公署的答复，实际上是增加了第三学期考试分数的比重。

1928 年，设立不久的省立山东大学随张宗昌军政权的崩溃而停办。可惜的是，不但综合性大学没有办成，就连已有很好办学基础的专科教育也成了军阀统治的殉葬品。此后，专科教育一直是山东教育发展的薄弱环节。

(二) 山东大学的学业考试

1929 年 8 月 14 日教育部公布《大学规程》，明确了各种学业考试的规则要求。《大学规程》将大学的考试分为入学试验、临时试验、学期试验和毕业试验四种。该《规程》关于考试的规定如下：

临时试验，由教员随时举行，每学期至少举行一次，临时试验成绩必须参考听讲笔记、读书札记、练习、实习及实验成绩予

---

① 《山东行政公署训令》，载《教育报》(1913)一卷，第五期，第 22—23 页。

以评定。

学期试验,由院长会同系主任和教员在每学期期末举行,并与平时成绩合并核计。

毕业试验,由教育部派校内教授、副教授及校外专门学者组成委员会举行,每门课程要在可能范围内有一名校外委员参与,必要时教育部派员监试。毕业试验同时也是最后一学期的学期试验,课目必须在四种以上,至少有两种科目包含全学年的课程。

毕业论文在最后一学年上学期开始,学生就主要课目选定研究题目,受该课教授指导,自行撰写,在毕业试验前提交毕业试验委员会评定。对学生的毕业论文有疑问时,可举行口试。毕业论文成绩与毕业试验成绩及各学期成绩合并核计,作为毕业成绩。

《国立山东大学学则》①规定,山东大学实行学分制。每学期每周授课一小时为 1 学分,实验及无须课外自习的课程以二至三小时为 1 学分。学生修业年限为四年,至少修满 138 学分才能毕业,如已修满学分而不足四年,则可选习特种学科,而不得提前毕业。学校将国文(4 学分)、英文(12 学分)、第二外国语(16 学分)、自然科学(6 学分)、社会科学(6 学分)、党义(4 学分)、体育(8 学分)、军事训练(6 学分)作为共同必修课,要求学生必修。其中党义、体育、军事训练的学分不在 138 学分之内,但不及格者不得毕业。

《国立山东大学学则》将考试分为临时考试、学期考试和毕业考试三种。学生学业成绩分为甲、乙、丙、丁、戊五等:90 分以上为甲等,80 分以上为乙等,70 分以上为丙等,60 分以上为丁等,不满 60 分为戊等。戊等为不及格,不给学分,必须重

---

① 国立山东大学编印:《国立山东大学一览》(1935),第 111—116 页。

修该课程。《学则》关于成绩评定的规定如下：

各课程的学期成绩，参酌平时成绩与学期考试成绩评定；各课程的学年成绩，以第一学期的成绩占三分之一，第二学期的成绩占三分之二评定；各课程成绩总平均分按下列方式计算：以各课程之学分数乘该课程所得之成绩分数为绩分；所修各课程学分之总和为学分总数；各课程绩分之总和为绩分总数；以学分总数除绩分总数为成绩总平均；成绩总平均之计算包括戊等在内，戊等成绩分数作为零。

《学则》规定，学生学期成绩平均列乙等以上者，能领取助学金。

山东大学重视学期试验，制定了《学期试验办法》，主要内容如下：

各课程，除制图、实习、体育、军训术科等得随班考试外，其余均应在学期会考试场举行；各课程之考试，以每学期所修之全部为范围；各课程于学期试验时，应由担任本课程之教员亲临监场，并由各系主任轮流监场；学生于学期试验期间，因亲丧重病请假，经教务长核准者，得准予补考，但补考所得之成绩至多不得超过六十分；学期考试举行后两星期内，各教员应将担任各课程之成绩送交教务处。

学期考试都必须在指定的试场进行，山东大学还制定了“学期试验试场规则”，主要内容如下：

考生按照规定时间到场应试，过时者不得入场；考生按照排定座号入座，不得紊乱，违者扣分；除几何外，一律须用毛笔或钢笔，不得用铅笔抄写；试题及稿纸均附卷内，考毕连同试卷缴回，否则试卷作废；不准谈话、旁窥，违者扣分；不准传递，违者扣分；不准夹带抄书，违者扣分，并记大过一次；考毕须立刻缴卷出场，不得逗留场内；考试须按规定时间缴卷，不得要求延长，逾时者试卷作废。

一位山东大学30年代的毕业生回忆说："山大那时对学生的学习要求很严，考试制度、考勤制度都极认真。教授上课，堂堂都要点名。每学期考试都是'大会考'的形式，全校都在大礼堂考试。考同样课程的都要隔开座位，每个考生的前后左右都是不同的课程，其命题都是事前密封，临考前数分钟启封，当场随试卷发给学生，监场的人也较多。一发现作弊，当场宣布扣考，逐出考场，并通知阅卷人，不管卷子如何，一律划零分。"①

与入学考试相比，国立山东大学的学期和学年考试都以考查学生综合分析问题的能力为目的，因此教师在命题时多采用综合性比较强的试题。下面是部分课程的考试试题。②

西洋哲学史学期考试题目：

就下列诸题任择其一作论文一篇。

一、试述柏拉图之理想国卷下第六章中所讨论关于政治与哲人之理论并评论其得失。

二、论斯多噶学派之道德观念。

三、试注译苏格拉底之名言"尔认识尔自己"。

名学季考试题：

一、因明二字之意义。

二、新因明与古因明之论式有何不同？

三、因初相"遍是宗法性"五字之解释。

四、如有立量云："仁者是君子"以"其为人故"为因。问此因有何过失。

---

① 柳即吾：《三十代年的山东大学》，载山东省政协文史资料研究委员会编：《山东文史资料选辑》26辑，山东人民出版社1989年版，第35页。

② 国立山东大学试题，山东省档案馆，J110-01-710-001。

五、试将"我心匪石不可转也"句依前作逻辑连珠式改作三支,并论其因之过失。

六、汉今文经立于学官,为士子通习之业,著之成绩而有功于后学者,又有几事?何以汉魏间郑氏学行而今文都废?试言其故。

(任答五题)

哲学概论学期考试题目:

就下列诸题任择其一作论文一篇。

一、试论纯理性批判中康德所谓之"先验"观念与科学上所采用之"假定"之关系。

二、就哲学之观点讨论经验与智识之关系。

三、就个人之经验分析吾人心理上情感与智识之矛盾,并就道德学上之观点论人生应取之态度。

四、论哲学态度与科学智识之异同及其密切关系。

汉魏六朝文试题:

试言南朝文体之变迁与其作风。

显然,以上这些试题都留有极大的发挥余地,绝不是背背书本或讲义就能应付的。如果各门课程、各个学期都采用这样的试题考查学生,必然会激发学生强烈的求知欲和奋发向上的进取精神,相信通过这样的考试所培养出来的学生,一定具有很深的理论修养和清晰阐述问题的能力。这也应当是大学教育所应当追求的目标。

毕业论文是学业试验的重要内容,为规范学生毕业论文的撰写,山东大学制定了《毕业论文规则》,主要内容如下:

学生于毕业年内,应按学则规定,提交论文一篇,经毕业试验委员会审查及格后,方准予毕业;学生的毕业论文,应由各系教员负责指导;毕业论文题目,应于毕业学年第一学期开始后一个月内,由学生自由选定,并须送请系主任核准；毕业论文纲要，应于毕业学年第二学期开始后一个月内完成，并开列重要参考书目及应用材料，送请系主任审核；毕业论文引用之参考书籍，应注明章节；毕业论文之文字，以国文为主，但必要时得用外国文。其用国文者，无论文言、白话，应一律加以标点符号；毕业论文应使用本校规定之纸张，誊写清楚；毕业论文得以译书代之，但原文应一并送请系主任备查；毕业论文由负责指导之教员评定，并经系主任核准后提交毕业试验委员会审定之；毕业论文及译书，经毕业试验委员会认为有疑问者，得举行口试；毕业论文至迟应于毕业学年五月三十一日以前提出。①

山东大学对学生撰写毕业论文的要求极为严格。学生选定题目后，要安排有相应学术专长的教师负责指导，并绘制学生毕业论文一览表，以明确教师的指导责任。

表 8-3　国立山东大学中国文学系第四届毕业生毕业论文一览

(1937 年 6 月)②

姓名	性别	籍贯	论文题目	指导教师	备注
冯汉贞	女	江西赣县	说文重文笺	姜忠奎	
王塘	男	河南临漳	清代艺文志	台静农	
王遵海	男	山东临淄	尚书源流考略	栾调甫	
杨道松	男	安徽庐江	论衡校正	姜忠奎	
朱绍安	男	山东博平	元曲考略	黄公渚	
赵新坡	男	山东临沂	王渔洋诗研究	黄公渚	
郁少英	男	江苏启东	清代文字大狱考	施畸	
张希周	男	山东沂水	古泉文字编	栾调甫	

① 见国立山东大学编印：《国立山东大学一览》(1935)，第 259—260 页。

② 山东档案馆 J110-01-719-001。

（续表）

姓名	性别	籍贯	论文题目	指导教师	备注
高佩	男	河南舞阳	两汉征伐匈奴史	施畸	
袁绪曾	男	河南中牟	杜诗研究	黄公渚	
周中矩	男	河南巩县	东汉党锢研究	施畸	
严曙明	男	安徽寿县	谢康乐诗研究	黄公渚	
王维卿	男	山西寿阳	国风研究	台静农	
梁永信	男	山西定襄	秦汉衰亡研究	施畸	
王延琦	男	山东日照	说文方言疏证	姜忠奎	
顾宝荃	男	江苏灌云	韩非子研究	栾调甫	
张裕光	男	山东菏泽	韩文研究	黄公渚	
庄敬梓	男	山东莒县	殷周铜器图形文字研究	闻在宥、姜忠奎	
李永儒	男	山东安丘	毛诗郑笺引用三家诗总考	姜忠奎	
隋廷莹	男	山东诸城	四家诗异文音值研究	闻在宥、姜忠奎	
张毓琏	男	江苏如皋	短篇小说之结构	台静农	
董云霞	女	河南固始	说文训同义异考	姜忠奎	
阎金锷	男	山东惠民	古今书目简志	姜忠奎	

学生毕业论文由指导教师评阅、系主任审核后，提交校毕业试验委员会审查。毕业试验委员会认为有异议的论文要组织口试。化学系第四届的一名毕业生，就是因为口试不及格而未能毕业。

山东大学每年都设立学生毕业试验委员会，除本校校长、教务长、各学院院长、各系系主任和知名教授外，还聘请校外著名学者参加。第一届毕业试验委员会聘请了北平研究院物理研究所主任严济慈、北平静生生物调查所所长胡先骕和山东省政府教育厅厅长何思源等人。该毕业考试委员会成立后，首先开了两次会议，第一次审查了学生的毕业论文，第二次审查了学生的学分情况。关于组织考试和审查学生毕业成绩，该校

《第一届毕业学生会考经过》有如下内容：

以第四学年第二学期之试验为毕业试验，但试验科目至少须在四种以上，并须有两种以上包含全学年之学程。各学程除制图、实习、体育、军训术科，得随班试验外，其余应一律在会考试场举行。其试验成绩及第四学年第一学期试验成绩平均及格后，方准毕业。但毕业论文不及格者，仍不得毕业。六月十一日至十四日，每日三场，各系齐集大礼堂会考，由教务处预为排定座位。试题由教员直接寄教务长封存，于每场考试前经试验委员拆封审查后再行付印。监试除由各委员轮流每人每日一场外，并由校长及各学程担任教员按日到场监试。试卷经各教员评阅后，并由委员复阅；其学程在午前试验者，于午后阅卷，午后试验者，于次日上午阅卷。毕业论文限于五月以前提出，由各系分别作初步审查，并经系主任核准后，提交毕业试验委员会审查，作最后决定。

各系受毕业试验学生，计徐兰田等六十一人，内除应修学程学分不足者任树棣，毕业试验成绩不及格者张恒升，论文不及格者赵元祥、罗瑞麟、孙殿珊，应修学分不足及论文均不及格者庞泽波、高鸿翥，毕业试验成绩及论文均不及格者路丕泉等八人外，应予毕业学生共五十三人。①

山东大学称毕业试验为“毕业会考”。学生要到大礼堂，在监试委员严格的监考下，进行至少四门课程的考试。所有毕业试验委员会的委员都要直接参加监考、阅卷、审查毕业论文及学生的成绩评定，他们是尽职尽责的。在学生毕业试验的整个过程中，任课教师的作用仅是命题和初步阅卷，学生学习成绩的最终评定权并不在他们手中。这种“会考”既是对学生学

---

① 《山东大学第一届毕业学生会考经过(上报教育部文)》，山东省档案馆，J110-01-503-013。

习成绩的评定，也是对教师教学效果的检查。

《国立山东大学学则》规定，学生修满规定的课程及学分，党义、体育、军事训练合格，毕业论文审查及格，可获得毕业证书和相应的学士学位证书。严格的学业考试规则和考试管理，养成了山东大学学生刻苦和勤奋的品质，但也造成了较高的淘汰率。

表 8-4　抗战前山东大学学生淘汰率表①

文理学院				
入学学生		毕业学生		淘汰率
年	人数	年	人数	
1930	92	1934	53	42.5%
1931	116	1935	87	25%
1932	33	1936	34 *	
1933	79	1937	48	39.2%
工学院				
入学学生		毕业学生		淘汰率
年	人数	年	人数	
1932	32	1936	19	40.6%
1933	30	1937	19	36.7%

（*注：其中有一名留级生）

山东大学的文理学院内设中国文学系、外国文学系、数学系、物理系、化学系、生物系。第一届毕业的 53 名学生中，中国文学系 18 名、外国文学系 11 名、数学系 9 名、化学系 8 名、生物系 4 名、物理系 3 名。生物系和物理系这一年仅毕业了三四

① 山东大学百年史编委会：《山东大学百年史》，山东大学出版社 2001 年版，第 91 页。

名学生。可以想见，当时这些山东大学的毕业生一定是十分宝贵的人才资源。

二、中等教育学校的学业考试与操行考查

（一）普通中学的学业考试与操行考查

普通中学是在小学教育的基础上，“以发展青年身心，培养健全国民，并为研究高深学术及从事各种职业之预备”为目的教育教学机构。辛亥革命后，中等教育学校一直执行 1912 年教育部公布的《学生学业成绩考查规程》和 1920 年教育部公布的《修正学生学业成绩考查规程》，直到 1933 年 3 月教育部依据《中学法》（1932 年 12 月 24 日国民政府公布）制定《中学规程》后，普通中学的成绩考查才有了专门的法规依据。

《中学规程》①将中学教育工作归纳为七项训练，即：锻炼强健体格、陶融公民道德、培育民族文化、充实生活知能、培植科学基础、养成劳动习惯、启发艺术兴趣。中学分为初级中学和高级中学，修业年限各三年。

《中学规程》将学生的成绩分为学业、操行和体育成绩三项。学业成绩分为日常考查、临时试验、学期考试、毕业考试四种。日常考查依据不同课程性质酌情选用口头问答、演习练习、实验实习、读书报告、作文、测验、调查采集报告、其他工作报告和劳动作业的方式。临时试验，由各科教员随时于教学时间内举行，不得预先告知学生，每学期每科至少举行两次以上。学期考试，于学期终各科教学完毕时举行，考试一学期所授内容。毕业考试，于三年修满学业后举行，考试三年内所授全部课程。

---

① 民国政府教育部：《第一次中国教育年鉴》（乙编），开明书店 1934 年版，第 35—44 页。

《中学规程》规定，各科日常考查与临时试验成绩合并计算为平时成绩，日常考查占三分之二，临时试验占三分之一；各科平时成绩与学期考试成绩合并计算为各科学期成绩，平时成绩占五分之三，学期考试成绩占五分之二（第三学年第二学期免学期考试，以平时成绩为学期成绩）；学生各科学期成绩的平均值为该生的学期成绩，一、二两学期成绩的平均值为该生的学年成绩；各学年成绩的平均值与毕业考试成绩合并计算为该生的毕业成绩，学年成绩的平均值占五分之三，毕业考试成绩占五分之二。学生操行和体育成绩不及格者不得升级或毕业。

山东普通中学在执行《学生学业成绩考查规程》和《中学规程》的过程中，都制定了详细的学生学业成绩考查规程，其中有些规定与以上两个规程都有不同之处。

济南育英中学制定的《学生学业成绩考查规程》如下：

第一，本校学生学业成绩之考查分平日、月考、期考、年考、毕业考五种。

第二，平日成绩考查方法如下：(1) 教学时问答及练习；(2) 检查课作；(3) 检查实习结果；(4) 检查笔记簿与练习簿。

第三，月考在授课时间内举行，其时间与方法由教务处会同各学科教员酌定之。

第四，期考于每学期终了时举行，以一学期所授之教材全部为考试范围，评定成绩标准之规定如下：(1) 平日成绩为 40%；(2) 月考成绩为 30%；(3) 期考成绩为 30%。

第五，学年考试于每学年之终了举行，以一学年所授教材之全部为考试范围，评定成绩之标准如下：(1) 第一学期成绩总平均分数为 50%；(2) 学年（年考）成绩总平均分数为 50%。

第六，毕业考试于肄业期满后举行，以三学年所授教材之全部为考试范围，评定成绩标准之规定如下：(1) 三学年各科成绩总平均分数为50%；(2) 毕业考试成绩总平均分数为50%。

第七，评定成绩分甲乙丙丁四等：甲等，80分以上；乙等，70分以上；丙等，60分以上；丁等，不满60分。

第八，依第四、五、六三条之规定，其总成绩满60分者为及格；不满60分为不及格。

第九，其及格与不及格学生，按升级留学规程办理；毕业学生按教育部颁发之中小学学生毕业会考暂行规程办理。①

显然，与《中学规程》相比，济南育英中学增加了考试尤其是毕业考试在学生学业成绩中的比重。

济南育英中学制定的《学生操行考查规程》与1912年教育部公布的《学生操行成绩考查规定》也有所不同，主要内容如下：

第一，学生操行之考查依本规程行之。

第二，学生操行考查之标准分甲、乙、丙、丁、戊五等。

第三，学生操行考查之范围列举于下：(1) 勤学；(2) 服务；(3) 纪律；(4) 卫生；(5) 思想；(6) 态度；(7) 情趣；(8) 言语；(9) 公德；(10) 社交。

第四，学生每星期内曾经受警告者，操行成绩最高不得列甲等；曾记过者，最高不得列乙等。

第五，第三条所列各项中有一项列丙等者，总评最高不得列入甲等；有一项列丁等，其他各项有三分之一列丙

① 济南育英中学二十周年纪念会编印：《二十周年的济南育英中学》(1933)，第45页。

等者,总评最高不得列乙等;有两项列丁等,其他各项有二分之一列丙等者,总评最高不得列入丙等。

第六,学生操行成绩由训育处会同全体教职员负责考查之。

第七,考查方法及评定手续列记于下:(1) 由训育处按照应考查之范围制定表册,于每学期开学时分发全体教职员负责考查;(2) 负责考查人逐项详细考查,分别填写,于学期终了前一星期内送交训育处;(3) 训育处统计全体教职员考查结果,提交训育会议逐一详定等第。凡列丙等以上者为及格,丁等以下者为不及格,分别通知各该学生家庭。

第八,学生操行列丁等者,予以警告,暂准试读;列戊等者,令其退学。①

《学生操行成绩考查规程》将考查操行的内容分为"心性"和"行为"两点,是原则性的规定,而济南育英中学将操行考查范围列举了十个方面,有了可操作性。在评定操行成绩时,济南育英中学将成绩分为五等,并规定丙等以上为及格,而丁等予以警告,戊等方令退学,这实际上有利于对操行有问题学生的挽救和教育。济南育英中学在对学生进行严格操行考查的同时,坚持正面教育。该校制定了十项"修养标准",内容为:要有牺牲的决心,要有坚毅的意志,要有勤劳的习惯,要有谦和的态度,要有热烈的情绪,要有向上的精神,要有科学的训练,要有正确的观念,要有读书的兴趣,要有教学的技能。坚持正面引导和提升学生的修养水平应当是培养学生良好操行的主要方法。

---

① 济南育英中学二十周年纪念会编印:《二十周年的济南育英中学》(1933),第 47 页。

正谊中学实行学分制管理，将三学年分为六个学期，一至六学期的学分分别为29.5、28.5、30.5、31.5、29.5、30.5。其中，体育、音乐、国术、图画、劳作等课程其学分是每周课时的二分之一；其他课程的学分，均同于该课程的每周课时数。

正谊中学之所以能成为一所著名中学，与他们严格的学业考查管理有密切关系。该校将学生的学业成绩分为平时成绩、月考成绩和期考成绩三类。平时成绩由任课教师通过问答、检查课作、检查实习结果、检查笔记和练习簿、检查制作品等方式划定，月考由任课教师定期举行，期考由教务处安排定期举行。在每门课程的成绩中，平时成绩、月考成绩、期考成绩各占三分之一。即，平时、月考、期考的平均成绩为该课程的学期成绩。成绩评定分为四级：80 分以上为甲，70 分以上为乙，60 分以上为丙，60 分以下为丁。该校《学生学业成绩考查规程》的第 7 至 15 条是针对不及格学生的管理措施，内容如下：

> 第七，记分暂用百分法，一学期平均分数满 60 分为合格，给予学分，60 分以下 50 分以上者，得来学期补考，及格者给予学分，不及格者不给学分，并不准补考。
>
> 第八，一学期所习学程有三分之一不给学分者，由教务处议决得令其休学或留级。
>
> 第九，一学期除大故假外（大故假不得超过 21 天），凡学程缺课时数达授课时数三分之一以上者，不给该学程学分。
>
> 第十，凡具左列原因之一，而不能参与学期试验时，得于来学期照章补考：(1) 疾病由本校校医证明者；(2) 有特别事故，由家属来函证明，经学校认可者。
>
> 第十一，试验作弊以致扣分不及格者，不准补考。
>
> 第十二，凡具第十条之原因补考之学生，成绩仍与平时成绩及月考成绩按三分之一平均。

第十三，在学校规定补考时期未曾应试者，无论何故，不准补考。

第十四，凡留级学生，各科均应重习。

第十五，凡留级在两次以上者，应令退学。①

在评定学生学业成绩时，平时和月考成绩占了三分之二的比重，这反映了学校对学生学习态度和基础知识掌握程度的重视。只要平时努力学习，即便期末考试时稍有失手，其平均成绩也能达到及格的要求。因此，该校的规定已经照顾了那些积极努力，而学习能力较差的学生，能保证这些学生正常毕业。但是，对于"无大故"缺课达授课时数三分之一、三分之一课程得不到学分、考试作弊、不参与补考的学生，该校的《学生学业成绩考查规程》又体现了一定的严肃性。

正谊中学以培养德智体全面发展的毕业生为目标，他们对"体育"意义的理解是十分深刻的。在制定体育教学和考核标准时，该校规定："本校教授体育，以发达学生之身心，养成健全之人格为本旨，故关于各项体育运动，均以适应学生身心之要求，而使其有系统、合理之练习为准则。"他们将体育教学分为身体、人格和学术三个方面。在身体方面，要求通过体育教学，养成学生"良好增进健康率之习惯"，"使身体各部平均发育，俾得自然优美之姿势"，"增强体力之速度与耐劳，以应生活之要求"，"使身体柔和，肢肉感觉灵敏，有顺应各种境遇的能力"；在人格方面，要求通过体育教学，使学生具备"顺应敏捷之思想，有决断力及判断力"，"使学生勇敢坚持，不易灰心"，"养成学生进取和奋斗的精神"，"养成遵守规律之习惯，与协同一致之精神"，"使学生德力均衡，忠于团体和热情牺牲的社会性"；在学术上，通过体育教学，使学生"有体育上的普通知

① 正谊中学编印：《二十周年的正谊中学》(1933)，第 57 页。

识”,“明了各种运动规则及方法”,“须达到各种运动之标准”。他们将体育测验分为“普通姿势测验”、“身和心的测验”和“运动体力测验”三种方式。其考试标准如下:

毕业时最低限度标准:(1) 保持良好姿势。(2) 常知自己体高、体重及与标准相差之百分数。(3) 对于自己之健康切实负责任。(4) 对于别人及社会之健康负责任。(5) 有以下各种观念与态度:权利义务之责任在个人愉快之上面;服务社会及为团体谋利益;负责任。(6) 娴熟二十种游戏,并能作各种游戏之领导人。(7) 能达到本科所定之运动技术标准。(8) 能于下列七种活动中,至少作三种,并能明了其运动规则及方法,具有指导他人之能力:篮球,足球,排球,网球,垒球,拳术一套,田径赛中三项。

附注:本校女生体育标准与上略同,唯须适于女子运动规程。①

体育考试的记分方法与其他课程相同,也以 60 分为及格。对于“缺课过多者”、“懒于练习,不常运动者”、“不及运动技术标准成绩者”、“身体姿势恶劣者”,则一定要判定为不及格。体育不及格是不能毕业的。

在以上八项标准中,有五项关涉学生的身心健康发展,并特别强调要培养学生养成良好的生活态度并具备社会责任心。而对于运动技能,该标准也重在要求学生熟练掌握集体运动的技能技巧和各项规则,以便能够成为体育运动的组织者和领导人。显然,正谊中学是在贯彻一种全新的体育教学观念——与个人体育技能技巧相比,生活态度、集体观念、社会责任心要重要得多,而后者是可以通过体育教学活动实现的。

为体现考试的严肃性,许多学校都定有《考试规约》。山

① 正谊中学编印:《二十周年的正谊中学》(1933),第 39—44 页。

东省立高级中学的《考试规约》如下：

第一，考试时须按照指定席次就座。

第二，除考试应用文具外，不准携带他物。

第三，考试题旨既经教师解释后不得任意发问。

第四，缴卷前不得出教室，缴卷后不得入教室。

第五，考试时不得犯下列各项之一，犯者该科考试无分：(1) 互相谈话者；(2) 传递者；(3) 看夹带者；(4) 看书者；(5) 阅他人卷者。①

(二) 师范学校的学业考试与操行、实习考查

民国初期，山东师范学校的学业考试执行 1912 年公布的《师范学校规程》和《学生学业成绩考查规程》。1933 年 3 月，教育部依据 1932 年 12 月公布的《师范学校法》制定《师范学校规程》，将师范学校的教育工作归纳为七项训练，具体为锻炼强健身体、陶融道德品质、培育民族文化、充实科学知能、养成劳动习惯、启发研究儿童教育之兴趣、培养终身服务教育之精神。《规程》规定，师范学校学生成绩分为学业、实习、操行、体育成绩四项。考查学生成绩有日常考查、临时试验、学期考试、毕业考试四种方法。该规程关于考查学生学业成绩方法的规定与《中学规程》的规定大致相同。

这一时期，山东的师范学校大多实行学分制，并将课程分为必修和选修两种。每周授课 1 小时及课外预备 1 小时，满一学期为 1 学分。课外预备少的课程每周授课 1 小时，满一学期为0.5学分。

依据修业年限不同，各师范学校对修满学分有不同的要求。山东省立第一女子师范设有师范部、初级部，修业年限为

① 山东省立高级中学出版委员会编印：《山东省立高级中学》，教务概况，第 24 页。

三年。师范部修满160学分、初级部修满168学分方可毕业。四年制师范则要求修满230学分才能毕业。在规定的学分中，必修课是基本学分,学生只有完成必修课的学分,才能毕业。师范学校学生的成绩考查分为学业、操行、体育和教学实习四种。将教学实习列为考查的重要内容,是这一时期山东师范学校学生学业成绩考查的重要特点。

山东多数师范学校将学生学业成绩考查分为五等:80分以上为甲等,70分以上为乙等,60分以上为丙等,50分以上为丁等,50分以下为戊等。丙等以上为及格。在学生学业成绩考查方法方面,各学校又有一些不同的规定。

山东省立第一乡村师范学校的《学生成绩考查规则》将各科成绩考查分为平时考查和定期试验两种。平时考查的内容包括教学时间问答与练习、检查课作、考查实习结果、检查笔记与练习、检查制作品。定期试验包括临时试验(在学期中间由教务处指定时间举行)、学期试验(在学期终了时举行)、学年试验(在学年终了时举行)、毕业试验(毕业前举行)。评定学业成绩的标准为:(1)平日考查之成绩;(2)临时之成绩;(3)期考成绩;(4)学年成绩(本学年两学期之平均成绩);(5)毕业成绩(四学年之平均成绩)。①

山东省立第四乡村师范学校关于学生学业成绩考查规定的主要内容如下:

> 第一,本校学科成绩每学期各科分别举行学期试验一次,合计各学科之成绩以一学期学习科门总数目除之为学期成绩;两学期成绩相加平均之为学年成绩;四学年成绩相加平均之为毕业成绩。

① 山东省立第一乡村师范出版委员会编印:《山东省立第一乡村师范一览》(1932),第37页。

第二,考查方式分平日积分、临时试验及学期试验三种:(1) 平日积分,视学科之性质应用左列之考查法:甲,教学问答;乙,板演;丙,检查作业;丁,简短笔试;戊,检查笔记簿、练习簿及报告等;己,考查实习结果;庚,检查制作品。(2) 临时试验,每学期各科临时试验之次数以其每周授课时数为标准,如每周教授一小时者试验一次,教授二小时者试验二次,教授三小时者试验三次,余类推(工艺、图画、音乐及实习等科得免去临时试验),试验时间由教者依教材之段落定之。(3) 学期试验,每学期终了时由教学部定期举行,各科均须就一学期内所授之教材全部试验之。

第三,学期成绩评定之标准规定如下:(4) 平日积分占 30%。(5) 临时试验占 30%。(6) 学期试验占 40%。

第四,无临时试验之学科其成绩以平日积分与学期试验成绩平均之,如某学科只有临时成绩而无平日积分者则以临时试验成绩与学期试验成绩平均之。

第五,各科成绩用百分法计算,以百分为满分,60 分为及格,其不及格之学程得于下学期上课两星期内由教学部定时间补考一次。

第六,不及格之学程有左列情形之一者不得补考:(7) 学期总平均分数在 60 分以下者;(8) 普通学科有 5 门不及格者;(9) 教育、国语、数学、农业有两科不及格者。

第七,课内请假时数满 36 小时者扣总平均分 1 分,无故旷课者加倍计算。

第八,学期试验不得请假,但因大故或重病不能受学期试验者,经学校允许酌予补试,补试成绩以八折计算。①

① 山东省立第四乡村师范学校编辑委员会编印:《一个乡师的试验——山东省立第四乡村师范学校概况》(1933),教学概况,第 8—9 页。

师范学校以培养为人师者为目的，乡村师范所培养的学生都要到艰苦的农村去从事教育工作，因此就更加注重学生的行为训练和对学生操行的考查。省立第四乡村师范学校制定的《操行考查方法》要求全体教职员参与学生操行评定，操行考查的各项规定既具体、详细、有操作性，又能促进学生良好道德修养的形成。他们将学生的操行考查方法分为平时考查和分期考查两种，主要内容如下：

平时考查法：

全校职教员对于全体学生的操行在日常生活中随时随地相加考察，善者鼓励，过者纠正，如其性行呈现病象时，除纠正外并记入制定之"平时批评学生操行表"，交训导部会同学级主任再行审查，以便参考。如某生常被填入此表，其操行定有欠缺。

平时批评学生操行表

班级姓名	
批评事项	
纠正办法	
备考	

年　月　日　批评者：

分期考查法：

训练期考查：除平时详加考查外，在某训练期内，对于某种事项之考查尤为侧重，以便观察各生对该事项注意之程度如何，从而定其对于该习惯养成是否努力，并至何程度。

学期考查：除以上两项考查外，至学期之末，则由各学级主任对各该级学生，按十二信条检查批评表，逐一加以检阅品评，逐条定以等第，并观各生是否达到预定之某个步骤、某种阶段与程度。

学年考查：每学年之终，则由各学级主任，分别召集各该级教员对于全级学生，按十二信条逐一批评，再由学级主任参酌批评意见及两学期批评表，逐一加以总检阅，再于考查表中按格填注，藉观各生对于预定之步骤究竟达到何种程度。

学生操行考查表

等级 信条	优	良	中	可	劣	总评		
						优点	劣点	评语
劳动								
力行								
坚忍								
友爱								
互助								
忠实								
勇敢								
进取								
果敢						奖	惩	等第
纪律								
俭朴								
整洁								

年　月　日第　级第　班学生：

备考:每学期、学年之末,由训导部按照训练预算对每级以及全校加以总决算,藉定对于预定步骤与计划是否有所更动。

此表由学级主任按据学生平素之思想行动于学期终了照格填写。

表内等级栏,优,90 分;良,80 分;中,70 分;可,60 分;劣,50 分。合并计算用 12 折除,以定等第栏内之甲、乙、丙、丁。

训导部汇集全校考查表,召集训导会议再作总检阅,以定惩奖与去留,并藉资填写学生家庭通知书。①

这一时期,山东的乡村师范学校都十分注重学生道德操行的培养,把有信仰、意志坚强、有志于改造乡村的知识分子作为培养目标。进行操行考查的重点在于启发学生的信念和操守,因此,他们往往把训练标准和学校的基本信条作为考查学生操行的内容。山东省立第四师范学校规定的四条训练标准是:养成办理乡村小学之良善师资,养成改造农村之中心人物,养成提倡地方自治之中坚分子,养成改善农民生活之健全人材。他们要求学生树立的"十二信条"就是"学生操行考查表"中的十二个项目,即劳动、力行、坚忍、友爱、互助、忠实、进取、勇敢、果断、纪律、俭朴、整洁。将学校训育的目标和信条作为学生操行考查的内容,有利于启发学生积极向上的信念和信心,是正面引导性质的考查方法。

教学实习考查是师范生学业成绩考查的重要内容。山东的省立师范学校都设有附属小学,乡村师范学校还有指导义务教育实验区和民众学校的义务。

---

① 山东省立第四乡村师范学校编辑委员会编印:《一个乡师的试验——山东省立第四乡村师范学校概况》(1933),训导概况,第 12—13 页。

山东省立第一乡村师范学校设有（教育教学）实习指导委员会。指导委员会下设指导部和中（心）小（学）实习协助部，负责学生实习的具体指导工作。该校定有《教生实习规则》，规定学生自第四学年起，均须前往中心实验小学进行教学实习，并规定“教生须受实习指导委员会指导部，及中小协助部之指导，练习教学管理训练及其他事项”。为能使学生通过教学实习提高教学和管理能力，第一乡村师范学校定有《特别批评会规约》。“特别批评会以指导教生实地授业及共同研究关于教学、训练、管理等事项为目的”，开会时间由实习指导委员会临时指定。特别批评会除实习学生、指导部、协助部人员参加外，还邀请校外教育家莅会指导。特别批评会的会议程序为：(1) 教授者自陈；(2) 教生质疑；(3) 教职员质疑；(4) 来宾质疑；(5) 教生批评；(6) 来宾批评；(7) 教职员批评；(8) 主席批评。批评会有专人记录，并于会后三日内送交实习指导委员会。学生的实习成绩由实习协助部评定，并交实习指导委员会。

山东省立第四师范学校在制定的《实习办法》中说：“小学实习为师范生专业训练最后的而且是最重要的阶段。其功用在证验学理，联系实施教学、训导及处理小学行政上之方法与技能。由日常的熏陶渐染，俾能从实际的‘做’，以证验学理的‘学’，促进学理的‘学’。所以，师范学校，尤其是乡村师范学校，对于实习宜特别重视。对于附属小学，尤应充分利用，并与之发生密切之联系，以增进学与做的效能。”该校实习成绩评定实行百分制，60 分为及格，不及格者不能毕业。实习考查内容分为参观成绩（占 20%）、试作成绩（占 30%）、实作成绩（占 50%）。实习成绩考查，既重视质，也重视量。质的考查方法是：“对于教学案及教学之优劣，由附小教员会同本校教员评定其分数于教学案上，对于各种报告成绩之优劣，由指导委员会

评定之。"量的考查方法是:"以应交教学案或各种应作报告之数量为准,除交到数量之和,再分别乘以百分比,最后以各个成绩相加,即得实习总成绩。"其计算公式为:

(1) $\frac{\text{各项参观报告分数和}}{\text{应交参观报告项数}} \times \frac{1}{5} = \text{参观成绩}$

(2) $\frac{\text{各项试作报告分数和}}{\text{应交试作报告次数}} \times \frac{3}{10} = \text{试作成绩}$

(3) $\frac{\frac{\text{各项数学乘分数和各项实作报告分数和}}{\text{应交数学次数} + \text{应交实作报告数}}}{4} = \text{实作成绩}$

(4) 参观成绩 + 试作成绩 + 实作成绩 = 实习总成绩①

(三) 职业学校的学业考试

20 世纪一二十年代,山东职业学校的学业考试执行 1912 年教育部公布的《学生学业成绩考查规程》、1913 年公布的《实业学校规程》和 1920 年公布的《修正学生学业成绩考查规程》。1933 年,教育部公布《职业学校规程》,对职业学校的学业考查作了进一步明确的规范。《职业学校规程》规定:"初级职业学校,授予青年较简易之生产知识与技能,以养成其从事职业之能力","应注意学生熟练技术能力的培养";"高级职业学校,授予青年较高深之生产知识与技能,以养成实际生产及管理人材,并培养其向上研究之基础","应注意学生熟练技术及管理能力之培养"。该《规程》规定,职业学校应重视实习环节,在所授课程的总学时数中,普通学科应占 20%,职业学科应占 30%,实习应占 50%。这一规定,突出了职业学校培养职业技术人材的特征。

《职业学校规程》将学生成绩分为学业成绩、实习成绩、操

① 山东省立第四乡村师范学校编辑委员会编印:《一个乡师的试验——山东省立第四乡村师范学校概况》(1933),教学概况,第 13 页。

行成绩、体育成绩四项。

学业成绩分为临时试验、学期考试和毕业考试。学生的平时成绩,由日常作业成绩(如实习、制图、报告、计划等)与临时试验成绩合并计算,日常考查成绩占平时成绩的三分之二,临时试验成绩占三分之一;学生的学期成绩,由平时成绩与学期考试成绩合并计算,平时成绩占学期成绩的三分之二,学期考试成绩占三分之一;学生的毕业成绩,由各学期成绩与毕业考试成绩合并计算,各学期成绩占毕业成绩的三分之二,毕业考试成绩占三分之一。

实习学科免除各种试验,其成绩以平时成绩累积计算。实习成绩至少占总成绩的三分之一。实习成绩、操行成绩、体育成绩不及格,不能毕业。

山东省立第一职业学校将学业考试分为临时考试、学期考试、学年考试和毕业考试四种。该校的《学生试验规则》规定:临时成绩以试验分数参合平时分数评定;学期成绩以试验分数参合临时分数评定;学年成绩以试验分数参合学期成绩分数平均计算;毕业成绩以试验分数及各学年成绩分数平均计算。学生学业成绩分为甲、乙、丙、丁四等,80 分以上为甲等,70 分以上为乙等,60 分以上为丙等,不满 60 分为丁等。丙等以上为及格,丁等为不及格。各学科均及格者可以升级或毕业,有不及格者留级或暂予升级并限期补考,成绩过劣或不及格至三科以上者,令其退学。在评定学业成绩时也参考学生的出勤情况,凡发现请假超过 20 课时或旷课超过 10 课时的,就在总成绩中扣除 1 分。①

山东省立第二职业学校的《学生学业考查规程》,将学生学

① 山东省立第一职业学校出版委员会编印:《山东省立第一职业学校一览》(1931),第 13—14 页。

业成绩分为五项:(1) 日常成绩;(2) 平时试验成绩;(3) 学期试验成绩;(4) 学年试验成绩;(5) 毕业试验成绩。

日常成绩由各学科教员依据口试、黑板练习、检查课作及笔记、考查实习、检查制作品等方式评定。平时试验由教务处通知各学科教员定期举行,其次数每周授课1小时的举行一次或两次,每周授课2小时的举行两次或三次。平时试验与日常成绩合并计算为平时分数,各占50%。学期试验于每学期末由教务处定期举行,其分数与平时分数参合计算,平时分数占三分之二,学期试验占三分之一。学年试验于每学年第二学期末由教务处定期举行,其分数以两学期之平均分数计算。毕业成绩以三学年的平均分数计算。

该校重视教学中的实习环节。凡是有实习环节的课程,课堂成绩占五分之二,实习成绩占五分之三。

该校为加强考场管理,制定了"考场规则"。其内容包括:按照规定席次就座;除考试应用文具外,不准携带他物;试题意旨经主试人解释后,不得任意发问;交卷前不得出教室,交卷后不得入教室;发现互相谈话、传递、看夹带、看书、偷阅他人试卷者,试卷无分。①

从以上两所学校的考试规则看,这一时期的职业学校在评定学生学业成绩时,都注重平时成绩和实习成绩在总成绩中的比重,这是符合职业学校教育教学特点的。

操行与体育成绩是职业学校学生成绩的重要内容。山东省立第一职业学校依据1912年教育部公布的《学生操行成绩考查规程》,制定了学生操行成绩和体育成绩考查规则,主要内容如下:

① 山东省立第二职业学校出版委员会编印:《山东省立第二职业学校一览》(1933),第65—68页。

考查操行的要点:个性方面考查思想、气质、智力、感情,行动方面考查仪容、动作、言语、纪律,勤惰方面考查实习、上课、自修。

考查操行的方法:分为平时考查与学期学年评定两种。平时考查由训育主任及教员随时考查,默记于月报表,对于勤惰的考查以点名簿与请假簿为依据;学期学年评定由训育主任调集各项操行表册判定操行分数,再根据奖惩予以加减后将实得分数记入操行考查簿。

操行成绩分为四等:80 分为甲,70 分为乙,60 分为丙,50 分为丁。丙以上为及格,丁为不及格。

奖惩加减分办法:受赞赏者加 1 分,受奖品者加 5 分,受奖章者加 10 分;受谴责者减 1 分,受记过者减 5 分,受记大过者减 10 分。

学生升级及毕业时,操行成绩与学业成绩参酌评定。

考查体育的要点:精神方面观察学生平日对于体育的兴趣、勇气和动作,技术方面观察学生运动姿势及矫正能力,效能方面观察学生身体发育及内脏各器官发达与否。

考查体育的方法:分为平时考查与定期考查两种。平时考查由训育主任、校医、体育教员根据学生体育状况及有无疾病,随时登记;定期考查分为身体检查、体操试验、运动评判三种。身体检查由校医于每年四月施行,体操试验由体操教员于学期或学年末施行。体育成绩评定,每年由教务主任汇集各项表册平均计算,即为该学年学生体育分数。

体育成绩分为四等:80 分为甲,70 分为乙,60 分为丙,50 分为丁。丙以上为及格,丁为不及格。体育不及格者,勒令退学。①

---

① 山东省立第一职业学校出版委员会编印:《山东省立第一职业学校一览》(1931),第 14—16 页。

三、中学及师范学校会考的实施

1932年前，中学和师范学校学生修完所学课程，经毕业试验合格，即可获得毕业文凭，以报考高一级学校或找工作。1932年5月，教育部公布《中小学生毕业会考暂行规程》，要求各省市区县教育行政机关组织公立及已立案的私立小学、初级中学、高级中学普通科毕业生举行会考。《暂行规程》规定，小学的会考科目以国语、算术、社会、自然、体育为主，初级中学的会考科目以党义、国文、算学、历史、地理、自然、体育、外国语为主，高级中学普通科的会考科目为党义、国文、算学、历史、地理、物理、化学、生物学、外国语、体育。会考分区举行，试卷由主管教育行政机关统一制备，一律弥封。《暂行规程》还规定，会考非各科皆能及格，不得毕业。有一科或两科不及格时，其不及格科目得复试一次。复试仍不及格，准其补习一学年，于下次会考时再行参加各科会考，但以一次为限。三科以上不及格者，应令留级，但留级亦以一次为限。

举行会考的目的在于统一毕业要求，正如《暂行规程》所说，要"整齐小学、初级中学、高级中学普通科学生毕业程度及增进教学效率"。但很明显，在教育资源分配不均，学校教学水平有很大差距的情形下举行统一考试，并决定学生能否毕业，对大部分学校会造成很大的压力。

1933年12月，教育部废除小学毕业会考，并公布《中学毕业会考规程》，要求参加会考的学校在会考日前两周内举行毕业考试。《规程》规定，毕业会考在每年6月最后一周及1月第一周内举行；毕业会考各科成绩的核算方法，以学生各科毕业成绩（各科学年成绩在各科毕业成绩占五分之三，各科毕业考试成绩占五分之二）占十分之四、会考各科成绩占十分之六合并计算，以60分为及格；毕业会考各科成绩均及格，才能毕业。

这一规定,将学生平时成绩加入毕业会考成绩中,并占了十分之四,能够缓解学生的毕业压力。

1935年4月,教育部公布《师范学校学生毕业会考规程》,又将师范学校学生毕业纳入会考范围。《规程》将参加会考的师范学校分为五类,师范学校的会考科目为公民、国文、算学、物理、化学、生物学、历史、地理、教育概论、教育心理、小学教材及教法;乡村师范学校在师范学校会考科目的基础上,增加农村经济及合作、乡村教育;简易师范学校的会考科目为公民、国文、算学、理化(物理、化学)、生物(动物、植物)、史地(历史、地理)、教育概论、教育心理、小学教材及教法;简易乡村师范学校在简易师范学校会考科目的基础上,加试农村经济及合作、乡村教育;三年制及二年制幼稚师范科的会考科目为公民、国文、算学、历史、地理、生物学、化学、教育概论、儿童心理、幼稚园教材教法、保育法。《规程》规定,师范学校毕业会考各科成绩,以学生各科毕业成绩(各学年成绩之平均数)占十分之四、会考各科成绩占十分之六合并计算;毕业会考在每年6月最后一周及1月第一周内举行;毕业会考各科成绩均及格,才能毕业。

自1932年依照《中小学生毕业会考暂行规程》举行第一次中学学生毕业会考,至1937年抗战爆发,山东共举行中学生毕业会考6次,师范生毕业会考3次。

1932年度,山东的中学毕业生举行了两次毕业会考。第一次在1932年秋举行,仅有1所高中和14所初级中学参加。其中7名高中生和161名初中生未能及格。次年6月,举行第二届中学毕业会考,有10所高中和29所初级中学的学生参加。这次毕业会考的及格率,高中为63.52%,初中为81.50%。

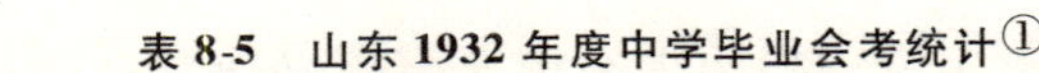

表 8-5　山东 1932 年度中学毕业会考统计①

	参加学校数		参加学生人数		及格人数		及格率	
	高中	初中	高中	初中	高中	初中	高中	初中
第一届	1	14	45	538	38	377	84.44%	70.07%
第二届	10	29	233	1832	148	1493	63.52%	81.50%

1935 年始，中学、师范毕业生同时举行会考。会考一般集中 3—4 天完成，考试时间安排得很紧张。从 1935 年 6 月 5 日公布的青岛市中学、师范毕业会考科目日程表及考场规则可以看出，毕业会考是在十分严格的管理下进行的。

表 8-6　青岛市 1935 年中学、师范毕业会考科目日程表②

	上午（八时至十二时）　下午（二时至四时）	
师范	化学　地理　教育概论	（六月十一日）
	物理　公民　教育心理	（六月十二日）
	国文　生物学　小学教材及教学法	（六月十三日）
	历史	（六月十四日）
高中	国文　生物学　物理学	（六月十一日）
	外国语　历史　化学	（六月十二日）
	算学　公民　地理	（六月十三日）
初中	理化　史地　国文	（六月十一日）
	外国语　公民　生物学	（六月十二日）
	算学	（六月十三日）

附记：上午两科考试连续举行，中间不得出场休息。

① 民国政府教育部：《第一次中国教育年鉴》（丁编），开明书店 1934 年版，第 144—145 页。

② 山东省档案馆，J110-01-584-001。

钱洪翔主编的《全国高中会考试题总览》①保留了1933与1934年的山东省和青岛市（当时是特别市）高中会考的试题，从中可以比较两者试题的难易程度，也可以比较高中会考试题与山东大学新生入学试题的难易差别，下面是1934年山东省、青岛市部分科目高中毕业会考试题。

公民党义试题（山东省）：

1. 政党为什么必须有主义？

2. 什么叫做复议权？

3. 政府为什么要有独立的监察权？

4. 中央和地方的权限应如何划分？

5. 平均地权的方法和单税制有什么不同？

公民党义试题（青岛市）：

1. 试说明革命人权与天赋人权之区别。

2. 节制资本的方法如何？

3. 实业革命所生的影响如何？

4. 地方自治开始应该进行的是哪些事？

5. 实业计划内，要建筑哪几个大港？各港建筑于何时？试说明之。

6. 实业计划内，开发北部富源计划，分哪几部？

7. 试略述中国受列强经济侵略之情形。

8. 阶级斗争何以不是社会进化的原动力？试说明之。

历史试题（山东省）：

1. 中国古代有各种肉刑，至何代何人始废除之？

2. 试摘要列举王安石变法时所行新法之名称。

---

① 钱洪翔主编：《全国高中会考试题总览》，现代教育研究社1935年版。

3. 中国门户开放、机会均等系为何国之主张？中国于何时经何种手续正式承认之？

4. 试将中古时代欧洲封建制度破坏之原因择要列举之。

5. 首被国联议决案承认伪满洲国者为何国？

历史试题(青岛市)：

1. 略述张骞、班超之事迹。

2. 晋室东渡、宋代南迁系何族之压迫？

3. 太平军与义和团主张之异同。

4. 山东问题何以在巴黎和会失败而在华盛顿会议成功？

5. 希腊、罗马在文化上的贡献有何不同？

6. 哥伦布、麦哲伦二人在地理上有何新发现？

7. 文艺复兴与宗教革命有无关系？

8. 世界大战之起因？

地理试题(山东省)：

1. 列举我国三大茶市与三大棉市之名。

2. 我国西北高地为大陆性气候，东南沿海为海洋性气候，其故安在？

3. 湘赣二省地势上有何相似之点？

4. 何谓直接贸易？何谓通过贸易？欧洲最主要之通过贸易国为何国？

5. 下列诸物名以何地产额为世界第一？

(1) 咖啡；(2) 棉花；(3) 茶；(4) 蔗糖。

地理试题(青岛市)：

1. 我国山脉主干多为东西走向，试列举之。

2. 我国农产南部多产米，北部多产麦，与其环境有无关系？

3. 上海在自然地理上有无不如青岛之处?

4. 英、法、俄三国人各属何族?

5. 澳非二洲自然地理之同点?

6. 我国西北牧业发达,是否受自然之影响?

7. 试将我国之四大棉花产地及两大油煤产地列举之。

8. 何谓国际河? 试就欧洲列举说明之。

物理试题(山东省):

1. 物体之质量、体积及密度之关系若何?

2. 汽船向南行,每时 40 里。风吹之,向东行,每时 30 里,此船之实际进行如何? 且以图示其路径。

3. 使 100℃之水 30 克(即公分)降至 20℃,其所放出之热为若干卡(即加路里)?

4. 音调与波长有何关系?

5. 物在透镜前 15 厘米之处,透镜之焦点距离为 12 厘米,问像距透镜若干远?

物理试题(青岛市):

1. 试述:

(1) 亚几默德氏原理(Archimede's principle)。

(2) 虎克定律(Hooke's law)。

(3) 功之原理(Principle of work)。

2. 人眼有近视与远视,试述其原因,并各配用何种眼镜以补救之?

3. 热之传布方法有几? 试举例说明之。

4. 述出音强(Loudness)音调(Pitch)与音色(Quality)之定义为何。

5. 何谓比热? 求水银之比热。(器具的热不计)

6. 有童子三人,作跷板戏,三人同坐于板上,A 重 75

磅，在支点右方4尺之处，B重100磅，在支点右方7尺之处，C重X磅，在支点左方7尺之处，如另以一人，在支点右方12尺之处，以25磅之力上推，即成平衡，求C重之重。

7. 今有同种电池三个，每个之电力为15伏，内阻5欧，如外路之电阻为2欧，求平结及顺结外路通过之电流各为若干？

8. 何谓共振(Resonance)？一音叉之每秒震动次数为500，击之以长约米余盛有水之玻璃管口上，管内水面可以随意上下移动，求得第一次共振时，水深为某厘米，第二次为更下34厘米，求音之速度。

作为水平考试，山东省与青岛市的高中毕业会考试题主要考查学生基础知识的掌握程度和分析、解决问题的基本能力，符合“整齐毕业程度”和“增进教学效率”的目的，大部分学生都应当能够及格。如果将这一年的高中会考试题与山东大学的入学考试试题相比较，无论在容量上还是在难度上，两者都有很大差别。这也体现了选拔考试与水平考试的根本区别。

每年中学毕业会考结束后，山东省政府教育厅厅长何思源都亲发“揭示”，公布各校学生及格和等第情况。“揭示”仅公布结果，不加评论，也不排队，既郑重其事，又不会给学校造成过大压力。

1933年6月10日，山东省政府教育厅厅长何思源发布“山东第二届中学会考揭示”，公布了39所中学学生毕业会考结果。

表 8-7　山东省第二届中学学生毕业会考及格学生及等第表①

学　校	及格学生数	甲等人数	乙等人数	丙等人数
省立高级中学	33	2	21	10
省立第一中学	52	2	32	8
省立第二中学	42		15	27
省立第三中学	73	8	49	10
省立第四中学	高中部 11		5	6
	初中部 93	2	73	8
省立第五中学	高中部 14	1	12	1
	初中部 46	2	25	19
省立第六中学	高中部 6		2	4
	初中部 105	11	78	16
省立第七中学	76	2	58	16
省立第八中学	31	8	16	7
省立第九中学	29	2	18	9
省立第十中学	80	14	54	12
省立第十一中学	44	5	26	13
省立第十二中学	25	2	12	11
省立第一女子中学	23	1	20	2
淄川县立初中	11		3	8
长清县立初中	26	4	9	13
乐陵县立初中	26	1	19	6
莒县县立初中	12	1	6	5
高唐县立初中	20	2	13	5

①　此表据“山东第二次中学会考揭示”整理，山东省档案馆，J100-01-0262-004。

（续表）

学　校	及格学生数	甲等人数	乙等人数	丙等人数
平原县立初中	25	2	18	5
东平县立初中	25	1	19	5
栖霞县立初中	5		5	
招远县立初中	39		31	8
牟平县立初中	26	1	17	8
安丘县立初中	10	2	3	5
诸城县立初中	24	1	16	7
济南私立正谊初中	62	5	33	24
济南私立育英初中	57	7	36	14
济南私立爱美初中	5		4	1
济南私立东鲁初中	24	4	18	2
济南私立齐鲁中学	高中部 5		5	
	初中部 19	1	14	4
博山私立颜山初中	10		5	5
泰安私立萃英初中	10		1	9
泰安私立育英初中	14		9	5
曲阜私立明德初中	13		8	5
德县私立博卫中学	高中部 7	1	6	
	初中部 12	2	9	1
蓬莱私立文会初中	9		7	2
潍县私立广文中学	高中部 6		3	3
	初中部 23		11	12
胶县私立瑞华初中	6		4	2

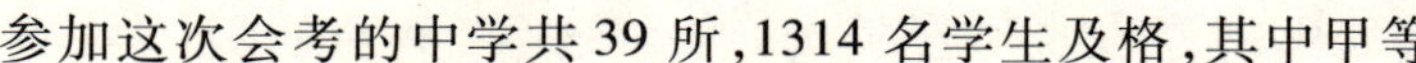
参加这次会考的中学共 39 所，1314 名学生及格，其中甲等

97 人,乙等 848 人,丙等 343 人。

《第一次中国教育年鉴》丁编所统计的山东第二届中学毕业会考及格人数是 1641 人(其中高中 148 人,初中 1493 人),比何思源“山东第二届中学毕业会考揭示”所公布的多了 327 人。原因可能有二:其一,前者统计包括复试及格人数在内;其二,后者为会考成绩的统计,前者是会考成绩与平时成绩合并计算后成绩的统计。但无论如何,从《第一次中国教育年鉴》丁编所统计的山东第二届中学毕业会考高中63.52%、初中 81.50%的及格率看,会考肯定会给学生和学校带来极大的压力。

中学和师范毕业会考是学生学业成绩的重要体现,省政府和各学校都有奖励会考优秀学生的规定。毕业会考成绩(学校毕业成绩占十分之四,会考成绩占十分之六)“初中满 87 分以上,高中满 85 分以上者,均准予免笔试升学,特优者分别给予奖金,师范生会考成绩优异者,除给予奖金外,并介绍工作”①。

1934 年 8 月,山东省政府教育厅以“训令”的形式,榜示了山东省第四届中学毕业会考优等生,榜文指出:“本省第四届中学学生毕业会考结果,业经分别榜示周知在案。本届各校会考成绩优等学生,仍照往例,分别给奖,及准免笔试升学。除分行外,合行检发本届会考高中学生成绩甲等榜示一份,初中学生成绩在八十五分以上者榜示一份。”这次高中毕业会考 80 分以上共 16 名,其中省立高中 12 人,私立齐鲁中学、省立菏泽中学各 2 人。初中毕业会考 85 分以上共 47 名,其中省立济南初中 17 人,济南私立育英初中 10 人,省立菏泽中学 5 人,省立德县初中 4 人,济南私立东鲁初中、省立泰安初中、省立女子中学各 2 人,省立诸城初中、省立惠民中学、菏泽私立南华初中、济南

① 《山东省政府工作报告》(教育篇),1936 年 7 月,第 8—9 页。

私立爱美初中、省立益都初中各1人。

毕业会考成绩优等的学生都可以得到一定奖励。16名高中毕业会考优等生，均可免笔试升入山东大学、私立齐鲁大学和省立医学专科学校。其中第一名张其耀、第二名孙继祖、第三名杨志久分别获得宝洋100元、80元、60元的书券奖励；47名初中毕业会考优等生，均可免笔试升学，其中90分以上的7名学生（第一名是省立女子中学的学生，其余六名都是省立济南初中的学生）分别获得国币50元到100元不等的书券奖励。①

毕业会考成绩公布后，教育厅将当年高中会考前10名的学生名单，函送山东大学，作为免试入学的学生。这10名学生按成绩排序为：张其耀（省立高级中学）、孙继祖（省立高级中学）、杨志久（省立高级中学）、刘文田（省立高级中学）、高鸿钧（省立高级中学）、徐大有（私立齐鲁中学）、邹孝标（省立高级中学）、徐同人（私立齐鲁中学）、詹锳（省立高级中学）、王兴仁（省立中级中学）。除私立齐鲁中学有2人外，其余8人都是省立高级中学的毕业生。②

这一时期，无论高中毕业会考，还是初中毕业会考，高分学生都集中在少数省立中学。但是也应看到，像私立齐鲁中学、私立博卫中学、私立广文中学以及私立正谊初中、私立育英初中、私立东鲁初中等私立学校也都有了很强的竞争力。可见，这时的私立学校已经成为学校教育的一支重要力量。

---

① 《山东教育行政周报》303期，第3—6页。

② 《山东省政府教育厅致国立山东大学公函》，山东省档案馆，J110-01-497-001。

第三节 小学教员检定考试制度及其实施

清末，山东新式教育发展的重点在中、高等教育，由于初等教育相对滞后，造成了中等教育学校合格生源的匮乏。因此，民国初年，山东曾将初等教育作为发展重点，但由于师范教育培养的毕业生过少，致使大批私塾先生和不具备教员条件的人成为正规学校的教员，从而严重影响了初等教育学校的教育教学质量。为规范教员队伍，在加强培训的同时，对小学教员进行检定，成为初等教育发展的一项重要任务。在此后 30 余年时间里，山东小学教员检定考试制度逐渐形成，并成为教育考试的重要组成部分。

作为一种制度，小学教员检定考试在山东有一个逐步发展的过程。整体上看，北洋军阀政府统治时期，山东虽然进行了 7 次小学教员检定，但实施效果并不明显，也远未达到制度化的程度。而自 1930 年起，山东不但制定了各种小学教员检定规章，自上而下设立了检定机构，组织了严格的检定考试，而且将每次检定合格人员名单印刷成册，予以公布，直至抗战爆发。因此，我们可以说，上世纪 30 年代，山东小学教员检定考试已经成为一种制度，并被认真付诸实施了。

一、山东小学教员检定考试的初步实施

（一）初等教育的发展与两个检定规章的公布

1902 年，山东有 10 多个县设立官立高等小学堂，次年，高等小学堂达 60 余所，成为山东现代初等教育学校的开端。1909 年时，山东的小学教育有了一定规模的发展，已有新式小学堂 3803 所，学生 55019 人（其中高等小学堂 138 所，学生

4327 人;两等小学堂 129 所,学生 4518 人;初等小学堂 3536 所,学生 46174 人)。此时,山东仅有初级师范 15 所,一年毕业的师范传习所 44 处,勉强担负着培养和训练小学教员的任务。民国初年是山东初等教育快速发展的时期。有人统计,1913 年时,山东的小学校已逾万所,学生达 24 万人。① 1917 年的统计显示,山东小学已达 1.7 万所,学生超过 60 万人。而到 1922 年时,山东已有小学 2.3 万余所,在校学生也达到了 77 万人。这一时期,小学的教员人数也在成倍地增长。1912 至 1916 年,山东小学教员人数分别为 5882 人(其中高级小学 771 人,初级小学 5111 人)、11668 人(其中高级小学 970 人,初级小学 10698 人)、14972 人(其中高级小学 845 人,初级小学 14127 人)、18090 人(其中高级小学 883 人,初级小学 17207 人)、19173 人(其中高级小学 1070 人,初级小学 18103 人)。而 1923 年时,小学教员人数已增至 26962 人(其中高级小学 2007 人,初级小学 24955 人)。② 当时,山东的师范教育虽也有了一定规模的发展(已设立省立师范 5 所、县立师范讲习所 77 处、私立师范讲习所 140 处,但在校生总共也只有 2875 人),但其毕业生远不足应付初等教育的快速发展对师资的需求。

在这些师范教育机构中,一般说来,省立师范学校教育质量是好的,而多数师范讲习所办理并不认真。一位省视学 1915 年视察济宁的报告中说:"小学教员讲习所本年四月成立,办理殊少精神,学生共 30 人,到校上课者仅十余人。学额既甚寥寥,尤多任意旷课,殊属不成体统。"在视察宁阳的报告中,他也

---

① 黄炎培:《读中华民国最近教育统计》,载舒新城编:《中国近代教育史资料》上册,人民教育出版社 1981 年版,第 370 页。

② 孟令棠:《民国时期山东省的初等教育》,见山东教育史志编纂委员会办公室编:《山东教育史志资料》,1986(2),第 24 页。

写道:“该县小学共六十余处,大半有名无实,成绩均为不优,功课亦不照章,且教授国文犹有用四子书者。”①这一现象并不少见,也不值得奇怪,因为在并不具备条件的情况下大规模发展初等教育,无论设备和师资都不会达到应有的标准要求。当时,山东有相当一部分小学属于“代国民学校”,都是些私塾改设而来。在这样的学校里,私塾先生用“四子书”教授学生,就不足为怪了。在这种大批教员不能负起发展教育重任的情形下,对教员进行检定,尤其是对学历不合格教员进行定期考试,就成为初等教育发展的一项重要任务了。

检定小学教员在清末即已被提上议事日程。1909 年,清政府针对速成师范学堂培养出的小学教员质量低下问题,颁布了《检定小学教员章程》。次年,又颁布了《初级学堂教员检定章程》。这两项《章程》,对检定小学教员的机构、检定试验的分类、参加检定人员的资格以及检定考试科目都作了明确的规定。然而,风雨飘摇中的晚清政府直至 1911 年才将《章程》付诸实施。这一年,我国进行了一次小学教员检定试验(即考试)。这次检定应考者 3 万余人,合格者 6 千人。②

1912 年,教育部公布《小学校令》,对初等教育进行整改。该《小学校令》规定:“凡充小学校教员者,须受有许可状。”“受许可状者,必须在师范学校或教育总长指定之学校毕业,或经小学教员检定委员会检定合格者。”《小学校令》同时也指出:“遇有特别情事,小学校教员不敷时,得以未受许可状者代用为小学校副教员。”该法令虽然认可了不合格教员以“代用”身份存在的合法性,同时也强调了进行教员检定的必要性。

---

① 分别见《山东教育公报》42 期,第 549 页;37 期,第 444 页。

② 戴克敦:《论检定教员》,《教育杂志》(1915)第 7 卷第 9 号。

1914年,教育部发布筹办普及教育的训令,提出“初等小学为义务教育,以普及为指归”,强调了普设小学的重要性。为提高小学教员质量,1915年教育部公布《义务教育施行程序》。该《施行程序》将拟定《检定小学教员规程》和施行“小学教员检定”定为推行义务教育工作的重要内容。1916年4月,教育部公布《检定小学教员规程》,次年,又公布了《检定小学教员办法》。这是我国制定检定小学教员系统法规的端始。《检定小学教员规程》①规定:“凡施行检定,应由各省区行政公署组织检定委员会”;“各省区行政长官,每年应将检定委员会经过实事暨检定成绩报告教育总长”;各省区要根据各地的实际情况划分区域,进行小学教员检定。《规程》将小学教员检定分为无试验检定和试验检定两种,“试验检定每年举行一次,无试验检定得随时行之”。各省区检定委员会可以依据具体情形,制定小学教员检定的相关规则,并上报教育总长。《检定小学教员办法》则明确提出,各省区的第一次小学教员检定,应于1918年7月1日以前“一律办竣”。②

山东直到1919年11月才开始筹备办理第一届小学教员检定工作。1920年,山东依据教育部公布的《规程》和《办法》,制定了《各县承办检定小学、乙种实业教员事务要则》和《山东检定小学教员、乙种实业教员施行细则》。

关于检定教员事务所的组织,《各县承办检定小学、乙种实业教员事务要则》规定:各县于县属内设立承办检定小学、乙种

① 《教育部公布检定小学教员规程》,载舒新城编:《中国近代教育史资料》上册,人民教育出版社1981年版,第348—352页。

② 李桂林、戚名琇编:《中国近代教育史资料汇编:普通教育》,上海教育出版社2007年版,第511页。

实业教员事务所，由县知事指定专员处理所内事务；承办检定教员事务所职员的资格为劝学所所长、县属主办教育事务掾属、劝学员、学务委员；事务所专员人数不得超过6人，并由县知事指定其中1人为事务所主任；检定教员事务所的职责主要包括调查资格填表汇报事项，发给受检定人志愿书、履历书、品行证明书并示以各种用书填写方法，解释受检定人对于各项规程条文之疑义，收发各种用书暨收存受检定人所缴用费、须编号登记存根备查、关于用费收纳须掣给收据，审查受检定人所送之书纸文件，办理关于检定事务各项文件。①

《山东检定小学教员、乙种实业教员施行细则》对教员检定的各个环节作了详细规定。

关于检定组织，《施行细则》规定：设立山东省检定小学、乙种实业学校教员委员会，具体负责小学和乙种实业学校教员检定事宜；委员会设会长1人，由教育厅厅长兼任；常任委员6人，由教育厅长从教育厅科长、科员、省视学及省立师范学校校长教员中委任；临时委员无定额，由教育厅长从师范中学及专门学校甲种实业学校校长教员中临时委任，但在常任委员和临时委员不敷分布时，可以由检定委员会或主任委员函邀试验所在地的劝学所、师范讲习所高等小学校、乙种实业学校职教员助理试验事务，但他们不得参与评阅试卷；试验所在地的县知事可以由教育厅长委任为检定委员会监试；委员会负责关于无庸检定、无试验检定及试验检定的一切事项。②

《施行细则》将检定分为无庸检定、无试验检定和试验检定三类。合于无庸检定小学教员的资格为：高等师范学校本科、理科专修科毕业生及前清后级师范学校本科选科专修科毕

① 《山东公报》1920年2月23日，第3—4页。

② 《山东公报》1920年2月24日，第17页。

业生;国立、省立师范学校本科毕业生。合于无试验检定小学教员的资格为:高等师范、前清优级师范学校本科选科专修科未毕业学生而曾受毕业试验,得有与该科毕业年限相当之修业证书,并总平均分数在50分以上者;国立、省立师范学校之讲习科、师范讲习所及前清师范简易科满二年毕业,毕业时考列中等以上者;毕业于中学校并充小学教员一年以上者;毕业于专门学校甲种实业及前清中等实业学校,确适于某科目教员之职者;省立之事业教员养成所及体操、武术、音乐、图画手工传习所毕业生,担任该本科之教授者;省立单级教员养成所、师范讲习所一年以上毕业生;曾充小学教员三年以上,经地方最高级行政长官认为确有成绩者。合于受试验检定小学教员的资格为:曾在师范学校中学校或其他中等学校修业二年以上者;曾任或现任高等小学或国民学校教员满一年者;二年之师范简易科毕业时考列下等者或不满二年之师范简易科及不满一年之单级教员讲习科、师范讲习科毕业生,但以毕业期在六个月以上者为限;曾研究专科学术兼明教育原理、著有论文者。①

为防止弄虚作假的现象发生,《施行细则》对不同类别不同资格教员报名时应提供的书面证明材料也提出了具体要求,主要内容有:(1) 合于无试验检定第一项资格者,须送验修业凭证,如凭证内未载总平均分数者,应抄送毕业试验科目分数单;(2) 合于无试验检定第二、三项资格者,须送验毕业证书、教员年限证明书(由曾充教员之原校现任校长依委员会印发证书填具,如原校已停办,由地方法定公共机关出具代证);(3) 合于无试验检定第四、第五项资格者,须送验毕业证书、原任教员之学校委状聘函;(4) 合于无试验检定第七项资格者,须送验

① 《山东公报》1920年2月24日,第17—18页。

教员年限证明书，并抄送省道县视学视察报告，经省行政长官核准年月备案由；(5) 合于无试验检定第六项资格者及受试验检定第一、三项资格者，已毕业的送毕业证书，未毕业的送修业证书；(6) 合于受试验检定第二项资格者，送验教员年限证明书；(7) 合于受试验检定第四项资格者，送验研究著述。

《施行细则》将“检查”分为品行检查和身体检查两种。品行检查以品行证明书为据，品性证明书应以现充专门学校、中学校、师范学校、甲种实业学校校长、教员为保证人，或以劝学所所长、高等小学校校长、乙种实业学校校长为保证人。身体检查分为视觉器官、听觉器官、发声器官及传染病检查。

《实施细则》将小学校的教员分为高等小学校教员(正教员、助教员)、国民学校教员和专科教员三类，并规定了各类检定试验的考试科目和程度。高等小学正教员的试验科目及程度为：(1) 修身：道德要旨；(2) 国文；(3) 教育：教育学、教育的心理学、教授法、管理法；(4) 数学：算术、代数、平面几何、平三角、珠算、簿记要略；(5) 历史：中外历史；(6) 地理：中外地理；(7) 理科：动物、植物、矿物、生理卫生、物理、化学；(8) 体操：普通体操、兵式体操、游戏体操。高等小学助教员的试验科目与正教员相同，但数学科可免代数、几何、三角科目或酌减其程度。国民学校教员的试验科目及程度为：(1) 修身：道德要旨；(2) 国文；(3) 教育：教育学大意、教授法、管理法；(4) 数学：算术、珠算；(5) 历史：本国历史、世界历史大要；(6) 地理：本国地理、世界地理大要；(7) 理科：博物、理化大要；(8) 体操：普通游戏体操。专科教员的试验科目及其程度为：(1) 手工科：竹细工粘工、石膏细工、木工、金工、教育学及本科教授法；(2) 图画科：写生画、意匠画、几何画、教育学及本科教授法；(3) 音乐科：单音唱歌、复音唱歌、教育学及本科教授法；(4) 体操科：普通体操、兵式体操、游戏体操、教育学及本科教授法；(5) 农业科：栽培、土壤、肥料蚕桑、畜牲、森林、农业经济、教育学及本科教授法；(6) 商业科：商业要项、商业算术、商业簿记、商品、商业地理、教育学及本科教授法；(7) 英语科：读法、会话译解、作文、教育学及本科教授法。

《施行细则》将考试分为笔试、口试和实地练习三种。笔试试题，由检定委员会依照《规程》规定程度，酌量分别拟定，钤封后交各主试委员，考试时当场开拆。口试由主试委员就教育理论和方法，依据师范学校程度酌量发问。口试应特别注意的事项为发声器官有无障碍，言语巧拙、迟速、雅俗状况如何，言语的条理如何，声音的高低大小如何。实地练习，由主试委员先期指定科目段落，由应试人编订教授案呈交主试委员核存。实地练习应特别注意事项为教授是否适合，能否精神贯注，言语是否明确，书字析义是否正确，教态是否合宜，教式教态与学科性质是否适当，有无系统条理。口试与实地练习的成绩由主试委员当场给出，并与试卷等材料一起汇寄到检定委员会。

关于阅卷和许可状颁发，《施行细则》规定：各科试卷每科目由检定委员会会长指定委员 5 至 8 人分别评阅，每科目以 1 人为主任委员，掌管全科的覆阅事宜，并最终由会长总核后造具名册呈报；成绩合格者，按照无试验检定合格者、试验检定合格者、科目成绩及格者三类发给许可状，此外，平均分数在 40 分以上者，亦发给相应的凭证；许可状由省教员检定委员会颁发，其内容包括教员任教学校的种类、等级以及许可状的有效时间和编号。已经取得许可状的教员必须认真履行教员职责，因为《施行细则》也规定，经检定合格的教员，如果日后学业荒废，成绩低劣，经省县视学查明，上报教育厅厅长后，检定委员会有权取消该教员的许可状。

（二）小学教员检定在20年代的实施

1920年2月，山东省政府教育厅已感到进行小学教员检定的迫切性，于是开始着手组织检定委员会，制定并公布了上文提到的两个检定文件。

1920年2月，山东举行第一次小学教员检定试验。检定委员会于2月份开始进行各项教员检定调查，5月份完成了各种上报材料的审查，6月份着手选拟试题、印订试卷、布置试场、订定各项试验规则。为不影响正常的教学秩序，考试定在暑期举行。1929年，《山东省政府教育厅第一次工作报告》中说："本省检定小学暨乙种实业教员，于民国九年举行第一届检定，计分无庸检定、无试验检定、受试验检定三项。受试验检定区域分全省为五区十四路；高小、乙实教员，分区试验，初级小学教员，分路试验，报名者约二万人。举办结果：审核及格者，计无庸检定教员三千二百余人，无试验检定教员三千一百余人，试验及格者，计受试验检定完全及格教员二千零十人，代用教员四千一百余人，合计一万二千余人。"①

按照"试验检定每年举行一次"的规定，至1927年，山东共举行7次小学教员检定试验。报名人数超过4万人，有27008人获得教员许可状（其中无庸检定教员4614人，无试验检定教员7448人，受试验检定及格教员6610人，受试验检定不及格用作代用教员8336人）。

---

① 《筹办检定小学教员事项纪要》，载民国山东省政府教育厅编印：《山东省政府教育厅第一次工作报告》(1929)，第181页。

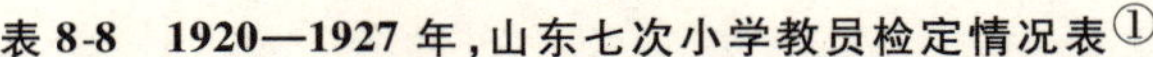
表 8-8　1920—1927 年,山东七次小学教员检定情况表①

届别	报名人数	无庸检定教员	无试验检定教员	受试验检定教员		未考及不及格人数	注
				完全及格教员	代用教员		
1	19127	3250	3158	1165	4977	6577	第七届时,受试验检定教员 4000 余人,“因道路梗阻”而未能举行考试
2	4210	206	755	280	1120	1849	
3	5062	319	794	447	1285	2217	
4	5586	245	831	1387	559	2564	
5	5407	318	989	1621	290	2189	
6	4762	276	921	1710	105	1750	
7	5680	193	1099				
合计	44154	4614	7448	6610	8336	17146	合计不包括第七届

第七次检定试验,仅进行了登记和审查,未能举行考试。

二、山东小学教员检定考试制度的形成

上世纪 20 年代中期的山东,不仅“匪患”严重,加上张宗昌军政府克扣教育经费,造成了教育发展的极大困难。在这种情形下,山东教育行政能坚持进行小学教员检定,并取得了一定成绩,实属不易。但是,无论检定实施本身,还是其效果,都存在诸多问题。1929 年,山东省政府教育厅对这些问题进行过较系统的分析:

综查检定教员,自民国九年举办以来,检定人数,固属不少,而实地考察各县情形,其未受检定充任教员者,仍所在皆有,地方教育,获益无多,究其原因,不外下列四点:

第一,各县遵办不力。各县承办检定教员,办理完善

① 孟令棠:《民国时期山东省的初等教育》,见山东教育史志编纂委员会办公室编:《山东教育史志资料》,1986(2),第 25 页。

者，实居少数，虽经迭次严饬，仍多视同具文，敷衍从事，且对于此项检定及格教员，不唯不优予位置，往往投散置闲，而未受检定者反得滥竽充数，以致人人多存观望规避之心，唯恐一经试验，倘不及格，反将现有职务撤销。

第二，考试揭晓迟慢。查历届检定，试验完竣，由各区将试卷送齐后，延人评阅，核算分数，再行公布，至各县得到许可状时，已届半年之久，自不能为全县教员去留之标准，且期间不无变迁，往往有尚未领到许可状，而已经撤换者。

第三，试区县份太多。本省举办检定，虽已将全省扩充为二十区，其试验场所仍有与所属各县相距二百余里者，小学教员薪金既属廉薄，又多系寒俊，除应缴之费用外，其赴试费用几占全年薪水四分之一，故多裹足不前。

第四，试期夏季不宜。历届检定试验，向利用暑期在各校休课期间，教员赴试，正值青纱帐起，萑苻不靖之时，故各县教育(员)，多虑道途不便，不肯应试。

以上四端，皆系往日举办之缺点，历经多年未能改良者。现在既以整顿地方教育为急务，自必先慎选物资，以固基础。查举行检定小学教员，原为甄陶不良之师资，本省各县师资之不良，自无庸讳言，是以举行检定，实为当今之要图。①

不难看出，北洋军阀政府统治时期，山东举行的7次小学教员检定主要存在两方面的问题。其一是考试区域的划分和考试时间考虑不周全，造成许多教员无法赴试；其二是检定考试与教员的任用脱节，致使许多教员产生观望心理。当然，更

① 《筹办检定小学教员事项纪要》，载民国山东省政府教育厅编印：《山东省政府教育厅第一次工作报告》(1929)，第181—183页。

重要的问题是，虽经七届检定，山东小学师资不良的状况并未改观。因此，1928 年，何思源担任山东省政府教育厅厅长后，便将整顿和发展初等教育作为施政的重点，并提出了“实行严格的教员检定”、“提高小学教员薪金”、“厉行普及义务教育”的目标。在此后 10 年间，山东制定了系统的小学教员检定规则，又举办了 7 次检定试验，其成效是十分显著的。

（一）小学教员检定各项规章的制定

1928 年 6 月，上任伊始的何思源便公布《山东省政府教育厅教育行政纲要》，提出了发展山东教育的方针。在该《纲要》中，何思源将“订定检定小学教员条例”作为“考核教育界服务人员成绩，并决定其任免”的一项内容。

1929 年 10 月，教育厅拟定了《山东省检定小学教员暂行规程》。11 月 1 日，成立山东省检定小学教员委员会，并在很短的时间内公布了《山东省检定小学教员委员会组织大纲》、《山东省检定小学教员委员会办事细则》、《山东省检定小学教员施行细则》、《山东省各市县承办检定小学教员事务所简章》、《山东省检定小学教员要项》，从而完善了小学教员检定的法规系统。

检定小学教员委员会是组织检定实施的最高组织机构。《暂行章程》规定：委员会由委员长、主任委员、常任委员和临时委员组成；委员长由教育厅厅长兼任，主任委员 1 人、常任委员 4 至 6 人由教育厅长委任，临时委员无定额，于施行检定时，由教育厅长临时委任。《组织大纲》规定的常任委员和临时委员的资格为：教育厅主管科长及督学；省立师范学校校长及教员，或高中师范科主任及教员；省立小学著有成绩之校长或教员；本省初等教育专家。《办事细则》将检定委员会分为总务、文书、审查三股，并详细规定了各自的责任。总务股负责撰拟各种章则、解释法令、规定试验时间、支配试验地点、编制书状表册、编辑检定报告、处理检定诉讼；文书股负责处理文书、发布审查名单、核算分数、发布检定成绩及许可状、保管卷宗及试卷、保管及发放证书、做开会记录；审查股负责审查资格、试验命题、评阅成绩。各股中的事务由检定委员会委员分别担任。

各市县检定小学教员事务所是实施检定的基层组织，也是检定能否认真施行的基础和保障。《事务所简章》规定，“各市县教育局内设立承办检定小学教员事务所，由各市县长委任职员四至六人”组成。事务所职员的资格为教育局局长、市县政府主办教育事务掾属、市县督学、教育委员。《简章》详细规定了事务所的工作职责，主要包括：调查申报人员资格及填报登记表，发给受检定人志愿书、履历书、品行证明书，并示以各种用书的填写方法，解释受检定人对于各项规程条文的疑义，收发各种文书，审查并汇报受检定人所送书纸文件，公布审查合格人姓名并督饬其应试，转发教员成绩表及许可状，办理关于检定事务各项文件。①

《暂行规程》将小学教员分为小学正教员、初级小学正教员、小学专科教员、初级小学专科教员四类。只有四类人员具备小学教员资格：师范大学教员科、高等师范或优级师范毕业者；高中师范科、后期师范、旧制师范本科或师范学校二年以上之专修科毕业者；大学本科毕业有教学经验者；曾得检定许可状未满有效期者。其余人员都必须接受检定，取得许可状后方可任职。

《山东省检定小学教员要项》将检定分为免试验检定、暂免试验检定、免一部分试验检定和试验检定四种。免试验检定或暂免试验检定的资格为：师范大学、大学教育科、高等师范或

① 《山东各市县承办检定小学教员事务所简章》，载民国山东省政府教育厅编印：《山东省政府教育厅第一次工作报告》(1929)，第49—50页。

优级师范毕业者;高等师范科、后期师范或师范学校二年以上之专修科毕业者;大学本科毕业,有教学经验者;曾得检定许可状,未满有效期间者(以曾在教育厅核准之党义训练班毕业者为限)暂免试验检定。免部分试验检定的资格为:大学预科,或高级中学毕业者;专门学校,或高等学校毕业者;旧制中学,或甲种实业学校毕业,并充小学教员二年以上者;大学预科,或高级中学毕业者,并充小学教员二年以上者;师范简易科二年以上毕业者;武术传习所或图书、手工、音乐、美术学校毕业,担任本科目之教授者;省立单级养成所满一年以上毕业者;幼稚师范班或保姆养成所及师范讲习所满二年以上毕业者。受全部试验检定的资格为:旧制中学毕业,或高级中学修业满一年以上者;新制初中毕业,或前期师范肄业满三年者;师范讲习所或单级教员养成所毕业期在六个月以上者;曾任或现任小学教员满二年以上者;研究专科学术兼明教育原理,而有相当之证明者。

山东对小学教员检定试验种类的划分及各种检定的资格要求,与教育部有关小学教员检定规章有所不同。如,教育部1933年公布的《小学规程》,把小学教员检定分为无试验检定和试验检定两种,而山东多了暂免试验检定和免一部分试验检定。此外,教育部规定的无试验检定的资格为:毕业于旧制中学或高中以上之学校,曾任小学教员一年以上,或曾在当地教育行政机关或大学教育学院、师范学校等所办之教育补习班补习教育功课满二暑期者;毕业于二年以上之师范讲习科或简易师范学校,简易师范科,曾充小学教员二年以上,或在上述暑期学校补习满三暑期者;曾充小学教员三年以上,经教育行政机关认为确有成绩,或曾在上述暑期学校补习满四暑期者;曾充小学教员三年以上,有关于小学教育之专著发表,经主管教育行政机关认为确有价值者。对受试验检定者的资格规定为:曾在旧制中学或高中毕业者;曾在师范学校或高级中学修业一年并充小学教员一年以上者;曾在师范讲习科、简易师范学校或简易师范科毕业者;曾任小学教员三年以上者;学有专长并充小学教员一年以上者。① 与教育部的《规程》相比,山东对检定资格的要求更加严格和严密。这主要体现在两个方面,其一,教育部《规程》中符合无试验检定资格的人员,在山东省还要参加免部分试验检定;其二,教育部《规程》对试验检定者资格要求比较笼统模糊,而山东对免一部分试验检定和受试验检定者资格要求的划分更加清晰。另外,山东的《暂行规程》增加了"不得受检定"情况的规定,即违反中国国民党党义查明属实者,受剥夺公权处分未复权者,吸食鸦片及染有其他不良嗜好者,均不得受检定。《施行细则》增加了免试单科的规定,即受试验检定的教员,如果所教授的某科目有特殊成绩,经省督学查报、教育局长切实证明、检定小学教员委员会审查合格,可以免该科目的考试。

关于考试命题标准,《暂行规程》规定:小学正教员以旧制师范本科、后期师范或高中师范科课程为准,考试科目为三民主义、国语、算学、社会科学常识、自然科学常识、教育原理、教育行政、教学法;小学专科教员考试命题标准同上,但要加试所授课程的教学法;初级小学教员和初级小学专科学员,考试命题酌减其程度。旧制师范本科对学生的要求是很高的,1913年教育部制定的师范学校课程标准体现了这一要求。

① 蒋致远:《中华民国教育年鉴》第一册(乙编),宗青图书出版公司1991年版,第30页。

表 8-9 师范学校课程标准(本科第一部)

(教育部 1913 年 3 月 19 日公布)①

	第一学年	第二学年	第三学年	第四学年
修身	对国家之责务;对社会之责务	对家族及自己之责务;对人类及万有之责务;演习礼仪法	伦理学大要;教授方法;演习礼仪法	伦理学大要;本国道德之特色
教育		普通心理学;伦理学大要	教育理论;哲学发凡;教授法;保育法	教育史;教育制度;学校管理;学校卫生;教育实习
国文	讲读;作文;文字源流	讲读;作文;文法要略	讲读;作文;中国文学史;教授方法	讲读;作文;中国文学史
习字	楷书;行书	行书;草书;黑板写法;教授方法		
英语	读法;译解;默写;造句;会话;文法	读法;译解;会话;作文;文法	读法;译解;会话;作文;文法;教授方法	读法;译解;会话;作文;文法;文学要略
历史	本国史:上古、中古、近古	本国史:近世现代;外国史:东亚各国史、西洋古代史	外国史:西洋近世史、西洋现世史;教授方法	

① 璩鑫圭等编:《中国近代教育史资料汇编:实业教育 师范教育》,上海教育出版社 2007 年版,第 819—821 页。

（续表）

	第一学年	第二学年	第三学年	第四学年
地理	地理概论；本国地理	本国地理；外国地理：亚洲、欧洲、非洲	外国地理：美洲海、洋洲；自然地理概论；人文地理概论；教授方法	
数学	算术；簿记；代数	代数；平面几何	代数；平面几何；教授方法	立体几何；平三角大要
博物	植物：普通植物之形态分类、解剖生理生态分布应用等之大要；动物：普通动物之形态分类、解剖生理习性分布应用等之大要	动物：同前学年；生理及卫生：人身之构造、个人卫生、公众卫生	矿物：普通矿物及岩石之概要；地质学之大要；教授方法	
物理化学		物理：力学、物性、热学	物理：音学、光学、磁学、电学、无机化学	无机化学；有机化学大要
法制经济				法治大要；经济大要
图画	写生画；临画；意匠画；几何画；黑板画练习	同前学年	写生画；临画；意匠画；几何画；黑板画练习	写生画；意匠画；黑板画练习；美术史
手工	竹细工；木工	黏土石膏；细工；木工	小学校各种细工；教授方法	黏土石膏细工；金工

（续表）

	第一学年	第二学年	第三学年	第四学年
农业或商业			栽培泛论及各论；土壤；肥料；农具；教授方法	蚕桑；畜牧；森林；农产制造；农业经济
			商业要项；商业算术；商业簿记；教授方法	商业簿记；商业地理；商品
乐歌	基本练习；歌曲；乐典	同前学年；乐器	同前学年；教授方法	乐典；歌曲；乐器
体操	普通体操；游戏；兵式训练	同前学年	普通体操；游戏；兵式训练；教授方法	普通体操；游戏；兵式训练

《山东省检定小学教员要项》将检定细化为八个步骤，即登记、报名、审查、试验、评卷、发许可状、检定用费、书证文件发还。

登记是对全省已有小学教员以及有志于从事小学教员工作者的统计。《要项》规定：现任省市县区立及私立各小学校长、教员必须登记；具有一定资格，现未在学校服务，而志愿充任小学教员者，准行登记。登记时，由各市县承办检定小学教员事务所将其所在市县现任小学校长教员分别调查清楚，并令其遵照教育厅颁发的小学教员登记表填写信息；省立各校由各校自行依法办理登记；现在没有在学校服务者，由各市县教育局布告周知，令其自行向事务所申领登记表填写。登记的信息经过各市县承办检定小学教员事务所的初次审查和教育厅的复审查后公布。初审时，事务所负完全责任，如其中有疑问，则要呈请教育厅解释。初审结束后，事务所在考期前一个月，将登记表汇呈教育厅进行复审，如发现伪造假冒等情况，经查明属实,由经办机关负全责。通过两次严格审查,登记信息的真实性提高,也在第一阶段把不符合小学教员资格的人剔除出教师队伍。

报名由受试者根据自己的条件申请报考相关类型的考试,报名时要上交志愿书、履历书、操行证明书、服务证明书。

《要项》将试验分为笔试、口试、体格检查和教学实习四项。每项都制定了严格的规则。

笔试的应试规则为:受试验人按照试验证上号数入座;试验委员应随时稽查座位号数;受试验人应遵守试验委员之命令;卷末备有稿纸,不得另纸起草,稿纸须与试卷同缴;缴卷不得逾限;缴卷时,须将卷面浮签揭去;缴卷后,不得请求添改字句,出场后不得复入;试验委员如当场发现受试验人有不规则行为,全部成绩应作无效。

口试以考查试者的态度、言语、信仰和常识为目的,成绩由主试委员评定。

教学实习考查选择在一所小学进行,由主试委员提前指定某一科目的章节段落并告知受试者准备,分数由主试委员评定。如遇假期小学不能上课时,则以编写教授案的形式代替。

无论有试验检定,还是无试验检定,试者均须参加体格检查。体格检查分为两种方式:一是精密检查法,即聘请所在地医生,依照体格检查表检查,其内容包括身长、体重、胸围、视力、听力、肺脏、有无传染病等;一是普通检查法,即由主试、监试、襄试各委员会同,就不用器械可以检查的内容填写体检表。

考试是检定的关键环节,《要项》对此规定得十分细致。主要内容有:受检定人必须于试验日期前三日,到试验场所报名,领取试验证;各区试场由教育厅指定,预先公布,并由所在地县长、教育局长预先布置;各区主试委员必须在考试前四日到场;试卷由检定小学教员委员会预备,姓名一律盖印弥封;试题由检定小学教员委员会拟定，发交主试委员临时揭示；试场座位，依次编号；主试委员于考试前二日，列表公布逐日考试科目；襄试委员由主试委员于考试前一周约定；免部分试验人员与受全部试验人员在同一试场考试，由主试委员暗记符号。

《要项》规定，各科试验完毕，主试委员与各试验委员一起将笔试试卷、口试成绩册、体格检查表、教授案、日记本以及点名册等与考试有关的一切资料汇集封固，加盖印章后，当日寄呈教育厅，再由教育厅发交检定小学教员委员会评阅。检定小学教员委员会将于一个月内在《山东教育行政周报》上公布录取者姓名，并通令各市县教育局告知受试者，并由检定小学教员委员会发给许可状，由教育厅通令各市县分配任用。

《要项》将检定试验成绩分为甲、乙、丙、丁四等。80 分以上为甲等，70 分以上为乙等，60 分以上为丙等，40 分以上为丁等。不同等级的成绩所得许可状的有效期不同：甲等有效期为五年，乙等为四年，丙等为三年，丁等只能充任代用教员，其有效期为两年。许可状期满后必须重新接受检定。但是，在许可状有效期间，教学成绩特别优良的教员，经省督学查实，并经县市教育局长切实呈报，或在暑期学校肆业获得合格证书的人员，可以酌量增加有效期限。

显然，这些规章从政策和实施两个层面，对山东检定小学教员工作的各项事宜都作了明确的规范和要求，为该项工作的具体实施提供了系统的法规保障。

（二）小学教员检定在 30 年代的实施

1929 年 11 月，设立山东省检定小学教员委员会。委员长由教育厅厅长何思源兼任，委任秘书王近信、科长彭百川、科员王赞纶、督学张郁光、相菊潭、指导员孙宝贤及省立第一实验小学校长陈剑恒为委员。委员会严格按照《山东省检定小学教员委员会组织大纲》规定组成。由检定小学教员委员会成员（彭百川、张郁光、孙宝贤、陈剑恒去职后，成员有变动）任职及资历不难看出，该委员会成员都是小学教育方面的“专家”，这就使该组织具备了学术上的权威性。

表 8-10　山东省检定小学教员委员会委员一览表①

职别	姓名	资　历
委员长	何思源	美国芝加哥大学哲学硕士，历任广东中山大学训育副主任兼法科主任，国民政府军委会政训部副主任兼代主任，青岛大学筹备主任，山东省党务整理委员会委员，现任省政府委员兼教育厅厅长
主任委员	王近信	美国芝加哥大学哲学硕士，历充开封大学、河南中山大学哲学主任教授，南京总政治部国际编译局秘书，第二集团军总部秘书，军委会政训部高等顾问，青岛大学筹备委员，现任教育厅秘书
委　员	吴景寿	山东省立二师毕业，东大肄业，历充泰安、曲阜、宁阳等县教育局长，第二师范附小教员，胶济铁路小学校长，济南市社会局科员，教育厅科员
委　员	刘尚灏	日本长崎高等商业专门学校卒业，研究馆专攻统计学，历充山东检定小学教员委员会委员，胶济铁路党务整理委员会委员
委　员	王赞纶	山东师范学校及统计讲习所毕业，历充省立第三职业学校商科学监，山东教育厅统计专员，山东检定教员委员会主任及常任委员，山东教育公报编辑主任，现任教育厅科员
委　员	马汝梅	北京高等师范毕业，历充省立第六中学教员教务主任，省立第二女子师范学校教员，现任教育厅督学

① 《山东省检定小学教员委员会现任职员一览表》，载民国山东省政府教育厅编印：《山东省检定小学教员委员会第一次工作报告》（1931），第 22 页。

（续表）

职别	姓名	资 历
委　员	何澄宇	南通大学纺织科毕业，曾充济宁道立甲种工业学校教员，现任教育厅科员
委　员	王文俊	南通大学纺织科毕业，曾充济宁道立甲种工业学校教员，第七中学教员，济宁县督学，现任教育厅科员
委　员	高云图	山东第七中学毕业，背景高等法文专修馆毕业，曾充山东检定小学教员委员会委员，直隶省长公署科员，现任教育厅科员
委　员	祁锡堉	山东优级师范毕业，历充省立高级中学江苏无锡中学教员，现任省立第一师范学校教员
办事员	单　同	山东省立第六中学毕业

鉴于20年代检定小学教员工作中存在的问题，新成立的山东省检定小学教员委员会在制定各项规章的同时，决定实行部分改革。其措施主要有：第一，限期登记报名，凡现任小学教员及志愿充任教员者，由教育厅刊印表格，令发各教育局，饬令分别登记，限期报名；第二，限制教员资格，凡各县小学教员、校长，非经检定合格者，不得委任；第三，迅速揭晓，举行检定试验后，在试毕一个月内向各县公布结果，公布后10日，发给许可状；第四，多划试区，定两县或三县为一区，至多不得过五县，路程不得逾百里，并令各县于教员赴试时，酌给川资；第五，分期试验，将试验分为10期或15期，次第举行，将地方不靖县份划归冬季或春季办理，以免路途艰难；第六，严限资格，除大学、师范本科、专门等校毕业者免试外，其余一律试验；第七，严格考试，由教育厅委派专员分赴各区，取严格主义，宁缺毋滥。①

① 《筹办检定小学教员事项纪要》，载民国山东省政府教育厅编印：《山东省政府教育厅第一次工作报告》（1929），第183—184页。

上世纪30年代,山东第一次检定小学教员试验于1931年举行。全省共登记27993人,审查合格26523人。有16861人报名试验,复审合格共16648人。符合免试及暂免试验资格的教员共1005人。

结合山东实际,检定试验分区、分期举行。除上一年已考的7区外,又划定29区。根据各区情形,分四期举行考试:4月15日至18日,举行第一期试验,计8区共24县;4月28日至5月1日,举行第二期试验,计8区共25县;5月11日至14日,举行第三期试验,计8区共24县;5月24日至27日,举行第四期试验,计5区共18市县。这样,连同已经举行试验的7区,全省1市108个县划分为36区,分别举行。试验场所借用了所在地的师范学校、中学、职业或小学。

表8-11　山东省检定小学教员分区分期试验一览表①

(一)一九三〇年考试各区				
区　别	所属市县	试场所在地	考试地址	考试日期
第四区	新泰,蒙阴	新泰	县立小学	五月三十一日至六月三日
第七区	滕县,峄县,邹县	滕县	县立小学	六月十四日至六月十七日
第八区	临沂,郯城,费县	临沂	第五中学	五月三十一日至六月三日
第十四区	黄县,蓬莱,招远	黄县	县立中学	六月二十八日至七月一日
第十五区	烟台市,牟平,福山	烟台	第八中学	六月十四日至六月十七日
第十六区	文登,荣成	文登	县立中学	五月三十一日至六月三日

① 民国山东省政府教育厅编印:《山东省检定小学教员委员会第一次工作报告》(1931),第20—21页。

（续表）

第二十八区	莱阳，海阳，栖霞	莱阳	县立中学	同　前
（二）一九三一年考试各区				
第六区	滋阳，泗水，宁阳，曲阜	滋阳	第四乡师	第一试期四月十五日至十八日
第二十一区	单县，城武，金乡	单县	县立小学	同　前
第二十四区	鄄城，濮县，范县，观城	濮县	县立小学	同　前
第十区	胶县，即墨，高密	胶县	县立小学	同　前
第三十一区	商河，德平	商河	县立小学	同　前
第三十五区	蒲台，博兴，利津，滨县	蒲台	县立小学	同　前
第十三区	掖县，平度	掖县	第九中学	同　前
（二）一九三一年考试各区				
第二十五区	博山，淄川	博山	县立小学	同　前
第二区	泰安，肥城，莱芜	泰安	第三中学	第二试期四月二八日至五月一日
第二十三区	菏泽，定陶，曹县	菏泽	第五师范	同　前
第二十区	阳穀，朝城，莘县，寿张	阳穀	县立小学	同　前
第十一区	诸城，安邱	诸城	县立中学	同　前
第三十一区	桓台，长山，高苑	桓台	县立小学	同　前
第二十九区	平原，德县，陵县，恩县	平原	第五乡师	同　前
第二十七区	潍县，昌乐，昌邑	潍县	县立中学	同　前

（续表）

第三十二区	无棣，沾化，阳信	无棣	县立小学	同　前
第三区	东阿，东平，平阴	东阿	县立小学	第三试期五月十一日至十四日
第二十二区	钜野，郓城	钜野	县立小学	同　前
第十九区	聊城，清平，茌平，博平，堂邑	聊城	第三师范	同　前
第十二区	莒县，沂水，日照	莒县	县立中学	同　前
第三十区	禹城，临邑，高唐	禹城	县立小学	同　前
第三十四区	青城，齐东，邹平	青城	县立小学	同　前
第十七区	临清，武城，夏津	临清	第十一中学	同　前
（二）一九三一年考试各区				
第三十二区	惠民，乐陵	惠民	第四中学	同　前
第一区	济南市，历城，齐河，长清，济阳，章丘	济南	第一师范	第四试期五月二十四日至二十七日
第五区	济宁，汶上，嘉祥，鱼台	济宁	第七中学	同　前
第十八区	馆陶，冠县，丘县	馆陶	县立小学	同　前
第九区	益都，临朐，临淄	益都	第四师范	同　前
第二十六区	寿光，广饶	寿光	县立小学	同　前

检定试验每区设主试一人，以委员会委员、教育厅科员或省市县立中等学校校长担任。第一届小学教员检定试验各区的主试委员共 27 人，其中 24 人是中等学校校长、教务主任或

教员，其余3人为教育厅科员、指导员。作为各区主试，他们不仅具备一定的社会地位，更具有较高的教育理论和专业知识水平。

表8-12 检定小学教员试验各区主试委员一览表(1931年)①

区 别	主试姓名	任职情况
第一区	蔡自声	省立第一师范学校校长
第二区	李泰华	省立第三中学校长
第三区	毛守本	省立第二中学教务主任
第四区	李泰华	
第五区	王朝栋	省立第三职业学校校长
第六区	赵德柔	省立第四乡村师范学校校长
第七区	张郁光	省立第二师范学校校长
第八区	徐眉生	省立第五中学校长
第九区	赵德栗	省立第四师范学校教员
第十区	朱遹孝	省立第十中学校长
第十一区	贾文治	教育厅科员
第十二区	徐眉声	
第十三区	彭汝霖	省立第九中学校长
第十四区	朱文会	省立第九中学
第十五区	于国源	省立第八中学校长
第十六区	孙恩溪	省立第二中学校长
第十七区	原孝友	省立第十一中学教务主任

① 民国山东省政府教育厅编印：《山东省检定小学教员委员会第一次工作报告》(1931)，第23页。

（续表）

区　别	主试姓名	任职情况
第十八区	孙宝贤	检定委员会常任委员
第十九区	陈会云	省立第三师范学校教务主任
第二十区	赵德柔	
第二十一区	齐鸿照	省立第五师范学校校长
第二十二区	王椿芳	省立第五师范学校教务主任
第二十三区	刘广涛	省立第六中学校长
第二十四区	刘广涛	
第二十五区	苏继周	省立第一女子中学校长
第二十六区	朱遹孝	
第二十七区	王绪兴	潍县县立中学校长
第二十八区	周　超	省立第三师范学校校长
第二十九区	王冠宸	省立第五乡村师范学校校长
第三十区	王冠宸	
第三十一区	李振中	省立第十二中学校长
第三十二区	翟桂馨	省立第四中学校长
第三十三区	孙宝贤	
第三十四区	贾文治	
第三十五区	蔡如鋆	教育厅指导员
第三十六区	翟桂馨	

试后，各区主试将试卷弥封呈送教育厅，各科试卷共 7 万余本。检定委员会聘任省市立各学校中对小学教育素有研究的教员 19 人，分任评阅事宜。其中，担任教育理论与教学法的评阅试卷委员，都是当时小学教育界有名望的教员。

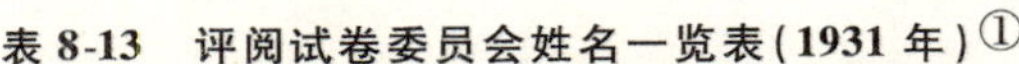

表 8-13 评阅试卷委员会姓名一览表(1931 年)①

姓　名	评阅科目	备　注
态秀山	教育原理,教育行政,教学法	省立第一师范学校教育教员
石汝房	教育原理,教育行政,教学法	省立女子师范学校教员
王勉民	教育原理,教育行政,教学法	省立第七中学校长
刘坤山	小学教学法	省立第二实验小学校长
蒋毅庵	小学教学法	省立第一实验小学教员
周　骍	小学教学法	同上

阅卷用时一个月,经检定委员会指派的专员详加核审后,给出成绩等次。平均分数在 60 分以上的为合格教员;平均分数虽达不到 60 分,却在 40 分以上的,为代用教员。分数在 80 分以上的,发给时效五年的甲种许可状;分数在 70 分以上的,发给时效四年的乙种许可状;分数在 60 分以上的,发给时效三年的丙种许可状;代用教员,发给时效两年的许可状。所填发的许可状科别,都以受试验成绩为标准。

1931 年 9 月,第一次检定小学教员试验工作办理完竣。其结果为:免试验检定合格教员 832 人,暂免试验检定合格教员 187 人,免一部分试验检定合格教员 1311 人,受试验检定合格教员 3490 人,代用教员 3640 人,共 9460 人。教育厅通令各县市,凡检定合格教员一律任用,检定不合格教员一律取缔。但考虑到各地市的实际困难,教育厅又令各县市依照地方情形,"酌拟取缔办法",呈教育厅审核后,分别订定实行取缔的标准。对尚未检定的 3 万多小学教员,教育厅饬令他们参加第二

① 民国山东省政府教育厅编印:《山东省检定小学教员委员会第一次工作报告》(1931),第 24 页。

次检定。

1931 年 11 月,山东省教育厅开始筹备办理第二次教员检定。整个实施程序依照第一次拟定程序办理。1932 年 1 月至 3 月进行登记、报名。经审查,除第一次已经通过检定的教员外,全省共登记 14745 人,复审合格者 14116 人,其中免试验检定教员 748 人,免一部分试验及受试验检定教员共 13368 人。5 月至 6 月,各区按期举行考试,各科试卷共计 78617 本,聘阅卷教员 16 人,分任评阅。考试结果,4273 人符合正式教员资格;4163 人符合代用教员资格,连同符合免试资格的 748 人,共 9184 人。经过两次检定试验,取得许可状的小学教员达到 18644 人,其中 41% 的人属于考试不足 60 分的代用教员。

表 8-14　1931、1932 年小学教员检定各项合格教员比率表①

高级正教员	2923	15.7%
初级正教员	7862	42.2%
高级专科教员	65	0.3%
高级代用教员	389	2.1%
初级代用教员	7405	39.7%
合　计	18644	

在这些获得许可状的教员中,中等以上学历的人员仅 20%,而 80% 来自师范讲习所、单级教员养成所或不具备教员资格却已工作了二年以上的人员。值得注意的是,在这 18644 人中,女教员仅有 484 人,只占总人数的2.6%。可见,上世纪 30 年代时,男教员是小学教育的绝对主力。

① 民国山东省政府教育厅编印:《山东省检定小学教员委员会第二次工作报告》(1932),第 33、45 页。

1934年时，山东的初等教育又有了较大发展，在校学生已达120多万，教员超过5万人。小学教员检定的任务还是很重的。

表8-15　山东第一、二次检定合格小学教员及代用教员资历表（1931、1932年）①

学　历	第一次检定	第二次检定	合　计	备　注
大　学	18	20	38	共3726人，占19.98%
专　门	31	38	69	
高等师范	10	12	22	
高等学堂	4	5	9	
优级师范	14	10	24	
旧制师范	783	499	1282	
初级师范	58	145	203	
后期师范	31	25	56	
旧制中学	383	394	777	
高级中学	12	32	44	
初级中学	187	577	764	
职业学校	156	282	438	

① 民国山东省政府教育厅编印：《山东省检定小学教员委员会第二次工作报告》（1932），第29页。

（续表）

学　历	第一次检定	第二次检定	合　计	备　注
师范讲习所	2878	2145	5023	共 14918 人，占80.01%
单级养成所	1615	578	2193	
训练班	510	536	1046	
服务二年以上者	2337	3446	5783	
中等学校肄业	257	372	629	
大学及专门学校肄业		6	6	
幼稚师范毕业		10	10	
其　他	176	52	228	
合　计	9460	9184	18644	

作为检定委员会委员长的何思源，对检定小学教员意义的认识是深刻的。他在严格按照各种规章推进检定工作的同时，也在积极筹划促进检定实施的各种措施。在为《山东省检定小学教员委员会第二次工作报告》所作的序言中，他写道：

小学质量之增高，有赖于师资之优良，而师资之优良，实测之于检定。故本厅近年来，一方（面）认真举办检定事宜，更一方（面）严厉限制未受检定教员，而奖惩法令绝不宽假。诚以负训练国民基本知识之小学教员，关系国脉綦重，不可不选优良，除幸滥也。且又审慎拟定未来三年计划，分期举行：第一年，则令未受检定之小学教员一律报名检定，其有规避不受检定者，实行停职；第二年，则第一次检定之代用教员时效已满，连同以前未受检定者及新毕业学生，计经检定后，足资敷用；第三年，则第二次检定之代用教员，时效已满，连同新毕业学生，

计经检定后,以完全合格者补充缺额,已足敷用。①

自1931年始,山东小学教员检定试验工作形成了制度,每年举行一次,从未间断。1934年时,经4次检定试验,有3.6万余名小学教员获得合格证书。此时,山东的小学生数已超过130万,在职教员也超过6万人,即是说,尚有2万多人须实施检定。1936年10月,山东办理完第六次小学教员检定试验,有1.4万人参加了检定考试,8千多人获得许可状。当年12月,山东省检定小学教员委员会已拟好了第七次检定工作的时间表:1月10日至2月20日登记、报名,4月10日至5月23日分区试验。②

(三)部分小学教员检定试题及其分析

上世纪30年代,山东小学教员检定考试科目为国语、教育、三民主义、社会常识、自然常识、算术。从下列部分科目考试题目的内容看,都是一名教员必须具备的基本知识。③

初级教员教育考试试题:

一、单级编制和多级编制。

二、怎么叫做自学辅导法?

三、小学生助手有专任制度及轮任制,试分述其利弊。

四、何谓自动辅导法?

五、学校教育与家庭教育之关系。

六、试列举学校日常卫生应注意的事项。

七、什么叫做复式教学?

---

① 民国山东省政府教育厅编印:《山东省检定小学教员委员会第二次工作报告》(1932),第2页。

② 检定试验要到10月才能最终完成,此时,山东战局已很严峻,第七次检定可能未能最后完结。因此,一直未能查到教育厅公布的此次录取名单。

③ 以下试题载民国山东省政府教育厅编印:《山东省检定小学教员委员会第一次工作报告》(1931),附录部分。

八、选择小学校址以何为标准?

高级教员教育考试试题:

一、引起动机为教学法重要原理,教学者对于儿童必如何方能引起其动机?

二、解释小学的“四二制”,教员的分配“混合制”,“春季始业”和“秋季始业”四名词。

三、什么是教授案?

四、批评教学时间钟点制与分数制之利弊。

五、记诵法之效能。

六、什么叫启发式的教学?

七、何谓个性?

八、小学要设置些什么运动器具?

九、兴味与注意有什么关系?

以上17个试题,包括了教育制度、学校管理制度、学校卫生学、教学方法、教育心理学方面的内容,是一名小学教员实施教学和学校、班级管理所必须具备的基本知识。以上所有试题,都与当时小学教育教学实际相关,体现了理论与实践结合的原则。值得注意的是,这些题目并没有涉及中外教育家的思想,也未涉及较有难度的教育教学理论问题。如果用一名正式师范学校毕业生衡量的话,毫无疑问,以上教育试题是十分容易的。

三民主义考试以三民主义理论中的常识为主,考查受试人员对该理论常识的了解和掌握程度。

初级教员三民主义考试试题:

下列各题认为对的在弧内画一加号,不对的画一减号:

一、民权主义是促进中国之国际地位平等的。(　　)

二、中国国民党的主张是以革命去争自由的。(　　)

三、民族是自然力组成的,也可以说是用王道组成的团体。(　　)

四、现在在亚洲最强盛的国家是日本。(　　)

五、关税自主是可以自由增减海关的税率之谓。(　　)

六、中国已经遭过两次的亡国。(　　)

七、民生就是人民的生活。(　　)

八、政权有五种。(　　)

九、罢免贪官污吏的权便是复决权。(　　)

十、不知不觉的是实行家。(　　)

十一、三民主义是科学的主义。(　　)

十二、治权有四种。(　　)

十三、洪荒时代是人同天争。(　　)

十四、人民是有能的,政府是有权的。(　　)

十五、现在是民权时代。(　　)

十六、罢免官吏的便是选举权。(　　)

十七、平均地权,节制资本,便是民生主义的办法。(　　)

十八、社会进化是以物质为中心的。(　　)

十九、监察权是属于立法院。(　　)

二十、中国固有的美德是忠孝、仁爱、信义、和平。(　　)

二十一、中国的民族就是国族。(　　)

二十二、管理众人之事便是政权。(　　)

二十三、民生主义就是社会主义。(　　)

二十四、节制资本是节制私人资本,制造国家资本。(　　)

二十五、三权宪法:(一)立法权;(二)考试权;

（三）司法权。(　　)

二十六、选举权是人民管理官吏的权。(　　)

二十七、三民主义是没有连环性的。(　　)

二十八、治权是立法、司法、行政、考试、选举五种。(　　)

二十九、中华革命党的组织，是在辛亥革命以前。(　　)

三十、各国所倡的民族主义是一样的。(　　)

三十一、现在是宪政时期。(　　)

三十二、罢免官吏的权便是罢免权。(　　)

三十三、社会进化，是以民生为中心。(　　)

三十四、考试权属于行政院。(　　)

高级教员三民主义考试试题如下：

下列各题，括号内部有一正确的答案，请将那正确的答案填入问题的空格内：

一、民族主义是________的实行。(帝国主义，世界主义，社会主义)

二、人同天争是________时代。(君权，神权，民权)

三、民族危亡的原因有________种。(三，六，五)

四、现在世界上最强的民族是________族。(撒克逊，拉丁，条顿)

五、政治革命最初发生于________。(德国，法国，英国，美国)

六、民权主义是主张________的。(天赋民权，革命民权)

七、全民政治是人民能以实行________民权。(直接，间接)

八、社会进化的原因，是________。(经济利益相调

和，阶级斗争）

九、凡企业有独占性的应该归________经营。（国家，个人，公司）

十、民生主义是要求________平等的。（经济地位，政治地位，国际地位）

十一、历史的中心是________。（物质，民生，心理）

十二、治权有________种。（三，四，五）

十三、产业落后的国家适宜于________。（共产主义，资本主义，民生主义）

十四、________为三民主义的中心。（民权主义，民生主义，民族主义）

十五、中国现在是处于________的地位。（殖民地，半殖民地，次殖民地）

十六、人民可以用________定出好的法律。（立法权，创制权，复决权）

十七、现在是________时代。（君权，神权，民权）

十八、实行家是________者。（先知先觉，后知后觉，不知不觉）

十九、民族主义是打破________不平等的。（经济上，政治上，种族上）

二十、帝国主义是________。（国家主义，侵略主义，世界主义）

二十一、人民可以用________选出贤良官吏。（考试权，选举权，监察权）

二十二、发明指南针的是________。（中国，日本，英国）

二十三、关于中央地方之权限系中山先生主张采取________。（中央集权制，地方分权制，均权制）

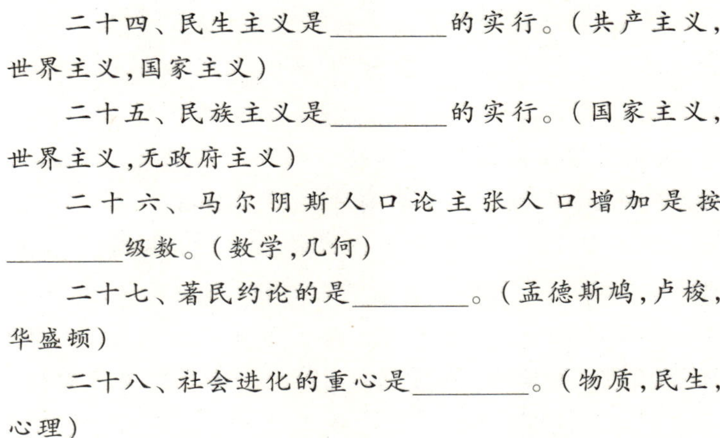

二十四、民生主义是________的实行。(共产主义,世界主义,国家主义)

二十五、民族主义是________的实行。(国家主义,世界主义,无政府主义)

二十六、马尔阴斯人口论主张人口增加是按________级数。(数学,几何)

二十七、著民约论的是________。(孟德斯鸠,卢梭,华盛顿)

二十八、社会进化的重心是________。(物质,民生,心理)

三民主义是当时中等教育学校普遍开设的课程,是国民党政府实施思想政治教育的一种方式。以上试题,初级为判断题形式,高级为选择填空题形式,既无名词解释、简答题,更没有论述题,而且试题内容都是当时各种教科书中常能见到的。与其说该科目是要考查受试者对三民主义理论基本知识的了解程度,倒不如说是要通过这一形式,进行一次思想政治观点的教育。

何思源说,小学教育的质量取决于师资的是否优良,是关乎“国脉綦重”的,小学教员之所以重要,是因为他们肩负着“训练国民基本知识”的重任。从这一认识出发,山东检定小学教员考试试题体现了三方面的标准,即思想性、常识性和实用性标准。

首先,试题体现了对小学教员思想政治观点的要求。三民主义是检定小学教员的必考科目,对那些免部分试验的教员来说,三民主义是不免的。值得注意的是,在三民主义试题中,没有纯理论性的题目,所有试题都是与三民主义有关的社会问题,这些问题都涉及当时国民党政府的治国主张,检定考试的目的在于强化小学教员对这些问题的认识。

其次，试题体现了对小学教员较宽广知识面的要求。这些题目涉及的范围很广，从古至今，从中到外，从植物、动物、矿物到物理、化学，从天文、地理到经济、文化，从日常生活到政治法律，都是作为"国民"所应当具备的常识性问题。在这些常识性问题中，虽然也有强化政府政治观念的目的，但更多是贯穿着正确认识社会和自然的科学精神。这些试题中的许多常识性问题大都与人们的日常生活有关联，小学教员，尤其是广大农村小学的教员，对这些问题有了明确的认识，不仅能在"训练"学生的"国民性"中发挥作用，更能在改造落后农村，推动社会进步中发挥作用。

再次，从试题的形式看，体现了多类型、低难度的特点。在心理学理论中，往往将知识的再认和再现作为评价记忆巩固水平的基本指标。再认，是指曾经感知的知识再一次出现，而被感受者确认的记忆过程；再现，又称回忆，是指曾经感知过的知识在其他知识出现的情况下，在感受者脑海中重现的记忆过程。就记忆水平而言，后者要高于前者。根据这一理论，可以把小学教员检定试题分为再认型、再现型和非记忆类型三类。再认类题型包括判断正误题、选择题，再现类题型包括填空题、简答题、名词解释题，计算题、添加标点符号题和写作题属于非记忆类题型。无论初级还是高级，题目数量最多的都是判断正误题，这就降低了考试的难度。作为鉴定类而非选拔类的考试，较低的标准要求是可以理解的。这能让学历较低而有志于从教的人员，通过培训或自学达到获取许可状的标准。当然，那些获得了许可状的教员又会迫于数年一次的检定考试的压力而不断学习。其结果必然是小学教员质量的逐步提高。

三、山东小学教员检定考试实施成效

到抗日战争爆发，山东前后共举行了14次小学教员检定

试验。尤其是在30年代，小学教员检定已经成为一项制度化的工作。在山东初级教育迅速发展对教员有大量需求的时期，该项工作在保障师资质量方面发挥了重要作用。

山东小学教员检定考试能够长期举行，与其已形成了一套较为完备的工作机制是分不开的。

首先，该项工作有较完备的组织系统。山东在省教育厅设立检定小学教员委员会，在各县市教育局设立承办检定小学教员事务所，从而在全省范围内形成了一个自上而下的组织系统。检定委员会委员长、委员及事务所成员，都由掌握实际权力的行政官员担任，从而保证了检定工作推行的权威性。该组织成员虽为兼职，也不另支薪酬，但职责分明。每次检定时，从第一次检定委员会会议开始，便通过纪要的形式，将整项工作排出时间表，整个组织便按照时间表开始运作。在实施检定考试时，所聘请的分区主试和阅卷教师，要么是中小学校校长，要么是有影响的教员，从而保证了检定工作在学术上的权威性。

其次，该项工作有较详备的法规系统。1930至1932年，在短短的三年时间里，山东省颁布了《山东省检定小学教员暂行规程》、《山东省检定小学教员委员会组织大纲》、《山东省检定小学教员委员会办事细则》、《山东省检定小学教员施行细则》、《山东省各市县承办检定小学教员事务所简章》、《山东省检定小学教员要项》等规章。这些规章涵盖了实施检定工作的原则和方法。大到组织构成、实施程序，小到登记、报名、体检表格的设计，无不通过这些章则详予规定，从而使检定的每个步骤都有章可循。

再次，该项工作在实施的过程中，充分照顾了受试人员的实际困难。这包括三方面的举措：其一，考试虽不及格，但只要能达到40分，就能被允许以“代用教员”身份继续任职，两年后能通过考试，则能转为正式教员；其二，从小学教学实际出发，降低了考试命题标准，使具备一定社会和自然常识、基本能完成小学国文和算术教学工作的人员，都能通过努力达到合格标准；其三，多划分考区，改变考试时间，以便使受试人员能够就近和在比较安全的时间参加考试。这些措施都为更多的人员参加检定考试创造了条件。

另外，检定考试后，检定委员会在一个月内公布试验结果，并将所有获得许可状人员的名单印刷成册。这都能起到调动教员参加检定考试积极性的作用。

经过六次检定，抗战前山东有 5 万多人获得了教员许可状。1936 年 10 月，省政府教育厅制定了奖励及取缔小学教员的八条意见，"通饬各县市政府，遵照要点主旨并酌量地方实际情形，详拟办法，并呈厅核准施行"①。只有在教员基本"敷用"的情况下，行政上才会出台严厉取缔不合格教员的政令。这时，山东的小学教育仍在迅速发展的过程中，小学在校生已达 190 万，教员数也已超过6.5万人。虽然仍有继续进行教员检定试验的必要，但受试人员主要是新入教职的毕业学生和已满二年的代用教员。即是说，绝大多数小学的在职者都已经是经过检定试验的"合格"教员了。

第四节　任职考试制度的实施

通过考试的方式选拔公职人员，在中国由来已久。隋唐以来，作为取士主渠道的"科举制度"在中国存在了一千多年，虽然明清时期通行的"八股取士"法逐渐导致了士人思想的僵化和经世致用人才的匮乏，但即便是晚清最为腐败的历史时期，

---

① 民国山东省政府秘书处编印：《山东省政府工作报告》（1936），教育部分，第 8 页。

科举考试也使众多难得的治国人才通过相对客观、公平的选拔而不断涌现。清末有识之士所集中诟病的，是专制权力对考试的绝对控制造成了这一制度的畸形发展——经学内容的不合时宜和八股方式对人心智的束缚。科举制度的核心是“分科举士”，是将某一方面最优秀的人才选拔出来担任公职；科举考试的价值在于“公平竞争”，是通过创设公平竞争的机制，使优秀人才脱颖而出。因此，清末“科举”的废止，不是通过公平考试选拔人才制度的结束，而是其在民主体制下的“复活”和完善。早在1906年(科举考试被废止的次年)，中国民主革命的先驱孙中山先生就提出：“要通过考试制度来挑选国家人才。我期望能根据这种方法，最严密、最公平地选拔人才，使优秀人士掌管国务。”①辛亥革命推翻了封建专制制度，代之而起的政治权力怎样才能实现社会精英对国家的治理？在借鉴西方民主制度和人才选拔方式的同时，建立怎样的公职人员选拔机制？这一直是此后执政者所面临的难题，他们也在这方面进行了可贵的探索。

1912年3月，南京临时政府将“人民有应任官考试之权”写进了临时约法。当月公布的《文官考试令》将文官考试分为高等文官考试与普通文官考试两种，并规定“本国人民年龄在二十岁以上而有完全公权者”，都有应文官考试的权利。该《文官考试令》规定了文官考试科目和方法，奠定了我国文官考试的基础。此后，北京政府虽然相继颁布了《文官考试法》、《文官任用法》等法律文件，但真正将文官考试付诸实施，是从1916年第一次高等文官考试开始的。

自1928年始，南京国民政府先后颁布《考试院组织法》、

① 孙中山：《与该鲁学尼等的谈话》，《孙中山全集》一卷，中华书局1981年版，第319页。

《考试法》、《典试法》、《襄试法》、《监试法》、《公务员任用条例》以及有关考试的各种实施细则、规则、条例,并于1930年设立考试院,从而逐步完善了文官考试的法规体系和组织体系。

抗战前,山东并没有形成经常性文官考试制度,有记载的重要考试主要有1928至1931年举行的三次教育局长考试、第一届县长考试、承审员考试、县建设局长考试、区长训练所学员毕业考试和普通、高等检定考试,其对官员任用的影响是很小的。

一、县教育局长考试

第一次教育局长考试是在举行了一期县教育行政人员及高小教职员训练班后进行的。1928年6月,山东省政府教育厅成立不久,便决定举办为期六周的"山东各县教育行政人员及高小教职员训练班"。参加训练班的人员包括各县现任教育行政人员、高小教职员、中等以上学校毕业生、担任小学教员三年以上的教职员及曾受小学教员检定试验合格人员。符合条件的人员自愿报名,经考试合格后,才能进入训练班。由于这是新政府上任后举办的第一届针对教育行政人员和教员的训练班,因此受到基层教育行政人员和小学教员的广泛重视。在规定时间内,就有1600多人报名。经口试、笔试录取450余人。报名期过后,又有600余人前往报名应试,又破例从中录取117名。这样,两次共录取学员560余名。

教育厅对这次训练班非常重视,厅长何思源亲任主任,山东大学筹备委员杜光埙任副主任。聘任杜光埙、彭百川、王书林、刘次箫等20多位有留学经历且担任过教员和教育行政工作的专家为授课教师,还专门制定了山东各县教育行政人员及高小教员训练班组织大纲、教务大纲和训育大纲。

该训练班将教授的课程分为五个部分:一是"党务方面"的课程,讲授三民主义、建国方略及建国大纲、国民党史、国民

党之组织与训练、民众训练；二是“教育方面”的课程，讲授现代教育思潮、学校行政、现代学制系统及教育法令；三是“政治军事方面”的课程，讲授帝国主义侵略史、政治学、现代各国政况、军事训练；四是“科学方面”的课程，讲授科学常识；五是“课外方面”的课程，听学术报告。

该训练班制定了训练目的、训练标准、训练的实施方法和严格的考核办法。考核分为思想考核、行动考核、工作考核和社会关系考核四种。思想考核分为对于主义及政纲之认识及信仰、对于本党及党政府组织之认识、个人思想变迁经过、个人思想之谬误、个性；行动考核分为过去对于本党之态度及言论、过去曾否参加政治活动或加入其他政治组织、有无嗜好、有无浪漫、颓唐、怯懦等病态；工作考核分为从前曾担负何种工作（教育、党务、其他）、工作能力（文字、语言、计划、治事、应变）及成绩、工作特长及缺点、今后工作意见；社会考核分为家庭状况及社交关系、公德及私德、社会地位、社会信用。

训练班结束后，经考核合格者发给毕业证书，并同时举行考选教育局长试验。凡训练班毕业志愿充任教育局长的人员皆可报名应试，择优任用。教育厅举办该训练班的主要目的实际上是要从学员中选拔地方教育官员，因此，“各学员自受训练后，即由本厅按照成绩，分别委用，或为教育局长，或为县督学，或为各校校长，类皆能抱振刷之精神，为革新之努力，数月以还，各县教育状况，蒸蒸日上”①。

1928 年举办各县教育行政人员及高小教职员训练班时，山东省政府还未能控制全省局面，因此，这一届经考试合格的教育局长为“登记备用”，未发证明文件。

---

① 《山东各县教育行政人员及高小教员训练班纪要》，见民国山东省政府教育厅编印：《山东省政府教育厅第一次工作报告》（1929），第 59—67 页。

次年，省政府教育厅迁往济南后，因“委任教育局长，渐感乏才”，于是，为整顿教育行政，教育厅遂决定举行第二届教育局长考试。在组织了考试委员会，拟定了考试规则、报名规则并发布招考信息后，于10月20日实施了考试。有200余人获准与试，考试结果为：“准以教育局长任用者，崔汝舟（现任平原县教育局长），晋吉清（现任博兴县教育局长），谭庆儒（现任滋阳县教育局长），王之诰（前任莱芜县教育局长，现任乐陵县督学），齐源华（现任乐陵县教育局长），崔玉秋（前任高苑县教育局长，现任馆陶县督学），于孔训（在本籍财政局服务），牟鸿举（前任堂邑县教育局长，现辞职），常保身（现任郯城县教育局长），傅玉清（现任蒲台县教育局长），姬箓藩（前任鱼台县教育局长，现在党部服务），陆文会（现任胶县教育局长），刘文炽（前任寿张县教育局长，现任郯城师范讲习所长），赵荣朝（现任宁阳县教育局长）。”①通过此次考试，依据成绩共录用了16人。其中，14人被任用为教育局长，2人被任用为县督学。第二届考试合格的县教育局长、县督学均被登记录用，但也未发给考试及格证书。

以上两次教育局长考试，均是在考试院设立前山东独自实施的考试，在全国应属首创，同时，这也在山东开创了通过考试录用教育官员的先例。

山东第三次教育局长考试于1931年2月举行。1930年考试院设立后，山东申报举行第三届教育局长考试。考试院按照国民政府指令，定名为“山东省教育局长考试”，并指派何思源为考试委员长，张鸿烈、张鸿渐、张苇村、杨金声、王近信、刘次箫为考试委员。遵照考试院意见，这次山东教育局长考试借用

① 民国山东省政府教育厅编印：《山东省政府教育厅第二次工作报告》（1932），第75—76页。

《浙江省地方教育行政人员考试暂行章程》,组织了资格审查委员会,并函请省高级法院指派二人为监试委员,聘请惠忱医院院长及两名医生为体格检查委员。

山东第三次教育局长考试是在征得考试院同意后,按照《浙江省地方教育行政人员考试暂行章程》组织实施的。考试结果上报考试院考选委员会,并转交复核委员会进行了复核,最终有12人合格,得以任用。这12人均是省立师范学校旧制本科毕业生,由此可以看出,当年山东省立师范学校的毕业生已经成为山东教育行政的一支骨干力量。

表8-16 山东第三届教育局长考试合格录用人员表(1931年)①

姓 名	毕业学校	现任职
刘志曾	山东省立第四师范旧制本科毕业	现任高密教育局长
王清常	山东省立第一师范旧制本科毕业	现任寿光教育局长
齐振铎	山东省立第二师范旧制本科毕业	现任青城教育局长
刘肇赓	山东省立第四师范旧制本科毕业	现任长山教育局长
李光泽	山东省立第三师范旧制本科毕业	现任临邑教育局长
孙吉晋	山东省立第一师范旧制本科毕业	现任教员职务,俟暑假解约方能受委
韩长瀛	山东省立第三师范旧制本科毕业	现任广饶教育局长
邵光荣	山东省立第二师范旧制本科毕业	现任堂邑教育局长
徐宝惠	山东省立第一师范旧制本科毕业	现任长清教育局长
李子彭	山东省立第一师范旧制本科毕业	现任益都教育局长
张兴远	山东省立第二师范旧制本科毕业	现任寿张教育局长
张显武	山东省立第四师范旧制本科毕业	现任高苑教育局长

① 民国山东省政府教育厅编印:《山东省政府教育厅第二次工作报告》(1932),第78页。

1930年，省政府公布《山东省县政府教育局暂行规程》，① 对县教育局长的委任作了规定。《暂行规程》规定：县教育局长"承教育厅长之命令，受县长之监督指导，综理（教育）局务"；教育局长由县长就中央考试合格人员遴选，呈请教育厅核委，呈报省政府备案。该《暂行规程》特别规定，在中央考试合格人员未分发以前，曾经教育厅考试或训练及格人员应为遴选对象，"遇必要时，得由教育厅遴选合格人员直接委任之"。

《暂行规程》规定，当合格人员缺乏时，由县长在具备下列资格的人员中遴选三人，呈送教育厅考选委任。其资格为：（1）大学校教育科、师范大学或高等师范毕业者；（2）师范学校本科或高中师范科或高等师范选科毕业，曾任教育职务二年以上者；（3）专门以上学校毕业，曾任教育职务三年以上者；（4）曾任完全小学校长五年以上，著有成绩者。

毫无疑问，该《暂行规程》强化了教育厅在委任县教育局长过程中的权力。同时，由于只有师范院校毕业和有相当教育工作经历的人员才有资格参加教育局长考试，因此，《暂行规程》为教育权力掌握在懂得教育教学理论并有一定教育实践经验的人手中提供了制度保障。

二、普通与高等检定考试的初步实施

1931年2月，山东省政府教育厅发布训令称，鉴于考试院的设立和考试法及其施行细则的公布，各种复核考试、检定考试及高等考试都应按考试院规定依法举行，为划一政令，停止考试院批准之外的各项考试。

当年3月，考试院委派何思源为山东省普通检定及高等检

---

① 民国山东省政府教育厅编印：《山东省政府教育厅第二次工作报告》（1932），第28—29页。

定考试委员会委员长，并先后成立山东省普通考试委员会和高等考试委员会。普通考试委员会聘孙维岳、苏继周、赵春珊、许星箕、祁锡堉、徐眉生、李秦华、张郁光、李逸生、朱遹孝十人为考试委员；高等考试委员会聘张鸿烈（曾任国立河南中州中山大学校长，时任山东省政府建设厅厅长）、王近信（曾任国立河南开封中山大学哲学主任教授，时任山东省政府教育厅秘书）、王维钧（曾任山东公立高等学堂工业专门教授，时任山东省政府教育厅科长）、赖执中（曾任国立河南中州大学教授，时任山东省政府教育厅科长）、皮松云（曾任国立武昌商科大学教务长，时任山东省政府教育厅科长）、俞物恒（曾任山东省立矿业专门学校、私立青岛大学教员，时任山东省政府建设厅技正）、杨振声（时任国立青岛大学校长）、赵畸（时任国立青岛大学教务长）、黄际遇（时任国立青岛大学理学院院长）、曹理卿（曾任国立河南中山大学理科学长，时任山东省政府建设厅科长）、黄钰生（时任私立南开大学教务长）为委员。①

同年，4月下旬与6月中旬分别举行了普通与高等检定考试。《山东教育行政周报》以“高等检定考试揭晓：全部及格者仅杨君励一名”为题，报道了该次高等检定考试的结果，报道说：

> 山东省高等检定考试，已于本月十一二两日在民众教育馆举行。所有各科试卷，昨已由考试委员分别详阅完竣公布，兹将全部及格与部分及格人员照录于下，计开：投考警官全部及格者杨君励一名；投考教育行政人员四科及格者二名，第一名牟鸿举（教育原理、教育行政、教育史、中外历史）、第二名刘汝浩（国文、教育行政、教育原理、中外历史），投考教育行政人员二科及格者二名，曹吉云、陆文会

① 《山东教育行政周报》128期，第56页；129期，第59页。

（教育行政、中外历史），一科及格者张希孟（教育原理）、陶履祥（教育史）；投考财务人员二科及格者二名，单同（中外历史、中外地理）、王天格（经济学、中外地理）；投考行政人员二科及格者一名，袁益华（经济学、行政法），投考行政人员一科及格者五名，第一名颜进之（国文）、第二名李锡畦（中外历史）、第三名李锡珍（中外地理）、第四名吴兆秀（政治学）、第五名伍励元（中外地理）。至于各项及格人员证书，俟考试院考选委员会审发到厅后，再行定期发给。①

仅有一人通过全部科目，说明该项考试有相当的难度。

① 《山东教育行政周报》137 期，第 42 页。

第九章 现代考试制度在战时的实施

自1938年1月起，山东全面进入战时状态。在前后11年的时间里，在反复激烈的军事斗争过程中，包括学校教育在内的教育活动从来没有停止过。抗战时期，山东存在过三种政治力量领导的政府，分别是：日伪傀儡政权——山东省公署；国民党山东敌后政权——山东省政府；共产党领导下的山东敌后政权——山东省战时工作推行委员会（后改为山东省战时行政委员会，抗战胜利后又改为山东省政府、山东省人民政府）。三方政权都将教育作为军事斗争、政治斗争的重要手段，在各自控制区开展教育活动。当然，由于政治目的不同，实施教育的方针和策略也必然会产生差异，这都会在与考试有关的活动中反映出来。

第一节　山东日伪政权控制区的考试制度

一、日伪教育主旨的颁布及学校教育状况

在日军的步步紧逼下，韩复榘放弃抵抗，统十数万军队大举后撤。1938年初，山东大部沦陷。3月，以马良为首的日伪

傀儡政权——山东省公署成立。公署下设教育厅,负责全省教育事宜,各市县均设教育科。

为推行奴化教育,1938 年 4 月,北京伪政权教育部发布《训令》,阐述实施教育的主导思想。《训令》说:"自此已往,当本东方文化传统,与夫亲仁睦邻之旨,对于国民观感宜作正本清源之计划。对于国际友善,应举诚意协调之实。……务将过去党化、容共、排外诸流毒荡尽涤清。庶几拨乱反正,领导青年纳于轨范。"这里的所谓"正本清源"、"拨乱反正",是要消弭国人的民族意识,接受侵略者的所谓"亲善"。当年 5 月,伪山东省公署也发布有关教育的《训令》,侈谈"圣功王道"和荡涤"旧染污俗",提出要"兴学立教,明德新民,挽回陷溺人心"。① 随着山东军民抗日斗争活动的不断扩展,日伪政权越来越重视教育与政治的结合。1943 年 1 月,山东省公署公布《山东省教育主旨》。在宣扬所谓传统道德的同时,号召青年要"爱国家,爱东亚",并解释说:"国家是东亚的一部分,这爱东亚的呼声便又从此推演出来,就是把爱的范围再作扩大,从自己的国家推想到同洲、同种、共荣辱、同甘苦的邻近国家。……爱东亚正所以爱国家。"②这里,他们偷换了国家、民族的概念,强迫青年人接受其"东亚共存共荣"的说教。1944 年,面对日渐难支的局面,伪山东省公署教育厅召开"第五届教育行政会议",明确提出了"政治教育化"、"教育政治化"的施教方针。提出"划历史时代下之思想战,唯有教育界可负其全责",战时之教育,要"致力于大东亚战争之完遂"。综观日伪统治时期,他们将教育作为其实施政治统治的工具,把奴化教育渗透到学校组织的

---

① 《伪北京政府教育部训令》、《伪山东省公署训令》,山东省档案馆,J101-09-1079。

② 山东省公署教育厅编印:《山东省教育主旨解说》(1943),第 87—89 页。

所有活动之中。

1938 年秋，日伪政权开始在山东恢复中等教育学校。次年，有 36 所学校恢复教育教学活动，其中“公立”学校 17 所，在校生 2818 人；私立学校 19 所，在校生 3465 人。山东省公署教育厅统计的中等学校数在逐年增加，1941 年为 62 所，1942 年为 88 所，1943 年为 101 所。到日本投降，伪政权仅于 1943 年筹设过一所学生人数很少的医学专门学校。因此，日伪统治区的中等教育学校就是山东最高层次的教育机构了。1939 年，日伪统治区开始大规模恢复小学教育，官方统治的学校数也在逐年增长：1939 年为 5600 所，在校生21.6万人；1941 年为 14826 所，在校生65.8万人；1942 年为 21437 所，在校生111.1万人；1943 年为 22005 所，在校生102.4万人。1944 年，由于日伪控制区的缩小，统计的小学为 13719 所，在校生42.5万人。

二、招生及学业考试制度

日伪政权统治时期，中等学校大体沿用战前招生和学业考试的方法。

省立济南中学是山东中学教育的典型代表。1939 年 1 月，该校的组织规则被“修正”。“修正”后的《山东省立济南中学组织暂行规则》①中设有招生委员会，校长和教导主任分别担任主席和副主席，委员由校长聘任。招生委员会的职责包括编定招生简章、保存及整理关于招生文件、制定各种表格、拟定各种试题、规定考试程序、审查成绩、核定去取等。招生委员会成员各有明确分工，分别主持检查体格、监试及主试、口试评定、试卷评定、考试时一切设备等项工作。

① 见山东省公署教育厅修正：《山东省立济南中学组织暂行规则》，1939 年 1 月。

该《暂行规则》将学生成绩考查分为学业成绩考查与操行考查两种。评定学业成绩分为甲、乙、丙、丁、戊五等:80分以上为甲等,70分以上为乙等,60分以上为丙等,50分以上为丁等,不及50分为戊等。每学期各科成绩均在丙等以上为及格,可以升级或毕业;学期试验各科成绩有列丁等的,准补考一次,补考不及格则留级。学生的操行成绩分为甲、乙、丙、丁四等,不以分数计算。凡操行过劣、学业成绩有三分之一以上列戊等、留级二次,或一学期旷课达140小时的,令其退学。

该《暂行规则》将学生各科成绩考查分为平时考查、学月试验、学期试验三种。平时成绩由教员根据问答、检查课作、检查笔记和练习簿、检查制作品评定;学月试验由教务处在教学过程中指定时间举行;学期试验于学期终了时由教务处指定时间举行。学生学业成绩由平时考查、学月试验、学期试验合并计算得出,其中平时考查、学月试验、学期试验各占三分之一。

日伪统治后期,为加强对学校师生实行思想控制,山东伪政权决定对学校实行"抽考",并制定了《山东省公私立各级学校抽考办法》。

这一时期,日伪政权采取各种方法强化日本语教学,并以各种措施考查其效果。1944年,山东省公署教育厅第二科在"指示事项"中说:"日语为现代各级学校必修课程,其关系中日文化交流,至为重要,务须督导各级学校校长及日语教员切实注意,并充分增强学生学习热情,并每年举行两次日语检定试验,分一、二、三、四等,及格者发给证书,同时,每年各市区县举行日语学艺会一次,以增进学生对于日语发音技能,而唤起学习兴趣。"①除每年两次日语考试外,学校每年都要举行所谓

① 山东省公署教育厅编印:《山东省第五届教育行政会议要览》,第20页。

"日语学艺会"、"日语奖励考试"、"日语作文比赛"、"兴亚日本语文悬赏会"等强化督促学习日语的活动，并通过这些活动渗透"热烈的亲日思想"和"强烈的反共意识"。

三、教员检定考试

日伪统治期间加强了对教师的检定工作，分为小学教员检定、中学及师范学校教员检定和日语教员检定三种形式，并公布了各项检定规程。对各级教员的检定活动贯穿于其统治的整个历史时期。1939 年 4 月，山东省公署发布《训令》说："本署厘定之《山东省检定中学及师范学校教员暂行规程》及《山东检定日语教员暂行规程》，并《山东检定小学教员暂行规程》三种章则，业经提交本署第八次省行政会议修正通过，并由本署教育厅呈报教育部核准备案，各在案，应即公布，通饬施行。"①自此始，日伪政权坚持按部就班地进行各级教员检定，直到其统治的最后时刻。

（一）小学教员检定规则及其实施

1939 年 4 月，山东省公署教育厅发布布告说："国民程度以教育为转移，教育设施以小学为基础，欲整顿小学教育，必先注重小学师资。本省办理小学教员检定，历有年所，惟经此次事变，所有历次检定之合格小学教员，无案可稽，此项教员对于现实环境、思想理解，是否适合，亦属无从考核。现值地方甫定，学校日有增设，检定小学教员实为刻不容缓之举。兹按照新教育纲要，并参酌往昔办法，厘订山东省检定小学教员暂行规程十八条，提经省行政会议通过，除训令各道市县遵照办理外，合行布告周知，所有现任公私立各级小学教员，及具有小学教员资格者，无论以前曾否受过检定，均应向所在地教育局或

① 《山东省公署训令》，山东省档案馆，J101-09-1216-010。

县公署教育科查照检定规程，依限登记。其应受试验检定者，俟检定日期公布后，并应一体与考，勿得观望自误。”①

随着日伪控制区的逐步扩大，小学教员的数量也在逐年增加。1941—1943 年教员人数分别为 24435 人、41455 人、47305 人。在教员人数不断增长的同时，日伪也制定各种规则，强化教员检定工作。

《山东省检定小学教员暂行规程》②将初、高级小学教员及专科教员检定方式分为无试验检定和受试验检定两种。

符合无试验检定资格条件的为：师范大学、大学教育系或高等师范本科毕业者；高中师范科、师范学校本科或后期师范毕业者；国内外大学或专门学校毕业，曾充高级小学教员一年以上者；高级中学、旧制中学甲种实业学校毕业，曾充高级小学教员二年以上者；乡村师范学校讲习科、农村师范科或二年以上之师范简易科、三年以上之师范讲习所毕业，曾充高级小学教员二年以上者（仅有本项毕业资格愿充初级小学教员者受无试验检定）；曾在中等学校毕业，历充高级小学教员二年以上，复在小学教员讲习所毕业者；曾充高级小学教员三年以上，有关于小学教员之专著发表，经主管教育行政机关认为确有价值者；曾经小学教员检定及格，领有证书在有效期间以内者；武术传习所或图画手工音乐美术学校毕业，曾充该科教员一年以上者，得受该科无试验检定为专科教员。

符合受试验检定资格条件的为：旧制中学或新制初中毕业者；前期师范或师范学校初级部肄业满三年者；师范讲习所毕业，其修业期未满三年者；职业学校或甲种实业学校毕业者；幼稚师范毕业者；曾任或现任小学教员满二年以上者；省立小学

① 《山东省公署教育厅布告》，山东省档案馆，J101-09-1216-004-005。

② 山东省公署教育厅编印：《山东省公署教育厅二十七、八年工作报告》（1940），第 77—82 页。

教员讲习所毕业者;研究专科学术,兼明教育原理而有相当证明者。

三类人员不得受教员检定:受剥夺公权处分未复权者;吸食鸦片或染有其他不良嗜好者;有党籍未声明脱党者。

该《暂行规程》规定,考试科目及程度以旧制师范本科、后期师范或高中师范科课程为准,初级小学教员试验按照程度酌减。试验分为口试、笔试和实习。

该《暂行规程》规定,小学教员检定试验每两年分区举行一次,但无试验检定每学期举行一次。各区主试委员由教育厅委派,监试委员以各该区所在地之市长或县知事充任,襄试委员以各区内之市县教育局科长或教育主管人员充任,以上人员均由教育厅临时委派。

《暂行规程》规定,试验检定以各科目平均 60 分以上为及格,如某市县及格教员过少,则酌取各科平均分数在 40 分以上者为代用教员。

《暂行规程》规定,检定及格者分别给予检定合格证书,代用教员亦给予代用教员许可状。检定合格教员成绩在 80 分以上的,其有效期自发给合格证书之日起定为 5 年,70 分以上的为 4 年,60 分以上的为 3 年,代用教员的有效期为 2 年。

为保证小学教员检定工作的实施,1939 年 4 月,公布《山东市县承办检定小学教员事务所简章》。

《简章》规定,各市县承办检定小学教员事务所主任由各该市县教育局长或科长充任,其职员由各市县教育职员和视学充任,不另支薪水。该事务所的主要职责是调查报名人员资格、填报各种表册、解释受检定人对各项规程和条文的疑义、审查受检定人所送报表和证明文件、公布审查合格人员姓名并督

饬受试验教员应试、转发检定合格教员合格证书及许可状等。①

日伪时期，山东分别于1940、1942、1944年举行了三届小学教员检定试验。第二届检定考试于1942年4月27—28日举行，有84个市县的小学教员参加。其中，符合免试条件的共1497人。考试完竣后，经核算分数，有3047名教员合格并发给了合格证书，其中高级教员189名，初级教员2342名，代用教员516名。这样，在第二届小学教员检定试验中，获得合格证书的共有4544人。

表9-1 山东省日伪控制区第二届免试、受试检定合格小学教员及代用教员统计表（1942年）②

总计	本厅交办	威海区	烟台区	济南市	武定道	东临道	济南道	曹州道	泰安道	兖州道	沂州道	青州道	莱潍道	登州道		
715	56	2	28	46	71	99	34	74	66	58		63	65	53	高级	免试
772	7		21	16	157	158	55	60	77	85	2	45	49	40	初级	
10	3		4		1							1	1		专科	
1497	66	2	53	62	229	257	89	134	143	143	2	109	115	93	合计	
189		5	17	4	16	34	11	11	5	15	2	19	28	22	高级	受试
2342		26	47	7	457	643	125	130	128	210	3	161	155	250	初级	
516		1		3	113	138	45	41	39	35	1	22	55	23	代用	
3047		32	64	14	586	815	181	182	172	260	6	202	238	295	合计	
4544	66	34	117	76	815	1072	270	316	315	403	8	311	353	388	总计	

① 山东省公署教育厅编印：《山东省公署教育厅二十七、八年工作报告》（1940），第83页。

② 山东省公署教育厅编印：《三十一、二年教育工作概览》（1943），第9—10页。

日伪时期，举行第一届小学教员资格考试时，试题分为初级、高级两种，初级中又有县立及私立完全小学与村立初级小学教员之分。考试科目为：国文、常识、算术。在命题时，他们尽可能地将奴化教育的内容融入其中。可以说，以此种试题来检定小学教员的业务水平，是极其不负责任的。

（二）中学及师范学校教员检定规则及其实施

1939 年 3 月，山东省公署教育厅公布《山东检定中学及师范学校教员暂行规程》。① 该《暂行规程》规定：中学及师范学校教员的检定分为无试验检定与试验检定两种；无试验检定每学期开始前举行，由检定委员会审查各项证明文件；试验检定至少每三年举行一次，对经审查合格者进行试验。

《暂行规程》规定了无试验检定教员的资格。

高级中学教员的资格为：国内外师范大学教育系或高等师范学校毕业者；国内外大学本科毕业，曾充中等学校教员一年以上者；国内外专科学校或专门学校本科毕业，曾充中等学校教员二年以上者；曾任高级中学教员五年以上，经督学视察认为成绩优良者；有价值之专门著述发表者。

初级中学教员的资格为：具有高级中学教员无试验检定资格之一者；国内外专科学校或专门学校本科毕业，曾充中等学校教员一年以上者；与高级中学程度相当学校毕业后有三年以上之教学经验，于所任教科确有研究成绩者；曾任初级中学教员五年以上，经督学视察认为成绩优良者；具有精练技术者（专适用于劳作科教员）。

师范学校教员的资格为：国内外师范大学教育系或高等师范学校毕业者；国内外大学本科毕业，曾充中等学校教员一年

① 山东省公署教育厅编印：《山东省公署教育厅二十七、八年工作报告》（1940），第 67—74 页。

以上者;国内外专科学校或专门学校本科毕业,曾充中等学校教员二年以上者;曾任师范学校教员五年以上,经督学视察认为成绩优良者;有价值之专门著述发表者;具有精练技术者(专适用于劳作科教员)。

简易师范学校教员的资格为:具有师范学校教员无试验检定资格之一者;国内外专科学校或专门学校本科毕业,曾充中等学校教员一年以上者;与高级中学程度相当学校毕业后有三年以上之教学经验,于所任教科确有研究成绩者。

《暂行规程》规定了受试验检定教员的条件。

高级中学教员的资格为:国内外大学本科毕业者;国内外专科学校或专门学校本科毕业后有一年以上之教学经验者;检定合格之初级中学教员;曾任高级中学教员二年以上者;具有精练之艺术技能者(专适用于图画、音乐教员)。

初级中学教员资格为:国内外专科学校或专门学校本科毕业者;与高级中学程度相当学校毕业后有一年以上之教学经验者;有专门著述发表者;曾任初级中学教员二年以上者;具有精练之艺术技能者(专适用于图画音乐教员)。

师范学校教员的资格为:国内外大学本科毕业者;国内外专科学校或专门学校本科毕业后有一年以上之教学经验者;曾任师范学校教员二年以上者;具有精练之艺术技能者(专事用于图画音乐教员)。

简易师范学校教员的资格为:国内外专科学校或专门学校本科毕业者;与高级中学程度相当学校毕业后有一年以上之教学经验者;有专门著述发表者;曾任简易师范学校教员二年以上者;具有精练之艺术技能者(专适用于图画音乐教员)。

《暂行规程》将考试科目分为共同应试科目与专科应试科目两种。

共同应试科目是所有应试人员都必须考的科目,包括教育概论、教学法、新民主义、口试。

专科应试科目是根据教授学科不同而应考试的科目，分为十五个学科：修身科，考法学通论、政治学、经济学、伦理学；体育科，考体育原理、各种运动法则及原理，健康教育及健康检查、运动裁判法及指导，体育教学法；国文科，考作文（一篇）、中国文学史、文字学、论理学、国文教学法；英语科，考作文（一篇及翻译）、英国文学、英语文法、英语语音学、英语教学法；算学科，考普通算学（包括算术、代数、几何及三角）、立体几何、高等代数、微积分、平面及立体解析几何、算学教学法；生物科，考植物学、动物学、遗传学及进化论、生物教学法；生理卫生科，考生物学、病理学、传染病、急救、卫生、卫生教学法；化学科，考有机化学、无机化学、分析化学、理论化学、工作化学概要、化学教学法；物理科，考物理学及热学、力学、光学、电学、近世物理学、物理学教学法；历史科，考本国史、外国史、历史教学法；地理学，考本国地理、外国地理、地图画法、地理教学法；国画科，考作画（中国画一幅、木炭画石膏模型一幅）、美学概要、西洋画概论、透视学、国画教学法；音乐科，考普通乐学、和声学、各种乐器奏法（钢琴、提琴及中国乐器中之任何一种）、音乐教学法、唱奏；师范学校教育科，考教育心理、教师史、教育统计及测验、教育行政、小学各科教法及教材；幼稚教育科，考儿童心理、保育法、教育测验及统计、幼稚园行政、幼稚园教材及教学法。

《暂行规程》规定，初级中学和简易师范学校教员在进行试验时，应当比照上列科目酌量减少并减低程度。

《暂行规程》规定，考试以各科及口试成绩均满 60 分为及格，发给合格证书，有效期为六年；受试验检定未能合格，发给满 60 分的科目及格证书，以后检定时免试该科目。

该《暂行规程》有两个明显的特点。其一，无试验检定资格要求高。国内外大学本科毕业担任高级中学和师范学校教

员、国内外专科学校或专门学校本科毕业担任初级中学和简易师范学校教员，均须有一年以上教学经历，从而凸显了教员工作的特殊性，能够保证欲从事教育工作的大学毕业生必须学习教育教学理论，然后才能入职。其二，在保证教育学基础学科（教育概论、教学法）必考的同时，进行分科考试。这样能够突出不同学科对专业知识的要求，保证各学科教员的专业知识达到较高的水平。

至1943年，共进行了11次中等学校教员检定，但主要是无试验检定。

表9-2 山东省日伪控制区1943年无试验检定合格中等学校教员人数统计表①

次数	高中及师范学校教员人数	初中及简易师范学校教员人数	合计
第九次	19	75	94
第十次	79	46	125
第十一次	49	41	90
总计	147	162	309

省教员检定委员会要求各中学在招收教员时，招收经检定合格的人员。在1944年9月举行的山东第五届教育行政会议上，检定委员会的指示事项为："本省办理中学教员登记审查，已经十二次之多，检定合格教员共计979名。嗣后，各中等学校校长延揽新任教员，自应遴选检定合格者为准。"②

未通过试验检定的中学教员被允许"试任"，时间为两个月。

① 山东省公署教育厅编印：《三十一、二年教育工作概览》(1943)，第12页。

② 山东省公署教育厅编印：《山东省第五届教育行政会议要览》(1944)，第32页。

试任教员的月薪要比经检定合格的教员少20元。

（三）日语教员检定规则及其实施

1939年3月，山东省公署教育厅公布《山东检定日语教员暂行规程》，①将日语教员检定分为无试验检定与试验检定两种。无试验检定每学期举行一次，试验检定每学年举行一次。

无试验检定日语教员的资格为：留学日本专门以上学校毕业，并曾充中等以上学校日语教员两年以上者；专门研究日语确有心得，并充中等以上学校日语教员三年以上。

受试验检定中学日语教员的资格为：留学日本专门以上学校毕业，得有毕业证书者；高中以上学校毕业，并专修日语二年以上得有证明文件者；以日语为外国语主科之高级中学或旧制中学毕业，得有毕业证书者。

受试验检定小学日语教员的资格为：具有受试验检定中学日语教员资格之一者；初中以上学校毕业，并研究日语有相当程度者；曾充小学教员一年以上，并研究日语确有心得者；与中学毕业程度相当，并对于日语有精深研究者。

受试验检定考试科目为日语（翻译、文法、书取）、国文、常识、口试。

该《暂行规程》规定，考试成绩以各科平均分数及口试分数均满60分为合格，发给合格证书，有效期为三年，期满须重新检定。

日语教员检定也以无试验检定为主，至1943年共进行八次。“第七次检定结果，合于无试验检定中学日语教员5名。第八次检定结果，合于无试验检定中学日语教员27名。”②

---

① 山东省公署教育厅编印：《山东省公署教育厅二十七、八年工作报告》（1940），第75—77页。

② 山东省公署教育厅编印：《三十一、二年教育工作概览》（1943），第13页。

按照山东省公署教育厅的调查，1943年时，日伪控制区共有中等学校101所。其中，中学12所，初级中学43所，师范学校4所，简易师范学校34所，职业学校5所，中专3所，教职员共1630人。① 这时，经过检定合格的教员虽然没有准确的统计数字，但从1944年有979名经试验检定合格的中等学校教员（不含日语教员）的情况看，这一时期，中等学校教员的学历水平还是比较高的。

四、留日学生考试

为吸引学生前往日本留学，山东省公署制定了《山东考选留日学生暂行规程》。② 该《暂行规程》开宗明义称："本省为沟通中日文化，培植兴亚人材起见，考选留日学生，特定本规程，以资遵守。"

《暂行规程》将考选留日学生分为公费生、补助生、自费生三类。公费生暂定30名，每年考选6—10名；补助生暂定50名，每年考选名额临时酌定；自费生无定额，凡志愿留学日本，并经省公署核准，均为合格。除在省内考选之外，该《规程》还规定，考选留日学生也可以从已在日本公、私立专科以上学校肄业并且成绩优良的学生中选拔。

关于考选资格，《暂行规程》规定：凡公立或已立案的私立专科以上学校毕业，以及公立或已立案的高级中学或同等学校毕业，且"籍隶本省，思想纯正，身体健全"者为合格；"考选留日学生，不分性别"。

考选的具体事宜由省公署教育厅组织考试委员会办理，考试科目为国文、日文、数学、史地、理化、体格检查和口试。

---

① 《1944年山东省公署各级教育概况调查表》，山东省档案馆，J101-09-1159。

② 见山东省档案馆，J102-02-0014-015。

《暂行规程》规定：留日学生考取后，必须在两个月内赴日，并向驻日办理留学事务专员呈请注册，须在六个月内入校学习；留日学生如果“违反教育宗旨”、“品行不端”、“身罹重病，不能继续求学”或“学年成绩不及格”，将被处以停止给费、勒令回国或追缴所领给费的处分；留日学生入学后，必须将校名、学习科目、修业年限等呈请省公署注册，并须及时向省公署报告自己在校的操行及学业、实习成绩；留日学生毕业回国后，必须在一个月内到省教育厅报到，呈验毕业证书，并呈请注册。

《暂行规程》还规定，留日公费生或补助生毕业后，必须服务本省，其服务时间不得低于领费年限。

对于留日学生所修习的专业，日伪政权有严格的限制。教育总署曾规定，留日学生以修习理、农、工、医四科学业为原则。山东省公署在其制定的《暂行规程》中，虽未明确给予限定，但也有“留学科目及年限于每次考选时临时规定之”的条文，并规定“留日学生之学习科目经指定后，不得自由变更，如有特殊情形必须改科或转校时，应由所在学校校长给以证明书，呈由办理留学事务专员转函省公署核准后方为有效”。

当时，报考留日学生的人并不多。1938 年录取了 6 人，次年录取了 14 人，1940 年仅录取了 4 人。①

第二节　山东国民政府控治区的考试制度

1938 年 1 月，包括青岛在内的山东大部分地区沦陷，韩复

① 民国山东通志编辑委员会：《民国山东通志》（第四册），台北山东文献杂志社 2002 年版，第 2636 页。

榘因消极抗战而被处决，沈鸿烈被任命为山东省政府主席。在抗日战争和解放战争中，国民政府统治区仍在继续开展教育活动，在“战时须作平时看”的思想指导下，学校的考试方法与内容没有大的改变。

一、战时国民政府控制区的教育考试

（一）山东内迁学校的招生与考试

1937 年 10 月，面对即将沦陷的形势，为保存中、高等教育资源，在山东省政府教育厅的统一组织下，山东的中、高等学校开始了大规模的内迁行动。

11 月，山东大学由青岛迁往安徽安庆，后又迁至四川万县。次年 2 月，奉教育部令，部分学生转入中央大学，学校停办。

当年年底，山东 40 余所中等学校的 3000 多名学生和 500 余名教师携带部分教学设备，由山东各地陆续抵达河南许昌，开始了为期一年多艰难的辗转跋涉。山东省政府教育厅厅长何思源前往慰问，并成立“山东联合中学”。随着战争形势的日益严峻，他们经湖北、陕西，于 1939 年初到达四川绵阳。期间，曾更名“国立湖北中学”，一边组织教学活动，一边进行抗日宣传。在四川绵阳，按照教育部内迁中学序列，改称“国立第六中学”。国立六中校本部在绵阳，设高中、高农、初职等班次。第一分校在梓潼，设高中、师范、高师等班级；第二、三、四分校分别在德阳、辛店子、罗江，各设初中部。

按照教育部规定，国立六中以接收战区学生为主。凡持有修业证书、转学证书、政府机关保送文件、战区学生登记证的，都可以请求插班学习。学校在开学后两周内举行编级考试。两周后一般不再接收插班生，但对于新自沦陷区前来，并有证明文件的学生，只要不超过学期的三分之一，也可以受试编级入学。申请插班的学生必须觅到证明人和保证人,否则不予录取。来自战区生活困难的学生,可以申请每月六元的"贷金",基本能维持学习生活。

除接收山东入川的插班生外,国立六中高中以招收本校初中部毕业生为主。1944 年 1 月,该校举行 32 年度第二学期招生考试。该校招生简章规定,在 90 名新生中,45 名来自本校本届初中部毕业生,27 名在本校本届初中部毕业生中公开招考,另 18 名由教育部"分发",学习成绩优良的应届初中毕业生可以免试入学。国立六中高中招生,以年龄在 15—19 岁的初中毕业生为合格,非战区学生录取名额以 10% 为限。考试科目为公民、国文、数学、英语、史地、自然、口试、体格检查。①

在组织内移学生考试时,命题往往既能考查学生的学业水平,又能考查学生对抗战的认识。有一份史地试卷包括如下四个问题:

> 一、中华民族对外族之态度如何?
>
> 二、中国国民革命第一个目标是什么?
>
> 三、东北四省在我国国防上之价值如何?
>
> 四、渤海沿岸要港有几? 海内要港有几?②

在成绩考查方面,国立六中在实施教育部颁布的考试规程的同时,也根据实际情况作了些调整和补充。这些补充办法主要包括四方面的内容:"按照每周教学时数多寡,规定临时试验次数";"规定平时作业考核办法";"按照考查内容酌量变更各项分数所占比数";"规定补考办法"。

国立六中实行严格的教学管理,除进行严格的招生考试和学业试验外,还定期举行学科竞试和抽考。

---

① 《国立第六中学三十二年度第二学期高中招生简章》,山东省档案馆,J101-09-0735-028。

② 《山东省内移学生试卷》,山东省档案馆,J101-09-754-003。

学科竞试的目的在于促进学科教学和培养学生的学习兴趣，包括英语演说竞赛及写作竞赛、党义普考、算学竞试、理化生物竞试、史地竞试等。具体方法为：于考试前二日公布竞试时间；按照程度分组；考试内容包括各科目已学习过教材的全部内容；聘请各科教师为评判员，必要时聘请校外人士参加；评判成绩分初阅与复阅两次；公布成绩，分个人选优及班级平均两项，成绩作为学期成绩的参考，或作为学期成绩的一部分。

抽考的目的在于增进和督促学习效率，具体办法为：临时抽定科目、班级及考试时间；考试内容以本学期内所授为限；试题由同科教师会同拟定，试卷由原任课教师评阅；考试成绩作为学期成绩的一部分。

国立六中认为，学科竞试和抽考能够调动学生努力学习的积极性，培养乐于考试而不图规避的良好学习习惯，能够发现教师教学的疏失和学生学习中存在的问题。同时，他们也指出，由于学生缺乏必要的书籍，无法做充分的准备，而且同时在多个考场考试，监场人员众多，要求难于划一，因此会影响到成绩的真实性。①

（二）敌后山东国民政府控制区学校的考试

1943 年前，国民党在山东设有省政府，并在鲁北、鲁中、鲁南、鲁东、鲁西南设有行政主任公署、行政督察专员公署和若干个县公署。省教育厅下设三个股（后改为三个科），办理控制区的教育事宜。1943 年 10 月，在抗战最艰苦的时期，省政府撤到安徽阜阳，其控制区日益缩小。抗战时期，国民政府控制区，在高等教育方面，于 1941 年在安丘设立过省立临时政治学院。该校 1943 年迁安徽阜阳，招收山东流亡学生，以培养中等学校教师为目标。在中等教育方面，设立过 22 所省立联合中学、2

① 国立第六中学编印：《国立第六中学概况》(1941)，第 7—10 页。

所临时中学、5所省立师范、2所省立简易师范、1所省立临时职业学校、2所县立初级实用职业学校。在初等教育方面，设立过7所省立小学和近2万所国民小学。

表9-3 抗战时期山东国民政府控制区中等教育学校①

学校名称	办学地点	学校名称	办学地点
省立第一联中	濮县	省立第一临时中学	安徽阜阳
省立第二联中	菏泽	省立第二临时中学	安徽阜阳
省立第三联中	惠民	省立益都师范	益都
省立第四联中	沂水	省立莱阳师范	莱阳
省立第五联中	新泰	省立寿光师范	寿光
省立第六联中	牟平	省立第一临时师范	安徽阜阳
省立第七联众	费县	省立第二临时师范	安徽阜阳
省立第八联中	安丘	省立邹平简易师范	邹平
省立第九联中	胶县	省立曹县简易师范	曹县
省立第十联中	德平	省立临时职业学校	安徽阜阳
省立第十一联中	莱阳	县立初级实用职业学校	寿光
省立第十二联中	无棣	县立初级实用职业学校	莱阳
省立第十三联中	茌平		
省立第十四联中	曹县		
省立第十五联中	寿光		
省立第十六联中	齐东		
省立第十七联中	禹城		
省立第十八联中	安徽阜阳		
省立第十九联中	清平		

① 赵承福主编:《山东教育通史》(近现代卷),山东人民出版社2002年版,第361—362页。

（续表）

学校名称	办学地点	学校名称	办学地点
省立第二十联中	滕县		
省立第二十一联中	定陶		
省立第二十二联中	菏泽		

即便在艰苦的战时环境条件下，国民政府控制区仍然执行比较严格的考试制度。

山东省立临时政治学院招生采取自由报名与各县保送两种方式。一般情况下，省教育厅要求其控制区各县保送两名高中或高职毕业生，但保送生也须参加学院组织的考试，如考试不合标准，可被录为试读生。一位该校毕业生说，1944 年他报考时，是七月报名，八月考试，九月张榜公布。考试分为笔试、口试。笔试用两天时间，考国文、三民主义、历史、地理、物理、化学、数学七门课程。口试由院长、教务主任、训育主任亲自参加，并提问大量问题。这一年，有 260 多人报考，学院两次共录取约百人。①

山东省立第一临时中学和省立第二临时中学主要也是为接收来自山东的青年学生而设的学校。虽是战时，省立第一临时中学仍坚持严格的毕业考试制度。每次学年考试，省教育厅都选派人员前往视察并参与监考。一份奉派人员给省厅的报告反映了当时学生考试的情形：

> 窃职奉派前往第二临中监考初中第一级一班毕业考试。遵于本月一日到达，二日上午开始考试，六日考试完竣。该班毕业学生共六十名，教育程度不甚整齐，惟课堂秩序尚佳，监场人员亦能尽责职。监考五日，对全体学生

① 刘晓武：《艰苦的岁月中我读完山东省立师范专科学校》，载《山东文献》七卷，第三期，第 14—15 页。

讲话两次，一般情绪尚属兴奋云。奉派前因理合将经过情形连同考试日表报请。

（附：考试科目、时间、监考人员表）①

第二临时中学定有"试场规则"，主要内容为：闻上课钟后，各生须依编定座位端坐听试；试场内除笔墨稿纸外，不得置放书籍什物；试场内如有疑问，应先举手示意，俟教师允许时方得起立质询；考试时不得交头接耳、任意谈话；不得携带书籍和小抄；缴卷后应立即退出试场，不得任意逗留；不得在试场前后窥视和叫嚣。

第二临时中学考试试题也有相当难度。该校初四级物理考试试题如下：

1. 解释下列名词。

A. 照度和光度　B. 折射率　C. 全反射　D. 明视距离　E. 焦点

2. 试述光之放射定律及折射定律。

3. 试列表说明物体经双凸透镜后所生之像的位置、大小、虚实、正立或倒立与物体的位置有何关系？

4. 凸透镜的焦距为 20 厘米，今以高 2 厘米之物体放在距透镜 30 厘米处，求像的位置、大小与性质，用计算及作图二法。

5. 在本生光度计上，距纸屏 20 厘米的 25 烛光的照度和距纸屏 40 厘米的电灯的照度相等，求此电灯的照度。②

这套初中物理光学试题包括了名词解释、简述、求证、制表、计算等类型，能够考查学生对光学基本概念、定理的理解程度和利用光学基础理论解释光学现象、计算光学问题的能力。

---

① 林建五 1944 年 7 月 7 日给省教育厅的报告，山东省档案馆，J101-12-033-024。

② 《第二临时中学学年考试试题》，山东省档案馆，J101-12-033-06。

作为学业水平考试,该试题的容量和难易度都是适中的。

(三)抗战胜利后各类学校的招生与考试

抗战胜利后,国民党山东省政府制订《复员工作计划》,外迁的中、高等学校陆续回迁,停办的学校相继复校。

1946年2月,山东大学开始复校工作,当年秋天,招收本科新生520人。在招生时,该校仍然继承了战前严格考试、严格录取的传统。学校的招生简章规定:"考生须是公立或已立案之私立高级中学毕业者,或后期师范学校毕业后服务满三年者,亦或具有上列相当资格,在教育部特设临时大学先修班和补习班结业者,公立或已立案之私立高级职业学校毕业者,得依其科别报考相关院系。同等学力,即在抗战期间,因战事关系失学达一年以上,并于失学前修满高中二年级课程,或因地方失陷,不愿入日伪学校就学,在家自修,经家长及授课教师说明其自修各科成绩具有高中毕业程度者,亦可报考,但录取名额以百分之十为限。"①1946年秋,山东大学恢复招生时,除青岛外,还在济南、北平、南京、上海、西安等城市设立招生办事处,学生报名非常踊跃。报考人数总计达5800多人,经严格的初试、复试,录取比例不足十分之一。

抗战胜利后,山东大学共招收三届学生,"重质不重量,及格则取,不及格则罢"的录取原则,使该校不少系每年录取不足10人,而理学院的植物学系三年才招收了10名学生。

---

① 山东大学百年史编委会:《山东大学百年史》,山东大学出版社2001年版,第121页。

表 9-4 山东大学 1946—1948 年度招生人数表

		1946 年度	1947 年度	1948 年度	合　计
文学院	中国文学系	59	41	17	117
	外国文学系	61	35	9	101
理学院	数学系	14	4	15	33
	物理系	35	14	14	63
	化学系	35	16	13	64
	动物学系	11	5	5	21
	植物学系	2	6	2	10
	地矿学系	13	11	10	34
农学院	农艺学系	37	20	8	65
	园艺学系	21	15	5	41
	水产学系	52	32	12	96
工学院	土木工程学系	42	20	10	72
	机械工程学系	40	29	22	90
	电机工程学系	44	24	13	81
医学院医学系		54	46	18	118
合计		520	318	172	1010

资料来源：褚承志：《国立山东大学的复校与沦亡》，《山东文献》第七卷，第一期。

这一时期，国民政府控制区恢复招生的高等学校除山东大学之外，还有临时政治学院和省立医学专科学校。

1946 年秋，临时政治学院在济南招收新生，次年 2 月，改为山东省立师范专科学校。1947 年时，该校设国文、史地、数学、理化、英语五科，有学生 464 人。

1946 年，抗战时迁往四川万县的山东省立医学专科学校迁回济南，并招收新生。1948 年，该校改称山东省立医学院。

抗战胜利后，山东国民政府一方面接收日伪公立学校，一方面回迁和整顿原控制区的学校，到1947年时，其控制区有中等教育学校90余所。

抗战胜利后，山东国民政府控制区的中学按照教育部的电令均未再进行毕业会考，但在考试各环节上并没有放松毕业考试的要求。下面是一所学校高中学生毕业考试时的国文试题：

高三国文试题（同桌异题）

单号

作文题——成大事者必谨细行

问答题：

1. 佛经之翻译对中世文艺形式方面之影响为何？

2. 骈体文有何长？

3. 韩非之历史观为何？

双号

作文题——成大事者必谨细行

问答题：

1. 佛教对于中世文艺思想方面之影响为何？

2. 骈体文有何短？

3. 韩非对法治与人治之解释为何？①

“同桌异题”是防止学生考试时同桌作弊的一种方式，但命题难度极大。教师必须保证两套题有同样的容量和难度，才能使考试成绩有可比性。从以上试题可以发现，教师的命题技巧是很高的。譬如，同样是佛教对中世文艺的影响问题，一个问其对文艺形式的影响，一个问其对文艺思想的影响；同样是骈体文问题，一个问其长处，一个问其短处；同样是韩非子法治思想问题，一个问其历史观，一个问其对法治和人治的解释。

① 《高中三年级毕业考试试题》，山东省档案馆，J101-09-569-014。

两者无论在容量上还是在难度上几乎都是同等的。另外，以“成大事者必谨细行”为作文题，对即将升学深造或将走上工作岗位的学生来说，能够启发他们运用传统思想的精华去思考人生，是极其有意义的。

二、河北山东考铨处的设立与任职考试的实施

按照1935年7月修正的《考试法》，凡是公职候选人的任命以及依法应领证书的专业技术人员，都应经考试以定其资格。检定考试分为普通考试和高等考试两种，特殊情形时可举行特种考试。修正的《考试法》规定，应普通考试人员的资格为：公立或已立案私立中等以上学校毕业得有证书者；有中等以上学校毕业之同等学力，经检定考试及格者。应高等考试资格人员的资格为：公立或立案私立大学、独立学院或专科学校毕业得有证书者；教育部承认之国外大学、独立学院或专门学校毕业得有证书者；有大学或专科学校毕业之同等学力，经检定考试及格者；确有专门学术技能或著作，经审查及格者；经普通考试及格四年后，或曾任委任官及与委任官相当职务三年以上者。该《考试法》还规定，在举行普通考试或高等考试前应先举行检定考试。

1936年5月修正的《考试法实施细则》将“公职候选人员”解释为有公职被选举资格之人员，将“任命人员”解释为政务官以外之公务员，将“依法应领证书之专门职业或技术人员”解释为律师、会计师、农工矿业技师、技副、医师、药师、兽医、助产士、护士，以及他法规规定应领证书之人员。

抗战期间，国民政府控制区仍然推行公职人员考试制度，并积累了许多经验，考试制度的各项法规也在不断完善。

山东国民政府控制区全面实施公职人员考试制度是自1946年开始的。同年7月，山东省政府将每年的8月1日定为

固定举行高等、普通检定考试的日期，至1948年，共举行了三次检定考试。

（一）河北山东考铨处的设立及1946年度高等、普通检定考试

1946年2月，为全面实施公职人员考试制度，国民政府决定在考试院下设立管理地方考试事宜的考铨处，并公布了《考铨处组织条例》。该《条例》规定：考试院在一省或二省以上地区设立考铨处，掌管该省区内考选铨叙事宜，并分别受考选委员会铨叙部的指挥监督。考铨处的主要职责为：(1)关于公职候选人考试之筹办及试务事项；(2)关于任命人员考试之筹办及试务事项；(3)关于专门职业及技术人员考试之筹办及试务事项；(4)关于委任职公务员之资格俸级审查事项；(5)关于委任职公务员之考绩、考成及升降、转调、审查事项；(6)关于委任职公务员奖励、退休、抚恤之初审事项；(7)关于委任职公务员之登记与考取人员之分发事项；(8)关于省政府以下各机关人事机构之指导事项。按照该条例的规定，考铨处在其权力约定范围内公务人员的考试和任用方面拥有很大的权力。

1946年8月1日，在北平设立隶属国民政府考试院的河北山东考铨处。该处设五个科、四个室，职员87人，负责河北、山东两省和北平、天津、青岛三市的考选铨叙事项。

河北山东考铨处设立前，山东省政府教育厅即开始了1946年度山东高等、普通检定考试的各种准备事项。经对报名者各种资料、证书的审查，符合应考资格的人员共194人。

表 9-5　1946 年山东高、普检定考试类别及各类资格审查合格人数①

高等检定考试		普通检定考试	
一、甲类	(62)	一、甲类	(103)
(一) 普通行政人员	26	(一) 普通行政人员	44
(二) 财务行政人员	4	(二) 教育行政人员	37
(三) 经济行政人员	2	(三) 财务行政人员	5
(四) 会计人员	1	(四) 警察行政人员	4
(五) 外交官	2	(五) 会计人员	8
(六) 领事官	1	(六) 统计人员	1
(七) 教育行政人员	8	(七) 法院书记官	3
(八) 警察行政人员	7	(八) 监狱官	1
(九) 司法官	9		
(十) 会计师	2		
二、乙类	(13)	二、乙类	(16)
(一) 卫生行政人员	2	农业各科	4
(二) 农艺技师	2	土木工程科	2
(三) 机电工程技师	1	电机工程科	1
(四) 化学工程技师	1	助产士	3
(五) 医师	4	护士	3
(六) 牙医师	3	药剂士	3
合计	75		119

此次考试的结果并不理想,"及格者,普通检定考试甲类普通行政人员张效伊等 8 名;科别及格者,高等检定考试甲类普通行政人员马占云等 133 名"②。即是说,在此次考试中,符合

① 1946 年 7 月,山东省三十五年度高普检定考试委员会布告。山东省档案馆,J101-09-236-002。

② 1946 年 8 月,山东省高等、普通检定考试委员会布告。山东省档案馆,J101-09-236-006。

发合格证书资格的仅有8人。所谓“科别及格者”,是指获得单科考试及格证书的人员,他们可以参加此后举行的检定考试,并可免已及格科目的考试。

(二)山东高等、普通检定考试规则及考试科目

1947年,山东省基本完善了高等、普通检定考试的各项规则。1947年6月13日,以山东省政府训令的形式公布《山东省三十六年度高普考检定考试规则摘要》、《高等检定考试科目表》、《普通检定考试科目表》,并确定6月15日至7月15日为报名日期,8月1日为固定考试日期。

《山东省三十六年度高普考检定考试规则摘要》①共十条。

关于考试资格,《规则摘要》规定:有中等以上学校毕业之同等学力者得应普通检定考试,有专科以上学校毕业之同等学力者得应高等检定考试。

关于考试科目,《规则摘要》规定:普通或高等检定考试各分为甲、乙两类。甲类检定考试包括普通财务、教育、外交、经济、土地及警察行政人员,会计审计人员,统计人员,司法官,监狱官,法院书记官,外交官,领事官,律师,会计师。乙类检定考试包括建设人员、卫生政教人员、农业技师、矿业技师、工业技师、医师、牙医师、药师、助产士、护士、药剂士。

关于考试方法,《规则摘要》规定:甲类检定考试为笔试,乙类检定考试为笔试及实地考试或口试。

关于考试及格与证书发放,《规则摘要》规定:检定考试以所受检定之科目各满60分为及格;检定考试及格得有证书者于每届各该类考试时均有应试之资格;检定考试不及格而其所受检定之科目中有得60分以上者,就各该科目发给科别及格证明书得有科别及格证明书者,于5年内应各该检定考试时免

① 《山东省政府公报》,1947(60—63),公牍部分,第13—14页。

除其业经及格科目之检定。

《高等检定考试科目表》及《普通检定考试科目表》详细列明了各类人员的考试科目与有关要求，能体现对不同人员的专业要求。

表 9-6　高等检定考试科目表①

检定类别	考试类别	笔试科目							实地考试及口试	备注
甲类	普通财务、经济、土地等行政人员，会计审计统计等人员，外交官领事官	国父遗教	国文	政治学	经济学	行政学	中外历史	中外地理		国父遗教包括建国方略、建国大纲、三民主义及中国国民党第一次全国代表大会宣言
	教育行政人员	同上	同上	教育原理	教育史	教育行政	同上	同上		
	警察行政人员、司法官、监狱官、律师	同上	同上	政治学	民法	刑法	同上	同上		
	会计师	同上	同上	民法	商事法规	经济学	会计学			
甲类	卫生行政人员	同上	物理及化学	生理卫生学	生物学	传染病学概要	公共卫生学大意		口试	口试就卫生行政范围内有关实际问题试之

① 《山东省政府公报》，1947(60—63)，公牍部分，第 14—16 页。

（续表）

检定类别	考试类别	笔试科目							实地考试及口试	备注
乙类	农艺园艺科、植物病虫害科农艺技师、园艺技师	同上	同上	植物形态及生理	植物病虫害学	作物概论或园艺概论	外国文		口试	口试就本科范围内有关技术之实际问题试之
	森林科 森林技师	同上	物理及化学	植物形态及生理	植物病虫害学	林业大意	同上		口试	
	畜牧兽医科 畜牧技师兽医师	同上	同上	生物学	脊椎动物学	畜牧学及兽医学大意	同上		口试	
	蚕桑科 蚕桑技师	同上	同上	同上	养蚕学	栽桑学	同上		口试	
	农业化学科 农业化学技师	同上	同上	同上	生物化学	农业大意	同上		口试	
	水产科 水产技师	同上	同上	同上	生产生物	水产通论	同上		口试	
	农业经济科	同上	经济学	农业调查及统计	作物概论	农业经济学大意	同上		口试	口试就农业大意试之
	土木、水利、建筑卫生各工程科土木技师、水利技师、建筑技师、卫生工程技师	同上	数学	物理	化学	土石结构及基础	同上		测量实地考试	数学包括高等代数、解析几何、微积分

（续表）

检定类别	考试类别	笔试科目							实地考试及口试	备注
乙类	机械、航空、纺织各工程科机械技师、航空工程技师、纺织技师	同上	同上	同上	同上	机械设计及制图	同上		工场实地考试	机械设计及制图注重实践设计
	电机工程科 电机技师	同上	同上	同上	同上	电工学	同上		电机实地考试	
	化学工程科 化学工程技师	同上	同上	同上	同上	工业化学	同上		化学制造考试或分析化学考试	
	矿冶工程科 采矿技师、冶金技师	同上	同上	同上	同上	普通采矿学或普通冶金学	同上		矿物鉴定考试或选冶考试	
	应用地质技师	同上	同上	同上	同上	地质学	同上		矿物鉴定考试	
	医师	同上	物理及化学	解剖学大意	普通内科	普通外科	同上		临床考试	
	药师	同上	化学	植物学大意	药物学	药剂学	同上		药物检验	化学包括有机、无机及分析化学
	牙医师	同上	物理及化学	牙形态学	口腔诊疗学	牙架工学	同上		临床考试	

（上表乙类考试人员中，除卫生行政人员、医师、药师、牙医师外，均属建设人员各科及农工矿业各技师类）

表 9-7　普通检定考试科目表①

检定类别	考试类别	笔试科目					实地考试及口试	备注
甲类	普通财务、外交、警察等行政人员，会计、审计、统计等人员，法院书记官，监狱官	国父遗教	国文	中外历史	中外地理	公民		国父遗教包括建国方略及三民主义
乙类	卫生行政人员	同上	同上	物理及化学	公共卫生学大意	生理卫生学	口试	口试就卫生行政范围内有关实际问题试之
乙类	建设人员：农业各科	同上	物理	化学	动物学	植物学	口试	口试就农业大意试之
乙类	建设人员：土木工程科	同上	数学	物理	化学	工程制图	测量实地考试	数学包括代数、几何、三角
乙类	建设人员：机械工程科	同上	同上	同上	同上	同上	工场实地考试	
乙类	建设人员：电机工程科	同上	同上	同上	同上	同上	电机实地考试	
乙类	建设人员：化学工程科	同上	同上	同上	同上	工业化学	化学制造考试	
乙类	助产士	同上	生理解剖	正当分娩	产科护理		临床或模型考试	
乙类	护士	同上	内外护理	药物学	消毒法		临床护理	药物学注重剧药及消毒处理
乙类	药剂士	同上	化学	同上	配方应用外国文		调剂	药物学包括普通常用药物

① 《山东省政府公报》，1947（60—63），公牍部分，第 16—17 页。

（三）高、普检定考试试题

1948年8月1日，山东国民政府举行了最后一次高、普检定考试，考试科目与前一年公布的高、普检定考试科目表一致。考试题目以论述题为主，均体现了简洁明了的特点。以下是该次考试的部分试题：①

1. 高检考试试题

高检教育学原理试题（教育行政人员用）

一、荀子说："学恶乎终？终乎为圣人。"试予以解释。

二、孔子教育学生很注意个性的启发，试举其书中记载以对。

三、杜威说，教育是经验的改变；包洛夫说，教育是行为的改变。试述两种学说的差异。

高检教育行政学试题（教育行政人员用）

一、试举出一个中学校长的任务。

二、我国当前教育经费枯竭，以致各种教育均无进步，试举出增筹教育经费之方法。

三、我国当前中等以上学校学生思想行为多逾轨道，试举出矫正之方法。

四、试检讨我国现在教育政策之得失。

高检经济学试题（普通财务、经济、土地、领事、会计、统计人员通用）

一、财货与商品之区别为何？

二、何谓效用？何谓反效用？

三、货币量与物价之关系若何？

四、释明格莱显谟法则。

---

① 《1948年高、普检定考试试题》，山东省档案馆，J101-09-955-011。

高检民法试题(警察、司法、监狱人员用)

一、主物与从物区别之标准如何?不动产是否得为从物?

二、何谓限制行为能力人?其所为之法律行为是否有效?

高检刑法试题(警察、司法、监狱人员用)

一、何谓共同正犯、从犯、教唆犯、间接犯?试说明之。

二、试述主刑、从刑之意义及我国刑法规定主刑、从刑之种类。

高检会计学试题(会计、统计人员用)

一、现行法令规定公司之种类有几?并分别浅释其意义。

二、在币值动荡中如何才能求得制造业之真实盈亏,试申论之。

三、某商店宣告清算,其时,该商店之财政状况如下:

某店资产负债表

现金	400元	应付票据	
有价证券	10000元	中国银行	6000元
应付账款	40000元	中央银行	4000元
商品	25900元	客户	5000元
机器设备	18000元	应付账款	15000元
房屋	30000元	应付工资及税捐	88700元
			600元
		股本	20000元

现将其各项资产重行估价如下：

商品　　　　23000 元

机器设备　　9000 元

房屋　　　　25000 元

应收账款中有 4000 元为坏账，9000 元为呆账，可望收回半数余款，27000 元可照收。有价证券可照原价，其中 5000 元抵押与中央银行，又 5000 元抵押与中国银行。现金中有 60 元系伪钞。清算费用估计 100 元，试编制财务实况调查表及预计亏损书。

2. 普检考试试题

普检国父遗教试题（甲乙类通用）

一、民生主义与共产主义有何异同？试申论之。

二、何谓政权？其运用之方式若何？试详言之。

普检中外历史试题（甲类人员通用）

一、隋开运河以便利东方，元开运河以联络南北，各运河经何地？止何地？试分陈之。

二、南宋币制种类有几？如何行使？影响于国计民生者如何？试一一述之。

三、腓尼基国虽小而殖民地遍地中海两岸。试说明其立国之术。

四、拿破仑雄飞欧陆，何以终不能敌英吉利？试依当时两国经济情言之。

普检中外地理试题（甲类人员用）

一、北京湾上之最大城邑何名？其交通与文化之情况各如何？试详述之。

二、上海、武汉所以能成为大商埠之原因安在？试分陈之。

三、朝鲜半岛何以现有“远东之火药库”之号？试言其故。

四、直布罗佗海峡、马耳他岛、波得塞，三地之形势各如何？

普检物理试题（土木及电机工程科人员用）

一、雪白与冰透明者何故？

二、试述安培、伏打（特）、欧姆之定义。在计算上三种单位有何关系？

三、自高50米突之处物体落下几秒始达于地？

四、零度之冰壹千克，全变为100°之水蒸气所要之热量为何？

从以上部分试题的内容看，试题虽然以问答的形式出现，但要求考生必须牢固地掌握基础知识、基本概念和基础理论，文科考生必须具备分析论述能力，理科考生必须具备推理运算能力。每个科目都有与现实社会生活密切相关的试题，能够考查考生运用所学理论分析和解决实际问题的能力，从而体现了该类试题既注重基础理论，又注重其应用性的特征。

由于当时政治局势的急剧变化，参加此次检定考试的只有185人。各科目都及格者18人，不足考生的十分之一，单科及格者95人，有近40%的考生各科均不及格。所有参考人员的资格都经过严格审查，都是有正式学历或经证明属于同等学力的人员，竟然有九成考生不能获得合格证书，说明该项考试是有相当难度的。

表 9-8　1948 年度山东省高等、普通检定考试情况表①

考试名称	高等检定考试		普通检定考试	
考试类别	甲　种	乙　种	甲　种	乙　种
考试日期	8 月 1 日	8 月 1 日	8 月 1 日	8 月 1 日
考试地点	济　南	济　南	济　南	济　南
应考人数	82	15	74	14
全部及格人数	5	1	8	4
科别及格人数	47	9	34	5

对于检定考试及格人员一般都要录用。1947 年 5 月，河北山东考铨处的公函称："各机关对于考试及格分发人员如法定员额可以容纳者，应尽先任用并尽就原有粮额内支配公粮，如确有不敷，准另案请予加发。"②山东省政府也说："对各级新任人员，依法尽先任用考试及格及铨叙及格人员，其未具有考试及铨叙资格者，其资历必须合于法定标准，并具有抗战经历者，方准派代，以免机关长官任用私人，并可防止曾任伪职人员之混入。至已铨叙合格之公务员，务须切实保障厉行久任，绝对不随机关变动，以便使之永业化、专业化。"③这都表明了对经考试合格人员要量才而用的意向。

第三节　山东抗日根据地与解放区的考试

抗日战争爆发后，山东既是较早的沦陷区，也是较早建立抗日民主政权，坚持敌后武装斗争的重要地区。在长期的艰苦

① 《1948 年度山东省高等、普通检定考试情况表》，山东省档案馆，J101-09-955-011。

② 《山东省政府公报》，1947(60—63)，公牍部分，第 17 页。

③ 山东省政府秘书处编印：《鲁政一年》(1947)，第 6 页。

斗争中，抗日民主政权极其重视教育工作，不但自上而下建立起了各级教育机构，而且组织领导了包括干部教育、普通教育、群众教育在内的大规模的教育活动。抗战后期，中国共产党领导的武装力量控制着几乎连成一片的解放区，经过三年多的努力，取得了解放战争在山东的全面胜利。教育一直是山东抗日根据地与解放区民主政权工作的重要组成部分，各种干部学校的设立，在较短的时间里为部队和地方政府源源不断地输送了大批掌握了一定文化知识的各类干部；普通教育学校得到一定程度的恢复和发展，成为干部教育的重要基础；以冬学为主要组织形式的群众教育活动几乎遍及所有乡村，由数百万农民参加的蔚为壮观的学习运动，在宣传民众、组织民众和教育民众中发挥了巨大作用。

由于抗日根据地与解放区的教育是在战争环境中发展起来的，民主政府在制定教育宗旨、确立教育目标和制定各种教育规则时也都把赢得战争作为主要标准和依据，因此这一时期的教育不可避免地会带有明显的时代特征。自然，学校的招生与考试都会与其前和其后的学校有着很多不同。

一、山东抗日根据地与解放区的教育沿革

中国共产党领导下的山东抗日根据地与解放区虽然经历了抗日战争与解放战争两个不同的历史时期，却是一个连续不断的发展过程。从政权延续过程看，经历了创建地方民主政权时期（1937.12—1940.7），山东省战时工作推行委员会时期（1940.8—1943.7），山东省战时行政委员会时期（1943.8—1945.7），山东省政府时期（1945.8—1949.2）和山东省人民政府时期（1949.3—）。

民主政权自创建始，便重视教育活动的开展，凡是建立民主政权的地方都设立了负责教育的机构。1938 年春，蓬莱、黄

县、掖县先后创立抗日民主政权，为开展教育工作，在中共胶东特委领导下，专门设立了"国防教育委员会"，并在蓬莱、黄县、掖县政府设立了教育科。

1940年7月26日至8月26日，山东抗日根据地党、政、军、群召开"联合大会"，选举产生了山东抗日根据地第一个省级最高民意机关和立法机构——山东省临时参议会，并成立了山东抗日民主政权的最高领导机关——山东省战时工作推行委员会（简称战工会）。战工会设战时政治、武装动员、财政经济建设、国民教育、民众动员五个组。战时国民教育组是全省最高教育机关。次年，战工会制定并公布了《各级教育行政机关组织大纲》，规定：在主任公署设文教处，其下分设学校教育科、社会教育科、编审室、视导室；在专员公署设文教科，其下分设学校教育股、社会教育股、编审室、视导室；在县政府设文教科，其下分设学校教育股、社会教育股、视导员一至三人；在区政府设文教助理员一人、助理干事一人；在乡政府（或中心村）设文教干事一人；村政府设文教干事一人。这样，山东抗日根据地完善了自上而下的教育组织。

1943年8月，为适应抗战发展的新形势，山东省战时工作推行委员会更名山东省战时行政委员会（简称政委会）。这时，政委会下辖5个行政公署区、1个直属区，18个专员公署区和92个县政府。山东省临时参议会通过了《山东省战时行政委员会组织条例》、《山东省行政公署组织条例》、《山东省行政督察专员公署组织条例》和《修正山东省县政府组织条例》、《修正山东省区公所组织条例》。条例规定，省政委会设教育处，掌管各级学校、社会教育、图书教材编辑、文化宣传、文化团体指导、出版物审查等教育事项，行政公署设教育处（科），专员公署设教育科，县政府设教育科，区公所设文教助理员。

1945年8月，山东省临时参议会改为山东省参议会，政委

会改为山东省政府。省政府设教育厅，厅下设三科（一科负责中学和干部教育，二科负责社会、群众和小学教育，三科负责编审教材）、两室（督学室和秘书室）、一社（山东教育社）。行政公署设教育处，处下亦设三科；专员公署、县政府均设教育科；区公所设文教助理员；村公所设文教委员。

1949 年 3 月，山东省政府更名山东省人民政府，仍然设教育厅，负责全省教育工作。

在十余年的战争岁月里，凡是诞生民主政权的地方，都同时设立了相应的教育组织。将教育工作摆在与军事斗争和财政保障同等重要的位置，是山东抗日根据地与解放区政权建设的一个重要特征。正是由于各级教育机构的设置和广大教育工作者的不懈努力，山东抗日根据地与解放区的教育呈现了快速和大规模发展的态势。

综观山东抗日根据地与解放区教育的发展历程，可以将其分为四个阶段。

第一个阶段（1937 年底至 1940 年春）是贯彻国防教育方针，抗战教育初步兴起时期。

1937 年底，在日军大举进攻山东的同时，中国共产党组织了多次武装起义，在创立敌后武装力量、建设基层民主政权的同时，广泛设立各种抗日积极分子训练班，创立了山东抗日军政干部学校、鲁西抗日军政干部学校等多所抗日军政干部学校，举办了蓬莱中学、蓬黄联中等多所中等教育学校，并开始恢复初等教育学校，举办农民夜校和妇女识字班。这一阶段的教育以发动群众积极参加抗战为主要目的，强调统一战线，有明显的国防教育特征。

第二个阶段（1940 年夏至 1944 底）是贯彻新民主主义教育方针，大规模发展各类教育的时期。

1940 年春，山东抗日根据地举行文化教育宣传工作座谈

会，贯彻毛泽东新民主主义文化教育方针。当年8月，山东省临时参议会通过《山东战时施政纲领》，规定："普遍实施新民主主义教育，发展文化事业，培养专门人材，发扬民众抗战精神，粉碎敌人奴化教育。"《纲领》提出，广设各种训练班及军政干部学校，普遍设立抗日小学及成年民众学校，普遍设立民众教育馆，推行社会教育。在这一时期，干部教育学校迅速发展。抗大一分校在山东扩大招生，并在鲁西和胶东设立了两个支校。公学和建国学校的设立丰富了干部学校的类别和内容。普通中学教育获得较大发展。渤海区有耀南中学，滨海区有滨海中学，鲁南区有鲁南中学，冀鲁边区有筑先中学，冀鲁豫边区设有四所中学。胶东区设有普通中学6所、师范学校14所，是设立中等教育学校最多的地区。1944年底时，在抗日根据地已经实现了每个行政村一所小学的目标。山东抗日根据地自1940年冬开始组织"冬学运动"，并设立各种形式的民众夜校和妇女识字班。据1944年8月的统计，仅胶东区就举办冬学9968所，学员达62万人，民众学校7613班，经常参加学习活动的有26万人。

第三阶段(1944年底至1948年夏)是贯彻普通教育改革精神，大力发展干部教育，取消普通中学和正规小学，大办"庄户学校"时期。

1944年春，解放日报先后发表《根据地普通教育改革问题》(1944.4.7)和《论普通教育中的学制与课程》(1944.5.27)的社论，社论认为，根据地教育存在旧型正规化的偏向，"不合于中国的需要"、"不合于中国民主根据地的需要"、"不合于抗日战争的需要"、"不合于农村的需要"，必须实施改革。社论提出，根据地教育必须遵循"四重于"原则，即"干部教育应该重于群众教育"，"在干部教育中，现任干部的提高又应重于未来干部的培养"，"在群众教育中，成人教育也应重于儿童教育”,“无论干部教育和群众教育,战争和生产所直接需要的知识与技能的教育应该重于其他的所谓一般文化教育”。社论提出,根据地的教育应实行“群众教育”—“初级干部教育”—“中级干部教育”的三级学制,并提出了“减”、“改”、“增”的改革措施。

山东抗日根据地1944年底开始传达贯彻改革教育的精神,并于1945年春组织实施了小学和中学的改革。改革的主要措施是:将普通中学和师范改为培养和训练各级干部的学校;取消正规小学,大办“庄户学校”,小学由“公办”转为“民办”;改变教学内容和教学方法,教学注重与革命斗争、生产实际相联系。改革虽然使普通教育的发展受到一定程度的影响,但收获是巨大的,这主要表现在大批工农出身的基层干部得到了培训,其文化和政治素质也得到提高,同时由于群众教育的大发展而促使民众的政治觉悟空前高涨。1946年夏的统计显示,山东解放区设有中等学校45所,学生1.5万人。高级小学1413所,学生超过10万人。初级小学2.8万所,学生达165万人。更可喜的是,山东大学(临沂)、华东大学、华东白求恩医学院的创办,填补了解放区高等教育的空白。但是,1947年春,在战争最为激烈的时期,山东解放区出现了普通教育学校(主要指中学和小学)停办的现象。其原因固然有战争和自然灾害的因素,但也与“教育改革”所带来的忽视儿童教育和文化知识教育的偏向有关。

第四阶段(1948年夏至新中国建立)是整顿中等和初等教育,大力发展高等教育时期。

1948年6月,山东省政府调集3600多名中小学教师和教育行政干部开会,为普通教育的恢复作准备。当年9月,召开第三次全省教育会议,讨论在新形势下普通教育的恢复和发展问题。会议对普通中小学校的培养目标进行了重新定位,提出

了建立正规化教育制度和积极稳步地恢复各级学校的方针。至1949年夏，山东有3所大学（华东大学、山东大学、私立齐鲁大学），14所专科类学校，在校学生8000人；有中等教育学校107所，在校学生3.8万人；小学2.3万所，学生124万人。

从总体上看，山东抗日根据地与解放区的教育分为干部教育、普通教育和群众教育三个部分。在不同发展阶段，招生与考试也有不同的特点。

二、干部学校的招生与考试

干部学校是山东抗日根据地与解放区教育的重要组成部分。干部学校的设立，缘于部队和地方政府对基层干部的大量需求。

1937年11月，中共山东省委在向中央报告工作时，归纳了山东工作中的四项缺陷，"干部缺，大多新干部，亦不敷应用"，是其中的一项。①

1938年9月，苏鲁豫皖边区省委书记郭洪涛在"目前战争形势及我们的当前任务"的报告中明确提出，要"扩大军事学校，培养大批军事干部"，要"招收积极、勇敢、纯洁的抗日工农青年及学生，给以相当的军事教育，提拔他们担任干部工作"，并认为"广设抗日干部学校及实行社会教育，是主要的教育政策"。②

1939年12月，中共中央书记处在给山东及苏鲁战区工作

① 《中共山东省委关于目前形式与工作方针的报告》，载山东省档案馆等编：《山东革命历史档案资料选编》四辑，山东人民出版社1986年版，第4页。

② 郭洪涛：《目前战争形势及我们的当前任务》，载山东省档案馆等编：《山东革命历史档案资料选编》四辑，山东人民出版社1986年版，第32、36页。

方针的指示中明确提出:"极力扩大你们的学校。除朱、徐、陈、罗、雪枫及胶东各办大规模的军政学校外,各支队都应办教导营,广招青年学生及半知识分子,特委以上应办党校。"并特别指出,"最广大地训练干部,是你们的极重要的任务"。① 鉴于急需大批军政干部,1940 年 1 月,中共北方局在对山东的工作进行指示时,甚至提出了"各级学校应特别注意数量的增多,不应过早偏重质量"的要求。②

1940 年 5 月,中共山东省分局书记朱瑞提出,要组织山东一百万青年参加抗战,并要将干部队伍扩大"五倍到十倍"③。他说:"为着大大地培养与创造干部,最主要而且最经济的办法就是开办学校。"他甚至提出,要扩大干校规模,"扩大到每期能一次增长出一千到两千中级和一部分上级干部,才能适应需要"④。

在这种情况下,此时的干部学校呈现出培训时间短和数量多的特点。在招生时,对文化水平的要求并不严格,因此,考试方式也较简单。干部学校按其不同举办机关和培养目标,可以分为军政干校、公学和建国学校三个类别。

(一)军政干部学校的招生与考试

军政干校类学校主要由军队或党政机关举办,以培养军队和地方军事、政治干部为主要目标,招收军队基层干部和社会

---

① 《中共中央关于山东及苏战区工作方针的指示》,载山东省档案馆等编:《山东革命历史档案资料选编》四辑,山东人民出版社 1986 年版,第 103—104 页。

② 《中共北方局对山东工作的意见》,载山东省档案馆等编:《山东革命历史档案资料选编》四辑,山东人民出版社 1986 年版,第 126 页。

③ 朱瑞:《山东青年的当前任务》,载山东省档案馆等编:《山东革命历史档案资料选编》四辑,山东人民出版社 1986 年版,第 274 页。

④ 朱瑞:《论山东纵队当前的建设问题》,载山东省档案馆等编:《山东革命历史档案资料选编》四辑,山东人民出版社 1986 年版,第 291 页。

知识青年,学习期限一般在数周,很少有超过三个月的。这类学校包括中国共产党协助抗日将领范筑先举办的山东省第六区保安司令部政治干部学校、山东抗日军政干部学校、鲁西抗日军政干部学校、胶东抗日军政干部学校、抗日军政大学第一分校等。

在山东抗日根据地,最早的军政干部学校是中国共产党协助抗日将领范筑先于 1937 年 12 月开办的博平军事干部训练班。该班第一期招收学员 84 名,其中 44 名是各部队保送的连排级军官,其余 40 人是从地方上招收的青年学生和中小学教师。训练班讲授“游击技术”、“民众动员”等课程,时间为一个月。次年 6 月,以山东省第六区保安司令部政治部名义,举办政治干部学校,其第三届招生广告的主要内容如下:

教育宗旨:本校以适应战时需要,实施政治训练,培养救亡干部及增强抗战力量为宗旨。

修业期限:三月结业,但成绩优良之学生得尽先分发任用。

投考资格:凡年在十八岁以上,二十八岁以下之男女具有下列资格之一者,均能报考:

(甲)小学教师;

(乙)初中及乡师毕业或肄业者;

(丙)大学毕业或肄业者。

附记:各救亡团体得保送报名,经考试及格者,准予入学。

任用办法:结业学生由政府分发各县任民运工作或各部队中担任政治工作。

课程要目:

(甲)政治训练——包括政治经济常识、抗日民族统一战线、军队中政治工作、中日问题、民众动员论与国际问题等科目。

（乙）军事训练——包括步兵操典、阵中要务令、游击战术、防空防毒常识及战地救护等科目。

学生待遇：除食宿及讲义由学校供给外，概归自备。

招收名额：三百名，备取学生暂定一百名。

报考手续：（一）呈验证件；（二）填写表格。

考试科目：

（甲）作文及常识测验。

（乙）口试。

录取新生入学手续：到校新生须经校医院检查身体及格后，始准予向教务处注册，赴训育处登记，由总务处领取学生证后，得入所属部队报到。①

报考该政治干部学校的人来自鲁西北各县，有失学的学生、小学教员、农民子弟、商人，也有铁路工人，年龄在十四五岁到四十岁之间，文化水平相差很大。“进行统一笔试很困难，所以入学考试主要是作文和口试。在口试中，多了解其家庭和个人情况，报考目的以及对抗日战争和抗日民族统一战线的认识。凡报名者一般均被录取。”②由于战事需要，学生在学校仅学习两三个月，便结业分配。这样的学习班共办了四期，培养了两千多人。

山东抗日军政干部学校成立于1938年7月，是中共山东省委（时称中共苏鲁豫皖边区省委）直接领导下，以培养大批军政干部人才为目的的一所学校，因长期坚持在沂水的岸堤镇办学，又称“岸堤干校”，其第四期招生简章的主要内容如下：

---

① 见山东教育史志编纂委员会办公室编：《山东教育史志资料》，1986（1），第36—37页。

② 刘之光：《鲁西地区的抗战教育》，载山东教育史志编纂委员会办公室编：《山东教育史志资料》，1986（1），第35—36页。

宗旨:根据抗日民族统一战线最高原则,以培养大批抗日军政干部人才,坚持山东抗日游击战争。

名额:暂设军事、政治、民运三队,共招收新生六百名,男女兼收。

资格:拥护统一战线,初中、高小毕业或具同等学力(工农分子不受此限),身心健康、无不良嗜好及传染病者,年在十八岁以上、三十五岁以下,持有部队、地方政府、团体证明文件。

报名考试日期:自即日起至二月十日止,随到随考。

报名地点:八路军各支队政治部、各地办事处、沂水本校。

考试科目:国文、政常、时事、口试。

学习期限:暂定军事队三个月,政治、民运队一个半月。

课程:统一战线、抗日游击战争、政治常识、民众运动、抗日军队政治工作、军事学、术科。①

1939年6月,兼任山东抗日军政干部学校校长的孙陶林在总结该校工作时说:"我们的学校是统一战线的学校。因为我们学校里的学生,有的是各军队里派来的——从八路军到其他军队,从正规军到地方武装,有的是地方政府、动员机关、民众团体派来的。这里有大学生,有小学教员,也有不识字的老粗,有军官有士兵,有工人农民商人,有职员与学徒,有国民党、共产党,也有道门、会友,有男的有女的,有十四岁的小孩,也有四十多岁的老头,有太太小姐、女学生,也有农村里的小脚婆娘。他们的出身、地位、职业虽然不同,然而他们的目的——学习一

① 《大众日报》1939年1月25日。

套打日本救中国的办法,却是一致的。”①这样看来,山东抗日军政干部学校招收的学员可以分为两类,一类是部队和地方政府推荐到干校深造的,这一部分人只要有部队和地方政府的介绍信,即可入校学习;另一类是招收的社会人员,其中既有自愿报名应考的,也有许多人是经过“区动委会”动员而来报名的,他们只要持有“区动委会”的介绍信,也可入校学习。对于社会人员,只要政治清白,有抗日决心,对文化的要求是很低的。据一位曾在“岸堤干校”学习过的老同志回忆,她是经过干校学员的宣传和动员,说服母亲后到干校报名的,“报名后,经过简单的考试”,便被编入干校的“民运队”②。山东抗日军政干部学校在一年内举办五期培训班,毕业学生约三千人。1939年8月,该干校改编为山东纵队的随营学校。

(二)公学的招生与考试

公学类学校主要由政府举办,以培养地方行政干部为目标,招收地方党、政、群组织基层工作人员,学习期限一般在半年左右。这类学校包括山东公学(1944年改称鲁中公学)、胶东公学、滨海公学、渤海公学等。

1940年,山东省临时参议会通过了战工会制定的《山东省战时国民教育实施方案》。《方案》将教育系统分为基础教育(包括小学和民众学校)、继续教育(包括公学、中学和职业教育)、社会教育(包括学校之外的所有教育)、高等教育(必要时设专科学校)。公学属于继续教育性质的学校,分普通、师范、职业等三科,“为培养一般抗战建国之干部人才与准备专门研究打下基础”。《方案》要求,每一行政区必须设立公学一处。

---

① 孙陶林:《半年来的山东抗日军政干部学校》,载山东老解放区教育史编写组编印:《山东老解放区教育资料汇编》三辑,第173页。

② 刘乃光:《岸堤干校生活片断》,载山东教育史志编纂委员会办公室编:《山东教育史志资料》,1983(4),第19页。

山东公学设立于1940年4月，校址在沂南县，是战工会领导下，由战工会教育处直接管理的一所干部学校。初设时，仅招收了50多名学生，分师范和中学两个班上课。学生大多是根据地党、政、群机关推荐来的。1944年，山东公学学生已达400余人，除推荐生外也招收部分社会知识青年。当年年底，更名为"鲁中公学"，改为轮训在职区县干部的机构。后来，学员多时曾达800人，虽也招收了部分社会知识青年，但以在职干部培训为主。

胶东公学设立于1938年9月，是山东抗日根据地最早的公学。当时，北海区抗日政权的领导人在论述胶东公学创办原因时说，七七事变后由于各中学停办，使青年人失去了升学机会，为团结、训练、教育这批青年人，而创设了胶东公学。该公学分为社会、师范、普通三科。社会和师范科修业时间为四个月，普通科为半年。第一期招收250余名学生。社会和师范科仅上了三个月的课，便提前毕业，被分配到政府、部队和民运机关。① 胶东公学最多时有900多学生，大部分招自地方知识青年，成为胶东干部的重要来源。

渤海公学是1945年8月日本投降后，渤海行署为培养和训练知识青年而决定设立的一所学校。行署在阐述创办渤海公学的动因时指出，敌人投降了，和平建设的时期就要开始了，我们将需要大批人才，但由于敌人和国民党的遗毒，许多新解放区的知识青年被奴化思想、曲线救国论、正统观念等谬误思想所束缚，这是建设新民主主义新中国不可忽视的障碍，为吸收干部、掌握思想阵地，行署决定开办渤海公学。同时，行署要求各专署开办青年学校（或训练班）。关于渤海公学的招生、

① 《北海区一九三八年至一九四〇年政权工作总结》，载山东老解放区教育史编写组编印：《山东老解放区教育资料汇编》三辑，第1—2页。

课程及学习期限，行署规定：

甲、由各县府专署甄别保送中等学校毕业、肄业及具有同等学力者，或具有交通、邮电、医药、农林、矿山……任何专门技术者来校学习。

乙、学习期间（限）暂定为一年，按成绩优劣得缩短或延长之。

丙、学员待遇：伙食、讲义由政府供给，其余自备，毕业后按在校成绩个人自愿，学校负责介绍各种建设工作。

丁、学习课程：新民主主义论、论联合政府、政治常识、根据地建设的各种政策及各种专门技术。①

不难看出，渤海公学主要的招生对象是接受过中等学校教育的知识青年，其培养目的在于造就大批适应国家建设需要的各类人才。有人统计，至 1947 年秋渤海公学停办，该校共招收学员 2235 人，其中 1480 人正式分配工作，另有 221 人转入军政干部学校，15 人转入山东大学，29 人转入其他学校。② 如此看来，这所学校的干部培养率接近 80%，是一所名副其实的干部学校。

（三）建国学校的招生与考试

建国类学校主要由政府机关或职能部门举办，以培养各类建设人才为主要目标，招收各机关基层工作人员和社会知识青年，学习期限一般较长。这类学校包括山东省抗战建国学校、胶东建国学校、冀鲁豫建国学院、山东省粮政干部学校、山东省邮政干部学校等。

地方民主政权的建立与巩固都需要大批掌握一定管理技

---

① 《渤海行署关于开办渤海公学及训练知识青年的决定》，载山东老解放区教育史编写组编印：《山东老解放区教育资料汇编》三辑，第 200 页。

② 张洪生：《渤海区中等教育述略》，载山东教育史志编纂委员会办公室编：《山东教育史志资料》，1983（4），第 34 页。

能的干部，尤其是当抗日战争取得胜利后，各类建设人才的培养更成为学校建设的重要任务。建国学校是因这类人才的需求而设立的。

1942 年 7 月设立的山东省抗战建国学校，是由战工会直接领导和管理的一所干部学校。该校是由抗大一分校的建国大队和财经学校合并而成立的。设立这所学校的原因，是要将军事干部的培养与政权建设人才的训练分开。1941 年 1 月，抗大一分校为培养抗日民主政权的基层干部而附设了建国大队，招收地方民主政权保送、推荐的基层干部，每期四个月。但很快发现，这些地方干部自卫力量薄弱，难以应付紧急敌情，而且同时培养军队和地方两种人才，分散了精力，影响了培养效果。1942 年 7 月，由于“客观环境要求民主政权的建设走向深入巩固的方向，政权干部不仅在数量上需要增加，尤其在质量上更需提高，因此培养与训练大批能够坚持工作、掌握政策的政权干部这一任务就愈严重。在这一新的形势下，山东抗战建国学校诞生了”①。山东抗战建国学校由战工会主任黎玉担任校长，可见战工会对这所学校的重视。该校的政教队训练县级政权科以上干部，财经队训练区县财经干部。学员全部由地方政权保送和推荐。

胶东建国学校设立于 1942 年 10 月，是由胶东财经学校与胶东抗日军政干部学校的政权队、民运队合并成立的，办学宗旨是：“长期培养抗战建国的政权、司法、财经、民运干部，提高现有干部的政治文化水平，以及吸收大批进步青年参加根据地建设，以建设新民主义的新胶东。”该校设政权、司法、财经、民

① 《山东省抗战建国学校》，载山东老解放区教育史编写组编印：《山东老解放区教育资料汇编》三辑，第 195 页。

运四队，修业年限为半年。①

抗战胜利后，建设人才的培养成为教育的重要任务，大部分建国学校是在解放战争时期设立的。

1946 年 2 月，冀鲁豫行署为培养各种建国人才，决定成立冀鲁豫建国学院。学院以“培养为人民服务、和平建国之各种人才为宗旨”，设“三部七班”，即：行政干训部，内设财务行政班、银行会计班、司法班，修业期限为六个月；专门职业部，内设汽车班（汽车驾驶、修理人才）、电话班（电话装修、收发、管理人才及电报收发人才），修业期限为六个月；师范部，内设师范班及中学班，修业期限中学二年，师范一年。招生广告的主要内容如下：

> 招生名额：财务行政班、银行会计班、师范班、中学班各六十名，汽车班及电话班各一百名，司法班暂不收外生。
>
> 投考资格：财务行政班、银行会计班及师范班，须初中毕业或具有同等学力者，年龄应在十八岁以上、三十岁以下，男女兼收。汽车班及电话班，须高小毕业或具有同等学力者，或初中学生年龄应在十八岁以上、三十岁以下，电话班男女兼收，汽车班只收男生。初中班，须高小毕业或具有同等学力者，年龄应在十五岁以上、二十岁以下，男女兼收。
>
> 考试科目：国语、算术、常识、口试。到校后再进行体格检查。
>
> 投考手续：投考者须有区级以上政府机关或学校之介绍信，其贫苦需要补助者，须有县政府以上机关之证明。

① 《胶东主署一九四二年工作总结》，载山东老解放区教育史编写组编印：《山东老解放区教育资料汇编》三辑，第 12 页。

毕业及择业：毕业后由学校介绍工作，不愿者听其自便。①

1949 年 1 月，冀鲁豫建国学院为恢复和发展学校教育，专门招收了一期师资训练班。举办该班的宗旨是“培养和提高新民主主义国家的高小师资及初级教育行政干部”。招生对象为：初级中学或师范学校肄业二年以上者；高小毕业曾任小学教员二年以上，且文化程度相当中等学校肄业二年者；现任高小教员；年龄在 18 岁以上、40 岁以下者。对于合于第一、二两项资格的人员，须缴学校或政府的证明文件；现任高小教员，须缴县以上政府的介绍信及鉴定表。考试科目为国文、算术、常识（包括政治、史地、自然）、口试、体格检查。②

这一时期，政府的各个职能部门为迅速培训大批本部门专业人员，也开始举办专业性质的学校。

1945 年 9 月，山东省战时邮政总局决定设立“山东省邮政干部学校”，并发布招生广告。

1948 年 6 月，山东省粮食总局决定设立“山东省粮政干部学校”，并下发招生简章，同时粮食总局还专门发了一个通知。通知称，设立粮政干部学校的直接目的是为下层粮食局、库培养会计和粮食保管人员。通知要求各级粮食局、库尽量多动员人员前来投考，学校招生并不以 700 名为限。③

不仅地方政府及各机关举办学校，军队为培养急需的各类技术人才，也举办各种技术学校。1946 年 2 月，胶东军区决定成立“胶东军区交通学校”，学校隶属胶东军区交通部，设摩

---

① 《冀鲁豫建国学院招生广告》，载山东教育史志编纂委员会办公室编：《山东教育史志资料》，1984(1)，第 24—25 页。

② 《冀鲁豫区建国学院招生简章》，山东省档案馆，G52-01-185-9。

③ 《山东省粮食局通知（附粮政干部学校招生简章）》，山东省档案馆，G014-01-0012-009。

托、土木工程、电讯三科，分别培养汽车、摩托车驾驶和维修人员、公路和桥梁修筑人员、电话和报务人员。

军政干校、公学和建国学校在举办机关、设学目的上虽有不同，但有一点是共同的，这就是为军队和地方政权培养工作人员。凡是这些学校的正式毕业生，都要被分配到军队或地方政府工作，从而享受“公务人员”的待遇，有了干部身份。这一时期，干部学校的生源主要来自两个方面：一是在职人员，通过学习，提高其政治、军事和文化素质，使他们能担任更重要的工作；二是社会青年，其中以知识青年为主，通过学习，提高其思想觉悟，使他们初步具备从事各种社会工作的能力。干部学校的培养目标也有两个：其一是军队或地方政权的行政干部，其二是军队或地方政权的技术干部。从各类干部学校的招生简章看，两者虽然都对学历有一定要求，但后者对文化水平的要求更高些。由于当时是军队和地方政权快速发展，急需用人之际，许多社会青年是经过“动委会”的宣传和说服动员后，决心入学的。所以，这些干部学校招生时名额并不是绝对的，只要有地方政权和群众团体的推荐和介绍，一般都会录取。在这种情况下，考试并不是重要的选人标准，因此，许多学校在招生时都有“随到随考”的规定。

三、综合性高等教育学校的招生与考试

抗战胜利后，为适应国家建设对各类高级人才的需求，在解放区设立过两所带有普通高等教育性质的学校——山东大学（临沂）和华东大学。

1945 年 8 月 22 日，山东省政府决定在临沂设立山东大学。该校招生简章的主要内容如下：

> 宗旨：建设新民主主义的独立自由、民主统一、光明富强的中国，培养为人民服务的政权工作者、财政经济工作

者、教育工作者、工程师、医生、科学、文学、艺术、农林、交通之人才,以担负建设新山东的光荣责任。

系别:本校暂设政治、财经、教育、工矿、农林、哲学、文学等系。

课程:甲、必修科:以政治教育、思想教育、理论教育为主。乙、专修科:以政策教育、业务教育、技术教育为主。丙、选修科:以理论教育、文化教育为主。

入学资格:(1) 大专毕业生与肄业生;(2) 专门学校毕业生与肄业生;(3) 高中毕业生与后期师范毕业生;(4) 具有上述同等能力与学力者。

学生待遇:食宿由学校供给,服装自备,但有特殊困难者,可由学校酌予补助。学生毕业后,学校并可根据其志趣与特长介绍一定工作。

招生:除由学校直接招收外,委托县以上政府负责保送,经县以上之党政军机关与有抗战历史的同志二人以上之介绍,经学校考试认为合格者,皆可入学。

修业年限:暂定一至二年。①

尽管该校修业年限依然较短,招生仍沿用着军政干校的一套方式,也缺乏综合性高等教育学校的院系之分与严格的课程设置,但其办学宗旨和较高的入学资格都体现了普通综合性高等学校的特征。山东大学(临沂)于 1945 年 10 月正式创立,并于次年 1 月开学。初创时,该校仅设预科和专科,招收了 600 余名学生。4 月,华中建设大学的部分师生并入该校,开始设立本科部,分别成立政治系、经济系、文艺系、教育系,学生最多时达 1400 余人。

华东大学设立于 1948 年 8 月,是中共华东局决定在山东

---

① 《山东大学(临沂)招生简章》,《大众日报》1945 年 10 月 5 日。

大学(临沂)的基础上创立的一所综合性大学。华东大学的招生对象主要是社会知识青年,这在当时引起了不小的震动。学校除在校本部招生外,还在胶东、渤海、青州、淄川、博山、兖州、济宁等地设立招生处。有一千余人报名投考,经考试录取七百多人,但仍有许多学生前来投考。当时的《大众日报》报道说:"远道跋涉前来投考者仍络绎不绝,校方为满足迟到投考青年们的就学要求,除目前已补考一次,录取三十余名外,并准备于最近再举行第二次补试。所录取新生中除大部分系新解放区的青年学生外,尚有来自青岛、天津等国民党统治区及历尽千辛万苦,长途跋涉的湖南学生。"①有人回忆说,华东大学曾在已解放的济南组织招生,"至 11 月中旬结束,报名投考者达 1600 余人,经过笔试和口试录取了 1520 人"。11 月底,学校迁济后,学生达 3000 余人。②

山东大学(临沂)和华东大学以培养各类高级建设人才为宗旨,主要招收社会知识青年,对学历要求严格,并通过考试录取学生,具备了普通综合性高等教育学校的某些特征,从而与军政干校、公学和建国学校形成区别。当然,由于仍然处于战争环境,这两所学校也还都不可避免地保留着干部学校的招生考试方式。

自 1949 年夏天开始,高等教育学校逐步向正规大学转变。这些学校在招生时,不仅对学生的学历提出了较高的要求,而且对考试过程也作了具体而规范化的规定。1949 年夏,青岛解放后的国立山东大学举行秋季招生时,制定了许多规范化的招生考试制度。

---

① 《华东大学即将开学》,《大众日报》1948 年 10 月 24 日。

② 余修:《华东大学始末》,载山东省政协文史资料研究委员会编:《山东文史资料选辑》23 辑,山东人民出版社 1989 年版,第 104—105 页。

关于审验考生投考资格：

（一）高级中学及高级职业学校毕业者。

（二）后期师范毕业者除缴验毕业证书外，并须缴验服务满二年之证书（高级职业学校毕业以报考与原学科性质相近之院系为限）。

（三）同等学力考生须缴验高级中学或县以上教育行政机关之证明书。

关于考试注意事项：

（一）除由监试员严密监考外，并须有人负责核对“准考证”上之像片与座号。

（二）考生犯规情形轻者纠正之，重者于考卷上书明“犯规试卷作废”字样，由监试员签名盖章并于“考生履历表”及“报名总登记表”上备注栏内注明之。

（三）分发试题：请监试员临时当众拆封分发，倘试场不止一处，则于当众拆封后再分送各试场。

（四）发题后逾三分钟即不准考生进场，同时即将空位上之试卷收回，注明“缺席”字样。

（五）时限既到即须收卷，收卷时即将封面浮签撕去。

（六）每场考试完毕，即将全部考卷点清数目连同缺席试卷纸与考生人数核对无讹后，当场用厚纸包扎黏封，封面书明考试科目、考生人数与考卷数目，并请监试员于封口处签名盖章，以昭慎重。

关于准备考试事项：

（一）布置考场（用大试场集中考试较易管理）及黏贴座号。

（二）预备弥封试卷：报名开始第二日即可开始制作试卷以免临时仓促无暇校对，做法如下：制作试卷，试卷封面填写试区院系科目（转学生及先修班生请加盖戳记，转

学生并须注明年级),浮签上填写试场、座号及姓名;弥封处只填弥号并黏制弥封,对浮签及弥封骑缝处加盖印信,弥号底册请慎密保存。

(三)公布考试地点(用大纸张书写,贴在显著地方,使考生每人都能看见)。

(四)每场考试预先将试卷按照座号放置各生案上,务求避免临时发卷。①

这些规定标志着山东大学依然坚持着正规化考试之路。

四、普通中等教育学校的招生与考试

《山东省战时国民教育实施方案》将中学列在继续教育系统,是"为已受基础教育之儿童及成年继续受教育之场所"。其教育教学目的在于,"为培养一般抗战建国之干部人才与准备专门研究打下基础"。《实施方案》规定,中学的修业期限暂定三年,每学年各成为一个独立段落,但根据实际需要可缩短学习年限。为适应战时需要,中学的学生按照战斗化和军事化组织原则编队,采取灵活的教育教学方式。《实施方案》强调,每个专员区设立中学一所,并尽可能配备枪支,以具备自卫能力。

山东抗日根据地与解放区的中学教育经历了三个发展阶段。第一阶段是招收社会知识青年,以培养未来干部为主,办学较为正规的时期;第二阶段是在"教育改革"期间,以训练在职干部为主的时期;第三阶段是重提"正规化",整顿和恢复中学教育秩序的时期。在不同阶段,招生和考试的要求也是不同的。

---

① 《国立山东大学1949年度招生办法》,山东档案馆,G022-01-0073-001。

（一）较正规时期中等教育学校的招生与考试

胶东是最早尝试举办抗日中等教育学校的根据地。蓬莱抗日中学创办于1938年春，蓬莱中学创办于1938年底，蓬黄联中创办于1939年秋，招掖联中和掖县师范学校创办于1940年春。当时的北海区民主政权在总结工作时，将创办中学的原因归结为："胶公与军校合并后，胶公学生大部分都到军校受训，有一部分年龄较小的及胆怯到部队中工作的青年都退学回家，到高小、企业的学生都无处升学，我们为了使这批青年不失学，又创办了蓬黄联中。蓬黄联中的性质与一般的中学相同。"①可见，以上中学的学生都是从社会知识青年中经过考试招收的。抗日战争中，胶东地区民主政府先后举办过23所中等教育学校。②

冀鲁豫边区也是设立中等教育学较早的根据地之一。抗日战争中，冀鲁豫边区民主政府先后设立过五所中学（冀鲁豫第一、二、三、四、五中）。

冀鲁豫边区第二中学，初称湖西中学，创办于1940年冬。学生入学方式有三种：一是由学校出招生简章，经过考试，根据招生名额按成绩录取；二是由党政机关介绍；三是由领导干部介绍。不管哪种方式，招收学生都较宽，只要达到最基本的要求就能录取，因而学生年龄和文化程度都悬殊较大，有的入学时就具有初中毕业水平，有的连初小水平也达不到。校学习期限一般在二年以上（第一届：1940.12—1942.5；第二届：1941.9—1943.6；第三届：1942.6—1944.12；第四届：1943.12—1945.12；第五届：1943.6—1946.10）。每届学生入学时间是同

---

① 《北海区1938年至1940年政权工作总结》，载山东老解放区教育史编写组编印：《山东老解放区教育资料汇编》三辑，第2页。

② 《山东省胶东老解放区中等学校简介》，载山东教育史志编纂委员会办公室编：《山东教育史志资料》，1983（3），第11—17页。

一的,但离校时间却很不一致。许多学生在上学期间就被分配到军队或地方党政机关工作去了。该校的“中一级”招收40人,大部分被中途分配工作,至1942年5月毕业时,仅有12人了。①

总起来看,这一时期创办中学的目的在于将知识青年吸引到抗战行列中来,经过教育和培养,使他们在未来的抗战中发挥作用。因此,在招生过程中,考试是必备条件,只是对文化水平的要求比较低。这时,仍沿用以往对中学的管理方法,重视文化知识的教学,也把考试作为考查学生学习情况的主要方式。

(二)“教育改革”时期中等教育学校的招生与考试

1945年春,为贯彻“在职干部的提高重于未来干部的培养”的改革精神,中等教育学校大部分被改为在职干部培训的场所。胶东对中等教育资源进行了重组,取消了六所普通中学和十四所县级师范学校,设立了三所招收在职干部的“中学”。根据地其他区所举办的中学,也都根据上级要求改变了办学目标和教学形式。

中等教育学校的这种改革,并没有维持多长时间。一方面,因为抗战胜利后,部队和民主政权建设都急需补充大批干部,已经很难抽出人员进行专门培训;另一方面,由于大批新解放区的社会知识青年需要正规的学校教育,面对新的形势,在不违背“教育改革”精神的前提下,各区又都调整了中等教育学校的培养目标和办学模式。

1945年9月,胶东行署公布了《胶东中等学校暂行规程》,规定:中等学校教育,以培养民族意识及民主精神,培养科学知

---

① 山东省金乡第一中学校史编写组:《冀鲁豫边区第二中学史略》,载山东教育史志编纂委员会办公室编:《山东教育史志资料》,1984(3),第1—11页。

识及生活上必需的技能，养成建设新中国之人才为宗旨。

关于入学年龄及资格，《暂行规程》规定：普通中学，"年在十四岁以上二十八岁以下，高级小学毕业和具有同等学力者及需要提高文化之抗日工作干部"；师范学校，"年在十二岁以上二十八岁以下，高小毕业、中学肄业或具有同等学力者，曾任小学教员而有教学经验者"；职业学校，"年在十六岁以上二十八岁以下，高小毕业、中学肄业或具有同等学力者"。值得注意的是，在每一类学校的招生资格中，该《暂行规程》都有关于"不分阶级、党派、宗教信仰、性别，赞成民主者"的规定。

关于成绩考查，《暂行规程》规定："成绩考查，注重在检查学校教学效果，考验教学计划，改进教学工作，总结学生学习情形，提高学习情绪，确定努力方向，反对以测验为限制学生活动的手段"；"成绩考查，平时重于定期，实际活动与理论学习并重，政治与文化并重，并应多采用民主鉴定、集体检查等方式，反对单纯的笔试条文"；"成绩考查，每月举行一次，并由教员辅导学生总结半月学习工作，学期终了举行学期测验，除辅导学生总结学习外，并须作全体学生学期总结，呈交主管机关备查"；"学生毕业，举行毕业测验，及格者发给毕业证明书"。

关于修业与毕业，《规程》规定："中等学校修业年限，高、初级各为三年，每年分两学期。"①

1945 年 10 月，渤海行署作出《关于中学及公学工作的决定》，《决定》指出："我渤海区已全部解放，教育培养新解放区广大知识分子，使之为新民主主义的革命事业而奋斗，是当前的重要任务。为此，本署决定，各专员区普遍设立中学，行署直接举办渤海公学，以普遍教育培养知识分子。"关于中学的培养

---

① 《胶东区中等学校暂行规程（草案）》，载山东老解放区教育史编写组编印：《山东老解放区教育资料汇编》四辑，第 9—25 页。

目标、入学资格及修业年限,《决定》指出:"各中学之教育目的,在于培养、改造新解放区之知识分子,从思想上洗刷敌伪欺骗宣传之遗毒——如'曲线抗战'、奴化思想、正统思想等谬论,树立民主思想、民族思想、科学思想。同时亦照顾到青年学生的自然科学及社会科学知识的提高。因此,学生入校资格以高小、初中、高中毕业及肄业者为宜,有同等学力者亦可。未参加过敌、伪、顽组织之纯洁青年固所欢迎,因受欺骗曾参加过敌、伪、顽组织者而已觉悟摆脱,亦应录取加以教育。"《决定》将中学的修业年限定为一至二年。①

1946 年 2 月,山东省政府发出《关于发展中等教育的指示》。《指示》说:"现在和平建设阶段已经确定开始了,大批的各种建设人才需要培养,广大新解放区的青年学生需要团结与教育,大批失学青年需要给他们找一个出路,为此,整理与扩大现有中学,继续开办新的中学、师范与职业学校,广泛吸收青年学生入学,就成为目前干部教育的紧迫任务了。"《指示》要求,"不管战前或敌伪统治时期的较重要的、历史较长的中学、师范与职业学校,都能重新开办起来,所有青年学生都能争取团结到我们学校里学习"。

关于学制问题,《指示》认为,高中原则上向专科性质转化,修业至少一年以上,初中暂定三年;师范学校分为初、高级,根据学生程度,分为一年和三年两种;职业学校,可根据需要,定为一至二年。

关于办学指导思想,《指示》说:"办理中学、师范,必须防止与克服两种偏向,一种是生硬地搬运过去干部训练的一套,另一种是投降旧型正规化。目前克服前者是主要的,但对后者

① 《渤海行署关于中学及公学工作的决定》,载山东老解放区教育史编写组编印:《山东老解放区教育资料汇编》三辑,第 63—65 页。

亦应警惕。”①

1946 年 9 月，山东省政府教育厅公布《关于当前教育工作纲要》，对中等教育学校的办学方针、教育目的、修业年限等问题，以及如何处理在职干部训练与未来干部培养的关系，提出了指导性意见。

《纲要》将初级中学的性质定为“基本上是干部性带有预备性”，其教育目的在于“培养新知识分子，亦即新民主主义的知识分子，打下学生一般的文化科学知识的基础，使学生毕业后一方面能担负分工不多、专业性不大的初下级工作干部，另一方面还照顾一部分学生的升学，以求深造，学习专门知识，培养专门人才”。学校招收的对象包括新解放区的青年学生、新老解放区的高小毕业生、具备有相当文化水平的干部及自学有成绩的工农青年。学制暂定为 3 年。

《纲要》将高级中学的性质定为“带有过渡性，逐渐地向专科方向转化”，修业年限为两年。《纲要》认为，高级中学不必普遍设立，但在青年学生特别多的地方可酌量设立，以便发挥团结新地区广大青年学生的作用。

《纲要》提出，师范学校的招生对象是前师招收在家赋闲的知识青年、新老地区的高小毕业生、文化水平低的现任教师、自学有成绩的工农青年；后师招收初中学生、现任高小教师文化水平较低者、初小教员中文化水平较好有培养前途的青年。前师的学习年限为 1 至 2 年，后师原则上为 2 年。

《纲要》明确提出，以提高县区干部文化水平为目的的干部班，可附设在中学内，修业年限暂定为一年；以提高县区干部政策业务能力的干部班，可命名为公学或建设学校，修业年限

① 《山东省政府关于发展中等教育的指示》，载山东省档案馆等编：《山东革命历史档案资料选编》十六辑，山东人民出版社 1986 年版，第 219—222 页。

暂定为半年到1年。①

以上文件都从政策的层面对中等教育学校的性质进行了重新界定，将在职干部训练的任务归于公学和建设学校，从而明确了中等教育学校的主要任务是培养未来干部。中等教育学校以招收社会知识青年为主，重视文化科学知识的教学，并延长了学习年限。这些文件虽然没有对学校的招生考试作出具体规定，但由于对学历有了一定限制，而且强调了对文化知识水平的要求，这肯定会对招生考试产生影响。譬如，冀鲁豫边区第二中学1945年7月在招收"中六级"学生时，就"比较正规，有报考、考试、评卷、录取等程序。考试科目有语文、算术、政常。各科比例是：语文占50分，算术占20分，政常占30分。报考350人，录取80人"②。可见，在考试时，文化课占了较大的比例，录取竞争也是很激烈的。这与以前生源主要依靠部队和地方政府保送、可以"随到随考"的招生方法有了很大的不同。

（三）重提"正规化"时期中等教育学校的招生与考试

1948年9月，面对解放战争在山东取得重大胜利的形势，山东省政府组织召开了第三次全省教育工作会议。会议对中等教育学校的性质和任务又有了新的认识。会议认为，普通中学的教育目的是培养具有新民主主义思想及中等文化科学知识水平的新知识分子，毕业后既可就业，又可升学深造；中等师范学校培养具有中学文化水平，掌握专业知识技能，并树立为

---

① 《山东省政府教育厅关于当前教育工作纲要》，载山东省档案馆等编：《山东革命历史档案资料选编》十七辑，山东人民出版社1986年版，第409—412页。

② 《冀鲁豫边区第二中学史略》，载山东教育史志编纂委员会办公室编：《山东教育史志资料》，1984(3)，第5页。

人民服务思想的人民教师。会议明确提出，要“建立适合实际情况的各种必要制度，要有学制，要按规定课程进行教育，要有学期、开学、放假，要有入学考试，要有毕业，学期中间，不经行署教育处之批准，不应动员学生出校工作，要克服过去学生的流动现象。我们必须使今后各级学校逐渐走向正规化”①。这些规定，将中等教育学校从干部教育中独立出来，从而恢复了普通教育体制。

第三次全省教育工作会议之后，各中等教育学校都对招生考试的方式方法作了必要的调整，这在当时造成了许多学生的不适应。1948 年 11 月，胶东师范学校在总结招生工作中存在的问题时指出，由于“了解情况不够，出题标准较高，没能与去年停办时的文化程度相衔接，致使学生入场测验时，见题很难，失去信心，退出试场。交白卷者亦很多(常识)，如西中的学生反映说：‘过去没教我们这些东西，今天来考我们，谁能会呢？’”②

1949 年 6 月，山东省人民政府教育厅副厅长孙陶林在全省师范会议上说：“山东全境已经解放，正在从战争转入和平建设，今后的中心任务就是恢复和发展生产，我们的中等学校，也就要在现有的基础上，努力提高学生的文化科学水平，以便进一步培养大批技术人才，为恢复和发展生产服务。因此，我们的中学工作，今后必须大大地加强文化科学教育，努力提高学生的文化水平。”在中等教育学校的招生与考试制度方面，他主张建立严格的考试制度及升降级制度，他说：“要严格地按照制度分班编级，建立严格的考试制度及升级、降级制度，程度差跟不上班的一定要降级或留级，不经考试不准入学，考试不及格

① 《关于建立各种制度》，《大众日报》1948 年 10 月 24 日。

② 《胶东师范学校招生工作报告》，山东省档案馆，G031-01-1885-001。

的不准毕业。"①此后,建立正规的学校管理制度,尤其是招生和考试制度,成为山东中等教育学校的一项重要任务。

1949 年下半年,各地中等教育学校都加强了招生和考试管理。鲁中南区要求中学每月进行一次考试,得出的结果是:

泰安中学,第二次与第三次月考全校总平均的比数为 75.58∶80.05;兖州中学,第一次与第四次月考总平均比数为 68.96∶76.20;济宁中学,上学期与下学期之比,两门主课不及格者25.5%∶5%,一门主课不及格者38.8%∶25%,国文不及格者 17%∶4%,政常不及格者 31%∶2%,数学不及格者 26%∶20%。②

很明显,通过比较,学生的月考成绩是在不断提高的。

南海中学 1949 年下半年招生时,师范部有 1911 名学生报考,录取了 110 名,平均成绩为77.33分(其中最高91.33分,最低71.33分);中学部有 332 名学生报考,录取了 100 名,平均成绩为 67 分(其中最高87.67分,最低59.33分)。③

可见,自 1949 年下半年始,山东中等教育学校已经基本上恢复了正常的以考试成绩为主要录取标准的招生制度。

五、小学及民众教育活动的学业要求及考查

《山东省战时国民教育实施方案》将小学和民众学校一起称"基础教育"学校,是针对 8—50 岁未受过学校教育的人所实施教育的场所。

---

① 孙陶林:《加强文化教育改进教学工作把中等学校的工作提高一步》,载山东教育史志编纂委员会办公室编:《山东教育史志资料》,1989(1),第 65 页。

② 《鲁中南区中等教育总结》,载山东老解放区教育史编写组编印:《山东老解放区教育资料汇编》四辑,第 114 页。

③ 《南海中学 1949 年下学期招生总结》,山东省档案馆,G031-01-1887-016。

（一）小学教育的学业要求及考查

抗日根据地民主政权对小学教育是重视的。1938 年 8 月，蓬黄掖行政联合办事处为发展三县的教育，制定了 17 项教育规则，其中包括《小学教员奖励办法》、《鲁迅小学教育方案》、《小学区组织条例》。1940 年 4 月 16 日，《大众日报》发表题为“恢复与开展山东小学教育”的社论，提出：“今天中国的儿童，是未来中国的主人，中华民族抗战建国大业的继承者，因此，我们要求山东各界抗日人士，把山东小学教育的恢复与发展工作，作为今天政府工作中、群众运动中，以及文化运动中一个主要的中心工作，造成一种澎湃的热潮，为大量恢复与发展山东小学教育，击碎敌人的奴化教育阴谋，培养大批抗战建国的新儿童，完成中华民族解放与复兴大业而奋斗。”《山东省战时国民教育实施方案》将小学与民众学校一起归入“基础教育系统”，规定：“凡年在八岁以上十六岁以下之儿童，不分男女，均须受小学教育”；“小学以村为单位，每村建立小学一处，每乡建立中心小学一处，每区建立完全小学一处”。《实施方案》对小学语文、政治、自然、用数、社会活动、健康美术六方面的教育教学内容提出了规范化的要求。

1942 年 2 月，战工会教育处发布《关于整理改进小学教育的指示》。《指示》说：“山东的小学教育，在过去的两年中确是有过飞跃的发展，在数量上不仅超过了战前的水准，而且也超过了某些先进抗日地区，……为了整理与改进现有小学教育，除在部分落后地区仍继续大量发展外，一般的应以巩固为主，提高其质量，充实其内容，在一九四二年内走上正规化的程度。”《指示》要求每一个行政村设立一所初级小学，每一个区设立一所完全小学，要吸收 70% 以上的学龄儿童入学；要举行编级测验，按照学生的实际程度分班；要严格教学管理，实行每月一次的定期测验，要有学生成绩登记表，并要向学生家长报

告学生学习成绩。① 1942 年 10 月，晋冀鲁豫边区政府公布了《晋冀鲁豫边区小学暂行规程》。

所谓“正规化”，是按照抗战前学校管理的各项规程实施管理，反映在考试制度上就是要有平时考试、学期考试、毕业考试和升留级制度。战工会《关于整顿改进小学教育的指示》明确提出了实现“正规化”的目标，而《晋冀鲁豫边区小学暂行规程》就是实施正规化考试管理的具体规定。

1944 年时，山东抗日根据地基本上实现了每个行政村一所小学的目标。在艰苦的战争环境中，仍坚持“正规化”办学，坚持以严格的考试制度为核心的教学要求，是这一时期山东抗日根据地小学教育的一个重要特点。

“反对旧型正规化”是 1944 年教育改革的主要内容，所以，自 1945 年始，不仅中等教育学校被改造成干部培训场所，小学也开始以“庄户学”为标准办学，并逐步由“公办”转为“民办”。在“庄户学”和“民办”时期，包括考试在内的一切教育规则都被视为“旧型正规化”而取消掉了。

1948 年 10 月，山东省政府以“通令”的方式，公布了《恢复和整顿小学实施办法草案》。《草案》提出，小学教育要以“教导儿童识字、明理，发挥儿童之智慧，增进儿童健康，培养儿童生产知能及民族民主斗争的实际知识，使之成为新民主主义共和国之新儿童”为目标。在考核制度方面，规定“对学生学业与品质之进步，应注意平时检查与定期考核（月考、期考），并公布其成绩，使儿童了解自己的学业及品质情况，明确努力方向，并需备有各种表册，以便记载检查”；在毕业制度方面，规定

① 《山东省战时工作推行委员会教育处关于整理与改进小学教育的指示》，载山东省档案馆等编：《山东革命历史档案资料选编》八辑，山东人民出版社 1986 年版，第 176—182 页。

“以学完规定课程为准，然后进行考试，及格者升学或毕业”。①该《实施办法草案》的主要精神是要在逐步恢复“公办”小学的同时，制定和建立正常的教育教学管理制度，学业考试和毕业管理制度是其中的重要内容。

1949 年 10 月，山东省文教厅公布《山东省小学教育暂行实施办法》，对施教方针作了如下表述：“培养儿童读、写、算的基本能力及普通的科学常识，以增进其对生活、生产、社会、自然等各方面的认识”；“注意卫生健康教育，以养成儿童的健全体格”；“培养儿童爱护人民祖国的思想及爱劳动、爱公物、守纪律、民主、团结的良好习惯”。这一方针，强调了儿童智育、体育、德育全面发展的理念，而且将智育作为小学教育的首要内容，从而凸显了对文化科学教育的重视。《暂行实施方法》提出，小学一律执行五项“正规制度”。其中，对于考试制度的表述如下：

> 学生入学，除初入学校之一年级新生只举行口试与体格检验外，其他各年级，不拘插班或升学均须经正式考试及格方得入学。学生毕业时，亦须经考试及格方得认可。另外，在修业期间，得举行月考、期考等测验，每学期之成绩及格者始得升级，不及格者留级。除各科之考试外，每学期之学生品质考核应采取学生集体评定与教师、教导处补充、审查、批准的办法。但对低年级儿童无相互评定能力者，应主要依靠教师之评定。②

《暂行实施办法》强调了学业考试在学生日常管理、升级和毕业中的重要作用，并提出了严格的实施要求。这

① 《恢复和整顿小学实施办法草案》，载山东教育史志编纂委员会办公室编：《山东教育史志资料》，1989(1)，第 19—22 页。

② 《山东省小学教育暂行实施办法》，载山东教育史志编纂委员会办公室编：《山东教育史志资料》，1989(1)，第 92 页。

是时隔五年后，山东小学教育恢复和重建正规考试管理制度的标志。

（二）民众学校的教学要求与考查

民众教育是抗日根据地与解放区教育的重要内容，发动数以百万计的农民群众开展大规模的学文化运动，也是这一时期山东教育发展史上的创举。

民众教育是针对 16 岁至 50 岁没有读过小学的农民群众而开展的教育教学活动，其形式包括各种民众学校和在冬天集中进行的"冬学"活动。

1939 年 12 月 26 日，大众日报发表《加强推行冬防教育》的社论，要求各地民主政府通过创办民众夜校、半日学校、识字班、俱乐部，推动冬防教育的开展。这是山东抗日根据地组织民众教育活动的开始。1940 年 10 月 22 日，大众日报又发表《普遍开展冬学运动》的社论，将开展冬学与民主政权的巩固联系起来，要求各级政府把组织冬学运动作为中心工作之一认真开展起来。社论提出，冬学的主要课程是识字和抗战道理，识字课本的内容要与抗战道理密切联系。要通过四个月的冬学，使学生至少认识 500 字。

《山东省战时国民教育实施方案》对民众学校提出的要求是：凡年龄在 16 岁以上 50 岁以下而未受小学教育之成年，不分男女均须受成年基础教育；民众学校每村建立一处，每乡必须建立中心民众学校一处；利用每年 11 月初至翌年 2 月底冬季农暇，发动冬学运动。民众教育学校的教学内容包括语文、政治、战时常识、生产运动、用数训练五部分。在语文方面的要求是：能认写 1500 到 2000 常用字及通用简体字；能阅读布告、通知、信件、报纸及简单通俗之宣传品；能写简单书信、通知及一般应用文件；能做简单演讲。在用数训练方面的要求是：熟悉简单的笔算与心算法；熟悉珠算之加减乘除的基本算法；能运用简单珠算解决日常生活中的计算问题。

民主政府对于民众教育是重视的。胶东区在1941年1—3月集中组织了大规模的民众教育活动，举办民众夜校3077处（学生123799人），妇女识字班3405处（学生136783人），冬学749处（学生58163人）。学习的成绩是："平均识120至150个汉字，能讲抗日必胜的道理，认识了投降派反共反人民的罪恶，知道了反投降和反扫荡同样重要。"①

民众学校对于教学内容虽然提出了一定要求，但一般不通过严格考试的方法检查教学效果。滨海区在总结1940—1945年群众教育工作时说：

> 学习成绩的考查，有的已经打破旧的考试方法，改用由大家讨论、选举模范的方法来评定学生学习的优劣。这样，使学生学习与行动完全统一起来，不叫学生死读书，成为一个书呆子，避免过去考试制度的教条形式，而且大家的眼睛最公平，能发现学习的积极分子。经过大家发言、争论以后，既贯彻了民主，又提高了每个人的积极性。……常山区贾古庄村子在教员的热心协助下，用随到随教，要学什么就教什么的方法，三个月内识了二三百个字，学会记账、写路条等。②

农民民众对于学习是有积极性的，尤其是青年妇女，更有着强烈的文化学习愿望。渤海行署1946年6月统计，全区常年参加学习的成年人有33.5万人，其中妇女占了41%。许多人的认真程度是令人感动的。一位记者在报道一个村庄的学习运动时写道："有位姑娘说，她半夜起来推磨，月光下在门上用

---

① 《胶东行政联合办事处一、二、三月份工作总结》，载山东老解放区教育史编写组编印：《山东老解放区教育资料汇编》三辑，第10页。

② 《滨海区一九四〇至一九四五年群众教育工作总结》，载山东老解放区教育史编写组编印：《山东老解放区教育资料汇编》三辑，第134页。

粉笔写字，天明一看，门全白了。烧火时，用烧焦的木头或火叉在地上写字，到井边汲水时，在罐上写字。青年男子推车时在手背上写字，边走边看，回来在鞋底上写字，边走边认。他们的发明是‘白天画地皮，晚上画肚皮’，睡觉时也写字。”①

1946 年夏的统计显示，解放区举办民众学校 23170 处，妇女识字班 22834 处，村干部学习组 4399 组，成人学习班 44716 组，青年学习室 4254 处。② 这些学习组织在宣传民众、发动民众和启发民众的民族民主觉悟方面发挥巨大作用的同时，也在广大农民文化翻身方面产生过重要影响，滨海区的莒南县金沟官庄即是一个例证。“全村 173 户，784 人，儿童青年全部入学，儿童每日到校不过二分之一强，青年则一般能坚持。旧日，该村只有 11 个人上过私塾，只有一个人能写写算算。去冬调查，该村识 2000 字以上的有 23 人，1000 字至 2000 字的 37 人，500 字至 1000 字的 28 人，300 字至 500 字的 51 人。还有百十人识几十字至百把字，能写通讯稿的 63 人，会写路条的 108 人，能看《滨海农村》（通俗报）大部分的 43 人，《滨海农村》通讯员 170 人。”③尽管在成人教育学校并不采用考试的方法检查学习效果，但通过集体学习活动，在相互促进中，争当学习积极分子的激情，也能使他们获得巨大的学习动力。

六、小学教员检定试验规则及其实施

抗战中期，山东抗日根据地民主政府为提高小学教育质

---

① 白桃：《从一个村庄看怎样建设农村文化》，载山东老解放区教育史编写组编印：《山东老解放区教育资料汇编》四辑，第 310 页。

② 《山东省教育厅四年来的教育工作总结》，载山东老解放区教育史编写组编印：《山东老解放区教育资料汇编》二辑，第 341 页。

③ 山东省政府教育厅：《山东解放区的教育工作》，载山东老解放区教育史编写组编印：《山东老解放区教育资料汇编》二辑，第 252 页。

量，本着正规化的要求，制定了小学教员标准和实施检定试验的方法，部分地区也开展了小学教员检定工作。

1942年2月25日，山东战工会公布《山东省小学教职员服务条例》，对于小学教员资格规定了六项条件：坚决抗日，热心教育事业者；拥护革命的三民主义与三大政策，对抗战团结有相当认识者；了解新民主主义教育之大意者；身体健康，略具军事常识者；品行端正而无不良嗜好者；曾受中等教育或师资训练而具有教学经验与技能者。《条例》规定：具备六项条件，经小学师资检定合格获得服务证书的人员，才可以成为小学的教职员；经检定不合格的人员，可以成为副教员；对于"有破坏抗战，违犯革命的三民主义、三大政策之言论或行动者"、"在抗战期间违犯刑法或曾受民主政府刑事处分而褫夺公权尚未恢复者"、"行为不检或有不良嗜好者"、"身体残废或有疾病以致不能任职者"，不能担任小学教职员。《条例》特别规定："小学教职员经委任或聘任后，即为政府之工作人员。"①

与此同时，战工会还公布了《关于保证小学教师专业化办法的决定》。《决定》说："为了克服小学教员缺乏、流动、不安于工作的现象，保证小学教员安心工作，培养大批足够数量的、坚决抗战、积极工作、具有相当的文化水平与教学技能的专业小学教员，以改进现有小学教育，提高小学教育的质量，必须在行政上、社会上、待遇上等各方面保证小学教员的专业化。"并指出："凡经政府检定合格、发给服务证之小学教员，皆为专业教员，由政府公布于社会。服务不满三年者，不准调任其他工作，教员本人亦不得任意改变职业。"②

---

① 《山东省小学教职员服务条例》，载山东省档案馆等编：《山东革命历史档案资料选编》八辑，山东人民出版社1986年版，第169—170页。

② 《关于保证小学教师专业化颁发的决定》，载山东省档案馆等编：《山东革命历史档案资料选编》八辑，山东人民出版社1986年版，第172页。

将小学教员定性为有"相当文化水平与教学技能"的专业人员,表明当时战工会对教师职业是有深刻认识的。尤其是将小学教员归入政府工作人员行列,更是对教师工作的重视和对教师社会地位的肯定。

1942年2月27日,山东战工会教育处发出《关于检定小学教员的指示》,要求各县组织由文教科长、小学教育科员、文教委员会主任、教联会主任参加的小学教员检定委员会,负责小学教员检定工作。《指示》并不主张以严格的文化考试作为唯一标准,而是提出了四项检定方法:其一是文字测验,具体要求是:"试题要力求浅近、简单、明确、普通,多出小题目,要带着测验性质,尽量避免出大题目,作空文章;高级、初级应分别举行"。其二是个别谈话,具体要求是:"注意其出身、历史、社会关系,对问题的认识、了解程度,人生观与世界观,工作观点与态度,教学经验、思想意识等"。其三是组织考查,具体要求是:"通过教育行政系统、小学教员救国会、群众团体及社会人士各方面,去进行对于每个小学教员实际工作能力、教学成绩与思想意识的考查"。其四是相互检定,具体要求是:"发扬民主,通过教联会的小组,组织教员互相检定,使他们自己指出彼此的文化政治水平、教学能力、工作成绩、思想意识上的缺点与优点。"

《指示》要求各地政府认真开展小学教员检定工作,防止任何形式的敷衍和徇私舞弊现象发生,并要求在第一学期办理完毕。①

1942年2月28日,山东省战工会公布《检定小学教员暂行办法》,对小学教员的政治态度、学历程度、教育教学原理和知

① 《山东战工会教育处关于检定小学教员的指示》,载山东省档案馆等编:《山东革命历史档案资料选编》八辑,山东人民出版社1986年版,第173—175页。

识水平等方面，进行全面考查。

为配合小学教员检定工作，并大力提高小学教员的理论水平和教育教学能力，战工会教育处于 1942 年 3 月发出《关于培养与训练小学教员的指示》，提出：要根据检定的结果，对小学教员开展有计划的轮流普训，训练时间应安排在麦假、秋假，以不耽误学生上课为原则；要根据检定结果，分别开办政治、文化、教学技能训练班，有针对性地提高小学教员的政治觉悟、文化水平和教育教学能力；课程内容以少而精为原则。

1942 年，滨海区小学教员接受检定的有 426 人，其中大学 2 人，专科 3 人，高中 2 人，初中 52 人，师范 55 人，高小 153 人，初小 25 人，私塾 112 人，其他 22 人。① 具备高小及其以上文化水平的占了 62% 以上。在经济文化上都相对封闭落后的广大农村，这一时期小学教师的文化水平应当算是比较高的。能坚持对小学教员进行检定，表明抗日民主政府对教育工作十分重视，对教师知识文化水平的要求比较高。

抗日根据地的小学教员检定仅在 1942—1943 年举行。自普通教育改革开始后，由于小学的文化课教学不被重视，对教师的学历要求也就大大降低了。大批在群众学文化运动中涌现出来的积极分子担任了小学教员。1943 年时，沂中县金星区有小学教员 11 人，其中中学文化程度 1 人，高小文化程度 8 人，私塾 2 人；而 1946 年时，该区有小学教员 53 人，其中高小文化程度 25 人，初小文化程度 9 人，私塾 19 人，高小文化程度者尚不及半数。②

---

① 《山东省临时参议会一届二次议员大会关于通过战时推行委员会施政报告的决议》，载山东省档案馆等编：《山东革命历史档案资料选编》十辑，山东人民出版社 1986 年版，第 261 页。

② 《1947 年山东省政府教育厅给中央宣传部的工作报告》，载山东老解放区教育史编写组编印：《山东老解放区教育资料汇编》二辑，第 266 页。

1949 年夏天开始,随着小学教育逐步向正规化转轨,对小学教师的学历要求也日益提高。当年 6 月,华北人民政府公布《小学教师服务暂行规程》,对小学教师的任职条件作出了明确的规定。

1949 年 10 月,山东省人民政府公布《山东省小学教师服务暂行规程(草案)》,对小学教师的任职资格做了进一步更加明确的规定。

《规程(草案)》关于乡村初级小学正式教员的条件为:前师、简师或短师学校毕业者;相当初中程度,曾在师资训练班毕业者;相当初中程度,曾任小学教员或其他革命工作一年以上者;高小毕业或相当高小毕业者,曾任小学教员或其他革命工作二年以上者。

《规程(草案)》关于初级中心小学校长或高级小学教员的条件为:后期师范学校毕业者;高中程度,曾受短期训练者;前师、初中毕业或相当程度,曾任初小教员或其他革命工作一年以上者。

《规程(草案)》关于大、中城市高级小学正式教员或完全小学级任教员的条件为:后期师范毕业者;高中程度,曾任高级小学教员一年以上者;曾任初级中心小学校长或高级小学教员一年以上者。

《规程(草案)》关于高级小学科任教员的条件为:相当初中程度,长于体育、音乐、美术、劳作者。①

这样,在经过六年之后(1943 年山东抗日根据地对小学教员进行了较普遍的检定工作),山东省政府对小学教员的任职资格又规定了明确的条件,并把定期检定作为保证教师质量的措施,从而为新中国山东小学教师的正规化建设奠定了基础。

---

① 《山东省小学教师服务暂行规程(草案)》,载山东教育史志编纂委员会办公室编:《山东教育史志资料》,1989(1),第 97—98 页。

第十章 齐鲁大学的考试制度

在中国教育发展史上，山东曾有一所与燕京、金陵、圣约翰、岭南等齐名的教会大学，这就是设于济南的齐鲁大学。齐鲁大学的前身是美国北长老会传教士狄考文创建的登州文会馆。后来，该馆与英国浸礼会创办于青州的广德书院的大学部合并，迁至潍县，称广文学堂。1909 年，广文学堂与青州的神道学堂、济南的共合医道学堂联合办学，称山东基督教共合大学（Shantung Christian University）。1917 年，三校迁济，完成了真正意义上的联合，同时又将英国浸礼会设在济南的广智院并入。因此，一般将 1917 年作为齐鲁大学的开端。事实上，在齐鲁大学立案之前，Shantung Christian University 和 Cheeloo University 两个名称是并行使用的，Shantung Christian University 是学校的英文名称，Cheeloo University 是学校的汉语名称。1931 年立案时，依照南京国民政府的要求，才在所有场合，包括学校的各种正式文件中，一律使用 Cheeloo University（齐鲁大学）这一名称。

因此，作为山东教会学校的高等学府，齐鲁大学实际上经历了三个相互联系的发展时期，其考试制度也是在不断发展的过程中日益严密和趋于完善的。

第一节　文会馆及联合办学时期的考试制度

一、文会馆的学业考试与品行考查

登州文会馆始于 1864 年，是狄考文夫妇招收 6 名贫穷人家子弟而创办的一所蒙养学堂。初设时，该学堂的学制为六年，相当于小学水平。1872 年，有 4 名学生完成学业，狄考文夫妇为他们设计了四年的中学课程。1876 年，3 名学生完成了四年的中学学业，被允许毕业。1877 年春，学堂取“以文会友”之意，定名为文会馆，将那 3 名学生作为首届毕业生。与此同时，狄考文积极创造条件，筹备设立山东第一所现代高等教育学校，取名为山东学院（The College of Shantung）。该学院以“教育青年使有完备的中国文化与西洋学术，并具基督教立场与精神”为宗旨，以“尽速培植中国人现代学术水准”为目标，设计了系列高等教育课程。1881 年，美国基督教长老会国外宣道部批准了该项计划，同意在登州设立一所高等教育学校，但将名称定为登州学院（Tengchow College），其中文名称为“文会馆”。

1882 年，文会馆正式开始实施高等教育课程。因当时中国学生的实际水平过低，文会馆设备、正两斋。备斋开设诗经、孟子、大学、中庸、唐诗、基督教基础知识和数学、地理等课程；正斋除续讲中国经学和基督教知识外，开设了系统的自然科学和社会科学课程。因此，山东现代意义上的大学教育实始于此。

文会馆成立初期，没有入学考试这道门槛。“正斋学生或由备斋擢入，或由中学选取，而备斋学生由登、莱、青三郡教会来者居其多数。间有学生亲族子弟结伴而来，亦收入备斋。持中学堂荐书来者，尽数收入正斋。初不严试，及入学月余，教习会议课程，才有不及者，淘汰之；学有不力者，惩创之。间有儒学已优，远来就学，准其破例专事西学。"①就是说，初设时，文会馆并没有入学考试，备斋招收教徒子女；正斋除由备斋升入外，持有教会中学的推荐书，即可入学。但入学一月后是要考试的，其目的在于淘汰差生和惩罚不努力学习的学生。

文会馆有严格的考试制度，他们将考试的功用归结为："学有勤惰，斯功有优绌。漫不加察，则勤无以励，惰无以警，优无以见，绌无以分。"②显然，他们将考试的目的定位于奖励勤奋者，警告懒惰者，使优秀的学生得到荣誉、庸劣的学生予以分流。

文会馆将考试分为三类，即日考、季考和常年考。

日考是平时的随堂考查。由教师在平日上课时，提问学生，根据学生的回答，暗记分数。算术及理化实验，则记其演算和实验操作分数。

季考是一学期学习结束后进行的阶段性考试。算术及物理科目的季考，采用教师命题、学生笔答的方式，主要考查学生对基本理论的理解和掌握程度。季考成绩由学生口答、演算和实验操作以及笔答成绩综合评定。文会馆后期改变了季考的方式——每学期结束时进行试卷考试。试卷分数即为季考成绩，成绩以百分计，50 分为及格，满分为上上。及格可以升级，不及格则令其重修或遣送回家。

常年考是每年按例定期举行的考试。正斋学生每年必须考的四门课程是数学、代数、地理和五经字。考得满分的学生，

---

① 王元德、刘玉峰：《文会馆志》(历史部分)，潍县广文学校印刷所 1913 年印，第 36 页。

② 王元德、刘玉峰：《文会馆志》(历史部分)，潍县广文学校印刷所 1913 年印，第 37 页。

可以获得下次免考的待遇；不及格的学生，则要受到重修的惩罚。文会馆正斋设有 20 余门课程，而每年必考的是以上四门。之所以如此重视这些课程，是因为他们认为，“此数项功课所关甚要，须屡经考试方能娴熟，而出以授人也”①。也就是说，这四门课程是学生知识结构的基础，尤其是对于将来担任教师的人来说，更是至关重要的，只有经过反复考试，才能让学生熟练掌握这些知识。毕业后，也才能成为一名合格的教师。

文会馆采用百分制与等级制相结合的方式评价学生的学业成绩。他们将考试成绩分为上上、上、中上、中、中下、下、下下七个等级，每个等级都与百分的某一成绩相对应。这样做，既能体现学生学习成绩的差异，又能有区分度的划分，学生学习成绩的优劣，一目了然。

应当说，在生源不足，入学相对宽松的情况下，文会馆逐步建立起了一套考评学生学业成绩的制度。日考是整个考评的基础，教师通过提问，了解学生对所授知识掌握的情况，在暗记分数的同时，也获得了进行个别指导的依据。文会馆实行春、秋两季教学制，因此季考等同于后来的学期考试。文会馆前期，季考相对宽松。柏尔根担任监督后（1901—1904 年）实行试卷考试法，并对不及格学生采取严厉的处置方式，使学业考试制度更加严格了。年考并非仅考以上四门课程，讲授结束的所有课程都要进行考试。文会馆不进行毕业考试，学生循序学完所有课程，逐一考试合格，到第六学年就可以获得毕业文凭了。

文会馆办学 20 余年（从 1882 年计），培养了 200 多名毕业生。1910 年对 180 名文会馆毕业生的调查显示，有 105 人进入

① 王元德、刘玉峰：《文会馆志》（历史部分），潍县广文学校印刷所 1913 年印，第 38 页。

各类学校任教,37 人从医、经商或到邮政、铁路、海关等部门工作,专职的宗教人员仅 38 人,“毕业生棋布星罗,几遍十六行省”①。1901 年,袁世凯筹办山东大学堂时,难觅自然科学教员,幸得文会馆六名毕业生前往,才解了燃眉之急。

综观文会馆考评学生学业成绩的各项规定,虽然从条文上看过于简单,但已具备了考试制度的基本要素。齐鲁大学以后各个时期的考试制度,都是在这个基本框架之上,或增加考试类型,或丰富考试内容,或改变评分标准,或强化考场规则而逐步发展和完善起来的。

文会馆时期没有考查学生思想道德方面的规则,他们是通过两方面的措施约束学生行为,并进行良好道德行为培养的。

订立各种条规,是文会馆约束学生行为的一项举措。文会馆有礼拜、斋舍、讲堂、放假、禁令、赏罚六大条规。礼拜条规规定,学生每日早晚两次参加礼拜仪式,读诗、歌诗、祈祷,并听教习讲解经文。期间,教习要多次考问学生的理解和感受。禁令条规,既包括必须遵循的“人伦道德大端”,也具体到应注意的“琐屑细事”,其中有三条是严令禁止的,即吸食鸦片、饮酒和说谎欺诈。

成立各种学会,是文会馆引导学生养成良好道德的举措。文会馆设有辩论会、传道会、勉励会、戒烟酒会、赞扬福音会、新闻会、青年会、中国自立学塾会八大学会。对于这些学会,文会馆采取强迫与自愿相结合的办法,要求学生参与。所谓“强迫”,是指学会是在监督的督率之下,作为学课之一,是学生必须参与的;所谓“自愿”,是指学会的各项条规,全部由学生议论订立,监督不予强制。监督参与学会的各项活动,“从旁指教

① 王元德、刘玉峰:《文会馆志》(历史部分),潍县广文学校印刷所 1913 年印,第 55—56 页。

之、评论之，使学生择善而从"①。这样看来，这各种学会，其实都是文会馆对学生实施道德行为训练的组织。在这些组织中，通过在监督"指教"、"评论"下的活动，达到强化宗教道德的目的。狄考文将"在强烈的宗教影响下进行教育"，作为实施学校管理的重要方针。他们可以通过辩论会，考查学生对基督教教义的理解程度；通过传道会和赞扬福音会，考查学生宣传基督教的能力；通过勉励会、戒烟酒会，考查学生勤勉自奋的品行。

各种条规的作用在于"禁"，各种学会的作用在于"导"。在这一禁一导中，蕴涵着道德教育的精华。在文会馆，道德品行的考查，是监督和教习在参与学生的各种活动时，通过"辨其是非曲直"和"从旁指教之、评论之"的方式完成的。这种方式比填充各种品行表格、书写品行评语的效果要好得多。

二、联合办学时期的招生与考试

1904 年，登州文会馆与青州的广德书院合并，称广文学堂，校址设在潍县，这就是齐鲁大学文理科的前身。1905 年，英国浸礼会创办的郭罗培真书院和美国长老会创办的神学班合并，称青州神道学堂，这就是齐鲁大学神科的前身。1906 年，美国长老会在济南创办的医学堂和英国浸礼会在青州创办的医学堂合并，称济南共合医道学堂，这是齐鲁大学医科的前身。自 1904 年至 1917 年三校迁济实现真正合并，是齐鲁大学历史上的联合办学时期，也被称作基督教共合大学时期。

这一时期，三校各居一地，学校的教学管理也各自为政，不尽相同。在考试方面，沿袭了文会馆时期的考试制度，实行严

① 王元德、刘玉峰：《文会馆志》（历史部分），潍县广文学校印刷所 1913 年印，第 48—49 页。

格管理的是广文学堂。广文学堂也称广文大学，学制4至5年，其课程与文会馆有较大区别，虽然仍分为宗教、中国典籍、一般科学三部分，但由于大大缩减了宗教和中国典籍课程，使科学类课程占到了80%以上，从而更加接近于现代大学了。

广文学堂设正班和选班两种形式。正班招收中学堂毕业生，经严格考试后录取。学生学完规定课程，经考试合格后发正式毕业文凭。选班学生无须中学毕业，只要是16岁以上，"中文明通者"均可报名参加考试。考试方法是写一篇议论文，并能默讲四书。广文学堂不再专门招收教友子弟，只要有切实可靠的人引荐，学堂会一视同仁。至于学生将来是否信教，学堂的态度是"只听之其人，本堂概无勉强"。

广文学堂设计了五年的课程，修完前四年的课程即可获得毕业文凭。若自愿继续攻读第五年的课程，并经考试合格，则可另获得一张文凭。有人说，广文学堂实际上有三种学制：一种是老六班，六年毕业，仍和文会馆相同；一种是新四班，四年毕业。这两种都是不分系的普通科。另一种是广文后期招收的，为六年毕业。前四年为预科，不分系，后二年为本科，分系。广文学堂定有各种行为规则，稍有违背就会被记过。考试规则也很繁苛，学生曾为此而罢课。①

总体上看，广文学堂有着严厉的考试管理制度，办学12年（1905—1917年）正式毕业生仅345名。②

---

① 张士新：《我所知道的齐鲁大学》，载山东省政协文史资料研究委员会编：《山东文史资料选辑》第16辑，山东人民出版社1989年版，第82—83页。

② 王神荫：《七七事变前的齐鲁大学》，载山东省政协文史资料研究委员会编：《山东文史资料选辑》第1辑，山东人民出版社1989年版，第186页。

第二节 齐鲁大学的考试制度

1917年，潍县的广文学堂、青州的神道学堂和济南的共合医道学堂迁入济南的新校区，实现了管理上的统一。齐鲁大学进入了一个新的发展时期。新校区占地600余亩，建筑宏伟、设施完备，其规模和办学条件为当时国内所少见。20年代时，齐鲁大学设文理、医学、神学和社会教育四个科。后来，为满足中国政府要求教会学校在中国教育行政部门"立案"的规定，齐鲁大学采取了多项加强学校建设的措施，其中包括：改组董事会，使董事会中的中国人占到三分之二，并聘任中国人为校长；将神学和社会教育科独立出去，以表示与宗教的"分离"；将文、理科分开，成立两个独立的学院，文学院设国文、教育、历史政治、社会经济、外国文学6个系，理学院设生物、化学、物理、天文算学4个系，并高薪聘请一批高水平的教员，从而加强了师资力量；改医科为医学院，进一步加强医学院建设；筹巨资大量购买图书。1931年12月，齐鲁大学实现了"立案"的愿望，办学水平也上了一个大的台阶。抗战期间，齐鲁大学响应教育部的号召，内迁四川，与华西、金陵等教会大学联合办学，直至抗战胜利后返济复校。

随着各项管理制度的建立，齐鲁大学的考试制度也逐步趋于完善。

一、招生考试制度

招生考试制度是齐鲁大学考试制度的重要组成部分，也是规则众多的一项管理制度。上世纪20年代，像齐鲁大学这样的教会大学招生并不容易，这主要有三个方面的原因：其一是因为宗教，当时特殊的社会环境，尤其是收回教育权运动，使许

多有意深造的青年不愿报考教会办的大学；其二是因为高学费，齐鲁大学是收费的，每年近 160 元的学费和生活费，使家境稍差的学生望门兴叹；其三是考试的高要求，齐鲁大学对学生要求严格，而且考试对英文和自然科学的起点也高。因此，至 1931 年立案，办学 14 年来，齐鲁大学仅毕业了 400 余名学生。可见，每年招生量是很小的。正因为合格生源少，所以除普通生外，齐鲁大学每年都招收一定数量的保荐生、插班生、专修生、选修生和特别生。

（一）免试生的入学规则

保荐生是经齐鲁大学认可，由办学优良的中学荐送的优秀学生，这些保荐生可以免试入学。齐鲁大学对有保荐资格的中学定有严格的条件，主要内容如下：

> （一）凡愿为本校所承认之各中学校，必先具正式请求书于本校入学委员会，以备本校派员审查是否合格。然初次之旅费，由该校自备，以后则由本校担负。
>
> （二）既经承认之各校，于每年须将该校之教员及一切设备情形详细报告本校。此外，高级三年级季终考试问题及各班之结果，亦须报告本校。每年必派员检阅一次。
>
> （三）承认规定以一年为限（自本校批准日起）。若按该校之报告及本校之调查，仍能存其旧观，或更能日渐发展者，本校仍保留其荐送权。
>
> （四）如经承认之学校中教员有不合格者，不得称职贻误青年者，此项问题该校当局应负责任，并将该教员之智力经验薪金等，详加报告。①

就是说，齐鲁大学为保证认可学校保荐生的质量，要求中学如实报告学校教学设施、师资力量的情况，报告对不合格教

① 《齐鲁大学 1925 年入学规则》，山东省档案馆，J109-02-15。

员的处理措施，并报送高中三年级学生季考的试题及考试结果的详细资料。齐鲁大学认可的学校必须荐送“品学兼优，并有求学之志愿”的学生，其条件如下：

凡保送生，必在本校所承认之学校完全读毕六年中学之课程，并须呈验本校考试科目，相附之学科成绩须足三百个单位。其各种科目，必在最高百分之七十内，且三分之二之课程在最高百分之三十内者为合格。

既经承认之学校，其记分法与本校相同，或以60分为及格者，其保送学生之成绩，每科不得低于70分，且其三分之二科目须及80分或80分以上。本校所索三百个单位，须包括中学内重要科目。按照大学入学程度表所罗列，入学后如经查出有何科目程度低劣，此科目之成绩即须扣除，不得列入单位。①

这里，所谓“单位”，相当于今天大学的学分。齐鲁大学规定，初级中学，每节课45分钟，每周一节，满一学期，即为一个单位；高级中学，每节课50分钟，每周一节，满一学期，即为一个单位；实验则每两小时合计为一节课。齐鲁大学对300个单位的课程有严格的要求，必须是如下科目，才能计在300单位之内：

必修科目（二百二十五个单位）：

国文	六十单位 （其中高中三十个单位）
英文	六十单位
数学	十单位
代数	十五单位
平面几何	十单位

① 《齐鲁大学1925年入学规则》，山东省档案馆，J109-02-15。

中国史	二十单位
西洋史(高中)	十单位
地理	十单位
公民学	十单位
普通科学	十单位
物理或化学	十单位

选修科目(七十五个单位):

必须在下列选科中选足七十五单位(欲入理科或医预科,须选包括物理化学在内的理科科目三十个单位和包括立体几何、三角在内的数学科目五十五个单位):

家庭科	十五单位
体学	十单位
宗教学	二十单位
伦理学	二十单位
教育学	三十单位
商业、实业、农业	三十单位
国文	四十单位
英文	四十单位
数学(立体几何、三角)	十单位
中国史	十单位
西洋史	十单位
地理	二十单位
经济学	十单位
物理化学	十单位
生物学	十单位

毫无疑问,齐鲁大学对保荐生提出统一的教学要求是合理的。这样可以保证学生有同样的知识基础,不会因中学教学要求的不统一,而造成学生某些知识的欠缺。

这里,300 单位的教学要求是一个什么概念呢?我们如果将中学6年(初中3年,高中3年)分为12个学期,那么,每学期必须完成25个单位的教学。即是说,除了体育、美术、音乐等课程外,每天必须有4节课用来开设上述课程(其中理化实验2节只算1节)。上世纪20年代,山东能按这样的要求开足六学年课程的中等学校并不多。能在这些学校的高分毕业生中名列70%之内,而且主要课程的成绩能在30%之内的学生,必定是学业成绩十分优秀的学生。这里应当指出的是,齐鲁大学对于招收保荐生的工作是十分慎重的,他们每年都要派员对申请认可的中学进行严格的审查评估。这种评估不仅涉及学校的管理、教学、所开设课程、教员水平,甚至深入到对试题难度的分析,工作的严谨程度,于此可见一斑。

为保证保荐生的质量,齐鲁大学要求中学校长要对保荐生的品行及学力负责任。在1929年的招生简章中,他们规定:"凡中学办理完善、成绩优良,经本校承认者,可向本校保荐学生。此等学校毕业生之品学兼优者,若由该校校长发给荐书,证明其品行、学力均合本校入学资格,可直接升入本校,勿庸考试。但亦须呈交入校报名书甲、乙、丙三种,及相片一张、报名费一元,并由原校长填写本校印成之荐书,寄本校注册处。"① 除此之外,在这一年的招生简章中还规定,如果被保荐的学生有一两门课程不佳,则仍须参加该课程的考试,及格后方能入学。这都体现了齐鲁大学对保荐生学业成绩的重视。

整体上看,招收保荐生是齐鲁大学在生源相对不足的情况下,吸纳优秀中学毕业生的一种举措。为招收一名保荐生,学校必须付出大量人力和财力,即使如此,招生中的许多事情也是校方所无法控制的。因此,到30年代,当齐鲁大学被批准

① 《齐鲁大学1929年招生简章》,山东省档案馆,J109-02-15。

"立案"后,由于生源的大量增加,文理学院招生时便废止了招收中学保荐学生的规定。

插班生是在与齐鲁大学水平相当的大学修业一年以上,要求转入该校继续学业的学生。1934 年,齐鲁大学规定,转学生必须经过校招生委员会审查,并须参加编级考试。考试科目为国文、英文和主修的数门课程。

专修生是以修习某一学科为目的的学生。上世纪 20 年代,齐鲁大学文理科、神科、医科都招收少量专修生。文理和神科只招收大学毕业生,入学须呈验毕业证书;医科则可招收医校的毕业生,但仅能入临床班随班学习。

选修生也是以修习某一学科为目的的学生。1934 年,齐鲁大学招生简章规定,文、理两学院可以招收少量选修生。选修生须高级中学和具有相当程度的学校毕业,所选习的科目必须经考试合格后,方能作为选修生入学。选修生每学期所修习的课程,不得超过 12 学分,并须参加所学课程的考试。

特别生是有特别情况的学生。1930 年齐鲁大学的招生简章规定:高中毕业生,不愿在本校文学院或理学院毕业得学位者,可酌收为特别生。特别生之学额,不能超过总学额之十分之一。①

专修生、选修生、特别生都以进修为目的,当过三年教员或服务过教育机关的人员,更是如此。他们都不会取得毕业证、学位证,不算是学校的正式毕业生。因此,招收这些学生一般不用考试,但一旦编入班级,进入学习状态,学业考试的标准是不会降低的。在高等教育资源如此短缺的时代,齐鲁大学能招收这样的学生,反映了该校办学和人才培养的多样性。

---

① 《私立齐鲁大学文理两学院 1930 年招生简章》,山东省档案馆,J109-02-15。

（二）试前对考生的各种考查及考试时间安排

普通生是齐鲁大学招生的主要对象。通过多年的积累，该校形成了一套完备的招生考试管理规则，其中入学前对考生的各种考查制度在保证招生质量方面，发挥着重要作用。

上世纪20年代初，齐鲁大学招生以考试成绩为准。1925年重定招生规则时，提出招收新生必须进行五种资格的考查。这五种资格是品格、体质、以前之成绩、现在之程度、智力。学生的品格需要毕业学校校长予以保证，体质有待医生的检查报告，以前之成绩由毕业学校如实填写，现在之程度须经考试检验，智力测验要用量表测定。

在报名过程中，有三种表格对于学生能否被录取是至关重要的，即志愿书、体格证书和中学成绩及品性证书。

志愿书由学生自己填写，除考生的基本信息外，有两项内容是不可缺少的。其一是报考该校的理由和将来的志向。这是考查学生是否诚实和了解考生志趣的一种方式。其二是要有靠得住的保证人填写保证书。保证人必须细阅《保证书说明》，并对所保证的学生负起全面责任。体格证书由医生填写。1925年之前，齐鲁大学的体检证书没有统一的模式，仅由体检医生出具打印的体检证书。

自1925年秋季学期始，齐鲁大学对招生的各种表格进行了统一和规范。体格证书改为两部分。一部分完全用英文，是各项指标的检验结果；另一部分则是书有两种文字的检验体格证书。体格证书必须由有资格的医生"签押"，并声明："今查得该生之体格适宜投入贵校肄业；并以本医士之推测，彼将能有一健全的生活。"检验体格证书在注意事项栏内，提醒签押的医生说："若该生身体不健康，不能学习大学课程，即不予签押，则双方均受益矣。"这里的"双方"是指考生和学校而言。以"双方均受益"提醒医生不要为不合格的考生签押，是一种委婉而善意的规劝，对有良知、负责任的医生来说，是有一定约束力的。

中学成绩及品性证书由考生原中学校长填写，主要为三大项内容。

第一项是考生和学校教学的基本情形。包括高级中学每节课的时间为多少分钟，每节实验课的时间是多少分钟，学生每周上课为多少小时，高中学业成绩以何种方法计算（甲、乙、丙、丁各等级的成绩是多少分），考生同班有多少学生，等等。凭借该项内容的填写，齐鲁大学可以了解考生原学校教学管理是否符合本校要求。

第二项是校长对考生品性的评价。需评价的内容有本领（英文亦可译为智力）、殷勤及忠诚、创新力、诚实、正直、清心（英文亦可译为洁思）、处事坦白（英文亦可译为处事公道）、团体精神、交际（英文亦可译为同人爱敬）、领袖之才。采用等级评价法，即最优等、优等、中等、劣等和最劣五个等次。以上所考查的十项内容，实际上可分为两个方面。忠诚、诚实、正直、清心、公道和团体精神属于道德范畴，而智力、创新力、交际能力、领袖才能属于能力范畴。齐鲁大学所希望培养的正是具有深厚道德修养的领袖人才。

第三项是考生中学学业考试成绩。凭借该项内容，齐鲁大学可以了解考生学业水平的基本状况；与第一项内容结合，则可以知道该考生在中学同班同学中学业成绩的位次。

智力测验实际上是考查考生心理素质的一种方法，于1925年开始施行，与入学考试同时进行。齐鲁大学1929年的招生简章说："新生无论投考或凭荐入校，皆须经过本校之智力测验。此项测验并非考试其中学课程，不过借以试验其常识是否适合本校标准，故无须先期准备。”①

齐鲁大学试前的这些考查表格是考生能否录取的重要依据，因此，该校要求考生在参加考试前务必准备齐全。1919年，该校在发给考生的《齐鲁大学招生考试细则》后，附有“注意本校招生细则两条”，内容如下：

> 一、凡愿入本校学员，须填证明书数项如下：一注明籍贯、履历并来校之诚意以及承认恪守校规；二注明前在何校肄业，并须由其校长声明该生已在中小两校肄业七年，愿考入预科一年，或已在中小两校肄业六年，愿入附班；三须有牧师、校长或公正人切实具保；四须由各处医生查验身体，毫无疾病。
>
> 二、本校文科内所附预科有三，即神预科、医预科、文预科，肄业期该（概）以二年为限。凡愿来肄业者，无论投考何科，须持有各学校长所给之证明书，填清画押，先期报名于文牍处，方准投考。在外埠各校投考者，其证明书或先期缴来或与试卷一同缴来均可。若该校所缴之试卷与证明书数目不符，或全无证明书者，该（概）不收录。拆号后，尤须参阅证明书与试卷以决去留。②

齐鲁大学实行两次考试入学制。第一次考试除校本部外，也在考生相对集中的外地设立考点。1929年招生简章中规定的外地考点有潍县文华中学、黄县崇实中学、德县博文中学、泰安翠英中学、青州守善中学、烟台益文中学、青岛文德中学、北京崇实中学、太原崇实中学、太谷铭贤中学、徐州培心中学、上海沪江大学、武昌华中师范、广州协和中学、泉州培元中学、福州三一中学。显然，绝大部分考点都设在教会举办的学校。实

---

① 《齐鲁大学1929年招生简章》，山东省档案馆，J109-02-15。

② 《齐鲁大学招生考试细则》，山东省档案馆，J109-02-11。

际上，外地考点并不限于此，齐鲁大学规定，只要有8名以上考生的地方，都可以择地设立考点。考试时，由齐鲁大学将试卷寄送至考点，承办者负责监督考试、密封试卷，然后寄回。经第一次考试拟录取的考生，必须参加第二次考试。该次考试类似今天的复试，一般于秋季开学前一周在校本部举行。

表 10-1　齐鲁大学部分年度招考院系及报考时间表

年度	招考院系	次数	报名截止日期	考试日期	备注
1926	文理、神、医	1	1926年6月5日	7月5—7日	
1927	文理、神、医	1	1927年6月4日	7月4—6日	
1933	文、理、医	2	第一次： 外省7月15日 本校7月26日 第二次：8月末	第一次： 医学院6月22—23日 文理学院7月27—29日 第二次：8月末	
1935	文、理、医、无线电专修科	2	第一次： 外省7月18日 本校7月24日 第二次：8月21日（仅限文理学院）	第一次： 医学院7月1—2日 文理学院7月25—27日 第二次：8月22—24日	转学生编级试验与第二次文理学院新生入学考试同时举行。
1938	文、理、医（文学院新设农村建设系）	2	8月31日	7月1日 9月5—6日	第一次考试是优秀学生的提前考试

（续表）

年度	招考院系	次数	报名截止日期	考试日期	备注
1939	文、理、医	1	沪、港:7月3—6日 蓉、渝:7月17—24日	沪、港:7月12—13日 蓉、渝:7月28—29日	
	文理两学院预科补习班	1	为了使1937和1938两年度录取的学生学业不致荒废而特别设立,以齐鲁大学该两年度录取的学生为限。		
	各种专修科①	2	第一次:7月1日 第二次:8月20日	第一次:7月11—12日 第二次:8月31—9月1日	第二次仅限护士、医院社会个案、土壤学及农业卫生和家政学四科
1940	各种专修科	2	第一次:6月21日 第二次:8月10日	第一次:7月8—9日 第二次:8月22—23日	
1941	文、理、医各院系	1	外埠:7月8—11日 成都:7月14—17日	7月22—23日	因抗战内迁成都,与华西、金陵、金陵女大联合招生
	各种专修科	1	6月25日	7月14—15日	
1950	文、理、医	1	外埠:7月21—23日 本校:7月27—29日	8月1—2日	

（资料来源:据齐鲁大学有关招生简章整理）

---

① 专修科是齐鲁大学开设的以培养实用专业人才为目的的专科程度的特殊课程班,主要设有护士科、医院技士科、制药科、医院社会个案科、土壤学及农业卫生科以及乡村服务科等。

该表显示,20 世纪 30 年代以后,齐鲁大学加强了专科层次实用技术人才的培养,从最初的无线电专修科,扩展到护士、医院技士以及乡村服务等各种专修科的开设。这反映了这一时期中国基督教高等教育对办学方向的调整。这种调整是要在维持高标准办学的同时,适应中国社会对实用人才的需求。即是说,这些教会大学在培养社会精英的同时,也广泛开展规模较小、花钱较少、社会急需的专业或职业人才的培养。

另外,齐鲁大学的两次考试,一次在春季学期之末,一次在秋季学期之前,相隔一个多月。第二次考试属复试性质,一般考生经第二次考试后,即可入学。这既达到了复试的目的,也避免了考生的往返奔波。20 年代时,凡第一次考试未录取的考生,均不得参加第二次考试。到 30 年代该规定有所松动,改为:凡经第一次考试落选者,愿加入第二次考试,须经注册科许可,缴重考费二元,另换准考证。① 这等于对第一次考试失手的考生,又敞开了校门。在特殊时期,如 1939 年,齐鲁大学还专门为前两个年度录取的学生开设补习班。这是因为 1937 年抗日战争爆发后,国内战争形势紧张,许多学生的学业受到严重影响。

(三) 考试科目的变化

上世纪 20 年代,齐鲁大学招生要考试五门课程。其中三门为必考科目,两门为选考科目。1929 年齐鲁大学规定的考试科目及其规则如下:

> 必考科目:(甲)国文:文言文一篇,不得少过三百字。(乙)英文:凡投考神预科而不愿得本校神学学位者,可免英文考试,但须另选他科以代之。(丙)普通算学:包括数学、代数、几何及平面三角各种实用问题。

① 《齐鲁大学 1934 年招生简章》,山东省档案馆,J109-02-15。

选考科目:考生可于下列科目中选考两种,但不得由一组中选考。两种所选科目须经原校校长认为与该生程度适合,并填于志愿书上。凡投考医预科者,必须从自然科学组中选考一种。

甲组　自然科学:物理、化学、生物。

乙组　政治学:中史、西史、公民。

丙组　算学:代数、平面及立体几何、三角。

丁组　地理。

戊组　宗教教育。

凡考试自然科学者,须呈验其在中学之实验笔记。此项笔记占考试成绩百分之二十,以经该校校长及教员签押者为有效。考试与笔记必须显明该生在实验上有熟练之手续,并精确之测算。①

显然,自20世纪20年代始,齐鲁大学入学考试就已经采用模块式的考试方法了。普通算学包括数学、代数、几何、三角4门课程。如果加上两门选修科目,考生实际上要准备的课程有8门。但因为他们可以在11门选考科目中任选2门(尽管不能在同一组内选),从而使他们有了选考的权利,这对于有个性和有学科特长的考生来说,肯定是有利的。当然,这样安排,更多的是为了照顾文、理两个不同学科对考生不同知识结构的需要。这里需要指出的是,齐鲁大学重视自然科学实验课的教学,要求学生必须参加实验,并有原中学校长和教员签押的实验笔记和显示熟练程度的标识。这实际上是对考生动手能力的要求。

1930年,齐鲁大学将文理科分开,设立文学院和理学院。同时,招生考试方式、科目以及考试内容较前有了一定变化。

---

① 《齐鲁大学1929年招生简章》,山东省档案馆,J109-02-15。

考试科目依然是6门，但党义、国文、英文、混合算学、中西历史为两学院必考科目。而科学科一分为二：文学院考普通科学，理学院和医预科考自然科学（化学、物理、生物三科任选一科）。这一分科方式有一个明显的缺陷：对于文学院的考生来说，既要考混合算学（含代数学、平面几何、立体几何、平面三角），又要考普通科学（学习普通科学课至少一年，且做过实验，能以科学态度及科学常识应付与解释日常生活中的现象与问题），明显增加了理科的考试分量；而对于理学院和医预科的考生来说，中西历史成了必考科目，显然是增加了文科的考试分量。

1934年，齐鲁大学文、理两学院考试方式及科目又有了一定变化。文学院取消了选考科目，考试科目为党义、国文、英文、中外史地、普通科学、军事学术。理学院也考6门课程，其中党义、国文、英文、军事学术与文学院相同，算学考高中代数、几何、平面三角、解析几何，科学可在化学、生物、物理三科目中选考一科。这一分科考试方式，既照顾了两个学院对考生不同知识结构的要求，也进一步照顾了理学院不同系对考生知识结构的特殊需要，有利于考生入学后的学习。

齐鲁大学内迁四川后，开始与华西大学、金陵大学、金陵女大联合招生。考试科目按照当时教育部的统一要求进行了调整。文学院的考试科目为公民、国文、英文、数学（高等代数、平面几何、三角）、中外历史、中外地理、理化、生物；理学院的考试科目为公民、国文、英文、数学（高等代数、解析几何、三角）、物理、化学、中外史地、生物。这一安排是教育部对文、理科高考科目的统一要求。文、理两科的不同在于，文科考试时，史地分开，理化合一，数学含平面几何；而理科考试时，理化分开，史地合一，数学含解析几何。虽然文、理两科在考试科目上有一定区别，但明显加强了文、理两学科的相互渗透。生物作为单独

的必考科目，反映了教育部对该科教学的重视。

（四）考试课程纲要的制订

1929年，齐鲁大学在招生简章中公布了一份中学课程纲要。这是根据数年来招生考试中反映出的中学教学中的问题而制订的，目的在于明示该校对考生知识结构的要求。该纲要以300学时（即300单位）为标准，对各科教学内容及教学参考书都作了明确规定。在解释制订该纲要的目的时，他们说："大纲只为略举本校对于各种课程所需之程度，使学生易于从事准备而非指定中学课程之范围。"可以肯定地说，该课程纲要的公布，不仅有规范认可保荐学生学校的作用，而且也会影响到其他中学的教学活动。下面是部分课程的教学纲要：①

国文（六十学时）

近年来各中学之国文教授方法及采用课本多不一致，考试标准颇难规定，但有数项似应为各中学所注意者，即注重教授国文方法及鼓励学生在课外自修，如研究古今文学及浏览报章杂志是也。每星期除普通文字外，当更有一次练习实用文字，以期学能致用。兹列本校考试国文注意之点于左：

一、书法须工整，凡草书、减笔、错字累累者，一概不取；

二、以文言文为主语体文不取；

三、以记叙实事描写真情为本，虚构空谈等视为次要。

英文（六十学时）

（略）。

数学

1. 普通算学（十至十五学时）

① 《齐鲁大学1929年招生简章》，山东省档案馆，J109-02-15。

普通算学包括数学、代数、几何及三角四种之基本原理。此四种俱用混合式且采取实用与实验之方法，今将必须肄习之条目列下：(略)。

中学校应使学生熟悉切合人生日用之算学，并予以机会令其运用算学原理于实际问题。普通算学教科书及布利氏新式算学教科书第一、二册。

2. 高级算学

(略)。

自然科学

凡应考自然科学者皆须呈交实验笔记，每次笔记以经主管教员签名者为有效，于评定成绩时，此项笔记与考卷同关重要，须显明该生在实验上有熟练之手续并精确之测算。

实验笔记亦须经中学校长签名，直接寄至本校注册处较学生自寄为妥。

凡抄写讲义或教科书者，本校皆不认为实验笔记。

1. 生物(六至十学时)

(略)。

2. 化学(六至十学时)

化学实验较讲义尤为重要，故实验室之工作至少应占化学学分之半。十学分之化学如分配于两学期内，则每星期须有讨论二次、实验三次(每次实验所用之时间，应等于课时之二倍)。

中学化学所包含各题目列下：

天秤之用法、定量法之原理、大气与氧气、炭及其化合物、燃料、水与氢气、酸类与盐基类、氯气与卤质、盐、标本金类、植物化学、动物化学、食料及营养、苏打及火硝。

教授化学之方法较教材更为重要，故规定学生之成绩

时，应视其对于所学者是否确有心得及能否应用其所学解释其环境之现象为断。仅能记忆教会之事实，不足以表示其实在之程度。一切教材应藉实验介绍于学生。讨论不过助实验之不足耳。教授之方法，应以归纳为主，用科学方法解释日常生活中之化学现象。学理方面无须特别注重，但分析之方法与观察之精确亦关重要。

中学课程之编制，物理应在化学之前。

课本及参考书介绍：（略）。

3．物理（六至十学时）

（略）。

国史（十八至二十五学时）

教授中学国史之目的乃使学生对于本国文化发展之重要事实得一极清晰之观念，而冀可明了现有之情势。教授历史务宜改正已往教师逐句讲解或使学生背诵之方法，而使学生多有自动之工作，且历史事实皆为一定地点者，故令学生多做填绘历史地图之事，方可切实了解史事。

教材应注意下列国史上之要事：（略）。

西史（八至十五学时）

（略）。

公民学（十二学时）

（略）。

地理（十六学时）

初级地理科之教学目的乃研究世界之紧要现象，且调查地理实况而养成地理之基本概念。高级中学地理科乃本初中之地理概念，而论及各国之实况，将全球分为各天然区域并研究各区之特性与相互关系。

考试标准：

一、地壳之性质、现状及变迁。

二、经纬度之功用及绘法，对于两回归线及两极圈与人生之关系，当特别注重。

三、各洲地势之概况。

四、关于气候、气象、温度、气压、风及雨量等。

五、天然植物之分布如何影响于物产及实业。

六、天然环境不同如何关系人类生活状况之分类，如猎取、游牧、务农、航海、营商等之区别。

七、人口分布与密度。

八、世界之重要口岸与城镇并其成立之原因。

九、海洋中潮汐、海流诸现象之影响于人生。

十、各国之地势、气候、物产、实业及生活之概况，并将各国画于各天然区域，对于本国须特别说明。

十一、需特别研究之重要问题举例如下：物产之分布、人类对于物产之应用耗费及利用、世界通商事业、人口增加率过大问题、国际问题。

十二、乡土之构造凸凹、气候、物产、实业及生活并按乡土之性质分为不同之天然区域。

地理实习：

一、能明了应用等高线所表明之凸凹地图且绘其面图。

二、辨认普通之矿物及岩石。

三、能作简单测量。

四、简单之气候观察及记载。

五、能做温度、气压、雨量之曲线图及各种比较图表。

六、能将自己观察所得绘为略图。

七、能实行乡土观察。

该课程纲要对每一课程都从教学目的、教学内容、教学方法三方面进行了规范。

从教学目的看，纲要突出了学生能力的培养。纲要规定，国文的教学目的在于教会学生学习国文的方法，并培养其自修和研究古今文学的能力；英文的教学目的在于教会学生学习英文的方法，并培养其将学过的内容应用于日常会话的能力；普通算学的教学目的在于使学生明了数学、代数、几何、三角的基本原理，并学会运用算学原理解决实际问题；自然科学（包括生物、化学、物理）的教学目的在于使学生明了各学科的基础知识，学会通过实验的方法进行学习和用科学方法解释生活中各种科学现象；中外历史的教学目的在于使学生明了各种历史现象，形成清晰的历史观念，并学会分析历史现象；地理教学的目的在于使学生明了世界上重要的地理现象，形成清晰的地理观念，并学会初步进行地理研究的方法。显然，所要求于各科教学的，并非是深究其哲理，而是从方法与现象入手，培养学生的动手能力和科学的思想方法。

从教学内容看，该纲要要求以基础知识教学为中心。无论语言文字还是社会科学或自然科学课程，都要教授与学生生活密切相关的基础知识，这是该纲要的重要特点。当然，使学生掌握基础知识的目的，还在于让他们明了学理。可见，该纲要并不是不重视学理的教学，而是要求学生通过举一反三的归纳方法，自明其理。

从教学方法看，该纲要要求改变中学惯用的教师课上讲，学生课上听、课后背的方法。要求教师注重学习方法的教学，鼓励学生多读书、多练习、多动手做实验，多思考、讨论各种社会现象和自然科学现象。尤其是自然科学的教学，纲要提出了实验教学应当重于课堂理论教学的观点。

20 世纪二三十年代，我国各大学均自主招生，由于培养目标不同，在考试命题时难免会产生较大差异，这必然对中学教学造成一定影响。在这种情况下，制订统一的考试大纲是必要

的。齐鲁大学的这一课程纲要，实际上也是一份考试大纲，其向考生传递的信息可以用一句话概括：齐鲁大学需要基础知识扎实、动手能力强的学生。

（五）试卷设计及试场细则

齐鲁大学的考试制度细致入微，包括试题纸、答题纸、试卷封袋、学生试题内的名号笺、名号笺封袋，以及考生答题时应注意的事项在内的各种考试细节，都有详细的规定。无论招生考试还是学业考试，该校都设计有专门的试题纸。试题纸封存在试题袋内，试题袋上注明科目和试题纸的数量。有时为了更加保密，不用试题纸，而是在开考前几分钟，临时通知监考人员考试题目，由监考人员将题目书写到黑板上，以防止在印刷试卷的过程中泄题。学生的答题纸也有特别规定，答题纸封面上印有编号，学生拿到答题纸后，就将自己的姓名和答题纸上的这个编号一同写在试卷内附带的一张粉红色的便笺（名号笺）上。试后，由监考人员再将所有的名号笺封存在专门的小信封里，以备阅卷之后誊写学生成绩。答题纸一般有 10 多页，其第 1 页印有答题规则。1919 年的答题规则如下：

> 毋庸将府县学校姓名书于卷面；须将姓名及卷面号数同写一笺，以资查对；凡文章草算皆宜登于卷尾空白纸上，不准另纸起草；发来试卷悉以各校所报应考数目为限，不准随便请换；须将各应考功课写于科目二字之下；作文须定全题，其余功课只写第一问、二问等等，毋庸写全题，然不准颠倒次序。①

试卷附有数页草稿纸，并标有“起稿自此始”的字样。这样，草稿纸附在答卷后，成为整本答题纸的一部分，监考人员在

① 《齐鲁大学考试试题试卷及有关考试的规则（1916—1919）》，山东省档案馆藏，J109-02-11。

考试结束后，一并封入试题袋，既省时间，又不宜出错。阅卷教师对试卷有疑问时，也可很方便地查阅草稿纸。

齐鲁大学制定的考场细则细致而周到，对良好考风的形成发挥着重要作用。早在1919年该校就制定了下面的考场细则：

一、监场。凡每场考试，必由各校长派员监场，以昭郑重而杜弊端。但监场人员不得以本课主讲教员或助教员充当之（如上午九点考代数，即不准教授代数教员监场之类）。

二、肃静。凡学员入场后务须静坐无言，以昭整肃。同时，不得有他种考试及参观人员入场。

三、时钟。凡考试屋内应于学员共睹之处设置时钟，俾时刻几何均能了然心目。

四、座号。凡场内无论用长方桌或写字台，所派座号务使稍为间离，以免彼此抄袭雷同及枪替等弊。

五、入场。凡应考学员务于上午八点三刻、下午一点三刻，即行入场，俾稍有时间以便明晰号数及其座次。

六、时间。每场考试，上午自九点至十二点，下午自两点至五点，届时缴卷，逾限不录。

七、限制。凡学员入场之后，未逾一点钟，无论如何不得离场。至一点钟后，更不得复有学员入场。

八、秩序。本校所印行何日何时考何功课单，皆有秩序，以期划一，万不准擅行颠倒。倘有何疑难，不能依行所定之时间，则直可将此功课删去。

九、保存考题。考试题纸悉由本校严行封发，考试之前不准先行拆视，务于学员坐定后由监场员对众开拆，分布诸生。

十、监场规则。考试时间，监场员不得稍离职守。遇

有必须外出，务当先请他监场员更代，切不可擅离职守致生弊端而干物议。

十一、取缔带书。凡学员入场，除挟笔砚墨水方尺外，片纸只字不准携带。如有私带书籍簿者，一经查出立即摈斥不准再考。

十二、慎防舞弊。凡学员入场，务宜各尽己长见真才，倘有彼此传递帮助者，一经查出，监场员自有全权将该生屏出，不准再考，并将该生姓名呈报本校文牍，将其余所考功课一概摈斥不录（犯以上两条者日后非经本校特别认可不准再应招考）。

十三、填写卷面号笺。凡学员领卷与题之后，务将所考之科目及始考之时刻书于卷面毕，再将时刻书明每卷内附红笺。各学员务将自己姓名用中文正书于上，并登入卷面之号数。监场员校封收讫，遂妥封于本校所备之封筒内，以为日后查对某卷属某生之用。至卷面之上则勿庸写姓名学校地址等等，违者不录。

十四、不准问难。凡学员于考试时间，务即照题回答，不准问难。如有疑问者，监场员无论何生均不为之讲解以昭至公。

十五、起草。本校所备试卷末附起草纸数页，以作起稿之用，缮清之后即行缴卷，不准擅自割去。

十六、缴卷。凡学员缴卷之后，监场员勿庸为之批阅及评定分数，只宜于收齐时速将试卷置于所备之封内严封，挂号邮寄本校文牍，或俟至他功课考毕时同寄亦可，但每课置一封内，不可将各项试卷同置一封。

十七、缴题。考毕之后，各生所领之题仍须与卷同缴。

十八、应考用具。本校招考试卷皆由本校发给，至于

水笔、铅笔、尺规及一切文具，均须学员自备。①

(六)招生录取规则

考生能否被录取，要视其单科成绩和各科总平均成绩而定。学校每年都制定单科最低分数线和总平均成绩最低分数线。单科分数一般都规定60分为及格，但并非固定不变，要根据当年学生的考试情况而定。考生必须同时达到学校划定的单科及格线和总平均分数线才能被录取。但有时学校也会录取总分较高而单科达不到及格线(必须在40分以上)的考生。不过，这些考生该科的成绩仍以不及格论，入学后必须在一年内补考该课程。实际上，由于当时能达到齐鲁大学招生标准的考生并不多，单科成绩一般都较低，所以每年录取分数线定得都不高。1940年招生时，定英文50分以上为及格，其他主要科目类似，也以50分为合格线。1941年，第一次招考时，理学院和医学院的录取，以英文50分以上，数学30分以上，总平均40以上为合格；文学院录取，以国文60分以上，英文50分以上，总平均40分以上为合格，英文70分以上可入大一英文班，50—69分均须读补习班英文，英文50分以下不录；英文系学生以英文在80分以上为合格。第二次招考时，文学院以国文60分以上，英文45分以上，总平均35以上为合格；理学院和医学院以英文45分以上，数学20分以上，总平均35分以上为合格。而此次招生英文仍以60分为及格，入英文系者以80分为及格。英文不及格而被录取的学生，必须在入学后补习英文。②

20世纪20年代，每年报考齐鲁大学的考生并不多，录取率也较低。1931年实现立案后，报考人数立即大增。1933和

① 《齐鲁大学招生考试细则》，山东省档案馆藏，J109-02-11。

② 齐鲁大学招生委员会会议记录，山东省档案馆，J109-02-183。

1934 两年，文理两学院的招生人数都在百人以上，录取率相对也较高。

表 10-2　齐鲁大学部分年份报考与录取情况一览表①

<table>
<tr><th colspan="2">年份</th><th colspan="2">报考及应考人数</th><th>录取人数</th><th>录取比例</th><th>录取标准（备注）</th></tr>
<tr><td colspan="2" rowspan="2">1920</td><td>预科</td><td>52</td><td>15</td><td rowspan="2">31.7%</td><td rowspan="2"></td></tr>
<tr><td>附班</td><td>8</td><td>4</td></tr>
<tr><td colspan="2">1924</td><td colspan="2">150</td><td>26</td><td>17.3%</td><td>因“科学”课受限，150 人中有 92 人不足 40 分</td></tr>
<tr><td colspan="2">1931</td><td colspan="2">169</td><td>74</td><td>43.8%</td><td>医学院一年级共有新生 22 名，其中 17 名是齐鲁大学本校预科保送生，只有 5 名通过考试录取</td></tr>
<tr><td colspan="2">1940</td><td colspan="2">1014</td><td>128</td><td>12.6%</td><td>数据未包括香港区考录人数</td></tr>
<tr><td rowspan="2">1941</td><td>第一次</td><td>报考
562</td><td>应考
467</td><td>94</td><td>20.1%</td><td>94 人中含转学生 1 人</td></tr>
<tr><td>第二次</td><td>97</td><td>58</td><td>50</td><td>86.2%</td><td>50 人中含转学生 3 人</td></tr>
</table>

齐鲁大学招生考试的成绩表是按准考号排序的。这样，无论录取与否，所有考生的个人信息和考试成绩都可一目了然。学生的准考号、姓名、性别、年龄、籍贯、原校名称等各项个人信息填写得非常详细，学生各科的考试成绩也记录得一清二楚。

录取通知书一般是专函送达的，但在战时也采用登报的方式。1939 年，齐鲁大学的招生简章中规定了登报的日期，并声

① 据齐鲁大学部分招生档案资料整理，山东省档案馆，J109-02-15，J109-02-11，J109-01-537，J109-02-183。

明:凡被录取新生均须于发表后到指定地点检查体格,不合格者,不给入学证。录取后,不得请求更易姓名、年龄、籍贯、院系。

(七)医学院的招生考试

在齐鲁大学文、理、医三个学科中,无论师资力量还是社会知名度,医学院都远远高于文、理学院。当时有“南湘雅,北齐鲁”的说法,正表明医学是齐鲁大学的代表性学科。医学院学制为七年,分两次招生。第一次招生与理学院同,录取后称“医预科”或“医前期”,学生也与理学院学生共同学习二年,以便奠定广泛的理科知识基础。第二次为“医本科”考试。1929 年齐鲁大学的招生简章将医本科的入学资格规定为:“第一,曾在新学制六年中学毕业或具有相当程度,而以本校所定中学课程大纲为准者;第二,中学毕业后,曾在本校医预科或在其他相当大学修业二年,其课程及实验时间最低限度须与下列考试课程纲要内所定相同,但入本校医本科,均须于修毕医预科课程后再经医本科之入学考试。”该招生简章规定了五门课程的考试纲要。对生物学的要求是:学过一年大学生物和普通动物学,或有大学生物学与普通动物学 12 学分的成绩,其中参与过 250 小时的生物实验为合格。对物理学的要求是:学过大学普通物理学,习满 16 学分,其中参与过 125 小时物理实验,并在实验时受到教员的亲身指导为合格。对化学的要求是:学过四学期化学,习满 20 学分,能掌握近似化学推测并掌握娴熟的实验方法为合格。对国文的要求是:能作一篇根据子书及《论文集故》命题的作文,不少于 350 字,以文理通顺为合格。对英文的要求是:六年中学毕业后学过大学英文,习满 16 学分,能恰当运用常用句为合格,不强调文法的记诵和文字的练达。① 从这

① 《1929 年齐鲁大学招生简章》,山东省档案馆,J109-02-15。

一课程纲要看,齐鲁大学医学院所要求于考生的也是扎扎实实的动手能力。

医本科的入学考试在齐鲁大学曾引起过争论。1928 年,医学院的胡约瑟(Joseph Hu)老师曾就医学院入学考试一事专门致函齐鲁大学医预科顾问贾珂特(Jacot)反映问题,并提出建议。当时,医预科属于理学院。1927 年时,曾因某些原因,医预科学生免试升入了医学院。于是,1928 年,医预科学生集体向医学院请愿,要求免试入学。他们提出,医预科学生在理学院参加毕业考试合格后就应当具备了升入医学院的资格,况且在医预科时他们已经学习了医学院的导入性课程。但医学院方面坚持认为,医预科学生对课程的学习都是相对孤立的,有必要通过一次考试对他们进行综合测评。胡约瑟的建议是:将医预科毕业考试和医学院本科入学考试合而为一,于第二学年末举行。该次考试兼具毕业、升学两种功能,由医预科与医学院联合主持,考试内容可以涵盖预科阶段所学的化学、物理和生物课程,这样,学生只需专心准备一次考试就可以了。这一建议显然得到了有关方面的认可,因此,此后医本科的入学考试时间都定在每年的六月底举行。

二、学业考试制度

(一) 学业考试的种类及方法

齐鲁大学的学业考试从大的方面说,分为平时考查和学期考试两类。

经过长期延续,齐鲁大学的平时考查逐步形成了日课月考制度。为了及时检查学生的学习效果,教员除通过日常的课堂提问、批阅作业、检查听课笔记等形式对学生进行考查外,也举行月考。月考成为一种制度有一个认识过程。1917 年,在济南新校区合并办学后,该校有一段时间仅重视期末考试,从而

导致教员很少检查学生的学习效果，学生也没有多少学习压力，有些学生竟然养成了游手好闲的坏习惯，这都是违背教会办学初衷的。为此，教员侯宝信曾专门就医科考试问题向校方提出建议。他认为，应当加强对学生学习过程的管理，每节课都应抽出一定的时间提问学生，并根据学生回答的情况给予一定的分数，且在期末考试前定期公布；他也建议举行月考，并且月考成绩同平时成绩合起来应占该课程总成绩的75%。他认为，这些措施能够促使学生在整个学期中都不断地努力学习，到期末考试时，就能比较轻松地应对了。他的建议被校方采纳，20世纪二三十年代，齐鲁大学医预科设计了专门的月考分数单，上面印有月考的时间、次数、课程、教员、学生姓名及成绩等栏目，还专门注明，考试结束后一定要尽速将成绩单交医预科主任。日课月考是齐鲁大学一直坚持的学业考查制度。一般情况下，每周一课时的科目，每学期举行一次月考；每周两课时的科目，举行两次月考；每周三课时及其以上的科目，举行三次月考。月考的时间为半小时至一小时。

月考主要考查学生对学过的知识掌握和理解的程度，因此考试内容以知识性题目为主，多采用填空题的方式。下面是文学院教育系教育心理学月考的一份试题：

教育心理学月考试题①

一、绪论

1. 心理学是研究_________科学。

2. 研究心理学的途径，大概有两种：(1) 一种是_________；(2) 一种是_________。

3. 教育心理学的问题可分作三层：(1) _________；(2) _________；(3) _________。

---

① 《文学院教育系教育心理学月考试题》，山东省档案馆，J109-02-124。

二、彻底说起来,看见了________的________,能说出________,就是________的能力。教师的责任,就在使学生对于一种________,学生一种适当的________和________。学生的关系,叫做________,是感官方面的________和筋肉方面的________的结合。

三、关于读书法的实验

1. 从顺背倒背英文字母的实验结果里边,我们得到几个要点:(1) 顺背的曲线垂下甚________,倒背的曲线垂下甚________。(2) 两线都有________的表示,都有________现象。

2. 从镜画实验结果我们得到:(1) 速度的曲线比正确的曲线进步________。(2) 高原期的现象叫做________限度,________限度和________限度有别。

四、学习曲线的解释

修匀曲线之公式为________。

五、经济的学习法

1. 练习时间长短及分配问题:(1) 对于时间的分配,各种实验都赞成________天练习________次。(2) 大致困难在________那一类的习惯,利于短时间________长时期________、________很便利的那一类习惯,________练习似乎有效。

2. 普通的要素:(1) 注意大(力强)的人学习________。(2) 适当的态度可________学习。(3) 鼓励实习的方法________。(4) 感情可以________学习。(5) 情绪________学习。

3. 特殊的要素:课室训练有两种:(1) ________;(2) ________。

齐鲁大学虽然定有平时考查的规则,但在考查的方式及内

容上都没有作具体要求，因此，考查的方式、方法、内容以及具体时间、地点等完全由任课教师自行决定。校方对教员只有两点要求：其一是要在规定的时间内完成考试；其二是要及时上交考试分数单。一般而言，平时考查多采用笔试方式，但也有口试的。一位医学院的毕业生回忆说："考试除了笔试之外，还有口试。口试是最头痛的，在一个长方形的房间里，学生由前门进去，叶大夫随便从一大堆骨头中捡起一块来，'这是什么骨头？这是哪一个部位？血管从哪里经过？这地方叫什么名字？'口试完毕之后，从后门出来。"这位学生感觉考得不错，却只得了 75 分。① 可见，口试是有难度的，也往往为学生所畏惧。

开设的所有课程都要在学期末举行考试，这就是学期考试。学期考试按照学校的统一安排进行，时间为两小时。学期考试也以考查学生对基础知识掌握和理解的程度为主，题型也多为填空和判断，虽不甚难，但题量很大。

学生某一课程的学期考试成绩与平时成绩合并计算作为该课程的学期成绩，学期成绩一律按百分计。20 世纪 30 年代，齐鲁大学文理学院规定，月考成绩占三分之一，期考（即学期考试）成绩占三分之二，合并计算便是学期成绩。

事实上，除了学期考试，在学期末还有课程结业考试、学年考试、升级考试。课程结业考试是某一门课程全部结束后的总结性考试，如果某课程在一个学期内结束，那么学期考试就是该课程的结业考试；如果某课程须经两三个学期才能结束，则综合各学期的成绩作为该课程的结业成绩，有时也在最后一个学期进行课程总结性考试。学年考试是以一个学年度为时限

---

① 张智康：《齐大医学院生活片段》，《山东文献》九卷，第二期，第 158 页。

进行的考试，常在春季学期末举行。学年考试兼具升级考试的功能，其结果决定学生的升级、留级，甚至退学。这几类考试都于学期末举行，而且往往与学期考试合并进行，都属于学期考试一类。

20世纪20年代，齐鲁大学医科教务会公布了一份学业考试规则，对学业考试的管理提出了规范性要求。该考试规则以培养“良医”为宗旨，用简洁而庄重的文字阐述了学业考试的价值，从而更加显示了考试的必要性和严肃性。考试规则内容如下：

医业为病者生死存亡所系，自须培养真正良医保障人民，故习医者于未取得毕业文凭之前，须有充分之医学知识，是以毕业考试及其他考试务宜认真办理，以期学者之知识达到合格之标准。倘学者因发生事故（不论疾病或非发自学生本身之他故）至今不能及格，其学识概不足疗病，自不当颁发文凭准予行医，且文凭之价值关乎学校中学识之程度，若授予资格欠缺者，则文凭即失其价值。公布下列规则之用意，不惟帮助学生明了考试之宗旨，亦可指示本教务会表决学生之及格、升班直至取得毕业文凭之原理。

（一）每学期终须举行该学期内所教授各科目之考试。

（二）若某科目只在一学期中教授完毕，其考试即为该科目之最终考试。

（三）各科目之最终考试包括该科目之各部分，对于一学期教授未完之科目，须将各学期所得之分数一并计算而得该科目之总分数。

（四）每学期总分数之计算，无论何项科目（除内、外科之最终考试外）平常日课月考等居百分之四十，学期终

之考试居百分之六十。

（五）第五年级内、外两科之最终考试，其分数分两项计算之：实地试或临床试和笔试各项占百分之二十五，二者共占百分之五十，而该学年内之日课月考等亦占百分之五十。被考者对于考试之各部分须有充分之答复。此项考试问题不仅为本年所教授者，即关于临床实习者亦包括在内。

（六）学期终之考试及其他考试合计须得百分之六十以上者为及格，倘学生对于答案中之要件显出愚昧之处，则主考者可凭己见得操否认及格之权。

（七）若学生所书答案不易看清，主考者可科以洋一元，另请录事代为缮写。

（八）若学生对于不逾二百小时之一项或数项之科目考试不及格者，可于再开学时复试之，但倘系学年下半仍继续教授之科目，则学年上半不必于再开学时复行考试，可于本学年之终，一并考试之（然其本学年上半年之分数仍算入该科目之总分数）。至于经复试仍不及格者，则酌令留级。

（九）复试者须缴费二元。

（十）若学生对于已逾二百小时之科目一项或数项之考试不及格者，则径行留级。

（十一）若不及格之学生复练习已教授之科目一年后而考试仍不及格者，则酌令退学。①

该项考试管理规则有两点是值得注意的。其一是不同的课程有不同的要求，这体现在两个方面：一方面，在计算学期总分数时，内、外科与其他课程是不同的，其他课程都是日课月考

① 《齐鲁大学医科考试规则》，山东省档案馆，J109-02-10。

占 40%，而内、外科的日课月考则占到 50%；另一方面，教学时数低于 200 学时的课程与超过 200 学时的课程的考试要求也不相同，前者经复试后仍不及格的处分是“酌令留级”，而后者考试不及格的处分则是“酌令退学”。内、外科是医学院的核心课程，超过 200 学时的课程都是连续性强的大课程，在考试方面与其他科目有所区别是合理的，这也是该规则的细致所在。其二是授主考教员以否决权，规则第六条中的“倘学生对于答案中之要件显出愚昧之处，则主考者可凭己见得操否认及格之权”是有特殊意义的一项规则。所谓“答案中之要件”是指作为一名医者所不容错讹之处。尽管该处的错误分值并不多，但反映的却是学生基本能力或学习态度上致命的问题，不重罚则不能引起学生的警觉。该项规则准确地反映了医学教育的严肃性，在养成优良的职业品性方面能起到重要作用。

（二）学业考试评价规则

齐鲁大学的考试都以百分计，但评价学生的学业成绩则使用等级制。百分成绩与等级的对应，在不同时期是不同的。1918 年，齐鲁大学将学生的考试分数分为五等：95—100 分为一等，85—94 分为二等，70—84 分为三等，60—69 分为四等，不足 60 分为五等。其第一、二、三等称为足额（即合格），第四等称为不足额（即不合格），第五等称为败落（即劣等）。① 20 年代时，齐鲁大学将学生成绩分为 A、B、C、C－、D、E 六等，A 为最优等，B 为优等，C 为中等，C－为及格，D 为不及格，E 为劣等。

1930 年，齐鲁大学注册处为 1922 年毕业的文理学院学生王炳霄出具了一份成绩证明书。该成绩证明书即采用了等级评价的方式。该证明书显示，当时的齐鲁大学文理学院以 16

① 《齐鲁大学考试规章》，山东省档案馆，J109-02-10。

学时为学生每周的标准学时数，四学年满128学时为足额。①王炳霄的学时数已达153，是符合毕业要求的。每周以16学时为足额，应当说，学生上课的时间并不算多。这样看来，齐鲁大学的学生有大量的时间进行课外的学习和研究。

实现"立案"之后，齐鲁大学公布了一份学校基本状况的材料，称为《教育部立案：私立齐鲁大学文、理学院一览》②。该材料显示，齐鲁大学文、理学院实行学分加绩点的学业成绩管理方式。

学分是齐鲁大学学业成绩管理的基本方式。文、理学院的学生必须肄业四年，修满138学分（党义2学分、军事训练6学分、体育8学分不计算在内）才能毕业。对于138学分，又有两项规定：其一是主系的课程仅32—52学分，其余的学分要在辅系、相关学科、选修课程和公同必修课中按不同要求获得；其二是第一、二学年每学期所修学分要在18—20之间，第三、四学年所修学分要在15—18之间。前一项规定的目的在于使学生既奠定专业基础，又能有比较宽的知识面；后一项规定的目的在于使学生循序渐进，获得扎实而有效的知识和能力。

对学生的学业成绩评价仍实行等级制，分为六等：90—100分以甲（A）计，为最优等；80—89分以乙（B）计，为优等；70—79分以丙（C）计，为中等；60—69分以丁（D）计，为及格；50—59分以戊（E）计，为不及格；0—49分以己（F）计，为劣等。

绩点制是将等级换算为点数，进而加以评价的一种方式。等级、百分成绩与绩点的对应如下表：

---

① 该成绩证明书对"学时"的解释为：在一学期平均十八周内，每周一小时之讲义或二至三小时之实验为一学时，满一百二十八学时方可毕业。这里的"学时"类似于"学分"。

② 齐鲁大学编印：《教育部立案私立齐鲁大学文、理学院一览》（1932），第23页。

表 10-3 齐鲁大学文、理学院等级与绩点对应表

等　级	甲(A)	乙(B)	丙(C)	丁(D)	戊(E)	己(F)
百分成绩	90—100	80—89	70—79	60—69	50—59	0—49
绩　点	2	1.5	1	0.5	0	-0.5

绩点制是进行学期成绩乃至学业总体成绩评价的一种方式。将学生各门课程一学期的学业成绩分别换算为绩点,绩点的总分数与学分总数之比,即为该学生的学期绩点成绩。显然,因为学分数是固定的,绩点愈高则表明其学业成绩愈优秀。因此,在等级评价的基础上进行绩点评价,不仅能反映学生学业成绩的整体水平,更能使评价具有可比性。

(三) 升留级及毕业规则

升留级和毕业的基本条件是所有课程考试必须及格。不及格的课程必须补考,劣等的课程必须重修。不同时期对于升留级的规定略有不同。

1918 年,该校规定,若学生有一门课程成绩列五等,可于再次开设此课程时补习,不必降班(即留级);若有两门以上为五等,则要留级一年。凡考试成绩列为四等的课程,都必须补习,并重新考试。

《教育部立案:私立齐鲁大学文、理学院一览》的规定更为详细,主要内容为:

凡成绩列戊等者,须于两月以外、一年以内补考,否则以己等论。补考时间由该管教员规定之。

各学科只准补考一次。补考成功者,其成绩仅以及格(丁)论,失败者即列为己等。补考有效后,其学期成绩比例即予更正。

凡学期成绩列己等之学科,若为必修科目须重习之,己等成绩之一学分以戊等成绩之二学分计。设一学期内

有主修科两门不及格(戊等)或所习学科有六学分不及格者,不得补考,必须重习后方可得学分。

重习所得成绩,归入本学期成绩比例内,与该课程考己等时之学期成绩比例无涉。

学生于每学期终,有主修课一门及他科之不及格共达九学分以上者,应即退学(医前期以物理、化学、生物为主修),但新生入学后之第一学期有九学分以上,十二学分以下不及格之课程,仍准于第二学期试读,以观后效。至学期终若仍无进益,即令退学。①

按照绩点式评价的规定,戊等是没有绩点的,但在计算成绩比例时该课程的学分须加进去(一年内补考及格即以丁等论,仍不及格则以己等论)。学生入学后第一学年的绩点成绩如果低于0.8,则不得继续其学业,但若高于0.5,则仍可试读一学期,以观后效;第二学年的绩点成绩如果低于0.8,则必须退学;第三、四学年的绩点成绩超过0.8,才能获得毕业资格。

医学院将课程分为大科、小科,其成绩在升留级时的分量是不同的。该院曾设立升级委员会,并定有《升级委员会规章》,其主要内容如下:

凡超过两学期之课程,在授课终了时必须举行大考,以该课程最后成绩为凭;

成绩概须采用百分制,及格成绩为六十五分;

一、二、三年级学生各科成绩必须均在六十五分或六十五分以上方得升级;

一、二、三年级学生之不及格科目,有为一大科在五十至六十四者,或为一大科与一小科者,或为一至三小科者,

① 齐鲁大学编印:《教育部立案私立齐鲁大学文、理学院一览》(1932),第25—26页。

得于次学年开学时参加补考，凡补考及格者，前不及格分数不予涂改，仅于其后加以“及格”字样；

一、二、三年级学生如有两大科、一大科两小科或四小科不及格者，则令其留级；

一、二、三年级学生不及格科目多于上述规定者，应予退学；

在四年级见习完毕时，所有临床科目须予总考，试题可以包括临床前期课程，确保学生临床前期的知识足能应对其临床工作所需；

四年级学生所有必修科目及格时或仅有一小科不及格而在五十分以上者，方得实习，凡一大科或两小科不及格者，均应留级；

学生成绩任何一大科在五十分以下或补考不及格者，均应留级，留级后凡以前学科成绩在八十分以上者，可予免修。①

该规章有三个特点，其一是以65分为及格；其二是连续课程要举行大考(或称总考)，并以大考成绩为该课程成绩；其三是临床科目实行总考，且总考时包括其前期课程在内，反映了对临床见习的重视。相对于上世纪20年代的考试规则，该规则更为严厉，充分体现了对医生的高标准要求。

在齐鲁大学中后期，有关考试的各项制度都由全校性的教务会或训(导)教(务)联席会议决，各院系统一执行。1948年1月，训、教联席会议讨论的问题涉及到了学生的留级、转学和退学问题。会议记录有如下内容：

傅先生报告：各院系之学期成绩及操行成绩大致均已

① 1948年医学院院务会议通过：《升级委员会规章》，山东省档案馆，J109-01-536。

核算完毕，计理学院有十名学生不及格成绩达二分之一以上，医一、二年级有十名。各学院有一名按部章均应退学，但过去以寒假期短，有时暂不执行，俟学年终再会并办理，有时执行后各生因转学困难或无家可归等，请求仍留校而准其作旁听生半年等，本年寒假较长，应如何处理此等问题，请议决。

决议：

（一）凡操行列丁等而学业成绩欠佳者一律退学。

（二）试读及特别生本学期有二分之一以上不及格之学生一律照章斥退。

（三）凡第一学年有不及格达三分之一以上学生一律斥退。

（四）凡为一学年的课程，其第一学期成绩在五十分以下的，第二学期不得续读。

（五）本学期成绩欠佳之各生，如请求转系，必须对拟转入之院系之主修科目成绩在七十分以上，对拟转院系所需之必修各科成绩及格并拟转院系有空额时，始可请求，能否转入仍由各院系决定之。

（六）对下列各达二分之一以上不及格学分之各生，因为学年中间，暂不勒令退学。兹分别劝告如左：（名单略）。①

一般而言，学生的升、留级或退学等学籍处分是在学年（即春季学期）考试后决定的，而此次在秋季学期末召开的训、教联席会不但讨论了该问题，而且议决斥退或劝退的学生竟达13人之多。可见，这一时期齐鲁大学强化了对考试的管理。齐鲁

---

① 《齐鲁大学训教联席会议记录》（1948年1月29日），山东省档案馆，J109-02-98。

大学规定:学生修足规定学分,考试成绩合格;有规定学时的实习经历,成绩合格;毕业论文成绩合格,即可获得毕业资格。毕业时,学校为学生出具毕业成绩单。成绩单并不备载,其专业能力一目了然。

表 10-4　1948 年医学院学生鲁超的毕业成绩单①

Subject/科目	Credit hours/学时	Grades/分数
Anatomy（解剖学）	15	86
Histology &Embryology（组织学与胚胎学）	8	86
Bio-chemistry（生物化学）	8	84
Physiology（生理学）	10	82
Bactertology（细菌学）	7	80
Materia Medica & Pharmacy（本草纲目及药房）	5	91
Pharmacology（药理学）	6	82
Pathology（病理学）	10	80
Neuro-anatomy（神经解剖学）	3	71
Public Health（公共卫生）	6	70
Medicine（医学）	10	90
Laboratory & Physical Diagnosis（实验室及物理诊断）	8	80
Parasitology（寄生虫学）	4	94
Surgery（外科 ）	10	85
Obsterics & Gynecology（产科和妇科）	8	77

① 《医学院学生鲁超毕业成绩单》,山东省档案馆,J109-02-95。

（续表）

Subject/科目	Credit hours/学时	Grades/分数
Ophthelmology（眼科）	4	88
Otolaryngology（耳鼻喉咽科）	4	88
X-ray（X 射线）	1	97
Dermatology（皮肤科）	2	94
Pediatrics（儿科）	6	78
Neurology & Psychiatry（神经病学与精神病学）	2	69
Japanese（日语）	4	100
Dentistry（牙科 ）	1	65
Jurisprudence（法医学）	1	74
History of Medicine（医学史）	2	67
Thesis（论文）	2	85
Internship（实习）	—	84
Total & Average（总分及平均分）	147	80
Note:“65” is passing mark.（注:65 分是及格分数线）		

取得毕业资格后,文、理学院的学生可以获得学士学位证书,医学院的学生可以获得博士学位证书。而实际上,由于严格的学业管理制度,齐鲁大学的毕业生中有许多人未能获得相应的学位证书。1926 年,文理学院文本科毕业生共 15 人,有 7 人未能获得学位证书。

表 10-5　齐鲁大学文理学院 1926 年文本科毕业生获学位情况表①

姓　名	籍　贯	年龄	学　系	学　位
张振河	山东潍坊	30	天算系	理学学士学位
张有筠	江苏宿迁	28		
赵景纲	山东益都	25	教育系	
范迪瑞	山东黄县	23	社会系	文学学士
胡茂发	山东临沂	28	历史系	文学学士
李光第	山东安丘	28	天算系	理学学士
李鸿福	山东章丘	23	天算系	
梁永江	山东泰安	25	社会系	
刘伯龄	山东滕县	24	科学系	理学学士
孙　碌	河南邓县	25	中文系	文学学士
王炳耀	山东临朐	27	社会系	
王宇楣	直隶曲周	29	科学系	理学学士
吴宗景	山西汾阳	26	科学系	
张建同	山东桓台	24	天算系	理学学士
李汝强	奉天绥中	26	天算系	
旧毕业生随同受理理学学士学位者四人：王逢荣、遐仁德、薛恩、郑德风				

毕业时不能获得学位，多是因为毕业论文没有完成或答辩未能通过。他们可以像上表中的王逢荣等人一样，在毕业后完善论文并重新申请答辩，通过后仍可获得学位证书。

“立案”之后，齐鲁大学按照教育部的要求调整了教学计划，其毕业生也获得了教育行政部门的承认，这都表明，该校已

① 《齐鲁大学文学院 1926 年文本科毕业生登记表》，山东省档案馆，J109-02-10。

经融入我国高等教育体系之中，并成为其中的重要成员。至1950年，有900多名毕业生走出齐鲁大学校园，其中许多人成为山东教育和医疗部门不可多得的高级人才。

表10-6 齐鲁大学1932—1950年毕业生人数统计表①

年度	文学院	理学院	医学院	其他
1932	11	2	20	
1933	7	9	28	
1934	13	14	14	
1935	27	13	20	无线电专科 5
1936	21	20	17	同上 5
1937	50	21	13	同上 4
1938	12	4	20	同上 2
1939	13	9	16	
1940	6	3	15	
1941	4	8	15	
1942	18	5	11	
1943	38	7	9	研究所 2
1944	29	6	15	
1945	26	13	18	
1946	37	18	18	研究所 1
1947	28	18	25	
1948	31	13	15	
1949	16	18	17	
1950			9	
合计	384	201	313	19
	917			

① 《私立齐鲁大学毕业生统计表》，见《山东文献》八卷，第四期，第74页。

三、自主招生考试制度的终结

全国解放后，伴随着社会政治形势的巨大变革，齐鲁大学的招生考试制度也在发生相应的变化。1950 年，该校在招生简章中规定，凡具有高级中学毕业程度的同等学力考生报考，必须出具县以上人民政府或市人民政府教育行政机关、县以上工会或解放军团以上政治机关的证明书。招生简章的附则中，还列出了能够从宽录取的条件，这些条件是：有三年以上工龄的产业工人；参加工作三年以上的革命干部及革命军人；兄弟民族学生；华侨学生。①

1951 年 6 月 16 日，华东军政委员会教育部针对招生问题，明确指示齐鲁大学不得自行公布招生简章，所有名额都要纳入高校统一的招生计划。批复原文如下：

> 六月七日教字第一〇二号报告及附件均悉。关于你校所呈招生简章兹批复如下：
>
> 一、你校今年暑期招生既分别参加华东高校统一招生与山东高校联合招生及委托华北与中南料理，则无单独公布招生简章之必要。
>
> 二、你校参加华东高校统一招生经山东文教厅呈报并业由我部转知华东高校统一招生委员会在案。至拟委托华北及中南招生一节，以华东高校统招会已决定增设北京、广州二考区，你校委托该两区之招生名额已予一并列入华东高校统一办理。
>
> 三、各校招生名额正呈请中央教育部核示中，未奉批复并转知前，你校招生名额不得自行公布。②

---

① 《齐鲁大学 1950 年招生简章》，山东省档案馆，J109-05-01。

② 《1951 年华东军政委员会教育部给齐鲁大学的批复文件》，山东省档案馆，J109-05-01。

这一文件标志着齐鲁大学自主招生考试制度的终结。1952年,我国实施高校院系调整,齐鲁大学的医学院并入山东医学院,文、理两学院的有关系科分别并入山东大学、山东师范学院、山东农学院和南京大学,齐鲁大学建制撤销。

大事年表

先秦时期

1．氏族社会末期建立了“选贤与能”制度。

2．三代时期（公元前 21 世纪—公元前 771 年）

建立“乡兴贤能”制度。

3．春秋时期（公元前 770—公元前 476 年）

私学兴起。

4．周烈王元年至周显王十二年（公元前 375—公元前 357 年）

齐桓公当政，稷下学宫初创。

5．周显王二十九年（公元前 340 年）

孟子率弟子首次游齐，活动于稷下学宫。

6．周赧王十八年（公元前 299 年）

荀子至齐，游学于稷下学宫。

7．秦始皇二十六年（公元前 221 年）

齐国灭亡，稷下学宫亦亡。

秦代

1．秦始皇二十六年（公元前 221 年）

秦始皇兼并六国，一统天下，以法家思想为指导，禁私学，禁游宦,推行巩固统一的措施。山东儒学教育受到一定影响。

2. 秦始皇三十四年(公元前 213 年)

始皇置酒咸阳宫,博士 70 人前来为之贺寿。山东儒学博士淳于越借机提出"师古"、"分封"的主张,结果与周青臣等人观点相左,引发了秦代的"焚书"事件。

汉代

1. 汉高祖三年(公元前 203 年)

经刘邦允准,山东人叔孙通"征鲁诸生",制定朝仪。因立仪有功,叔孙通被拜为太常,位列九卿。

2. 汉高祖十一年(公元前 196 年)

二月,高祖下诏求贤。此为汉代选士制度之先声。

3. 汉文帝二年(公元前 178 年)

十一月,皇帝下诏"举贤良方正能直言极谏者,以匡朕之不逮"。山东亦开始"举贤良"。

4. 汉武帝建元元年(公元前 140 年)

冬,武帝诏令丞相、御史、列侯、中二千石、二千石、诸侯相等各级官员,"举贤良方正直言极谏之士"。董仲舒在这次贤良对策中被列为上第。

5. 汉武帝元光元年(公元前 134 年)

冬,汉武帝接受董仲舒的建议,重选举取士。令各地郡国举"孝廉"各 1 人,察举正式成为一种制度。

6. 汉武帝元朔五年(公元前 124 年)

汉武帝采纳河北人董仲舒、山东人公孙弘等人的建议,在长安设立太学,置博士弟子(太学生)。山东士子多有入太学学习者。

7. 汉武帝元封四年(公元前 107 年)

汉武帝又令各地诸州,岁各举"秀才"1 人。自此,每年各州举"秀才",各郡举"孝廉",成为固定的选士制度。

8. 汉平帝元始二年(公元 2 年)

皇帝令"中二千石举治狱平,岁一人",并将其定为岁举。

9. 汉平帝元始三年(公元 3 年)

朝廷颁布地方官学制度:"郡国曰学,县、道、邑、侯国曰校。……乡曰庠,聚曰序。"山东各地相继设立官学。

10. 汉和帝永元五年(公元 93 年)

根据司徒丁鸿的建议,各地按照人口比例察举孝廉。山东因人口较密,孝廉所举甚多。

11. 汉顺帝阳嘉元年(公元 132 年)

根据尚书令左雄的建议,规定应孝廉举者必须年满四十岁;同时制定了"诸生试家法、文吏课笺奏"这一重要制度。

12. 汉桓帝建宁二年(公元 169 年)

鲁相史晨于曲阜孔庙举行祭孔典礼,国、县各级官员亲临。

魏晋南北朝

1. 魏文帝延康元年(公元 220 年)

由陈群负责制定的九品中正制正式初步定型。

2. 魏文帝黄初二年(公元 221 年)

正月,诏令全国各郡察举孝廉,令郡国人口"满十万者,岁察孝廉一人。其有秀异,无拘户口"。

3. 魏文帝黄初三年(公元 222 年)

魏文帝采纳山东高唐人华歆之言,明确规定了"郡国所选,勿拘老幼,儒通经术,吏达文法,到皆试用"的考试原则。

4. 魏文帝黄初五年(公元 224 年)

四月,"立太学,制五经课试之法,置《春秋》、《谷梁》博士"。此即刘劭设计的中国考试史上著名的"五经课试法"。

5. 魏明帝太和三年(公元 229 年)

针对当时社会上不重视法律,执法人员法律素质低下的状况,魏明帝采纳了大臣卫觊的建议,下令设置律博士一人,"转相教授"法律。

6. 晋武帝咸宁四年(公元278年)

始立国子学,设国子祭酒和博士各一员,掌教导诸生之责。

7. 晋元帝建武元年(公元317年)

于中央立太学。山东多有入学者。

8. 孝武帝太元十年(公元375年)

二月,孝武帝立国子学,国子学开始与太学并驾齐驱。

9. 刘宋文帝元嘉十五年(公元438年)

南朝刘宋文帝下令在京师开办单科性的四馆,命雷次宗开儒学馆,何尚之开玄学馆,何承天立史学馆,谢元立文学馆,开创了玄、儒、史、文四科教育并立的局面。

10. 献文帝天安元年(公元466年)

文帝准李䜣、高允二人之请,下诏在全国设立郡国学校制度。

11. 宋明帝泰始六年(公元470年)

开办"总明观",设道、儒、文、史、阴阳五科。

12. 孝文帝太和二十年(公元497年)

孝文帝接受刘芳等人的建议,设立国子学、太学和四门学。

13. 武帝建德六年(公元577年)

三月,皇帝诏"山东诸州,各举明经、干治者二人。若奇才异术、卓尔不群者,弗拘多少"。七月,皇帝再诏"山东诸州,举有才者,上县六人,中县五人,下县四人,赴行在所,共论政治得失"。九月,皇帝再次下诏,令"东土诸州儒生,明一经以上,并举送,州郡以礼发遣"。

隋代

1. 隋文帝开皇五年(公元585年)

四月,诏"征山东马荣伯等六儒"。

2. 隋文帝开皇十八年(公元598年)

朝廷下诏,正式废除了“九品中正制”。

3. 隋炀帝大业二年(公元 606 年)

七月,“始建进士科”,实行策试取士之制。山东人以此应试。

4. 隋炀帝大业三年(公元 607 年)

四月,隋炀帝诏文武有职事者,以孝悌有闻、德行敦厚、节义可称、操履清洁、文才秀美等“十科”举人,“有一于此,不必求备”。

5. 隋炀帝大业五年(公元 609 年)

六月,诏“诸郡学业该通、才艺优洽,膂力骁壮、超绝等伦,在官勤奋、堪理政事,立性正直、不避强御四科举人”。

唐与五代

1. 唐高祖武德元年(公元 618 年)

五月,李渊敕令:“上郡学置生六十员,中郡五十员,下郡四十员。上县学生四十员,中县三十员,下县二十员。”山东地方学校始立。

2. 唐高祖武德四年(公元 621 年)

四月,唐高祖诏令:“诸州学士及白丁,有明经及秀才、俊士、进士,明于理体,为乡里所称者,委本县考试,州长重覆,取上等人,每年十月随物入贡。”明确规定了应试日期、对象、预选办法等。

3. 唐高祖武德五年(公元 622 年)

三月,唐高祖下荐举诏,唐代科举制度始正式确立。

4. 唐高祖武德五年(公元 622 年)

山东人孙伏伽成为壬午科状元,为唐代第一科状元,也是我国历史上记载完备、有据可查的第一位状元。

5. 唐高祖武德七年(公元 624 年)

再下举学诏:“方今幽夏既清,干戈渐戢,搢绅之业,此则可兴。宜下四方诸州，有明一经以上未被升擢者，本属举送，具以名闻。有司议等，加阶叙用。……州县及乡里，并令置学。”

6. 唐太宗贞观三年（公元 629 年）

始设府州医学。置医药博士、助教及学生若干人。

7. 唐高宗显庆三年（公元 658 年）

诏举“志列秋霜”科，为唐代“制举”之开端。

8. 武周天授元年（公元 690 年）

二月十四日，武则天亲试应制举人于东都洛阳洛成殿。这是皇帝首次亲试制举人，开元年间成为例行做法。本年停进士帖经，试杂文。

9. 唐玄宗开元二年（公元 714 年）

山东博州（今山东聊城东北）人孙逖中甲寅科状元。

10. 唐玄宗开元二十六年（公元 738 年）

朝廷诏令由兵部侍郎取代兵部员外郎主持武举考试。

11. 唐玄宗开元二十九年（公元 741 年）

设立崇玄学。地方官学亦有此设。

12. 唐玄宗天宝二年（公元 743 年）

改地方“崇玄学”为“通道学”，博士被称为“道德博士”。

13. 唐代宗永泰元年（公元 765 年）

本年始置两都贡举，礼部侍郎官号皆以“知两都”为名，每岁于京师长安及东都洛阳两地分别放榜。

14. 唐德宗贞元十四年（公元 798 年）

唐王朝停废武举，长达 10 年，这是武举史上的首次停废。

15. 唐宪宗元和三年（公元 808 年）

在朝野上下的呼声中，唐王朝恢复了武举。

16. 唐宣宗大中十年（公元 856 年）

山东博州（今山东聊城东北）人崔铏中丙子科状元。

17. 唐宣宗大中十三年（公元 859 年）

鲁曲阜(今山东曲阜)人孔纬中己卯科状元。其弟孔纁、孔缄也分别于公元873年、公元876年中状元,被人称为“孔氏三杰”。这在科举考试史上是仅有的一例。

18. 唐僖宗中和三年(公元883年)

祖籍鲁曲阜(今山东曲阜)的孔拯中癸卯科状元。

19. 后唐同光二年(公元924年)

山东清河东武城(今山东武城西北)人崔光表中甲申科状元。

20. 后唐同光三年(公元925年)

山东大名莘(今山东莘县)人王彻中乙酉科状元。

21. 后唐长兴二年(公元931年)

二月,应礼部贡院奏请,进士试杂文及诸科举人入策改为昼试。

22. 后汉乾祐三年(公元950年)

山东东平(今山东东平)人王朴中庚戌科状元。

宋代

1. 宋太祖建隆元年(公元960年)

二月二十日,宋中书舍人扈蒙权知贡举,取中杨砺等19人。此后,太祖一朝承袭唐及五代之制,一般每年均开科取士。

2. 宋太祖建隆二年(公元961年)

正式恢复科举考试。山东人应此试。

3. 宋太祖乾德元年(公元963年)

山东青州高密(今山东高密)人苏德祥中癸亥科状元,为大宋王朝的第四位状元。

4. 宋太祖乾德六年(公元968年)

山东曹州济阴(今山东定陶西)人柴成务中戊辰科状元,为大宋开国以来的第九位状元,曾奉命出使朝鲜高丽国,所为受到高丽人民的敬佩。

5. 宋太祖开宝六年(公元973年)

宋太祖赵匡胤将殿试制度化,从而确立了乡、省、殿三级考试制度。

6. 宋太祖开宝八年(公元975年)

二月二十五日,宋太祖御讲武殿,覆试礼部奏名合格进士王式等,得王嗣宗以下31人,赐及第、出身。试诸科,得三礼纪自成以下34人,赐本科及第、出身。从此榜开始有省元、状元之别。

7. 宋太宗太平兴国三年(公元978年)

山东滨州渤海(今山东滨州东)人胡旦中戊寅科状元。

8. 宋太宗太平兴国八年(公元983年)

四月二日,赐新及第进士宴于琼林苑,从此成为定制。从此科王世则榜开始,赐同出身分为三甲,殿试分甲自此始。

9. 宋太宗雍熙二年(公元985年)

山东郓州须城(今山东东平)人梁颢中乙酉科状元。

10. 宋真宗咸平五年(公元1002年)

山东青州益都(今山东青州)人王曾中壬寅科状元。

11. 宋真宗景德二年(公元1005年)

山东濮州鄄城(今山东鄄城北)人李迪中乙巳科状元。

12. 宋真宗大中祥符元年(公元1008年)

山东曹州济阴曹南(今山东曹县曹南山)人姚晔中戊申科状元。

13. 宋真宗大中祥符二年(公元1009年)

允准曲阜县就先圣庙之侧立"孔氏家学",是宋代"即庙建学"做法之开端。同年,山东郓州须城(今山东东平)人梁固中己酉科状元。梁固是北宋状元梁颢之子,父子同中状元在科举史上已属稀奇,同于22岁及第更为罕见,因此被人们传为美谈。因该年是在真宗东封泰山之后开科取士的,故称"东封榜”,梁固也因此被称为“东封榜状元”。

14. 宋真宗大中祥符八年(公元 1015 年)

山东莱州胶水(今山东平度)人蔡齐中乙卯科状元。

15. 宋仁宗乾兴元年(公元 1022 年)

兖州设立州学,“于文宣王庙建立学舍,以延生徒”。

16. 宋仁宗天圣元年(公元 1023 年)

仁宗赐兖州学田十顷,这是宋代朝廷赐予州县学田之开始。

17. 宋仁宗天圣七年(公元 1029 年)

在富弼、苏洵等建议下,始置武举。

18. 宋仁宗天圣八年(公元 1030 年)

皇帝亲试武举人,标志着武举殿试的开始,共有 14 人参加殿试,张建侯、楚宏等 8 人被录取为武进士。

19. 宋仁宗景祐元年(公元 1034 年)

山东青州淄川(今山东淄川)人张唐卿中甲戌科状元。

20. 宋仁宗庆历四年(公元 1044 年)

以范仲淹为相,推行庆历新政,宋仁宗颁布了贡举条例。

21. 宋仁宗皇佑五年(公元 1053 年)

武举停废前的最后一次考试。它只允许参加过省试的武举人投考,该科共录取 61 名武进士,是宋朝廷历次武举中录取人数最多的一次。

22. 宋仁宗嘉祐六年(公元 1061 年)

山东莱州掖县(今山东莱州)人王俊民中辛丑科状元。

23. 宋英宗治平二年(公元 1065 年)

定期开考,三年一科,为明、清二朝所沿袭。

24. 宋神宗熙宁二年(公元 1069 年)

神宗任命王安石为参知政事,主持变法大计,掀起熙宁兴学运动,以求再次重兴学校教育。

25. 宋神宗熙宁三年(公元1070年)

三月,进士殿试罢诗、赋、论三题而改试时务策。

26. 宋哲宗元符二年(公元1099年)

令"诸州行'三舍法',考选、升补悉如太学"。州县学校开始统一采用太学的私试、公试、舍试三级升舍制度。

27. 宋徽宗崇宁元年(公元1102年)

蔡京奏请兴学贡士,朝廷随之发布一系列诏令,揭开了"崇宁兴学"的序幕。

28. 宋徽宗崇宁二年(公元1103年)

朝廷设置诸路提举学事司,掌管一路州县学政,"岁巡所部,以察师儒之优劣,生员之勤惰,而专举刺之事"。

29. 宋徽宗崇宁三年(公元1104年)

宋朝颁诏废止科举考试制度,规定取士悉由学校升贡。故而增养县学弟子员,大县50人,中县40人,小县30人。

30. 宋徽宗宣和二年(公元1120年)

朝廷明令置州县武学。

辽金元

1. 金熙宗天眷元年(公元1138年)

五月,诏令南北选,各以经义、词赋两科取士。

2. 金熙宗天眷三年(公元1140年)

册封孔子第四十九代孙孔璠为"衍圣公"。

3. 金熙宗皇统元年(公元1141年)

皇帝亲祭孔庙,盛赞孔子"虽无位,其道可尊,使万世景仰"。

4. 金海陵王天德二年(公元1150年)

诏增设殿试之制。

5. 金海陵王天德三年(公元1151年)

并南北选为一,罢经义、策试两科,专试词赋。

6. 金海陵王正隆元年(公元1156年)

规定"以五经、三史正文内出题",始定为三年一辟。

7. 金世宗大定十六年(公元1176年)

诏各地兴办府学。

8. 金世宗大定十九年(1179年)

山东莒州日照(今山东日照)人张行简中己亥科状元。

9. 金世宗大定二十九年(公元1189年)

金朝进一步扩充府学,将府学设置的范围由京府扩大到散府,其中,大兴、开封、东平等地府学学生各60人,大定、大名、济南等地府学学生各40人,其他府学各20人至30人不等。

10. 金章宗承安四年(公元1199年)

诏词赋、经义科同日御试,各试本业。词赋第一名为状元,经义魁次之。恩例与词赋第二人同,并在词赋之下。一科仅有一个状元,从此年改制。

11. 金章宗泰和六年(公元1206年)

山东济州任城(今山东济宁)人李演中丙寅词赋科状元。

12. 金卫绍王至宁元年(1213年)

山东曹州济阴(今山东曹县)人商衡中癸酉特恩科状元。

13. 金哀宗正大元年(公元1224年)

山东曹州东明(今山东东明)人王鹗中甲申词赋科状元。

14. 元世祖中统二年(公元1261年)

根据太医院使王猷的建议创设诸路医学。

15. 元世祖至元六年(公元1269年)

"以新制蒙古字颁行天下",创设具有民族特点的诸路蒙古字学。

16. 元世祖至元七年(公元1270年)

县尹萧革改建邹平县学。

17. 元世祖至元九年(公元1272年)

创设路学，设有教授、学正、学录等学官各 1 员，府学及上中州学各设教授 1 员，下州学设学正 1 员，县学设教谕 1 员。

18. 元世祖至元十九年(公元 1282 年)

开始施行“贡吏试”。

19. 元世祖至元二十三年(公元 1286 年)

颁令各路，劝农立社，凡各县所属村庄 50 家为社，每社成立学习一所，即“社学”之制。

20. 至元二十八年(公元 1291 年)

创设元代学习天文、历算的学校——阴阳学，隶属司天台。

21. 元世祖至元二十九年(公元 1294 年)

监州冀德方重建济宁州学。

22. 元成宗元贞元年(公元 1295 年)

为保证办学经费，命有司割地充学田，作为学生饩廪的来源。

23. 元仁宗延祐二年(公元 1315 年)

二月会试京师。这是元代建国后正式举行的第一次科举考试。本年，山东禹城(祖籍山东历城)人张起岩中乙卯科左榜状元。

24. 元仁宗延祐三年(公元 1316 年)

朝廷下诏设立医学科举。

25. 元顺帝至正二年(公元 1342 年)

元代第三次恢复设置科举。此次恢复考试之后，直至元末，共举行了八榜考试，到元朝灭亡前夕的至正二十六年(公元 1366 年)停止。

明代

1. 明太祖洪武元年(公元 1368 年)

四月，置山东行中书省。

2. 明太祖洪武二年(公元 1369 年)

乡试，济南府考中郑钧等 3 名举人，兖州府考中黄宗等 8 名举人。

3. 明太祖洪武二年（公元 1369 年）

知府崔亮再建济南府学。

4. 明太祖洪武三年（公元 1370 年）

五月，诏设科举取士。定于本年八月始。使中外文臣，皆由科举而选，非科举不得授官。并对考试日期、内容、程式、录取人数等都作了具体的规定。

5. 明太祖洪武三年（公元 1370 年）

知州薛元义重建滕县县学。

6. 明太祖洪武四年（公元 1371 年）

会试，山东考中郑钧等 8 名进士。

7. 明太祖洪武六年（公元 1373 年）

科举暂时停罢，实行荐举。

8. 明太祖洪武八年（公元 1375 年）

明太祖下令设立社学，招收 8 岁以上 15 岁以下的儿童。

9. 明太祖洪武十五年（公元 1382 年）

颁布“禁例十二条于天下，镌立卧碑，置明伦堂之左。其不遵者，以违制论”。

10. 明太祖洪武十七年（公元 1384 年）

设医学和阴阳学。

11. 明太祖洪武二十五年（公元 1392 年）

重新规定课程，分为礼、射、书、数四类，删去了乐、御两类。

12. 明太祖洪武三十年（公元 1397 年）

山东武城（今山东武城）人韩克忠中丁丑科北榜（或称夏榜）状元。

13. 明成祖永乐二年（公元 1404 年）

三月，以侍读学士解缙、黄淮为会试考试官，取中杨相等

472人。并在进士中选取擅长文学者61人,改翰林院庶吉士。进士选为翰林院,庶吉士由此始。

14. 明仁宗洪熙元年(公元1425年)

九月,定乡试取士额。南京国子监及南直隶共80名,北京国子监及北直隶共50名,江西50名,浙江、福建各45名,湖广、广东各40名,河南、四川各35名,陕西、山西、山东各30名,广西20名,云南、交趾各10名。

15. 明宣宗宣德元年(公元1426年)

山东乡试共录取举人42名,其中济南府录取名额最多,为12名,其次是兖州府11名,东昌府8名,莱州府5名,青州府4名,登州府最少,为2名。

16. 明宣宗宣德二年(公元1427年)

山东奉令建成卫儒学。同年,山东青州临朐(今山东临朐)人马愉中丁未科状元。

17. 明英宗正统六年(公元1441年)

山东乡试共录取举人52名,其中兖州府最多,共21名,其他依次为济南府10名,东昌府7名,青州府6名,登州府4名,莱州府4名。

18. 明英宗天顺八年(公元1464年)

朝廷出台武举法,令天下武衙门秉公推荐通晓兵法、勇谋出众的人才,由各地巡抚、巡按会同"三司"(布政使司、按察使司、都指挥使司)官考试。

19. 明宪宗成化八年(公元1472年)

殿试的时间由会试之后的三月初一日改为三月十五日。

20. 明孝宗弘治六年(公元1493年)

规定每次考试先试策略,后试弓马。考试完毕后,"文理优、韬略熟,及射中式者,升二级;文不堪优,射虽偶中,止升一级;虽善行文,射不中式,及射虽合试,策不佳者,俱暂黜以候再

试”。至此，明代武举方正式举行。

21．明孝宗弘治十七年（公元1504年）

武举改为三年一试。

22．明武宗正德三年（公元1509年）

颁行武举条例，规定根据考试成绩，将考生分为上、中前、中后、下四等，武举会试自此开始。

23．明武宗正德十四年（公元1519年）

定武举初场试马上箭，以三十五步为则；二场试步下箭，以八十步为则；三场试策一道。子、午、卯、酉年乡试。

24．明神宗万历十七年（公元1589年）

祖籍莒州日照（今山东日照）、户籍江宁（今江苏南京）的焦竑中己丑科状元。

25．明神宗万历二十三年（公元1595年）

十二月，定宗室科举入仕例。同年，山东东昌府茌平（今山东茌平）人朱之蕃中乙未科进士。

26．明神宗万历二十六年（公元1598年）

山东青州府益都县（今山东青州）人赵秉忠中戊戌科状元，中状元时年仅25岁。

27．明思宗崇祯九年（公元1636年）

山东乡试录取举人89名，其中济南府最多，为27名，其他依次为青州府16名，莱州府13名，兖州府、东昌府、登州府各11名。

28．明思宗崇祯十四年（公元1641年）

武举特开奇谋异勇科。诏下，无应试者。

清代

1．清世祖顺治元年（公元1644年）

定武举三年一考，子、卯、午、酉年乡试，次年会试。

2．清世祖顺治二年（公元1645年）

颁行《科场条例》,规定首场试《四书》三题,《五经》各四题,士子各占一经。二场试“论”一道,“判”五道,诏、诰、表内科一道。三场试“经史时务策”五道。考生阐释经义必须以预先指定的“传”、“注”为标准,以八股文为程式。

同年,规定山东乡试正榜录取限额 90 名。

3. 清世祖顺治三年(1646 年)

山东东昌府聊城(今山东聊城市)人傅以渐中丙戌科状元,为清代首个科考状元。

4. 清世祖顺治九年(公元 1652 年)

三月,首开满、汉两榜同期张挂,各有满或汉状元,同年两榜。

5. 清世祖顺治十一年(公元 1654 年)

推行商民分卷录取的做法,为商人子弟专门设立商学和商籍。

6. 清世祖顺治十五年(公元 1658 年)

清世祖因为顺天、江南考官受贿事败,曾亲自复试两闱举人,是为乡试复试之始。

7. 清世祖顺治十六年(公元 1659 年)

制定《直隶各卫学归并各府州学例》,大部分卫学并入府、州、县学。

8. 清圣祖康熙二年(公元 1663 年)

二月,停试八股文体,科考以策、论、表、判取士。废八股文,只试策、论、表、判。考试分为二场:第一场试策五道,第二场试《四书》论一篇,经论一篇,表一道,判五条。

9. 清圣祖康熙七年(公元 1668 年)

七月,复命科举考试仍以八股文取士。

10. 清圣祖康熙四十一年(公元 1702 年)

经礼部议准,在北京崇文门外设立义学。

11. 清圣祖康熙五十一年(公元 1712 年)

“以各省取中人数多少不均,边省或致遗漏”,于是“废南、北、官、民等字号,分省取中”。由于各省大小不同,人才多寡不一,所以中额多少也不一样,多者二三十名,少者十余名乃至数名。这一年,山东省取中额为 20 名。

12. 清圣祖康熙五十一年(公元 1712 年)

五月,废南、北等字号,定会试分省取中进士之制。

13. 清圣祖康熙五十一年(公元 1712 年)

皇帝疑心新进士有代倩中式者,亲自复试进士于畅春园,是为会试复试之始。

14. 清圣祖康熙六十年(公元 1721 年)

山东东昌卫(今山东聊城市)人邓忠岳中辛丑科状元。

15. 清世宗雍正元年(公元 1723 年)

规定新进士先行考试,以“诗文四六各体出题,视其所能,或一篇,或二、三篇,或各体俱作,悉听其便”。庶吉士均先朝考后选拔。

16. 清世宗雍正三年(公元 1725 年)

根据清世宗的诏令,吏部将翰林院及进士出身的官员具名上奏,召集于太和殿,试以《四书》文二篇,弥封进呈,由皇帝披阅并钦定名次,派赴各地主持乡试。从此,考官考试制度正式实行。

17. 清世宗雍正四年(公元 1726 年)

江西乡试科场案发。主考官礼部侍郎查嗣庭,所出试题有“维民所止”一道,世宗认为是有意要砍去雍正两字的头。查嗣庭交三法司审讯定罪被诛,兄弟二人受牵累遭遣戍。始开“文字狱”。

18. 清世宗雍正五年(公元 1727 年)

朝廷明确规定:“生员除丁忧、患病、游学、有事故外,照定

例严加考试。如有托故不到者，即严加惩治。三次不到者，详革。"即缺考三次，就取消生员资格。

19．清世宗雍正六年（公元1728年）

科场取士考试于《四书》外，兼试策论。

20．清世宗雍正十三年（公元1735年）

裁卫立县，卫学随之改为县学。

21．清高宗乾隆三年（公元1738年）

废除大臣保举例，规定将诸进士按朝考成绩"依省分甲第引见，临时甄别录用"。

22．清高宗乾隆七年（公元1742年）

规定"生监科举，直省由学政录取，每举人一名，大省（江南、浙江、江西、福建、湖广）录科八十名，中省（顺天贝字号、山东、山西、河南、陕西、四川、广东）六十名，小省（广西、云南、贵州）五十名"。

23．清高宗乾隆十年（公元1745年）

三月，敕令改殿试日期于四月二十六日，五月初一日传胪。

24．清仁宗嘉庆六年（公元1801年）

保和殿殿试，后为定例。

25．清仁宗嘉庆十三年（公元1808年）

皇帝诏令："所有进士出身之满汉二品侍郎、内阁学士，并三品京堂，及未经考试试差之四、五品京堂，俱著于本月二十七日黎明，齐集乾清门，在尚书房考试。"由此，所有考官均须经考试后方能任命，保举制不再实行。

26．清宣宗道光二十一年（公元1841年）

定期考试卷分一、二、三等进呈。朝考成绩成为选拔庶吉士的主要依据。

27．清宣宗道光二十四年（公元1844年）

山东济宁直隶州（今山东济宁市）人孙毓桂中甲辰科状

元。

28. 清文宗咸丰三年(公元 1853 年)

山东济宁直隶州(今山东济宁市)人孙如仅中癸丑科状元。

29. 清文宗咸丰四年(公元 1854 年)

该年太平天国年号为四年,开科取士,谓开“天试”、“东试”、“翼试”、“女试”等。

30. 清德宗光绪二年(公元 1876 年)

山东莱州府潍县(今山东潍坊市)人曹鸿勋中丙子科状元。

31. 清德宗光绪二十一年(公元 1895 年)

是科,康有为、梁启超等联合 18 省在京应试举人 1300 余人上书皇帝,请拒和、兴学、变法、废科举等。史称“公车上书”。

32. 清德宗光绪二十四年(公元 1898 年)

五月,诏废八股文取士。自下科始,乡会试及生童岁科各试,一律改试策论。准备递减数额。

33. 清德宗光绪二十七年(公元 1901 年)

七月十六日,朝廷宣布:“……武生童试,武乡、会试,自今永远停止。”武举科考寿终正寝。

34. 清德宗光绪二十九年(公元 1903 年)

二月,袁世凯、张之洞奏请递减科举。岁科试分两科减尽,乡试分三科减尽。即以科场递减之额,酌量移作学堂取中之额。同年,山东莱州府潍县(今山东潍坊市)人王寿彭中癸卯科状元。

35. 清德宗光绪三十一年(公元 1905 年)

八月四日,袁世凯、张之洞等再奏罢废科考。光绪帝颁诏准自明年为始,所有乡会试,各省岁考、科考均一律停止。

36. 清德宗光绪三十二年(公元1906年)

科举制度被正式废除。山东考试的发展历史也由此步入了新的阶段。

近现代

1. 1862年(同治元年)

美国北长老会传教士倪维思在登州招收了几名穷苦人家的女孩,举办"管饭且管衣服等物的寄宿女塾"。这是山东最早的教会学校。

2. 1863年(同治二年)

美国南浸信会传教士高弟丕在登州为教徒子弟举办一所小学校,这是山东最早的教会男童学校。

3. 1864年(同治三年)

美国北长老会传教士狄考文在登州设立一所蒙养学堂,招收了6名贫困人家的子弟。

4. 1877年(光绪三年)

狄考文将其举办的蒙养学堂升格为中等教育性质的学校,取"以文会友"之意,定名为文会馆。文会馆正斋开设20余门课程,采用日考、季考和常年考三种方式考核学生的学习效果,并按百分制与等级制相结合的方式评价学生的学业成绩。

同年,基督教传教士在山东设学20处,在校学生296人。早期的教会学校在传授宗教知识和礼仪的同时,教授自然科学课程,并将西方现代教育教学理论和管理方式运用于教育教学过程中。

5. 1898年(光绪二十四年)

基督教传教士在山东举办中、小教育教学机构293所,在校生3922人。多数学校逐步建立起了现代学校考评学生学业成绩的制度。文会馆定有严格的考试和升留级制度,办学近40年,正式毕业生仅200余人。

6. 1901 年(光绪二十七年)

9 月,清廷发布具有教育改革内容的"上谕",要求在各省城设立大学堂,在各府及直隶州设立中学堂,在各州县设立小学堂。在这些新式学堂中,除教授中国传统文史知识外,也开设"中外政治艺学"课程。该"上谕"开启了清末教育改革的大门。

11 月,山东巡抚袁世凯改济南的泺源书院为山东大学堂,并组织人拟定了《山东省城试办大学堂暂行章程》。《章程》规定了初试加复试的招生方法,以"十五岁以上二十三岁以下,通解经史、文理明顺、身家清白、体质强实并无不良嗜好者"为合格。该学堂备斋第一届招生 300 名,其中 220 名由十府两直隶州考选,80 名在省城就近考选。

同年,东昌府改启文书院为东昌府官立中学堂、青州府改松林书院为青州府官立中学堂。

7. 1902 年(光绪二十八年)

清廷颁布《钦定学堂章程》,史称"壬寅学制",是我国以学制系统的方式规范学校教育教学活动的开始。

同年,山东大学堂设立师范馆,是山东最早的师范教育机构。

8. 1903 年(光绪二十九年)

济南府、沂州府和曲阜分别改济南书院、琅琊书院、昌平书院为官立中学堂。

同年,在山东大学堂师范馆的基础上设立山东师范学堂,首批招收 80 名学生。

9. 1904 年(光绪三十年)

1 月,清廷颁布《奏定学堂章程》,史称"癸卯学制",是我国公布并正式施行的学制系统。该系统包括《学务纲要》、《高等学堂章程》、《中学堂章程》、《高等小学堂章程》、《初等小学堂

章程》等。

同年,山东大学堂按照“癸卯学制”的规定,更名山东高等学堂。

同年,山东有11个府州设立了官立中学堂,80余州县设立了高等小学堂。

同年,登州文会馆与青州的广德书院合并,称“广文学堂”(也称广文大学),校址设在潍县。这是齐鲁大学文理科的前身。

10. 1905年(光绪三十一年)

山东高等学堂高等正科招生。学生主要由各州县官负责在廪、附、增、贡生中选拔保送。该科相当于大学预科,是山东高等教育招生之始。

同年,在山东师范学堂设立优级师范班,学生从本校初级师范毕业生中择优考取。

同年,英国浸礼会创办的郭罗培真书院与美国长老会创办的神学班合并,称青州神道学堂。这是齐鲁大学神科的前身。

11. 1906年(光绪三十二年)

学部修订《各学堂考试章程》,将学堂考试分为临时、学期、学年、毕业、升学考试五种。

同年,设立山东官立法政学堂,招收一年半毕业的速成科学生114名。

同年,设立山东官立高等农业学堂,招收中等班学生120名。

同年,美国长老会在济南创办的医学堂与英国浸礼会在青州创办的医学堂合并,称济南共和医道学堂。这是齐鲁大学医科的前身。

12. 1907年(光绪三十三年)

设立山东师范选科学堂,招生学生142名。

13. 1908年(光绪三十四年)

山东高等学堂正科第一届毕业生因考试作弊嫌疑被学部查处,所有学生均未能按时毕业。自此,学部加强了高等学校学生毕业考试管理的力度。

14. 1909年(宣统元年)

山东高等学堂选送10名学生赴清华学校参加"庚款"留美学生考试,均落榜。

同年,学部公布《检定小学堂教员章程》,对小学堂教员检定机构、检定试验分类、参加检定人员资格及考试科目都作了规定。

15. 1910年(宣统二年)

学部公布《考选学生及各省提学使考送学生办法》,对官费留日学生考选资格及考试科目作出了规定。当年分配山东的考送名额为8人。

16. 1911年(宣统三年)

我国举行了一次小学教员检定试验,有3万人应考。

17. 1912年

3月,南京临时政府公布《文官考试令》,将文官考试分为高等文官考试与普通文官考试两种。

9月,教育部公布的教育宗旨为:"注重道德教育,以实利教育、军国民教育辅之,更以美感教育完成其道德"。

10月,教育部公布《学生学业成绩考查规程》,将学生的学业成绩分为平时和试验两种。成绩评定分为甲、乙、丙、丁四等。

10月,教育部公布《学生操行成绩考查规程》。

同年,教育部公布新的学制系统,称《壬子学制》。该学制系统包括《大学令》、《中学校令》、《专门学校令》、《师范教育令》、《小学校令》。该系统与次年公布的《实业学校令》等法令合称《壬子癸丑学制》。

同年公布的《小学校令》规定，小学校教员必须有任职“许可证”，“受许可证者，必须在师范学校或教育总长指定之学校毕业，或经小学教员检定委员会检定合格”。

同年，根据新的学制系统，山东各级学堂改称学校。官立学堂，改称国立、省立、县立学校。

同年，设立山东公立商业专门学校、山东公立农业专门学校（由原高等农业学堂改设）。

18. 1915 年

4 月，山东组织推荐南京河海工程专门学校学生的考试，科目为国文、英文、数学、理化。

同年，山东巡按使公署下发《饬各师范、中学嗣后招生须先尽相当资格不得任意滥收文》，强调各校招生时必须尽先录取高等小学毕业生，不足额时再招收同等学力者。

19. 1916 年

4 月，教育部公布《检定小学教员规程》，将小学教员检定分为无试验检定和试验检定两种。规定试验检定每年举行一次。

10 月，教育部公布《选派留学外国学生规程》，提高了留学生考选的资格。

20. 1917 年

教育部公布《检定小学教员办法》，提出各省区第一次小学教员检定应于次年 7 月 1 日前“一律办竣”。

同年，潍县的广文学堂、青州的神道学堂和济南的共和医道学堂实现统一管理，并迁入济南新校址。齐鲁大学正式设立，设文理、医学、神学、社会教育四个科。

21. 1920 年

教育部公布《修正学生学业成绩考查规程》。

同年，山东制定《各县承办检定小学、乙种实业学校教员事务要则》和《山东检定小学教员、乙种实业学校教员施行细则》。

同年，山东举行第一届小学教员检定，有2万人申报。

22．1924年

加拿大政府批准齐鲁大学的立案申请，准其毕业生享受多伦多大学毕业生待遇。

23．1926年

8月，合并山东公立法政专门学校、山东公立农业专门学校、山东公立工业专门学校、山东公立商业专门学校、山东公立医学专门学校、山东公立矿业专门学校为省立山东大学。同时，将省立一中、二中、六中、十中的高中部合并，成立山东大学附属中学。

24．1927年

山东设有普通中学66所、省立师范学校6所、几十处县立师范讲习所、百余所职业学校。

25．1928年

2月，教育部公布《国内外专门以上学校毕业生复试条例》，提出国内外专门以上学校毕业生由教育部复试。

3月，教育部公布《各省区中等学校毕业复试规程》，提出了中等学校毕业复试的各种要求。

6月，山东省政府教育厅举办“各县教育行政人员及高小教职员训练班”，并制定了《山东省政府教育厅考试教育局长暂行规程》。训练班毕业人员可参加县教育局长的考试。这是山东省政府教育厅举行的第一届教育局长考试。

10月，内政部公布《县长考试暂行条例》。

同年，山东大学停办。

26. 1929年

8月，国民政府公布《考试法》，规定成立国民政府考试院，行使考试权，并将考试分为普通、高等、特种三种。

8月，教育部公布《大学规程》，将学生考试分为入学、临时、学期、毕业试验四种，并规定了各种考试的规则要求。

8月，在济南设立省立第一乡村师范学校。招收16岁至20岁的高小或师范讲习所毕业以及原初级师范学校肄业学生。考试科目为党义、国文、算术、常识、智力测验、体格检验、口试。

10月，山东省政府教育厅举行第二届教育局长考试，有200余人获准与试。试后，14人被任命为县教育局长，2人被任命为县督学。

10月，山东省政府教育厅公布《山东省检定小学教员暂行规程》。

11月，成立山东省检定小学教员委员会，并公布《山东省检定小学教员施行细则》、《山东省检定小学教员要项》等检定法规。

27. 1930年

1月，国民政府考试院正式设立。

4月，国民政府任命杨振声为国立青岛大学校长。该校8月招生，9月正式开学。

同年，山东省政府公布《山东省县政府教育局暂行规程》，规定县教育局长从中央考试合格人员中遴选，呈请教育厅核委，呈报省政府备案。

28. 1931年

2月，举行第三届教育局长考试，12人得以任用。

3月，成立山东省普通与高等检定考试委员会，何思源为委员长。

6月,举行普通与高等检定考试。高等检定考试各科目仅一人全部及格。

12月,国民政府公布《考试法施行细则》。

12月,齐鲁大学获准在我国教育行政机关"立案"。原神学、社会教育独立出去,学校设文、理、医三学院。

同年,山东省政府教育厅公布《山东省考选国外留学生规程》。

同年,山东举行30年代的第一届小学教员检定。

29. 1932年

5月,教育部公布《中小学学生毕业会考暂行规程》,要求各省市区县教育行政机关组织公立及已立案的私立小学、初级中学、高级中学普通科毕业生举行会考。该《暂行章程》规定,会考非各科皆能及格,不得毕业。

9月,国立青岛大学改为国立山东大学。

同年秋,山东举行第一届中学学生毕业会考,仅1所高中和14所初级中学参加。其中,7名高中生和161名初中生未能及格。

30. 1933年

同年,教育部公布《中学规程》,将学生的考查成绩分为学业、操行和体育三项。

同年,教育部公布《职业学校规程》,将学生的考查成绩分为学业、实习、操行和体育四项。

同年,教育部取消小学毕业会考,并公布《中学学生毕业会考规程》,规定毕业会考各科成绩的核算方法为:毕业成绩(学年成绩占五分之三,毕业成绩占五分之二)占十分之四,会考成绩占十分之六,合并计算。

同年,山东举行第二届中学学生毕业会考,有10所高中和29所初级中学的学生参加。其中,高中学生及格率为63.52%,

初中学生及格率为81.50%。至抗战爆发,山东共举行六届中学学生毕业会考。

31. 1935 年

4 月,教育部公布《师范学校学生毕业会考规程》,将师范学校学生毕业纳入会考范围。

5 月,山东举行第一届师范学校学生毕业会考,至抗战爆发,山东共举行三届师范学生毕业会考。

6 月,举行普通与高等检定考试。其中,高等考试全部科目及格者 2 人,普通考试全部及格者 8 人。

7 月,国民政府公布经修正的《考试法》,规定:公职候选人任命人员及依法应领证书之专门职业或技术人员,均应经考试定其资格。

8 月,举行普通检定考试的行政人员考试,何思源为典试委员会秘书长,有 65 人得以任用。

32. 1936 年

5 月,国民政府公布经修正的《考试法施行细则》。

33. 1937 年

11 月,山东大学内迁,于次年 2 月并入中央大学,学校停办。

12 月,中国共产党协助抗日将领范筑先开办博平军事干部训练班,第一期招收学员 84 名,其中 40 人是从地方青年学生和中小学教师中招收的。

34. 1938 年

3 月,日伪傀儡政权——山东省公署成立,设教育厅负责全省教育事宜。

7 月,以培养抗日军政人才为目的的山东抗日军政干部学校在沂水岸堤镇开办,考试科目为国文、政常、时事、口试。该校一年内举办五期训练班,毕业学生约 3000 人。

9月，设立胶东公学，第一期招收250余名学生，分为社会、师范、普通三科，修业时间为4—6个月。该校最多时有900多名学生，大多来自地方知识青年。

35. 1939年

3月，山东省公署公布《山东省检定中学及师范学校教员暂行规程》、《山东省检定日语教员暂行规程》、《山东省检定小学教员暂行规程》、《山东市县承办检定小学教员事务所简章》、《山东省检定小学教员要项》。

36. 1940年

8月，中国共产党领导下的山东抗日根据地党、政、军、群召开联合大会，选举产生了山东临时参议会，并成立了山东抗日根据地最高领导机关——山东战时工作推行委员会（简称战工会）。战工会下设教育组，负责根据地教育工作的开展。

12月，山东省临时参议会通过了战工会制定的《山东省战时国民教育实施方案》。

同年，由战工会直接领导的山东公学开办于沂南，初办时招收50名学员，多数是根据地党政群机关推荐来的。

同年冬，湖西中学（冀鲁豫边区二中）招生，学生入学有三种方式：一是由学校出招生简章，经过考试按成绩录取；二是由党政机关介绍；三是由领导干部介绍，对文化程度要求较宽。

同年，山东省公署教育厅举行第一届小学教员检定试验。

37. 1941年

山东省国民政府教育厅在安丘设立省立临时政治学院，招生采取各县保送与自由报考的方式。考试分为笔试、口试两种。笔试科目为国文、三民主义、历史、地理、物理、化学、数学。该校1943年迁往安徽阜阳，以招收山东流亡学生为主。抗战期间，山东国民政府控制区设立过34所中等教育学校。

38. 1942 年

2 月，战工会公布《关于整理改进小学教育的指示》，规定：每一个行政村设立一所初级小学，每一个区设立一所完全小学，要严格教育学管理，每月进行一次测验，要有学生成绩登记表，并向学生家长报告学生学习成绩。

2 月，战工会公布《关于检定小学教员的指示》和《检定小学教员暂行办法》，提出小学教员检定以县为单位，每年举行一次。检定包括政治认识、文化程度、教学能力和思想意识四方面。试验方法包括笔试、口试和工作表现。

4 月，山东省公署教育厅举行第二届小学教员检定试验，有 4544 人获合格证书。第三届小学教员检定于 1944 年举行。

7 月，为培养政权建设人才，战工会设立山东抗战建国学校。

10 月，胶东抗日根据地设立胶东建国学校。

10 月，晋冀鲁豫边区政府公布《晋冀鲁豫边区小学暂行规程》，对学生的学业考试、升留级和毕业都作了严格的规定。

39. 1943 年

8 月，山东省战时工作推行委员会改为山东省行政委员会（简称政委会），下设教育处，负责教育工作的开展。

同年，国立六中招生简章称：高中部招收 15—19 岁的初中毕业生，非战区学生录取以 10% 为限，考试科目为公民、国文、数学、英语、史地、自然、口试、体格检查。

同年，山东省公署教育厅称，自 1939 年起，共举办 8 次日语教员检定，其中第 7 次有 5 人合格，第 8 次有 27 人合格。日语教员检定多为无试验检定。

40. 1944 年

9 月，山东省公署举行第五届教育行政会议，会议称，共办理中学教员检定 12 次，检定合格人员为 979 名。

41. 1945年

8月,山东省行政委员会改为山东省政府。政委会教育处改为省政府教育厅。

8月,山东省政府决定在临沂设立山东大学,招收高中、后师及其以上学力水平的知识青年。学生除由学校直接招收外,也委托县以上政府负责保送,经学校考试合格后入学。该校当年10月正式创立,招收了600余名学生,并于次年1月开学。

9月,山东省战时邮政总局设立山东省邮政干部学校。该校"以培养大批革命的邮政干部"为目标,招收17岁以上具有小学、高小及中等学校教育程度的青年,考试科目为政治常识、国文、数学、史地、外国语。

9月,中共胶东行署公布《胶东中等学校暂行规程》,提出学生成绩考查"平时重于定期,实际活动与理论学习并重,政治与文化并重,并多采用民主鉴定、集体检查方式"。

10月,中共渤海行署发布《关于中学及公学工作的决定》,指出各中学、公学的教育目的在于培养和改造新解放区的知识分子,学生入学资格以高小、初中、高中毕业生为宜。

42. 1946年

2月,山东省政府发出《关于发展中等教育的指示》,提出要整理与扩大现有中学,开办新中学、师范与职业学校,广泛吸取青年学生入学。

2月,山东大学开始复校工作。当年秋,招收本科新生520人。该校仍然继承了抗战前严格考试、严格录取的传统。

2月,设立冀鲁豫建国学院。该院以培养"和平建国之各种人才为宗旨"。考生须高小毕业,考试科目为国语、算术、常识、口试。

8月,在北平设立隶属国民政府考试院的河北山东考铨处,负责管理河北、山东两省及北平、天津、青岛三市的考选铨叙事项。

9月，山东省政府教育厅公布《关于当前教育工作纲要》，对各类学校办学方针、教育目的、修业年限等提出了指导性意见。

同年秋，临时政治学院在济南招收新生，并于次年2月改称山东省立师范专科学校。

同年，山东国民政府举行抗战后第一次高等、普通检定考试。考试均分为甲、乙两类，符合应考资格者共194人。此次考试仅8人获得合格证书。

43. 1947年

6月，山东国民政府公布《山东省三十六年度高普检定考试规则摘要》、《高等检定考试科目表》、《普通检定考试科目表》，定8月1日为固定考试日期。

44. 1948年

6月，山东省粮食总局设立山东省粮政干部学校，招收18—25岁相当于高小毕业文化程度的知识青年，考试科目为国语、算术、政治常识。

8月，中共华东局决定在山东大学（临沂）的基础上设立华东大学。该校以培养新民主主义国家各项建设人才为目标，招收中等及中等以上文化程度的青年学生，考试科目包括笔试（国文、史地、数学、自然科学、政治常识）、口试和体格检查。

8月，山东国民政府举行最后一次高、普检定考试。185人参加了这次考试，其中各科均及格者18人，单科及格者95人，有近40%的考生各科均不及格。

9月，山东省政府教育厅召开第三次全省教育工作会议，强调中等教育学校要建立各种管理制度，要按规定课程进行教学，要有学期，要有入学考试和毕业考试，要逐渐走向正规化。会后，各中等教育学校开始建立严格的入学考试和升留级制度。

10月,山东省政府公布《恢复和整顿小学实施办法草案》,提出对学生的学业要进行定期考核,学完规定课程后要进行考试,及格才能升级或毕业。

45. 1949年

3月,山东省政府更名山东省人民政府,仍设教育厅,负责全省教育工作。

4月,山东省人民政府迁往济南。

10月,山东省人民政府文教厅公布《山东省小学教育暂行实施办法》,提出小学教育教学要执行五项正规制度,强化考试管理是其中的重要内容。

10月,山东省人民政府公布《山东省小学教师服务暂行规程(草案)》,对小学教师的任职资格作了明确规定。

同年秋季,青岛解放后的国立山东大学制定了规范化的招生考试制度。

46. 1951年

6月,华东军政委员会教育部针对齐鲁大学自行公布的招生简章,指示该校参加华东高校统一招生,不得自行公布招生名额。次年,齐鲁大学建制被撤销。

参考文献

1　赵承福.山东教育通史.济南:山东人民出版社,2001

2　高文.汉碑集释.开封:河南大学出版社,1985

3　毛礼锐等.中国古代教育史.北京:人民教育出版社,1979

4　黄留珠.中国选官制度述略.西安:陕西人民出版社,1989

5　李国钧,王炳照.中国教育制度通史.济南:山东教育出版社,2000

6　山东省地方史志编纂委员会.山东省志·建置志.济南:山东人民出版社,2003

7　王鸿鹏,王凯贤.中国历代文状元.北京:解放军出版社,2004

8　莫雁诗,黄明.中国状元谱.广州:广州出版社,1993

9　康学伟等.中国历代状元录.沈阳:沈阳出版社,1993

10　周亚非.中国历代状元录.上海:上海文化出版社,1995

11　邹绍志,桂胜.中国状元趣话.武汉:武汉大学出版社,2002

山东考试通史

下卷

王坦 主编

自序

呈现在读者面前的《山东考试通史》，是一部专门论述山东考试制度发展沿革的著作，是我和课题组成员们历时五年多的研究成果。它以两千年来山东的区域政治、经济、社会发展为背景，详细梳理、阐述了考试制度在山东形成和发展的历史脉络，探讨了各个历史时期山东考试制度发展的基本规律和特点，向读者展示了一幅山东考试发展历史的壮美画卷，字里行间蕴藏和跳跃着古圣先贤们的智慧和创造之光。

我们为什么要研究和撰写这部通史？这是课题组在着手编写之前反复思考的一个重要问题。我们的基本想法是“一个基于”、“两个目的”。

“一个基于”，即基于在我们这个历史悠久、幅员辽阔、民族众多、差异明显的国度，无论是经济社会发展，还是教育文化发展，无不具有明显的区域特征。一方水土养育一方人，一方人在长期的生活和交往中，积淀而成了共同认可和遵循的理想追求、价值取向、生活习俗乃至行为方式。齐鲁大地是中华文明最早的发源地之一，龙山文化、大汶口文化、沂源文化是黄河文化的重要标志。在齐鲁这方独特的水土上，最早产生了考试制度的萌芽。我国历史传说中的尧通过多方考核，最终选择了“躬耕历下”、“能和以孝、烝烝治，不至奸”的大舜为自己的继承人。尧采用的推荐、“选贤与能”制度，必定有其标准和条件，也必定有中选者和落选者。从广义上说，这就是一种考试。在齐鲁这方水土上，开创了中国私学之先河。孔子在“杏坛”聚徒讲学，弟子三千，贤人七十。自正式的考试制度“始于隋”之后，从齐鲁之邦选拔出了大量的杰出人才。仅有籍可考的中状元者就多达38人，占全国有籍贯可考的397名状元的近十分之一。鲁人“多好儒学”，这是齐鲁的一种特有的文化现象。新中国成立之后，山东始终是考试大省，无论是考试理念、考试规模，还是考试方式、考试文化，都有一些特有的现象。

长期以来，这些弥漫于历史、充溢于现实的特有现象，只停留在人们的模糊印象中或记忆的碎片里，基本没有系统的梳理和提升。我们此次作“史”，意在从浩繁的历史经纬里梳理出一个明晰的“齐鲁经纬”。

“两个目的”：一是通过研究、撰写区域性考试史，考察其历史沿革及其嬗变的过程，从中梳理不同历史时期、不同社会发展阶段考试制度的继承、扬弃、发展、完善的大体脉络，为人们正确认识考试制度提供视角与依据；二是通过研究、撰写区域性考试史，考察全局与局部、中央与地方、集权与分权的关系，从中寻找某些规律，为改革和完善现行考试制度提供借鉴。

确定写作目的之后，接下来一个非常重要的问题就是“写什么”的问题。围绕考试问题，上至远古，下至当今，可写的东西浩如烟海，必须紧紧围绕我们的写作目的进行取舍，选择那些“贴题”、“扣题”的史料，避免写作中堆积材料、延伸枝节、漫无中心、让人不得要领的嫌疑。研究考试，既要研究考试内部诸因素的关系，如命题、考试实施、评卷、分数制度、统计分析等，这属于考试认识论的范畴；同时也要研究考试与其外部诸因素的关系，如考试与教育、教学的关系，与人事、劳动制度的关系，与经济社会发展的关系等，这属于考试社会学的范畴。在中国长期的考试历史中，考试认识论的水平决定了考试质量的高低，而考试社会学的是非，决定了考试的存废。我们撰写这部通史，基本按照上述两个范畴选择内容，以第一个范畴为主，兼及第二个范畴。

确定“写什么”之后，还有个“怎么写”的问题。一个是体例问题。因为我们要记述的是山东省从最早文明到现在的考试历史，因此，我们确定的基本体例是通史。所谓通史，首先要求叙述的内容广泛，我们不仅要记叙考试的历史，还要对不同历史时期和社会发展阶段的政治、经济、社会背景，以及宏观和局部的教育背景进行描述。其次，通史要求我们在叙述中体现历史发展脉络，以研究考试内部诸因素的关系为线索贯穿，给人一种整体的认识。另一个是“史”与“论”的结合问题。我们的基本设想是以“史”为主，史论结合。写“史”一定要严谨、准确，不可想当然、“莫须有”。关于“论”，鉴于种种制约因素及水平所限，能论则论，不能论则不论。但不能因此而使写“史”失去灵魂，见事不见人，见人不见思想，一定要进行必要的提炼概括，使其脉络清晰、纲举目张。

客观地讲，撰写此书的过程是一个学习、思考的过程。动笔之后，我们对许多问题有了新的认识。

其一，中国源远流长的考试制度从应运而生到顺时而变，经历了一个不断变革、完善的历史进程。

中国是考试的发祥地，考试是中国人的一大发明。科举制的创设常常被西方世界称作中国对人类贡献的第五大发明。中国考试从远古时期以考察、推荐为主要形式的“选贤与能”，到夏、商、周时期以口试或面试为主要形式的“敷奏以言”，再到西汉时期以笔试为主要形式的“察举制”，经历了从初始状态到制度化的革命性变化。始于隋、完善于唐的科举制度是我国考试史上的又一次根本性变革，在考试的制度、考试实战、考试思想三个方面形成了相当完备的体系。

齐鲁作为中华文明的发祥地之一，在考试制度的变革中始终处在前沿领域。齐国的招贤纳士制度，重用了一大批出身寒微的政治家，他们为齐国奠定东方霸主的地位立下了汗马功劳。孔子通过观察、谈话、实践等方式来了解弟子，一方面是为了更好地进行因材施教，另一方面也是对学生的学业进行督促检查，这虽然不能称为严格意义上的考试，但却是春秋战国时期私学中最常见的考查学生分析问题和解决问题的能力以及了解学生实际才能的有效方法。具有研究院性质的稷下学宫，其邀约诸子百家来稷下进行学术交流的“期会”争鸣，从某种意义上讲也是一种考试方式。在争鸣中，不同学派、不同的学者都展示各自的学识和见解，争取更大的学术声望和政治资本，为参政和干政奠定基础。由于举办此学术机构，齐国在招贤纳谏等方面大获其益，这也是其八百年长盛不衰的一个重要原因。

其二，选才和公平是中国考试制度的本质和灵魂。

人才乃民族之精华，选贤任能是一个民族生生不息、长盛不衰的决定性因素。但在中华民族漫长的发展史中，始终存在着与选贤任能相对立的“血统论”、“人事因缘”和“属托之翼”，致使“奸党”、庸才进入权力舞台，误国误民。中国历史上涌现出的各种各样的“考试”，不论考察还是推荐，其初衷都是为了选才，维系社会公平。但实践证明，这种方式往往抵挡不住权力本位和“人事因缘”。基于对考察、推荐制度实际效果的反思和对治国之道的探索，始有了科举制度。实践证明，自隋、唐延续至清中叶的科举制度，对于选拔人才、维系社会公平、制衡人情与关系比考察与推荐制度有更大的可靠性。

其三，中国考试制度的嬗变过程中出现的种种弊端，主要不在考试制度本身，而在于社会弊端。

纵观历史长河，凡政治清明、民风雅正、国民心态积极向上的时代，考风亦比较端正，较少出现科场舞弊现象，能

够层层选拔出大量杰出人才。唐朝初、中期，特别是“贞观、开元之治”，科举选士、文武并行，所得人才出众。房玄龄、张柬之、狄仁杰、姚崇、张嘉贞、张说、张九龄、颜真卿、白居易、郭子仪等一大批人才都是通过科举选拔出来的。有人统计，唐代制举，“凡七十六科，至宰相者七十二人”。凡政治浑浊、世风日下、国民心态消极低迷的时代，考风也难如人意，频发舞弊现象，压抑、扼杀人才。唐开元后期，奸相李林甫把持朝政，嫉贤妒能，陷害忠良，尤其怨恨那些年轻气盛、嫉恶如仇的新科进士。有一年科考，他竟指示考官一个也不录取，还欺骗唐玄宗说：“野无遗贤。”诗人杜甫就赶上参加这次考试，结果失望而归。奸相杨国忠的儿子杨暄参加明经科考试，因荒废学业，不及格，竟“列为上第”。清朝末年，慈禧专权，内忧外患，官场腐败，科考衰败。光绪十四年，30岁的康有为第二次参加顺天乡试，因上书皇帝，遭到顽固守旧派的排斥。这次应考康有为本应考中第三名，但极端守旧派主考官徐桐却大骂康有为“如此狂生，不可中!”提笔勾去了康有为的名字。以上正反两方面的事例说明，同一种考试制度，出现两种结果，并非制度本身的问题，而在于政治的兴衰。

其四，考试制度与教育制度之间特别是与教育教学活动之间既有关联性，又有相对独立性，不应当等同视之、混为一谈。

包括日常考试、学业考试、资格考试、升学考试在内的各种考试，具有检测、诊断、激励、选拔等多种功能，它同教育教学活动、升学、就业既有联系又有区别。有什么样的教育制度、社会制度，就有什么样的考试制度，但考试制度并非等同于教育教学活动。考试，尤其是像高考这样的大规模高利害的考试，在很大程度上是一种手段和工具，犹如“度量衡”，它可以测量数量和质量，但至于度量出的数量和质量如何使用，具有什么意义，则是另外一回事。但是在社

会上，乃至教育界内部都常常混淆工具与其功用之间的界限。比如说，一些学校，考试考什么，就教什么，不考什么，就不教什么，把考试是“指挥棒”的说法，当成了“护身符”。这种做法的本质，是这些学校办学思想、教育思想不端正，背离了教育规律，自己方向不对，反把责任推给考试。单纯的考试被赋予了太多的社会功能，附加功能无限扩大，难堪重负。

对中国古代科举考试的认识也有类似的偏颇。许多文章论点，把科举考试说得一无是处。其实，科举考试是在总结荐举制弊端的基础上，经过几百年的探索后才逐步建立起来的。科举考试的建立，对选拔官员特别是文职官员，对缓解统治阶级内部、统治阶级与人民群众的矛盾，对发展教育，对各民族的融合，都发挥了重要的作用。很多人指责科举是极端形式主义，让举子作八股文，选拔庸才。实际上，仔细考察历史上中举的人，很多是很有作为的优秀人才。历史上的800多张状元卷到底作的什么文章，已无可考。既然无可考，凭什么说是“八股文”？迄今为止，我国发现的唯一的状元卷是明朝赵秉忠于万历年间中状元的殿试卷。这份卷子，坦言时弊，见解深刻，言辞华美，一气呵成，看不出任何的“八股气”。仅此一例，就足以提醒我们，不能对古代科举妄下结论。

现在与过去，今天与昨天，改革与继承，是不矛盾的，更不是对立的。现在是过去的延续，今天是昨天的继续，改革是优秀传统的弘扬和完善。我们应当以史为鉴，融会古今，古为今用，继往开来，不断完善当今的考试制度，使其在为国选才、促进教育改革和社会和谐等方面发挥更大的作用。

王　坦

2011年10月1日

前言

由招生考试理论工作者和教育史研究专家合作编写这部《山东考试通史》，是一件非常重要且意义深远的事。说它重要，是因为我们至今还没有一部专门研究山东考试的史书，此乃山东史学界的一个遗憾。山东素有孔孟之乡、礼仪之邦的美誉，还是教育的发祥地之一。有教无类的选拔方式影响了中国几千年，以六艺为主要内容的考试方式对我们今天的考试仍然具有重要的影响，但至今没有一部完整的考试史来总结辉煌的过去，实在与教育大省、考试大省的地位不相称。说它意义深远，是因为我们有了这么一项研究，后续的研究者们和教育招生考试工作者就既可以了解过去，又可以在此基础上展望和把握未来，实现继往开来。

考试是一种文化，也是一种制度，又是政治的体现。考试是教育的一种手段，是测量的技术。考试衍生了考试经济，培育了考试科学。考试有历史，承载悠久的传承；考试有发展，延续人类的文明。在经济飞速发展、国力日渐强盛的今天，在法治社会、在公平竞争的环境里，考试的作用日渐强大。同样，考试有着先天的局限性，有自身的不足，技术上、理论上、制度上都需要不断完善。山东是人口大省、经济大省，也是考试大省。通过仔细梳理山东的考试历史，既看到

中国考试的发展，也看到中国文化的进步。其中的盛衰、坎坷，同样具有宝贵的价值。本书重在史实，没有过多的评价，但确实融入了作者的思考和取舍。

山东有孔子，孔子的教育思想和教育实践影响着中国文化的发展。以孔子为创始人的儒家思想、儒家文化是影响我国历史最长的科举考试的主要内容，对中国思想、文化、经济的影响可谓至深、至远。研究山东考试的历史，可以在更深层次上了解中国文化发展的历史及其现状，可以更加深刻地了解中国博大文化的由来。

远古的考试让我们引以为自豪，震撼世界的科举促进了中华的文明。近代的考试促我们反省，同样的测量手段为何香飘异域，成就西方之强大？现代浩浩荡荡的考试大军催生了考试的文明、文化、科学，为何也催生了残疾人生？

史去不远，鉴古知今。

《山东考试通史》分上下两卷。上卷为近现代以前部分，主要考察了先秦至中华人民共和国建立以前山东地区考试制度（重点是科举考试和学校考试）的萌芽、建立、完善和发展的历史过程。先秦时期是山东考试制度的萌芽阶段，关注的重点是齐国的招贤纳士制度、稷下学官的考试和以孔子为代表的私学的考试。秦汉至魏晋南北朝时期是山东考试制度初步建立的阶段，关注的重点是秦代的吏师制度、汉代的太学考试与选士制度，以及魏晋南北朝时期的选士制度与考试；隋唐至宋元明清时期是山东封建考试制度逐步建立和完善的阶段，关注的重点是山东学校制度的建立、科举制度在山东的实施和山东历代的状元；近现代时期，关注的重点是现代考试制度的确立及其实施和齐鲁大学的考试制度。下卷为当代部分，主要考察了新中国成立以后山东的考试情况，分为普通高考、自学考试、成人高考、证书考试、研究生招生考试、中专招生考试、校内考试等几大类，描述了山东教育考试的发展。

本书语言简练，内容翔实，图文并茂，对研究和学习山东招生考试历史的朋友会有一定帮助。近现代以前部分主要从史料出发进行梳理和甄别，按照一定的历史发展脉络，探讨考试制度的萌芽、建立、繁荣以及经验和教训。当代部分主要从现有的文件资料出发，结合专家的研究成果，分类梳理和取舍。应当说，史料的可靠性和史实的可信性都达到了目前比较高的水平。这就构成了本书的几个主要特点：第一，史料性。以大量占有原始的、第一手的史料为主要着力点，在有可能的情况下，最大限度地保留了这些珍贵的史料。第二，知识性。好多人参加过考试，但不敢说真正了解并熟悉考试，即使是长期从事这一工作的人。什么人考、考什么、怎么考、考试有什么用（分数的解释与使用）构成了考试史的总体框架，为什么考又给人带来大量的探讨空间，考试历史的延续与跌宕起伏基本与这一问题相关。积累多了，这就是知识。第三，创新性。山东考试史的研究过去虽然有一些，多散见于各类报章杂志，而全面系统地研究山东考试史的专著，本书还是第一部。可以说，本书的出版是一个创新，它填补了我省在此领域研究的一项空白，对于丰富和发展考试科学具有一定的推动作用。

山东考试史的研究，内容异常丰富，研究工作非常巨大，我们虽竭尽全力实现最初拟定的编写意图，尽量占有第一手资料，尽量引用权威数据，尽量展现全面内容，但由于编者学术水平所限，再加之研究时间不足，本书编写难免会存在一些问题和不足，敬请各位专家和同仁批评指正，争取在以后的研究中加以纠正。

编　者

2011 年 10 月

目 录

第一章 普通高考发展的分期

第一节 普通高考发展分期的争论

新中国成立以来,高考的发展经历了几个阶段,对于“文革”时期和“文革”以前的分期争议不大,大多是将这两个时期各分为一段。有的则又将“文革”以前分为两个时期。争论比较大的是恢复高考以后,高考这一时期的发展历程在历史分期上专家分歧比较大。天津将恢复高考后30年的发展分为三个基本时期:1977年至80年代末为恢复调整期,从80年代末到90年代末为探索试验期,从90年代末至今为改革深化期。浙江分为五个阶段:1977年至1982年为恢复阶段,1983年至1987年为修复阶段,1988年至1993年为改革起步阶段,1994年至1999年为改革深入阶段,2000年至今为完善阶段。上海分为三个阶段:1977年至1992年是以恢复高考和建立会考为核心的改革,1992年至2000年是以扩大高校自主权和高招并轨为主的改革,2000年至今为改革全面深化时期。四川按照国家五年发展规划进行分期。陕西分为三个阶段:1977年至1984年为恢复与重建阶段,1985年至1998年为稳定发展阶段,1999 年至今为扩大招生阶段。甘肃分为五个阶段:1977 年至 1979 年为招考制度的恢复阶段,1980 年至 1984 年为高考制度的完善阶段,1985 年至 1989 年为高等教育及高校招生制度的发展阶段,1990 年至 1997 年为招考制度的改革阶段,1998 年至今为深化高考制度和扩大高校招生规模阶段。新疆分为四个阶段:1977 年至 1984 年为恢复调整重新起步阶段,1985 年至 1992 年为改革探索迈开步伐阶段,1993 年至 1997 年为充实完善全面提高阶段,1998 年至今为跨越迈进再展宏图阶段。①

之所以产生如上分歧,第一个原因是各地发展不均衡,同样是国家统一组织的高考,在规模、创新、组织等方面存在差异。第二个原因是分期的依据或者标准不同,从而导致出现分歧。

从山东高考的发展来看,结合国家的发展,高考可以大致分为六个时期:1949 年至 1965 年为高考的建立与发展时期,1966 年至 1976 年为高考废除考试实行推荐选拔时期,1977 年至 1982 年为高考的恢复与重建时期,1983 年至 1991 年为高考的制度完善时期,1992 年至 1998 年为酝酿突破时期,1999 年至今为快速发展时期。

第二节　高考的建立与发展时期

一、新中国成立初期过渡阶段(1949—1951 年)

解放前的中国,高等教育是极其脆弱的。据 1946 年统计,

① 中国考试杂志社:《恢复高考三十年》,中国传媒大学出版社 2007 年版,第 83—278 页。

全国只在少数大城市集中了180余所高等学校，其中很大一部分是私立的和帝国主义在中国开办的教会学校。① 1946年，山东省在国民党管理区有高等学校5所，山东大学、齐鲁大学、山东省立医学专科学校、山东省立师范专科学校、山东农学院，在校生1990人。② 解放区在解放战争初期创办的有山东大学、白求恩医学院、华东医科大学、山东医学专科学校，1948年恢复教育期间创办的有华东大学、华东交通专科学校、华东第二高级工业学校、华东工矿部工业学校、黄河水利专科学校、华东邮电专科学校、山东省会计专科学校、山东教育学院等。山东大学1946年1月创办于临沂，3年培养学生5000人。③

1949年10月1日，中华人民共和国宣告成立，灾难深重的中国人民从此站起来了。在中国共产党的领导下，我们收回了被西方帝国主义列强掠夺的教育主权，接管并改造了旧的教育制度，建立了比较完整的社会主义教育体系，培养了一大批社会主义建设人才。从高等教育方面来看，新中国从国民党旧政权手中几乎完整地接管了当时各类高等院校223所（含解放区高校），其中大学66所（国立39所、私立27所），独立学院86所（国立24所、省立21所、私立41所），专科学校71所（国立22所、省立24所、私立25所）。④ 这些高等学校，为新中国高等教育事业的发展奠定了基础。随着全省的解放，山东开始形成了全省统一的人民教育事业，到1949年上半年，全省共有大

①④ 马文卿、刘文超：《中国高考走向》，山东人民出版社2002年版，第3页。

② 吕可英、尹钧荣：《山东教育四十年》，山东教育出版社1989年版，第4页。

③ 吕可英、尹钧荣：《山东教育四十年》，山东教育出版社1989年版，第7页。

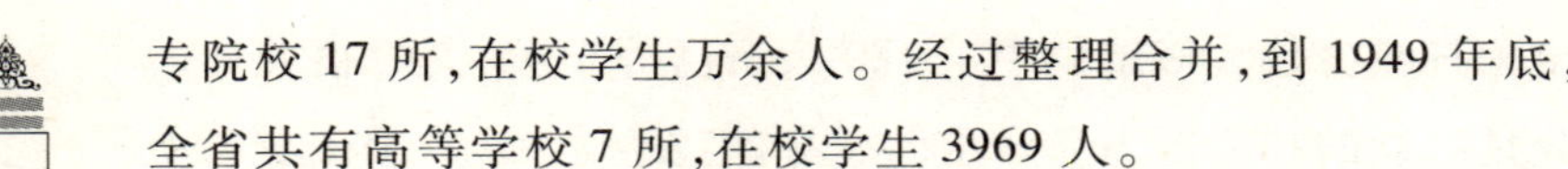

专院校 17 所，在校学生万余人。经过整理合并，到 1949 年底，全省共有高等学校 7 所，在校学生 3969 人。

新中国建立后，我国所面临的主要任务是接受和改造旧中国遗留下来的工厂、商社、学校等一切组织，重新建立具有社会主义性质的新中国经济体制和教育体制。1949 年 12 月 23 日，教育部召开了第一次全国教育工作会议。会议提出了教育必须为国家服务，学校必须为工农敞开大门，并确立了“维护原校，逐步改善”，争取、团结、改造知识分子，改革旧的教育制度、教育内容、教育方法的方针。1950 年 6 月 1 日至 9 日，中央召开了第一次全国高等教育工作会议，会议由教育部部长马叙伦主持，毛泽东、周恩来接见了与会代表。大会确定了改造旧的高等教育的方针和策略，明确了新中国高等教育的建设方向。

教育为工农服务，高等学校为工农兵开门，这是解放区新教育的传统，也是第一次全国教育工作会议和第一次全国高等教育工作会议强调的方针。所以，高等学校在招生对象方面，准备和开始吸收工农干部和工农青年入学，以培养工农出身的新型知识分子，使其加入国家建设的行列。这一时期的教育是以改造旧教育体系，建立新教育制度为主要特征的过渡时期的教育。接受具备入学条件的工农干部和工农青年进入高等学校，也是旧学校改造的一项重要内容。

与此相适应，高校招生制度也处于过渡阶段。1949 年，所有的高等院校都单独招生，但录取率都比较低，录取率最高的学校也只完成了招生计划的 75%，有一部分学校仅完成了招生计划的 20%。1950 年 5 月 26 日，教育部发布了《关于高等学校 1950 年度暑假招考新生的规定》。此《规定》指出，本年度高等学校招生，由各大行政区分别在适当地点定期实行全部或局部的联合或统一招生，同时允许各高等学校可以自行招生；国文、外国语、政治常识、数学、中外历史、中外地理、物理、化学为各系科的共同必考科目(外语可免试);各校要根据系科的性质和特点,分别加试各系科的主要科目;对3年以上工龄的产业工人、参加工作3年以上的革命干部及革命军人、少数民族学生、华侨学生,在录取时要从宽录取。根据这个规定,华北17校、东北9校和华东13校分别成立了联合或统一招生委员会,在本区和外区设立考区,实行统一招生。中南区规定,同在一市的省立高校要统一招生,国立和私立的高校自行招生。华北区还规定,考试题目分为理工、文法、农医3组。1950年,全国高校共录取新生5.8万人。1950年高校联合招生的效果比较好,东北、华北、华东3大区73所学校在本区范围内联合招生,大部分一次招足,平均报到率达50%。而在1949年,高校招生最高的报到率是75%,最低是25%。① 这种联合招生的办法为统一招生制度的建立及高等教育顺利纳入国家计划经济体制轨道奠定了基础。②

1951年的高等学校招生考试,教育部明确其基本办法仍然延用1950年的规定,但又作了以下补充和变动:(1)对同等学力者的报考条件适当放宽。(2)符合规定条件的考生可以申请免试外国语。(3)为纠正各高校自行招生所出现的混乱状态,各大行政区要分别在适当地点争取全部或局部实行统一或者联合招生,全国统一考试日期;如果确有困难,仍允许各校单独招生;高等学校在其他地区招生时应尽量采取委托的办法进行。(4)从宽录取的条件中增加了"非工农出身,本人又非工农成分的干部,参加革命5年以上者"一条。③ 在高考的建

① 高军峰、姚润田:《新中国高考史》,福建人民出版社2009年版,第15页。

②③ 马文卿、刘文超:《中国高考走向》,山东人民出版社2002年版,第5页。

立与发展时期，高校招生的一个重要特点就是对新生进行政治审查，被管制分子、反革命分子、依法被剥夺政治权利的分子和坚持反动立场的分子均不被录取；直系亲属有重大政治问题，本人不得录取到重要专业；历史或家庭关系有可疑情节者，不得录取到机密专业。

鉴于照顾归国华侨学生入学的工作关系、海外政治影响和华侨统一战线的巩固，教育部要求在高考中要将此当做政治任务来完成，并要求各大行政区高等学校招生委员会在广州设立考区；在规定录取标准时适当照顾华侨学生，录取后在课业上要给予适当帮助；对由于各种原因晚到的华侨学生予以照顾。港澳学生入学办法与华侨学生相同。

为加速培养有文化的工农干部，在高校招生中大力贯彻了为工农开门的方针。1950 年，全国高校录取了产业工人和革命干部 200 余人。1952 年春，又在全国调集了 1 万多名机关和部队干部，经过半年时间的文化补习后升入高等学校。为了有计划有步骤地培养工农出身的高级知识分子，国家于 1950 年创办了以招收工农干部和产业工人为主的中国人民大学。同时，要求各地要举办工农速成中学。创办工农速成中学的目的，是使工农干部和工农青年用三四年的时间将文化水平提高到相当于中学的程度，再升入大学学习。速成中学的招生对象是参加革命工作 3 年以上的工农干部或有 3 年以上工龄的产业工人，具有相当于高小毕业文化程度，年龄在 18—35 岁，身体健康者。教育部于 1951 年 11 月发出《关于工农速成中学附设于高等学校的决定》，要求自 1953 年起，工农速成中学应有计划有步骤地附设于高等学校。作为高等学校的预备学校，学生毕业后一般即可直接升入本高等学校继续深造。不久，教育部召开全国速成中学工作会议，讨论了速成中学的方针和任务。会议认为，工农速成中学是在较短时间内培养工农干部和

产业工人升入高等学校的一种预备学校，它不仅是为了满足工农干部和产业工人对文化的要求，而且是为了适应国家建设的需要，为国家培养更多的各种建设人才。会议确定工农速成中学修业年限一律为3年。会议讨论、制定了工农速成中学分三类的教学计划：第一类是准备升入高等学校文史、财经、政法等科的；第二类是准备升入高等学校理科、工科的；第三类是准备升入高等学校医科、农科及生物学等科的。1954年，山东在校学生中执行第一类教学计划的有708人，执行第二类教学计划的有2454人，执行第三类教学计划的有971人。山东工农速成中学从1950年到1954年共招收5届学生，共5000人。其中，相当多的人接受了完整的高等教育，成为各项建设事业的骨干。

由于采取以上措施，使高等学校工农成分的学生比重逐年增长。到1952—1953学年度，工农成分学生已占在校生总数的21%。1954—1955学年度，就已占29%，其中一年级新生则达到了37%。

二、统考制度建立阶段（1952—1965年）

这一阶段我国正处于社会主义改造基本完成、社会主义建设全面展开的时期。随着三年经济恢复时期的结束，中共中央决定从1953年起执行国民经济第一个五年计划，这是新中国全面建设的开始。在这一时期，我国要在前苏联的帮助下建设156个重点项目，以便为我国的初步工业化打下坚实的基础。在这个前所未有的、大规模的经济建设过程中，急需大量的各级各类人才，特别是高、中级技术人才。当时，国家建设每年需要大中专生20多万人，而各级各类学校的大中专毕业生加起来也不足4万人，所以知识分子不足的矛盾便显得十分突出了。更为突出的矛盾是，高等学校原来是按“通才”模式培养人才的，因而面向全国工农业生产的系科比重很小，教学内容严重脱离生产实际的问题也十分突出。为解决这个问题，充分挖掘高等教育的潜力，迎接大规模的经济建设，中共中央和政务院决定，从 1951 年起，以前苏联为样板，以培养“专才”思想为指导，对全国的高等学校分期分批进行院系调整。从更深层的原因来说，院校调整是出于意识形态的考虑和政治的需要。我们党通过院系调整，打破了国民政府高等教育的原有格局，使教会大学和私立大学从中国大地上消失；废止了国民政府时期美国式的高等教育基本模式，重新建立前苏联式的高等教育主要模式；分散原国民政府教育体制下知识分子相对集中的群体，为开展知识分子思想改造运动铺平道路。1952 年到 1956 年的院系调整，可以说是新中国高等教育领域一次规模宏大的历史性变革，一大批原有院校先后被分解、合并、组建，并新建了一大批专门院校，随之又在全国进行了高等院校的布局调整。

从 1952 年 5 月教育部草拟的《全国高校院系调整计划（草案）》起，至 1953 年 10 月政务院颁发的高等学校院系调整方案止，历时一年半，除农林、医药的系科专业尚需继续调整外，一般高等学校的院系调整工作已基本完成。经过调整，全国共有高等院校 182 所，其中综合大学 14 所，工业院校 38 所，师范院校 31 所，农林院校 29 所，医药院校 29 所，财经院校 6 所，政法院校 4 所，语文院校 8 所，艺术院校 15 所，体育院校 4 所，少数民族院校 3 所，其他 1 所。这次调整，基本上改变了原有系科庞杂的状况，体现了以加强工科和师范院校为重点的精神。调整后的学校规模由原来的校均 700 人提高到 1953 年的校均 1172 人，使高等教育的规模和效益都得到大大提高。① 从

① 马文卿、刘文超：《中国高考走向》，山东人民出版社 2002 年版，第 8 页。

1953年起，为适应第一个五年计划对人才的迫切需要，逐步扩大招生人数。根据高教部关于招考新生的规定，动员部分机关、部队、厂矿、城乡知识青年报考高等学校，高校招生数量每年递增，到1957年达到5765人，是1952年的两倍多。1956年，山东有山东大学、山东工学院、青岛工学院、山东医学院、山东农学院、山东师范学院和曲阜师范学院7所高校，共计在校学生1.16万人，比1949年增长1.92倍，年平均递增16.52%。①

根据政治和经济形势，尤其是高校的院系调整形势，教育部对1952年的高考作出新的规定：在中央一级成立全国高等学校招生委员会；全国所有高等学校除个别经教育部批准外，一律参加统一招生，招生名额应报请审核批准，严格禁止乱招乱拉；招生日期和考试科目全国统一规定。这个规定明确要求用两种方式招生：已在高校补习的部队及机关干部，在原补习学校就所补习科目进行升学考试，及格后优先录取分配；应届高中毕业生及同等学力青年，在教育部统一规定的日期内在各考区报考，考试及格后录取分配；已录取的新生不得转系（科）、转院或转学校。以此为标志，全国高等学校统一招生考试制度正式确立。

在以后的一段时间内，高考主要采取了三种形式：

第一，统一考试，统一录取。1952年确立实行全国统考后，为强化统考的规范性和严肃性，国家又多次发文强化，规定高校招生必须贯彻中央统一计划、统一考试、统一录取的指导方针。统一招生考试制度的建立，体现了社会主义制度的优越性，实现了教育同国家计划经济的同步发展，保证了工农子弟上大学的比例，方便了考生就近考试，国家也节省了人力物力。

① 吕可英、尹钧荣：《山东教育四十年》，山东教育出版社1989年版，第121页。

第二，统一考试，集中录取。1954年5月18日，高教部、教育部联合发布招生规定指出，今年招生必须贯彻中央统一计划、大区组织执行，并由各校直接负责审查录取新生的组织方针。录取实行“按总分由高分到低分，分为若干等级，逐级分配”的办法。1957年4月24日，高教部、教育部发布招考规定，要求在高等学校招生中应进一步照顾考生的志愿，录取新生一般不采取计划分配的办法，按考生志愿不能录取满额的学校，再录取时要向考生征求志愿或者采取再次报考的办法来补足缺额。

第三，统一考试，分批录取。中共中央在1958年4月4日发出《关于高等学校和中等技术学校下放问题的意见》，提出改变统一招生的制度和毕业生分配办法。同年7月1日，教育部发布《关于高等学校1958年招考新生的规定》，进一步明确“改变高等学校全国统一招生制度，实行学校单独招生或者联合招生”。1959年，又发文“改变1958年各校单独招生或联合招生的办法，恢复全国统一命题、一次考试、分批录取的办法”。这一高考体制一直延续到1965年。

1960年，山东实行春秋两季招生，共录取12986人，春季录取12481人，秋季录取505人。1960年的招生计划（中央及各部属学校计划3034人，本省计划12431人）大大超过了应届毕业生人数（15100人），为了完成任务，采取多招收社会青年、扩大内招等办法，招收的新生质量较差。在1961年12月山东省教育厅《关于整顿清理1960年高等学校新生及核实新生人数工作情况的汇报》中说，“山东工学院内招的学生，原有文化程度有初中、高小、初小，甚至有的只在业余学校读了几年”，山东省委文教部下达了具体贯彻整顿清理新生的通知，共报批需清理的学生280人，经教育厅逐个进行研究，批准清理的有239人。1961年高考报名19358人，在山东招生的高等学校录取新生 7273 人，录取率37.6%。① 1962 年，根据 2 月中央扩大会议精神继续减少城镇人口和减少商品粮销量等要求，适当减少招生计划，全国高校招生 13 万人，山东高考报名 23825 人，全国重点高等学校录取 1955 人，其他高校录取 2452 人，录取率 18.5%。② 1964 年在山东招生的高校 111 所，录取新生 8978 人（其中重点高校计划招生 4700 人）。1964 年试行了推荐报考与参加全国统一招生考试相结合的办法，全省各地中学推荐应届高中毕业生 4743 人，录取 2913 人，占录取新生总数的 32.44%。被推荐对象是：应届高中毕业生中政治思想好的产业工人、贫农、下中农子女和烈士子女及优秀学生干部。全省共推荐 879 名产业工人、贫农、下中农、退伍士兵、劳动知识青年、在职干部（包括中小学教师）报考高等学校，录取 368 人。其中，山东大学政治、中文录取 63 人，山东师范学院教育、中文录取 95 人，山东财经学院贸易经济系录取 32 人，曲阜师范学院政治、历史、中文录取 86 人，山东农学院农学专业录取 35 人。③ 1965 年，山东高考报名 20955 人，在山东招生的高校 141 所，录取新生 10289 人（其中重点高校录取 3672 人），录取率 49.1%。④ 1965 年，山东共有普通高等学校 16 所，山东大学、山东海洋学院、山东化工学院、山东煤矿学院、山东工学院、山东农学院、山东农业机械化学院、山东财经学院、山东医学院、山东中医学院、青岛医学院、昌潍医学院、山东师范学院、曲阜

---

① 《中共山东省教育厅党组〔1961〕教党字第 25 号》，资料来源于山东省教育招生考试院档案室（以下简称档案室）。

② 《山东省高等学校招生委员会〔1962〕省高招字第 120 号》，资料来源于档案室。

③ 《中共山东省教育厅党组〔1964〕教党字第 19 号》，资料来源于档案室。

④ 《山东省第一教育厅、山东省高等学校招生委员会〔1965〕一教高字第 76 号、〔1965〕高招字第 10 号》，资料来源于档案室。

师范学院、烟台师范专科学校、济南英语专科学校，共设置76种专业，在校生2.22万人。山东从20世纪60年代初设立社会主义劳动大学起，到1965年，全省共有独立设置的半工半读高等学校4所，其中农科3所，林科1所，在校学生600人；另有山东大学、山东农学院、曲阜师范学院、昌潍医学院4校8个专业进行半工半读试点，当年招生656人。①

第三节　废除高考统考推荐上学时期

由于1965年底毛泽东的一次谈话，延续多年的高考体制被废止。1965年12月21日，毛主席在杭州的一次会议上发表讲话，其中在谈到教育问题时说："现在这种教育制度，我很怀疑。小学到大学，一共十六七年，二十多年看不见稻、粱、菽、麦、黍、稷，看不见工人怎样做工，看不见农民怎样种田，看不见商品是怎样交换的，身体也搞坏了，真是害死人。""要改造文科大学，要学生下去搞工业、农业、商业。至于工科、理科，情况不同，他们有实习工厂，有实验室，在实习工厂做工，在实验室做实验，但也要接触社会实际。""高中毕业后，就要先做点实际工作。单下农村还不行，还要下工厂、下商店、下连队。这样搞他几年，然后读两年书就行了。"②

根据毛主席这一谈话精神，中共中央于1966年6月1日批转了高教部党委《关于改进1966年高等学校招生工作的请示报告》。高教部的这个文件，是根据刘少奇同志1965年11月15日在中央政治局扩大会议提出的建议精神而制定的，即

---

① 吕可英、尹钧荣：《山东教育四十年》，山东教育出版社1989年版，第229页。

② 马文卿、刘文超：《中国高考走向》，山东人民出版社2002年版，第9—10页。

从 1966 年起招收的新生，将来毕业后国家不保证他们只当脑力劳动者，他们既可以当技术人员和干部，也可以分配当工人和农民。这一文件同时还决定，将招生工作下放到大区或省、市、自治区办理；继续采取推荐与考试相结合的办法，招收经过土地改革、抗美援朝和镇压反革命“三大运动”锻炼的、具有高中毕业文化程度的工农青年等入学，文科应尽量多招收这类知识青年；对特别优秀的应届高中毕业生，在小范围内试行保送入学；文科取消按分数段录取，等等。

1966 年 3 月 6 日，山东省教育厅《关于一九六六年高等学校招生工作的意见》提出，“改进招生方式，实行两种招生制度”，“全日制高等学校（包括全日制改半工半读的专业）仍实行统一招生和由国家统筹分配；独立设置或厂矿企业举办的半工（农）半读高等学校，实行‘社来社去’、‘厂来厂去’或‘城来社去’”。提出“从今年起，统一考试的日期定为七月一日举行”。“我省从今年起建立招生的常设机构，招生办公室先配备专职干部 9 人”，“招生办公室的日常工作由教育厅领导”。①

1966 年 6 月 13 日，中共中央、国务院发出《关于改革高等学校招生考试办法的通知》，指出现行的招生办法“基本上没有跳出资产阶级考试制度的框框，不利于贯彻执行党中央和毛主席提出的教育方针，不利于更好地吸收工农兵革命青年进入高等学校。这种考试制度，必须彻底改革”。《通知》还指出，中共中央和国务院决定，为使高校和高中有足够时间彻底搞好文化革命，使实行新的招生办法有充分的时间做好一切准备，1966 年高校招收新生的工作推迟半年进行。《人民日报》于 6 月 18 日全文公布了这个通知，同时刊登了北京女一中高三（四）班、北京四中高三（五）班学生写给党中央和毛主席的强

① 《山东省教育厅〔1966〕教高字第 7 号》，资料来源于档案室。

烈要求废除旧升学制度的信，并发表题为《彻底搞好文化革命，彻底改革教育制度》的社论。社论中说："现行招生考试制度的改革，正是贯彻毛主席的教育路线，彻底搞掉资产阶级教育路线的一个突破口。我们将从这里着手，对整个旧的教育制度实行彻底的革命。"

1966 年 7 月 24 日，中共中央、国务院再次发出《关于改革高等学校招生工作的通知》，决定停止执行 6 月 1 日中央批转的高教部党委的《请示报告》，并提出从当年起，高校招生工作下放到省、市、自治区办理；高校招生取消考试，采取推荐与选拔相结合的办法；从 1966 年起招收的新生，将来毕业后可以分配当技术人员、干部、教员，也可以分配当工人、农民。

由于"文化大革命"的原因，各省、市、自治区未能按此《通知》精神办理招生工作，致使高等学校连续 4 年停止招生，废止全国统考达 11 年之久。

1966 年和 1967 年，可以说全国所有的高校都没有招生。到 1968 年 7 月，《人民日报》发出了毛主席关于从有实践经验的工人、农民中间选拔大学生的指示。1968 年 7 月 21 日，毛主席在《人民日报》发表的调查报告《从上海机床厂看培养工程技术人员的道路》所加《编者按》的清样中加写了这样一段文字："大学还是要办的，我这里主要说的是理工科大学还要办，但学制要缩短，教育要革命，要无产阶级政治挂帅，走上海机床厂从工人中培养技术人员的道路。要从有实践经验的工人农民中间选拔学生，到学校学几年以后，又回到生产实践去。"这就是后来人们所熟知的"七二一"指示。

为贯彻毛主席的"七二一"指示，上海机床厂于 1968 年 9 月创办了"七二一"工人大学。学校根据本厂需要设置磨床专业，经过车间推荐、厂革委会批准，招收 52 名本厂工人入学。学员平均年龄 29 岁，文化程度从小学到相当于高中程度不等。

学习年限2年(后又延长了10个月)。设置毛泽东思想、劳动、军体和专业等课程。结合本厂典型产品或科研课题,自编教材,自选教师,按生产顺序分阶段进行教学。学员全脱产学习,但仍参加工厂的政治运动,定期回车间劳动,毕业后仍"回到生产实践中去"。此后,全国各地相继仿效举办此类学校,办学方式也五花八门,有全日制、半工半读、业余和短训班等,后来对这些学校统称为"七二一"大学,这类学生统称为"七二一"大学生。到1972年,全国共有"七二一"大学68所,在校生4000人。(山东省的"七二一"大学招生情况在成人高校招生章节介绍)

在各地举办"七二一"大学的同时,北京大学、清华大学向中共中央递交了进行招生试点的请示报告。试点招生的意见主要有七条:(1) 培养目标:"培养高举毛泽东思想伟大红旗,无限忠于毛主席、无限忠于毛泽东思想、无限忠于毛主席的革命路线的全心全意为社会主义革命和社会主义建设服务的有文化科学理论、又有实践经验的劳动者。"(2) 学制:根据各专业具体要求,分别为2—3年。另外办1年左右的进修班。(3) 学习内容:设置"以毛主席著作为基本教材的政治课;实行教学、科研、生产三结合的业务课;以备战为内容的军事体育课"。各科学生都要参加生产劳动。(4) 学生条件:政治思想好、身体健康、具有3年以上实践经验、年龄在20岁左右、有相当于初中以上文化程度的工人、贫下中农、解放军战士和青年干部。有丰富实践经验的工人、贫下中农,不受年龄和文化程度的限制。还要注意招收上山下乡和回乡知识青年。(5) 招生办法:实行群众推荐、领导批准和学校复审相结合的办法。(6) 学生待遇:有10年以上工龄的老工人由原单位照发工资,其他来自工厂、农村的学生每月发给伙食费和津贴费19.5元。解放军学生由部队负责供给。(7) 分配原则:学习期满后,原则上回原单位、原地区工作，也要有一部分根据国家需要统一分配。

中央于1970年6月27日批转了这个报告。中央认为，经过3年来的“文化大革命”，两校已具备了招生条件，可以于1970年下半年开始招生。10月15日，国务院以电报通知各地：1970年高校招生工作按中央批转的北京大学、清华大学请示报告中提出的意见进行。凡过去面向全国招生的大学，若现在条件成熟，必须到外地招生时，在中央规定统一招生办法之前，可暂由省与省之间协商解决。根据此类办法招收的大学生被统称为“工农兵”大学生。

1971年和1972年，全国基本上是按照北京大学和清华大学的办法进行招生的。按照山东省革委政治部《关于1971年度省属大学招生方案》的规定，终止了原来招收应届高中毕业生和实行全国统一文化考试的招生制度，改为不招收应届高中毕业生，取消文化考试，实行“自愿报名，群众推荐，领导批准，学校复审”的办法，招收工农兵学员，条件规定为“政治思想好、身体健康、具有三年以上实践经验，年龄在20岁左右，有相当于初中以上文化程度的工人、贫下中农、解放军战士和青年干部。有丰富实践经验的工人、贫下中农，不受年龄和文化程度的限制”，“对于活学活用毛泽东思想，接受工农兵再教育表现突出的，实践经验在两年以上的知识青年也可以考虑推荐”。山东省1971年省属8所大学57个专业招生5035人。1972年省属大学招生4754人。1972年招生，山东省革委根据《全国教育工作会议纪要》规定：“招生的主要对象是具有二至三年以上实践经验的优秀的工农兵”，“有丰富实践经验的老工人、贫下中农和革命干部入学，可根据情况放宽年龄和文化程度的限制”。这样既无具体标准、又无有效控制手段的招生，一是造成了大学生文化起点低、程度参差不齐。工农兵学员的文化基础相当差。据当时北京市的调查,北京11所高校招收的工农兵学员,文化程度参差不齐,初中以上文化程度的只占20%,初中程度的占60%,相当于小学程度的占20%。二是"走后门"成风。有少数干部,利用职权,违反规定,私留名额,内定名单,指名录取,将自己、亲属和老上级的子女送进高等学校。

由于这种招生办法招收的学员文化基础差,难以组织教学,且易于"走后门"。所以,国务院科教组于1972年7月15日至8月9日在北京召开了高等学校招生工作座谈会,总结交流实行招收工农兵学员的工作情况,研究了1973年的招生办法。1973年4月,国务院批转了科教组《关于高等学校1973年招生工作的意见》。科教组在《意见》中提出,要"重视文化考查,了解推荐对象掌握基础知识的状况和分析问题、解决问题的能力,保证入学学生具有相当于初中以上的实际文化程度"。此文一出,各地都准备重视对考生的文化考查。但在执行中却被张铁生的一张"白卷"给搅黄了,并引发了一场席卷全国的大批特批"右倾回潮"的运动。

张铁生是1968年的下乡知青,时任辽宁省兴城县白塔公社枣山大队第四生产队队长。他经推荐参加了1973年的文化考查。因为他的基础知识比较差,自知考试结果不佳,凭成绩不可能上大学,却又不甘心上大学的理想破灭,于是便在6月30日的考卷背面写了一封信。恐怕连张铁生本人也没有想到,这封信被"四人帮"所利用,犹如一枚重磅炸弹,投向了本来就动荡不安的教育战线。①

江青、毛远新为达到其政治目的,早就对高校招生进行文化考查不满,正寻机进行反击,张铁生的这张"白卷"可谓正中

① 马文卿、刘文超:《中国高考走向》,山东人民出版社2002年版,第12—14页。

下怀。于是，毛远新将张铁生原来信中一些明显自我吹嘘的文字，特别是反映他真实思想的关键性的语句删去，加发了《编者按》，刊发在1973年7月19日《辽宁日报》的头版头条，把张铁生作为教育战线上反击“右倾回潮”的典型抬了出来。《编者按》说，张铁生“对物理化学这门课的考试，似乎交了‘白卷’，然而对整个大学招生的路线问题，却交了一份颇有见解、发人深省的答卷。按照毛主席的无产阶级教育路线，把有实践经验的优秀工人、农民、上山下乡知识青年选送大学，这是我国教育制度上的重大改革，它受到了广大群众的热烈欢迎。同时，必然会遇到各种旧的思想、旧的习惯势力的阻力。……文化考核的目的，主要是了解分析问题、解决问题的能力，还是检查记住多少中学课程？录取的主要标准，是根据他在三大革命运动实践中的一贯表现，还是根据文化考试的分数？是鼓励知识青年积极接受贫下中农和工人阶级再教育，努力钻研和完成本职工作，还是鼓励他们脱离三大革命实践而闭门读书？”《人民日报》于8月10日转载了这篇文章，也加了《编者按》：“这封信提出了教育战线上两条路线、两种思想斗争的一个重要问题，确实令人深思。”《人民日报》的这种做法，无疑是向全国发出了动员令。随后，各地报刊加以转载，《文汇报》在转载的同时还发起了“选什么样的人上大学”的讨论。《红旗》杂志、《教育革命通讯》等全国各地报刊以此为例，就高校招生问题展开了评论，最后将文化考查说成是“旧高考制度的复辟，是对教育革命的反动”，是“资产阶级向无产阶级反扑”。此后，文化考查一事便不了了之。1974年，山东大、中专、技工学校共选拔新学员26921人，其中大专5466人。1975年，山东大、中专、技工学校共选拔新学员31205人，其中大专7247人。在新学员中，“社来社去”学生占16.1%，高等学校、中等专业学校共招收

5022 名。①

“文化大革命”中的另外一种招生形式便是“三来三去”。“三来三去”是指社来社去、厂来厂去、哪来哪去。1973 年 11 月 28 日,《光明日报》以《一所深受贫下中农欢迎的大学》为题,发表了辽宁农学院朝阳分院(后改为朝阳农学院)的调查报告,开始宣传“朝农经验”。这个所谓经验是:(1)学生实行“社来社去”,即学生由社队选送,毕业后回到原选送社队当农民。(2)教学实行“从农业需要出发”,以科研促教学,即根据当地农业生产发展需要解决的问题建立若干课题组,围绕科研课题组织教学。(3)办学方式实行“几上几下”,即每年分段,组织学生回队参加“农业学大寨”的群众运动和在校学习。“上”,就是在学校学习;“下”,就是回生产队实践。

朝阳农学院的这个经验得到了国务院的肯定,各地纷纷推广和学习,改变高校招生办法。许多地方决定将农、林、医、师等类院校迁往农村,或在农村建立分校、教学点等,一些工科院校也在农村建立了分校。辽宁省决定,面向农村的各专业全部实行“社来社去”,面向工业的各专业全部实行“厂来厂去”,其余各专业实行“哪来哪去”。教育部于 1976 年推广了“三来三去”的经验,认为这是“改革普通高等学校招生分配制度,限制资产阶级法权,深入教育革命,把学校办成无产阶级专政工具,培养和工农划等号的普通劳动者的重要措施之一,大方向是完全正确的”。

山东省革命委员会 1976 年 8 月 3 日批转省教育局《关于进一步改革招生和分配制度做好一九七六年高等学校和中等专业学校招生工作的请示报告》,1976 年为本省培养的学生招

① 山东省招生工作领导小组办公室:《一九七四年大、中专和技工学校招生工作总结》,资料来源于档案室。

生工作要实行“社来社去”、“厂来厂去”、“哪来哪去”的原则。文科院校主要应为社队、厂矿培养理论骨干，“社来社去、厂来厂去”；理工科院校主要应为厂矿培养工人技术力量，“厂来厂去”；同时也要适应农业机械化的需要，积极为社队培养技术力量，“社来社去”；医药卫生院校应主要招收赤脚医生、卫生员、接生员，“社来社去”；农林、水利、水产、师范等院校，主要应为农村社队培养农业技术力量和民办教师等，“社来社去”，同时也要按专业对口原则，从各系统国家职工中招收一部分学员，“哪来哪去”；财经学院主要应从本系统国家职工中招生，“哪来哪去”；同时也要根据社队和厂矿的需要，培养“社来社去、厂来厂去”的财会人员。1976 年，山东省高等学校和中等专业学校计划招生 31529 名，高等学校 9212 名，高等学校为本省培养的 8249 人全部实行“三来三去”，其中，“社来社去”约占 47%，“厂来厂去”约占 27%，“哪来哪去”约占 25%。①

“文化大革命”持续 10 年之久，对我国高等教育事业造成了前所未有的灾难性后果。全省普通高等学校从 1966 起停止招生 5 年，到 1970 年，全省 16 所高校“文革”前招收的学生全部毕业。中断了全国统考 11 年，一些学校被撤销、合并或迁往农村、内地，许多校舍被其他部门占用，仪器设备、图书被大量毁坏。1965 年，全国有高等学校 434 所，在校生67.44万人，1971 年只有 328 所，减少了四分之一，学生数仅8.34万人，只有 1965 年的12.4%。到 1976 年粉碎“四人帮”前，全国高校数才达到 387 所，在校生50.09万人。山东省有高等学校 22 所，与 1965 年相比，撤销了山东财经学院，济南英语专科学校并入山东师范学院，北京石油学院迁到东营改为华东石油学院；半工

① 山东省革委教育局 1976 年 10 月 28 日请阅件《一九七六年高等学校和中专学校招生工作情况报告》，资料来源于档案室。

半读高等学校和全日制高等学校中半工半读试点专业全部撤销;新建了莱阳农学院、泰安师专、临沂师专、菏泽师专、北镇师专、济宁医专、沂水师专。共有在校生2.13万人。① 1970 年至1976 年,全国高校共计招收工农兵学员94.07万人。11 年中,山东省高等学校共毕业学生4.62万人。十年动乱,少说也使全国高校少招生 100 万人,致使一代人的培养和成长被贻误,造成一个时期各种专门人才匮乏,严重影响了我国的经济建设和社会发展。②

第四节　高考的恢复与重建时期

1977 年至 1982 年属于高考的恢复与重建时期,始发标志性事件为 1977 年恢复高考,结束标志性事件是 1982 年春季和夏季恢复高考后的首批大学生毕业。作为一个流程,按照一般的 4 年制大学生活,恰恰是全方位考察一项招生改革的完整过程。首批大学生毕业。标志着一代新人正式登上社会生活的舞台。

1977 年 6 月 29 日至 7 月 29 日,教育部在太原市召开了 1977 年高等学校招生工作座谈会。会议仍然坚持以推荐制进行招生。7 月 16 日至 21 日,中国共产党召开了十届三中全会,通过决议恢复邓小平中央委员,中央政治局委员、常委,中央军委副主席,国务院副总理,中国人民解放军总参谋长职务。7 月 29 日,邓小平在听取教育部部长刘西尧汇报教育工作时强

① 吕可英、尹钧荣:《山东教育四十年》,山东教育出版社 1989 年版,第 275 页。

② 马文卿、刘文超:《中国高考走向》,山东人民出版社 2002 年版,第 16 页。

调“要坚持考试制度”。同年8月1日又说“重点大学就是直接从高中毕业生中招生”。8月8日，邓小平在由30多名科研人员和教师参加的座谈会上发表了重要的“八八讲话”，决定“今年就要下决心恢复从高中毕业生中直接招考学生，不要再搞群众推荐。从高中直接招生，我看可能是早出人才、早出成果的一个好办法”①。按照邓小平的批示，教育部于当年8月13日至9月25日在北京召开了1977年的第二次全国高等学校招生工作会议，会议开了44天。参加会议的有各省、市、自治区教育局及招生办的负责人，国务院部分部委、少数高等学校和人民日报、新华社、光明日报的代表，昔阳县教育局和大庆教育局的负责人也参加了会议。9月25日下午华国锋主席、叶剑英、邓小平、李先念、汪东兴副主席等国家领导人接见了与会代表。根据山东省当时参加会议、后来成为教育厅副厅长（正厅级巡视员）的马庆水的回忆，当时会议争论非常激烈。9月19日，邓小平对教育部负责人说：“招生主要抓两条：第一是本人表现好，第二是择优录取。”10月12日由国务院以〔1977〕112号文件发布《关于一九七七年高等学校招生工作意见》，规定从1977年起，对高等学校招生制度进行改革，恢复统一考试制度。凡是工人、农民、“上山下乡”和回乡知识青年、复员军人、干部和应届毕业生，符合条件者均可报考。招生办法是自愿报名，统一考试，地（市）初选，学校录取。录取原则是德智体全面衡量，择优录取。招生考试于当年冬季进行，新生春节入学。这次会议是新中国成立以来教育史上的一次重要会议，它实现了两项重大的拨乱反正：一是推翻了“文化大革命”中压在上千万中国知识分子头上的两个“凡是”，二是决定恢复高校招

① 邓小平：《关于科学和教育工作的几点意见》，《邓小平文选》（第二卷），人民出版社1994年版，第55页。

生统一考试制度。① 10 月 21 日，新华社发通稿，公布了 1977 年北京招生会的消息和国务院批准教育部《关于一九七七年高等学校招生工作意见》的基本内容。这一年，全国有 570 万人报考，录取27.3万人，高考录取比例为 29∶1。由于当时没有全国统一的教学大纲，高考试题由各省自己组织命制。考试时间全国不统一，基本于 11 月底至 12 月底在全国进行。10 月 22 日至 11 月 4 日，山东省招生工作会议在济南召开。会议根据国务院批转教育部《关于一九七七年高等学校招生工作意见》，讨论了大中专招生工作。规定：凡是工人、农民、上山下乡和回乡知识青年、复员军人、干部和应届高中毕业生，年龄 20 岁左右，不超过 25 周岁（实践经验比较丰富并钻研有成绩或确有专长的，年龄放宽到 30 岁），具有高中毕业或相当于高中毕业的文化水平，符合条件者均可报考。应届高中毕业生的招收比例，可占招生总数的 20%—30%。招生办法是：自愿报名，统一考试，地市初选，学校录取，省招生委员会批准。考试分文理两类，由省命题，县、区组织考试。考生报名费 5 角。试卷分地市评阅。山东省高等学校招生考试时间为 12 月 9 日至 11 日 3 天进行，9 日考语文、理化（或史地），10 日考政治、数学，11 日加试外语。中专、技工学校招生考试于 12 月 13 日至 14 日两天进行，13 日考语文、理化，14 日考政治、数学。据当时负责的胡家俊（后任山东省招生委员会办公室主任）回忆：“1977 年召开全国第二次招生工作会时已接近年底，会议确定当年恢复高考，这在时间上已经是非常紧张了。会议结束后，我们面对的第一件事是制定山东省的招生工作实施意见，第二件事是成立省招生委员会、申请设置常设的招生办事机构、召开全省招生

① 改革开放 30 年中国教育改革与发展课题组：《教育大国的崛起：1978—2008》，教育科学出版社 2008 年版，第 9 页。

工作会议。”“当时遇到的困难是印制试卷所用的纸张，60 克的书写纸需要几十吨，试题袋也需要 100 克以上的含木浆的牛皮纸。经省招生委员会批准，有关部门特批调拨解决。”①实际情况可能更为严重，考场（每考场 50 人）、经费、教学设施（学校房舍严重缺乏）都有困难，教育部在当年 8 月 29 日就发出通知，这一级学生于下年 2 月前开学。恢复高考揭开了中国当代史发展的新篇章。《人民日报》1997 年 11 月 21 日在《伟大的转折》一文中说：“任何有希望的民族都高度重视教育，恢复高考，挽救了我们的民族和国家。”

1978 年 6 月，山东省招生委员会召开会议，贯彻国务院批转教育部《关于一九七八年高等学校和中等专业学校招生工作的意见》，确定自本年起，高等学校主要招收 20 岁左右的青年，不再限定录取应届高中毕业生的比例，实行全国统一命题，由省组织考试、评卷。1978 年，高考试题全国统一命制，在青岛进行。全国统一考试时间为 7 月 20 日至 23 日。山东省的高考试卷由省招生委员会统一组织评阅。1979 年国家规定高等学校招生必须坚持统一试题、统一录取标准、统一安排，择优录取。山东省的高考试卷由省招生委员会分科委托大学主办统一组织评阅，以后也按此办理。教育部和卫生部联合公布了健康检查标准。外语 1979 年进入统考，报考重点院校的按考试分数的 10% 计入总分；1980 年按 30% 计入，报考专科学校只作参考；1981 年 50%，1982 年 70%，1983 年全部计入。生物 1981 年总分 30 分，1982 年 50 分，1986 年 70 分。从 1979 年开始，规定考生年龄一般不超过 25 周岁。特别优秀的可以放宽到 28 周岁。经过两年的调整，中国高考步入正轨。1979 年，还将高

---

① 中国考试杂志社：《恢复高考三十年》，中国传媒大学出版社 2007 年版，第 24 页。

考时间定为7月7日至9日，一直延续到2002年。只有1983年改为7月15日至17日。1980年，四川、湖南等7个省进行高考预选，到1982年，有17个省市进行预选考试。山东省1981年高等学校招生进行预选，按招生计划总数的4倍作为预选指标，分配到学校，预选在6月上旬与高中考试结合进行。1981年，教育部在全国高等学校招生工作会议上首次提出了高考招生制度改革的意见。1981年，教育部学生司召开高考科研规划会。

1982年9月1日至11日，中国共产党第十二次全国代表大会在北京举行。这次大会总结了十一届三中全会以来的历史经验，邓小平提出的关于建设有中国特色的社会主义的思想，成为整个新的历史时期改革开放和现代化建设的指导思想。12月14日全国人大第五届五次全会通过并颁布了第四部《中华人民共和国宪法》，这是我国社会主义建设新时期的一部比较完善的宪法。社会主义现代化建设宏伟纲领的制定，新宪法的颁布，标志着我国恢复与重建阶段取得了巨大胜利，确定了继续前进的正确道路、战略步骤和方针政策。1982年，全国第一次高考科研讨论会召开。1982年《宪法》第19条规定："国家鼓励集体经济组织、国家企事业组织和其他社会力量依照法律规定举办各种教育事业。"这成为民办教育取得合法性地位的标志。1982年，定向招生开始试点，山东省指定几所农医师院校实行定向招生，山东农业学院、曲阜师范学院、泰山医学院、昌潍医学院面向临沂、潍坊、泰安3个地区的21个山区县招生178名。1982年，在招生录取中首次实行优惠加分的录取政策，对地区级以上高中阶段表彰的三好学生、优秀学生干部以及高中阶段参加地区级以上体育竞赛获单项前五名、集体项目前三名的主力队员，凡考分达到了省规定的最低录取分数线，可提高10分参加录取，全省13个市地和胜利油田提段录

取的有 1148 人(其中三好学生 979 人、优秀学生干部 169 人),另外录取了 55 名优秀运动员。高考评卷从这一年开始,全部集中在济南评阅(1981 年在泰安设评卷点)。

至此,高考经过了 6 年的努力,在各个方面都取得了显著的成绩。在考试的组织管理、招生政策、招生办法和制度建设等方面,完成了恢复与重建的任务。

第五节　高考制度完善时期

1983 年至 1991 年,是高考的制度完善时期。始发标志性事件为 1983 年高中毕业会考制度的提出,它开始了基于选拔考试和水平考试不同功能、不同作用的高考制度内部的不断完善。将克服片面追求升学率和高考改革挂钩,形成了以后高考改革指向促进素质教育和基础教育的基本局面。结束标志性事件是 1991 年湖南、云南、海南试行会考基础上的高考科目设置和实行新的录取办法,完成了普通高中毕业考试和高等学校招生考试的整体改革。

1983 年 10 月,教育部在《关于进一步提高普通中学教学质量的几点意见》中指出:“毕业考试和升学考试分开进行,有条件的地方可按基本教材命题,试行初中、高中毕业会考。”

1983 年教育部正式提出“定向招生、定向分配”的办法,并出台“委托培养”招生办法。这一办法,将毕业分配与招生改革挂钩,形成了以后一段时间内高考改革与毕业生分配改革紧密联系的历史。山东省实行定向招生的院校 50 所(包括待批院校和设置大专班的重点中专),招生 1930 人,占当年全省招生总数的 36%,其中重点院校按 20% 的比例定向,一般院校、专科学校按 75% 定向。1984 年,省属 11 所农、医、师范院校 50% 的招生指标用于定向,其中 90% 按人口比例分配到各地

市，另外10%直接下达到文化教育比较落后的31个县，农、医、师范、水利专科学校和其他学校专科班则全部实行定向招生。委托培养1983年招生411人，占全省招生总数的2%；1984年招生924人，比1983年增长1.25倍。①

1983年，山东还对高校招生录取工作进行了改革：(1) 对志愿报考农、林、水利、地质、油田、军队、师范等科类院校实行一次投档，增大考生录取的可能性并保证这些院校的考生质量；(2) 其他院校实行按1∶1.2的比例投档，给招生学校较大的自主权，也有利于学校在德智体各方面全面选优；(3) 实行卡片调档的办法，排除录取中的不正之风干扰。1984年又采取"根据志愿，按比例投档"的办法，突出了考生报考志愿在录取中的作用并扩大了学校自主权。在山东工业大学、山东农业大学由学校直接掌握全部新生的录取工作，使两校在报考人数和录取分数方面，都创1977年恢复高校统一招生考试以来的最高水平。

1984年，保送生制度开始实行。山东在22所重点中学试行以统考为主，辅以推荐相结合的招生办法，录取了536名推荐生，其中达到最低控制分数线的95.5%，约占全省招生总数的2.5%，推荐人数一般控制在各中学应届毕业生的5%—10%内。为鼓励学生献身农业、煤炭、教育等事业，在11所中学试点保送生制度，经过严格挑选，当年有保送生31名。还对市(地)级以上的三好学生、优秀学生干部和优秀体育运动员，分别制定了降低分数录取的办法。

1986年，山东省委、省政府决定：要进一步理顺高等教育内部的比例关系，大力发展专科教育，加快人才培养。省属本

① 1977年以后高考的数据资料主要来源于年度工作总结，1990年至2004年普通高考、成人高考、研究生招生、普通中专招生等政策比较材料主要来源于1990年至2004年《山东招生考试年鉴》，资料来源于档案室。

科院校要增加专科层次，适当加大专科比例；专科学校要改善办学条件，充实师资力量，提高招生能力，除少数专业外，三年制专业要改为二年制；新上专业要着重办专科。到1987年，山东陆续建立了济南师专、青岛师专等12所专科学校，在校生达到6244人；本科院校的专科生达到1.8万人，占本科院校总数的24%；还有一些中等专业学校和成人高校举办大专班。这样，到1987年，全省本专科在校生的比例提高到1:0.64，远远高于1981年的1:0.28，本专科招生比例已经达到1:1.7。①

1987年，教育部颁发《普通高等学校招生暂行条例》。国家教育委员会考试中心建立。这一年，山东省招生分配制度进一步改革：(1) 扩大了定向招生的比例和范围，除农、林、医、师本科院校继续实行定向招生外，又在山东工业大学、山东经济学院等6所工科和财经类院校的通用专业中，实行了15%的定向招生；(2) 毕业生分配坚持面向基层的原则，进一步改进了供需见面和调配办法，注意把好定向分配关，分到县一级的本专科毕业生比1986年增加了6.1%，分到山区、湖区和其他经济后进地区的毕业生也比往年明显增多。1988年，教育部颁发《普通高等学校定向招生、定向就业暂行规定》、《普通高等学校招收保送生的暂行规定》。经国家教委批准，山东省在东营市的东营区、河口区、广饶县、利津县、垦利县，青岛市的胶南县，临沂地区的沂水县、沂源县、平邑县等9县区进行了将本科招生计划直接分配到县的试点工作。② 6月，在全省高校人才交流、技术贸易洽谈会上，有33所普通高校申报在国家指令性计划外为乡镇企业举办委托培养大专班，计划在全省15个市

---

① 吕可英、尹钧荣：《山东教育四十年》，山东教育出版社1989年版，第383页。

② 山东省地方史志编纂委员会：《山东省志(68)教育志》，山东人民出版社2003年版，第402页。

地、73个县市区招生7700人。1989年,《关于试行普通高中毕业会考制度的意见》发出后,为全国推行会考打下了基础。同年,全国实行英语科标准化考试。1990年,国家教委印发《关于在普通高中实行毕业会考制度的意见》。部分高等农业、林业院校试招有一定实践经验的学生。1990年山东省高校招生、分配工作又进行重大改革,全省实行了将高校招生计划分配到市地的办法。根据农业部、国家教委《关于普通高等农业院校试行招收有一定实践经验学生的通知》精神,1990年山东农业大学的畜牧专业招收了30名有实践经验的专科学生。从实际效果看,这批学生的政治素质、学习积极性等方面均好于其他学生。国家教委和农业部对山东农业院校招收有实践经验学生的试点工作给予充分肯定。以后成为定例。

1976年全省普通高校招生8896人,到1988年招生数已经达到3.57万人,是1976年的4倍,年平均递增12.28%。普通高等学校由1976年的22所增加到50所,新建的大学中有综合大学2所、理工科大学6所、医药院校3所、师范院校9所、财经院校2所;有中央部委属院校11所;有本科层次的31所。①

1991年,湖南、云南、海南试行会考基础上的高考科目改革。三省普通高等学校招生试行在高中毕业会考基础上,只考与专业密切相关的少数科目,并相应调整了录取办法。改革后的高考科目设置为4组,每组4科。第一组考政治、语文、历史、外语;第二组考数学、语文、物理、外语;第三组考数学、化学、生物、外语;第四组考数学、语文、地理、外语。各高等学校及系科、专业根据高考科目组的设置情况及各自特点,选择一

① 吕可英、尹钧荣:《山东教育四十年》,山东教育出版社1989年版,第463页。

组高考科目作为考生的应试科目;考生则可以根据各省招生委员会办公室公布的各高等学校及系科、专业的考试科目组和本人志向,选择一组作为应试科目。高等学校在录取新生时,按各自选定的科目组进行,一般不作科目组之间的调剂。对考生的学习成绩要求方面,原则上以高考成绩决定取舍。当考生德、体方面情况及高考成绩基本相同时,可参考高中会考的成绩决定取舍。1991 年 11 月,山东省教委下发《关于印发山东省普通高中毕业会考实施意见的通知》,决定自 1991 年秋季入学的高中一年级开始,在全省实行普通高中毕业会考制度。

这一时期,高考的制度得以完善,条例、规定、意见等相继颁发,基本政策稳定,高考制度的基本框架构建完毕。

第六节　高考酝酿突破时期

1992 年至 1998 年,是高考的酝酿突破时期。始发标志性事件为 1992 年高考招生计划的突破,一外、二外、三外招生的“外”字号,使当年的招生计划失控。一外就是省在国家计划之外临时增加的招生数额,二外是高校在国家计划之外临时增加的招生数额,三外是院系在国家计划之外临时增加的招生数额,“外”字号招生计划凸显了招生计划的束缚与实际需要的冲突,也是第一次突破的冲动。结束标志性事件是 1998 年的又一次非常规发展,在计划“并轨”之后,为了弥补“并轨”后计划的缩减,山东、江苏等经济发达省份出台了共建计划招生形式。但在执行共建计划时,高校进一步挖掘办学潜能,录取过程中不断增加招生数额,致使当年总招生量严重突破国家下达的计划。共建计划使高校办学潜能得到又一次释放,计划在国家下达之后增加明显,这是第二次突破的冲动。同时,共建计划凸显了中央统一管理与地方发展之间的矛盾。

1992 年 1 月 11 日，国家教委在北京举行全国升学、考试制度改革工作会议，邀请各省、自治区、直辖市教委、教育厅负责人就实行高中会考制度及其他招生考试制度改革等问题进行研讨，对 1992 年改革工作作了部署。会议传达了李铁映关于会考制度的指示。国家教委副主任何东昌、滕藤、柳斌、邹时炎等出席会议并讲话。会议肯定实行会考制度是普通高中考试制度的一项重大改革，目前已初见成效，并且发挥了积极导向作用。总结近几年来在上海、湖南、云南和海南的试点经验，形成了在高中会考基础上的高考科目设置改革方案。新的方案根据高校专业的文、理倾向，设置两个科目组。高校在录取时可参考考生的高中会考成绩。会议认为，明确实施会考制度的目的，以及分清会考与高等院校招生考试两种不同性质的考试，是至关重要的。只有统一思想，转变观念，提高认识，才能坚定实行会考制度的信心。会议要求各地加强领导，精心组织实施，不断完善会考制度。1992 年秋季始，西藏自治区也开始实行普通高中毕业会考制度。至此，会考制度已在全国 30 个省、自治区、直辖市全面推开。

1992 年 1 月 18 日至 2 月 21 日，邓小平先后到武昌、深圳、珠海、上海等地进行视察和调查研究，发表了一系列的重要谈话。他的谈话的中心思想，就是解放思想、实事求是、大胆试验、深化改革、扩大开放、加快经济发展，把有中国特色的社会主义事业全面推向前进。尤其是“闯”的精神、“冒”的精神，对于处在犹豫期、徘徊期的中国具有重要意义。对于教育的发展无疑同样具有非凡的推动力。

1992 年秋季录取的时候，高校的办学热情集中爆发，以至于引起了招生计划的失控。随后，在 11 月 12 日，国家教委办公厅发出《关于认真进行新生资格复查的通知》，“通知”指出，各省、自治区、直辖市和中央各部门根据本地和本部门经济发

展的实际情况,在需要和可能的条件下,当年在国家下达的招生计划之外增加了一些招生计划,遵循国家的招生计划制度,完成了招生工作。但有少数高等学校不顾实际情况,盲目突破国家、省和部门决定的招生数量,不向社会公开,私自招收学生。这种做法是违背国家有关规定的,必须认真核查,及时处理。"通知"要求各高等学校做好以下工作:(1)严格按照《普通高等学校学生管理规定》(国家教委第7号令),对新生资格进行认真复查。只有按照国家招生规定,经省、直辖市、自治区招生委员会审核录取的新生方能取得学籍。(2)凡未经省、直辖市、自治区招生委员会审核,高等学校擅自招收的学生只能进行短期培训,学习时间不得超过一年半,学习结束只发学习证明,不得发给任何形式的学历文凭。(3)高等学校要严格学籍管理,保证教学质量,维护信誉。学生毕业时要严格进行毕业资格审查。国家教委必要时将采取措施,进一步加强对学历文凭的管理。

1993年2月13日,中共中央、国务院印发《中国教育改革和发展纲要》。"纲要"提出:改变全部按国家统一计划招生的体制,实行国家任务计划和调节性计划相结合。在现阶段,国家仍要提出指导性的宏观调控的招生总量目标,并通过国家任务计划重点保证国家重点建设项目、国防建设、文化教育、基础学科、边远地区和某些艰苦行业所需要的专门人才。在保证完成国家任务计划的前提下,逐步扩大招收委托培养和自费生的比重,这部分调节性计划由学校及其主管部门根据社会需求和办学条件确定。改革学生上大学由国家包下来的做法,逐步实行收费制度。高等教育是非义务教育,学生上大学原则上均应缴费。设立贷学金,对家庭经济有困难的学生提供帮助;国家、企事业单位、社会团体和学校均可设立奖学金对品学兼优的学生和报考国家重点保证的、特殊的、条件艰苦的专业的学生给予奖励。

1994 年 7 月 3 日，国务院关于《中国教育改革和发展纲要》的实施意见中明确提出，积极推进高等学校和中等专业学校技工学校的招生收费改革和毕业生就业制度的改革，逐步实行学生缴费上学、大多数毕业生自主择业的制度。1997 年，大多数学校按新制度运作，2000 年基本实现新旧体制转轨。改革招生计划体制，在现阶段实行国家任务计划与调节性计划相结合的体制。在人才市场、劳动力市场比较完善，全面实行缴费上学制度后，学校可根据社会需求和办学条件自行调整招生规模。国家通过制订学校设置及学位和学历证书的基本标准、审核办学条件、教学评估、拨款以及有关部门发布毕业生就业状况和人才供求信息等手段，调控招生总规模和专业结构。学生实行缴费上学制度。缴费标准由教育行政主管部门按生均培养成本的一定比例和社会及学生家长承受能力因地、因校（或专业）确定。原则上同一学校（或专业）实行同一种收费标准，不应因收取高额学费而降低录取标准。国家建立各种专项奖学金或定向奖学金，奖励品学兼优的学生以及报考国家重点保证的某些学科、师范院校及特殊的、条件艰苦的专业和志愿到边远地区工作的学生。急需毕业生的部门、地区或企事业单位也可设立专项奖学金或定向奖学金。国家对家庭经济困难的学生设立贷学金。学生缴费上学制度改革尚在试行阶段，只适用于新入学的学生，原来已在校的学生仍实行老办法。

1994 年，普通高等学校招生实行“并轨”改革试点。经过调查研究，国家教委提出了《关于进一步改革普通高等学校招生和毕业生就业制度的试点意见》，决定在招生中实行国有任务和调节性两种招生计划形式，在录取时使用同一分数线的“并轨”。同时，为贯彻落实《中国教育改革和发展纲要》提出的“改革学生上大学由国家包下来的做法，逐步实行收费制度。

高等教育是非义务教育，学生上大学原则上均应缴费”的精神，在1993年东南大学、上海外国语大学进行招生、收费制度改革试点的基础上，1994年进一步扩大改革试点范围。其中，有27所国家教委直属高校参加这一改革试点，使试点学校总数达到29所。改革试点学校招生时不再区分“公费生”和“自费（委培）生”，不再对两种计划招收的学生采取不同的录取标准。招收新生一律缴费上学，使现行的“公费生”、“自费（委培）生”并轨运行，机制一步到位。并逐步建立学生在校时相应的奖学金、贷学金制度与毕业时实行少数毕业生由国家安排就业，多数毕业生“自主择业”的就业制度。1994年，共有40多所高等学校（其中委属29所、部属2所）实行招生“并轨”改革试验，所招新生占全国招生总数的近十分之一。试验基本上是成功的，主要表现在：“双轨”制带来的弊端得到消除，试点院校生源基本上没有因为新的收费办法而受影响，而且新生质量有所提高。同时，招生“并轨”后引发了这些高校教学、学籍管理办法、奖贷学金制度等方面的改革以及与此相联系的毕业生就业制度改革。1997年高校招生全面实现并轨。

1998年8月29日，九届全国人大常委会第四次会议表决通过了《高等教育法》。同日，国家主席江泽民签署第七号主席令，公布《中华人民共和国高等教育法》，自1999年1月1日起施行。30日，《中国教育报》发表社论祝贺《高等教育法》诞生，题目是《推进高等教育改革和发展的法律保障》，并全文刊登了《高等教育法》。《高等教育法》规定高等学校享有招生自主权。招生自主权包括自主制订招生规划、评价标准、招生政策、招生办法等内容。随着高等教育大众化的推进，带来高等教育的结构调整、体制变通、形式增多、规模扩充，不同层级、不同类型的学校对生源的素质要求也不尽相同，这就使得高等学校必然实行多元评价、多样化招生。《高等教育法》同时规定高等学校必须招收符合国家规定的录取标准的残疾学生入学，不得因其残疾而拒绝招收。

1998年是我国高考历史上非常重要的一年，在这一年中，教育部学生司、基础教育司、考试中心共同召开了“高考内容与形式改革的研讨会”，高教、普教、招生部门三个方面的专家、教师、招考专职人员出席了会议，教育部副部长周远清同志在会议开始时发言，最后作了总结。考试中心提交了《关于高考内容与形式改革的建议报告》、《关于高考数学科考试内容与形式改革的报告》、《关于高考语文科考试内容与形式改革的报告》、《关于高考英语科考试内容与形式改革的报告》。与会代表就高考内容与形式的改革以及考试与教学的关系进行了充分的讨论。会议分析当前高考改革所面临的形势，讨论了高考改革的指导思想，内容和形式改革的要求及高考改革的有关配套措施。会议认为高考改革进入了一个新的阶段，即内容和形式改革的阶段。高考内容与形式的改革是教育发展到一定水平的反映，这是一个重要的改革议题。高考改革要坚持三有助原则：第一，有助于高等学校选拔人才；第二，有助于中学实施素质教育；第三，有助于高校扩大办学自主权。推出“3＋X”的科目改革方案，并在广东进行试点。教育部党组讨论通过了高考制度改革的汇报提纲，将在考试科目、考试内容、考试形式、录取方式四个方面进一步改革，并以高考内容的改革作为重点，制定了《高考内容与形式改革方案》。①

1997年招生并轨完成，过去对经济发展起推动和促进作用的调节性计划取消，国家在招生计划分配上没有充分尊重过去调节性计划需求旺盛的地区对高等教育的社会需求，并轨后

① 中国考试杂志社：《恢复高考三十年》，中国传媒大学出版社2007年版，第67页。

使这些地区的招生计划大幅减少，录取率下滑。增加招生计划，改变高等教育不适应社会发展的状况成为地方政府的迫切要求。1998 年，江苏、山东等经济发达地区推出了共建招生计划，实际上是以地方财政支持高校发展换取的招生计划。在执行过程中，共建招生计划脱离了教育部的控制，以至于出现了随录取随增加计划的不正常现象，形成了又一次计划的大增长。

这一时期，招生计划的两次突破，从制度层面看，它有违招生的正常秩序，从社会发展看，但它又确实促进了招生规模的迅速发展。招生计划实行“并轨”，将大学毕业生就业制度改为“自主择业”，为下一步的快速发展打下了基础。《中国教育改革和发展纲要》、《高等教育法》等一系列法律、法规的颁布实施，为高考的深入改革提供了政策上的支持。

第七节　高考快速发展时期

1999 年起高考进入快速发展时期。始发标志性事件是 1999 年广东实行“3 + X”科目考试改革，高考进入新一轮改革。

1999 年是高考内容改革取得重大进展的一年。全国统一高考命题加大了改革的力度，各科试题突出内容改革的新要求，同时考虑考生的实际水平，在试题的立意、情境、设问等方面都进行了新的探索和尝试。各科命题根据普通高校对新生的文化素质要求，按照以能力立意命题为主的原则，避免纯记忆性知识的考查，强调对知识的理解、联系和运用。通过设置新颖的情境，给出课外的真实信息，考查运用知识分析、阐述、评价和解决实际问题的能力。语文、数学发挥基础学科和工具学科的作用，适当减少题量，增加思考的时间，注重对应用基础知识解决问题能力的考查。语文科取消“名言名句”要求，减少文言虚词的数量，作文《假如记忆可以移植》为考生提供了一个广阔的思维空间，考生可以充分发挥自己的想象力和创造力，展现自己的思想情感和写作才能。数学科更加注重考查考生的综合能力，注重教学与生产生活及相关学科的联系，体现了试题的综合性特征，突出了数学作为科学工具的作用，将有关公式附于试卷前页，便于考生查用，重点放在考生发挥出水平。物理试题突出实验能力的考查，通过设置比较新颖的实验情境，鉴别考生的实验能力，促进中学的实验课教学；增设论述题，考查推理、论证和表述能力；同时增加实际情境的题目，考查综合能力与解决实际问题的能力。化学试卷更加注重对学生的科学素质的考查，加大实验能力的考查力度，侧重考查考生的动手能力，题目联系实际、联系前沿科学，重视化学与生产、生活、高科技的联系，创设新的情境，变化设问的角度，考查考生运用学过的原理去解释化学现象的能力。历史试题加大了中外文化史、经济史的比例，强调了对人类基础文明的了解和认识。答案开放，给考生以思考的余地和发挥的空间。政治试题突出了素质教育的要求与党和国家工作的重点；突出了对能力的考查，强调具体问题具体分析，突出了当前的社会热点问题，更贴近学生的生活实际和思想实际。

1999 年高考广东省实行“3 + X”科目考试改革，“3”为语文、外语、数学，“X”包括物理、历史、政治、化学、生物、地理 6 科，高等学校根据本校层次特点的要求，从“X”中自行确定一门或几门考试科目；考生根据自己所报的高等学校志愿，参加高等学校（专业）所确定科目的考试。这种科目设置给考生和大学以选择的余地，可以体现出大学的招生要求和特点，同时体现了考生个性充分发展的原则。数学不分文、理科，试题总体难度适中，从过去的分卷到合卷过渡比较平稳。英语科正式将听力列为考试项目，测试考生理解口头英语的能力，以全卷

分数的20%(30分)计分,根据"3+X"科目设置特点,"X"中各科目适当调整学科内容比例。各科根据考查目的和要求,设计和采用了一些新的题型,适当增加应用型和能力型试题。生物科在简答题的题型设计上有所突破,首次出现材料分析题,试题通过提供一些介绍"生命起源"问题研究新进展的材料,要求考生根据提供的材料和已有的生物学知识,通过分析、综合、判断对"生命起源"的问题阐明自己的观点,考查学生阅读、分析、表达、自学等综合能力。地理科更强调地理现象产生和发展变化的原因,提供材料,揭示地理学的本质特征,反映人类生存与发展进程中的重大问题,反映现代地理学研究的新观念、理论和趋向。命题结合广东的实际情况,试题选材多以广东考生较为熟悉的材料出发,使考生有亲切熟悉的感觉。

2000年,广东、山西、吉林、江苏、浙江5省试点进行了高考"3+X"科目设置、考试内容和形式改革。教育部考试中心共命制了7套试卷,包括全国"3+2"科目试卷、广东省"3+X"科目"文理综合"及单科试卷,浙江、江苏、吉林3省"3+X"科目"文综、理综"试卷,保送生综合能力测试卷和北京、安徽春季招生考试试卷等。2000年高考命题的指导思想是:贯彻全国教育工作会议和江泽民同志《关于教育问题的谈话》的精神,在高考中加强对学生的思想政治教育、品德教育、纪律教育和法制教育的导向,更加注重能力和素质的考查,在材料选择方面,更能反映时代特点,引导学生关注现实问题。文科试题贴近生活,贴近实际,关注当前的国际国内政治形势,关注改革的热点问题。理科试题注意理论联系实际,体现科学知识的应用价值,推动科学知识的普及,引导学生破除迷信,崇尚科学。对全国"3+2"和广东"3+X"科目组单科命题的要求是:继续贯彻高考重在内容改革的精神,坚持更加注重能力和素质考查,增加应用性、能力型试题,稳中求进,稳中求改的原则。同时,一要适当减少题量,降低难度,给学生充分的思考时间,有利于考能力;二要试题切入容易,深入难,即让多数人能够入手,但得高分不易,有利于选拔;三要统一与个性相结合,鼓励有创造性的答案,适当增加开放性的试题,有利于引导中学教学,培养创新精神和创造能力,避免死记硬背内容和烦琐的计算。综合命题以测试运用基础知识分析、解决实际问题的能力为主导,既有学科内容综合,又有跨学科综合。试题选材以现实问题为主,广东省"文理综合"(物理、化学、生物、历史、政治、地理)突出能力考核,适当降低难度,一般不超过广东单科的试卷难度水平。"文理综合"、不计入总分的设计指导思想是,考试只是打好各科基础,具有一定分析问题和解决问题的能力,不需要花太多时间准备就可通过该考试,不过分强调区分度。题量比单科试卷略少,给学生较多的思考时间。"文综、理综"注意反映相关各学科的主干内容,不过分强调各科知识点的覆盖面。考试时间比单科增加30分钟,题量与单科相当,使考生能充分思考;因"文综、理综"成绩须计入总分,所以试题要有适当的难度和必要的区分度。

2004年,天津、辽宁、江苏、浙江、福建、湖北、湖南、广东、重庆9省市继上海、北京之后启动高考自主命题工作。这是在国务院领导高度重视、直接领导和指导下普通高校招生考试制度的一项重大改革。其中北京、上海、天津、江苏4省市所有学科自行命题,其他省市自行命制语文、数学、英语3个学科,其他学科使用教育部考试中心命制的试题。分省命题工作由教育部统筹管理,教育部考试中心成立了由中心主任牵头、副主任协助有关命题处室参与的普通高考命题工作协调小组,负责对实行分省命题的省、自治区、直辖市的命题工作进行业务培训、指导、监督和评价。分省命题遵循《普通高等学校招生全国统一考试大纲》,按照有助于高等学校选拔人才、有助于中学实施素质教育和有助于扩大高校办学自主权的原则实施。考试后，教育部考试中心及时调集了分省命题的试卷组织学科专家进行评估，召开了全国分省命题总结会，进行了交流，形成了《2004年普通高考分省命题工作总结报告》和《2004年普通高考分省命题评价报告》。山东省2004年成立了高考命题办公室，2005年开始进行语文、数学、英语3个学科的自行命题。分省命题工作的开展，促进了招生考试机构职能的进一步转变，原来的自学考试办公室和招生办公室合并，考试中心、考试院等机构纷纷成立，招生考试事业进一步发展。

2004年山东作为第一批改革省份起步的实施新课程后的高考改革，是以改变高中课程结构为核心考试内容的改革，是改变对高中生评价方式的选拔标准的改革。这就是2007年实行的新课改后的高考。2007年，广东、山东、海南、宁夏4省区先行，2008年江苏随后。它们有四个共同点：一是用考试科目的相对稳定实现改革方案的平稳过渡。保留了传统的“3”，“3”指语文、数学（分文科、理科）和外语3个科目。这是社会普遍接受的选择。二是沿用了上一轮改革中使用比较多的“X”科目，“X”分文理，文综、理综或者文科基础、理科基础的痕迹更加明显，海南直接分文理科目，这基本符合中学教学中文理分科的实际。三是针对高中课程方案中选修课程的安排，高考增加了选考内容。四是电子档案增加“考生综合素质评价”信息，录取时提交高校参考。也有四个不同点：一是对于全面发展、不偏科的理解和措施不同，广东的“X”等于1（“X”为专业选考科目，有物理、化学、生物、政治、历史、地理、音乐术科、美术术科、体育术科等9门学科，任选1科）或者山东的1等于“n”（“1”指基本能力，内容涉及高中课程的技术、体育与健康、艺术、综合实践等以及运用所学知识解决生活和社会实际问题的能力），以及海南的“基础会考”（“基础会考”理科生

考物理、化学、生物、通用技术和信息技术，文科生考政治、历史、地理、通用技术和信息技术），对于引导中学组织教学具有不同的作用。二是对于减轻学生负担的理解和措施不同，宁夏以不增加科目而保持原来的考试科目组合为不增加负担，广东以由大综合到文科基础、理科基础为减轻负担。三是对中学会考或者学业水平考试成绩的参考不同，海南高考成绩的10%为基础会考成绩，基础会考的考试管理与高考同样严格，其他省是在电子档案中向高校提供由高校确定参考与否。四是命题组织模式不同，广东、山东本省组织命题，其他为委托教育部考试中心命题。①

在这一阶段，自1999年开始的高考连续扩招，加快了高等教育大众化的步伐。自1999年开始的“3+X”科目考试改革，促使高考改革进一步深化，从形式到内容，甚至直接进行了高中课程的改革，推出了高中新课程改革及新课程改革后的高考改革。

① 王坦、刘文超：《新高考方案比较研究》，《中国考试》，2008(5)，第41—45页。

第二章 山东普通高考恢复以后的基本状况

第一节　山东普通高考发展成绩突出

恢复、完善、成熟以后的普通高校招生考试（简称“普通高考”），在各类招生考试中规模最大，最受社会关注，被看做是社会的热点和焦点。普通高考包括报名、试题命制、考试、评卷、录取五大部分。报名中包含报名时间、地点、条件、模式、体检、政审、编排考生号、编排考场、信息采集等内容。试题命制包括编制考试大纲、组建命题队伍、选择入闱地点、试题命制、试题试测、试题组卷、印制试卷等内容。考试包括考场设置、考试工作人员组建培训、试题运送保管、考场管理、试卷运送及管理等内容。评卷包括评卷点选择、评卷人员组建及培训、评分标准研制、成绩统计、公布成绩等内容。录取包括录取地点、录取原则、录取模式、考生志愿、录取分数线、录取批次划分、录取管理等内容。普通高考成为分工细致、组织严密、协调规模巨大、涉及人数众多的社会行业。普通高考因为参加考试人数众多、涉密人数众多、涉考人数众多、社会高度关注而成为世界第一大考。山东作为大考中的老大，在实验、实施中承担了不可推卸的巨大责任。在1992年以后国家推行的考试管理细则当中，很大部分都采用了山东原来的管理规定。在上述的各个环节中，凝结了几代山东招生工作者的努力和智慧，山东为高考作出了突出成绩，高考为山东社会经济发展作出了重大贡献。

普通高考处在不断发展变化、不断完善的过程中，前面的叙述大致清楚。从总体上看，山东还有一些独到之处。飞行员招生从空军发展到海军航空兵、到民航飞行员，山东是飞行员招生的大省，为此还专门建立了招飞基地，招飞基地建设是山东首创。各类实践生招生的试点，特别是农业院校招收有一定经验的实践生，对山东这个农业大省经济的发展起到了重要的促进作用。运动训练专业实行提前单独考试、单独录取的办法，从单一的体育院校扩大到综合类大学的体育院系，山东走在了全国前列。山东为克服"片面追求升学率"，曾就招生工作进行重大改革。普通高考在发展过程中既注意到了有利于大学选拔优秀新生，也注意到了对中学教学的科学引导，在历次改革中，几乎都涉及到这两个方面。首先是成功推出了招远县中考招生改革的经验，将中考名额分到乡镇，打破中考全县统一录取的格局。其次是1988年开始的以分指标到市、到县为主要内容的普通高考改革。2001年青岛三考生状告教育部，诉教育部所作出的关于2001年全国普通高校高等教育招生计划的行政行为侵犯了他们的平等受教育权。尽管以后仍有人坚持，以分指标解决片面追求升学率的做法因从法理上难以突破而告结束。2004年公布、2007年实行的新高考改革方案，则以基础教育部门为主调研起草，旨在促进中学生全面发展，减轻学生负担，全面促进中学实施素质教育，特别是在高考方案中推出考核基本能力，为全国首创。

普通高考在长时间里属于干部教育、干部培养的范畴，大学毕业生毕业时就纳入干部管理序列。国家下达招生计划时与干部队伍增员密切相关。随着干部队伍的饱和，随着高校招生不断扩大，以招生并轨为标志的改革打破了传统的干部教育模式。人事部门单独成立考试中心，负责公务员考试，负责职称评定考试。大学毕业生就业推向了市场，双向选择的就业机制同时也为学校持续扩招奠定了政策基础，以出口规模控制进口规模的招生计划管理模式的改变使山东省的高等教育迅速从精英化教育转向精英与大众教育并存的高等教育。

山东普通高考锐意改革、科学发展、成绩卓著。1977—2007 年本专科录取 4169092 人。

表 2-1　1977—2007 年山东普通高考本专科录取统计表

年份	报名数	录取数	录取率
1977	288731	13475	0.04667
1978	224237	16944	0.075563
1979	127966	14778	0.115484
1980	115385	16157	0.140027
1981	99655	16354	0.164106
1982	104141	18279	0.175522
1983	84878	22262	0.262282
1984	76978	26149	0.339694
1985	89000	32200	0.361798
1986	87415	36559	0.418223
1987	94374	39197	0.415337
1988	177022	46701	0.263815
1989	161853	43926	0.271394
1990	172961	44461	0.257058

（续表）

年份	报名数	录取数	录取率
1991	179181	43765	0.24425
1992	179902	47181	0.262259
1993	206790	90307	0.436709
1994	193305	89500	0.462999
1995	201286	93340	0.463718
1996	229738	87045	0.378888
1997	265272	78577	0.296213
1998	296655	85000	0.286528
1999	299966	132584	0.441997
2000	332038	198683	0.598374
2001	389802	239133	0.613473
2002	451105	289958	0.642773
2003	529839	375570	0.708838
2004	622506	424921	0.682597
2005	731166	485243	0.663656
2006	776570	501526	0.645822
2007	776731	519317	0.668593

从1992年到2006年，山东高考报名人数一直居全国第一位。山东省狠抓考务管理，以科研促发展，以管理出成绩，实现了普通高考组织的系统化、管理的科学化、手段的现代化，实现了高考大省安全办考的目标，为现代考试招生管理的进步作出了重大贡献。

1999年高考扩招以后，在高考人数剧增的情况下，实现了高考录取率大幅度增长，极大满足了广大考生求学的愿望，实现了办人民满意的高考的承诺，保证了考生利益的最大化。

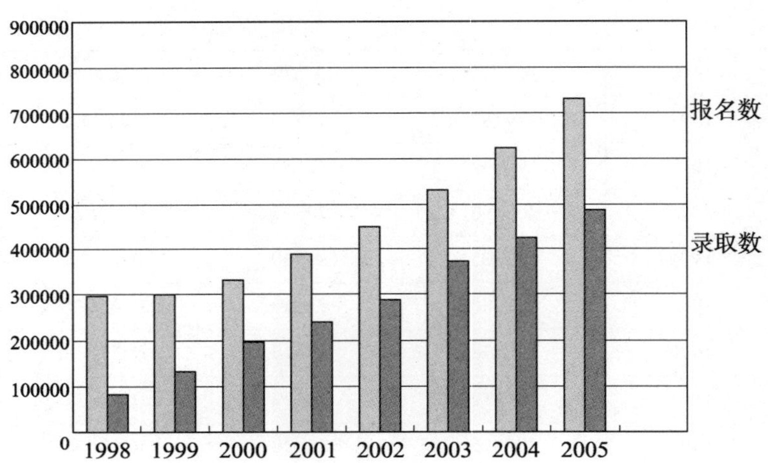

图 2-1　1988—2005 年高考报名与录取人数统计

从图 2-1 看出,1998 到 2005 年高校招生迅速发展,录取人数直线上升。到 2005 年,山东省普通高考本专科的录取数已经是 1998 年的5.7倍,是 1999 年的3.7倍。当然,考生基数的增长也是招生计划增长的主要原因。从 1992 年开始,山东报考人数迅速增加,1999 年后,报考人数增长的速度更是惊人。

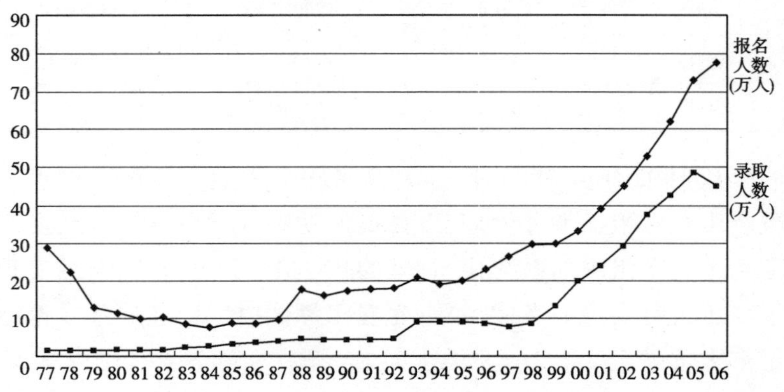

图 2-2　1977—2006 年高考报名与录取人数走势

从上图中可以看出,高考扩招事实上是从 1992 年开始的,

这里1992的统计数据不包括高校自己临时增加招生计划录取的“二外”，也不包括院系自己临时增加招生计划录取的“三外”（“一外”是各省市在国家下达计划外临时增加的招生计划）。1992年以后，高考录取人数逐步增加，1999年以后，增长呈45度方向发展，和考生人数增长基本相一致，两者呈平行增长趋势。① 1997年山东的录取率是29.62%，在全国为倒数第7名；1998年山东的录取率是30.61%，在全国为倒数第10名；1999年山东的录取率是44.2%，在全国为倒数第9名。

第二节　考试组织向标准化发展

考试组织的标准化是考试标准化的重要组成部分。在考试组织的各项工作中，山东在国家基本办法的基础上，不断探索，逐步完善，获得教育部考试中心颁发的标准化考试管理合格证书后，相继推出了应急处置预案、联席会议制度、电子监控三项重大措施，使考试组织标准化又向前推进了一步。

一、积极探索考试组织向规范化发展

1982年，山东在全省实行了地区各县间每一考场调换1名监考人员的办法。从1984年开始，山东省在全国首先推出县与县之间轮调监考员制度。在地区范围内，县与县之间轮调监考员，同一考场内的监考员，一个是本县区的，另一个是外县区的，防止出现有组织的、大规模的舞弊。对于往年有考场管理松懈迹象的，对于当年发现有作弊可能的，两个监考员全部从外县抽调。有的市县还实行每场轮换监考、临时抽签确定监考

① 宋承祥：《山东高等教育中长期发展战略研究报告》，教育科学出版社2009年版，第289—290页。

员等办法来防范有组织的群体舞弊行为。

从1986年开始，坚持省、市两级派遣统考检查组的办法。每年从省内本科院校抽调几百名检查员组成检查组派往各市，每个县区3人。对于考试纪律松懈的县要增加检查人员或者直接由省招生考试机构的正式工作人员进行检查，并且将这一措施向全省通报。从2001年开始，考试期间，省考试机构的主要领导带队分别到全省检查考试工作，实行包片蹲点的办法进行巡视检查。

从1996年起，建立主考、副主考省招生办备案制度，加强对主考的管理。同时，做好监考教师和工作人员的选拔、培训工作，并将监考规范制成音像资料。监考实行考核聘任制，未经考核合格不允许上岗。考点实行"一把手工程"，层层把关，实行责任制。把考点管理作为评价学校和校长工作的一项重要内容。从1995年开始，每隔两年全省就要进行一次招生考试工作人员登记。凡是登记过的人员如果触犯了招生考试纪律，将从严从重处罚。

2003年，山东省提出了3年内全省实现考试管理电子监控的目标。到2005年，全省所有考点基本都实现了电子监控。这一工程耗资数千万，对传统的舞弊方式起到了很好的遏制作用，对于利用现代技术舞弊者也有很强的威慑力。从1990年起，山东省陆续推出了利用数码相机照相、计算机随机编排考号、计算机打印准考证、条形码技术、指纹检测仪、考生在试卷及准考证上按指纹等技术防止替考、替学。从2003年起，推出了金属探测器、无线电屏蔽仪、无线电信号探测仪等现代化的高科技设备来防止利用无线电技术作弊。1995年，经教育部组织的专家组验收合格，颁发了标准化考试管理合格证书。

二、特殊时期催生高考应急处置预案

2003年我国发生"非典"事件后，国家总结经验教训，出台

了一系列应急预案。山东根据国家的办法,中共山东省委宣传部、山东省教育厅、山东省监察厅、山东省公安厅、山东省信息产业厅、山东省保密局于2004年5月印发了《山东省普通高考突发及偶发事件应急处置预案》,这是在2003年非典和四川南部县试题被盗对高考形成严重威胁后采取的必要措施。应急处置预案的出台使后来各项工作做到了有备无患,虽然增加了行政成本,但对于偶发事件的控制能力确实加强了。

突发事件特指在命题组织管理、试卷印刷、运送、保管、考试实施、评卷组织管理等环节出现泄密的事件。偶发事件是指考试过程中偶然发生的一般性事件。

预案主要适用于普通高考中发生的突发事件和偶发事件。成人高考、硕士学位研究生入学考试参照执行。

(一)组织机构及职责

1. 山东省普通高考安全应急处置协调组。

组长:分管副省长。

副组长:省教育厅厅长。

成员:省委宣传部、省监察厅、省公安厅、省信息产业厅、省保密局各1名副厅级以上领导。

主要职责:启动预案;初步确认突发事件等级;采取必要措施控制事态发展,立即上报国务院考试安全应急处置部际协调组;根据上级决策和指示,指挥有关地区和部门处理具体事件;协调各部门行动。

2. 省普通高考安全应急处置协调组办公室。

主任:教育厅分管副厅长。

成员:省委宣传部、省监察厅、省公安厅、省信息产业厅、省保密局等相关厅局及教育厅办公室、省招生办公室负责同志。

主要职责:汇总各方情况,提出初步处理意见;根据上级决策和指示部署工作;指挥市级应急处置工作组展开工作;指挥

处理偶发事件；做好突发事件的善后处理工作。

3. 各市、县（市区）教育主管部门考试安全突发事件应急处置工作组。

组长：各市、县分管教育的政府负责人。

副组长：各、县教育局局长。

成员：考试、招生机构及相关单位负责人。

主要职责：第一时间上报事件情况，包括事件原因、事件性质、波及范围、目前措施、对事件等级的初步判断、落实上级协调组办公室工作部署；执行上级决策及指示；落实突发事件的善后处理工作；负责处理偶发事件。

（二）突发事件等级分类及条件：根据事件危害程度，分为三个等级

1. 黄色级事件。

（1）1个省级辖区使用的试题发生失密；

（2）没有在媒体上登载试题或相关信息；

（3）性质为自用；

（4）传播范围有限。

2. 橙色级事件。

（1）情况1：在2个以上省级辖区使用的试题发生失密；没有在媒体上登载试题或相关信息；性质为自用；传播范围有限。

（2）情况2：在1省级辖区使用的试题发生泄密；在媒体登载试题或相关信息；性质为贩卖或蓄意破坏；传播范围较广。

3. 红色级事件。

（1）在2个以上省级辖区使用的试题发生失密；

（2）在媒体登载试题或相关信息；

（3）性质为贩卖或蓄意破坏；

（4）传播范围广。

（三）确认程序

1. 省级应急处置工作组根据市、县级应急处置工作组所报情况作出初步判断，并提出初步意见；

2. 国务院部际协调组办公室汇总各方情况提出初步意见；

3. 国务院部际协调组确认事件等级。

（四）突发事件处置措施

1. 黄色级。

（1）教育厅启动应急处理预案开展相应工作。

（2）公安厅立即指导、督促当地公安机关立案侦查，并采取措施对事件发生地进行严密监控，控制有关嫌疑人，尽快破案。

（3）省信息产业厅立即协调有关网络监控部门对互联网进行严密监控，防止与泄密有关的信息在互联网散布，发现或得知有关网站发出相关信息立即将其封闭；根据需要，控制其他各种通讯手段的通讯范围，将有关的情况通报省公安厅和省协调组办公室。

（4）省委宣传部立即采取有效手段，在破案前防止新闻媒体对泄密有关情况的报道和炒作。

（5）省保密局和省监察厅组织、协调泄密情况发生地的保密和监察部门参与案件的查处工作。

（6）市级应急处置工作组根据部署，启动本级应急处置预案，协调有关部门，立即着手开展调查、处理、侦破工作，并将有关进展情况报省协调办公室。

（7）案件侦破前，各级应急处置工作组要对有关新闻报道实行新闻发言人制度，归口管理。

（8）考前没有破案，但确信试题并未大规模扩散，经省协调组报国务院部际协调组办公室批准，考试可以如期举行。

（9）考前破案，取消有关考生的考试资格；录取前破案，取消有关考生的录取资格；在录取工作结束后破案的，开除所涉

及人员学籍。

2. 橙色级。

情况1(试卷使用范围在2省以上):在网络或其他媒体上未发现泄露试题,初步判断窃密性质为自用,传播范围有限,采取的处置措施同黄色级。

情况2(试卷使用范围在1省内):在网络或其他媒体上已发现试题泄露,初步判断窃密性质为贩卖或蓄意破坏,传播范围较广,采取的处置措施同红色级。

3. 红色级。

(1) 公安厅协助公安部派出的工作组赴有关地区,指导、帮助当地公安机关及时破案。

(2) 省委宣传部根据中央宣传部的要求,协调新闻媒体统一口径进行正面报导,引导社会各界特别是考生、考生家长对延期考试的决定给予充分理解,对不服从大局、擅自或恶意炒作的新闻媒体进行处理。

(3) 省应急处置工作组根据部际协调组办公室部署,宣布当地国家教育统一考试延期举行,做好对考生及社会的解释、安抚、善后等工作,同时,做好启用副题进行考试的各项考前准备工作。

三、成立联席会议对考试环境进行综合整治

为进一步做好国家教育考试工作,加强国家教育统一考试工作的组织协调,2004年建立山东省国家教育统一考试联席会议(以下简称联席会议)制度。实行联席会议制度,将高考的管理建立在制度建设的层面,由人治走向法治,建立起系统联动的有效运作机制,从而保证高考万无一失,使高考向标准化又迈进一步。

(一) 联席会议职能

统筹协调国家教育统一考试工作,及时研究解决国家教育

考试工作中的有关问题，形成快速、高效的应急处置机制，为国家教育考试提供强有力的保障。重大问题及时向省政府请示、报告。

（二）联席会议成员单位

省教育厅、省监察厅、省委宣传部、省公安厅、省卫生厅、省信息产业厅、省保密局、省电力集团公司、武警山东总队。省教育厅负责人任联度会议成员。

联席会议在省教育厅设立办公室，负责日常工作。

（三）会议内容及要求

联席会议原则上每年高考前召开一次例会，会议议题包括：研究部署国家教育统一考试工作，协调解决国家教育统一考试环境综合整治工作中的有关问题，快速有效地处理突发事件，提出政策措施和建议；督促、检查、指导国家教育统一考试工作；通报工作进展情况。特殊情况下，可以临时召集会议。

联席会议例会的主要内容要形成纪要，经与会单位同意后印发有关方面贯彻落实。会议决定的事项，按照部门职能，分工负责，具体落实。

联席会议制度是加强对国家教育统一考试的领导，统筹协调国家教育统一考试工作，优化国家统一考试环境，有效打击违纪舞弊现象，切实维护国家统一教育考试的严肃性和权威性的重要举措。

（四）山东省国家教育统一考试第一届联席会议组成人员名单

召集人：齐涛，省教育厅厅长。成员：刘俭朴，省政府办公厅副主任；李桂春，省纪委常委；姜铁军，省委宣传部副部长；黄琦，省教育厅副厅长；王献增，省公安厅副厅长；石明泉，省信息产业厅副厅长；刘国强，省保密局副局长；宋纪明，省武警总队政治部副主任；王宝亭，省卫生厅副厅长；杜志刚，省电力集团公司副总经理。

四、应对高科技作弊考场电子监控全面展开

针对考试违纪舞弊行为的隐蔽化、舞弊手段的现代化，根据依法治考的需要，通过电子监控全程录像，为查处考试舞弊提供有力证据，有效地打击违纪舞弊行为，省教育厅于2003年提出用3年时间建立电子监控系统。为此，专门制定了《山东省普通高考电子监控总控室管理办法》。为充分调动各市建立电子监控系统的积极性，尽快实现山东省提出的3年内高考全部实行电子监控的目标，省招生办对全部实行电子监控的市进行适当补贴、奖励。不能在一个年度全部实现电子监控的市，要鼓励有条件的县(市、区)先上电子监控系统。奖励实行"早上多奖"的办法，对2003年、2004年实行电子监控系统的县(市、区)，省招生办进行补贴和奖励；对2005年实行电子监控系统的市、县(市、区)，省招生办不再进行补贴和奖励。具体办法如下：

第一，2003年前率先全部实现电子监控系统的市，除对每个考点补贴3万元以外，再给每市奖励3至5万元。对实现电子监控系统的县(市、区)，每个考点补贴3万元。

第二，2004年全部实现电子监控系统的市，以2003年的考场数为基数，每个考场补贴800元，每个市奖励3万元。对实现电子监控系统的县(市、区)，每个考场补贴800元。

第三，对在一个年度不能全部实现电子监控系统的市，为鼓励有条件的县(市、区)先上电子监控系统，如果县(市、区)全部实现电子监控系统，分按年度补贴标准对考场给予补贴。2004年所有县(市、区)实现电子监控系统后，按2004年度标准奖励市招生办。

第四，每年省招生办组织专人对有关市、县(市、区)的电

子监控系统及使用情况进行检查、验收,检查、验收达到标准后,再将补贴和奖励一次性拨到各市。为鼓励各市早上电子监控系统,凡2004年成人高考能实现电子监控系统的市,按2003年标准给予补贴和奖励。

第五,对经济欠发达的县(市、区)(原国家级、省级贫困县以及山区、湖区、滩区、海岛等),各市招生办可提出书面申请,经省招生办研究同意后,予以适当增加补贴。

到2005年,全省考场已基本实现电子监控,动用资金达数千万元。在以后出台的标准化考场中,电子监控成为一条硬标准。

第三节　高考政策的不断调整展示改革的步伐

高考政策调整变化比较大的主要包括招生的计划、录取照顾的范围及幅度、考试科目及内容,从这些变化中,我们可以看出招生为社会、经济发展服务的脉络,可以看出在大教育背景下高考改革的步伐。

一、招生计划、招生形式调整

招生计划和招生形式的调整涉及到招生类别的划分、招生层次的改变,甚至是招生分配制度、高教收费制度的改变。

(一)师范招生

山东师范招生改革始于1991年。主要改革内容是增加面试、单编考场、参加统考、单独划线、提前单独录取。山东省师范招生改革取得了三个方面的成功。

首先,生源数量大幅度增加。1991年师范招生计划13700人,占招生总数的31.5%,师范考生人数为76370人,占总报名

人数的42.6%，是本科招生计划的28.5倍。在改革之前的1990年，省内4所师范院校报考人数是招生计划的14.9倍。以后每年生源规模趋于稳定。1995年师范理科的本专科录取率为26.2%，低于总录取率13个百分点。1996年师范理科的本专科录取率为22.4%，低于总录取率10个百分点。师范生源的数量为师范招生的择优提供了保证。

其次，生源素质普遍提高。报考师范的考生必须先通过师范面试关。师范面试的标准在身体、表达、文字等方面作了具体规定，为师范生的基本素质打下了基础。单从文化水平看，师范生的素质有了明显提高。1991年，师范理科本科分数线高于普通理科6分，文科有4个市地都高于普通文科分数线；面向全省统一招生的师范专科理科所有市地都高于普通理科分数线，最高高出15分；文科有6个市地高于普通文科分数线，最高高出9分。据山东师范大学统计，录取到山东师范大学的新生有58名上中国人民大学文科线，203名上吉林大学理科线，49名上同济大学理科线；高分段人数增加，文科498分以上考生占新生的28.3%，理科546分以上考生占新生的39%。1996年，山东省4所本科师范院校除聊城师范学院录取了少量服从分配志愿考生外，其余3所第一、二志愿即满额，其中山东师范大学全部录取的第一志愿考生，理科录取最低分高于全省普理类最低提档线30多分，文科与全省普文类大体相当。这是多年来未曾出现过的现象。

再次，新生专业思想牢固。在师范招生改革之前，由于一志愿上线人数过少，"抓壮丁"从服从分配中调剂录取人数过多，新生报到后要求调换学校的人数较多。通过改革，师范生源数量大幅度增加，生源素质普遍提高，新生专业思想牢固。本科1991年没有一例要求调换学校。专科委培自费生中只有个别人因经济困难等原因有不报到者。①

1997年，根据并轨后出现的新情况，根据师范类生源有极大改善的实际，取消了原来的师农文、师农外、师农理，只设文史类、理工农医类、体育类。师范单独招生完成历史使命。

（二）定向招生

国家于1983年决定从国家任务招生计划中拿出一定比例（部属院校5%以内，省属院校比例自定）实行定向招生、定向分配。山东在本省省属农、医、师本科院校招生计划中拿出50%用于定向招生，至1989年扩大至60%至80%；1987年又在省属本科院校的工科通用专业和文科的经济管理专业中，安排了15%的定向招生计划，至1989年扩大到20%。定向招生，按招生来源不同分为两种形式：一种是面向定向地区或行业招生，毕业分配回定向地区或行业工作；另一种是面向全省招生，毕业后分配到定向地区或行业工作。1998年，随着计划并轨全国铺开，随着人才市场的建立和完善，山东省不再接收定向计划。

（三）委托培养

委托培养由用人部门或单位向学校缴纳一定数量的培养费，委托学校从参加高考的考生中择优录取学生加以培养，毕业后分配给委托部门或单位使用。1983年，江苏、山东、广东等省市出现了用人单位出钱委托普通高校培养专门人才的招生形式，收到良好效果。这种招生计划形式从1984年开始实行。委托培养学生时，要划定招生范围，同时明确预备生源范围。未划定生源范围的，面向全省招生。山东充分利用委托培养这一招生计划形式，根据单位的需求，与部委属高校签订招

① 刘文超、丁秀菊：《考务管理》，远方出版社2000年版，第109—110页。

生合同,增加山东的招生数量。山东从1983年到1991年委托培养本专科生4万人,相当于1991年全省的招生数。到1996年,山东的专科招生计划中,委托培养计划已经超过50%。委托培养为山东的经济腾飞储备了大量的人才。1997年招生并轨后,委培的招生形式即行终止。

委托培养这一计划招生形式为我国的经济、教育发展发挥了积极的作用,多种形式培养学生缓解了人才供需矛盾,专业对口、学以致用,专业思想牢固;多种渠道筹措经费改善了教育经费不足的问题,为高校发展开辟了新的经费来源;按需培养,适时调整教育结构和专业,增强了高校和社会办学的活力,提高了教育的整体效益;用人单位择优录用,增强了学生的竞争意识,激发了委托培养、自费生学习的积极性。

在实施过程中,委托培养和自费生招生也存在一些问题。主要有:委托培养指导思想不端正,收费标准不统一,降分幅度不统一,委托培养经费来源不统一,签订委托培养合同内容形式不统一,委托培养计划管理有随意性。①

(四) 自费生招生

自费生是指普通高等学校在保证完成国家指令性招生计划的前提下,根据社会需求和办学条件,经学校主管部门批准招生的一种招生计划形式。它是国家计划招生的重要补充。其培养经费由学生支付,毕业后国家不包分配,由用人单位择优录用。自费生招生始于1983年。1983年4月国务院批转教育部、国家计委关于加速发展高等教育的报告,要求采取多种层次、多种规格和多种形式加快高等教育的发展,并第一次提出本系统、本地区所属学校招生任务不足的,可以采取接受委

① 刘文超、丁秀菊:《考务管理》,远方出版社2000年版,第115—121页。

托培养等办法,为其他系统和地区培养所需的专门人才,以充分发挥办学潜力。这一年,江苏、山东、广东等省市出现了用人单位出资委托普通高校培养专门人才的招生形式。与此同时,自费生相伴而生。1985 年,《中共中央关于教育体制改革的决定》把普通高校、中专招收委托培养、自费生确定为教育体制改革的重要组成部分。随着改革的进一步分化,自费生招生迅速发展,1992 年达到了一个新的高峰。山东 1992 年招收委培自费生 27299 人,占总招生数的 42%。①

自费生政策一出台就引起了争议,或褒或贬,不一而足。从正面来说,有四个好处:(1) 多种形式培养学生缓解了人才供需矛盾。(2) 为高校发展开辟了新的经费来源。(3) 增强了学校适应经济和社会发展培养专门人才的主动性和能力。(4) 为千万学子创造了自费上学的机会。这一改革打破了国家包办高等教育的单一模式,探索了一条适应社会主义市场经济体制发展高等教育的新路子。

(五) 并轨招生

所谓并轨招生,就是将普通高等学校实行的国家任务和调节性(委托培养、自费生)两种并存的招生计划形式,以及在录取新生时采取的两种录取分数线标准(即"双轨")合并成一种国家任务收费生计划形式,实行计划形式、录取标准、收费标准三统一。"并轨"后录取时,同批次学校执行同一分数线,学生缴费上学,毕业生自主择业。这项改革从 1994 年开始,到 1997 年在全国所有高校推行。为了解决大量委托培养停止后计划的骤减,避免引起不良反应,在随后的两年中,山东又推出了共建计划。共建是各市政府出资和高校共同进行学校建设,高校

① 刘文超、丁秀菊:《考务管理》,远方出版社 2000 年版,第 127—128 页。

则适当给予该市招生计划，单独从该市招生。共建计划也是国家任务计划的一种，所不同的是，计划数量由地方根据需求和高校协商，而不是由教育部统一分配。1998年山东招生计划的大量增加，主要就是共建计划起的作用。

为保证招生并轨的顺利进行，国家同时推行了一系列配套改革措施，主要有：(1)收费制度改革。在充分考虑学校培养费用和学生家长的实际支付能力的基础上，因地、因校、因专业而异建立科学的收费制度和合理的收费标准。(2)建立奖、贷学金制度和特困生补助金制度。设立优秀学生奖学金，对品学兼优的学生给予奖励；设立与就业挂钩的专项奖学金，以保证国家重点建设项目、艰苦地区和艰苦行业对毕业生的需求；设立贷学金，对家庭有经济困难的学生提供帮助（学生毕业后应按期归还贷款及其利息）；设立特困学生补助金，用以资助少数家庭有特殊困难的学生完成学业。(3)毕业生就业制度改革。改变过去学生上大学由国家包下来的办法，学生毕业后，国家不再以行政分配的办法安排就业，而是以方针政策为指导，引导毕业生参与人才市场竞争，实行自主择业。

二、考试科目调整

高考改革很重要的一条主线就是科目设置改革。科目设置改革涉及的问题，一是大学选拔的有效性，二是对中学教学的合理引导。在二者的取舍中形成了科目调整的历史。

（一）“文革”前的考试科目

1950年高校实行联合招生或委托招生，并允许自行招生，考试科目由招生学校自定。1951年要求尽可能联考或大区统一招生，全国统一考试时间。考试科目统一为一类，各科均考语文、外语、政治常识、数学、中外历史、中外地理、物理、化学。1952年全国统考制度建立，考试科目为统一科目，有政治常识、

语文、数学、中外史地、外语、物理、化学、生物。1954年考试科目分为两大类，理工医农林等考语文、政治常识、数学、物理、化学、生物、外语；文、政、法、财经、体、艺等考语文、政治常识、历史、地理、外语。1955年又改为三类，理、工类考语文、政治常识、数学、物理、化学；农、林、医类考语文、政治常识、达尔文主义基础、化学、物理；文史、政法类考语文、政治常识、历史、地理。这一考试科目基本上一直延续到1966年，10多年间只是作了些许小的修改。例如，外语成绩只重点院校计入总分，一般院校只作参考，1962年后外语才作为正式分数计入总分；农林医、财经等专业加考数学，等等。

这一阶段正处于我国基本完成社会主义改造和全面建设时期，政治经济形势变革最大，高考的主要任务是为当时的政治服务，建立统考制度，大学大门向工农敞开，选拔培养工农知识分子。总体上看，对考试科目尚未进行研究或者说尚未进行深入科学的研究。

（二）恢复高考后的考试科目

1977年恢复高考制度，考试分为文理两类，文史类考政治、语文、数学、历史、地理、外语；理工农医类考政治、语文、数学、物理、化学。外语成绩采取逐年提高加分比例的办法。1978年不计入总分，只作参考，1979年按10分计入总分，1980年按30%计入总分，1981年按50%计入总分，1982按70%计入总分，1983年起全部计入总分。1981年至1993年，理工农医类增加生物科考试，当年按30%计入总分，1982年按100%计入总分，满分为50分，1986年为70分。

（三）“3+2”考试科目

从1983年起，开始进行考试制度的理论研究。1985年决定首先在上海市进行考试制度的改革试验——试行会考后的高考。随后在全国形成了几类高考科目设置改革方案：

首先是上海市的6组4科“3+1”方案，语文、数学、外语必考；考生从物理、化学、生物、政治、历史、地理6科中再选1科。

其次是湖南、云南、海南3省试行的4组4科方案，语文、外语加考政治、历史或数学、物理；数学、外语加考化学、生物或语文、地理。

还有全国绝大部分省市采取的按高校招生专业文、理分类的“3+2”方案，语文、数学、外语必考，文科加考历史、政治，理科加考物理、化学。

“3+2”考试科目是在高中会考基础上进行的高考科目改革。目的是通过高中会考，遏制高中过早文理分科现象，解决高中学生偏科问题，达到减轻学生负担的目的，以有利于选拔适合高校培养要求的优秀新生。这一考试科目形式，直到2001年还有十几个省市采用。山东省从1994年到2001年也采用这一科目设置。

（四）“3+小综合”考试科目

2002年至2006年，普通高考采用“3+X”高考科目，具体方案为：文科考生考“3+文综合”，理科考生考“3+理综合”。

“3”是指语文、数学、外语3科，其中数学分文、理科试卷，外语听力计入外语科总分；“X”指综合科目，分文科综合（包括政治、历史、地理）和理科综合（包括物理、化学、生物）。国家规定，地理、生物科目的命题按《教学大纲》的必修部分命题。

“3+X”高考科目设置的改革既注重知识的考查，也注重能力和素质的考查。其范围既遵循现行普通高中相关各科《教学大纲》，又不拘泥于《教学大纲》。试题增加应用型和能力型题目，主要检验和考查学生是否具有进入高校学习的潜能和初步创新能力。综合科目的考试，首先是学科内的综合，其次才是跨学科的综合。

“文科综合”和“理科综合”试卷满分各为300分，考试时

间为150分钟。

(五)"3+X+1"考试科目

从2007年开始,山东高考采用"3+X+1"模式。"3"指语文、数学和外语3个科目,是所有考生的必考科目。"X"是指文科综合或理科综合。文科综合包括政治、历史、地理3个科目的必修内容和部分选修内容;理科综合包括物理、化学、生物3个科目的必修内容和部分选修内容。报考文史类、文科艺术类的考生参加文科综合的考试,报考理工农医类、理科艺术类、体育类的考生参加理科综合的考试。"1"指基本能力,内容涉及高中课程的技术、体育与健康、艺术类、综合实践等,以及运用所学知识解决生活和社会实际问题的能力。所有考生都参加基本能力考试。考试时间与分值:语文考试时间150分钟,分值150分;数学考试时间120分钟,分值150分;外语考试时间120分钟,分值150分;文、理综合考试时间各150分钟,分值各240分;基本能力考试时间120分钟,分值100分,按60%计入总分。总分满分为750分。

三、高考内容改革

高考的内容改革依据中学的教学大纲制订,实行标准化考试后推出的"考试说明"依据教学大纲制订。高考内容的改革首先是教学内容的改革。考试内容的改革是高考的核心改革。山东先是从高中课程改革开始,以新的教学内容、教学方法组织教学,为高考内容的改革做好准备。高考内容改革首先从自主命题开始,以省为单位进行探索。在积累了自主命题的一定经验后,高考内容的综合改革全面展开。

(一)自主命题

从2003年开始,教育部逐步推广分省命题,到2004年全国已经有14个省实行自行命题。2005年,报请教育部批准,山东开始自主命题。

自主命题要求严格执行国家招生考试的政策规定,紧密结合山东的教育实际,依据现行考试大纲和教材,坚持"能力立意"的思想,提高试题的开放性和探究性,体现时代性,做到科学、合理、适度,使试题具有合适的难度、较高的信度和较好的区分度,符合选拔考试的需要。考试科目按 2005 年山东省实行的"3 + X"设置,分文、理两类。命题工作注重质量,确保安全。

2005 年只命制语文、数学、英语试题,难度较大的文科综合、理科综合试题和外语考试中的俄语、法语、德语、日语、西班牙语等试题(含听力考试试题)仍由教育部考试中心命制。

2004 年成立了山东省高考自主命题领导小组,组长由分管副省长担任。2005 年成立山东省教育招生考试院,下设命题处,配备专职的命题管理人员。先期成立山东省命题办公室,设在教育厅,吸收有关处(室)的人参加并配备专职的管理人员和学科秘书负责自主命题工作。由命题办公室负责牵头组建命题队伍。聘请责任心强、学术造诣高、熟悉基础教育状况的、以高校教授为主包括中学教师、教研人员及教育测量统计评价人员等在内的人员,参与组织命题专家队伍。命题专家队伍制定工作计划,开展学科科研和调研工作,认真研究其他省市的做法和经验,研究考试大纲和中学教学的课程标准及考试说明等,做好命题准备工作。

根据命题准备所做的工作制定命题实施细则并实施命题。命题要求把握科学性、准确性、规范性的原则,做好难度、信度、区分度等测试,同时还要做到试卷版面和结构设计合理,有利于考生答题,有利于网上阅卷。试题命制完毕,组织审题专家对试题的专业性和政治性进行审查。命题期间实行全封闭入闱管理,并制定详尽的命题工作安全保密细则和相关制度,确保试题的安全保密。相关部门负责命题场所外围以及试卷印制、分发过程中的安全保卫工作，指导、督促、检查相关单位落实好各项保密措施。根据总结，这一年命题工作取得了成功，实现了平稳过渡。在以后的几年里，高考命题均以稳健为第一要务。

（二）高中实行新课程改革下的高考改革

根据教育部的部署，从 2004 年秋季开始，山东、广东、海南、宁夏 4 个省区成为我国高中课程改革第一批实验区。山东省于 2004 年秋季开始实施新的《普通高中课程方案（实验）》，称新课改。2007 年度的普通高校招生考试是新课改后的第一次高考。为做好新课改后的第一次高考招生工作，根据教育部有关文件精神，2004 年 12 月制定并公布了《山东省 2007 年度普通高校招生考试工作指导方案》。指导方案由指导思想、科目设置、考试时间和分值几部分组成，详细说明了 2007 年度普通高校招生考试如何考。

山东省新课程高考方案的考试科目设置为“3 + X + 1”，其中“3”为语文、数学、外语，“X”为理科综合或文科综合，“1”为基本能力。与往年相比，“3”（语文、数学、英语）与“X”（文、理综合）变化不大，保持相对稳定，但在考试内容的要求、题型结构的设计上力求体现新课改要求，注重考查能力，在稳定的基础上有所创新。提高学生的选择能力是新课程突出强调的一个重要目标，为此山东省新课程高考中的各主要学科考试，几乎都涉及了选修内容的考查。语文、文科综合、理科综合还分别设计了选做题，以此进一步增强高考中的选择性。以人为本，关注学生生活，关注学生可持续发展，是新课程的核心理念。正是为了更好地坚持这一理念，山东省 2007 年高考增加了“基本能力”测试，这也是全国高考史上第一次专门进行的基本能力考查。基本能力测试的内涵是指对新课程普通高中毕业生应具备的适应社会生活最基本的基础知识、基本技能、学习能力及科学与人文素养的考查。"基本能力"测试是以高中新课程的技术、体育与健康、艺术、综合实践、人文与社会、科学6个学习领域的学科课程标准为依据,着眼于不同学习领域、不同科目间的有机整合和内在联系,借助一定的生活、生产和学习情境综合考查学生的各种基础知识、基本技能、学习能力、实践能力以及情感态度和价值观。"基本能力"测试不是6个学习领域课程的简单相加,而是从相关学习领域、学科与学生的学习生活及社会实践中抽象出来的一种综合性的运用所学知识分析和解决实际问题的基本能力。设置的主要目的一方面是有利于高等学校选拔人才,另一方面是为了促进新课程的实施,纠正文理偏科,提高学生运用所学知识解决生活和社会实际问题的能力,促进学生全面发展,引导素质教育的全面推进。

山东省新课程高考改革,具有以下特点:

进行基本能力测试,强化综合素质考查。山东从2007年开始高考增设"基本能力"测试,是高考改革的一个大胆而有益的探索和突破。"基本能力"不是国家课程方案中明确规定的独立设置的学习领域或学科,但是高中毕业生应具备的适应社会生活的最基本、最重要的知识、技能与素养。它具体包括观察社会生活、分析社会问题、参与社会实践的能力,通过搜集、分析、组织信息进行推理与判断的能力,运用信息技术与通用技术的意识和能力,综合运用所学知识解决一般实际问题的能力,基本的艺术欣赏与鉴别能力,强壮体魄、健全心理、保持身心健康的能力,以及基本的科学精神、人文素养与主动的创新精神。基本能力测试旨在落实素质教育理念,改善高等学校选拔机制,推进基础教育课程改革,引导学生创新思维,培养学生的实践能力,促进学生全面发展。

体现新课程理念,引导课程改革健康前行。山东新课程高考方案从指导思想到具体内容及要求,都渗透着新课程的理念和目标要求。总体方案主要体现《纲要》和《方案》的思想和要求,各科目的说明突出落实各自课程标准及高考大纲。首先,在考查目标上尽量体现知识与技能、过程与方法、情感态度和价值观的总体要求,突出能力立意,强调素质考查;其次,在考查内容上,严格控制在课程标准框架内,科学处理必修内容和选修内容的关系;在问题背景上,努力体现时代性、应用性和学生生活。选择性是新课程的一个突出特征,试题在某些学科增加了选考内容,即使不设置选考题目的科目,也在问题内部体现一定的选择性考查。

坚持平稳过渡,维护稳定和公平。高考改革不宜大改,要在稳中求变,循序渐进,尤其是内容改革,更要尊重历史和传统。山东新课程高考坚持了平稳过渡的基本原则,实现了新课程背景下高考改革的“软着陆”。2007 年山东高考考试科目设置、大部分科目的题型及试题容量等都保持了基本稳定。

改革创新,赋予高考新的文化内涵。新课程高考根据创新人才选拔的需求和新课程的结构和内容,实现考试科目设置创新、命题立意创新、题目形式创新、考查内容创新、试卷形式创新。新课程高考越来越关注学生的生存、生活和发展,而不是一种单纯的学业考查基础上的选拔。语文、数学、外语、文综、理综等传统考试科目的考查内容开始关注实践、关注时代、关注学生需要、关注学生情感,在问题情境设置、问题解决等方面都紧紧围绕学生发展这一本质主题。基本能力测试突出学生本位,从学生人身安全、健康生活、科学学习、自主探究到人格培养、情感世界、生活态度、价值判断等几乎无不涉猎,强调日常学习和生活积累,避免死记硬背和机械训练;强调不增加学生学习负担,通过考试激发学生热爱学习、热爱生活、热爱生

命。新课程高考将中学生综合素质评价当做录取的一个重要依据。①

四、录取照顾政策调整

从我国高考照顾政策的历史发展来看，照顾政策分为优先录取、降分录取、加分录取三个阶段。从1950年到1976恢复高考前为优先录取阶段，从1977年恢复高考至今是降分录取和加分录取阶段。优先录取阶段不直接进行考试成绩的操作；加分或降分就是直接干预考试成绩，在文化课考试成绩之外，将考生的其他特征或努力用分数衡量。

1978年6月教育部文件规定：报考相关科目考试成绩特别优秀的考生和边疆少数民族考生，最低录取分数线可适当放宽。1981年则规定，报考师范、农林、煤炭、地质、石油等院校的考生不足计划招生人数时，可适当放宽录取分数线。1985年又规定，高中阶段参加地区级以上体育竞赛或单项前五名或集体前三名主力队员降低20分投档。1987年，根据国家教委颁布的《普通高等学校招生暂行条例》，对地区级以上“三好学生”、“优秀学生干部”、政治思想品德方面有突出事迹，相关科目或平时成绩特别优秀的、省级科技发明或单科竞赛获奖者、少数民族考生、三侨生、台湾省籍、烈士子女、荣立二等功以上的退役军人，可以适当降低分数，择优录取。这一政策一直延续到2000年。

2001年开始，高考照顾录取政策不仅确定了降分和加分对象，而且对各种照顾范围的降分与加分幅度作了明确规定，具体办法如下：

---

① 王坦、宋宝和：《山东新课程高考透视与思考》，《考试研究》，2008(1)，第30—39页。

第一，可增加20分投档的包括省级优秀学生，受省人民政府表彰的高中教育阶段见义勇为的应届高中毕业生，获省级以上表彰的先进劳模青年，烈士子女，在服役期间荣立二等功（含）以上或被大军区（含）以上单位授予荣誉称号的退役军人，高级中等教育阶段获得下列奖项并同时符合保送生条件的应届高中毕业生，包括获得奥林匹克竞赛省赛区一等奖或全国决赛一、二、三等奖，全国青少年科技创新大赛（含全国青少年生物和环境科学实践活动）或“明天小小科学家”奖励活动或全国中小学电脑制作活动一、二等奖，在国际科学与工程大奖赛或国际环境科研项目奥林匹克竞赛中获奖。

第二，可增加10分投档的包括受市人民政府或省综治委表彰的高中教育阶段见义勇为的应届高中毕业生、自谋职业的退役士兵、归侨、华侨子女、归侨子女和台湾省籍考生、少数民族考生。

第三，下列考生在与其他考生同等条件下，高等学校应优先录取：退出部队现役的考生，残疾军人、因公牺牲军人子女、一级至四级残疾军人的子女，驻边疆国境的县（市）、沙漠区、国家确定的边远地区中的三类地区和军队确定的特、一、二类岛屿部队现役军人的子女，残疾人民警察、因公牺牲人民警察子女、一级至四级残疾人民警察子女。

第四，考生若同时具备几项享受加分或降分照顾条件，只可选其最高的一项分值作为考生附加分，不得重复计算。

上述照顾政策规定一直延续到2005年。

2006年，教育部增加了省青少年科技创新大赛获奖者可增加20分投档，由学校审查决定是否录取的政策。但实施一年后又取消了该项照顾政策。

2004年，根据教育部的要求，山东省将在录取中享受的照顾政策重新上报备案。具体照顾内容为：

第一，按《中共中央办公厅、国务院办公厅关于适应新形势进一步加强和改进中小学德育工作的意见》（中办发〔2000〕28号）和《教育部关于学习贯彻〈中共中央办公厅、国务院办公厅关于适应新形势进一步加强和改进中小学德育工作的意见〉的通知》（教基〔2001〕1号）评选获得省级优秀学生称号者，在其统考成绩总的基础上增加20分投档，由学校审查决定是否录取。

第二，高中教育阶段见义勇为的学生，凡受市地人民政府（行署）或省综治委表彰的，总分低于高等学校调档分数线以下10分之内的考生，可以向学校投档，由学校审查决定是否录取；受省人民政府表彰的，总分低于高等学校调档分数线以下20分之内的考生，可以向学校投档，由学校审查决定是否录取。见义勇为学生的认定以政府颁发的证书和新闻稿件为准。

第三，获省级以上表彰的先进劳模青年考生，总分低于高等学校调档分数线20分以内的考生，可以向学校投档，由学校审查决定是否录取。

第四，体育、艺术特长的考生，按教育部有关规定向所报学校提供档案，录取与否由学校决定。

第五，烈士子女，总分低于高等学校调档分数线20分以内的考生，可以向学校投档，由学校审查决定是否录取。

第六，自谋职业的城镇退役士兵、在服役期间荣立三等功的退役军人，可在其统考成绩总分的基础上增加10分投档；在服役期间荣立二等功（含）以上或被大军区以上单位授予荣誉称号的退役军人，可在其统考成绩总分的基础上增加20分投档。由学校审查决定是否录取。

第七，归侨、华侨子女、归侨子女和台湾省籍考生，总分低于高等学校调档分数线10分之内的，可以向学校投档，由学校审查决定是否录取。

第八，少数民族考生，总分低于高等学校调档分数线10分之内的，可以向学校投档，由学校审查决定是否录取。

考生若同时具备上述几项享受加分和降分照顾条件，只可选最高的一项分值作为考生附加分，不得重复计算。

第一条属于2001年新出台的照顾项目，第二、六条属于2004年新出台的照顾内容，第三条为1994年推出项目，第五、七、八条保持不变。在执行照顾录取政策中退出的照顾项为：

应届高中毕业生的高中最后一学年受省级表彰的优秀学生干部，总分可提高20分向学校提供档案，由学校审查录取；应届高中毕业生在高中最后一学年受市（地）级表彰的优秀学生干部，总分可提高10分向学校提供档案，由学校审查录取。从1997年起，对应的省、市表彰的"三好学生"照顾取消。2002年市优干照顾取消，省优干只照顾10分。2004年省优干照顾取消。

政治思想品德方面有突出事迹而受市（地）级以上表彰的考生，省级以上科技发明创造奖获得者（限省科委和中央部委颁奖），获单科竞赛全国前10名或全省前3名（限中央部委和省教育厅颁奖）的考生，退出现役的义务兵考生，在与其他考生相同的条件下优先录取。

2003年规定，凡受到市级人民政府抗击"非典"表彰奖励的一线医务人员子女参加高考的，在同等条件下，优先录取；凡受到省人民政府以上抗击"非典"表彰奖励的一线医务人员子女参加高考的，可降低10分录取。这一政策只执行了一年。

应届普通高中毕业生实行加10分投档。这一条仅在2001年实行。

以上这些调整，是随着我国教育体制、招生改革的不断深入，随着教育部的照顾政策变化不断调整进行的。调整的原因基于以下几方面：一是原来计划经济条件下的部分招生政策不

适应经济和社会发展的需要,失去了制定政策的初衷。二是照顾政策容易引起社会误解,照顾政策的初衷是好的,但在某些社会环境下执行起来很难,很快就偏离航线,成为不正之风的突破口。三是高校对有些照顾政策不认可,高校录取时一般以原始分排序,享受照顾政策的考生对录取结果有异议。基于上述原因,山东省从实际出发,实事求是地对一些招生政策进行大量的调研和论证后,取消了一些照顾政策。取消的照顾政策有:艺术特长统一测试加分,省、市优干及三好学生加分,应届生加分,农业院校降分,行业定向生照顾,等等。截止到2008年,山东省的高考照顾政策主要有:

下列考生在录取时可以享受增加分数或降低投档分数线照顾。

按《中共中央办公厅、国务院办公厅关于适应新形势进一步加强和改进中小学德育工作的意见》(中办发〔2000〕28号)和《教育部关于学习贯彻〈中共中央办公厅、国务院办公厅关于适应新形势进一步加强和改进中小学德育工作的意见〉的通知》(教基〔2001〕1号)评选获得省级优秀学生称号的应届高中毕业生,在其统考成绩总分的基础上增加20分投档,由学校审查决定是否录取。

高中教育阶段见义勇为的应届高中毕业生,凡受市人民政府或省综治委表彰的,总分低于高等学校调档分数线以下10分之内的考生,可以向学校投档;受省人民政府表彰的,总分低于高等学校调档分数线以下20分之内的考生可以向学校投档,由学校审查决定是否录取。见义勇为学生的认定以政府颁发的证书为准。

获省级以上表彰的先进劳模青年,总分低于高等学校调档分数线以下20分之内的考生,可以向学校投档,由学校审查决定是否录取。

高级中等教育阶段获得下列奖项且同时符合保送生条件的应届高中毕业生,在其统考成绩总分的基础上增加 20 分投档,由学校审查决定是否录取。全国中学生学科奥林匹克竞赛省赛区(竞赛范围以教育部 2008 年普通高等学校招收保送生办法中公布的竞赛名称为准)一等奖或全国决赛一、二、三等奖;全国青少年科技创新大赛(含全国青少年生物和环境科学实践活动)或"明天小小科学家"奖励活动或全国中小学电脑制作活动一、二等奖;在国际科学与工程大奖赛或国际环境科研项目奥林匹克竞赛中获奖。

艺术特长考生,按教育部有关规定向所报考学校提供档案,录取与否由学校决定。

烈士子女,总分低于高等学校调档分数线以下 20 分以内的考生,可以向学校投档,由学校审查决定是否录取。

自谋职业的退役士兵,可在其统考成绩总分的基础上增加 10 分投档;在服役期间荣立二等功(含)以上或被大军区(含)以上单位授予荣誉称号的退役军人,可在其统考成绩总分的基础上增加 20 分投档,由学校审查决定是否录取。

归侨、华侨子女、归侨子女和台湾省籍考生,总分低于高等学校调档分数线以下 10 分之内的,可以向学校投档,由学校审查决定是否录取。

山区、湖区、海岛、少数民族聚居地等地区的少数民族考生,总分低于高等学校调档分数线以下 10 分之内的,可以向学校投档,由学校审查决定是否录取。

考生若同时具备上述几项享受加分或降分照顾条件,只可选其最高的一项分值作为考生附加分,不得重复计算。

下列考生在与其他考生同等条件下,高等学校应优先录取:退出部队现役的考生;残疾军人,因公牺牲军人子女,一级至四级残疾军人的子女;驻边疆国境的县(市)、沙漠区、国家

确定的边远地区中的三类地区和军队确定的特、一、二类岛屿部队现役军人的子女；残疾人民警察，因公牺牲人民警察子女，一级至四级残疾人民警察子女。

第四节　艺术专业招生专业测试统一和分校交叉进行

艺术专业招生分专业考试和文化考试，文化考试参加全国统一高考，专业测试统一和分校交叉进行。

一、招生计划

省外有关艺术院校（系科）在山东省的招生计划和专业由各院校公布。省内高校招生计划在下发艺术招生文件时公布。计划管理属于松散型，部属和外省省属计划一般不统一公布，招生学校录取时计划管理自主权比较大。部属和外省省属计划在考生报名时只公布学校名称和专业名称，录取时学校根据生源情况调整的可能性比较大。省内高校招生计划执行比较严格，计划全部公布，公布后的计划必须严格执行，不得随意变更。当计算机发展到互联网时代以后，教育部要求招生学校要在本校网站上公布招生计划，但许多以前不公布计划的学校也只是公布总数，不向各省分配具体计划。

二、报名

一般的报名条件是：考生必须拥护四项基本原则，热爱祖国、遵纪守法，普通高中及中等艺术学校的毕业生或具有同等学力，年龄在25周岁以下，未婚、身体健康。符合上述条件的国家和企事业单位的职工，经所在单位批准；军队战士经大军区级政治部批准；非艺术类中等专业学校和技工学校的毕业生

工作满2年,经所在单位批准均可报考;高等艺术院校附属中等艺术学校应届毕业生。经过调整,报名条件也不断变化,2005年的规定为:考生必须拥护四项基本原则,热爱祖国、遵纪守法,普通高中及中等艺术学校的毕业生或具有同等学力,身体健康。符合上述条件的国家和集体、企事业单位的职工,经所在单位批准可以报考。报名条件从严格、局限逐渐趋向于宽松、包容。

关于报名办法,1991—1995年,考生根据各院校报名时间,持学校或单位介绍信及本人身份证到招生院校指定的报名点报名。从1996年开始,应届高中毕业生持学校介绍信、社会青年持街道(乡、镇)介绍信、在职职工持单位介绍信到户口所在县(市、区)招生办公室报名。社会青年是否符合报名条件,由县(市、区)招办审查。报名办法由分散向学校报名到集中向县区招办报名,逐渐向方便考生报考发展。

在实现计算机辅助录取以前,艺术类不分文理,也不分音乐、美术,只是一大类艺术,科类代码一般为3。2005年开始,艺术类专业不再按美术类、音乐类划分,改成艺术文、艺术理两类。省内院校兼收艺术文、艺术理的专业,要按艺术文、艺术理编两个专业代号,分别列招生计划。科类代码分别为艺术文3、艺术理7。

三、考试

高等艺术院校(系科)招生须进行专业考试和文化考试。

省外院校专业考试由招生院校组织,考试内容和考试时间由招生院校确定。从2003年开始,设置省外院校艺术专业招生考试山东考点。设点的目的,一是加强对艺术专业招生考试的管理,维护普通高校艺术专业招生的信誉和严肃性;二是为招生院校服务,为广大的艺术考生服务。2003年,考点设在济

南艺术中学、青岛一中（承办音乐类考试）、青岛六中（承办美术类考试）、潍坊市招生办公室招生考试服务中心 4 个单位。以后逐渐扩大到 7 个单位。

报考省内院校艺术专业的考生，从 1991 年到 2001 年，考生可以参加两次专业考试，专业考试由招生院校组织。师范类美术专业（含山东艺术学院美术师资班）考试科目为素描、彩画、人物速写、人物线描，总分 100 分，各科目所占分值比例为：素描 30%，彩画 30%，人物速写 20%，人物线描 20%。全省统一命题。其他院校考试科目、各科成绩分值及各科目考试时间由各招生院校确定。山东艺术学院（师资班除外）音乐专业考试项目与各项目成绩分值由学校确定。师范类院校（含山东艺术学院师资班）音乐专业考试项目为音乐技能、音乐素质和音乐知识、理论。音乐技能包括声乐，键盘（钢琴或手风琴）、器乐（中、西乐器）或舞蹈；音乐素质包括视唱、听音；音乐知识、理论包括音乐知识与欣赏、基本乐理。各考试项目成绩分值、各项目考试时间由招生院校确定。

四、评卷

省外院校专业评卷工作由各招生院校负责。省内院校音乐、美术（师范类美术专业除外）专业评卷工作由各招生院校负责，试卷由考试小组或评选委员会集体评定，学校招生委员会审核。

1991 年至 2001 年，师范类院校（含山东艺术学院师资班）美术专业评卷工作在省招生委员会的领导下，由各有关招生学校联合统一进行。

各招生院校根据招生计划数按专业考试成绩从高分到低分 3 倍的比例确定参加文化考试的考生名单。考生凭招生学校所发的文化考试通知书在户口所在县（市、区）招生办公室办理报名手续,参加全国普通高等学校文史类统一文化考试。

五、填报志愿

考生志愿表设省外院校志愿 2 个,省内本科院校志愿 1 个,专科志愿 2 个。

参加省外院校专业考试的考生,在省外院校志愿栏内,可以填报所参加专业考试且取得文化考试通知书的院校志愿。

关于省内院校,参加师范类美术专业考试,且取得文化考试通知书的考生,可以填报师范类美术专业院校志愿(但第一个志愿必须是发放文化考试通知书的院校)。参加其他类院校美术专业考试的考生,可以填报参加专业考试且取得文化考试通知书的院校志愿。

参加音乐专业考试的考生,只能填报所参加专业考试且取得文化考试通知书的院校志愿。

在填报志愿的规定上,调整比较多,各省可以根据上年的情况自己调整。比如 2005 年山东省规定:考生志愿信息卡设艺术本科提前批、艺术本科一批、艺术专科(高职)批 3 个志愿栏。艺术本科提前批设 1 个学校志愿,填报部属院校、独立设置的本科艺术院校、211 工程院校或省内的山东师范大学、青岛大学;艺术本科一批设 2 个顺序学校志愿,填报其他省内、外本科院校;艺术专科(高职)批设 2 个学校志愿,填报省内、外院校专科(高职)专业。考生填报志愿时,只能填写已参加专业考试且取得合格证的院校。考生要根据省招生办公布的《2005 年山东省普通高校招生填报志愿指南》准确填涂所报院校及专业代号。考生填报志愿结束后,各市招生办于 6 月 30 日前将考生志愿信息报送省招生办。兼报普通文、理科的艺术类考生,可再填报普通文科或理科志愿(本科限报普通文、理科的二、三批本科院校,专科限报普通文、理科的二批专科院校)。

六、录取

录取工作在省招生委员会的领导下实行提前单独录取。录取工作按本、专科分两批进行,文化录取最低控制分数线由省招生办公室根据招生计划按1:1.2的比例向第一志愿投档。招生学校按专业考试成绩从高分到低分,并注意相关科目成绩,德、智、体全面考核,择优录取。对个别专业成绩特别优秀(总成绩平均80分以上、主科成绩90分以上且专业成绩前三名)的考生,文化考试成绩低于最低控制分数线20分以内的,学校提出申请,经省招生委员会批准,可以提交学校审查录取。报考省外院校的考生,省招生办公室提前将其高考成绩电告考生所报院校,由院校决定是否录取。新生录取通知书由招生学校签发。

实行网上录取后,录取模式有所变化,以2005年为例,从划线办法、录取分批到成绩使用都有新规定。

首先,分艺术文、艺术理确定文化录取控制分数线。省外独立设置的本科艺术院校的文化录取控制分数线由招生院校自行划定;山东艺术学院、山东工艺美术学院的文化录取控制分数线,由招生院校在山东省艺术类专业最低文化录取控制分数线以下20分之内分专业划定;其他招生院校的文化录取控制分数线由省招生办统一划定。

其次,继续实行远程网上录取。艺术类招生录取分三批进行。艺术本科提前批和艺术本科一批在提前批依次进行;艺术专科(高职)批与普通文、理科专科(高职)一批同时进行。

再次,省外院校录取时,独立设置的艺术院校按考生志愿全部投档,其他院校按考生志愿和专业考试成绩分专业将最低文化录取控制分数线以上的考生一次性全部投档,录取与否由招生院校确定。遗留问题由招生院校负责。实行文化成绩与

专业成绩关联投档的办法，考生无专业成绩的志愿均不予投档。

复次，关于省内院校，山东艺术学院、山东工艺美术学院两所院校，省招生办根据考生志愿全部投档，学校划定文化分数线；其他招生院校，省招生办根据考生志愿和文化分数，分专业按招生计划1∶1.5的比例向招生院校投档。招生院校按专业成绩从高分到低分依次录取。对文化分数有特殊要求的专业，或按文化分数70%、专业分数30%之和排序录取，或按文化分数排序录取，但招生学校要预先向社会公布。

第五节　体育专业招生专业测试逐渐趋向集中

体育教育专业（简称体育专业）招生分专业考试和文化考试，文化考试参加全国统一高考，专业测试从分校进行到联合进行逐渐趋向集中，专业测试成绩通用。

一、报名

关于报名条件，考生必须遵守中华人民共和国宪法和法律；高级中等学校毕业或具有同等学力；身体健康；年龄不超过22周岁，未婚。教练员、体育教师、优秀运动员（指省级以上优秀运动队的队员）可放宽到28周岁，婚否不限。身高男不低于1.70米，女不低于1.60米；裸眼视力任何一眼不低于0.5，1992年开始实行标准对数视力表后规定裸眼视力任何一眼不低于4.8。

以培养优秀运动员后备力量为主的中等体育学校的应届毕业生，可以报考高等体育学校；培养师资的中等体育学校和师范学校体育班的毕业生，工作满2年后，经所在单位批准，方

可报考,并限报师范院校的体育专业。后来,这一条限制取消,改为:以培养优秀运动员后备力量为主的中等体育学校(竞技体育学校、体育运动学校)的应届毕业生可以报考;符合条件的在职考生,经所在单位批准可以报考。

下列人员不能报考:具备高等学历教育资格的高等学校在校生;高级中等教育学校的在校生(应届毕业生除外);因触犯刑律被有关部门采取了强制措施的或正在服刑者;当年被高等学校开除学籍或勒令退学,到报名结束之日不满1年者。

关于报名办法,2005年规定,专业考试报名,符合报考条件的考生,须本人在现住户口所在的县(市、区)招生办公室设置的报名点办理报名手续。

考生报名时须交验如下材料:应届毕业生持所在学校介绍信和学校教育主管部门的资格审查证明,在职(或从业)人员持单位证明,其他考生持户口所在地街道办事处(或乡镇人民政府)介绍信和毕业证书;居民身份证或户口簿。

同等学力报考者,还要提交学校教育主管部门的考核材料,考核合格者方可办理报名手续。

学校教育主管部门负责应届毕业考生的资格认定并出具证明。县(市、区)招生办公室要对考生本人、身份证(或户口簿)、毕业证、应届生毕业资格证明、单位或街道办事处(或乡镇人民政府)介绍信等进行审查。

以之前1991年的报名办法为例,则有所不同,当时的规定为:应届高中毕业生持学校介绍信、社会青年持街道(乡、镇)介绍信、在职职工持单位介绍信到第一志愿招生学校报名。报名时,考生须先参加招生学校组织的身高、视力检查,不符合体检标准的考生不予办理报名手续。合格者,考生须提供一寸近期正面免冠同底版照片3张和报名考试费,并领取准考证。第一志愿报考省外体育院校的,到山东体育学院报名、考试,第一志愿报考省外师范院校体育系(专业)的,到山东师范大学报名、考试。

2005年,凡体育专业考试成绩达到分数线的考生,均由县(市、区)招生办公室发给《山东省2005年普通高校体育专业招生专业考试合格证》(简称《合格证》),而1991年的文化考试通知书由招生学校发放。

文化统考报名:取得《合格证》的考生,本人持居民身份证、《报考证》到户口所在的县(市、区)招生办公室,办理体育类考生确认和文化统考报名手续。县(市、区)招生办公室将《报考证》收回保存,以备文化统考时查对。

二、考试

普通高校体育专业招生考试,分专业考试和文化考试两次进行。

专业考试的组织和管理变化比较大,最初以学校为单位单独组织测试,鉴于专业成绩不可比和分数测试中出现的违纪现象,从1987年开始逐渐向统一组织转变。变化后的组织管理模式以1991年和2005年作为典型比较。

1991年规定,专业测试按《1991年山东省高等院校体育招生体育考试内容、标准与办法》执行。专业测试分基本素质、技能测试和专业测试两部分,由第一志愿招生学校一次组织完成(本、专科均报考的考生,只需到本科第一志愿测试即可),各学校要成立由学校主要领导、纪检组、教务处(招生办)、体育系负责人组成的体育专业测试领导小组,学校主要领导人任组长,负责本校的体育专业测试工作。考生必须先参加专项测试。专项测试项目为田径、篮球、排球、足球、乒乓球、体操、武术、游泳。凡专项测试不及格(不足24分)的考生不得参加基本素质、技能测试。基本素质、技能测试内容为100米跑、800

米跑、急行跳远(女)、立定三级跳(男)、原地推铅球、篮球、山羊。招生学校根据考生的专业测试成绩(基本素质、技能成绩与专项成绩之和在60分以上),从高分到低分按学校招生计划的3倍确定体育专业分数线,并依此确定参加文化考试的考生名单。

2005年规定,体育专业招生考试工作在省招生委员会的领导下,由省招生办公室统一管理,专业考务工作由山东师范大学负责。考评人员、纪检员、丈量员、记录员由省招生办公室选聘。采用电子设备测量考试成绩,使数据测量、显示、打印、传输、保存、统计过程自动化。对考生实行考前、考中、考后的全程监视检查。考试现场设立考风考纪监察接待处,受理来访和查处违纪舞弊案件。

专业考试包括专项测试和基本素质测试。考生首先参加专项测试,项目有田径(不包含100米)、篮球、排球、足球、体操、武术。专项测试成绩不及格(少于24分)的考生不能参加基本素质测试。基本素质测试的内容为100米、立定跳远和原地推铅球。体育专业考试按《山东省2005年普通高校体育专业招生专业考试内容、标准、办法》执行。

专业考试结束后,省招生办公室根据考生的体育专业考试成绩按不超过招生计划的3倍确定专业分数线,分市统计专业考试合格考生名单。

体育专业考试合格的考生,参加理工农医类文化统一考试。

三、填报志愿

体育专业填报志愿和其他类不同,网上录取(2000年开始网上录取)前基本属于单独志愿表,将志愿表贴在校档案袋的另一面,录取时专用。志愿设量数,量一般按纸张的大小和录

取时间的安排确定。2005 年是实行网上录取后设量志愿比较典型的一年。体育专业考生可填报本科 2 个学校顺序志愿、1 个学校服从志愿和 2 个专科(高职)学校顺序志愿。每个学校栏设 1 个专业志愿和 1 个专业服从志愿。体育专业考生可兼理工农医类本科二批、本科三批、专科二批的院校志愿,并填涂相应的志愿信息卡。

已被运动训练和民族传统体育专业单独招生确认录取的考生不能报考普通高校体育专业。

考生在文化高考成绩公布以后随普通文理考生同时填报志愿。

四、录取

普通高校体育专业招生的录取工作,在省招生委员会领导下由省招生办公室统一组织,实行远程网上录取。

对于文化最低控制分数线,2005 年体育专业本科、专科(高职)文化最低控制分数线分别按本科、专科(高职)计划的1:1.3和1:1.5的比例确定。

1991 年,体育专业划线比较复杂,在考虑专业和文化成绩时采取了分段办法(在实行计算机录取后,这一办法便不再采用)。本科和面向全省招生的专科,按全省招生计划 90% 的1:1.2的比例分别确定本、专科文化控制分数线,体育专业成绩不再单独确定控制分数线;文化分数在 300 分以上,专业成绩在 90 分以上,根据学校考生第一志愿报考情况,按招生计划的10% 的1:1的比例确定各学校的体育专业控制分数线。面向市、地招生的专科按上述办法确定各市、地的文化控制分数线和招生学校的体育专业控制分数线。这一划线办法在全国属于独创。

关于投档、录取原则,体育教育专业在全省体育专业文化最低控制分数线以上,根据考生志愿和文化成绩按招生计划1:1.5的比例向学校投档,学校按专业成绩从高分到低分依次录取。社会体育、公共事业管理等侧重文化要求的专业,按文化成绩由高到低依次录取。招生学校的第一志愿生源不足时,不得拒绝录取非一志愿考生。

第六节　对口高职招生架起职高通向普高的立交桥

根据教育部和省政府关于积极发展高等职业教育的精神,山东省从1999年开始招收职业中专、职业高中应届毕业生的高等职业技术教育班(以下简称高职班)。因为高职班对口招生,后来简称对口高职。

1999年高职班计划对口招生5030人,11类专业,分别安排在山东商业职业技术学院等18所学校,均为专科学历教育,文科学制2年,理科学制3年,将招生计划全部分配到市地。高职班报名采取推荐加考试的办法。推荐条件为:被推荐生必须是政治思想表现好、专业思想牢固的职业中专和职业高中的应届毕业生,身体健康,学习成绩优秀,专业技能课考核合格。推荐办法是:职业中专和职业高中将报考学生名单造册报市地教委,大企业的考生就近报名。市地教委组织专业课考试(分为专业基础课和专业课2门),并根据专业课考试成绩按专业分类实际招生计划的3倍确定参加文化课考试考生名单。名单于6月5日前送各市地招生办。

所有考生均参加语文、数学、政治3科的考试。考试范围不超出省教学研究室制定的《山东省高职招生政治、语文、数学考试纲要》。命题工作由省教学研究室具体负责,试题印刷由省招生办负责,试题的运送全部按高考的有关规定执行。考场全部集中管理,由市地安排在较好的考点按高考的要求组织。阅卷工作由市地招办具体负责组织,录取工作与电大专科普通班同时进行。市地招办首先根据文化成绩按1∶1.2的比例划出文化分数线,学校录取时按专业成绩从高到低依次择优录取。省招生办对参加文化考试严重不足比例的市地,可以适当削减学校在该市地的招生计划。

到 2000 年,这一类招生计划就扩大到 11600 人,涉及 15 类专业,25 所院校。生源范围扩大到以招收应届初中毕业生为对象的成人中专应届毕业生。2001 年,计划扩大到 25000 人,但分配到各市的计划以各市实有报考人数分专业按比例确定。生源范围进一步扩大到普通中专(含中师)的应届毕业生。文化课考试不再分两次进行。所有考生参加 3 门文化课及 2 门专业课考试。语文、数学满分为 120 分,语文考试时间 120 分钟,数学考试时间为 90 分钟;政治满分为 60 分,考试时间为 60 分钟;2 门专业课满分均为 150 分,考试时间为 120 分钟。2002 年的招生计划虚分到市,各类中等职业学校的应、往届毕业生均可报考。考试科目为“3 +2”,即语文、数学、英语加两门专业课,考生必须按照报名时确定的专业类别参加相应科目的考试。考试内容不超出省教学研究室制定的《山东省高等职业教育对口招生语文、数学、英语考试纲要》及《山东省高等职业教育对口招生专业课考试纲要》。语文、数学、专业一、专业二各 150 分,英语 100 分,总分 700 分。2003 年增加本科层次,本科 2500 人,专科 32000 人。2004 年开始,对口高职全省统考试题分客观题和主观题,客观试题量不低于 50%。从这一年开始,试卷全省统一评阅。

职业教育是国家和省大力发展的教育类型。高校招收职业高中生或职业中专生,对于促进职业教育的发展起了一定的作用。一是让中等职业生看到向上发展的空间,提高学生学习的积极性;二是在较高层次上培养应用型的人才;三是促进高等专科教育向职业教育转化。学生初中毕业后进行分流,经过职业教育培养后可以继续向上发展。因推出对口高职招生,高教立交桥的说法名副其实。

第七节　招收先进模范青年

1992 年,山东省招收先进模范青年补习班学员 50 名,全部为文科。只招这一届。

一、报名条件

1. 获国务院授予全国劳动模范或先进工作者称号;省委、省政府授予劳动模范或先进工作者称号;中央、国务院工作部门授予劳动模范或先进工作者(不包括各系统评选的单项工作先进工作者)称号;全国或省党组织、妇联、共青团、工会分别授予的优秀党员、"三八"红旗手、"新长征突击手"、优秀团干部和优秀团员(须有三年以上工作经历)称号或"五一"劳动奖章;省教委授予的优秀教师称号;经省委、省政府批准,各有关部门与省人事局联合授予的先进工作者称号。

2. 高中毕业或具有同等学力。

3. 身体健康、入学后能坚持正常学习。

4. 年龄在 28 周岁以下(1964 年 9 月 1 日以后出生),婚否不限。

二、报名时间、地点及办法

先进模范青年补习班的报名时间为 1992 年 3 月 18—20 日。报名地点设在省招生办公室。报名办法是由本人持身份证、荣誉证书和所在单位(县级以上)推荐信,到省招生办验证报名,报名时,每人交近期同底片半身1寸正面免冠照片2张。

三、考试

该补习班的考试科目为语文、政治、英语。命题不超出高考命题范围。考试时间为:1992年3月29日上午8:00至10:00考语文,10:30至11:30考英语,下午2:30至4:30考政治。考试成绩于3月31日后由省招生办公室通知各系统或本人。

四、录取原则

德、智、体全面衡量,择优录取。符合高考体检标准和政治条件者按文化成绩从高到低依次录取。录取通知书由省招生办发到系统或本人。

五、办班方法

由省招生委员会委托一所具备办班条件的省属重点中学具体承办,教师以本校为主,也可适当聘请部分教学经验丰富的优秀教师任课。在校学习1年,补习语文、政治、外语、数学、历史、地理6门课。正常办班经费本着勤俭节约的原则由省财政妥善解决。

六、学员管理

学员学习期间伙食费自理,交通费(按1学年往返2次)按差旅费规定回原单位报销,学杂费、住宿费参照高中收费标准交纳(学杂费每生每学期27元,住宿费每生每学期10元),回原单位报销。属在职职工,学习期间可连续计算工龄,本人的标准工资(机关、事业单位为基本工资)和生活性津贴由原单位继续发给。非在职职工所有费用一律自理。

若有先进模范青年试点班招生,优先从学员中招收。参加高考未被录取的学员一律回原单位工作。录取的在职职工毕业后，回原单位、原系统工作。

学员在补习期间必须严格遵守校规校纪，若有违纪行为，轻者批评教育，重者退回原单位直至取消有关荣誉称号、开除公职。

七、学员录取

这部分学员经补习后，分别录取到中国人民大学和山东经济学院学习。招收先进模范青年进入普通高校学习，是国家对这部分青年的肯定和奖励。尽管由于他们知识差别太大不便于组织教学，但是对于青年的引导作用不可低估。之后，山东省将这部分荣誉获得者以加分照顾的方式在高考中予以肯定。规定获省级以上表彰的先进劳模青年，总分低于高等学校调档分数线以下 20 分之内的考生，可以向学校投档，由学校审查决定是否录取。

第八节　招收高水平运动员

普通高校招收高水平运动员从 1987 年就开始了，到 1991 年基本稳定。从 1991 年到 2005 年，在高校范围、生源范围、照顾幅度、测试项目等方面均发生了变化，但基本没有脱离 1991 年的模式。

1991 年，国家教育委员会批准的 51 所高等学校（驻山东省的有山东大学、青岛海洋大学、石油大学），以及山东省确定的山东师范大学、曲阜师范大学、烟台师范学院、山东矿业学院、青岛化工学院、青岛大学 6 所院校，可以招收高水平运动员。招收高水平运动员的高等学校在省内体育比赛中可以参加比赛，但不参加排列名次。

一、招收学校、招生项目

高等学校招收高水平运动员的三大球项目分布为:山东大学男、女篮球(各7名),青岛海洋大学男、女排球(各8名),石油大学足球(13名),山东师范大学女篮(7名),曲阜师范大学女排(8名),山东矿业学院男排(8名),青岛化工学院足球(13名),烟台师范学院男篮(7名)。其他项目各高等学校均可招收。不能招收高水平运动员的高等院校可适当招收3—5名田径体育骨干。

二、高水平运动员报名办法

高水平运动员的报名资格为:考生在高中阶段(1988年6月15日至1991年6月15日)参加市、地级体育竞赛获单项前五名、集体项目前三名的主力队员或竞赛成绩达到二级运动员标准以上,省级体育比赛获单项前六名或集体项目前四名的主力队员,全国和国际体育比赛获单项前八名或集体项目前六名的主力队员,可以报考高水平运动员。

考生可根据自己报测的项目,填报一个志愿学校,该学校招收的体育项目必须与自己报测的项目一致。

关于报名方法,报考高水平运动员的考生,由中学按规定的报名资格严格审查、推荐,如实填写《山东省中学生高水平运动员推荐表》,并附考生参加有关体育比赛成绩花名册(复印件),无成绩花名册的考生材料,一律无效。中学将推荐材料和考生近期半身一寸免冠照片3张贴在有关表格上,报县(市、区)招生办公室,县(市、区)招生办公室按规定严格进行审查后报市、地招生办公室,市、地招生办公室于4月19日前报省招生办公室,省招生办公室审查后签发考生准考证。

报考高等体育院校及专业的考生不得兼报高水平运动员,

高水平运动员不得兼报高等院校及专业。

三、体育测试项目、时间及办法

体育测试项目有田径、篮球、排球、足球、乒乓球、武术、游泳七项,从1993年起,增加艺术体操项目。田径主要包括100米、200米、400米、800米、1500米、3000米、跳远、三级跳远、铅球(男7260克、女4000克)12项及其他体育竞赛项目,从1993年开始,增加3000米(女)、5000米(男)、100米栏(女)、110米栏(男)、400米栏、5000米竞走(女)、10000米竞走(男)、三级跳远(男)、铁饼(男2000克、女1000克)、标枪(男800克、女600克)。游泳主要包括100米自由泳、蛙泳、仰泳、蝶泳、200米混合泳、400米混合泳等6项,考生可在田径和游泳两大项目中各选1小项进行测试。

考生于4月28日到山东师范大学报到,4月29日、30日进行测试。

招收高水平运动员的体育项目测试标准及办法按普通高等院校体育专业招收体育考生的测试标准及办法执行。

四、录取工作

高水平运动员的录取工作规定在普通高等学校录取开始之前一次性完成。普通高等学校录取期间不再办理录取高水平运动员手续。实际执行过程中,高水平录取工作贯穿整个录取的始终。

凡是考生专项测试成绩达到如下标准者,录取时将按国家教委有关规定予以照顾录取:在国家二级运动员水平以上,田径12项中各项成绩在全省前6名,游泳6项中各项成绩前2名,篮球成绩前14名,排球成绩前16名,足球成绩前26名,乒乓球成绩前5名,武术成绩前5名,其他竞赛项目视测试情况

在二级运动员水平以上确定。文化成绩实行单独划线，基本在理 300 分、文 260 分上下。文化考试成绩达不到分数线的，上高水平预科班。录取为高水平预科生的考生在下一年要参加全省统一组织的文化考试，成绩合格者取得正式学籍。

被国家教育委员会批准有权招收高水平运动员的部委属高等学校，已向社会公布的招生计划，可根据考生的专项测试成绩，按上述标准向考生的第一志愿学校投档，由招生学校审查录取；未达到上述标准的，高等学校可以先提出所要招收的考生专项，利用学校机动计划，按考生的专项测试成绩从高分到低分依次向招生学校投档，由招生学校审查录取。

高水平运动员招生办法基本稳定，通过集中专业测试进行选拔，改变了单纯凭证书录取的办法，有效地保证了高水平运动员的真实性。山东在全国属于最早实行集中测试的省份，之后被许多省市借鉴。

第九节　招收保送生从试点到紧缩

普通高等学校招收保送生的办法各省不尽一致，山东省根据情况制订了比较完整的保送生招生办法，1991 年到 2000 年执行。

一、保送生招收

招收保送生的高等学校除国家教育委员会批准的外，山东省确定增加山东师范大学、曲阜师范大学、烟台师范学院和聊城师范学院 4 所师范院校招收少量定向保送生。实行保送的中学，凡向全国重点高等学校推荐保送生的，须是经省教育委员会批准的省、市（地）重点中学；向省属师范院校推荐的中学须是经市、地教育局（委）批准，全面贯彻党的教育方针，办学

思想端正，教学质量较高，又缺少教师的中学。

经国家教育委员会批准的高等学校举办的教改试验班招收保送生，由高等学校确定推荐保送中学，有关高等学校及中学应按国家教育委员会批复的意见办理。

二、保送生计划

向全国重点高等学校推荐保送生的中学名单，由省招生办公室于 2 月底前寄送有关高等学校，有关高等学校确定招收保送生的专业和计划以及联系中学，于 3 月底前寄省招生办公室。省属 4 所师范院校保送生计划（1991 到 1996 年招生）由省招生办公室按学校划片下达到市（地）招生办公室，市（地）招生办公室按省下达的每所师范院校保送生计划扩大 3 倍，经市、地教育委员会批准，确定推荐保送中学名单及推荐保送计划，并于 3 月底前报省招生办公室。专业计划由推荐保送中学根据师资情况确定，师范院校应满足中学的要求。下达到中学的全国重点高等学校保送生计划，中学按计划扩大 2 倍进行推荐。

省招生办公室将上述两部分计划汇总，于 4 月上旬向市（地）招生办公室、有关高等学校、中学公布。保送生计划公布后不再变动，中学推荐的学生不符合保送生条件，招生学校可以不予录取，所缺名额也不予递补。

三、保送生条件

保送生的基本条件是：拥护四项基本原则，热爱祖国，遵纪守法，德、智、体诸方面表现一贯优秀的高中应届毕业生。

具备下列条件的考生可以报名，中学可以推荐：

第一，学习成绩按三年分文、理两科总排名次，省属重点中学年级前 30 名以内，市、地各重点中学前 20 名以内，其他中学

前 5 名以内，高中阶段最后一学年省级表彰的优秀学生干部、三好学生可以按上述标准相应地再放宽 20 名，市、地级表彰的优秀学生干部相应地再放宽 10 名，县级表彰的优秀学生干部可以相应地再放宽 5 名（享受数项照顾的学生只享受最高项照顾，不能相加累计照顾）。1998 以后，获奥林匹克山东赛区一等奖的学生不受年级名次、中学资格的限制。

第二，身体健康，符合高考体检标准，体育达到国家教育委员会颁布的合格标准。

第三，拥护四项基本原则，热爱祖国，遵纪守法，助人为乐，积极上进，在高中阶段，尤其是高中最后一学年必须被评为校级或校级以上三好学生。

第四，在高中阶段劳动教育表现一贯积极肯干，社会实践活动达到及格标准。

第五，对于师范院校，男身高不低于1.6米，女不低于1.5米；五官端正，面部无异常；口齿清晰，有较强的表达能力；志愿献身于教育事业，具备从事教师工作的基本素质。

1994 年到 1996 年，会考实行以后，要求会考成绩优秀。1998 年会考成绩要求达到 6A3B。1999 年后不作要求。

上述条件必须全部具备才能报名、推荐。对于确有特殊才能和贡献的学生，由基层单位逐级向上推荐（有文字材料），并签署意见，经省教育委员会批准，可以报名、推荐。

2001 年以后，保送生招生政策从紧，保送生条件发生了变化。

其一，省级优秀学生，即按《中共中央办公厅、国务院办公厅关于适应新形势进一步加强和改进中小学德育工作的意见》（中办发〔2000〕28 号）和《教育部关于学习贯彻〈中共中央办公厅、国务院办公厅关于适应新形势进一步加强和改进中小学德育工作的意见〉的通知》（教基〔2001〕1 号）评选的省级优秀学生。

其二，在高中阶段获得全国中学生学科奥林匹克竞赛省赛区一等奖和获得全国决赛一、二、三等奖的应届高中毕业生。省赛区的竞赛包括全国高中数学联赛、全国中学生物理竞赛、全国高中化学竞赛、全国青少年信息学（计算机）奥林匹克竞赛、全国中学生生物竞赛。全国学科竞赛包括全国数学奥林匹克（全国中学生数学冬令营）、全国中学生物理竞赛、全国高中学生化学竞赛暨冬令营、全国青少年信息学（计算机）奥林匹克竞赛、全国中学生生物竞赛。

其三，根据原国家教委教基〔1993〕9 号文件精神，在北京大学附中、清华大学附中、北京师范大学附属实验中学和华东师范大学第二附属中学举办的“三年制高中理科试验班”中的优秀应届高中毕业生。

其四，根据外语院校及其他高校外语系、专业历年来在有关外语中学（学校）招收保送生的实际情况，仍确定下列外语中学（学校）各语种中思想品德和学习成绩均特别优秀的应届高中毕业生具有保送生资格（各校推荐保送生的比例不超过本校应届高中毕业生总数的 20%）。这些学校是天津、长春、济南、南京、杭州、武汉、重庆、郑州、太原、成都和深圳外国语学校，上海外国语大学附中和广东外语外贸大学附中。上述中学（学校）具有保送资格的学生只可报北京外国语大学和广东外语外贸大学等 5 所外语院校和综合性大学的外语系、专业。

四、报名、推荐程序

推荐保送中学要向全校师生公开传达有关文件，并组织应届毕业生、班主任、任课教师学习讨论，在校内张贴公布招收保送生的学校专业计划，公布保送生的报名、推荐条件及推荐办法。

中学成立由学生代表、学生干部代表、班主任代表、任课教师代表（每一类代表除总数不足外，不得少于3名）和学校党支部书记、校长、教导主任、团委书记参加的领导小组。

组织符合报名条件的学生公开自愿报名，填报志愿学校、专业。班主任要组织本班全体学生、任课教师对报名学生进行评议，看是否符合保送的条件，评议报名学生的优点、缺点，并提出今后努力的方向（保送生鉴定）。在评议的基础上，由全体学生、任课教师无记名投票推荐。选票当场公布，凡选票达到全体学生、任课教师数的30%的学生名单，班主任上报学校领导小组。学校领导小组汇总后公开在校内张贴公布推荐名单，被公布的推荐学生名单由高三年级全体应届毕业生和任课教师进行评议，并进行无记名投票推选。选票由学校领导小组汇总向全校张贴公布。领导小组全体人员按选票的多少和保送生计划确定推荐名单，平衡志愿学校和专业。组织被推荐的学生填写《山东省保送生情况登记表》（一式两份）。中学的初选名单及学生档案报县（市、区）招生办公室，县（市、区）招生办公室于4月25日前报市、地招生办公室，市、地招生办公室将推荐保送到省属四所师范院校的学生名单分别于4月30日前通知有关师范院校。

师范院校根据各市、地的推荐学生名单组织学生进行文化测试和面试，文化测试语文、数学、外语，命题、阅卷、统计分数由各校组织实施。文化测试时间为5月4日。面试工作由学校结合文化测试一起进行。

1999年、2000年保送生参加全国统一组织的综合能力测试（获全国中学生学科奥林匹克竞赛省赛区一等奖的学生除外）。

2001年后，保送生的工作程序由全国统一规定：

招收保送生的高校结合本校的实际情况，制定招收保送生

的来源计划(包括专业及拟联系的中学),并于4月底前通告有关省、自治区、直辖市招生委员会及有关中学。招收保送生的来源计划,应列入国家核定的学校招生计划总数内。

推荐保送生的中学应于5月上旬以前将保送生的有关材料直接寄给有关高校。

招收保送生的高校,在中学推荐的基础上,负责对保送生进行考察和资格审查。保送生录取与否,由高校确定。

有关省、自治区、直辖市招生委员会办公室于普通高中毕业考试(普通高中毕业会考)之后组织保送生的审核、录取工作。审核及办理录取手续工作应于6月中旬以前结束。

保送生被高校录取后,录取名单应在其所在中学张榜公布。

五、录取工作

保送生的录取工作由市、地招生办公室负责组织。录取地点由各市、地招生办公室确定,并通知有关高等学校和中学。

中学可以向高等学校全面介绍推荐生的情况,高等学校根据中学介绍的情况和推荐材料,也可以通过对考生面试等手段进行严格考察,录取与否由高等学校确定。

已被高等学校录取的保送生,由高等学校签发录取通知书。高等学校和市、地招生办公室在《山东省保送情况登记表》签署意见,加盖公章。招生学校持《山东省保送生情况登记表》到省招生办公室办理录取手续。

录取为省属师范院校定向保送定向就业的保送生要与招生学校、推荐中学和县(市、区)教育委员会(教育局)签订毕业后推荐到中学工作的合同书。

已被高等学校录取为保送生的学生不准再报名参加全国统考。

招收保送生工作从试点到试行，一直没有大面积推开。保送范围逐渐缩小，从“三好”、“优干”缩小到“省优秀生”、“奥赛获奖者”。保送计划逐渐减少，省属师范院校只进行了一段时间，重点大学也因保送生源减少而削减保送数量；保送形势渐趋单一，逐渐走向推荐加考试的模式；保送生选择专业的范围缩小，北京大学等高校不允许保送生选择一些热门专业。

第三章 普通高考改革的有益实践

第一节 标准化考试在实践中完善

标准化考试要求具备可靠性、有效性、可行性(实用性)三个特征,即通常所说的信度、效度和区分度。标准化考试具有很多优越性,主要体现在:其一,大大减轻了被测试者的压力和盲目性。因为根据标准化考试的程序,一类考试会预先公布考试范围、考试说明、考试方法,并公布样题,这有利于考生做好精神准备和知识、能力准备,从而有助于考出考生的真实水平。其二,以科学的理论和方法控制命题的范围和难度。由于试题编制标准化,使得试题难易程度相对稳定。其三,试卷、试题分值的确定有了可靠的理论指导和评价方法,很多考试也推进了评分、计分的标准化,使考生之间的成绩具有可比性。其四,应用先进的信息技术和工具,促进管理过程的严密性和可靠性。由于采用软件工具和方法进行考试信息管理,有效控制了误差,保证了考生成绩的真实性,提高了考试信息处理的效率。

我国推进标准化考试的时间较晚,教育部考试中心从1982年推进标准化考试,首先在试卷试题的形式上采用了一

类在国外流行多年的选择题标准化方式，在实施过程中采用了机器阅卷的现代化方法。山东省是最早在教育部的指导下推行标准化考试改革的省份，在实施过程中，进行了制卷、评卷和分数信息统计汇总等方面的开发工作，也进行了很多相关的研究。在引进英国制造的光电阅读器后，对机器阅卷的技术操作、系统参数、软件接口以及答题卡的印制等都进行了严格的测试和分析，提出了一系列适合我国考试管理应用的技术标准、软件设计需求和管理措施，并支持山东大学进行阅卷机国产化的研究。1986 年，山东省英语单科试行标准化考试，在考试手段和评卷技术上积累了很好的经验。1987 年增加了物理科，由于技术上的进步，这一年评卷教师减少了千余人，节约评卷经费 5 万元，还积累了大量的统计资料。1988 年又进行了化学、政治、历史、地理 4 科标准化考试，机器阅卷量为 72 万份，在原有机器的基础上，又购置了 3 台英国产 OMR－30 型光电阅读器和 1 台山东大学产 120 型光电阅读器，这一年节约经费 16 万元。1989 年，国家教委组织召开"OMR 技术开发研讨会"，标志着我国在这一技术领域已经成熟，同时发布了我国 OMR 的技术指标。在这项改革和实验中，山东走在了全国前列。经过多年地研究，20 世纪 90 年代后期，我国的阅卷机无论从功能上还是速度上都大大超过了进口机器，在 2000 年后又研究设计了图像扫描式的适合网上阅卷的扫描仪。由山东省研究开发的"考试信息分类统计分析系统 EST"和"考试系统现场打分系统"分别获得教育部考试中心科技创新二、三等奖。

推进标准化考试以来，山东省参加考试的考生仅普通高考人数就达千万人次，考试的形式和管理工作得到了广大考生和社会的广泛认可，高考成绩近年来已经成为国外大学录取中国留学生的依据，高考的标准化考试方式和管理模式也被其他各类考试所借鉴。

20世纪90年代后期教育部提出的网上阅卷改革是对标准化考试的又一次有力的推进。网上阅卷采用全数字化过程的阅卷管理手段,规范了答题、评卷的全部过程,使得评卷质量具有了同步的可控性,使得现场全过程监控复杂题型评卷误差成为可能。网上阅卷是教育部大力推广的改革项目,2004年,河北、辽宁、吉林、黑龙江、上海、浙江、江西、福建、湖北、广东、广西、重庆、云南、贵州、宁夏等部分或全部科目试行网上评卷,将近占了全国一半的省(自治区、直辖市)。网上阅卷首先要把扫描采集的主观题部分按题切割,再通过专用网络将数据传送到阅卷点,然后发送到阅卷教师终端。考生的答题图像会像照片一样出现在阅卷教师使用的电脑屏幕上,除了所评阅试题外,阅卷教师看不到与此无关的任何信息。考生的原始答题卡存放在专设的答题卡保管区,由警卫人员24小时严密防护。在网上阅卷过程中,每位考生的答卷至少要由两位教师在不同的电脑屏幕上各自独立地评阅一次。当两位阅卷教师对同一份试卷的两个评分相差不超出规定的误差范围时,评卷系统会自动取两个分数的平均值作为该试卷本题的得分;当两位教师给分之差超出误差范围时,评卷系统就会将该题自动调给第三位教师评阅。如果第三位教师的给分与前两者之一的给分之差在允许的误差范围之内,这时计算机会求得这两个相近分数的平均值,作为该题的得分;若第三位教师的给分与前两个给分之间的差值也超出了误差范围,评卷系统就会自动“告知”该学科评卷领导小组负责人,由其裁定该份试卷的最终得分。与传统的阅卷方式相比,网上阅卷有六个优点:一是将评卷误差降低到最小程度;二是可实时监控评卷质量,实时管理评卷进程;三是取消试卷流通的人工管理,计算机自动分发试卷,通过程序的管理不会有漏评试卷,大大提高工作效率;四是评卷人员在评卷过程中不知道这份卷是初评或复评,更不知道别人的评卷结果,有利于评卷人员独立判断、评分;五是能够对每个评卷教师进行量化的评卷质量评估,建立评卷教师档案,真正筛选出优秀的评卷教师;六是所有成绩在评卷过程中自动存入计算机,不再有登分误差。

2005 年,山东在语文科实施网上阅卷。为保证网上阅卷顺利实施,2003 年底开始进行考察、调研,2004 年初进行了小规模的测试,2004 年底至 2005 年初进行了全省范围的网上阅卷等规模实验。等规模实验在命题,试卷及答题卡的设计、制版、印刷,考试管理,答题卡的扫描,评卷的组织实施等环节,都进行了实战演练,取得了许多宝贵的经验,为做好网上阅卷工作打下了坚实的基础。为确保网上阅卷的成功,还做了以下几项工作:一是出台了网上阅卷实施细则,并将监考过程制作成光盘用于培训监考教师。二是加强网上阅卷改革宣传工作,使社会和广大考生对网上阅卷有了较为深刻的认识。三是加强对考生的服务,制作了网上阅卷考生注意事项,发到有关中学,考前组织考生观看,使考生从容应考。2007 年,基本能力实行网上阅卷。2008 年增加理科综合和数学,对口高职所有 5 个科目全部实行网上阅卷。2009 年,全部科目实现网上阅卷。

1996 年至 2000 年,普通高考中使用标准分数。标准分数具有较为科学严格的数学理论基础,是教育测量学多年研究的对象。标准分数一般指由卷面原始分数通过一定转换后得到的服从一定分布(通常为正态分布)的分数。由于考试的学科类型和考查群体的不同,也存在着多种不同的转换模型。我国推广的标准分数转换模型是根据我国高考的具体情况设计的。其分值范围在 100—900,具有较大的分值分布范围,适合我国高考人数多和录取排名严格的要求。转换模型中采用非线性正态转换方法,使各科分值和总分分值在百分位(即积分面积)上严格服从正态分布,有利于分值的应用和解释。分数值下限取为100分，消除了转换后原值分数为负数的情况，使考生对分值容易接受。

山东对标准分数转换模型的一个研究成果是零分处理办法，首先提出了“零分忽略原则”。该原则认为，高考原始分数是经过高中阶段正常学习和一定应试训练的考生的答题能力的反映，当群体相当大时，理论上应该服从正态分布。这就是说，考生得零分的概率为零。但在实际考试中出现了大量的零分，这是大量考生放弃考试的结果，因此这些零分不能简单理解为考生的考试成绩。如果允许这些“零分”参与转换，等于认可了这些“零分”作为考试成绩的意义，这就违反了分数的科学性解释，其结果造成转换后的分数严重畸形，101—300分之间几乎没有考生。这样，转换后的分数是难以解释和应用的。改进后的转换模型转换出的分数分布与正态分布十分接近，避免了非正常结果的出现。

在进行分数转换的过程中，山东省根据考生人数多的特点独立研制了标准分数转换软件，改进了教育部统一提供的软件中的算法，使运算速度大大提高。其中理科考生20多万人的转换时间由原来的半个多小时改进为4分钟左右，输出数据的格式也更为实用。

公布分数后山东省给县区级招办统一印发分数对照表，用于社会答疑，同时也积极承担面向特殊类别招生单位的原始分投档服务。在录取投档过程中克服了艺术类使用原始分、普通类使用标准分的困难，开发了适宜于两种分数并存的录取系统，保证了艺术类投档和艺术类考生转文科后的录取工作。

但是，由于高考录取的政策比较复杂，分类也很多，而且录取以省为单位管理，高校面向全国招生，给标准分数的推广带来了相当大的困难。根据省政府的决定，报经教育部同意，山东省普通高考自2001年暂停标准分数的使用。

第二节　中学实施素质教育对高考改革的诉求

高考改革要坚持“三有助”的原则，即有助于高等学校选拔人才、有助于中学实施素质教育、有助于高等学校扩大办学自主权。实际情况是，高考改革的动力和推动是中学实施素质教育的诉求。素质教育理念的盛行是近些年的事，但素质教育的内涵却贯彻教育活动的始终。在高考领域，表现最突出的就是克服“片面追求升学率”，这是最强烈的对实施素质教育的要求。山东为此进行了不懈的努力。

一、本科录取不分重点、一般批

1985 年 6 月，教育部批准山东和山西进行试点，山东开始实行“根据考生志愿，学校单独录取”的办法。具体办法是取消重点院校控制分数线，打通重点、一般院校分批录取的界限，在本科最低线以上按考生志愿由学校单独录取，调档数量由学校决定，录取与否由学校决定，遗留问题由学校负责处理，招生办公室进行必要的监督。进行这一改革的出发点之一是考生的志愿可以得到充分尊重，高考总分在录取中的作用过于绝对化的倾向可以得到一定克服，有利于中学更好地贯彻教育方针，引导学生全面发展，开拓智力，培养能力，克服死读书的现象。

这一办法实行后，在本科最低线以上，决定考生是否被录取或者是否录取到好学校确实不能单以成绩衡量了。考生的志向、爱好，考生的身体、政治思想表现等都可能成为影响因子。这一改革对改变中学“拔尖子”和专门为“金牌”开小灶的“片追”做法有很好的导向作用。15 年以后，因为本科计划规模增加到在一批中录取不能很好地、有效地组织选拔，从2000年开始，本科录取又重新分重点批与一般批，本科一批为部委属本科院校和进入“211工程”的本科院校。但这与过去的分批已经大相径庭。试点保留下来并得以推广的“学校负责，招办监督”的录取体制具有重要历史意义。

二、分指标到市县

20世纪80年代末，片面追求升学率现象引起了国家教委的高度重视。各市地教育行政部门、教研部门寄希望于高考来解决这一现象。认为过去曾经采取的措施，诸如招收保送生、定向生、实践生，以及专科、中专招生计划全部分到市地等多种措施和办法，只解决了部分问题，竞争本科录取指标的现象有增无减；并认为采取分配本科招生指标的办法是缓解片面追求本科升学率，全面贯彻教育方针，使青年学生德智体全面发展见效比较快而且明显的一项积极措施。

于是山东开始普通高校本科招生计划分配到市县的试点工作。1988年和1989年均在3市、地的9个县、区进行试点。9个县区是东营市（全部）的东营区、河口区、广饶县、利津县、垦利县，青岛市的胶南县，临沂地区的沂源县、沂水县、平邑县。两年分配招生计划数均为995名，其中东营市2区3县239名，胶南县297名，沂水县203名，沂源县139名，平邑县117名。各科类（文史、外语、艺术、理工农医、体育）招生计划所占总招生计划的比例，原则按山东省当年招生计划中各科类所占比例，并参照试点县区各类考生近两年的实际考试水平确定。试点工作由省招生办和省教委普教处、督导室共同研究制定实施方案，分工负责。招办负责招生，普教处和督导室负责评估。招生的主要任务是计划分配和组织录取。各试点县、区应分招生计划数的办法为：各县、区前三年升学总人数的平均数加当年全省招生计划增长率和平均数的乘积;分“虚”不分“实”,即只向试点县区分配一个综合的招生计划数,而不具体到招生学校和专业;试点县考生仍参加全国统考,仍由省统一组织评卷、统分、组档、录取;试点县分数线“上不封顶、下不保底”,不受全省最低控制分数线的限制,录取时省招生办按照原分配给各县区的招生人数从高分到低分1∶1收取考生档案,考生档案按志愿向招生学校送档;试点县区招生计划的文科(含外语、艺术)与理科(含体育)的比例,原则上参照全省三类招生计划的比例确定。

招生计划分配到市县的试点遇到的问题是:(1)计划分配缺乏科学依据。各试点县考生人数不同,各科类考生人数不同,每年的考生质量不同,各科类考生的质量也不相同,所以确定招生计划的分配依据就很困难。在1988年分配招生计划时,若按前三年升学人数的平均值为基数进行分配,试点县中前三年升学率呈上升趋势的就感到吃了亏。各试点单位都极力争取实行对自己县有利的分配方案,目的还是在片面追求升学率。要确定一个合理科学的计划分配方案,非常困难。(2)试点县每年达到全省分数线的人数波动较大。各县达到全省分数线人数的多少,是由考生人数、考生质量、教育质量、考生考试技能训练等多方面因素决定的,应当由这些因素自然调节上线人数的多少,而不应由行政手段硬性规定,否则就必然上下波动。1988年山东省分配到试点县区995人,实际达到全省分数线的648人,从全省分数线下录取了347人。1989年仍然分配到9县区995人,实际达到全省分数线的635人,从全省分数线下录取了360人。(3)考生填报高考志愿普遍偏高。由于试点县已保证了招生人数,只要考试分数进入了本县分配计划数的名次,就不存在非试点县考生那种因填报不好而落榜的危险,所以考生志愿普遍偏高,给按志愿投档录取造成

很大困难。(4) 高等学校担心新生质量差，普遍不愿录取低于全省分数线的试点县学生。山东省录取工作实行“学校负责、招办监督”的体制，按照规定不应强求学校录取试点县的全省分数线下学生，但又必须完成原分配的招生计划数，因此困难很大。采取的办法是尽量动员外省院校录取试点县的学生，尤其是全省分数线下的学生，并且为招生人员出具试点县分数不受省分数线限制的证明。但是，第一志愿上线人数多于招生计划的学校不录取，即使是志愿不足的学校，宁愿录取服从分配的学生，也不愿降分录取试点县的学生。外省院校在全省分数线下录取的试点县学生寥寥无几。到录取最后阶段，剩余的试点县学生档案数，低于全省分数线的 340 人，填报志愿偏高而不能被外省院校录取的 100 人，约计 440 人左右，占总分配招生计划的 44%。这 400 多名学生基本上全部行政命令式地强压给了省属几所志愿不足的农、医、师院校，最后是向省属几所学校硬性摊派了任务，宁可让分数较高的学生落榜，也要为保证完成分配给试点县的计划而让学校录取分数较低的试点县学生，学校意见很大，但招办又不得不这样做。招办工作人员一提起试点县就“头疼”，录取时尽量动员学校不要退档，并派专人负责试点县学生，档案室一发现有退回的试点县学生就立即想法向学校“推销”，可谓苦不堪言。1989 年 10 月，山东招生办在向国家教委学生司汇报时，从招生角度建议停止试点，更不要进行推广。

在国家教委主任何东昌的首肯下，山东省教委请示国家教委同意，继前两年小范围的试点后，又开始大规模计划再分配的实验。1990 年至 1994 年，将全省统一计划、统一划线录取改为计划分配到市(地)，分市(地)划线录取。专科大部分分配到县区。1990 年本科招生计划分配原则和办法是：以各市地 1987 年至 1989 年三年录取新生的平均数为基数，在参照 1989

年实际录取数的基础上，根据1990年全省本科招生计划和各市地事业发展及人才需求情况稍作调整。专科招生计划的分配，对于部、省属专科学校（专业）招生计划，原则上根据各市地1989年理工农医、文史、外语类的招生情况分配，一般不作大的调整；市地属高校艺术、体育专业计划的80%安排在本市（地）招生，20%在其他市地招生，理工农医、文史、外语类招生计划基本上安排在当地招生；面向全省统一招收的本、专科委托培养招生计划随国家任务招生计划一起分到市地，面向市地（含市地）以下单位招收的委托培养招生计划归委托培养单位或按合同划定的生源范围所在的行政区招生，不参加计划统一分配。这种办法实行几年后，因高校就分计划要联合制裁山东，国家教委也不再同意山东分计划的做法，省人大也有提案，于是1995年至1999年取消了分计划，又回到全省统一计划、统一划线录取。在省人大代表、省政府的干预下，2000年至2001年，除重点高校外，本科重新改为计划分配到市，分别划线录取。2002年以后则取消了分指标到市的做法。

计划再分配的正面影响，一是有利于针对地区的差异，照顾到生源的适当配置。二是有利于基础教育从应试教育向素质教育转轨。普通高校的招生计划由省分配到市，让市教育主管者解脱出来抓素质教育，可相对弱化分数上的激烈竞争，起到政策性的降温作用。三是有利于加强考风考纪建设。招生计划分配到市，分别划线录取，会加重市一级的管理责任，必然会增加考风考纪建设的力度。但是，招生计划分配到各市的办法，教育内部历来褒贬不一。但最终取消分计划，一是网上录取难以操作，二是青岛“三考生”状告教育部计划分配问题引起的法理上的考量。

专家就这一问题不断进行争论。但通过这一改革，可以看出基础教育对高考改革的影响力。

三、艺术特长生

1990年，由省艺术教育委员会牵头，山东艺术学院承办，组织了第一届艺术特长生测试，测试结果用山东省教育委员会文件公布，享受照顾的考生分为甲、乙、丙三等，共36人，在录取时分别享受30分、20分、10分的加分政策，加分成绩只在省内院校中有效。到2000年，艺术特长生提高了加分幅度，甲等50分、乙等30分、丙等20分。这一年提高加分幅度后，报名人数骤增。2001年加分幅度不变，按加分后的实际分数参加排队录取，不再优先录取。但是提高加分幅度后带来了许多问题，也受到了社会不同层面的非议。于是，2002年立即进行调整，加分幅度大幅下降，甲、乙、丙分别为20分、10分、5分。之后，这一改革在全国展开，加分幅度限定在20分以内。

总结这项试点经验，有三点值得肯定：第一，对艺术专长考生的优先录取，引起教育部门尤其是中等学校有关领导对开设音乐美术课的重视，促进了中小学艺术教育的开展。第二，在艺术加试中，充分考虑以国家教委颁行的中等学校音乐、美术教学大纲精神为命题测试的主要依据，这种做法客观上对中小学音乐、美术课教学质量的提高有着促进作用。第三，对开展高校文化活动，加强精神文明建设起到了积极作用。回顾这段历史，也可以加深对山东艺术考生火爆的理解，每年十几万考生参加艺术考试，不能只看做是应考那么简单，从另一方面看，山东的艺术教育、素质教育确实发生了巨大变化。

四、政治思想品德考核

为了全面贯彻党的教育方针，增强学生的竞争意识，调动学生勤奋学习、奋发向上、不断提高自身素质的积极性；为了使高校择生时更加全面地衡量学生的各项素质，保证选拔的新生具有较高的政治思想品德;同时使学生的德育教育管理规范化、科学化、制度化,根据《中学德育大纲》和《中学生日常行为规范》中关于学生思想品德评定的要求及标准,山东省 1997 年出台了政治思想品德等级评定办法,这一办法作为后来综合评价办法的前身一直坚持下来。

学生政治思想品德等级的评定原则为:(1) 客观性原则。实事求是地反映学生的思想品德和行为习惯的实际情况,减少主观因素的影响,力求做到客观、公正、合理。要抓住重点,突出特性。(2) 科学性原则。要用科学的全面发展的观点分析学生的思想行为,总结学生的教育发展规律,防止片面性。(3) 教育性原则。操行等级要有正确的导向性,要肯定进步,指出缺点,指明努力方向,鼓励上进。

学生政治思想品德等级的评定项目主要有 15 项,每项内容均有一定覆盖面,满分项为 6 分,基本做到应得 5 分,做得好为 6 分,有个别稍欠缺但总体能做到得 3—4 分,做得一般得 1—2 分,做不到得 0 分。15 项均做好满分 90 分。

另外,被评为校、县、市、省级"三好学生"的依次得 2 分、3 分、4 分、10 分,连续三年被评为校级和校级以上"三好学生"的分别得 5 分、10 分,在道德行为方面有突出表现的可酌情奖 2—5 分。以上各类奖分,奖满 10 分为限。

学生政治思想品德等级及标准有如下几种:(1) 优秀。对评定内容规定的诸方面都做得好,或在某一方面有突出表现,受到上级和学校表彰,得分在 85 分以上者,可定为优秀。有下列突出事迹者,可酌情定为优秀:见义勇为,勇斗歹徒;抢救国家、集体或他人财产,光荣负伤;奋不顾身,救人危难;拾金不昧。(2) 良好。对评定内容规定的诸方面基本做到,得分在 70 分至 84 分之间者。(3) 及格。对评定内容规定的诸方面基本能做到,或在某方面做得不好,有严重缺点或有错误但已改正,

得分在60分至69分之间者。(4)不及格。对评定内容规定的大部分不能做到,或某方面有严重错误,有违法或轻微犯罪行为,且不接受教育,得分在60分以下者。有下列劣迹之一者,可评为不及格:触犯刑律的;打架斗殴,影响恶劣的;聚众闹事的;一贯表现不好的。

关于学生政治思想品德等级考评办法,评定学生政治思想品德等级,按鲁教发〔1989〕211号文件进行。学生的政治思想品德等级采用记分方式考评。学生本人首先对照标准进行自评得分,然后由小组对组内学生分别评定得分,最后由考核小组(考核小组由班主任和班委成员)分别评定得分。总分按自评分占20%、小组评分占40%、考核小组占40%的比例相加获得。有奖励或惩罚由班主任统一掌握,最后评定等级由班主任确定,并报学校审核批准。

除应届高中毕业生外的其他学生,政治思想品德考核办法可参照以上规定办理,考核由考生所在单位负责。(1)优秀:获国务院授予全国劳动模范或先进工作者称号者,省委、省政府授予劳动模范或先进工作者称号者,中央、国务院工作部门授予劳动模范或先进工作者称号者,全国或省党组织、妇联、共青团、工会分别授予的优秀党员、"三八"红旗手、"新长征突击手"、优秀团干部和优秀团员称号或"五一"劳动奖章获得者,省教委授予的优秀教师称号,经省委、省政府批准,由各有关部门与省人事厅联合表彰的先进工作者,可以评为优秀。(2)良好:有突出事迹且表现较好者可评为良好。(3)及格:表现较好,符合报考条件,但无突出事迹者,可评为及格。(4)不及格:表现较差且有明显不良行为,不符合报考条件者,可评为不及格。

考生的政治思想品德等级考核是高校招生的重要组成部分,招生学校在录取时除依据高考成绩、学校及专业志愿、身体

状况外,很重要的就是要看考生的政治思想品德考核等级。一般说来,优秀等级的考生在同等条件下将优先录取,特别是对政治条件要求比较高的军校、公安院校、机要专业等应优先录取优秀等级的考生。不及格等级的考生将不能取得录取资格。

这一办法改变了过去千篇一律的评语,对中学生全面发展起到了较好的引导作用,促进了素质教育的实施,特别是简化了档案,便于工作中实行网上录取。

第三节 网上录取的实行及其历史贡献

普通高校招生录取是我国教育部门主持的最为重要的选拔人才的工程,关系到高等教育的人才培养质量和基础教育的发展方向,受到全社会普遍关注。恢复高考以来,考生人数逐年高速增长,同时招生学校数量也大幅增长,招生层次、分类和政策又具有一定的复杂性,使录取过程成为一项非常繁重的工作。20 世纪 90 年代末人工整理档案,我省的录取现场管理人员数量已经达到 600 多人,学校参与录取的人数一个批次曾达上千人,尽管这样,还是感到时间十分紧张,管理工作处于难以控制的状态。为了提高管理质量,减少人为因素,确实做到公平公正地选拔人才,高校和考试招生管理部门的专家们开始探讨在管理平台上进行彻底的改革,提出了网上录取模式的设想。在网上录取改革的过程中,我省积极参与研讨和实施,最早提出了电子档案的概念和实施方案,同时根据我省区别于全国的政策模式独立设计开发了投档录检系统,为全国统一实现网上录取作出了巨大贡献。

山东省于 1999 年开始探讨网上录取的技术方案和业务管理流程,提出了分步骤实施网上录取的规划,首先设计开发了电子档案和录取投档系统,实现局域网上的录取,再推进到远程网上录取。山东省2000年和2001年普通高考录取中采用了依据本省实际情况自行开发的局域网录取系统，顺利完成了录取工作。2001年录取中进行了远程录取试点，采用局域网录取系统与教育部的远程录取系统之间进行数据接口的方式，对9所院校实行了远程录取试点并取得了成功。2001年11月底成立了软件系统开发组和网络系统组，2002年初开发工作启动，开发组严格按照软件工程的要求进行需求分析、工程设计、编码开发工作。网络系统组完成了网络方案的设计和论证后，按照项目计划进入实施阶段。

在技术设计和开发过程中，开发组克服时间紧张、人员较少、系统分析复杂、系统设计风险大等重重困难，创造性地设计了系统框架，解决了一系列业务流程设计和技术实现的难题。清华大学开发的录取系统中使用的院校代号为4位长度字符，专业代号为2位长度字符，而山东省使用的是5位长度的国标院校代号和3位长度的专业代号，如果使用2位的专业代号，可能会造成院校的专业代号码源不够的问题。通过研究分析，我省提出了有效的解决方法，采取按批次、科类重新编排院校代号，按批次、科类不同给院校分配不同的代号，这样就避免了资源不够的问题。在当时的网络速度和考生数量情况下，出现了电子档案下载慢的问题。由于山东省的几所高校招生计划达到了五千到一万人，因此从网络上下载电子档案时，耗时较长并有可能出现网络拥塞的情况，影响正常录取工作的进行。开发组人员认真研究分析，在与原系统兼容的模式下提出了有效的解决方法，设置了专门的FTP服务器，提供电子档案下载服务，每次投档后将院校投档考生的电子档案打包后放在FTP服务器上供院校下载。在系统开发过程中，山东研究了针对市级招生管理部门、纪检监察部门、信息服务部门、省属高校等方面的特殊业务需求，设计了专门的信息管理系统，有力地保障了招生工作的顺利完成。

网上录取是我国招生考试领域的一次重大改革,也是受到普遍好评和支持的一次改革。这次改革充分体现了科学技术作为第一生产力的作用,对高校招生工作是一次有力的促进和保障。实施网上录取以来,山东省每年录取考生 40 万至 55 万人,工作的质量得到有效提高,工作的节奏和效率是过去人工管理模式不可比拟的,同时也增强了信息的透明性和即时性,提升了高校招生的形象。

第四章 山东成人高校招生考试中的突破及其经验

第一节 成人高考的发展

解放前，中国共产党的队伍和干部队伍通过在革命实践中学习、锻炼，不断地成长、壮大起来。这期间，早期的成人教育功不可没，像研修所、抗大、鲁迅文艺学院等都培养了大批合格干部，为最终取得革命胜利作出了积极的贡献。解放后，我国坚持大力开展工农大众文化和教育，为巩固新民主主义政权和社会主义建设发挥了重要作用。我国的成人教育机构一直沿袭保留下来，1949 年的社会教育司、1951 年的工农业余教育司、1952 年的扫盲委员会、1954 年的工农教育局、1955 年的业余高等教育厅、1964 年的高等业余教育司等，这些成人教育机构使成人教育在我国革命和建设中发挥了重要的作用。“文革”之后，我国的成人教育得到了迅猛发展，特别是恢复成人高考后，作为学历补偿的主要途径，成人教育得到长足的发展。据统计，自 20 世纪 80 年代至今，我国的成人高等教育已有相当规模,共培养各类人才1000余万人。到2000年底,全国共有独立设置的成人高校811所,具有函授、夜大办学资格的普通高校929所。普通教育与成人高等教育在校学生比例约为100:80,成人教育成为我国高等教育中的重要组成部分。另外,还有远程教育、自学考试、社会力量办学以及各种岗位培训、职业培训、老年人教育等,各种形式的成人教育为提高在职从业人员的科学文化素质,缓解人才短缺的矛盾,提高社会生产力,都发挥了重要的作用。成人教育融入到政治、经济、文化和每一个家庭中,对我国的社会发展和社会进步产生了深远的影响。

成人高考制度是一项重要的高校入学考试制度。"文革"前成人高等学历教育的主要形式是普通高等学校的函授教育和夜大学教育,还有独立设置的函授学院和其他业余高等学校教育,以及1960年开始的广播电视大学教育。普通高等学校的函授招生和夜大学招生,均由招生学校单独举行。其他业余高等学校的招生,实行单独招生或联合招生,广播电视大学招生则由创办广播电视大学的省、市自行办理。山东省1956年各级业余学校共有学员490.56万人,比1949年增长12.82倍。①

山东省的高等师范函授开始于1956年下半年,首先是山东师范学院函授部的举办。1958年,山东大学、曲阜师范学院相继举办。1963年,烟台师范专科学校、泰安教师进修学校及华东师范大学开始举办。1957年至1965年,全省高师函授学员共毕业6751人。山东非师范的高等函授教育从1962年开始,到1965年,招收非师范高等函授生的高等学校5所,共有函授学员3184人。1960年由山东省高等教育局、广播局、教育

① 吕可英、尹钧荣:《山东教育四十年》,山东教育出版社1989年版,第121页。

厅联合创办的山东省广播电视大学,设俄语、数学两系,学员由各县保送,主要是各类中等学校在校教师,部分是厂矿企业、部队及机关干部。由个人申请,不需考试,保送入学。学员最多时达到6549人。1963年以后,全省夜大学逐步走上正轨,1965年,山东省各级各类成人学校在校学员总人数达541.86万人,夜大学达42所,其中高等学校办6所、教育行政部门办8所、厂矿企业办16所、党政群机关办12所。从1957年到1965年,业余高等学校毕业1.69万人。① 1958年,省人委发出《关于1958年高等学校工农预科招生的通知》,入学条件是35岁以下,具有初中毕业文化程度,科级(或车间主任)以上的干部、3年以上工龄的劳动模范、3年以上军龄的战斗英雄。附设于山东工学院,9月开学,计划800人,招收34人,学制3年。只招了这一届。②

"文革"期间,出现了多种全日制和半日制的成人大学。主要有"七二一"大学和劳动大学。"七二一"工人大学是1972年创办的,开始只有德州机床厂和张店铝厂两所,学生110人。到1976年,发展到4148所,在校学生3.02万人。"五七"大学和劳动大学都是农村的成人高校。1976年,全省有312所,在校学生2.49万人。"七二一"大学和"五七"大学一般是在原来的职工夜校或普通中学的基础上办起来的,学制短,一般1—2年;起点低,一般不经过文化考试就入学,各种程度都有;课程少,干什么学什么;师资不足,一般是就地取材,专兼结合;没有统一的大纲和教材,对教学质量没有统一的衡量标准,大部分名不副实。

---

① 吕可英、尹钧荣:《山东教育四十年》,山东教育出版社1989年版,第230页。

② 吕可英、尹钧荣:《山东教育四十年》,山东教育出版社1989年版,第233页。

“文革”后，特别是党的十一届三中全会以后，我国成人高教事业发展迅猛。成人高校招生工作大体经历了从学校单独招生，省、自治区、直辖市统一招生，到全国统一招生的发展历程。

1977 年恢复高考制度，我国高等教育迎来了春天。成人高等学历教育在小平同志“两条腿走路”方针的指导下也得到了快速发展。从 1977 年到 1985 年，仅仅用了 8 年的时间，成人高校招生人数就接近 80 万，在当时超过普通高等教育招生近 20 万，成为当时高等教育事业发展的一支重要生力军，为改革开放，为社会主义建设多出人才、快出人才作出了重大贡献。随着办学规模的不断扩大，成人高校招生考试工作对社会的影响也与日俱增，原有学校单独招生、分省分部门招生的模式也受到了挑战。当时受计划经济的影响，成人高校行业办学的管理体制使得在招生与考试管理上出现政出多门，标准不一，重复考试，次数多，时间跨度大，学生报考不便，不仅造成了人力、物力和财力的较大浪费，也产生了新生入学水平参差不齐，质量难以保证的问题，给成人高校的教学和管理带来困难，甚至还出现了“乱办班、乱收费、乱发证”的三乱现象，严重制约了成人高等教育健康和可持续发展。因此，加强管理，改革招生考试制度已成为当时教育界、招生界的共识。在这种历史环境和背景下，一种新的成人高校招生考试制度——全国统一入学考试应运而生。

1986 年，国家教委、财政部联合颁布《一九八六年各类成人高等学校招生规定》，指出：“为加强对成人高等教育的宏观管理，提高新生入学质量，促进成人教育结构的调整和成人高等教育的健康发展，决定一九八六年各类成人高等学校实行全国统一招生。由国家教育委员会组织统一命题、统一考试时间、统一评分标准；各省、自治区、直辖市组织统一考试、统一评

卷、制定最低控制分数线；各招生学校进行录取。”可以说，1986年我国成人高校招生实行全国统一入学考试，是我国现代高等教育史上的一件大事，是成人高等教育发展的一个重要里程碑，是根据我国国情采取的一项重大举措，它遏制了社会上一段时期内出现的乱招生、乱办班、乱发证的三乱现象，有效地提高了新生的入学质量，促进了成人高教事业健康有序的发展。这种全国统一招生的制度，作为成人高等教育招生的一项基本制度，从 1986 年起一直沿用下来。

成人高考主要分为高中起点的考试和专科起点升本科考试两种。

成人高考的高中起点考试主要分本科和专科两种，招收具有高中毕业文凭或者同等学力的考生，在校学习形式分脱产、业余（包括半脱产、夜大学，下同）和函授三种，脱产最短学习时间为高起本 4 年、高起专 2 年，业余和函授最短学习时间为高起本 5 年、高起专两年半。高起本、高起专考试按文科、理科分别设置统考科目。公共课统考科目均为语文、数学、外语 3 门，其中数学分文科类、理科类 2 种，外语分英语、日语、俄语 3 个语种，由考生根据报考学校招生专业要求选择 1 种。报考高起本的考生，除参加 3 门统考公共课的考试外，还需参加专业基础课的考试，理科类专业基础课为物理、化学综合（简称理化），文科类专业基础课为历史、地理综合（简称史地）。

成人高考中的专科起点升本科考试，按照教育部的文件要求，报考专升本的考生必须是已取得经教育部审定核准的国民教育系列高等学校、高等教育自学考试机构颁发的专科毕业证书或以上证书的人员。专升本考试统考科目为政治、外语和一门专业基础课。试题由教育部统一命制，外语非英语语种由各省、自治区、直辖市视本地生源情况自行确定是否开设并自行组织命题。

表 4-1　1985—2007 年山东省成人高考录取人数统计表

年　份	录取人数
1985 年	27040
1986 年	41601
1987 年	34597
1988 年	45408
1989 年	44758
1990 年	30172
1991 年	28034
1992 年	28252
1993 年	72887
1994 年	89928
1995 年	63003
1996 年	62575
1997 年	65782
1998 年	63096
1999 年	56986
2000 年	94772
2001 年	108958
2002 年	132401
2003 年	175670
2004 年	153691
2005 年	153589
2006 年	163986
2007 年	171613
合计	1715395

山东省的成人高考组织有序，起步阶段按照普通高考模式严格组织。在20世纪90年代中期，成人高考因为影响不如普通高考，就成了普通高考的试验田，在普通高考中要实行的项目先在成人高考中实验，成功后再到普通高考中推广。因此，山东的成人高考在很多方面都走在了全国的前列，网上录取、计算机统分、网上阅卷、网上报名等，成为全国成人高考的带头人，成为全国成人高考标准的制定者。从1985年到2007年，全省共录取新生171.5万人，为山东省实现高等教育从精英教育迈向大众教育作出了重要贡献，为山东社会、经济的发展选拔培养了一大批优秀人才。

第二节　成人高考考试科目的变化

1986至1998年，全国统一考试科目基本上是以行业生源为对象进行设置的，1993年实行的“3+2”科目改革，对于促进成人高校面向社会灵活办学、针对成人特点进行招生考试和教学起到了积极的作用。但是，随着成人高等教育的发展，招生对象日趋复杂，招生专业日趋增多，考试科目也相应地逐渐增加，统考科目数量最多时达到114门，这使得命题、考试以及录取工作操作难度很大，一定程度上也影响了招生质量和录取的公平、公正，妨碍了成人高等教育终身化理念的实现。按照有利于高校选拔新生、有利于在职从业人员报考、有利于大规模考试管理的原则，从1999年开始，教育部启动了考试科目设置改革。2005年调整基本完成。改革后，高中起点统考科目由79门减为6门，专科起点统考科目由41门减为10门，同时允许高校根据自身的办学要求自定1门加试科目，这一改革充分体现了统一性与自主性的原则和成人高等教育的特点。从执行情况看，考试科目设置改革进行得非常平稳顺利，社会、考生和高校总体反映良好。

一、有代表性的两年的考试科目

下面我们以 1991 年和 2005 年为例,来了解当时的考试科目设置情况。

1991 年的考试科目为:理工农医类(含体育、非教师班地理专业)考政治、语文、数学(理工类)、物理、化学 5 科,文史类(含财经、政法、外语、艺术、教师班地理专业)考政治、语文、数学(文史类)、历史、地理 5 科(艺术类专业数学考试绩不计入总分,供录取时参考)。①

高中起点本科各专业(不含师范类教师班)和外语、外贸、外经专业的本、专科均须加试外语。分英、俄、日 3 个语种,考生任选 1 种,由国家教育委员会统一命题。考试成绩不计入总分,单定录取标准。以上各科满分均为 100 分。

普通高等学校、教育学院举办的大学专科起点的各类中等学校教师本科班各专业,由省统一组织命题制卷,其命题范围不超出《中学教师进修高等师范专科教学大纲》规定的内容。

普通中学教师(含各类中等学校普通课教师)本科班的考试科目共 4 科,其中公共课 1 科、专业课 3 科(音乐、美术专业除外)。公共课为教育理论课(教育学、心理学侧重教育学的部分),对于专业课,各专业分别规定如下:政治和思想品德教育专业包括马克思主义哲学、政治经济学(资本主义部分)、中国革命史;汉语言文学教育专业包括汉语、中国文学(包括古

① 山东省招生委员会办公室:《山东招生考试年鉴(1991)》,青岛海洋大学出版社 1992 年版,第 139—146 页。1985 年以后的成人高考数据资料主要来源于年度工作总结和招生文件,1990 年至 2004 年成人高考等政策比较材料主要来源于 1990 年至 2004 年《山东招生考试年鉴》,资料来源于档案室。

代、现代,现代到1949年为止)、文学概论;历史教育专业包括中国通史、世界通史、中国历史要籍介绍和选读;英语教育专业包括精读、泛读、听说、实用语法;数学教育专业包括空间解析几何、数学分析、高等代数;物理教育专业包括高等数学、力学热学、光学电磁学;化学教育专业包括高等数学、有机化学、无机化学(含分析化学定性部分);地理教育专业包括中国地理、世界地理、自然地理基础;生物教育专业包括植物学、动物学、人体解剖及生物学;体育教育专业包括体育理论、运动物理学、综合考试(田径、球类中三大球任选其一、体操);音乐教育专业包括钢琴、声乐、音乐基本理论(乐理、和声)、视唱练耳;美术教育专业包括素描、色彩、创作、美术史论基本知识(中外美术史及技法理论);教育管理类专业本科班的考试科目共4科,其中公共课为大学语文,专业课3科,由各省、自治区、直辖市自定。各科满分成绩,除中国通史120分、世界通史120分、中国历史要籍介绍和选读60分、空间解析几何50分、数学分析150分外,其余各科均为100分。

其他教师本科班的考试科目共4科,公共课为外语,专业课3科,由各省、自治区、直辖市或有关部委主管部门确定。各科满分成绩均为100分。

其他类别专科起点本科班的命题,由有关部委或学校单独命题,但命题难度要达到大专毕业水平,不能降低要求。专业课专业科目由学校自定。

2005年,高中起点升本科、高职(高专)考试按文科、理科分别设置统考科目。公共课统考科目均为语文、数学、外语3门,其中外语分英语、日语、俄语3个语种,由考生根据报考学校对外语语种的要求选择一种。报考高中起点升本科的考生,除参加3门统考公共课的考试外,还需参加专业基础课的考试,理科类专业基础课为“物理、化学综合”(简称理化),文科类专业基础课为“历史、地理综合”（简称史地）。

2005年专科起点升本科考试统考科目均为3门，两门公共课为政治、外语（外语分英语、日语、俄语3种），一门专业基础课根据招生专业所隶属的学科门类确定。具体考试科目为：文史、中医类（录取时中医类单独划定录取最低控制分数线）包括政治、外语、大学语文；艺术类包括政治、外语、艺术概论；理工类包括政治、外语、高数（一）；经济、管理类包括政治、外语、高数（二）；法学类包括政治、外语、民法；教育学类（含教育类、体育教育类，其中体育教育类录取时单独划定录取最低控制分数线）包括政治、外语、教育理论；农学类包括政治、外语、生态学基础；医学类包括政治、外语、医学综合。除上述规定的统考科目考试外，招生学校可在省教育招生考试院统一组织下，根据专业要求自行确定是否再加试专业课。如需加试，招生学校必须在向社会公布的招生简章中注明并自行命题和组织考试，于录取前向省教育招生考试院提交加试合格考生名单。

统考科目按教育部2005年2月公布的复习考试大纲的要求命题。所有统一考试科目每科试题满分均为150分。高中起点升本科、高职（高专）的统考科目每门考试时间为120分钟，专科起点升本科每门考试时间为150分钟。

二、考试科目变化沿革情况

全国各类成人高等学校招生统一考试中，英、日、俄等外语科目分“公共”和“专业”两类试卷，造成各地管理工作的许多不便。自1991年起上述外语科目的“公共”与“专业”考试合为一卷。合卷后，满分为100分，其中60分的题目依据成人复习考试大纲中公共外语的要求命题，40分的题目依据大纲中专业外语的要求命题。两类试题混合排列。

1993年，山东等部分省市进行了中医药类成人高等教育

招生考试科目改革，即由原规定的考政治、语文、数学、物理、化学改为考政治、语文、数学、中医基础学、中药学（简称“3+2”试点）。1994年全面推开。

1994年，山东对专升本命题进行改革。师范类专升本科班的13个专业，即政治教育、汉语言文学教育、历史教育、英语教育、数学教育、物理教育、化学教育、地理教育、生物教育、体育教育、音乐教育、美术教育、教育管理专业考试科目为4科，除术科（指音乐教育专业的钢琴、声乐、视唱练耳和美术教育专业的素描、色彩、创作等）外的各科试题由国家教委统一命制。13个专业之外的其他非师范类专科起点本科班各专业的考试科目为公共课2科、专业基础课1科、专业课1科。由国家教委考试中心统一组织命题、制定试卷和评分标准。

2000年，教育部进行了较大规模的考试科目调整。

高中起点本、专科考试中，理工农类（含体育、非教师班地理专业）考政治、语文、数学（理工类）、物理、化学。文史类（含财经、政法、外语、艺术、教师班地理专业）考政治、语文、数学（文史类）、历史、地理（艺术类专业的数学考试成绩不计入总分，供录取时参考）。“3+2”考试科目改革试点的西医类（不含药学）考政治、语文、数学（理工类）、生理学、人体解剖学；中医药类考政治、语文、数学（理工类）、中医基础学、中药学；技师类（指天津职业技术师范学院、河南职业技术教育学院、北京市计划劳动管理干部学院3所院校）的机械制造工艺及设备专业考政治、语文、数学（理工类）、机械基础、机械制造工艺基础，工业电气自动化专业考政治、语文、数学（理工类）、电工基础、电子技术基础；劳改劳教类（指报考司法部属中央司法警官教育学院的考生）考政治、语文、数学（文史类）、监狱（劳教）基础、狱政（所政）管理。以上改革试点的考试科目中，政治、语文、数学实行全国统考，专业课分别由卫生部、国家中医药局、劳动和社会保障部、司法部组织命题。高等职业技术教育班（以下简称高职班）考试实行“3 + 2”形式，其中 3 门基础课政治、语文、数学（文史类）实行全国统考，2 门专业课不参加全国统考，由省招生办公室委托有关单位单独组织命题、考试、阅卷，专业课考试科目直接由省招生办公室按照教育部文件要求确定并通知有关学校。

本科各专业和外语、外贸、外经专业专科须加试外语，分英、日、俄 3 个语种，考生任选 1 种（报考外语专业以外的师范类本科各专业的中学教师可不加试外语），由教育部统一命题。考试成绩不计入总分，单定录取标准。以上高中起点本、专科考试科目各科满分均为 150 分。

高等艺术院校艺术类专业术科加试由院校自行组织，加试之后需将考试成绩及时报送省招生办公室备案。加试科目的成绩不计入总分，供录取时参考。非高等艺术院校艺术类专业术科加试，原则上由省招生办公室委托有关单位统一组织进行。需自行组织加试的，要报省招生办公室批准，并要在规定的时间内将加试成绩报送省招生办公室备案。

专升本科班招生分为师范类（系指普通中学教师和各中等学校普通课教师）和非师范类（系指考生为普通中小学教师以外其他学校教师和非教师）。师范类专升本科班的考试科目共 4 科，公共课 1 科，专业课 3 科（音乐、美术专业除外），其中公共课为教育理论课（教育学、心理学，侧重教育学部分），各专业课分别为：政治和思想品德教育专业、汉语言文学教育专业、历史教育专业、英语教育专业、数学教育专业、物理教育专业、化学教育专业、地理教育专业、音乐教育专业、美术教育专业的考试专业课与 1991 年相同，没有变化；生物教育专业将植物学和动物学合并为动植物学，增加微生物学；体育教育专业的综合考试内容为田径、篮球和体操。

教育管理类专业专升本的考试科目共4科，其中大学语文为公共课，教育学、心理学、学校管理为专业课。

以上专升本科班考试科目除术科（听说、钢琴、声乐、视唱练耳、素描、色彩、创作）外的各科试题均由教育部统一命制，其命题范围不超出以《中学教师进修高等师范专科教学大纲》为依据编写的《考试大纲》规定的内容。关于试题分值，具体为中国通史120分、世界通史120分、中国历史要籍介绍和选读60分、空间解析几何50分、数学分析150分、动植物学150分、微生物学50分，其余各科均为100分。

非师范类专升本科班考试科目共4科，其中公共课2科，专业基础课1科，专业课1科。其公共课和专业基础课分别为：理工类包括政治、英语、高等数学（一），经济（管理）类包括政治、英语、高等数学（二），文史、中医类包括政治、英语、大学语文；英语类包括政治、英语、大学语文；法学类包括政治、英语、民法。

报考非师范类专升本科班的教师类考生，公共课为政治、教育学。公共课和专业基础课实行全国统考，由教育部统一命题。民法由司法部组织命题。

非师范类专升本的专业课命题考试，由各招生学校单独组织进行，考试完后须及时将考试成绩报送省招生办公室备案。非师范类专升本科班各专业的命题范围不超出原国家教委颁布的相应科类复习考试大纲所规定的内容。非师范类专升本的考试科目各科满分成绩均为150分。

2003年起，对全国成人高校招生考试科目设置又作了进一步调整。

专科起点升本科统考科目按学科门类设置，不再按生源类别设置。统考科目为政治、外语和专业基础课3门。专业基础课根据各学科门类的特点设置8门，由招生院校按专业的需要

规定考生应试其中1门。

高中起点升专科（含高职）、高中起点升本科考试按文科、理科分别设置统考科目。其中，高中起点升专科（含高职）统考科目为语文、数学（分文科类、理科类两种，下同）、外语3门，主要考查考生是否具备接受高等专科层次教育的最基本要求。考虑到本科教育与专科教育培养目标和教学要求的不同，报考高中起点升本科统考科目的理科类考生增加1门“物理化学综合课”（简称物化），文科类考生增加1门“历史地理综合课”（简称史地）。

各类考生除参加上述规定的统考科目考试外，招生院校可根据专业要求自行确定是否再加试1门考试科目。如需加试，招生院校必须在招生简章中注明并自行命题和组织考试，于录取工作开始前，向有关省级成人高校招生办公室提交加试合格考生名单。录取时，省级成人高校招生办公室根据加试合格考生名单向招生院校投档，招生院校根据考生参加统考的成绩，由高分到低分择优录取（艺术类和体育类专业在考生文化课符合要求的基础上，按加试专业课成绩从高分到低分录取）。不需加试的院校，按考生参加统考科目的成绩录取。

统考科目除专科升本科考试的民法试题由司法部命制外，其他试题均由教育部统一命制。各门试题满分为150分。高中起点升本科、专科的统考科目每门考试时间为120分钟，专科升本科每门考试时间为150分钟。

从2005年起，取消高中起点升专科（高职）考试科目中的医学综合、中医综合、监狱（劳教）基础、公安专业基础4门专业基础课考试。报考相关专业的考生只参加语文、数学、外语3门统考科目考试。专科起点升本科考试科目中的民法专业基础课考试改由教育部考试中心组织命题。

第三节 成人高考考试成绩加分因素的沿革

一、国家成人高考照顾政策的发展及其变化

成人高校招生工作所面对的考生特点，是年龄跨度大，文化水平参差不齐，心态各异的群体，但他们接受高等教育的意愿强烈。这就决定了成人高校招生录取的照顾政策应有别于其他考试。

成招录取主要有免试入学、加分投档、降分录取三类照顾。

（一）免试入学

获得“全国劳动模范”、“全国先进工作者”称号者，“全国‘五一’劳动奖章”获得者，可免试入学。

可免试入学的还有奥运会、世界杯赛和世界锦标赛的奥运项目前八名，非奥运项目前六名；亚运会、亚洲杯赛和亚洲锦标赛的奥运项目前六名，非奥运项目前三名；全运会、全国锦标赛和全国冠军赛的奥运项目前三名，非奥运项目冠军获得者。

经本人申请，并出具省级体育行政部门审核的《优秀运动员申请免试进入成人高等学校学习推荐表》（国家体育总局监制），经省招办审核，招生学校同意，可免试入学。

全国劳动模范免试入学，须持本人身份证、劳模证书原件和复印件，及报名资料费和手续费，到考试院（省招办）办理申请手续。

优秀运动员免试入学，应先到所报学校确认后，须持本人居民身份证，报考专升本的考生，还必须携带结业证书原件和复印件，除此正常手续外，还须出具省级体育行政部门的《优秀运动员申请免试进入成人高等学校学习推荐表》（该表由国家体育总局监制）及报名资料费和手续费，到省招生主管部门办

理报名手续。

(二) 加分投档

运动健将和武术项目"武英级运动员"称号获得者,可加50分投档,一级运动员可加30分。

符合下列条件之一的考生,可加20分投档:年满25周岁以上人员,获地市级以上(含地市级)人民政府,国务院各部委及各省(自治区、直辖市)厅、局系统,国家特大型企业授予的劳动模范、先进生产(工作)者及科技进步(成果)奖获得者;获省级工、青、妇等组织授予的"五一劳动奖章"、"新长征突击手"、"三八红旗手"称号者;解放军、武警部队、公安干警荣立个人三等功以上者;归侨、归侨子女、华侨子女、台湾省籍考生;烈士子女、烈士配偶;边疆、山区、牧区和少数民族聚居地区的少数民族考生、国防科技工业三线企业单位(地处地市以上人民政府所在地的除外)获得企业表彰的先进生产(工作)者。

自谋职业的城镇退役士兵,可加10分投档,是否录取由招生学校确定。

符合照顾政策的考生,须于报名时交验原始证件,符合两项以上照顾政策的考生,照顾分数不累计。

(三) 降分录取

农、林、水利、地质、矿业、公安、监所、测绘、远洋运输、社会福利等专业,在上线生源不足时可适当降分投档,降分幅度最多不超过20分。

随着社会的进步,照顾政策也在发生不断的变化,为鼓励大龄在职人员参加成人高等教育,近年对年满25周岁以上考生照顾加20分,受到考生普遍欢迎。

如1986年的全国成人招生规定中,对地市级人民政府和党委授予的先进工作者、劳模,科技进步奖获得者,对省级工、青、妇组织授予的"五一劳动奖章"、"新长征突击手"、"三八红

旗手”，对军、警的三等功荣立者，照顾20分录取。

二、山东省照顾录取政策规定的演变

各类照顾录取政策体现了各个时期国家对行业、地区及各类人员的特殊政策。

（一）先进劳模

1991年规定：1985年以来，市、地以上人民政府（党委），国务院各部委及省厅局系统授予的劳动模范、先进生产（工作）者、模范（先进）教师、模范（优秀）党员、科技进步（成果）奖获得者，省工、青、妇组织授予的“五一劳动奖章”、“新长征突击手”称号获得者，人民解放军、武警部队、公安警察荣立三等功以上者，可照顾20分录取。

1996年规定报考专科可照顾30分录取，报考专升本照顾20分录取。

1998年则有所变化。（1）获得国务院命名的全国劳动模范等称号及获奥运会、世界锦标赛、世界杯赛前八名，亚运会、亚洲锦标赛、全国冠军，在奥运会、世界锦标赛、世界杯赛和亚运会上破世界记录，具备高中毕业文化程度（申请进入专科起点本科的，应具备国家承认学历的专科毕业文凭），经本人申请，省招生办公室审核，报国家教委批准，可免试进入各类成人高等学校学习。（2）获得省级人民政府、国务院部委及全国工、青、妇组织授予的享受省部级劳模待遇的劳动模范、先进生产（工作）者等称号及科技进步奖获得者，具备高中毕业文化程度，经本人申请，省招生办公室审核，报国家教委批准，可免试录取为“预科生”。（3）获市、地人民政府、省厅、局系统，国务院部委直属局级机构及国家特大型企业授予的享受地厅级劳模待遇的劳动模范、先进生产（工作）者及科技进步（成果）奖获得者，省工、青、妇组织授予的“五一劳动奖章”、“新长征突击手”、“三八红旗手”称号获得者，人民解放军、武警部队、人民警察荣立三等功以上者，报考专科可照顾50分录取，报考专升本可照顾30分录取。

1999年则规定：(1) 获得全国劳动模范称号，参加重大国际比赛(由世界及国际体育组织主办的各种体育单项比赛、锦标赛、综合性比赛和运动会)获前三名成绩者，经省级招生部门审核，报教育部批准，可免试进入各类成人高等学校学习。(2) 符合下列条件之一的学生，录取时可照顾30分(专升本科班考生为20分)：获得地、市级以上(含地、市级)人民政府，国务院各部委及各省、自治区、直辖市厅、局系统，国家特大型企业授予的劳动模范、先进生产(工作)者及科技进步(成果)获得者；获得省、自治区、直辖市工、青、妇等组织授予“五一劳动奖章”、“新长征突击手”、“三八红旗手”称号者；人民解放军、武警部队、人民警察荣立三等功以上者。

2001年，免试入学的考生为：(1) 获得全国劳动模范称号者，经省级招生部门审核，报教育部批准，可免试进入各类成人高等学校学习。(2) 优秀运动员符合下列条件者，凭省体育局人事部门审核后的运动成绩证明、省体育局人事部门的优秀运动员申请免试进入成人高等学校学习推荐表，可申请免试进入成人高等学校高中起点本专科专业学习。这些条件是：奥运会、世界杯赛和世界锦标赛的奥运会项目前八名获得者、非奥运会项目前六名获得者，亚运会、亚洲杯赛和亚洲锦标赛的奥运会项目前六名获得者、非奥运会项目前三名获得者，全运会、全国锦标赛和全国冠军赛的奥运会项目前三名获得者、非奥运会项目冠军获得者。

从2002年开始，增加运动健将照顾。运动健将和武术项目“武英级运动员”称号获得者(须经省级体育行政部门审核并出具运动成绩证明)，由省招生办公室决定可以在考生考试

成绩基础上增加50分投档(一级运动员获得者为30分),由招生学校审查录取。

(二)特殊考生

1991年规定,烈士子女、烈士配偶、归侨子女、归华侨子女、台湾省籍考生可照顾10分录取。

1996年规定报考专科可照顾15分录取,报考专升本可照顾10分录取。

1998年有所变动,规定烈士子女、烈士配偶、归侨子女、归华侨子女、台湾省籍考生及人民解放军、武警部队、人民警察荣立集体二等功以上者,报考专科可照顾30分录取,报考专升本可照顾20分录取。具有5年以上专业工龄(教龄)的中年生产业务骨干(教师)、退出现役的义务兵及少数民族考生,报考专科可照顾15分录取,报考专升本可照顾10分录取。

1999年则规定符合下列条件之一的可以照顾30分,专升本班考生为20分,这些条件是:年满25周岁以上人员、归侨、归侨子女、华侨子女、台湾省籍考生、烈士子女、烈士配偶,以及边疆、山区、牧区和少数民族聚居地区的少数民族考生,2001年直接改为“少数民族考生”,2003年又恢复。

2004年开始增加退役士兵照顾。自谋职业的城镇退役士兵,省招生办公室可以在考生考试成绩基础上增加10分投档,是否录取由招生学校确定。

(三)艰苦行业

1991年规定,在野外、井下、远洋第一线从事采伐、农垦、地质勘探、采矿、远洋运输工作,报考对口专业的考生,以及国防科技三线企业单位(地处市地以上人民政府所在地的除外)获得企业表彰的先进生产(工作)者,可照顾10分录取。

平邑、沂水、沂源、沂南、费县、蒙阴、临朐、山亭、临沭、梁山、鄄城、单县、商河、泗水、长岛、微山、东平县等山区、湖区、海

岛的考生可照顾 10 分录取。

1996 年规定，在野外、井下、远洋第一线从事采伐、农垦、地质勘探、采矿、远洋运输工作的考生及监所（监狱、劳改队、劳教所、少管所）里的劳改干警，报考对口专业的，以及国防科技三线企业单位（地处市地以上人民政府所在地的除外）获得企业表彰的先进生产（工作）者，报考专科可照顾 15 分录取，报考专升本可照顾 10 分录取。

1998 年又规定，在野外、井下、监所（监狱、劳改队、劳教所、少管所）、远洋、民政第一线从事采伐、农垦、地质、水利（农水、农电、防汛、水保、水管、施工、水文、移民）、采矿、勘探、测绘、远洋运输、殡葬和社会福利（孤儿、弃婴、残疾人、老年人、伤残复员退伍军人、精神病人护理）工作，报考对口专业的考生，以及国防科技三线企业（地处市地以上人民政府所在地的除外）获得企业表彰的先进生产（工作）者，报考专科可照顾 30 分录取，报考专升本可照顾 20 分录取。

1999 年则改为，符合下列条件之一可以照顾 30 分，专升本班考生为 20 分。这些条件是：国防科技工业三线企业单位（地处市地以上人民政府所在地的除外）获得企业表彰的先进生产（工作）者（2001 年、2002 年取消，2003 年又恢复），以及报考农、林、地质、水利、矿业、测绘、监所、远洋运输、社会福利等艰苦行业各专业的考生。

2003 年规定，报考农、林、地质、水利、矿业、测绘、监所、远洋运输、社会福利等专业，在线上生源不足时可适当降分投档，降分幅度最大不超过 20 分。2004 年增加“公安”行业，不再享受加分照顾。

第四节　实行全省统一招生考试后山东的成人高考

一、全省统一招生考试后政策不断发展变化

1984年、1985年成人高考为全省统一招生考试。1984年3月教育部发出《关于加强成人高等中等专业教育事业计划管理的暂行规定》，强调纳入国家成人高等教育事业计划的范围是指按国务院有关规定，经省、市、自治区人民政府和中央有关部门批准，并报教育部审定备案的广播电视大学、职工高等学校、农民高等学校、管理干部学院、教育（教师进修）学院、独立设置的函授学院、普通高等学校举办的函授部、夜大学，招收具有高中毕业文化程度，学制为2年以上，培养目标相当于高等学校专科和本科毕业水平的人数，不包括在各种短期训练班、进修班学习的人员。省教育厅、省计委于1984年6月转发并提出年度教育专业计划必须在上年度的7月底前报送省教育厅、省计委。成人高考按计划招生模式从一开始就确定了。要严格计划的审批程序，要经过批准纳入国家计划并正式下达后方可安排招生，未经批准的不得安排招生。省招委在1985年招生文件中规定，今后凡学制为2年以上，以培养大学专科或本科毕业生为目标，国家承认学历的各类成人高等学校，都应参加省组织的统一招生考试。

1985年，不同类别的成人高校报名、考试不同。第一类为普通高等学校举办的干部专修科、职工高等学校、管理干部学院、教育学院（教师进修学院）招生。要求报考干部专修科、职工高等学校、管理干部学院、教育学院（教师进修学院）的考生，必须具有高中毕业文化程度或同等学力，拥护中国共产党，

爱祖国、爱人民、爱社会主义，遵纪守法，决心为社会主义现代化建设勤奋学习，身体健康，年龄不超过40周岁，工龄在2年以上。职工大学招收脱产学习的学生，除执行原有招生对象的规定外，可以招收少量2年以上工龄的集体企业职工和合同制职工以及乡镇企业职工。管理干部学院、教育学院（教师进修学院）和普通高等学校举办的干部、教师专修科（含本科班）的学生来源方案，分别由各主管部门制定，一般应将招生计划扩大3倍，分配到基层单位进行推荐选拔。职工高等学校的报考人数，可以适当扩大。考试时间和普通高校招生考试相同，也是在7月7日至9日。第二类为高等学校举办的函授大学、夜大学招生。报考函授大学、夜大学的考生，原则上不受年龄和工龄的限制，招生学校也可根据某些专业的特殊要求规定年龄的限制。报名工作由招生学校组织，考生持单位介绍信直接到招生学校或招生学校指定的报名点报名。报名时需缴报名费2元，考试费2.5元。由省招生委员会按教育部的命题要求组织命题。考试科目和记分同干部、教师专修科，考政治、化学（地理）、数学、物理（历史）、语文，各科满分100分。考试由招生学校组织，学校可根据考生分布情况委托地、市函授站或教育学院等单位协助办理，可分设若干考点。考场管理及有关规定按普通高等学校全国统一招生考试规定办理。全省统一考试时间为6月29日、30日。

1986年开始全国统一招生考试，实行命题、考试时间、评分标准的统一。成人高考学习普通高考模式，按普通高考的标准组织。1986年，各类成人高等学校招收新生从年龄、学历、成分比例结构都是比较好的，有三个特点：一是新生年龄逐步年轻化。35岁以下的中青年占96.7%，其中25岁以下的占72.6%。二是新生原有学历一致，基础较好。具有高中、中专学历的新生占95%，进入高校学习高等文化知识有深厚的基础,保证了高等教育质量。三是干部、教师比例增大,共招生30395人,占74%。其中干部29%,教师45%,符合国家对干部、教师培养的需求,符合省委干部教育领导小组制定的干部培训规划的要求。录取新生中,男31472人,占75.7%;女10129人,占24.3%。年龄36岁以上1353人,占3.3%;35岁以下40248人,占96.7%。干部12134人,占29%;教师18261人,占45%;工人9733人,占23.4%;知识青年、个体劳动者等1473人,占3.5%。共有347所省内外各类成人高等学校在山东省招生,计划招生52152人,实际录取41601人,完成计划80%,高于全国平均数(全国为73%)。其中,广播电视大学9726人,完成计划74.6%;职工农民高等学校3219人,完成计划85.6%;普通高等学校干部、教师专修科2755人,完成计划75.9%;管理干部学院1038人,完成计划101%;教育学院12645人,完成计划82.8%;普通高等学校函授、夜大学、独立设置的函授学院12218人,完成计划79%。

从大的发展脉络看,报名条件逐渐放宽。

1991年规定,职工高等学校、管理干部学院、教育(教师进修)学院、普通高等学校举办的教师班、干部专修科招收在职人员(含集体企业、事业单位职工,合同制职工。下同),不得以任何名义招收社会青年。广播电视大学、普通高等学校举办的函授部、夜大学主要招收在职人员,亦可招收少量社会青年。其招收社会青年的比例限定在招生计划的10%以内。社会青年毕业后,国家不包分配工作,本人自主择业。普通高等学校举办的干部专修科招收具有5年以上工龄的在职干部,管理干部学院招收具有5年以上工龄的在职干部和乡镇企业中具有3年以上工龄的干部。普通高等学校、教育(教师进修)学院举办的高中起点教师本、专科班除教育管理类专业可招收中小学校长和其他少量的教育行政干部外,限招各类中等学校教师和小学教师，但招收小学教师的比例控制在招收计划的10%以内。报考这类学校举办的脱产教师本、专科班的在职教师须具有3年以上教龄，教育行政干部须具有5年以上工龄。民办教师只可报考这类学校的业余班，不可报考其脱产班。报考各类成人高等学校的考生，年龄须在20周岁以上。其中参加职工、农民高等学校脱产、半脱产学习的，须具有2年以上工龄，年龄应在40周岁以下。参加业余学习的，工龄可以不限。凡经国家教育委员会审定核准的普通高等学校、教育学院举办的大学专科起点学制为2年以上的教师本科班，须纳入国家成人高等教育事业计划后方可招生。这类教师本科班除教育管理类专业可招收中学校长和其他少量教育行政干部外，限招各类中等学校教师。报考脱产、半脱产学习的教师须具有3年以上教龄。校长及其他教育行政干部须具有5年以上工龄。考生须具有大学专科毕业文化程度，报名时必须交验大学专科毕业证书原件。报考的学校专业还须与大学专科所学专业同科类（边缘专业除外），否则不能报考。考生的报名、考试由市、地招生办公室组织。

从1993年开始，经主管教育行政部门批准，各类学校在招生计划之内均可举办第二专业专科学历教育。其招收对象为在职、从业的国民教育系列大专以上毕业生，1993—2003年学员免试入学。

1993—1997年，为适应用人部门要求，经主管部门同意，各校可以采取招工与招生相结合的方式招收参加普通高校招生考试后的应届高中毕业生，但招生学校主管部门须提供用人部门的招工合同。招工招生相结合的办学形式为全日制学习，实行单独编班。

1998年和1999年报名条件开始有所放宽，首先在高等职业教育班中开始招收中职等应届毕业生。1998年规定，各类

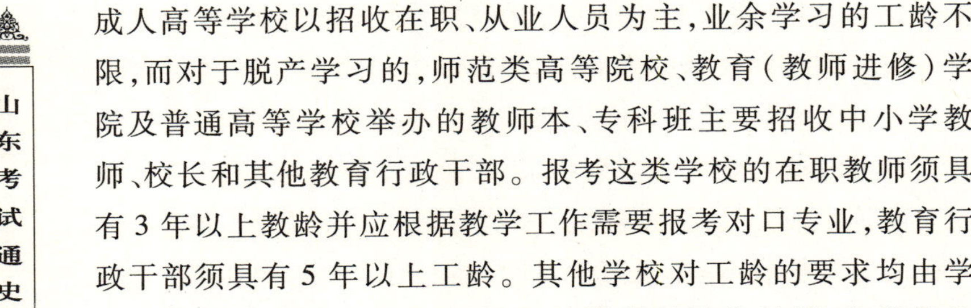

成人高等学校以招收在职、从业人员为主，业余学习的工龄不限，而对于脱产学习的，师范类高等院校、教育（教师进修）学院及普通高等学校举办的教师本、专科班主要招收中小学教师、校长和其他教育行政干部。报考这类学校的在职教师须具有 3 年以上教龄并应根据教学工作需要报考对口专业，教育行政干部须具有 5 年以上工龄。其他学校对工龄的要求均由学校主管部门确定。除有教龄、工龄限制的学校以外，各类学校均可招收少量社会青年，其比例须限定在招生计划的 10% 以内。社会青年毕业后，国家不包分配工作，由本人自主择业。

除纳入普通高校招生计划的普通班外，各类成人高校不得招收应届高中毕业生。高等职业技术教育班经国家教委批准，可招收成人中专、成人高中、职业高中、中等职业技术学校等的应届毕业生。

1999 年规定，除纳入普通高校招生计划的普通班外，各类成人高校以招收在职、从业人员为主，不得招收应届高中毕业生。高等职业技术教育班经批准，可招收成人中专、成人高中、职业高中、中等职业技术学校的应届毕业生以及社会青年。

高中起点本专科应具有高中毕业文化程度，同等学力报考者须持单位证明信报考（2003 年取消了“同等学力报考者须持单位证明信报考”的规定）。报考大学专科起点本科班的考生一般应具有 2 年以上工龄，报名时必须持有经教育部审定核准的国民教育系列高等学校或高等教育自学考试机构颁发的大学专科毕业证书原件和复印件。

2000 年，报考专升本条件发生变化。报考大学专科起点本科（简称专升本班）的考生一般应具有 2 年以上工龄，报名时必须持有经教育部审定核准的国民教育系列高等学校或高等教育自学考试机构颁发的大学专科毕业证书原件和复印件。到 2001 年，取消了“应具有 2 年以上工龄”的规定。到 2003

年，对专科证又有所放宽。为减少工作程序和环节，考生报名时可不交验专科毕业证书，专科毕业证书的审验工作由招生学校在学生报到时进行。考生必须保证录取后能持经教育部审定核准的国民教育系列高等学校或高等教育自学考试机构颁发的高等专科毕业证书报到，方可报考专升本，否则一切后果由考生自己负责。医学类考生的资格审查工作由招生学校在学生入学报到时进行。

根据卫生部科教司《关于 2004 年全国成人高校医学类专业招生条件建议的函》（卫科教便函〔2004〕57 号）要求，从 2004 年开始，报考成人高校医学门类专业的考生应具备以下条件：(1) 报考临床医学、口腔医学、预防医学、中医学等临床类专业的人员，应当取得省级卫生行政部门颁发的相应类别的执业助理医师及以上资格证书或取得国家认可的普通中专相应专业学历，或者县级以上卫生行政部门颁发的乡村医生执业证书并具有中专学历或中专水平证书。(2) 报考护理学专业的人员应当取得省级卫生行政部门颁发的执业护士证书。(3) 报考医学门类其他专业的人员应当是从事卫生、医药行业工作的在职专业技术人员。(4) 考生报考的专业原则上应与所从事的专业对口。(5) 根据卫生部有关要求，今后医学成人高等教育学历文凭将不能作为参加执业医师、执业护士考试的依据，未取得执业医师和执业护士资格的人员报考临床医学、口腔医学、预防医学、中医学等临床类专业和护理学专业，毕业文凭将不能作为参加执业医师、执业护士考试的依据。

2005 年规定，报考高中起点升本科和高职（高专）的考生应具有高中毕业文化程度。报考专科起点升本科的考生必须是已取得经教育部审定核准的国民教育系列高等学校、高等教育自学考试机构颁发的高等专科毕业证书的人员。考生必须保证录取后能持经教育部审定核准的国民教育系列高等学校

或高等自学考试机构颁发的高等专科毕业证书报到。

根据《卫生部关于2004年全国成人高校医学类专业招生条件建议的函》(卫科教便函〔2004〕57号)要求，报考成人高校医学门类专业的考生应具备以下条件：报考临床医学、口腔医学、预防医学、中医学等临床类专业的人员，应当取得省级卫生行政部门颁发的相应类别的执业助理医师及以上资格证书或取得国家认可的普通中专相应专业学历，或者县级以上卫生行政部门颁发的乡村医生执业证书并具有中专学历或中专水平证书。报考护理学专业的人员应当取得省级卫生行政部门颁发的执业护士证书。报考医学门类其他专业的人员应当是从事卫生、医药行业工作的在职专业技术人员。考生报考的专业原则上应与所从事的专业对口。对于不具备上述条件且要求报考医学门类专业的考生，其毕业后所获得的医学成人高等教育学历文凭将不能作为参加执业医师、执业护士考试的依据。

2005年，成人高校仍停止免试招收第二专业专科学历教育学生，考生须参加成人高校招生全国统一入学考试，录取人数纳入招生学校当年招生计划总数。

2005年还同时规定，报考者必须拥护中国共产党的领导，愿为社会主义现代化建设服务，品德良好，遵纪守法。符合报考条件，生活能自理，不影响所报专业学习的残疾人也可报考。

二、招生政策和办法逐渐完善

在2003年之前成人高考时间比普通高考时间早，一些拟在普通高考中实行的现代化手段，一般先在成人高考中试行。在招生考试管理手段现代化的过程中，成人高考走在普通高考前面，山东的成人高考走在全国前面。

2000年采用电子档案，实行录取全过程计算机管理模式。2001年实现计算机远程网上录取，录取过程分计划审核、录

检、系统维护、录取表寄发等。2005 年全部实行计算机网上评卷。

成人高考投档办法是:第一,根据考生所填报的院校、专业志愿,在最低控制分数线以上,按照专业招生计划数,从高分到低分按一定比例投档,学校审查录取。第二,成人高校招生录取时,原则上应首先录取“免试生”。第三,生源不足的学校和专业,招生院校可向联络组申请,调二志愿及调剂志愿考生。2002 年取消调剂志愿。

成人高考的录取原则有两个:第一,在录取过程中要贯彻“保证质量、稳定政策、严明纪律”和“专业对口,学以致用,德、智、体全面衡量,从高分到低分择优录取”的原则。录取实行招办监督,学校审查录取,遗留问题由学校负责。第二,各招生院校必须严格按计划招生。高中起点专科各招生院校的招生专业,因上线人数不足(含二学历)而不能开班的,可以在考生同意后转到其他专业录取。

成人高考的划线录取经过了一系列变化。1999 年以前基本一致,根据考试成绩和招生计划,省招生委员会提出最低控制分数线,报经国家教委(教育部)批准后,招生学校按照录取原则提出录取名单,经省招生委员会审核后,由学校签发录取通知书。2000 年则发生了变化,成为:省招办依据专科层次招生计划和考试成绩单独划定专科层次招生的最低控制分数线;本科层次招生的最低控制分数线需报教育部批准后才能执行。在最低控制分数线以上,省招生办公室按考生志愿向招生学校投档。招生学校按照录取原则提出录取名单,报省招生办公室审批,由招生学校按审批后的录取名单发放录取通知书。不足开班人数的专业,原则上应停止招生。

2002 年又进行了改革,录取的最低控制分数线按统考科目(“3 + 2”考试科目改革试点按 5 门考试科目)的成绩划定,

其中外语成绩不计入总分。本科层次(含专升本、高起本,下同)录取的最低控制分数线由省招生办提出方案报教育部审核后执行,专科层次招生的最低控制分数线由省招办自行确定。本科层次的艺术类专业(除史论、编导专业外),在考生统考科目成绩达到最低控制分数线的70%后(高起本扣除数学成绩计算),由招生学校按考生专业课成绩由高分到低分择优录取,招生学校于录取工作开始前半个月向省招生办公室提交专业课考试合格考生名单;本科层次的体育类专业,最低控制分数线不得低于本科最低控制分数线的70%。录取新生名单由招生学校提出,省招生办公室审核,招生学校按审核后的录取名单发放录取通知书。

2003年,根据教育部的规定,对分数线划定办法进行调整。录取的最低控制分数线由省招生办公室根据考生统考科目成绩和招生计划数分考试科类划定。其中,高中起点升本科艺术类专业(除史论、编导类专业外)的最低控制分数线,不得低于相应科类最低控制分数线的70%,考生数学成绩不计入总分。高中起点升本科的体育类专业,最低控制分数线不得低于相应科类最低控制分数线的70%。录取的最低控制分数线需报教育部备案。录取时,省招生办公室原则上按考生统考科目总成绩向招生院校投档。对于有专业课加试的院校,根据加试合格考生名单向招生院校投档,招生院校根据考生参加统考的成绩,由高分到低分择优录取(艺术类和体育类专业在考生文化课符合要求的基础上,原则上按招生院校的加试专业课成绩从高分到低分录取)。

成人高校招生随着我国经济的发展和人才需求情况的变化不断进行改革,从封闭走向开放,从弱小走向强大,在1998年普通高考扩招后,成人高校又成为普通高校扩招的生力军,在高等教育发展中作出了重要贡献。

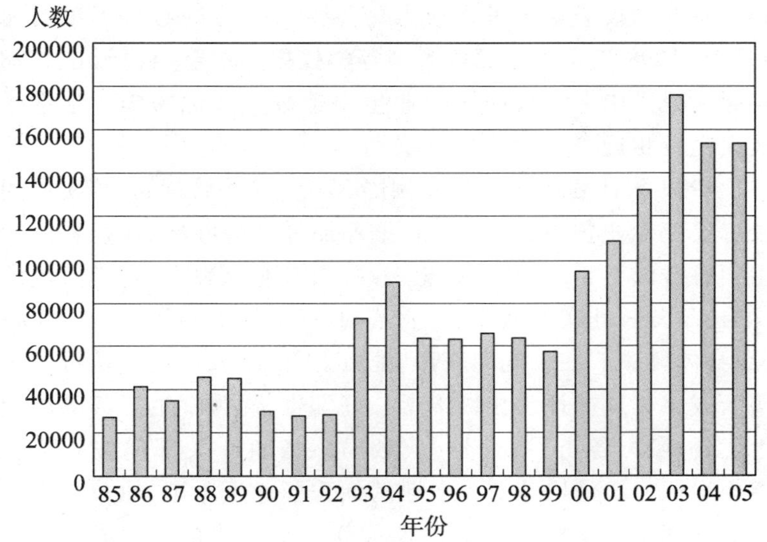

图 4-1　山东省成人高考 1985—2005 年录取走势

从图 4-1 看到，1985 年开始到 2005 年的 21 年间，成人高校招生呈波浪式向上发展。在 2000 年以后的几年间，生源放开后招生规模发展尤为迅速。

三、考试时间相对稳定

自 1991 年起，成人高考的考试时间一直保持相对稳定。1991 年至 2002 年为每年 5 月的第 2 个星期六、星期日，2003 年因非典推迟到 11 月的第 2 个星期六、星期日，2004 年以后为 10 月的第 2 个星期六、星期日。

第五节　成人高考突出的招生改革项目

一、招收成人中专应届毕业生

根据国家教委教成司〔1995〕22 号文《关于选拔优秀成人

中等专业学校毕业生进入成人高等学校学习的有关事项的通知》及《1998 年全国各类成人高等学校招生规定》精神，自 1998 年起从成人中专学校应届毕业生中选拔少数优秀毕业生进入成人高校相近专业学习。

1998 年计划招生 800 人，财务会计、经济管理、计算机应用及工民建专业各 200 人。实行推荐加考试的办法，被推荐的考生须符合以下要求：政治思想表现好，专业思想牢固；学习成绩优秀，具备较扎实的文化、专业基础、理论知识和较强的专业技能；身体健康。在校期间获市、地以上科技、教育部门认可的发明新成果奖或被评为校级以上三好学生、优秀学生干部的毕业生优先推荐，各市、地教委（成教局）、省直有关部门按省下达招生指标的 2 倍推荐对口专业的优秀毕业生。市、地及省直有关部门把推荐指标分配给省级示范性及评估合格的成人中专学校。学校将推荐生名单和有关材料报县（市、区）教委（成教局）审查批准，省及部委属学校报省直主管部门批准。

被推荐考生须参加省教委统一组织的选拔考试，其命题、考试、评卷等工作均按成人高校招生考试的有关要求进行。每个专业均考 2 门专业课，其命题范围不超出全省成人中专学校统用教材的内容。

录取时根据招生计划和考试情况制定录取标准。各招生学校在全省成人高校招生统一录取期间集中到省招办办理录取手续。学员入学后，按国家教委或省教委制定的教学计划，学完全部课程并合格，由学校颁发国家教委印制的成人高等学校毕业证书，国家承认其大专学历，不包分配工作。选拔优秀成人中专应届毕业生进入成人高校学习，是成人教育的一次改革，到 1999 年全部纳入正式的成人高考。

二、第二专业专科学历教育招生

为适应经济、社会发展对复合型人才的需求，满足从业人员拓宽知识、专业领域的要求，根据《关于进一步改革和发展成人高等教育的意见》（国办发〔1993〕3 号）中的有关规定，1993 年教育部对举办第二专业专科学历教育问题，提出具体实施意见：

（一）审批办法及程序

第二专业专科学历教育须由按有关规定经国家教委批准或备案的各类成人高等学校举办。举办学校应具有较高的办学质量、较好的管理水平，其开设专业应为社会急需且有较好的条件和一定开办经验。

学校举办第二专业专科学历教育，应根据地区、行业经济发展需要和自身办学条件，提出举办申请，按隶属关系报省、自治区、直辖市及计划单列市教育行政部门或国务院有关部委教育主管部门审批。第二学历教育只限在专科层次举办。未经批准，学校不得以任何理由招生。

（二）招生计划

第二专业专科学历教育的招生计划应按规定纳入学校当年招生计划，并计入该专业招生总容量。

（三）招生录取

关于招生对象及条件，第二专业专科学历教育招收具有国民教育系列大学专科以上学历的从业人员，其工龄、年龄不予限制。

在资格审查方面，报考第二专业专科学历教育的考生，报名时须交验国民教育系列大学专科以上毕业证书原件和复印件，由省、自治区、直辖市招生机构审核认定。报考脱产学习的在职职工，须经本单位批准。

关于入学测试及录取工作，报考第二专业专科学历教育的考生，应具有与第二专业所属科类相应的高中文化基础。原则上由招生学校组织入学测试。学校可根据第二专业教学的要

求和考生的具体情况，自行确定测试办法。

学校录取第二专业专科学历教育考生，应在招生专业高中起点合格考生之后进行，两类考生录取总数不超过核定的该专业当年招生总量，学校提出初步录取名单，报省、自治区、直辖市招生机构审定后，办理录取手续。

山东省从1993年到2003年实行免试入学的办法。

（四）教学计划与学籍管理

第二专业专科学历教育的教学计划，按国家教委《关于印发〈成人高等专科教育制定教学计划的原则意见〉的通知》（教成〔1992〕18号）的要求制订。教学计划在保证达到大学专科质量标准的前提下，根据教育对象的不同和第二专业的需要适当增加选修课。第二专业专科学历教学计划须经过论证，并按学校的隶属关系报省、自治区、直辖市及计划单列市教育行政部门或国务院有关部委教育主管部门批准后实施。

第二专业专科学历教育的学生，原则上按各地、各部门制定的成人高等学校的学籍管理规定执行。对第二专业与第一专业教学要求相当的基础课程，经学校测试或由学生提供原学习成绩，确实达到本校本专业要求的，可准于免修，专业基础课和专业课不能免修。免修课程总数不得超过第二专业教学计划规定课程的五分之一。有的学校实行学分制。

（五）证书及颁发

学生按规定修完第二专业专科教学计划的全部课程，经考试合格或累计学分达到要求者，颁发国家教委统一印制的成人高等教育毕业证书。毕业证书内容中注明“第二专业专科”字样，国家承认学历。

第二专业专科学历教育毕业证书的验印、颁发与其他成人高等学历教育毕业证书相同。

三、双招

“双招”即以招工与招生相结合的方式进行的高等职业教育。山东省从1993年到1997年招生。

（一）承办学校

“双招”试点班主要由独立设置的成人高等学校承办。

承办学校的办学条件应达到国家规定的设置标准并有较高的管理水平，具有为行业、企业培养所需应用型、技艺型人才的相应专业与师资，有实施教学实践环节和技能培养的实验、实习、训练条件。

（二）审批程序与招生计划

举办“双招”班的审批程序是：由行业主管部门或企业根据要求选择、落实承办学校，并按承办学校隶属关系向省、自治区、直辖市及计划单列市教育行政部门或国务院部委教育主管部门提出申请报告（其内容包括委托学校及委托协议书、开办专业、教学计划、招生人数）；由受理申请报告的教育行政（主管）部门审核同意后将审核意见连同申请单位的申请报告一并报国家教委审批。

“双招”计划由国家教委下达，纳入招生总容量。

（三）招生对象及办学形式

“双招”班招生对象是参加当年普通高考的高中毕业生，其录取与普通高考专科自费生一并划线。

办学形式为全日制学习，实行单独编班。

（四）教学计划与大纲

“双招”班教学计划和教学大纲，由委托单位会同承办学校组织有关教师、企事业单位的专家、专业技术人员根据岗位要求和实际工作的需要研究制订。课程设置要体现职业的特点，必须保证实践环节。学制及理论教学总时数应按照国家教委《关于成人高等专科教育制订教学计划的原则意见》（教成〔1992〕18 号）执行。

（五）证书与颁发

以招工招生相结合方式录取的学生，自费上学，入学后不转户口关系，不转干部关系，不包分配。学生学习期满，成绩合格者，由学校颁发经省教委验印的成人高等学历教育毕业证书（普通高校招收的这类学生的毕业证书，有招工招生相结合字样），国家承认学历。学生毕业后由签订招工合同的单位录用，其身份、待遇由招工单位确定。

四、中央党校成人教育学院招生

山东省招生委员会办公室文件《关于部分民办高校及中央党校成人教育学院招生问题的通知》（鲁招办字〔1996〕36 号）规定：经国家教委批准，1996 年中央党校成人教育学院在我省招收参加普通高考的考生，进行专科水平的高等教育。

1996 年列入招生范围的中央党校成人教育学院招收的学生按成人教育计划组织教学，考试成绩合格者发成人高校毕业证书，国家承认学历，毕业后的待遇按成人高等教育的有关规定办理。这是第一次中央党校招收参加普通高考的考生。这一办法连续实行了 2 年。

五、预科班

成人招收预科生一直保持在试点阶段，直到 1998 年取消。

1988 年开始试办预科班，在《山东省一九八八年各类成人高等学校录取工作意见》中指出，试办预科班是国家教委进行的一项试点改革。试办预科班仅限脱产。社会急缺而上线人数又达不到开班名额的专业，并须由招生学校及单位共同提出申请，报省招生办公室批准。预科班由一个部门委托高校或几个部门联合委托高校举办，录取时可降低 50 分。被录取为预科班的考生必须是在职职工，凡符合照顾条件的先进模范人物和生产业务骨干（科级以上干部、8 年以上工龄的车间主任、工段长以上职工和 8 年以上教龄的骨干教师）可以降 70 分。预科班的学生通过 1 年文化课补习，考试合格后，经省招生办公室批准成为正式学生。

按照国家教委的要求，1991 年我省继续进行招收预科生的试点改革，其办法为：凡符合照顾条件的先进模范人物和生产业务骨干（科级以上干部、8 年以上工龄的职工或 8 年以上教龄的教师），照顾后仍未被录取的，经单位推荐，再适当降低分数录入预科班，进行 1 年文化实习，期满后经考试合格，可直接升入成人高校对口专业学习。

1994 年成人高校预科班按照合理布局、专业对口、控制规模、提高质量的原则，在学校条件和教学管理比较好的学校试办。自 1994 年开始，预科班一律使用统编教材（由省招办指定），预科生通知书由省招生办公室签发，加盖山东省招生委员会办公室成人高校录取章。

预科生的招生对象原则上仅限于高中起点专科层次的考生（高中起点本科层次的考生如要录取为预科生，下一年只能填报高中起点专科层次的学校或专业），专科起点本科层次的考生一律不能录取为预科生。

预科生必须是参加今年全国成人统考的考生，考试成绩须在一定分数线以上，并且具有 3 年（含 3 年）以上工龄的业务骨干和符合国家教委有关规定的考生。

省招办按照既有利于组织教学，又方便考生的原则，将符合录取条件的考生档案搭配给各办班学校，由学校征求考生意见，办理录取手续。预科生通知书由省招办统一颁发，并加盖山东省招生委员会办公室成人高校录取章。

预科生在学习期间主要补习文化基础课，文、外、艺、劳改劳教类补习政治、语文、数学、历史、地理，理工、体育、西医、中医药、技师类补习政治、语文、数学、物理、化学，为将来进入成人高校打下良好基础。省招办定期组织对有关学校的检查评估，对于不合格者取消下年的办班资格。

预科生由省招办统一组织进行结业考试，成绩合格者即取得成人高校入学资格。考生可根据下一年的成人高校招生计划重新填报志愿及组建档案，录取时由省招办向有关成人高校推荐，办理正式录取手续。根据招生计划，各有关成人高校应首先接收预科生。

六、运动训练专业单独招生

为提高体育队伍文化素质和训练水平，满足在职教练员、现役运动员继续学习和深造的需要，2005 年部分成人高校的运动训练专业由国家体育总局组织单独招生。山东体育学院有该类招生任务，招生计划列入经教育部核定的年度成人高等学历教育招生计划总数内。招生院校制订本校成人运动训练专业的招生章程并及时公布，招生章程内容应包括成人高等学校全称、校址、层次、专业方向、办学类型、学习形式、招生人数、具体报考条件、考生身体健康状况要求、录取规则、学费标准、颁发学历证书的学校名称及证书种类，以及报名时间、地点、联系电话、网址和其他有关事宜。招生章程公布后不得随意变更。

（一）报考

优秀运动队（包括省、自治区、直辖市、计划单列市、大军区、各行业体协）的教练员、运动员、运动学校和业余体校的教练员可以报考。

报考高中起点升专科（高职）的应具有高中毕业文化程度

或同等学力。报考专科起点升本科的必须已取得经教育部审定核准的国民教育系列学校、高等教育自学考试机构颁发的专科毕业证书或以上证书。

招生院校负责组织考生报名。报名工作结束后将考生报名数据库按教育部规定的信息标准报学校所在省级成人高校招生委员会办公室备案。

（二）考试

高中起点升专科（高职）的文化课考试科目为语文、数学、政治、英语，考试范围不超出国家体育总局科教司制定的《国家体育总局系统成人运动训练专业单独招生复习考试大纲》。专科起点升本科文化课考试科目为运动生理学、运动心理学、运动训练学、综合，考试范围不超出运动训练专业专科教学大纲。每科试题满分为 150 分，由国家体育总局科教司统一组织命题、考试和评卷，考生考试成绩由国家体育总局科教司通知各招生院校。

报考高中起点升专科（高职）的考生除参加文化课考试外，还需参加运动专项考试。运动专项由各招生院校自行组织命题和考试，考试成绩不计入总分，供录取时参考。

（三）录取

国家体育总局科教司负责划定最低录取控制分数线，经教育部核准后通知各招生院校。各招生院校在最低控制分数线上划定本校最低录取分数线并确定拟录取考生名单，经国家体育总局科教司核准后，于 12 月 31 日前报学校所在省级成招办审批。

七、成人高考考生进入普通高校学习

从 1987 年到 1990 年，国家教委出于改善普通高校学生结构的考虑，个别高校在报考成人高等学校的考生中择优招收少量学生。1987年主要是由北京大学、天津大学、华东政法学院推荐，1988年由天津大学、华东政治学院推荐，1989年在山东大学、山东师范大学、曲阜师范大学、山东经济学院、山东工业大学等普通高等学校中试招少量成人高考中考试成绩优秀、并有实践经验的在职人员考生进入有关专业本科班学习，共招生26名。1990年，在北京航空航天大学、山东大学、山东师范大学、山东经济学院、山东建筑工程学院、山东轻工业学院等普通高等学校中试招少量成人高考中成绩优秀、并有实践经验的在职人员考生进入有关专业本科班学习，共招收23名。招生对象为参加当年全国各类成人高校统一考试，成绩在400分以上（不含外语），年龄不超过28周岁，工龄在3年以上，坚持党的四项基本原则，拥护改革、开放、搞活的方针，品德优秀，作风正派，工作积极，具有一定的实践经验和组织能力的党政机关或全民、集体所有制企事业单位的在职人员。采取自愿报名、单位推荐、学校审查录取的办法。

被试点高校录取的成人高考优秀考生，在校学习实行奖学金和学生贷款制度，原单位停发工资，不享受原单位的各种福利待遇。学生入学前应与工作单位签订合同，保证毕业后回原单位工作。回原单位工作的毕业生，所借贷款由原单位从职工教育经费中一次偿还学校，不履行合同回原单位工作的，所借贷款由本人偿还。

第五章 山东研究生招生考试平稳发展

第一节 研究生招生考试概述

研究生招生分硕士研究生招生和博士研究生招生。研究生招生全国统一管理，各省自己的特色并不多，一般不允许各省出台自己的改革项目。针对以招生单位为主的招生形式，研究生招生的发展历史表现出的是政策稳定、规模扩大，更多是不同专业招生体现出的不同要求。山东是全国研究生招生考试工作开展较早的省份之一。1950 年到 1953 年，招收研究生以推荐保送为主，没有统一规范的招生考试办法。1955 年，教育部、高等教育部联合颁发了《1955 年暑期全国高等师范学校研究生选拔办法》，明确规定了考试办法，这个选拔办法标志着研究生招生突破了完全推荐选拔的方式，初步建立了考试选拔制度。1963 年 4 月，教育部在北京召开了高等学校研究生工作会议，会议提出，严格入学考试，政治和外语 2 门课程由教育部统一命题，统一考试，坚持保证质量、宁缺毋滥的录取基本原则，这成为以后招生录取工作中始终坚持的原则。山东省有山东大学、山东海洋学院、山东工学院、山东医学院、山东农学院、

山东师范学院等高校分别于1951年开始相继招收、培养研究生。到"文革"前，山东研究生招生的高等学校、研究所共有8个单位，共招收、培养了397名研究生，研究生教育已粗具规模，形成了一套系统的招生规章制度，积累了大量的招生工作经验。1966年起停止招生。

1978—1980年是全国和山东省研究生招生考试的恢复阶段。这一阶段主要是积极探索科学的考试方法，恢复和发展"文化大革命"前已经形成的较为规范的统一考试制度。由于恢复高考制度后招收的本科生尚无应届毕业生，这一时期研究生的生源主要来自在职考生，优秀生源的数量和质量严重不足，招生计划每年都很难完成。山东省和全国的情况一样，除了生源不足、招生规模较少之外，招生单位数量在全国也处于中游。这一时期，教育部还分别就台、港、澳招生和出国留学生以及四年制研究生的选拔等工作出台了相关办法，但这些工作，除了四年制研究生招生教育部有明确指定的高校（山东省没有）外，山东省高校没有开展台、港、澳招生和出国留学生工作。

1977年10月，国务院批准教育部《关于高等学校招收研究生的意见》，11月，教育部和中国科学院又联合发出关于1977年招收研究生具体办法的通知。但是，由于时间仓促，从准备报考到录取需要一个过程，1978年1月教育部发出《关于高等学校1978年研究生招生工作安排意见》，决定将1977、1978年两年研究生招生工作合并进行，一次报名，同时考试，一起入学，统称1978届研究生。1978年5月5—7日，举办了"文化大革命"后第一次研究生入学考试（初试）。考试分初试和复试两段进行。

根据教育部通知精神，1978年山东省共有山东大学、山东海洋学院、山东工学院、山东医学院、青岛医学院、山东中医学院、山东师范学院、曲阜师范学院、中科院海洋研究所9所高校和科研单位作为全国首批恢复研究生教育的单位恢复招生。山东省各招生单位共录取 210 人，占全国录取人数的 1.96%。① 招生办法是自愿报名，单位推荐，文化考试，择优录取。报名、考试时间全国统一，考试由县（区）招办组织。初试科目为政治、外语、基础课、专业课 4 门，政治、外语试卷全省统一评阅，基础课、专业课试卷由招生单位评阅。复试由招生单位组织指导教师进行，复试方法分口试、笔试或者两者结合进行。录取在省、市、自治区招生委员会统一领导下进行，招生学校在政审、文化考试合格的考试中确定录取名单，报省、市、自治区招生委员会批准录取。虽然是刚刚恢复招生，但从报考条件、报名准备、命题、初试、评卷、复试、录取等各个环节规定都很详细、规范，为以后招生考试制度的完善奠定了基础。

1979 年，全国共计划招收研究生 22642 人，共有 293 所高等学校、200 多所科研机构安排招生，实际录取 8259 人。山东省共有 13 所高校和科研单位计划招生 518 名，4 月 12 日报名结束，有 1602 人报考本省研究生，395 人报考中央和外省市研究生，共计报名 1997 人。全国统一考试时间为 6 月 2 日至 4 日，由各招生单位命题，县设考场，录取 238 人，占全国录取人数的2.88%。招生单位除了 1978 年的 9 家单位外，山东矿业学院、山东农学院、聊城师范学院、山东医学科学院为首次招生。教育部发出《关于 1979 年研究生招生工作安排意见》，对报名、命题、考试、评卷、录取工作等作了具体安排。7 月，教育部下发了《关于 1979 年研究生录取工作的通知》，对录取工作提出了明确要求。1979 年的招生工作较 1978 年更加规范，要求更加具体、明确。与 1978 年相比，变化最大的有四点：一是

---

① 孟庆旭：《山东教育改革发展三十年》，教育科学出版社 2008 年版，第 633—653 页。录取数在《山东省志（68）教育志》第 465 页为 228 名。

出台了专门招收研究生的招生简章，对研究生的培养目标、报考条件、报名、考试、录取、学制、报考费用、学习待遇、分配等各项内容作了明确规定；二是增设了考试科目，由1978年的4门调整为5门，增加了1门专业基础课；三是为贯彻执行德智体全面衡量、择优录取、确保质量、宁缺毋滥的原则，明确提出了各门考试科目的录取标准要求，即各科总平均成绩在60分以上，基础课、专业基础课、专业课的平均成绩在60分以上，其中单科成绩不得低于40分，外语成绩在50分以上，对少数民族考生和特别优秀的考生可以破格录取；四是为缓解考生经济压力，规定研究生入学考试一般不再安排复试，招生单位认为确有必要的，可以安排。

1980年，教育部下发了《关于1980年研究生招生工作安排的意见》，进一步改革考试办法，决定从1980年起，研究生政治理论课和外国语（英、俄、日语）的入学考试全国统一命题；同时，为了保证质量，出台了《关于做好研究生入学考试的基础课、专业基础课和专业课命题及评卷等工作的几点意见》、《关于组织研究生入学考试工作的若干注意事项》、《高等学校招生体检标准及执行细则》、《关于1980年研究生录取工作的通知》等一系列文件，从报名、体检、命题、考试、评卷、录取等各个方面作了详细规定。山东省各招生单位认真贯彻执行教育部的规定，认真执行德智体全面衡量、择优录取、确保质量、宁缺毋滥的原则，11家招生单位共录取研究生72人。山东化工学院首次招生，山东矿业学院、中科院海洋研究所、山东医学科学院3家单位当年没有完成招生任务。

1981年起，山东省开始实施学位制度，研究生教育中分硕士和博士两种，硕士研究生学制为3年，部分专业为2年半；博士研究生学制一般为2年半至3年，个别学科、专业为4年至5年；硕士研究生班的学制为2年或1年半。从此，我国有了自己的研究生学位制度。1981年，国内第一批攻读硕士和博士

学位的研究生开始招生。1982年的考试在4月初进行，对本科教学影响较大，1983年安排在2月低，这一考试日期就延续下来。1983年开始出现委托培养研究生。1983年，山东全省有研究生637人，与本科生的比例为0.016∶1；硕士点107个，占全国的2%；博士点13个，占全国的2%。1983年山东省计划招收硕士研究生270名，其中省属高校和科研机构招收96名，另外山东大学和山东海洋学院代招出国预备生24名，1982年12月14日报名结束，总计报名4219人，比1982年增加了1399名，增长33%，考试于2月26日至28日进行。1984年，国家开始在部分高等学校试办研究生班。1985年，国家在全国重点高等学校进行推荐少数应届优秀毕业生免试入学的试点工作。1986年1月《中共山东省委、山东省人民政府关于贯彻〈中共中央关于教育体制改革的决定〉的意见》提出，"要扩大省属院校硕士点招生规模，创造条件尽快建立博士点，采取招收研究生班、在职攻读硕士学位和委托省外重点高等学校培养等多种形式培养研究生"。到1987年，全省已有在校研究生2405名，与在校本科生比例达到0.04∶1，研究生与本科生的招生数之比达到0.05∶1。全省有攻读博士学位的研究生58人，攻读硕士学位的研究生2236人，研究生班111人。从1989年起，全国研究生入学考试中的统考科目的命题、印发试卷以及分数的统计分析工作由国家教委考试中心负责。①

此后，硕士生的招生程序一般是教育部下达招生文件，省招生办提出贯彻意见，各招生单位将计划汇总到省招生办后由省招办组织印发到报考点，报考点负责组织报名、安排考试，试题统考部分从2003年开始由省招办组织印发，各招生单位自己印制的试题直接寄发报考点，统考部分的评卷工作由省招办

① 杨学为：《中国考试通史》（卷五），首都师范大学出版社2004年版，第333页。

组织,各招生单位自己命制的试题由单位评阅,成绩由考生所在省招生办汇总,分数线由教育部公布,招生单位负责提出初试名单,录取经大区检查合格后由招生单位发放录取通知书。

1991年的硕士生招生规定从有实践经验的优秀在职人员中招生的计划要占30%,从应届大学本科毕业生中招收的硕士生实行推荐报名与全国统一考试相结合的选拔办法,推荐数量可超过应届本科毕业生人数的12%。从1993年开始,有条件的单位,可以试行自筹经费招收研究生,经费和毕业后的就业单位应在招生前落实,招生单位、用人单位和考生应签订合同书。1997年,MBA专业硕士学位招生实行联考。1999年,法律硕士专业学位和教育硕士专业学位研究生招生。

1998年起,国家对硕士生招生的管理办法进行改革,按主管部门分招生单位下达硕士生招生的国家计划和招生规模,并且在执行招生计划和控制招生规模方面,采取新的管理办法。具体措施如下:

第一,全国统一进行的硕士生入学考试初试后,国家教委提出统考考生参加复试的基本要求,划定分数线。

第二,招生单位拟录取的第一志愿报考本单位初试成绩上线的统考生、接受的第二志愿报考本单位初试成绩上线的统考生、录取的"MBA联考"生、接受的推荐免试生、在单考限额内拟录取的单考生以及返校入学的往年保留入学资格人数之和,若出现下列情况,则:(1)低于本单位的国家招生计划数时,招生单位可在保证质量的前提下,根据本单位各学科专业的生源情况适当择优录取一些线下生,也可转出个别统考上线生。这部分招生单位录取的硕士生总数不得高于国家招生计划数。(2)达到或高于本单位国家招生计划数同时低于国家下达的招生规模数时,招生单位可自行调整各学科、专业考生分布不平衡状况——可转出一些考生过于集中的专业中的统考上线生,并可适当择优录取少量的线下生。这部分招生单位录取的硕士生总数不得超过上面所列的各类考生人数之和。(3) 达到或高于国家下达的招生规模数时,招生单位可自行调整各学科、专业考生分布不平衡状况——转出一些拟录取考生过于集中的专业中的统考上线生,并可适当择优录取少数线下生。这部分招生单位录取的硕士生总数一般不得超过本单位招生规模数。

第三,主管部门根据本部门各招生单位的拟录取生源情况,可在本部门招生规模数内,调整各招生单位的招生规模,并按规定的时间报国家教委备案,由国家教委汇总后通知有关省级招办。

第四,省级招办可在地处本省(区、市)内各招生单位的经主管部门调整后的招生规模总数内,在保证质量的前提下,按国家教委规定的时间提出将上述第二条措施中(1)类和(2)类招生单位达不到招生规模的余额调至(3)类招生单位的意见,并上报国家教委,国家教委将根据全国总体情况统一审批。

第五,单考生、初试成绩未达到分数线的统考考生的报考材料一律不得转寄其他招生单位。

第六,录取的单考生数不得超过国家教委下达的限额。

1997 年全国试办工商管理专业的 26 所高校招收工商管理硕士生,实行了联考。联考在规范 MBA 的入学要求、提高 MBA 专业学位的新生入学质量、维护考生平等竞争的权益、树立 MBA 在社会上的新形象等方面都起到了积极作用。因此,1998 年开始,试办工商管理专业的高校招收工商管理专业硕士生采用联考方式。考生的报考资格、考试科目等不变。联考命题、集中阅卷等事宜,1998 年仍委托“全国工商管理硕士教育指导委员会”承办。2004 年开始,法律硕士和工商管理(MBA)专业学位的联考命题、制卷工作均由教育部考试中心负责。

各试办学校根据本校优化学科专业结构的规划,统筹安排

各学科专业的硕士生招生计划时，可以在本单位的招生规模内，自行增加工商管理专业的招生计划。但工商管理专业的招生计划数不得低于国家教委下达给本校的MBA招生基数。

“MBA联考”结束后，国家教委根据“1998年全国MBA招生计划”划定考生参加复试的最低分数线。未达最低分数线的联考生材料一律不得转至其他招生单位。未被工商管理专业录取的上线联考生，不得转至其他学科专业录取，其他学科专业的单考生、上线统考生也不得转到工商管理专业录取。

1997年，国家对博士生招生的管理办法进行了改革，国家按主管部门分招生单位下达博士生招生的国家计划和招生规模，各博士生招生单位录取博士生总数一般不得超过国家下达的招生规模数。录取过程中确需调整的，由其主管部门在本部门的博士生招生国家计划或招生规模内进行调整。

山东的硕士研究生招生数量在1998年以前比较少。

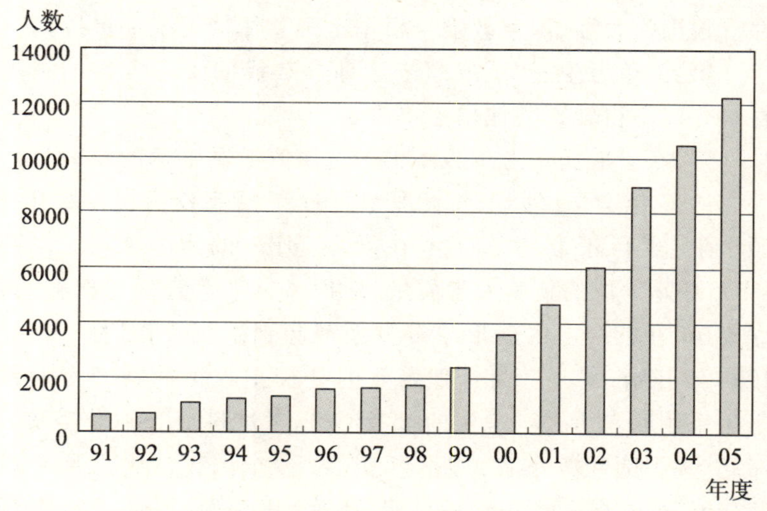

图5-1　1991—2005年硕士研究生录取增长情况

如图5-1所示，从1999年开始，硕士生招生数量大幅度增加，到2005年，年招生规模达到12275人，是1994年的10倍。

山东的博士研究生招生总量比较少。

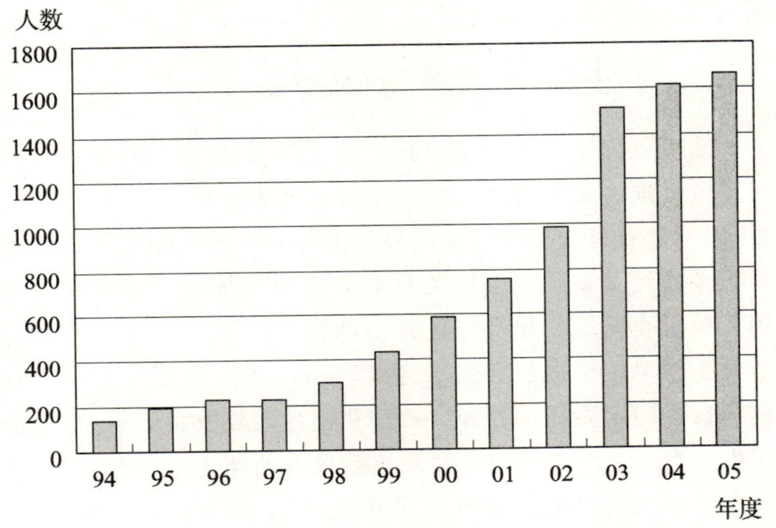

图 5-2 1994—2005 年博士生录取增长情况

如图 5-2 所示，1994 年仅录取 133 人，到 2005 年有了较大规模的发展，招生数量已经达到 1662 人。从 1998 年到 2003 年博士生的招生数增速较快。

第二节 研究生招生考试的基本内容

一、硕士研究生招生的原则

高等学校和科学研究机构招收攻读硕士学位研究生，是为了培养热爱祖国，拥护中国共产党的领导，拥护社会主义制度，遵纪守法，品德良好，为社会主义建设服务，掌握本学科坚实的基础理论和系统的专业知识，具有创新精神和从事科学研究、教学、管理或独立担负专门技术工作能力的高级专门人才。

招收硕士生的基本原则是德智体全面衡量、择优录取、保证质量、宁缺毋滥和按需招生。

二、硕士研究生招生单位、对象、计划

硕士研究生招生单位及其学科、专业必须经教育部及其授权单位批准。招生对象主要为应届本科毕业生、本科毕业的人员,以及具有与本科毕业生同等学力的人员等。招生单位培养硕士生的经费来源按隶属关系分为中央和地方财政拨款以及用人单位委托培养经费和自筹经费等。

招生单位根据社会需求、办学条件,在国家核定的招生规模内自主确定委托培养和自筹经费招生人数及各学科、专业的招生人数。由中央或地方财政拨款培养的硕士生,分定向和非定向两种。定向生按定向合同就业,非定向生按学校推荐、本人与用人单位双向选择的办法就业。委托培养硕士生的培养经费由用人单位提供,毕业后按委托培养合同就业。自筹经费硕士生的培养经费由高等学校在培养条件、指导力量具备的前提下,用指导教师的科研经费,或向社会多种渠道筹措解决,学生毕业后按自筹经费培养合同就业。

1991 年山东省省属高等学校和科研机构招收硕士研究生 223 名,驻山东省部委属高等学校和科研机构招收硕士研究生 475 名。其中,定向培养和委托培养的部分仍按 30% 安排。

山东大学、青岛海洋大学可以单独组织考试,招收优秀在职人员。这种选拔办法只限于用人单位推荐为本单位定向培养或委托培养的考生。

三、硕士研究生招生报名

(一) 报考条件

1. 符合下列条件的,可以报名参加国家组织的全国统一

招生考试。

(1) 拥护中国共产党的领导,愿为社会主义现代化建设服务,品德良好,遵纪守法。

(2) 考生的学历必须符合下列条件之一:① 国家承认学历的应届本科毕业生;② 具有国家承认的大学本科毕业学历的人员;③ 获得国家承认的大专毕业学历后2年或2年以上(从大专毕业到录取为硕士生当年9月1日),达到与大学本科毕业生同等学力,且符合招生单位根据本单位的培养目标对考生提出的具体业务要求的人员,国家承认学历的本科结业生和成人高校应届本科毕业生,按本科毕业同等学力身份报考;④ 已获硕士学位或博士学位的人员,可以再次报考硕士生,但只能报考委托培养或自筹经费的硕士生。

(3) 年龄一般不超过40周岁,报考委托培养和自筹经费的考生年龄不限。

(4) 身体健康状况符合招生单位规定的体检要求。

2. 符合下列条件的,可以报名参加经教育部批准的招生单位自行组织的单独考试。

(1) 符合报考条件1中第(1)、(3)、(4)各项要求。

(2) 大学本科毕业后连续工作4年或4年以上,业务优秀,已发表过研究论文(技术报告)或已经成为业务骨干,经本单位同意和2名具有高级专业技术职务的专家推荐,为本单位定向培养或委托培养的在职人员。

3. 符合上述1或2中各项报考条件的,可以报名参加教育硕士专业学位研究生入学相应的统考或单考。

山东2005年招收教育硕士专业学位研究生的学校是山东师范大学、曲阜师范大学。

4. 符合下列条件的,可以报名参加法律硕士专业学位研究生入学的全国联考。

（1）符合1中的各项要求。

（2）在高校学习的专业为非法学专业的(下列13个专业不得报考法律硕士专业学位:法学、经济法、国际法、国际经济法、劳动改造法、商法、公证、法律事务、行政法、律师、涉外经济与法律、知识产权法、刑事法)。

山东2005年招收法律硕士专业学位研究生的学校是山东大学、烟台大学。

5. 符合下列条件的,可以报名参加工商管理硕士专业学位研究生入学的全国联考。

（1）符合1中第(1)、(3)、(4)各项的要求。

（2）大学本科毕业后有3年或3年以上工作经验的人员;大专毕业后有5年或5年以上工作经验的人员;已获硕士学位或博士学位并有2年或2年以上工作经验的人员。

山东省2005年招收工商管理硕士专业学位研究生的学校是山东大学、中国海洋大学、山东经济学院。

6. 硕士生招生单位中的部分高等学校,经教育部批准,可以推荐本校少数优秀应届本科毕业生免初试直接到报考单位参加复试和办理接收手续。推荐办法由学校根据教育部的有关规定制定。被接收的推荐免试生只办理报名确认手续,但不得再参加统考。

（二）报名

在2004年以前,报名工作一直是传统的模式。比如1991年规定,高等学校应届本科毕业生报考本校或驻地其他招生学校的,可直接到招生学校报名;报考省医科院、中科院海洋研究所、国家海洋局第一研究所、海军潜艇学院、海军航空工程学院和非驻地招生学校的到所在市、地招生办公室报名。石油大学和曲阜师范大学的应届本科毕业生和职工报考非驻地学校的,可在本校报名。在职职工及其他人员报考驻地学校的,可直接到招生学校报名;报考非驻地招生学校的,到所在市、地招生办公室报名。

硕士研究生的报名点(或称为报考点),主要是为了方便学生报名考试,驻地大学报考集中且招生任务比较大的就可以申请设立报考点。到2004年,山东省共设置了29个硕士生招生报考点。

从2005年开始,硕士研究生考生一律采取网上报名方式。网上报名时,考生需要填报学科专业研究方向和招生单位,需要应试的任选一种外国语语种。同等学力的报考人员还要按招生单位要求如实填写学习情况和提供真实材料。考生要按规定缴纳报考费,报考点按规定采集考生本人图像信息。

(三) 考生资格审查

招生单位审查考生网上报考信息后,对符合报考条件的考生发放准考证。招生单位将在复试时对考生学历证书等报名材料原件及考生资格进行再次审查,对不符合教育部规定者,不予复试。

(四) 网上报名

2005年实行网上报名后,硕士研究生报名工作分为两个阶段。

第一阶段是网上报名,考生先登陆 http://www.chinayz.com.cn 网站,然后按步骤进行。第一步,阅读教育部有关公告。第二步,仔细阅读重要提示。第三步,选择所要报考的招生单位,并仔细阅读所选招生单位的公告信息。第四步,选择报名点(即照相、交费和参加考试的地点),并注意看弹出的报名点公告内容,按要求选择。第五步,选择考试方式名称。若考生为MBA联考及法律硕士联考,考试方式名称中选择全国统考。有建筑设计考试科目的考生,只能选择山东建筑工程学院或青岛理工大学作为报名点。第六步,上述各步完成后考生就进入填报个人基本信息及报考信息的页面，在填写页面上的信息时，考生应按照要求填写每个信息项。填写完毕提交后，系统会对信息进行校验，如有不符合要求的信息项，系统会弹出窗口提示考生。信息无误后，系统会给考生一个报名序号，考生需要牢记该报名序号和密码，以便在现场交费、照相时确认信息。

经过以上各步后，考生就完成了网上报名，在10月8日至10月31日期间，考生可以凭借自己的报名序号和密码登陆报名网站修改报名信息。

第二阶段是现场确认。11月10日到11月14日，考生到网报时选择的报考点进行现场确认，缴纳报名费用、采集照片、核对信息并签字确认。

以上各步均结束后，考生完成硕士研究生报名工作。

四、硕士研究生招生入学考试

硕士生入学考试分初试和复试两个阶段进行。初试分为全国统一考试、联合考试、单独考试以及推荐免试，复试由招生单位按教育部的规定自行组织进行。初试和复试都是研究生入学考试的重要组成部分。复试的目的是要进一步考查考生的思想品德、专业知识、综合素质和能力。招生单位按教育部的有关规定自行确定复试办法、方式和程序。

全国统一考试中部分考试科目由教育部统一组织命题；联合考试是教育部批准的特定学科、专业的部分考试科目由全国统一命题的考试；单独考试是经教育部批准的部分高等学校为符合特定报名条件的在职人员单独组织的考试，考试科目由招生单位自行组织命题；推荐免试是经教育部批准的部分高等学校按规定推荐本校优秀应届本科毕业生，确认其免初试资格，由招生单位进行复试的选拔方式。全国统一命制的试题、答案及评分参考在开考前属国家绝密级材料，各招生单位自行命制的试题、答案及评分参考属机密级材料，考生答卷在成绩公布前属秘密材料。

（一）初试

考试时间一般在春节前后。

1991 年，硕士生入学考试的初试科目为马克思主义理论、外语和 3 门业务课。马克思主义理论，英语、俄语、日语，以及全国工学各专业和经济学中部分专业考试中数学、医学综合考试及中医综合考试试题由国家教委组织统一命题、制卷。试题通过省招生办公室发至各考点。法语、德语及其他业务课考试科目由各招生单位命题、制卷，直接寄往各考点。凡属统考范围内的各招生专业，必须采用相应的统考试题，不得自行命题或弃难择易地选用试题。考点设在报名点。

各考点严格按规定的时间和要求组织考试。考试后及时将试卷装订、密封，分别寄往招生单位。各招生单位应由专人负责试卷的密封、编号、保管，组织教师集体评卷，并且组织一定力量进行复查。考试成绩不公布，原则上不准查卷。

2005 年，初试科目为政治理论、外国语和 2 门业务课。招生单位必须按教育部的有关规定确定考试科目及使用统一命题的试题类别。

工商管理硕士专业学位（MBA）考试科目为综合能力、外国语，每科考试时间均为 3 小时。参加统考、法律硕士联考和单考的，政治理论和外国语科目满分各为 100 分。参加统考、法律硕士联考和单考的两门业务课各为 150 分。参加工商管理硕士专业学位（MBA）综合能力科目满分为 200 分，外国语满分为 100 分。考试方式均为笔试。

全国统一考试初试中的政治理论，非外国语言文学专业的英语、俄语、日语和部分学科、专业的基础课，由教育部统一组织命题，其他考试科目由招生单位自行组织命题；联合考试初试中的联考科目命题工作由教育部统一组织，或指定相关机构组织进行；单独考试的各考试科目均由招生单位命题。

教育部统一命题科目的评卷工作从1991年开始授权各省级招办统一组织（山东省1991年统一评阅英语，1992年开始统一组织评阅统考科目），其他科目评卷工作原则上由命题单位组织进行。

（二）复试

拟录取的考生均应参加招生单位复试。

对参加复试考生的基本要求由教育部制定（经教育部批准的自行确定复试分数线的高校另行规定），一般在5月上旬完成复试。

招生单位在复试时进行考生报名资格审查，对不符合教育部规定的，不予复试。

参加复试的考生名单、复试内容和方式由招生单位按教育部有关规定自主确定。各招生单位原则上进行120%左右的差额复试。对参加复试的同等学力者除加强复试外，还必须加试所报考专业的2门本科主干课程，加试科目不得与初试科目相同，加试方式为笔试。招生单位应再次查验考生的有关证件。招生单位认为需进一步考查时，可再次进行复试。外国语听力和口语测试由招生单位在复试中进行，成绩计入复试总成绩。

招生单位对接收的推荐免试生必须在全国统一报名前完成复试及接收手续。复试内容、方式由招生单位确定。

体检工作由招生单位在复试阶段组织进行，体检须在招生单位指定的二级甲等以上医院进行。招生单位参照教育部、卫生部、中国残联制订的《普通高等学校招生体检工作指导意见》，结合招生专业实际情况，提出本单位体检要求。

五、硕士研究生招生录取

招生单位根据国家下达的招生计划、考生入学考试的成绩(含初试和复试)并结合其平时学习成绩和思想政治表现、业务素质以及身体健康状况确定录取名单。思想品德考核不合格者,不予录取。

参加统考、"MBA 联考"及"法律硕士联考"的考生可被录取为定向或非定向硕士生,也可被录取为委托培养或是招生单位自筹经费硕士生;参加单考的考生,只能被录取为回原单位的定向培养硕士生或委托培养硕士生;招收定向培养、委托培养及自筹经费硕士生均实行合同制,招生单位、用人单位与拟录取为定向培养、委托培养及自筹经费硕士生的考生之间,必须在考生录取前分别签订合同。

被录取的新生经本人申请和招生单位同意,可以保留入学资格,参加工作 1—2 年再入学学习。被录取为定向或委托培养的硕士生回定向或委托单位。被录取为非定向和自筹经费的硕士生毕业时采取毕业研究生与用人单位"双向选择"的方式,落实就业去向。

一志愿未被录取的,还可以根据规定参加调剂录取。初试后,对符合第一志愿单位复试要求、但因名额限制不能参加复试的考生,应将其材料转至第二志愿单位,由第二志愿单位确定该生是否参加复试,招生单位会主动向有相近学科、专业的招生单位传递需要调出或调入考生的信息。考生也可以根据情况自己联系。

六、硕士研究生招生管理分工

教育部主管全国硕士生招生工作。其职责是:(1) 制定招生工作的方针、政策、规定和办法,部署全国的招生工作,发布年度招生简章，组织实施并监督检查执行情况。(2) 会同国家有关部门制定并下达年度招生计划。(3) 确定具有组织单独考试资格的学校名单及其年度单考限额。(4) 确定具有推荐免试资格的学校名单及其年度推荐免试限额。(5) 组织硕士生全国统一入学考试和全国统考科目的命题工作，授权有关机构组织专业学位等联考命题工作。(6) 调查处理或授权有关部门调查处理招生工作中发生的重大问题。(7) 组织招生管理人员的培训工作，开展招生宣传和研究工作。

省、自治区、直辖市高等学校招生委员会负责本地区硕士生招生管理工作。其主要职责是：(1) 执行教育部关于招生工作的方针、政策、规定和办法，结合本地区的实际情况制定必要的补充规定。(2) 组织汇编、印发本省、自治区、直辖市招生单位招生专业目录。(3) 设置报考点和阅卷点，组织报名、考试、评卷工作，根据教育部要求按时、准确、规范上报有关信息数据。(4) 组织并做好试题印制及保密保管工作。(5) 协调并监督检查招生单位和报考点的招生工作，调查处理招生工作中发生的问题。重大问题应立即向所在地省级人民政府和教育部报告。(6) 建立健全研究生招生机构，配备专职人员，加强队伍建设。根据新形势和日益增加的工作任务要求，合理设置研究生招生处(科)等常设机构，合理确定研究生招生工作人员的编制，配备必要的专职研究生招生工作人员。做好本地招生工作人员培训工作。(7) 组织开展招生宣传、咨询和研究工作。

招生单位行政主管部门的主要职责是根据国家的有关规定和国家下达的招生规模，拟定本部门所属各招生单位的招生计划，根据教育部的有关规定调查处理本部门所属招生单位招生工作中发生的问题。

招生单位负责组织实施本单位的招生工作。其主要职责是:(1)执行教育部关于招生工作的方针、政策、规定和办法,以及上级主管部门和所在省、自治区、直辖市高等学校招生委员会的补充规定,结合本单位的实际情况,制订必要的实施细则。(2)根据教育部、卫生部等部门的体检工作指导意见,结合本单位情况,制定体检要求。(3)根据国家核定的招生规模,制定本单位的分学科、专业的招生方案。(4)遴选指导教师。(5)编制招生专业目录,并按时、完整、准确地上传招生网站。(6)审查考生的报考资格。(7)组织命题、考试、评卷、体检和录取工作。(8)对入学新生的思想政治、业务和身体健康状况进行复查。(9)依法维护考生和招生工作人员的合法权益。(10)接受考生的申诉,负责对未录取考生的必要解释,处理招生中的遗留问题。(11)开展招生宣传、咨询和研究工作。(12)设置招生机构,确定必要的编制,配备专人负责招生工作,并组织招生工作人员培训。

七、博士学位研究生招生

招收攻读博士学位研究生工作虽然量少,但备受社会重视。提高博士生选拔的科学性、公平性和安全性,切实保证全国博士生招生工作的顺利进行,成为博士招生的基本原则。从2005年的招生情况看,博士招生从选拔方式上可以分为公开招生、提前攻博、硕博连读和直接攻博四类。

公开招考是指招生单位面向社会招生,招生单位自行命题并组织入学考试,从考生中择优选拔的方式。公开招考的办法由招生单位根据教育部的有关规定制订并向考生公布。

提前攻博是指招生单位从本单位完成硕士课程学习并且成绩优异、具有较强的创新精神和科研能力、尚未进入论文阶段或正在进行论文工作的在学硕士生中选拔博士生的方式。硕博连读是指招生单位从本单位新入学的硕士生中遴选出具

备硕博连读条件的学生，在完成规定的课程学习并通过博士生资格考核后，确定为博士生的方式。招生单位不得跨单位招收硕博连读学生。直接攻博是指允许特定学科和专业的本科毕业生直接取得博士研究生入学资格。招生单位按规范、严格、科学的原则自行拟定选拔方法，报教育部批准后实行。

（一）报考条件

公开招考方式的报考条件是：(1) 拥护中国共产党的领导，愿意为社会主义现代化建设服务，品德良好，遵纪守法。(2) 已获硕士学位的人员；应届硕士毕业生（最迟须在入学前取得硕士学位）；获得学士学位6年以上（含6年，从获得学士学位到博士生入学之日）并达到与硕士毕业生同等学力的人员。(3) 身体健康状况符合报考单位规定的体检要求。(4) 报考国家计划内博士生的年龄不超过45周岁，报考委托培养或自筹经费的考生年龄不限。(5) 有2名与报考学科有关的副教授（或相当职称）以上的专家推荐。(6) 以硕士毕业生同等学力身份报考的人员，按招生单位根据本单位的培养目标对考生提出的具体业务要求，提交相应的材料。(7) 现役军人考生，按解放军总政治部的规定办理。

提前攻博、硕博连读和直接攻博方式的报考条件是：除满足上述第(1)、(3)、(4)、(5)条规定之外，还必须是品学兼优、创新精神和创新能力出类拔萃的在读优秀硕士生和应届本科毕业生（具体条件由各招生单位规定）。

（二）报名及考试时间、地点

报名考试时间为每年一次或上半年、下半年各一次。具体时间及地点由招生单位自行确定。

（三）报名手续

符合公开招考方式报考条件的报考人员需按招生单位的要求办理报名手续，并在规定的期限内向招生单位提交下列材料:(1) 填写好的攻读博士学位研究生报考登记表。(2) 专家推荐书。(3) 硕士学位证书复印件(应届毕业硕士生必须在入学前补交)或证明书。(4) 以同等学力身份报考的人员按招生单位的要求提交有关材料。其他选拔方式的报考人员按招生单位的具体要求办理报名手续。

(四) 招生宣传

各招生单位在教育部制定的全国招生简章的基础上,制定本单位的招生宣传材料,其中可根据本单位的各招生学科专业的特点,对考生提出具体要求。全国招生简章中未包括而必须使考生在报考前了解的事宜要一并说明,未在当年全国博士生招生专业目录公布的招生专业不得招生,各招生单位不得在招生专业目录向社会公布后改变招生专业和考试科目。

(五) 公开招考方式的考试、录取

公开招考方式的考试工作包括初试和复试两个环节。录取原则是"德智体全面衡量,择优录取,保证质量,宁缺毋滥"。

1. 初试。初试的笔试科目为外国语、政治理论(已获得硕士学位者和应届硕士毕业生可以申请免试政治理论)和不少于2门的业务课,每门考试时间为3小时。所有科目均由招生单位自行命题。除笔试外,招生单位还可以进行其他方式的考核。试卷由招生单位自行评阅,考试成绩由招生单位书面通知考生本人。考生本人不得查阅试卷,如对评卷结果有异议,考生可向招生单位提出书面申请,招生单位应组织专门人员进行认真复查,并将结果通知考生本人。

2. 复试。复试的方式方法、程序及要求由各招生单位自定并至迟在复试前事先公布。招生单位自行确定参加复试的考生名单及复试的时间、地点并书面通知有关考生。

招生单位应组织有指导教师参加的3人以上的复试小组对确定参加复试的考生进行复试。复试主要根据专业培养要

求和考生具体情况,考查考生综合运用所学知识的能力,本学科前沿知识及最新研究动态掌握情况,是否具备博士生培养的潜能和综合素质,并进行外国语的听力和口语测试。复试要在招生单位规定的地点进行,要有现场记录、成绩和评语。复试结果应书面通知考生本人。招生单位认为需进一步考查时,可再次安排复试。招生单位的招生工作领导小组对复试结果负责。

对同等学力考生应加强复试。复试阶段须对其加试(笔试)2 门本专业硕士学位主干课程。

3. 体检。体检原则上由招生单位参照教育部、卫生部、中国残联印发的《普通高等学校招生体检工作指导意见》自定。体检工作原则上招生单位在复试阶段进行,须在招生单位指定的二级甲等以上医院进行。

4. 申请材料评价。招生单位要组织专家对考生提供的硕士阶段的成绩单、硕士论文(附评议书)、公开发表(出版)的论文(专著)、科研成果证明书、学习(工作)中获奖证书、专家推荐信、自我评价等材料进行认真评估,将评估结果作为录取与否的重要依据。

5. 思想政治品德考核。招生单位要向考生所在单位函调(或派人外调)考生人事档案和本人现实表现等材料(须加盖人事档案所在单位人事或政工部门印章),全面审查其思想政治素质和道德品质。也可在复试时组织有关职能部门、导师等与考生进行有针对性的面谈,直接了解考生的思想政治品德情况。考核内容主要包括考生的政治态度、思想表现、学习(工作)态度、道德品质、遵纪守法等方面。

6. 招生单位的院(系、所)根据招生计划、考生的初试和复试成绩(含提前攻博或硕博连读的在学硕士生考核结果),综合其申请材料评价结果、思想政治品德、综合素质以及身体健康状况提出拟录取名单，报本单位研究生招生工作领导小组审定。

对残疾考生，在身体条件不影响专业学习的前提下应一视同仁，不得歧视，注意维护残疾人的合法权益。

7. 入学考试成绩仅对本次招生有效，招生单位不得录取未参加本单位规定时间考试和未参加本年度考试的考生。被录取考生的试卷和报考材料在录取单位保存 3 年，未被录取的考生的试卷和报考材料保存 1 年，不得转寄其他招生单位。被录取新生须当年入学。

（六）其他几种方式的考试录取

1. 提前攻博方式。招收提前攻博研究生的办法由招生单位自行制订并公布。拟提前攻博的学生应在招生单位规定的时间提出申请，经指导教师（或小组）推荐、博士生导师同意并通过招生单位规定的考核后，方可进入博士生阶段的学习。

2. 硕博连读方式。拟进行硕博连读的学生被录取为硕士生后即可按招生单位规定提出申请，经由本专业博士生导师同意及招生单位核准取得硕博连读资格，在完成规定的课程学习并通过博士生资格考核后进入博士生阶段的学习。

3. 直接攻博方式。招生单位按规范、严格、科学的原则自行拟定选拔方法，报教育部批准后实行。

是否采用提前攻博、硕博连读的方式选拔博士生，由各招生单位自定，但要留出一定比例的名额用于公开招考。凡采用上述方式选拔博士生的，都要按规定的程序进行严格的考核或考试，不允许采用推荐免试方式招收博士生。

4. 提前攻博、硕博连读、直接攻博 3 种方式的申请材料评价、思想政治品德考核、体检等环节与公开招考方式的要求相同。

（七）招生计划管理

博士生招生规模数当年度有效，不跨年度使用。春季和秋季入学的学生均计入当年的招生规模。兼职导师的招生计划由其兼职单位统一安排解决。录取工作于当年6月30日前结束。

招生单位在录取过程中需要进行规模调整的,由其所在地的省级招办将调整意见汇总后报教育部审批。

省招生办公室负责监督和检查地处本省(自治区、直辖市)的招生单位执行国家招生政策、规定、招生计划的情况。对检查审核通过的单位办理新生有关录取的备案手续,在规定时间内招生单位将全部录取名单及有关统计资料报所在地省招生办公室,同时报招生单位主管部门备案。

省招生办公室将经审核通过的各博士生招生单位的录取名单、统计资料汇总后统一报教育部。

第三节　研究生招生考试工作的发展与完善

从1978年恢复研究生招生考试工作后,与全国一样,山东的研究生招生考试工作经历了发展、稳定和完善等几个阶段,在这一发展过程中,山东研究生招生单位不断增加,招生层次、规格不断丰富,招生考试形式多样,报考人数、录取规模逐年增长,招生质量逐步提高,招生考试制度逐步完善。

一、招生单位增加

1978年,山东省有9个招生单位。1981年,山东大学、山东海洋学院、山东医学院3所高校和中国科学院海洋研究所被批准为博士学位授予权单位;山东大学、山东海洋学院、山东工学院、山东医学院、青岛医学院、山东中医学院、山东师范学院、曲阜师范学院、华东石油学院、山东矿业学院、山东农学院11所高校和中国科学院海洋研究所、山东医学科学研究院2所科研单位被批准为硕士学位授予权单位。但当年博士生招生只有山东大学完成了 2 名招生任务,硕士生招生除华东石油学院和山东中医学院没有完成招生任务外,其他 9 个招生单位都顺利完成了招生任务。到 2005 年,我国先后共开展了 8 次博士、硕士学位授予单位授权审核工作,山东共有 10 所高校、1 所科研院所被批准为博士生招生单位(另有 2 所部队院校不计),博士生招生单位比 1981 年增加了 7 个;有 26 所高校、4 所科研院所、1 所党校被批准为硕士生招生单位(另有 2 所部队院校不计),硕士生招生单位比 1981 年增加了 20 个。期间,中国石油大学(华东)于 1984 年,山东工业大学、山东农业大学、山东中医药大学于 1987 年,山东科技大学于 1996 年,山东师范大学、青岛大学于 1999 年,曲阜师范大学、青岛科技大学于 2004 年相继开展了博士生招生工作,2000 年 7 月,山东医科大学、山东工业大学并入山东大学,山东省博士生招生单位从 1999 年的 11 个减少为 9 个,直到 2004 年又重新增加到 11 个。

1990 年开始,具有硕士学位授予权的山东大学、中国海洋大学、山东医科大学、中国石油大学(华东)、山东科技大学、山东工业大学、山东农业大学、山东师范大学、山东中医药大学、曲阜师范大学、青岛医学院、山东化工学院、潍坊医学院 13 所高校和中国科学院海洋研究所、山东医学科学研究院、国家海洋局第一海洋研究所 3 所科研单位共 16 个单位招生,并顺利完成招生任务。1995 年,青岛建筑工程学院、山东经济学院 2 所院校获得硕士学位授予权并开始招生,山东招生单位达到 18 个。1999 年,济南大学、山东建筑工程学院、山东轻工业学院、山东理工大学、莱阳农学院、泰山医学院、聊城师范学院、烟台师范学院、山东艺术学院、烟台大学、山东财政学院 11 所院校获得硕士学位授予权并开始招生,山东招生单位增加到 29 个;2000 年,山东医科大学、山东工业大学并入山东大学,山东硕士招生单位减少为27个;2002年,山东非金属材料研究所获得硕士学位授予权开始招生,招生单位又达到28个;2004年,山东体育学院、滨州医学院、山东省委党校3所学校获得硕士学位授予权并开始招生。2007年,山东工艺美术学院开始招收硕士研究生,使山东省硕士研究生招生单位达到32个,成为山东省恢复研究生招生工作以来硕士生招生单位最多的一年。2008年开始,山东医学科学院并入济南大学招生,山东省硕士研究生招生单位减少为31个,作为山东较早恢复研究生招生单位之一的山东医学科学院,不再作为一个独立单位安排招收硕士生。

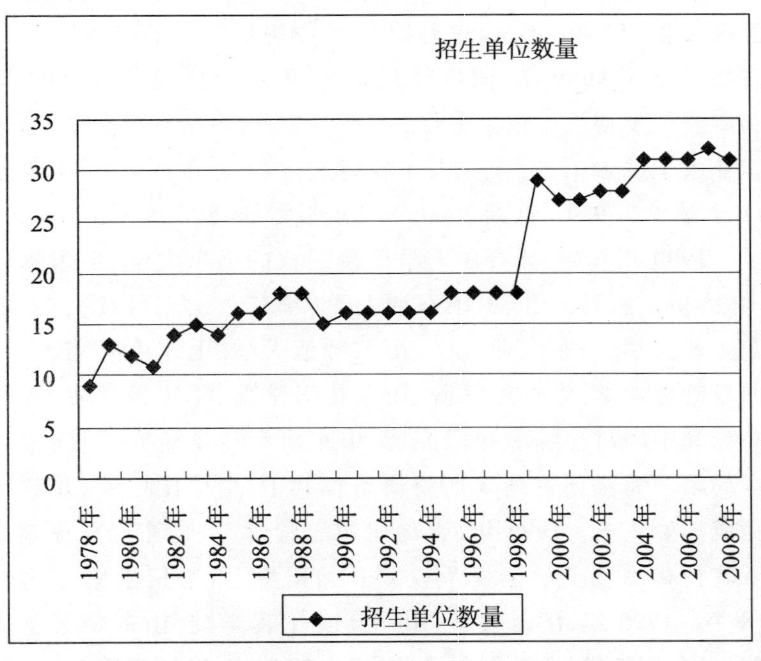

图5-3　1978—2008年山东省硕士招生单位数量变化情况

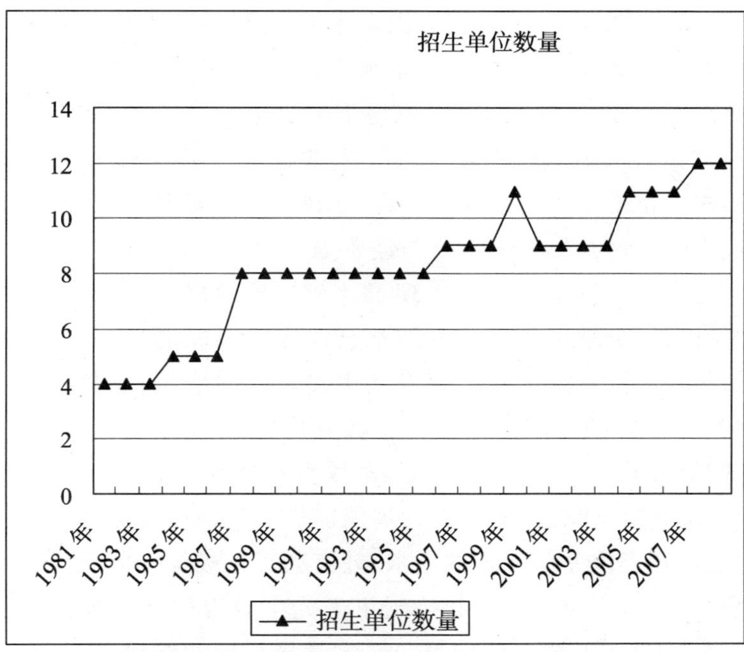

图 5-4 1981—2008 年山东省博士招生单位数量变化情况

二、报考、录取人数不断增长

“六五”期间，我国经济获得高速发展，带动了高等教育的快速发展，一方面，高等学校的发展迫切需要一大批具有研究生学历的教员，另一方面，经济的高速发展也促进了科学研究工作，许多科研机构迫切需要增加研究生层次的科研人员。因此，经济的发展，社会的需求，促进了研究生报考人数、录取人数的快速增长。山东高校根据各自实际情况积极发展研究生教育，硕士招生单位到 1985 年扩大到 16 家；招生类型由单一的硕士生发展到博士、硕士两种招生类型；报考人数逐年增长，录取规模逐步扩大。“六五”期间，全省共录取硕士生 1962 人，录取规模是 1978—1980 年 3 年录取规模的近 4 倍；博士生招生从无到有，从 1981 年仅有山东大学录取 2 人到 1985 年山东大学、中国海洋大学、中国石油大学（华东）、中科院海洋所 4 个单位录取 23 人，5 年里共录取博士生 60 人。

“六五”期间特别是“六五”末期研究生招生规模快速发展，同时也带来了一系列的问题，基础资源如导师数量、教学设备、生活条件、科研经费、培养经费等严重滞后于研究生规模发展的速度，个别培养单位出现了片面追求发展数量、忽视质量的倾向，部分学科招生计划与社会需求联系较弱，培养规格单一，等等。针对研究生教育发展中出现的问题，国家教育委员会及时提出“七五”期间研究生教育以“提高质量，稳步发展”为指导方针。“七五”期间，国家教委对研究生招生工作进行了改革，以使研究生教育的发展能够更好地适应社会主义现代化建设对高级专门人才的需求，并有利于选拔德智体全面发展的人才。国家及时调整和控制了研究生教育的发展速度和规模，初步调整了招生的学科、地区、学校层次的结构，逐步解决了 1984 年、1985 年连续两年研究生教育发展过快带来的一系列问题，扩大了招收在职人员的比例，形成了全国统一考试、对部分优秀应届本科生推荐免试以及对部分在职人员单独考试相结合的一套选拔办法和规章制度。“七五”期间，山东的研究生招生工作受大环境的影响，报考人数、录取规模从 1987 年开始逐年减少但保持相对稳定。这一时期，山东博士、硕士招生单位变化较大（不含 2 所部队院校），报考人数每年有所增减，硕士录取规模总数达到 3475 人，录取规模是“六五”期间的 1.8倍；博士生录取规模总数达到 213 人，录取规模是“六五”期间的3.6倍。1978 年至 1988 年全省共招收研究生 4712 人，到 1988 年共有 29 人获得博士学位，1110 人获得硕士学位，第一位被授予博士学位的是山东大学数学博士研究生于秀源。

20 世纪 90 年代，经济的快速发展对高层次专门人才的需

求不断增长。为适应加快改革开放和现代化建设的步伐,实现高层次专门人才培养立足于国内的目标,1992 年,国家教委及时提出,90 年代的研究生教育在保证必要办学条件与质量效益的前提下要有一个较大发展,其中博士生数量要有更大发展。这一时期,山东各高校积极抓住国家大力发展研究生教育的难得机遇,加快发展研究生教育。从 1992 年起,山东各高校的研究生报考人数、录取规模不断扩大,尤其是博士生教育在 90 年代得到了快速发展。"八五"期间,山东博士生招生单位保持 8 家不变,"九五"期间最多时达到 11 家。硕士生招生单位从"八五"期间的 16 家(不含 2 所部队院校)到"九五"期间最多时增加到 29 家。博士生、硕士生报考人数在"九五"期间有较大增长,博士生到 2000 年首次突破 1000 人,是 1995 年的 2.4倍;硕士生报考人数从 1996 年 63001 人到 1999 年突破 1 万人之后,2000 年达到 15299 人。博士录取规模总数从"八五"期间的 707 人到"九五"增长到 2354 人,"八五"期间的录取总人数是"七五"期间的3.3倍,"九五"期间的录取总人数是"八五"期间的3.3倍。硕士录取规模从"八五"的 4982 人到"九五"增长到 10776 人,"八五"期间的录取总人数是"七五"期间的1.4倍,"九五"期间的录取总人数是"八五"期间的2.2倍。

"十五"期间,随着我国经济体制改革和经济增长方式的根本转变,科教兴国战略的实施,社会对高层次、高素质科技人才的需求大量增长。同时,随着 1998 年以来我国高等教育由精英阶段快速向大众化阶段的发展,促进了研究生教育的相应发展。1999 年以来,在国家"深化改革,积极发展;分类指导,加强建设;注重创新,提高质量"基本方针指导下,研究生教育进入了一个急速发展阶段,招生规模年增长率平均达 20% 多,增幅最高的 2003 年比 2002 年增长32.7%。在此期间,山东各高校积极抓住研究生教育快速发展的有利时机,加强学科建设

和师资队伍建设，不断改善、提高研究生教育的培养条件，研究生教育得到了快速发展。“十五”期间，山东省博士生招生单位比“九五”期间又增加了2所（不含2所部队院校），招生单位达到11所。硕士生招生单位比“九五”期间增加了4所（其中高校2所，党校1所，研究单位1所），达到31家（不含2所部队院校）。博士生报考总人数从“九五”的3124人到“十五”增长到13554人，报考总人数是“九五”期间的4.3倍；博士录取总规模从“九五”的2354人到“十五”增长到7347人，录取总人数是“九五”期间的3.1倍。硕士生报考总人数从“九五”的51613人到“十五”增长到166428人，硕士生报考总人数是“九五”期间的3.2倍；录取规模从“九五”的10776人到“十五”增长到42626人，录取总人数是“九五”期间的4倍。

“十一五”在科学发展观的指导下，研究生招生工作又有新特点。2006年是我国全面实行硕士研究生计算机网上报名工作的第二年。先后一个月时间，山东省36个硕士研究生报考点，有126155考生参加了报名，与2005年同比增加了15204人，增幅为13.7%，位列全国第一。其中，统考生117325人，推免生2239人，单考生183人，MBA联考1070人，法律硕士联考5231人。年龄在25岁以下的仍是考研的“主力军”，人数为103776人；26—35岁的有20157人，36岁以上的考生2222人。从考生来源看，受高考扩招后毕业生毕业的影响，应届大学本科毕业生报名出现持续增长，报名人数比2005年增加了13911人，达到76176人，增幅为22.3%，占报考总人数的60.4%；成人本科毕业生只有1184人，不足报名人数的1%；在职工作人员16907人，比上一年减少18067人，减幅51.7%，占报考人数的13.4%；其他人员17095人，比2005年增加4419人，占报考总人数的13.6%。从学历层次上看，大学本科毕业生报考117479人，比2005年增加15.8%；同等学力报考8647人，与上一年下降 8%。从报考去向看，报考本省各大院校、科研单位的有 47180 人，比 2005 年减少 595 人，减幅 1%，占报名总数的 37.4%；报考外省院校的有 78975 人，比上一年增加 15799 人，增幅23.2%，占报名总数的62.6%。全国报考山东省招生单位总人数 57944 人，比 2005 年增加 2079 人，其中省外考生报考山东省院校科研单位的有 10764 人，比 2005 年增加 1269 人。博士生报名人数为 4543 人，比 2005 年减少 4%。其中跃居前几位的是，山东大学 2869 人，中国海洋大学 481 人，山东师范大学 258 人，山东农业大学 215 人。

2007 年全省 36 个硕士研究生报考点，共有 136513 考生参加了报名考试，比 2006 年增加 10427 人，增幅8.2%，报名人数占全国报考总数的 11%，位居全国第一。全国报考山东省招生单位的共有 65569 人，比 2006 年增加 7625 人，增幅13.2%；其中省外考生报考山东省院校科研单位的有 11066 人，比 2006 年增加 302 人，增幅2.8%。博士研究生报名人数为 5135 人，比 2006 年增加 13%。2007 年全省硕士研究生招生规模 14507 人，比上一年增加 1497 人，增幅11.5%。其中部属 6332 人，省属 8175 人。在实际录取中，教育部又为山东增加了部分招生计划，最后实际录取总人数为 14608 人，比上一年增加 1484 人。其中，全国统考 11720 人，推荐免试 2319 人，单独考试 124 人，MBA 联考 288 人，法律硕士 157 人。全省录取比为22.3%，与上年比较基本持平。博士生招生规模为 1734 人，比上一年增加 4%。其中部委属计划 1375 人，省属计划 359 人。教育部后来为山东省追加了部分指标，最后实际录取 1766 人，占报名人数的34.4%，比上一年略升 4%。

2008 年全省 36 个硕士研究生报考点，共有 128273 考生参加了报名考试，比上一年减少 8240 人，减幅 6%。全国报考山东省招生单位的共有 56823 人，比上一年减少 8746 人，减幅

13.3%。其中省外考生报考山东省院校科研单位的有11066人,比上一年减少668人,减幅6%。博士研究生报名人数为5392人,比2007年增加5%。2008年全省硕士研究生招生规模16124人,比上一年增加1617人,增幅11.1%。其中部属6527人,省属9597人。在实际录取中,教育部又为山东增加了部分招生计划,最后实际录取总人数为16364人,比上一年增加1756人。其中,全国统考13074人,推荐免试2465人,单独考试144人,MBA联考407人,法律硕士231人。全省录取比为28.8%,与上一年比较上升6.6%。博士生招生规模为1793人,比上一年增加3.4%。其中部委属计划1407人,省属计划386人。教育部后来为山东省追加了部分指标,最后实际录取1828人,占报名人数的33.9%,比上一年下降0.5%。

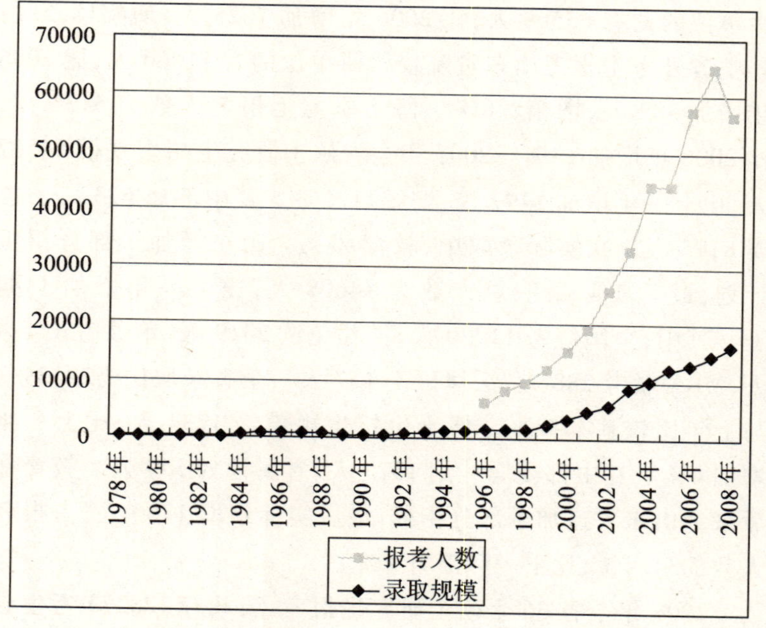

图5-5　1978—2008年山东省硕士生报名与录取情况对比

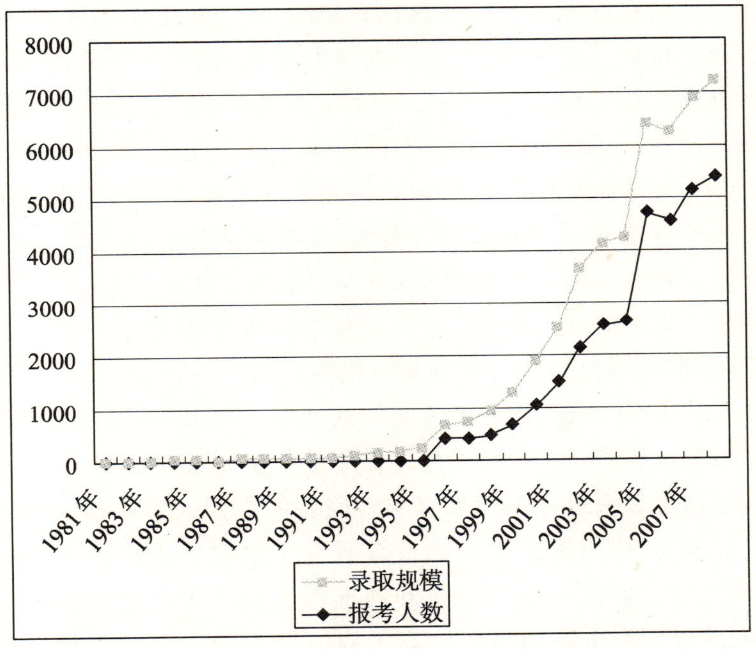

图 5-6　1981—2008 年山东省博士生报名与录取情况对比

三、招生质量不断提高

山东省各招生单位历来都重视招生质量，采取各种措施提高生源质量和录取质量。其主要表现，一是优秀应届本科毕业生报考和录取的比例逐步扩大，二是本科毕业生报考和录取的比例不断扩大，同等学力考生的比例不断降低。

“六五”期间，一方面由于还处在恢复招生工作阶段，许多高校尚没有应届大学本科毕业生，研究生招生面向的对象主要是在职人员；另一方面，由于经济和社会发展对高层次人才的迫切需求，研究生招生规模发展过快，高校培养的实际条件跟不上发展的速度。因此，这一时期，山东同全国高校一样，招生质量问题并不是招生单位关注的焦点。“七五”期间研究生招

生工作的重点是稳定发展规模和速度，深化招生制度改革，提高招生质量。这一时期，研究生招生选拔办法、入学考试和录取办法进行了较大改革，扩大招收有实践经验的优秀在职人员录取比例，对部分优秀应届本科毕业生推荐免试，对部分工作4年以上的在职人员单独考试，鼓励应届本科毕业生考取后保留入学资格，工作1—3年后入学，改革考试科目和录取办法，等等。这些措施的实施，提高了生源数量和质量，保证了招生质量。这一时期，山东省应届本科毕业生和本科学历考生报考、录取比例比“六五”期间有所提高。

从1994年起，国家教委决定放宽考生的报考年龄，并取消了对有本科毕业学历的考生工作年限限制。这项改革，改变了恢复招生以来过分强调从有实践经验的在职人员中招收硕士生的倾向，使招生工作更加符合研究生教育的规律。从1995年起，国家提高了部分有权开展推荐免试工作学校的推荐比例，除设研究生院的高校推荐比例仍为5%外，其他高校推荐免试生比例从1%提高到2%，这项措施对不断提高应届生在录取中的比例和生源质量起了关键作用。

山东各高校不断采取措施，扩大招生宣传，提高生源数量和质量，严格审查考生资格，完善命题、考试、评卷、复试、录取等规章制度，招生质量稳步提高。尤其是20世纪90年代后期，山东高校每年在济南、青岛两地组织开展招生咨询会，对吸引优秀生源报考、提高生源质量起到了关键作用。20世纪90年代后期开始，山东各招生单位报考、录取的考生中应届本科毕业生和具有大学本科学历的考生所占比例逐步与在职考生持平。但是，“九五”期间，同全国一样，由于博士生招生规模发展较快，使长期存在的博士生优秀生源不足的问题更加突出，加上这期间新增博士学位授权单位和学科、专业点较多，有些学校的导师队伍建设和培养条件跟不上发展需要，博士生的入学质量和培养质量受到社会的广泛关注。

“十五”期间,随着科技进步和经济社会发展需要,我国高等教育得到了快速发展,研究生教育进入到了规模发展阶段,硕士生报考人数连年剧增。为适应新形势发展需要,“十五”期间,我国研究生招生工作进行了一系列改革探索,初试科目实现了5改4,招生制度改革不断深化,研究生选拔质量不断提高。特别是推免生制度改革,大大提高了硕士生的生源质量。这一时期,山东各招生单位更加注重招生宣传工作,除了本省范围继续举办招生咨询会外,还加大网络宣传力度,组团或独自到外省市开展招生宣传工作。由于措施得力,“十五”期间山东各招生单位报考人数大量增加,生源质量不断提高,从而使招生质量得到极大提高。

四、规章制度逐步完善

从恢复研究生招生工作以后,山东省的研究生招生工作认真贯彻和执行国家各个时期研究生招生的规章制度,并结合山东省实际情况,不断建立、完善了一系列规章制度,保证了山东研究生招生工作的持续、健康、稳步发展。

在研究生招生工作恢复之初,研究生招生考试制度的建立尚没有提上议事日程,招生工作的依据是教育部《关于高等学校招收研究生的意见》以及当年的研究生招生工作安排意见和研究生录取工作通知。“六五”期间,是我国研究生招生考试制度雏形基本建立的时期,招生考试办法、招生规章制度在这一时期基本建立。考试科目明确规定为政治、外语、基础课、专业基础课、专业课5门,业务课考试科目内容应覆盖大学本科主要课程5门或5门以上;考试实行闭卷、全国统一进行,复试基本要求由全国统一制定;硕士生招生实行全国统考与推荐免试相结合的办法,优秀应届本科毕业生可以免试入学;对少数

工作表现、科研突出的考生可以破格录取；全国按六个大区设立录取调剂中心，负责对考生的调剂录取；开展了委托培养硕士生工作，并专门出台了《关于高等学校招收委托培养硕士生的暂行规定》。相继出台了《攻读硕士学位研究生招生工作的规定》和《招收攻读硕士学位研究生的工作细则》。这一时期出台的《关于招收攻读博士学位研究生的暂行规定》是我国最早关于博士生招生的规章制度。这些规章制度对规范研究生招生工作、提高研究生质量起了重要作用。

“七五”期间是我国恢复研究生招生工作以后招生工作改革幅度较大、比较全面的时期。改革的主要内容有：改革招生计划工作体制，坚持按需招生的原则，招生计划的编制由教育部门单独确定改为由教育部门、计划部门会商人事部门，根据社会需求，结合招生单位培养能力共同确定；适当调整和控制研究生教育的发展速度和规模，按照需要和可能，使研究生教育在保证质量的基础上有计划地稳步发展；改革选拔办法，提高入学质量，逐步扩大有实践经验的优秀在职人员录取比例，鼓励应届本科毕业生考取后保留入学资格，工作1—3年后入学，批准部分高校对有4年以上工作经验的在职人员实行单独考试；改革入学考试和录取办法，加强对考生的全面考核，考核中要求政治与业务并重，业务考核中强调知识与能力并重，增加统考科目。从1986年起，工学各专业和经济学部分专业入学考试的数学试题由国家教委组织统一命题，农学、医学部分专业的部分综合考试科目分别由农牧渔业部和卫生部组织统一命题。不断改进、完善了硕士生招生规章制度，出台了《高等学校招收定向培养研究生暂行规定》，规定了研究生招生逐步以高等学校为主，招生专业必须有相应的学位授予权。博士生招生继续执行《关于招收攻读博士学位研究生的暂行规定》，并根据实际情况对导师的招生条件、招生数量作了明确的要求

和规定。

20 世纪 90 年代，国家教委对研究生的招生规定、办法进行了许多修改、补充和完善。主要有：(1) 修改报考条件，放宽考生报考年龄，取消对本科毕业学历考生的工作年限要求，这项改革改变了我国 80 年代以来过分强调从有实践经验的在职人员中招收硕士生的倾向。(2) 完善单考有关规定，对单考生的报考条件、考试科目、考试方式和时间、复试、录取、计划等都作了详细规定，我国以单独考试方式招收硕士生的有关规定和办法基本得到健全。(3) 适应社会需要，允许招生单位根据需要招收自筹经费硕士生。(4) 改进、完善管理办法，于 1996 年正式颁布实施《招收攻读硕士学位研究生管理规定》和《招收攻读硕士学位研究生管理规定实施细则》，"管理规定"和"实施细则"对硕士生培养目标、招生条件、招生对象、招生类型、选拔办法、考试科目、录取原则、管理机构和职责、计划制定等都作了明确规定和要求，使招生单位在招生工作中有法可依、有章可循，保证了招生工作的顺利进行。(5) 积极探索研究生招生计划宏观调控的有效机制。(6) 大力推进计算机辅助管理。

"十五"期间，研究生招生工作继续积极、稳步地进行了一系列改革，如初试科目由 5 门改为 4 门，MBA 初试科目由 4 门改为 2 门；以深入考查考生专业能力和素质教育为重点，积极加强和改进复试工作；扩大高校招生自主权，34 所高校开展自主确定硕士研究生复试基本要求试点改革。这一时期，研究生招生工作的制度化建设、规范化管理和信息化程度进一步提高，国家重视招生工作的法规体系建设，规范了研究生招生工作程序，以全国硕士生招生网上报名系统为标志的信息管理与服务系统平台建设进入了新阶段。

山东省按照各个时期国家研究生招生改革步伐及时开展相关工作，根据山东经济和社会发展的实际情况，对研究生招

生工作进行了细化,增强了可操作性,提高了招生考试管理工作的科技含量,完善了规章制度,提升了研究生招生工作水平。

(一) 建立健全研究生招生规章制度

山东省招生委员会办公室根据教育部有关研究生招生方针、政策,结合山东招生工作需要,及时建立健全了政策法规,从宏观上给各研究生招生单位提供指导。各研究生招生单位根据山东省的规定,结合自己单位情况,建立了自己的研究生招生管理制度。如山东大学、中国海洋大学、中国石油大学(华东)、山东师范大学等单位都相继出台了《招收攻读博士学位研究生管理规定》、《招收攻读硕士学位研究生管理规定》、《接收优秀应届本科毕业生免试为硕士研究生的暂行办法》、《从香港、澳门、台湾人士中招收研究生的规定实施细则》、《招收外国来华留学研究生的规定实施细则》、《招收委托培养研究生暂行规定》、《招收定向培养研究生暂行规定》等一系列招生规章制度。这些规章制度,规范了招生单位研究生招生工作程序,保证了各个单位研究生招生工作公平、公正和有序地开展。

(二) 理顺命题、评卷工作

命题质量直接关系到新生的选拔质量。山东省历来重视研究生招生的命题工作,要求各招生单位加强对命题工作的管理和领导,建立健全命题工作的规章制度,从命题范围、内容、题型、题量、难易度、区分度等各个方面作出明确要求,并建立试题保密责任制度,防止试题泄漏。

阅卷是成绩评定的重要环节,在划线录取的模式下直接决定考生的取舍。为保证评卷工作的顺利完成,提高评卷质量,根据多年积累的经验,山东省专门制定了评卷工作实施意见,对试卷保管、装订、运送、交接、保卫、评卷组织领导、评卷规则、学科评卷组组长职责、评卷工作人员守则、人工评卷、网上评卷、机器阅卷、专业课评卷、合分与登分工作、成绩复查等都作出了明确规定和要求。对全国统一命题科目,山东省多年来一直实行统一评阅,成绩在招生单位交上自命题科目成绩后发放。对自命题科目,要求密封、集中时间、集中地点评阅,不准分散、单独评阅。

(三) 加强初试考务管理

初试是研究生招生工作的一个重要环节,是保证招生质量、选拔优秀人才的关键。为做好初试工作,保证考务工作顺利完成,20 世纪 90 年代末期开始,山东省根据教育部有关规定和要求,逐步建立、完善了一些考务规章制度,如下发《考务工作手册》,对考前准备、监考人员聘任和培训、考务规则、违纪处理等工作提出明确要求。同时,为了维护硕士研究生全国统一考试的权威性与严肃性,加强硕士生招生考试工作的领导与监督,严格考场管理,严肃考场纪律,确保硕士生考试顺利进行,山东省总结多年考务工作经验,建立、完善了统考检查员制度,就检察员的职责任务、检查员的选派与培训、工作经费、具体工作要求等都作了明确规定。

(四) 重视复试管理

复试是研究生入学考试的一部分,是在初试基础上对考生进行的面对面考察,是保证招生质量的重要环节。研究生招生工作恢复之初,由于考生以在职人员为主,组织复试工作较为困难。由于各单位对复试工作本身存在不同意见,对于是否组织复试教育部没有明确要求。1978—1982 年,研究生招生复试工作在山东省没有全面推行,是否开展复试由招生单位、招生学科专业根据实际情况安排。1983 年,教育部明确规定,"除个别特殊情况者外,招生学科、专业均应进行复试",从此,确立了我国研究生招生实行初试、复试结合,基本理论考核与能力考核相结合的招生录取制度。根据教育部要求,山东省各招生单位从 1983 年招生开始全面开展了研究生招生复试工作。

1985年,教育部对复试政策进行了调整,规定参加复试人员的比例按1∶1.5确定。1991年教育部又明确规定,“无特殊原因,新拟录取的考生均需复试”,而且要求“对同等学力报考的考生,要严格复试”。2003年招生开始,教育部明确规定参加复试的考生总数原则上应为本校招生规模的120%,并且开始加强对复试工作的要求和管理。山东省各招生单位按照教育部要求,通过多年的探索和经验积累,复试制度逐步确立并进一步规范,从复试原则、要求到复试组织、复试方式和内容、复试成绩评定等都有详细规定和要求。

(五)破格规定从严要求

为解决个别优秀考生复试资格问题,1979年教育部在当年录取文件中明确要求,凡个别科目略低于录取分数要求、其他科目特别优秀的考生,招生单位可以提出书面报告,经省(市、自治区)招生委员会审核批准可以破格录取,报教育部备案。20世纪80年代和90年代初,破格政策一直延续使用。1995年,为规范破格录取工作,保证招生质量,教育部明确规定,破格复试主要解决初试成绩总分相当高,且在本专业考生中相对成绩名列前茅、单科成绩略低的部分优秀考生的复试资格问题;破格复试人数采取下达限额的办法,并优先考虑用于解决国家急需但又难以完成国家招生计划的学科专业。

根据教育部要求,山东省教育招生考试院在总结多年实践工作经验的基础上,逐步建立、完善了关于破格复试的政策和制度,破格规定从严掌握:凡合格生源已能完成原定招生计划的学科原则上不安排破格考生复试;个别完不成原定招生计划的学科,如果本单位内无合格生源可以调剂,可以考虑破格复试,但必须以保证质量为前提;只破格单科1门或总分,单科和总分不能同时破格;破格成绩严格控制在5分之内;拟破格复试的考生初试总成绩在本专业名列前茅或在科研、创新等方面具有突出表现或特殊才能；破格只在本专业安排，不能跨专业或门类破格；破格名额占本单位招生计划。

（六）规范推荐免试工作

自1985年教育部确定试行推荐免试制度以后，对推荐免试工作教育部只是提出了原则性要求，一直没有制定具体的规章制度。山东省各招生单位在认真贯彻教育部文件精神的同时，根据各自实践情况，逐步完善、规范了推荐免试工作制度。山东大学、中国海洋大学、中国石油大学（华东）、山东师范大学、山东农业大学等高校都对推荐免试工作和接收推荐免试生工作制定了详细的规章制度。如山东师范大学制定的《关于推荐优秀应届本科毕业生免试攻读硕士学位研究生实施办法》，对推荐条件、名额分配、推荐程序及要求等都作了明确规定，特别是学习成绩、外语成绩都有具体要求。

对推荐免试生，山东各招生单位最初一般都是免初试，但复试一般规定都要参加，以进一步考核学生的全面素质。有的单位，如山东师范大学、山东农业大学、曲阜师范大学等高校还要求免试生必须参加全国统考外语，以此检验推免生的质量，并促进推免生继续加强本科最后阶段的学习。2006年，为加强对推免生工作的管理，促进推免生工作的规范化和制度化，维护全国硕士研究生招生工作秩序，教育部首次颁布了《全国普通高等学校推荐优秀应届本科毕业生免试攻读硕士学位研究生工作管理办法（试行）》，山东各高校根据教育部"试行办法"要求，进一步规范、完善了本单位的推荐免试办法，保证了推荐免试工作的正常开展。

（七）保密制度建设

试题的保密工作关系到考试是否公平公正。随着研究生招生规模的不断扩大，报考人数的不断增加，现代通讯技术的高速发展，研究生招生保密工作在考试中的重要性越来越突

出。保密工作牵涉到研究生招生的命题、印题、试卷保管、考试、评卷、统分等各个环节，尤其是试卷保管环节，涉及人员多、地点杂，因此，山东省对试卷保密工作一直高度重视，不仅严格要求各考点、各招生单位重视保密室建设，而且加强对保密室的监督和检查，逐一对各考点、各招生单位的保密室开展检查，取得了良好效果。山东省各考点、各招生单位按要求建立了试卷保密室，建章立制，建立、健全了保密规章制度、值班制度。

（八）建立科学化、信息化管理制度

20世纪80年代，研究生招生工作主要依靠招生工作人员手工操作，各种数据、统计报表、招生工作涉及的各个环节都是靠招生工作人员自己手工进行。进入90年代，随着招生规模的扩大，报考人数的增多，招生工作量越来越大，手工操作的效率、质量已越来越跟不上招生工作的需要。随着信息技术的发展，计算机技术逐步应用到人们工作、生活的各个领域。为充分利用信息技术开展好招生工作，山东省于1994年委托原山东工业大学研究生部开展招生软件研发工作，1995年在山东科技大学举办了研究生招生工作人员计算机知识培训班，对招生软件进行了详细培训。1995年开始，山东省对招生软件进行了推广使用，标志着山东省的研究生招生管理工作开始步入科学化轨道。

1996年，教育部在《关于做好1997年招收攻读硕士学位研究生工作的通知》中明确提出，使用计算机进行辅助管理是管理工作科学化、现代化的重要手段，要求各省（市、自治区）、招生单位要加大力度推进计算机辅助管理，保证招生工作的顺利进行。根据教育部要求，山东省委托山东工业大学每年对招生软件进行修改、补充和完善，以保证招生工作的顺利进行。山东的研究生招生工作科学化、信息化制度建设步伐不断加快，硬件建设不断加强，到2005年，随着教育部研究生招生管

理系统的研发、推行，山东自己设计、研发的招生管理系统才停止使用。

（九）健全博士生录检制度

博士生招生工作与硕士生招生工作有较大区别，其报名和考试时间安排、命题、考试、评卷、复试标准制定、复试与录取等工作都由招生单位自己确定，省级招生考试主管部门一般只负责录取检查工作。为加强对博士生招生工作的管理，保证博士生招生质量，"十五"末以来，山东省在总结多年招生工作经验基础上，制定了明确的博士生录检制度，规定每年博士生招生工作结束后，各单位要对当年的博士生招生工作进行自检，写出自检报告，省组织专门人员每年进行抽检，抽检内容包括报名、试卷、录取标准、录取名单、计划完成情况、规章制度制定和执行情况，等等。现行的博士生录检制度规范了山东省的博士生招生工作，保证了博士生录取质量。

第六章 山东中等专业学校招生考试的改革与发展

第一节 中等专业学校招生发展脉络

一、探索规范时期(1951—1987)

中等专业学校招生,从新中国成立后开始招生起,一直变化较多,难以理顺,基本上需要就是方向。统一、联合、独立、委托、定向,各部委有自主权,各省也有自主权。按年度将这些政策办法列出来,如果根据管理权限变化排列,反复较多。1987年以前可以称为探索规范期,在不断探索、磨合中寻求中专的发展之路。在1949—1951年期间,各中等职业学校均为自行招生。各校自定考试科目、自行命题、自定考试时间、自行阅卷、自行录取。考试科目大多为语文、数学、外文、理化或史地。由于自行招生,造成考生重复报名,学校重复录取,考生只到其中的一所学校报到,因而学校开学缺额较大。1951年6月12日,教育部召开第一次全国中等技术教育会议,教育部副部长曾昭伦在关于《积极整顿和发展中等技术教育》的报告中提出了中专教育的培养目标和以调整整顿为主、有条件发展的方针。中专教育既要设校分科，逐步走向专门化、单一化，又要照顾现实结合性的需要。1951 年 8 月 10 日，政务院第 97 次政务会通过了《中央人民政府政务院关于改革学制的决定》，规定中等专业学校中技术学校修业年限为 2—4 年，招收初中毕业生或具有同等学力者。入学年龄不做统一规定。

1952 年 3 月 31 日，政务院发出《关于整顿和发展中等技术教育的指示》，提出培养技术人才是国家经济建设的必要条件，要大量地训练与培养中级和初级技术人才。1952 年 7 月 5 日，教育部发布《关于全国高级中学、技术学校、师范学校统一招生的指示》，明确“必须由大行政区统一计划布置，以省（市）为单位进行统一招生”。“各省（市）建立统一招生委员会，负责统一计划领导各省（市）、地区高级中学、技术学校、师范学校的全部招生工作。”这是中等职业教育招生工作走向正规化的标志。1952—1954 年，中等技术学校的招生工作基本是以大行政区或省、市进行统一招生。①

1955 年 5 月 17 日，高教部发出通知，要求之后的中等专业学校招生工作采取由学校自行单独招生的办法（同一地区或同一性质的中等专业学校亦可组织联合招生）。1955 年 6 月 9 日，教育部发布《关于中学和师范学校招生工作的规定》，成为一段时期的规范性文件，文件要求各地成立招生委员会，委员会由教育、劳动、人事、卫生、团委、学校组成，教育厅、局长任委员会主任委员；文件对报考条件、体检、考试科目、考试时间、命题要求、考生思想教育等作了详细规定，考试时间定在 7 月 21

① 杨学为：《中国考试通史》（卷五），首都师范大学出版社 2004 年版，第 22—39 页。

日至 25 日。1956 年,高教部颁发《关于各部门互相接受委托培养中等专业干部的规定》,提出:委托培养计划列入委托部门总计划之内;委托方式可以是向被委托部门提出单独开班,学生毕业时整班调拨,也可以是委托部门向被委托部门提出委托培养数字,由被委托部门所属学校自行决定编班方式。另外,由于 1956 年初中毕业生生源不足,教育部、高教部联合发出通知,规定高级中学等学校以各区、市为单位统一招生,同时要求从初中毕业生较多的省市调配 48000 名毕业生到外省市报考。1957 年,因为初中毕业生生源较多,教育部又决定高中及中等专业学校不再采取统一招生的办法,仍改回由学校单独招生或同类性质几所学校、同一部门的几所学校联合招生。

1958 年,中共中央发出《关于高等学校和中等技术学校下放问题的意见》,提出改变统一招生的制度。一般高等学校和中等技术学校,可以就地招生,某些综合大学和带有全国性的高等及中等专业学校,可以到外地设考区招生。各个学校招考的时间不必划一,并且允许学生报考 2 所以上学校。教育部在《关于 1958 年中学和师范学校招生工作的通知》中要求继续坚持有些地方已经实行的保送生办法,保送优秀的高小和初中毕业生免试升学,保送对象主要是工农成分的学生,保送名额不超过总数的 15%,要求师范学校录取的新生中工农子女或工农成分的子女应占到 80%。山东省教育厅安排 1958 年招生时强调,“录取新生应从学业成绩、政治质量、健康条件和贯彻阶级路线等几个方面,来全面考虑,择优录取”。学业成绩以入学考试成绩为主,并参考在原校最后两个学年的成绩。

1959 年 6 月 3 日,山东省教育厅发布《1959 年中等学校招生工作意见》。初中、初师在县的统一掌握下以学校为单位招生,学生自愿报考。高中、师范、各类专业学校、高等学校预科和招收初中毕业生的专修科(统称作“高级中等学校”)以专区、市为单位联合招生，一次考试分批录取，学生到第一学校报考并填写第二、第三志愿，先录高中，再录其他学校。高级中等学校考试时间在7月21、22日两天，考试科目为语文、数学、理化、政治常识，有关专业学校需要加试的科目由学校自定，试题和标准答案由省统一拟制。保送本届优秀初中毕业生免试升入高一级的学校，名额按毕业生总数的5%计算。在文件的附件《山东省高等学校招生委员会关于贯彻执行中央对工人、农民、工农干部、工农子女保送入学与优先录取办法在审查与录取工作时掌握考生阶级成分的参考意见》中，以及1958年由山东省教育厅、公安厅、民政厅人事局下达的关于报考高等学校的各类考生进行政治审查工作的通知，对这一时代招生的政治审查工作，都很有代表性。①

1963年3月14日，教育部提出改进中等专业学校招生工作意见：一般学校主要招收初中毕业生；农科、林科、医科、师范学校还可以采取公社保送和考试相结合的办法，从公社招收经过生产劳动锻炼的初中毕业生和具有同等学力的青年；还可以内招一部分在职职工，但要列入国家计划。1963年6月14日，教育部提出中央各业务部门所属为全国或大区培养人才的中等专业学校实行跨区招生，跨区招生工作由所在招生地区的教育厅负责。1963年7月5日，教育部通知当年在5所中等专业学校中试办招收高中毕业生班，共招生390人，工科专业学制2.5年，财经专业学制2年。1963年，山东省46所中等技术学校（中等专业学校）录取4939人，这一年有四种招生形式：以专署、市为范围和高中、中师一起统一招生；经省人委批准试行公社保送与考试相结合的办法，招收劳动1年以上的农村知识青年；从学校下放压缩处理的学生中招生；戏曲学校单独招收

① 《山东省教育厅〔1959〕教中字第36号》，资料来源于档案室。

9—14岁的小学生。1964年6月16日，教育部发出通知，决定继续在中等专业学校试招高中毕业生，并扩大到12个部门所属的17所中等专业学校。当年共试招高中毕业生1990人。1965年5月14日，教育部、国家计委《关于1965年初等和中等学校招生计划的通知》提出："少数试招高中毕业生的中等技术学校可继续招生，但不再扩大试验面，不再增加招生数。"

1964年6月30日，山东省人民委员会批准部分中等专业学校试招"社来社去"学生，直接为公社、生产队培养技术力量，解决了生产需要与毕业分配的矛盾。1965年进一步扩大到农、林、医三类学校中试行，计划招生2520名。招生办法是由公社保送，参加中等学校的统一招生考试，由招生学校审查录取。1965年扩大试行推荐报考，增加新生的工农成分。中等专业学校与高级中学、中等师范学校统一进行招生考试。考试科目定为政治、语文、数学、外语（外语成绩作为参考分数，未学外国语的毕业生，由原校证明可以免试）。需要进行口试的学校应事先与专区、市招生机构商定。为了完成招生计划，保证录取新生的质量，规定各校可以在计划外超额录取3%左右的新生，以弥补缺额。在两个地区以上招生的学校可根据考生的情况对原分配的名额在地区间适当调整，但调整幅度不能超过15%。

1966年，中共中央、国务院批转教育部党组《关于改革高级中学招生办法的请示报告》，报告中提出："现行的招生考试办法，是资产阶级的办法，没有突出无产阶级政治，是业务第一，分数挂帅，应予改革。"改革的办法是废除现行的高级中学招生考试办法，实行推荐与选拔相结合。在当地党委领导下，采取群众路线的办法进行。1970年部分中专学校开始恢复招生，全国招收中专生24552人，主要招收的是往届初中毕业生或具有同等学力并通过生产实践锻炼的知识青年。1972年，中专学校开始恢复招生,但废止招生考试。“实行自愿报名、群众推荐、领导批准、学校审查”的办法,主要是“从有实践经验的工人、农民中间选拔学生”。1971 年 11 月,山东省革命委员会《关于做好一九七二年大专和省属中等专业学校招生工作的通知》规定学生来源和条件为:“一是从本系统、本行业基层单位职工中选送,二是招收经过两年以上劳动锻炼的知识青年,三是复员军人。一般应有相当于初中文化程度,年龄在 18 岁左右。”1973 年,教育部在《关于高等学校 1973 年招生工作意见》中,提出该年除继续采取前一年的办法外,要“重视文化考查,了解推荐对象掌握基础知识的状况和分析问题、解决问题的能力,保证入学的学生有相当于初中毕业以上的实际文化程度”。在《关于中等专业学校、技工学校办学几个问题的意见》中,也规定了中等专业学校一般招收有 2 年以上实践经验、有相当于初中毕业文化水平的工农知识青年。因此,一些高校、中专又安排了一定的招生文化考查。但就在招生工作刚刚出现纳入正轨的苗头之时,《辽宁日报》却发表了一篇《一份发人深思的答卷》的封杀文章,把刚出现的好苗头定为旧高考制度的“复辟”,是“对教育革命的反扑”,将交白卷的张铁生吹捧为“反潮流的英雄”。因此,1974 年又废止了考试,在反对“智育第一”的口号下,文化考查采用了调查访问、座谈讨论的形式进行。

1977 年,省内外中专在山东省计划招生 22841 名,技工学校招生 6000 名。中等专业学校招收的学生要具有初中毕业或相当于初中毕业文化程度,年龄在 15—23 周岁,卫生学校护士专业招收学生不超过 20 周岁,未婚。技工学校主要招收符合中专招生条件的上山下乡知识青年和按政策留城尚未分配工作的青年,也要适当招收回乡知识青年,比例不超过招生总数的 20%。报考高等学校的不得兼报中专和技工学校。中专、

技工学校招生文化考试不分科类,考试科目为政治、语文、数学、理化。由省统一命题,县区统一组织考试,地市组织评卷。录取学生由地市招生委员会批准,学校签发入学通知书。考试于12月13日至14日两天进行,13日考语文、理化,14日考政治、数学。录取要求在1978年2月20日前完成,3月初入学。

1978年6月6日,教育部《关于1978年中等专业学校招生工作的意见》指出:"中等专业学校一般招收应届初中毕业生和具有初中毕业文化程度的工人、农民、上山下乡、回乡知识青年。年龄在18岁左右。学习年限:工科3年至4年,师范、农林、卫生、财经等专业3年。也可以招收具有高中毕业文化程度的工人、农民,上山下乡、回乡知识青年(包括按政策留城尚未分配工作的),年龄在22周岁以内。学习年限可以适当缩短。""对有实践经验的农业科技积极分子、赤脚医生、民办教师等报考对口专业,年龄可适当放宽,但不得超过25周岁。限未婚青年。"

1979年5月3日,国务院批转了教育部《关于1979年中等专业学校招生工作意见》,意见中明确提出,中等专业学校的招生工作必须全面地、正确地执行党的方针、政策,认真贯彻德、智、体全面考核,择优录取的原则,确保新生质量。规定了招生对象和学习年限,招收初中毕业生,年龄为15—18周岁,学习年限3—4年。招收高中毕业生,年龄不超过22周岁,学习年限为2年。学习期间和毕业后的待遇,与招收的初中毕业生相同。各部门可根据需要和专业特点提出招收初中或高中毕业生的意见,并与省、市、自治区教育(高教)局商定。跨省招生对象按国家计委和教育部下达的跨省招生来源方案的规定执行。要切实保证同一专业或学校招收同等文化程度的考生。招收高中毕业生可以与高等学校全国统考结合进行,招收初中毕业生可与高中升学考试结合进行。

1980年4月24日，国务院批转教育部《关于1980年中等专业学校招生工作意见》，要求除继续执行1979年中等专业学校招生工作规定外，对招生对象和学习年限进行调整，规定招收初中毕业生，学习年限3—4年，个别为5年；招收高中毕业生，学习年限为2年，医、工科为2.5—3年，高中毕业生报考中专，必须本人填报志愿。招生对象要稳定，同一学校招一种招生对象。中等师范学校原则上招收初中毕业生，也可招收小学民办教师，年龄放宽至30岁左右。通过文化考试、政审、体检，并能坚持学习的，择优录取，学制2年。1982年，国家提出中等专业学校招生对象要逐步扩大初中毕业生比重，规定了对于国家和集体企事业单位年龄不超过22周岁的未婚青年，单位批准方能报考，在校学习期间的生活待遇，实行人民助学金。1983年，国家强调了考生的政治标准，考生必须拥护中国共产党，爱祖国、爱人民、爱劳动、爱科学、爱社会主义、遵纪守法，服从国家需要，决心为社会主义现代化建设勤奋学习。有下列问题之一者，不予录取：反对四项基本原则的言论和行为；扰乱社会治安，或有其他刑事犯罪行为；走私贩私，贪污盗窃或有其他经济犯罪行为；品质恶劣，道德败坏，或有流氓、偷摸行为而屡教不改者。这一年提出中专招生体检标准及执行细则，由省、市、自治区向考生公布。在农、林、商业、卫生、煤炭、地质、石油、国防科工委系统所属某些学校试行定向招生，招生时可适当降低分数要求，择优录取，毕业时分回本地区、本部门工作。1984年要求中等专业学校的招生对象要逐步过渡到以招收初中毕业生为主。1985年招收委托培养生，作为国家计划的补充，列入学校招生计划，强调新生一定要从参加本省、自治区、直辖市中专统一招生中择优录取。1987年7月31日，国家教委、劳动人事部联合发出《关于做好普通中等专业学校招收残疾青年考生工作的通知》，专门对残疾考生录取予以关注，强调

绝不应仅因残疾而不录取,对普通中等专业学校录取的残疾考生,毕业时与其他毕业生一样分配工作。

二、完善成熟时期(1988—1992)

改革开放初期,普通中等专业学校招生计划是单一的国家任务计划。随着改革开放的深入,国民经济的发展,教育事业改革进程加快,中专招生变化为国家任务和调节性计划相结合的双轨制招生办法。进入 20 世纪 90 年代,招生改革力度加大,实行并轨改革。作为非义务教育,学生缴费上学。1999 年全面推进普通中专招生并轨改革,2000 年全国基本实现普通中专招生的新旧体制转换。

普通中等专业学校招生成熟时期的标志,可以确定为《普通中等专业学校招生暂行规定》的发布。1988 年 3 月 14 日,国家教委发布了关于印发《普通中等专业学校招生暂行规定》的通知,暂行规定要求中专招生应贯彻德、智、体全面考核、择优录取的原则。各省、自治区、直辖市教育部门设立普通中等专业学校招生机构,配备专职人员,负责招生工作。暂行规定对于报名、政治思想品德考核、体检、考试、招生计划、录取、违纪处罚都作出了明确规定,并在附则中提出,各省、自治区、直辖市根据本规定,结合实际情况,可制定具体办法。这个规定是长效性的招生文件,是 1988 年至目前中等专业学校招生工作的基本依据。暂行规定在录取工作中提出对三好生、优秀干部、获科技小发明创造或单科竞赛优胜者,获地(市)体育竞赛单项前三名的队员或集体前三名的主力队员,边远山区、林区、牧区等少数民族聚居地少数民族考生、归国华侨青年、华侨子女、归侨子女、台湾省籍考生,可采取定向招生,定向分配,适当降低分数要求,择优录取等录取办法。

三、改革发展时期(1993—)

普通中等专业学校招生的改革发展时期一般界定为1993年以后,各类政策改革力度不断加大。进入90年代,中专招生分配制度改革力度加大,国家教委先后批转了嘉兴农校试办不包分配班,林业中专招收有实践经验人员入学,中医药中专开办农村青年不包分配班试点工作,农业中专在乡镇农业推广机构中招收有实践经验人员入学,水利中专招收有实践经验人员入学,农业中专举办乡镇及村级干部中专班。报考这些学校的考生,参加升学统一考试,单独划线单独录取,或单独招生不参加统考,命题、考试、录取由主管部门会同教育部门组织进行。这些改革措施,目的是为农、林、边远地区培养人才。另外一些政策、招生办法则是根据不同时期的中央工作重点进行,比如1993年出台的旅游专业招生、1995年出台的艺术招生办法、1997年出台的体育加分规定、1999年和2000年出台的关于推进素质教育的文件,相比高考来说,中专招生成为落实政策最为快捷的类型,为经济建设服务、为社会发展服务,在培养急用型、实用型人才方面起到了重要作用。

1993年2月26日,国家教委职教司下发了关于部分旅游专业招生进行面试的通知。通知要求,报考旅游专业的考生,在参加统一升学考试前要进行面试,并对面试标准作了具体说明。1995年12月28日,文化部、国家教委在其印发的《普通中等专业艺术学校招生暂行规定》的通知中,对艺术类学校招生考试和录取工作规定:专业考试由招生学校按有关规定组织进行。考试科目一般不得少于3门,重点考核考生是否具备学习某专业的基本条件和素养。具体考试科目内容由招生学校确定。根据不同专业需要,专业考试方式一般分为面试、笔试两种。考试时间由招生学校确定,跨省招生的学校最迟于1996

年4月30日前结束。考生成绩评定由考试小组或评选委员会集体评定，学校招生办公室审核。考生应在专业考试合格后，进行文化考试。初中生的考试科目为政治、语文、数学、外语。试卷由招生学校或学校主管部门组织考评委员会统一评卷。招收初、高中毕业生，由招生学校或学校主管部门与考生所在省、自治区、直辖市有关招生主管部门协商单独组织考试（时间允许也可参加有关统一考试），单独划定录取分数线。跨省招生学校文化考试时间务必在5月20日以前结束。凡参加单独组织文化考试的招生学校，其录取分数线由招生学校或学校主管部门与本省有关招生主管部门协商后单独划线，一般按专业考试成绩从高分到低分并参照考生所报志愿顺序，德、智、体全面考核，择优录取。对个别专业成绩特别优秀（总成绩平均在80分以上、主科成绩90分以上），专业成绩在前三名，文化考试成绩略低于录取分数线的考生，由学校招生办公室集体讨论决定，可适当照顾录取。对初中阶段受市级（地级）以上表彰的"三好学生"、"优秀学生干部"，专业成绩加10分。对边疆、山区、特区、少数民族聚居地区的少数民族考生、归侨、华侨及其子女，以及香港、澳门两个特别行政区、台湾省籍的考生，荣立二等功以上的退役军人、烈士子女，可在同等条件下优先录取。1997年11月6日，国家教委印发了《初中毕业生升学体育考试工作实施方案》，明确规定体育考试成绩必须记入各类升学的录取总分。

1994年，国家教委下发了《关于普通中等专业学校招生和毕业生就业制度改革的意见》，提出国家教委只下达全国普通中等专业学校指导性计划，普通中等专业学校招生计划实行国家任务计划和调节性计划相结合的形式，逐步扩大学校选拔新生的自主权，招生办法在以文化课考试为主的基础上逐步实现选拔新生办法的多样化。扩大对艰苦行业、边远地区的定向招生。委托培养生的录取标准可适当降低。普通中等专业教育属非义务教育,要逐步实行收费和奖学金、贷学金相结合的制度。推出招收有实践经验人员入学、人民警察学校招收自费生等举措。1995 年、1996 年,开始在有条件的地区和学校进行招生收费并轨的改革试点。重申了中专招生、跨省招生计划不得自行调整,委培生、自费生原则上一校实行同一收费标准的要求。1997 年,国家教委要求有条件的地区和部委均可实行招生并轨。1998 年普通中专招生计划仍包括并轨计划和非并轨计划。已实行并轨改革的省、自治区、直辖市原则上不安排非并轨计划。艺术类、体育类中专学校跨省招生采取属地管理,由学校所在地省级招生部门负责组织考试和审核录取。

1999 年 4 月 27 日,教育部印发了《关于初中毕业生升学考试改革的指导意见的通知》。在升学考试内容改革方面,《通知》要求,命题要以各省(自治区、直辖市)按原国家教育委员会《关于推进素质教育调整中小学教育教学内容、加强教学过程管理的意见》(教基〔1998〕1 号)文件精神调整后的九年义务教育教学内容和要求为依据。各科命题都要注重考查学生运用知识分析问题、解决问题的能力,要有利于发挥学生的创造性,命题要符合学科特点。特别需要注意的是:文科要严格控制客观题的比例,提高客观题的效度;理科要适当加强对实验操作能力的考查;外语要适当加强对听说能力的考查;体育考试项目的设置应给学生留有选择的余地,考试标准要合理,重在检查学生体质。命题要科学,禁止出偏题、怪题,禁止有意编拟一些似是而非的考题为难学生。试卷结构要简约。题量要适度,要扭转试卷题量偏大的倾向。在初中毕业、升学考试管理改革方面,该《通知》指出,要严格控制考试科目数。体育考试分数一般应为中考总分的 5%。初中毕业考试与升学考试,可以二考合一进行,也可以分开进行。初中毕业、升学考试的

科目，以及考试如何组织和进行，均由各省（自治区、直辖市）教委、教育厅确定或提出指导性意见。建立严格的命题、审题、阅卷制度。

为全面推进素质教育，深化考试改革，2000年3月13日，教育部发布了《关于2000年初中毕业、升学考试改革的指导意见》。该《意见》不仅从理论上阐述了改革的重要性，而且对主要考试科目命题、考试管理提出了具体的指导意见。在考试命题上，要切实体现素质教育的要求，加强与社会实际和学生生活实际的联系，重视对学生运用所学的基础知识和技能分析问题、解决问题能力的考查，有助于学生创造性的发挥。思想政治应着重考查学生运用所学知识认识和分析社会生活的能力，学生日常品德状况应逐步列为考核内容。考试以主观性试题为主，适当控制客观题比例。应设计一些开放性试题，鼓励学生有自己的见解。可实行半开卷考试，有条件的地区可实行开卷考试。语文考试应着重考查学生的阅读能力和表达能力。阅读应以课外文字材料为主，注重学生对文章整体的感知、理解和领悟能力的考查。写作不得设审题障碍，要淡化文体要求，鼓励学生写真情实感。有条件的地区可进行听、说能力的考查。数学考试应在考查学生的基本运算能力、思维能力和空间观念的同时，着重考查学生运用数学知识分析和解决简单实际问题的能力。应设计一定的结合现实情境的问题和开放性问题，不要出人为编造的、繁难的计算题和证明题。外语考试应着重考查学生理解、运用语言的能力，要重视对听力的考查。要降低对语法的要求，不出偏、难的语法试题。理科考试要结合具体问题考查学生对基本概念和原理的理解，以及运用这些概念和原理分析和解决简单实际问题的能力，切实加强与实验有关内容的考查，有条件的地方可以进行实验操作能力的考核。在试卷中应适当增加开放性题目。体育应着重考核学生是否具有健康的体质、良好的锻炼习惯及一定的锻炼技能。考核项目的设置应给学生留有选择余地，标准要合理。试卷结构应简约、合理。注意控制试卷的整体难度。试题的表述形式应规范。试题陈述所使用的语言要简洁、连贯、无歧义、图文匹配，插图准确。不出偏题、怪题和计算、证明烦琐或人为编造的似是而非的题目，不出死记硬背的考题。在改革初中毕业、升学考试的管理制度上，提出初中升学考试以及两考合一考试应由地级以上（含地级）教育行政部门组织。可以两考合一进行，也可以两考分开进行。要严格控制考试的科目数，积极进行减少升学考试科目的试验。要逐步建立命题、审题、阅卷人员的资格制度。要逐步建立命题、审题、阅卷的管理制度。这样对命题等考试专业问题进行规定和描述，对于促进实施素质教育从内容上确实具有很强的指导意义。

第二节　完善发展时期的山东普通中等专业学校招生

一、预选、报名和考试

普通中等专业学校招生对象为初中毕业生的，考生年龄不得超过 18 周岁。1991 年到 1995 年规定，复读生不予报名。1995 年、1996 年规定体育成绩不合格者不予报名。1997 年规定，体育成绩不合格的可以报考职业中专。全省统一命题。招生的预选、统考、评卷工作均由各市、地招生委员会组织。1990 到 1996 年规定参加全省统考的人数不得超过年度招生计划的 2—3 倍，1997 年要求预选，但没有下达预选数。1998 年只要求人数多的市组织预选。1999 年开始，报名全部放开，不再进行预选。从 1997 年开始，职业中专招生纳入普通中专招生管理范围。

普通中等专业学校招生报名费1991年为每生5元。经省物价局、省财政厅核准，1996年进行调整，报名费每生10元，考务费每科5元，每生报名、考务费总额为35元，各市按每生14元上交省招办。

1991年到1996年，考试科目为政治（满分100分）、语文（满分120分）、数学（满分120分）、理化（满分120分，其中物理70分，化学50分）、外语（满分100分）。1997年改变考试科目，物理和化学分开考试，分值不变。从1993年开始实行分卷考试，卷一为选择题（满分50分左右，由机器阅卷），卷二为笔答题。

有关考试的管理均按高等学校招生的相应规定执行。

中等专业学校招生对象为高中毕业生的，考生年龄不得超过22周岁。其招生报名、统考和评卷工作同普通高校招生一并进行。这一类招生一直到2000年。

中等师范学校（含幼师）主要面向农村定向招收初中毕业生。幼儿师范只招收女生，考生须具有一定的艺术特长，由招生学校在面试时进行考核，在录取中作参考。

报考中师体育班和艺术班的考生，分别由招生单位进行专业加试，并按招生计划的3倍确定参加文化统考的人数。体育班也可以从报考高等学校体育专业未被录取的考生中招收部分学生。

二、录取

各市、地招生委员会根据本地考生的考试成绩，按略多于招生计划数划定最低录取控制分数线，并上报省招生办公室。

录取办法：在政治思想品德考查和体检合格，统考成绩达到各市、地确定的最低录取控制分数线的考生中，按考生所填志愿顺序，注意相关科目成绩，德、智、体全面考核，择优录取。对第一志愿报考煤炭、石油、地质、农林、水利、盐业、护士、师范（含幼师）等学校和航海类专业，其考试成绩达到最低录取控制分数线的考生，档案材料一次向学校投放。

普通中等专业学校（含中等师范学校）招收初中毕业生，分别由各市、地组织录取。未被录取的考生，由当地教育行政部门安排到普通高中录取。报考体育师资班的考生，其文化成绩不得低于当地最低录取控制分数线的85%，专业成绩不得低于60分。

招收高中毕业生的普通中等专业学校，在普通高等学校录取结束后，由省提供录取场所，市、地组织录取。1993年后改由省招办统一组织，计算机辅助录取。

下列考生在录取时可以降低分数要求：

烈士子女可在当地最低录取控制分数线以下20分之内提供档案，交学校审查录取。

有特殊艺术专长的报考幼儿师范的考生，可在当地最低录取控制分数线下10分之内提供档案，交学校审查录取。

归侨、归侨子女、华侨子女和港澳台籍考生，可在当地最低录取控制分数线以下10分之内提供档案，交学校审查录取。

少数民族考生，可在当地最低录取控制分数线以下10分之内提供档案，交学校审查录取。

应届初中毕业生在初中阶段最后一学年和应届高中毕业生在高中阶段最后一学年，受省级表彰的三好学生和优秀学生干部，总分提高20分后，达到当地最低录取控制分数线以上的考生档案，可以提交学校审查录取；受市、地级表彰的优秀学生干部，总分提高10分后，达到当地最低录取控制分数线上的考生档案，可以提交学校审查录取；受市、地级表彰的三好学生，在与其他考生同等条件下优先录取。

应届初中或高中毕业生在初中或高中阶段参加省级体育竞赛获单项前五名或集体项目前三名的主力队员考生，成绩低于当地最低录取控制分数线20分之内的；参加近两年重大国际比赛和由国家举办的全国性比赛获前六名考生，以及近两年获“运动健将”、“一级运动员”称号的考生，以及近两年获“运动健将”、“一级运动员”称号的考生，总分低于当地最低录取控制分数线50分之内的，可以提交学校审查录取。参加市、地级体育竞赛获单项前五名或集体前三名的主力队员考生，在与其他考生同等条件下优先录取。

录取教育基础比较薄弱的湖区、山区、海岛、矿区、基地、油田、盐业、野外地质以及国防科技工业三线等地区的定向考生，可适当降低分数要求，但不得低于当地最低录取控制分数线以下20分。1990年省招委单独批复省广播电视学校降20分录取广播电视厅所属泰山、沂山、蒙山、大泽山、昆嵛山转播台的职工子女上初中中专。

地质、矿山、石油系统、城乡集体所有制企事业单位以及生活条件比较艰苦的山区、湖区、海岛县委托培养学生，如在划定的招生范围内最低录取控制分数线以上完不成招生计划，可在当地最低录取控制分数线以下20分之内，择优录取，如仍完不成招生计划，可在其他地方的考生中征求志愿，择优录取，毕业后到委托培养单位工作。

录取照顾政策在实行省、市分级管理以后，各市地根据本市素质教育发展情况，适当进行了增减。

三、管理措施

第一，贯彻落实全国中职招生工作会议精神。在20世纪80、90年代，中专的招生工作一般随从普通高校招生工作一起布置。后来因为高校扩招，逐渐使中考招生生源萎缩，在学校

的强烈要求下，教育部开始重视中专招生工作。进入21世纪后，教育部每年举行一次全国中职招生工作会议，各省一般在每年三四月份召开由各市招办分管主任、考务负责人参加的工作会议，传达全国中等职业学校招生工作会议精神，总结上一年全省普通中专招生工作，并对当年招生工作进行部署。

第二，关于组织宣传。从普通高校招生扩招后，普通中专招生面临着生源困难问题。生源发动就成为中专招生的一项重要工作。一是要求各市招办必须将教育部、省教育厅、省招办关于中专招生的政策、规定、办法迅速传达到社会的各个层面，让所有的考生都了解中专招生的政策、规定、办法，特别是将招生计划宣传到所有中学、所有考生。二是各市召开县（区）招办、中专学校、中学等有关负责人会议，研究部署工作，充分利用报刊、电台、电视台、网络、信息台等各种新闻媒体进行广泛宣传。有的市将招生任务分配到各县（区）、各乡镇，并签订中专招生责任书，落实奖惩措施。有的市将招生计划印制成小册子，考生免费人手一册。三是各招生学校进行自我宣传，突出学校的办学特色，以特色效应促进招生工作。

第三，争取政策支持。20世纪90年代初期，人才普遍紧缺，中专毕业生在社会上非常抢手。但到了90年代末期，随着大量的高校毕业生走向社会，中专毕业生市场下滑，从而波及中专的招生工作。因为生源紧张，甚至出现了生源地方保护的情况。地方保护是县（市）教育行政部门为了保护本地职业学校的招生所采取的一种办法。为了克服地方保护主义，各市采取一系列有效措施，特别是争取政策支持，利用政策调动报考中专的积极性。不少县（市、区）教育行政部门改变对中学的评估办法，对升入普通中专学校的同样算升学率，有力地克服了地方保护的影响；有的市专门召开中学校长会议，要求不得以任何理由限制学生填报志愿，一经发现严肃处理。

第四，做好考试组织工作。考试的组织主要由各市招办负责。命题从全省命制到分市联合命制，到部分市单独命制。考试实施和评卷工作均由各市自己组织进行。因此，各市都非常重视考风考纪工作，把考试作为招生工作的生命线来抓，各市招办也没有因为普通中专生源减少而放松对考风考纪的管理，而是更加重视对考试工作人员的培训，坚持持证上岗，加强了对考生的考前教育，坚持依法治考，加大巡视检查力度。由于采取了一系列切实可行的措施，确保了招生考试的顺利进行。

第五，关于中专招生计划。从 1998 年到 2005 年初中中专计划和录取的统计中不难发现，1998 和 1999 年的计划数少于录取数。在以后的几年里，则出现了完不成计划的情况。

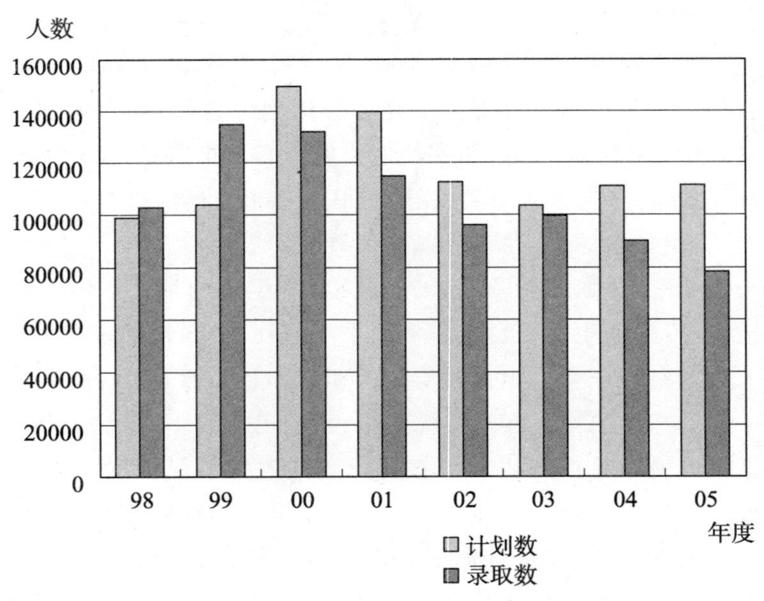

图 6-1　1998—2005 年初中中专计划和录取统计

1999 年报考人数 210093 人，招生计划 131038 人。2000 年报名人数减少到 13 万人，但招生计划增加到 151485 人。2001

年,有 20 所中专学校并入高校,9 所中专学校转为培训中心,在招生学校减少的情况下,招生计划却扩大到 159840 人,报名人数减少到 114503 人。① 中专报名人数在不断减少,但招生计划却不断增加。招生计划大大超过报名人数,致使中专招生计划形同虚设。

四、改革情况

(一) 招远中考招生制度改革经验

从 1987 年开始,烟台市招远县(1991 年 12 月改为招远市②)率先进行了中考招生制度改革。改革的基本思路是:以评制考,考评结合,统一评估,按照评估结果分配招生名额,将学校间升学水平的竞争转化为办学水平的竞争。基本做法就是“一评二挂”。“评”,即对乡镇、学校教育教学工作进行全面评估;“挂”,即将评估成绩与高中招生指标挂钩,与各种评先树优挂钩。他们依据对学校的全面督导评估成绩和合格生人数两个数据,将高中招生名额通过公式计算全部分配到各学校,再根据各学校学生的考试成绩从高分到低分进行录取,录完学校所分名额为止。这一制度直接把学校之间的升学竞争引向办学条件、水平和效益的竞争,把学校的注意力引向控制辍学和帮助学习困难的学生。后来,国家教委在烟台召开全国中小学素质教育工作会议,推广招远市中考招生制度改革的经验,中共中央政治局常委、国务院副总理李岚清出席会议并作了重要讲话。到年底,全省已有三分之一的县、区实施该招生

① 1977 年以后的中专招生数据资料主要来源于年度工作总结和招生文件,1990 年至 2004 年中专招生等政策比较材料主要来源于 1990 年至 2004 年《山东招生考试年鉴》。资料来源于档案室。

② 一说 1992 年改为招远市。经查,比较可信的时间是 1991 年 12 月 24 日。

制度。①

1997年，省教委印发《关于改革中考招生制度的决定》，决定从1998年起在全省范围内改革中考招生制度。具体措施有：(1) 建立教育评价体系，为改革中考招生制度打下基础。教育评价体系主要包括乡镇教育水平评价和初中办学水平评价。乡镇教育水平评价的重点是落实教育优先发展战略地位、转变教育思想、教育管理水平和教育质量等。初中办学水平评价的重点是教育思想、办学方向、办学条件、学校管理、学生素质和办学特色等。实施教育评价，坚持形成性评价与终结性评价相结合，自评与复评相结合，动态评价与静态评价相结合，评价结果与招生指标挂钩和用评价结果指导教改实践相结合。(2) 实行评价结果与中考招生挂钩制度。从1998年起，中考招生指标分配到市地、县市区或乡镇、学校。其中，普通中专招生指标按当地人口总数和初中在校生人数等因素由省分配到市地。分配到市地的普通中专招生指标的分配由市地确定。普通高中招生名额按招生范围和评价结果分配到乡镇和县市区直属初中；大中城市市区普通高中招生名额，1998年拿出60%左右的比例分配到市内各区，由各区按在校生数和评价结果分配到各初中学校。此后，比例逐年增加。(3) 实行一考多取制度。中考招生分考试和考查科目。由省提出考试、考查科目及要求的指导性意见，并确定考试时间。各市地根据省提出的指导性意见，负责考试科目的确定、命题、制卷、阅卷及录取等具体工作。不具备命题条件的市地由省教研室提供考试科目的题型。实行一考多取制度，即一次考试，普通中专、普通高中、职业中专、职业高中和招收应届初中毕业生的成人中专分

---

① 孟庆旭：《山东教育改革发展三十年》，教育科学出版社2008年版，第52页。

别录取。对学有特长的初中毕业生，可以实行升学考试加分制度。特长种类、评价方法和加分幅度由市地确定。招生类别和范围由市地教委制定。

1999年，省教委下发《印发关于进一步完善中考招生制度的意见的通知》，要求根据实施素质教育“区域推进、分段实施、统筹规划、重点突破”的工作思路，建立科学的教育评价机构，进一步完善中考招生制度。一是加大评价结果在分配招生指标依据中的权重，充分发挥教育评价的导向作用。二是扩大招生指标分配比例，切实发挥指标分配对教育工作的调控作用。三是取消指标生录取分数控制线，为初中实施素质教育创造宽松环境。四是要求中考招生考试命题以教学大纲、教材和山东省调整后的教学内容和要求为依据，不得超纲、超范围、超要求命题；招生考试时间，本着开齐、开足、上好规定课程，不得提前结束课程的原则安排；省和各级教研部门要加强考试指导；禁止任何单位和个人围绕中考招生编印面向学生的“中考招生复习纲要”、“考试说明”之类的资料，避免加重学生经济和课业负担。

2000年，省教委下发《关于进一步深化中考招生制度改革有关问题的通知》，针对中考改革中仍然存在着认识不到位、进展不平衡、改革内容和操作程序不尽完善等问题，提出三项措施：一是完善一考多取的办法和措施，纠正个别地方不准学生兼报志愿的问题。有关录取程序、录取时间、操作方法等，根据一考多取的原则统筹安排，不断完善。二是进一步下放中考招生改革的权力，逐步过渡到中考招生全部由市地命题，省不再编写面向学生的中考指导说明和各种命题指导。三是积极探索，进一步完善指标分配的评估机制，加大评价结果在分配招生指标依据中的权重，使指标分配更加科学、合理，更有利于提高学校的办学水平，有利于培养学生全面发展，有利于普及义务教育和推进中小学素质教育。

（二）招生工作实行省、市分级管理

中专招生工作从2001年起实行省、市分级管理。省、市分级管理主要包括三项内容:(1)部、省属学校经批准可以实行自主招生。考生直接到招生学校报名,参加由学校组织的命题、考试、阅卷、录取,录取结果报省招办备案。省招生办公室除在《录取新生通知书》、《录取新生简明登记表》上加盖公章外,还负责该项工作的宏观协调管理。2001年有15所省属中专学校经批准实行自主招生。省计委核定招生11520人,实际报到10169人,占招生计划的88.3%。2002年有15所省内中专和部分铁路系统学校定向招生部分实行了自主招生,招生计划为8930人,实际录取8565人。2004年有21所省内中专实行了自主招生,招生计划为15230人,实际录取20230人。2005年有18所省内中专实行了自主招生,录取13364人。(2)不实行自主招生的部、省属学校,以及跨市招生的各市属学校的招生,按其生源所在市的招生办法执行。(3)市属学校的招生工作由各市招生办公室统一组织实施。省招生办公室对整个中专招生工作实行宏观协调管理。

（三）录取工作分两次集中进行

实行分级管理后,2001年的录取工作全省没有统一集中,而是由各市招生办自行组织。从试行的情况来看,分散的录取办法有好的一面,但也给中专学校带来了一定的人力、财力负担。2002年采取了"统一时间、统一地点、统一程序"集中录取的办法,极大地方便了中专学校的招生工作。集中录取结束后,又进行了补录,已经具备两次录取的雏形。

2003年由于"非典"疫情的影响,加上各市中考时间不一致,为了确保普通中专生源不流失,确保招生录取人员身体健康,隔绝非典型性肺炎的传染源,防止疫情扩散,实行分散与集

中相结合的办法，录取工作分两个阶段进行。第一阶段，在中考及填报志愿的基础上，由各市招生办公室组织实施。要求各市招生办公室一律不得集中安排录取场所，不得接待任何学校的工作人员，一律通过网络、信函、传真等方式与招生学校进行联系，各市招生办公室必须于8月5日之前完成第一阶段的录取工作。第二阶段，实行全省统一时间、统一地点集中录取。各招生学校必须于9月10日前将计划缺额情况及未报到考生名单报生源市招生办公室，由生源市招生办公室向社会公布，并重新组织报名及填报志愿工作。

2003年的做法在以后的工作中得到了推广。在中考及填报志愿的基础上，2004年于7月初在日照市进行了第一次集中录取，共录取5万余人；于9月中旬在聊城市进行了第二次集中录取，录取了8万余人。2005年于7月初在泰安市进行第一次集中录取，共录取4万余人；于9月上旬在泰安市进行了第二次集中录取，录取了7万余人。两次集中录取，方便了学校的招生工作，受到了招生学校的普遍欢迎。

（四）统一招生考试信息标准

为了进一步完善省、市分级管理体制，使管理更加科学、规范、有效，从2001年起，全省统一制定了山东省普通中等专业学校招生考试信息标准。从2003年起，省招办印发了《山东省普通中等专业学校招生考试信息标准》，实现了招生信息方面的标准化、规范化。要求各市招办必须严格执行信息标准。由于全省统一信息标准、统一计算机程序、统一印制考生档案卡，在规范化管理方面上了一个新台阶。

（五）对往届初中毕业生和同等学力者实行注册入学

为了进一步扩大中职招生规模，同时为往届初中毕业生和同等学力者提供继续学习的机会，2005年山东省对往届初中毕业生和同等学力者实行注册入学，资格审查工作由各市招生办公室负责。这项改革,受到了社会的普遍欢迎。

（六）统筹管理高中阶段教育学校招生工作

为了确保中等职业教育健康、持续、快速发展,教育部教职成〔2005〕3 号文件提出了要统筹管理高中阶段教育学校招生工作,以改变过去高中阶段教育学校(包括普通高中、普通中专、成人中专、职业高中、技工学校等)招生工作分属不同部门管理和实施,造成政出多门、抢拉生源、地方保护、有偿招生、无序竞争的现象。但这一做法在山东没有得到有关部门的响应。

第三节 完善发展时期的山东普通中等专业艺术、体育招生

普通中等专业艺术、体育类招生基本上单独朝着有利于专业培养的方向发展,重在挖掘潜质。因此在考试中也突出专业的考查,早期以学校为主,后来加强监督,由省招办统一管理,但它们的专业特色始终得以保持。这类招生办法为早发现、早培养作出了重要贡献。

一、艺术招生

普通中等专业艺术学校招生实行专业和文化两种考试,单独、提前组织招生考试。

考生报名应具备以下条件:拥护党的基本路线,热爱祖国,遵纪守法,决心为社会主义勤奋学习,年龄不超过 18 周岁的普通中学的在校生或毕业生。戏曲、舞蹈、音乐、杂技等艺术门类中部分要求有表演、演奏类专业,要求是 13 周岁以下的普通小学在校生或毕业生。音乐基础理论、曲艺创作、教育类等专业,要求是 20 周岁以下的普通初、高中毕业生。专业成绩特别优秀者年龄可适当放宽,但应是身体健康,并符合学习艺术专业

要求者。报名时间每年3月初开始。

专业考试由招生学校按有关规定组织进行。考试科目一般不得少于3门,重点考核考生是否具备某专业的基本条件和素养,具体考试科目内容由招生学校确定。根据不同专业需要,专业考试方式一般分为面试、笔试两种。专业考试时间由招生学校确定,跨省招生的学校最迟于4月30日前结束。考生成绩评定由考试小组或评选委员会集体评定,学校招生办公室审核。

为了加强对专业课考试的管理,逐年向集中、统一方向发展。到2000年发展到了极点,统一考试时间、统一考试科目、统一考试分值、统一评卷管理。

美术专业考试时间一般安排在3月中旬开始,至5月初结束。

美术专业考试科目为素描、彩画、设计3门基础课,总分为100分,各科目所占分值比例由招生学校决定。

音乐专业考试项目为音乐技能、音乐素质和音乐知识。其中音乐技能包括声乐,以及键盘(钢琴或手风琴等)、器乐(中、西乐器)或舞蹈。音乐素质包括视唱、听音。音乐知识包括音乐知识与欣赏、基本乐理。广播、电视、戏曲、戏剧、舞蹈、杂技、节目主持、节目制作等专业考试项目根据专业特点,必须进行技能、素质、基本知识考试,总分100分,各项所占分值比例由招生学校决定。

美术专业的评卷工作在省、市招生委员会的领导下,成立学校评卷领导小组,聘请美术界办事公正、具有一定威望的专家统一评阅试卷。

音乐专业的考试工作在省、市招生委员会的领导下,成立学校考试领导小组,专业考试人员实行学校之间(或学校内外)专业对口交流,交流人员不得少于考评人员的二分之一。

专业考评结束后,各招生学校要根据招生计划数,根据专业考试成绩从高分到低分按3倍的比例确定参加文化考试的考生名单。

考生在专业考试合格后,进行文化考试。文化考试由下述学校或主管部门组织。招收小学生和初中在校生,由学校或学校主管部门根据国家和地方教育部门的有关规定,按普通教育的不同阶段教学要求,采取题库命题的方式单独组织进行。其中小学生的考试科目为语文、数学;初中生的考试科目为政治、语文、数学、外语。

招收初、高中毕业生,由招生学校或学校主管部门与考生所在省、自治区、直辖市有关招生主管部门协商单独组织考试(时间允许也可参加有关统一考试),单独划定录取分数线。跨省招生学校文化考试时间在5月20日以前结束。

在当地招生主管部门和学校主管部门的指导下具体录取工作由招生学校负责。各招生学校要认真贯彻德、智、体全面考核,择优录取的原则。凡参加单独组织文化考试的招生学校,其录取分数线由招生学校或学校主管部门会商本省有关招生主管部门后单独划线。录取办法是在政治思想品德考核和体检合格、专业和文化考试成绩达到分数线的情况下,一般按专业考试成绩从高分到低分并参照考生所报志愿顺序,德、智、体全面考核,择优录取。

对个别专业成绩特别优秀(总成绩平均在80分以上,主课成绩90分以上),专业成绩前3名,文化考试成绩略低于录取分数线考生,由学校招生办公室集体讨论决定,可适当照顾录取。对初中阶段受市级(地级以上)表彰的"三好学生"、"优秀学生干部",专业加10分。对边疆、山区、特区、少数民族聚居地区的少数民族考生、归侨、华侨及其子女以及港澳特别行政区、台湾省籍的考生,荣立二等功以上的退役军人、烈士子女可在同等条件下优先录取。

各校招生办公室负责提出录取名单,并填写录取通知书。同时将名单报学校主管部门审核后,报学生户口所在省、自治区、直辖市有关招生主管部门审批、盖章。

普通中等专业艺术学校实行试读制,试读期一年。一年后经考核合格,转为正式生。不合格者取消试读生资格,退回原地区。未完成义务教育的,经与当地义务教育管理部门商议,安排复学。

二、体育招生

山东省体育学校和济南、枣庄、菏泽、烟台、潍坊、淄博、临沂、济宁、泰安、德州、威海、聊城、东营、滨州、青岛体育运动学校,招收体育中专生。

山东省体育运动学校招收初中二年级的在校生(初中四年制中学,招收三年级在校生),年龄不得超过 15 周岁;各市、地体育运动学校招收初中三年级的应届毕业生,年龄不得超过 16 周岁。考生持户口簿和学校介绍信,到户口所在县(市、区)招生办公室报名。

报考中等体育运动学校的考生参加体育专业考试和文化考试。体育专业考试在省、市(地)招生委员会的领导下,由各招生学校负责组织实施。考生到招生学校报到并进行体检。测试由各校组成的测试项目考评小组组织测试,测试成绩当场公布。

体育专业考试分专项测试(占总成绩的 70%)和身体素质测试(占总成绩的 30%)两部分。测试内容、标准和办法按《山东省中等体育运动学校体育专业招生体育考试内容、标准与办法》执行。考生必须先参加专项测试,专项测试项目为田径、篮球、排球、足球、乒乓球、游泳、举重、摔跤、柔道、武术、射箭、拳

击、自行车、射击、无线电测向、赛艇、皮划艇、帆船和帆板、跆拳道、散打共21个项目，考生任选其中一项进行测试。然后参加身体素质测试，身体素质测试的内容为100米跑、800米跑、原地推铅球和立定跳远。

体育专业测试之后，各招生学校根据考生的体育专业总成绩（包括专项和身体素质）从高分到低分按学校招生计划的2.5倍划定体育专业成绩最低分数线，确定参加文化考试的考生名单。

文化考试初中二年级考试科目为政治、语文、数学、物理、化学、外语。初中三年级考试科目为政治、语文、数学、物理、化学、外语。

中等体育学校的录取工作在省招生委员会的领导下，由省招生委员会办公室与省体委组织实施。各招生学校的文化控制分数线，按招生计划的1∶1.2划定，在最低文化控制分数线以上的考生，录取时按体育专业成绩从高分到低分择优录取。

在各校文化控制分数线以下，专项成绩特别优秀（总成绩90分以上，其中专项成绩70分以上）的考生；省级比赛前三名，全国比赛前六名和达到一级运动员成绩以上的考生，文化分数低于最低控制分数线20分以内的，由学校提供名单报省招生办公室审查录取。

省体校名单由省体委签署意见后到省招生办公室办理录取手续。市地体校录取名单送市地招生办公室审查后到省体委签署意见后，再到省招生办公室办理录取手续。

第四节　完善发展时期山东中等专业学校的几项特殊招生

中等专业学校招生主要归省统管，可以根据地方特色和社

会需求不断进行改革。山东除了将计划下分以外,还有一些改革走在全国前列。这些特殊的招生项目有的存在时间很短,有的延续较长,基本上是目标比较明确、针对性较强的改革。因招生考试的变化,在考试上往往表现为增加专业测试内容或增加特质测试项目。

一、农业中等专业学校招收农村青年不包分配班

1988年5月26日,山东省农业厅、山东省教育厅、山东省计划委员会、山东省财政厅、山东省商业厅、山东省粮食局、山东省供销社、山东省人事局、山东省公安厅、山东省林业厅、山东省水产局、山东省农机局12厅局转发农牧渔业部等8部委《关于农业中等专业学校招收农村青年不包分配班的若干规定》的通知,山东省开始在农业中等专业学校招收农村青年不包分配班。文件规定,不包分配的招生工作必须面向农村,贯彻招生来源与毕业方向、培养与使用紧密结合的原则,招收立志务农的初、高中毕业生。对于有一定生产实践经验的往届毕业生,年龄可适当放宽。招生指标纳入国家中等专业学校指令性统一招生计划,注明为不包分配。不包分配班实行单独招生,由省、自治区、直辖市农业(林、牧、渔、机、垦)厅(局)会同当地教育、招生部门单独命题和考试,考试科目为政治、语文、数学、化学(农机类专业可改考物理),加试农业生产知识,并应积极创造条件,进行面试。

文件规定,地方财政部门在拨给业务主管部门中专教育经费时,应按国家教育委员会、财政部〔1986〕教计字111号《关于中等专业学校经费问题几项原则规定的通知》精神。对纳入国家指令性统一招生计划内不包分配的学生,均按在校学生计算,统一核拨学校经费,他们在校学习期间的助学金、奖学金等和统招统分班学生一样,享受同等待遇。属于联合办学和委托

培养的学生,按财政部门的有关规定或由双方协商收取一定费用。

通知指出,凡纳入国家指令性统一招生计划内的不包分配的农业户口学生,在校学习期间登记临时户口,不转粮食关系,其食用粮、油由粮食部门按当地中等专业学校学生的定量标准和品种平价供应。学生所在学校应在学生录取后,凭学校主管业务部门证明和临时户口,向当地县级以上(含县)粮食、商业部门分别报送学生名册(注明学习年限)办理粮、油、副食等供应手续。学生毕业或休、退学终止学习时,由学校到原报送学生名册的粮食、商业部门办理注销粮、油、副食供应手续。具体手续办法由各市、自治区、直辖市粮食、商业部门规定。各地供应此项用粮、用油和亏损款在粮食、财务包干数内调剂解决。本项规定只限于省、地(市)农业部门主管的农业中专。

学生在上学期间,实行两田制的地区(指有口粮田和责任田的地区),承包期内,应保留其口粮田。其责任田、场、林、塘等可根据本人意愿,自我经营或转包(对只有责任田的地区,也按此项规定办理),土地不得抛荒,以利于学生安心学习,更有利于学生在学习期间结合家庭经济,加强实践环节和毕业后回家乡发挥示范带头作用。

文件要求各有关部门要积极创造条件,使毕业生回到农业生产第一线。不包分配不等于政府有关部门不管毕业生的从业,毕业生的去向,主要是回到农村直接从事生产经营或技术服务工作,如:自办家庭农(牧)场,开设兽医诊所,农机维修点;联办经济联合体,农业技术综合服务站,也可受聘于乡镇企业及乡(村)集体性农业技术服务机构等。确因工作需要,可在增加干部、工人的指标内,安排到全民所有制企事业单位工作。安排做工人工作的,经县以上劳动部门批准;安排做干部工作的,经地(市)以上政府人事部门批准。公安、粮食等部门凭劳动人事部门的录用(聘用)证明办理手续。

文件强调,面向农村青年招收不包分配的学生,必然促使农业中专在教学和管理制度等方面进行相应的改革。各地教育部门和业务主管部门要积极领导并支持学校加快和深化这方面的改革。

根据农村产业结构调整和经济发展的需要,专业设置必须进行调整与改革。教学计划和课程设置可以不受全日制中专统一要求的限制,在保证中专培养目标及相应业务规格和教学质量的前提下,根据学生将来回到农村去的不同需要,区别对待,加强针对性与适应性。要按照理论与实践相结合的原则改革教学内容和教学方法。要加强实践教学的环节。基础课与专业课的内容与分量,要适合培养目标的需要。办学形式可以灵活多样,以适应农村青年的不同情况。

文件建议,对回乡直接从事农、林、牧、渔、机业和乡镇企业生产、特别是从事开发性生产经营的省、地(市)农业部门主管的农业中专毕业生,当地政府及银行信贷、农业、商业、物资等有关部门应制定相应的政策,在提供贷款、信息资料、良种等方面给予优惠和便利,购买生产资料给予必要的照顾和提供便利,以鼓励他们为当地经济建设作出更多贡献。

林业中等专业学校招收不包分配的农村户口学生,参照执行。

1990 年,在山东省农业厅和山东省招生委员会办公室联合下发的《关于中等农村学校招收不包分配班及有关部门的通知》中,明确省牧校和昌潍农校继续试点招生。就山东的招生办法作出具体规定:

(一) 招生对象及学制

招生对象为立志从事农牧业,年龄在 30 周岁以下,具有高中毕业或同等学力的农村青年。省牧校优先招收具有 2 年以

上畜牧生产经验的和有一定规模畜牧生产(经营)的家庭农村青年;昌潍农校优先招收具有两年以上农业生产经验的和掌握一定农业科学知识的农村青年,并优先招收农村基层干部。学制均为2年。

(二)招生计划

1990年计划招生165人,其中,省牧校畜牧兽医专业45人(生源分配为:潍坊市25人,东营市10人,济南市5人,莱州市5人),昌潍农校果树专业40人(面向昌乐县和临朐县招生)、农学专业80人(面向寒亭区、寿光县招生各40人)。不包分配班招生计划纳入国家指令性教育事业计划。

(三)招生办法

不包括分配班实行单独招生的办法,报名由省牧校和昌潍农校分别组织。报名时间为1990年8月1日至15日,考生须持乡镇介绍信到学校指定地点报名,并缴纳报名费10元。省农业厅负责组织命题、考试、评卷及确定录取分数线,招生学校和考生所在市、地招生办公室组织录取(学校按每生5元的标准向招生办公室缴纳录取费)。考试科目为政治、语文、数学、化学4科,考试时间为8月24日。考试结束后,录取前要进行面试。

(四)户口和粮食关系

根据省农业厅等12部门〔1988〕鲁农科教字第48号文《转发农牧渔业部等八部委〈关于农业中等专业学校招收农村青年不包分配班的若干规定〉的通知》精神,不包分配的农业户口学生,在校学习期间登记临时户口,不转粮食关系,其食用粮油由粮食部门按当地中等专业学校学生的定量标准和品种平价供应。招生学校凭本通知和学生临时户口,向所在地粮食、商业部门分别报送学生名册(注明学习年限),办理粮、油、副食供应等手续。

（五）关于学生在学习期间的“两田”问题

学生在学期间，实行两田制的地区（指有口粮田和责任田的地区），应保留其口粮田。其责任田、场、林、塘等在承包期内可根据本人意愿，自我经营或转包（对只有责任田的地区，也按此项规定办理），以利于学生安心学习。学生在学期间免除义务工。

（六）学生的毕业去向

不包分配班学生毕业后，主要是回到农村从事农牧业生产经营或技术服务工作，也可受聘于乡镇企业及乡（村）农业技术服务机构等。国家不统一分配工作，但各有关部门和单位要注意发挥他们的作用。

1991 年，山东省招生委员会就山东省农业机械化学校不包分配班招生工作有关问题发出通知，通知规定：

关于招生计划，不包分配班招生指标纳入国家中等专业学校指令性统一招生计划，共招收 40 人。其中，济南市 12 人（长清县 7 人，平阴县 5 人），枣庄市 12 人（台儿庄区 2 人，峄城区 3 人，薛城区 2 人，山亭区 2 人，市中区 3 人），日照市 4 人，惠民地区 12 人（无棣县 4 人，阳信县 4，沾化县 2 人，惠民县 2 人）。招生对象为农村户口的应届或往届初中毕业生，年龄不超过 22 周岁（1969 年 9 月 1 日后出生），对于有 2 年以上实践经验的往届毕业生或县以上政府表彰的先进生产者、新长征突击手等，年龄可放宽到 25 周岁。

报名采取本人自愿，乡、镇农机站推荐（推荐比例不得低于招生名额的 3 倍）的办法，经乡镇政府同意，县农机局审查后上报市、地农机局，由市、地农机局到市、地招生办公室办理报名手续，并按规定缴纳报名费。考生参加市、地的普通中等专业学校统一招生考试，由市、地招生办公室单独编排考场。考试科目为政治、语文、数学、理化、农业生产知识。考试方式已经

和上一年的试点不同，纳入统一考试管理中。

关于录取工作，市、地招生办公室根据考生的考试成绩，按招生计划的1∶1单独划定最低录取控制分数线，单独组织录取。

这样，以招收高中毕业生为主要对象的牧校和昌潍农校与以招收初中毕业生为主要对象的农机学校构成了一类主要为农业发展服务的招生方式。

二、省人民武装学校招生

经省人民政府批准，省人民武装学校于 1991 年开始招生。人民武装专业招生 200 名（其中退伍军人 130 名，应届高中毕业生和社会青年 70 名），学制 2 年，开设政治理论、军事、人武专业、语文、英语等课程，培养具有较高的军事、政治、文化素质，有较好的武装工作知识、技能，有较强的组织指挥和训练执勤能力，德、智、体全面发展的基层人民武装干部。

（一）招生对象、条件

具有高中毕业文化程度或同等学力，乡、镇（不含县市、区驻地）以下户口，未婚男性，25 周岁以下的优秀退伍军人、22 周岁以下的应届高中毕业生或优秀社会青年。

报考对象必须拥护党的路线、方针、政策，坚持四项基本原则，热爱民兵预备役工作，并志愿从事人武工作，遵纪守法，现实表现好，身体健康。退伍军人必须有较好的军事素质。

（二）定向招生、定向分配办法

省招办和省军区将招生指标分配到市、地。退伍军人招生指标分配到各军分区、警备区，以及日照市人武部。各县（市、区）人武部按分配的退伍军人招生指标 3 倍推荐考生。应届高中毕业生和社会青年报考人武学校，不受名额限制。学生实行定向招生、定向分配，毕业生由省统一分配到原报考县的乡（镇）任专职人武干部。

（三）报名、考试

应届高中毕业生和社会青年参加普通高等学校招生统一报名。退伍军人报考由个人申请，乡、县级人武部根据报考名额和条件推荐，凭县级人武部签发的《人武学校招生报考推荐表》、居民身份证、毕业证、退伍军人证书、近期同底片半身1寸正面免冠照片3张，到当地县（市、区）招办报名。

所有考生均参加全国高等学校招生文科统一考试。其中退伍军人免试英语，加试军事。军事成绩满分按100分计入总分，考试分理论和实际动作两部分，各占50分。理论考试范围是军事基础知识、军队条令、步兵战术基础理论。实际动作考试范围为单个军人队列动作、军事体育、步兵技术、战术基础。军事考试7月中旬进行，由学校统一命题、统一评分标准，各军分区、警备区统一组织实施，省军区派巡视员进行检查监督。考生的车船、食宿费自理。

（四）体检与政审

考生参加县招办统一组织的体格检查，检查标准按三总部颁发的《中国人民解放军院校招收学员体格检查标准》执行。考生政治审查，由县级人武部负责，按公安部、总参、总政关于征集公民服现役政治条件的规定执行。凡报考人武学校的应届高中毕业生和社会青年，均要在统考后即告知所在县级人武部，由县人武部对其进行政审，并将《考生政治审查表》装入考生档案。

新生入学后，学校在4周内进行复查。复查合格者，即取得学籍；复查不合格者，按照《中国人民解放军院校学员筛选暂行规定》和《关于军事院校学生退学和被处理离校的安置办法》的有关规定，退回地方有关单位。档案移交给市、地招生办。

（五）录取

在中专档次中按军事院校提前录取。以市、地为单位划定最低录取控制分数线，根据考生志愿和成绩，从高分到低分，德、智、体全面衡量，择优录取。退伍军人考生根据文化、军事考核成绩和政审、体检情况，按定向招生分配指标数，从高分到低分单独录取。

考生除享受国家、省里的有关定向招生优惠政策外，对在部队荣立三等功以上奖励或被市、地、师级以上单位批准为先进个人的考生，可降低20分投档。学员入学后享受普通中专学生待遇，另发军校学员被装。

三、司法(法律)学校招生

司法(法律)学校主要是为法院、检察、司法行政部门培养应用法律人才的中等专业学校。为保证招生质量，同时又不影响考生适时被其他学校录取，教育部规定各校可在省、自治区、直辖市招生委员会统一领导下，与人民警察学校一样实行提前录取。各地招生办公室，可将第一志愿报考司法(法律)学校进入最低录取分数线以上的考生档案材料一次投档，由学校审查择优录取，必要时可允许学校对考生进行目测或面试，未被录取的可参加其他学校的录取。从1990年开始，司法(法律)学校招生需要增加面试，这一办法直到2000年结束。

招生对象为年龄23周岁以下，具有高中毕业文化程度或同等学力的未婚青年。国家机关、企事业单位的职工和复员军人，年龄可放宽到25周岁，在同等条件下，可优先录取。

政治条件，除按普通中专学校录取新生的政治思想品德考核标准的有关规定进行审查外，根据政法工作的性质，特别要求考生本人政治好，能坚持四项基本原则，品行端正、作风正派、组织纪律性强。

体检标准除按国家教委制订的普通中等专业学校招生体检标准规定执行外，还要求男性考生身高不低于165厘米，女性考生不低于156厘米;视力左右眼单眼裸视不低于0.5,无色盲、色弱。对“三好学生”、“优秀学生干部”的身高及视力的体检要求,可适当放宽,但应严格掌握。

在中专招生中增加面试,除司法(法律)学校外,还有旅游和警官学校。而且,面试标准不断完善,到2000年,已经形成了比较完备的面试组织管理办法。

四、烟台农校等招收有实践经验的委培生

从1990年起,烟台农校参照普通高校招收实践经验学生的做法,开始招收有一定实践经验的委培生。

(一)招生计划

在省计委下达的烟台农校委培生招生计划内,划出60名,招收有一定实践经验的考生。其中农经专业50名(高中生20人、初中生30人,面向烟台市),农业商品化专业10名(初中生,面向威海市)。

(二)招生对象

分别招收高中毕业、年龄在25周岁以下,初中毕业、年龄在21周岁以下,并在乡镇企业或农业部门服务2年以上的城、乡青年。

(三)推荐、报名

烟台、威海市招生办公室根据招生计划扩大2.5倍向县市下达推荐名额。考生自愿申请报名,经单位评议,推荐初选考生名单。报县级农业主管部门,各县根据分配的推荐名额研究确定考生报考名单,填写《农业学校招收有实践经验学生推荐登记表》,由县级农业部门负责人签字,加盖公章,报市、县招生办公室,并公布确定的考生名单,再由市、县招生办公室对考生进行复查,复查合格的由市、县农业部门通知考生到市、县招生办公室按普通招生的有关规定办理报名、考试手续。

（四）考试

考生单独编排考场，高中考生参加普通高等学校统一招生考试，初中考生参加普通中专学校统一考试，均加试农业综合技术知识。加试的农业综合技术知识，由省农业厅命题、制卷、评卷。考试工作由市、县招生办公室组织进行。

（五）录取

招收有一定实践经验的学生的录取文化分数线单独划定。省农业厅根据考生的农业综合技术知识专业课考试成绩按市、县招生计划数1∶1.5的比例划定农业综合技术知识专业分数线，在农业综合技术知识专业分数线以上的考生中，根据考生参加统一考试文化成绩，按招生计划1∶1的比例划定录取分数线，烟台、威海市将录取分数线以上的考生档案，一次性投给烟台农校，由学校审查录取。被录取考生凭入学通知书办理户口、粮油迁移手续。

这一招生办法后来得以推广，将招生计划分配到各市，招收有一定实践经验的青年。此办法到1993年归并为招收有实践经验人员，直到1997年高校招生实行“并轨”才终止招生。

五、亦工亦农招生

1992年山东省中等农牧学校招收县以下农业部门亦工亦农技术人员。

（一）招生学校和招生计划

1992年全省共招收亦工亦农技术人员380名。其中，列入国家统一招生计划的有：省牧校畜牧兽医专业80人，滨州农校农学专业40人，泰安农校畜牧兽医专业40人，临沂农校畜牧兽医专业40人、果树专业40人，聊城农校农学专业40人。列入国家委培计划的有烟台农校农业经济管理专业20人、农业商品化专业80人。

（二）招生对象和报考条件

招收对象为在县（市、区）和乡（镇）农业部门工作的亦工亦农技术人员。报考条件：在农业部门连续工作2年以上（截止到报考当年6月30日），年龄在28周岁以下，婚否不限，具有初中及以上文化程度；拥护党的基本路线，遵纪守法，热爱农业，工作努力，身体健康，能坚持学习，所从事的工作岗位与招生专业对口，并已在县以上农业部门按省农业厅等4部门（91）鲁农人劳字第17号文件进行注册登记的半脱产农民技术员、农民合同制工人中的技术人员或农民合同制干部。

（三）招生办法

符合报考条件的人员可向所在单位申请，经单位同意，县农（牧）业局批准，报市、地农（牧）业局审核，由市、地农（牧）业局统一到市、地招生办公室办理报名手续。报名人数不少于招生名额的5倍。报名时间，由各市、地招生办公室确定。市（地）、县（市、区）农业部门和市、地招生办公室要对考生的报名资格进行严格审查，杜绝不符合条件的人员报考。

考场设在市（地）政府、行署所在城市，单独编排，每考场30人，单人、单桌、单行。考试包括文化考试和专业知识考试两部分。文化考试参加普通中专学校招生统一考试。专业知识考试，按招生专业单独命题，单独考试。专业知识试题按专业分为农学、牧学、农经、果树园艺、农业商品化5类。命题范围为该专业类别的综合性专业基本知识和基本技能。专业知识试题随普通中等专业学校招生文化考试试题一起领取。

政审要严肃认真，考生在工作期间的政治表现、思想觉悟、道德品质、工作态度和工作实绩要作为政审的主要内容。考生体检按照普通中等专业学校招生体检的有关规定执行。

各市、地招生委员会根据本地考生的考试成绩划定专业录取最低控制分数线和文化录取最低分数线。首先根据专业知识考试成绩按招生来源计划 2 倍的比例划定专业录取最低控制分数线，再在专业录取最低控制分数线以上的考生中根据文化考试成绩按招生计划1∶1的比例划定文化录取最低分数线。文化录取分数线以上的考生档案，一次投给招生学校，由学校审查录取。

下列考生在录取时可以降低分数要求：在工作期间，获得市、地科委或省级部门以上科研成果奖的考生，受到县（市、区）政府或市、地及以上有关部门嘉奖的考生，烈士子女考生，可在当地文化录取分数线以下 20 分之内提供档案，交学校审查录取；少数民族考生，归侨、归侨子女、华侨子女和港澳台籍考生，可以在当地文化录取分数线以下 10 分之内提供档案，交学校审查录取。

六、其他普通中等专业学校招收有实践经验人员

根据林业部、国家教委林教字〔1992〕14 号《关于在部分省（自治区）普通中等林业学校招收有实践经验人员入学的通知》和省委鲁发〔1990〕1 号文件精神，为适应林业、水利、农业发展对人才的急需，1992 年在山东林业学校、山东水利学校、山东农业机械化学校招收部分有实践经验的人员入学。到 1993 年，将招收亦工亦农人员、招收有实践经验的委培等进行归并，统一作为一类，招收有实践经验人员，1997 年为该类招生的最后一年。

（一）招生计划

1992 年，山东省 3 所学校共招收有实践经验的人员 120 名。其中山东林业学校 40 名、山东水利学校 40 名、山东农业机械化学校 40 名。到 1997 年，计划扩大到 3049 人，学校扩大到 18 所，涉及农业、林业、水利、农机、民政等系统。招生指标列入国家任务招生计划。

（二）招生对象和报名条件

招生对象为林业、水利、农机基层单位（林场、苗圃、林业站，乡镇水利站、水库管理站、河道管理站、水土保持站、科技推广站，乡镇农机站）的在职青年（林业单位的合同工、临时工，水利部门的农民合同制人员，农机部门的农民技术人员和农机管理人员）。后来，增加了民政系统的殡葬单位的合同制干部、合同制工人、临时工。

报考条件是在林业、水利、农机基层单位连续工作2年以上，年龄在28周岁以下，婚否不限，初中及以上文化程度，在当地有正式户口，拥护党的十一届三中全会以来的路线、方针、政策，坚持四项基本原则，遵纪守法，工作努力，身体健康。

（三）招生办法

符合报考条件的人员，向所在单位申请，经单位同意，县（市、区）主管部门批准，填写《山东省中等专业学校招收有实践经验人员考生登记表》，报市地主管部门审核，由市地主管部门统一到市地招生办公室办理报名手续。报名人数不得少于招生名额的5倍。报名时间由市地招生办公室确定。各市地主管部门和招生办公室要对考生的报考资格进行严格审查，杜绝不符合条件的人员报考。

考试单独编排考场，考场设在市、地政府、行署所在地。每个考场30人，单人、单桌、单行。考试包括文化考试和专业知识考试两部分。文化考试参加普通中等专业学校招生统一考试。专业知识考试单独命题，单独考试。考试的专业为农业机械化专业、林学专业、农田水利工程专业。民政系统试题为现代殡葬管理。试题由省主管厅局和省招生办公室负责命制，随普通中等专业学校招生文化考试试题一起发至市、地招生办公室。

政审要严肃认真，考生在工作期间的政治表现、思想觉悟、

道德品质、工作态度和工作实绩要作为政审的主要内容。考生体检按照普通中等专业学校招生体检的有关规定执行。

各市地招生委员会根据本地考生的考试成绩划定专业录取最低控制分数线和文化录取最低分数线。先根据专业知识考试成绩按招生来源计划 2 倍的比例划定专业知识录取最低控制分数线，再在专业录取最低控制分数线以上的考生中根据文化考试成绩，按招生计划1∶1的比例划定文化录取最低分数线。文化录取分数线以上的考生档案，一次投给招生学校，由学校审查录取。

下列考生在录取时可以降低分数要求：在工作期间获得市、地科委或省级部门以上科研成果奖的考生，受到县（市、区）政府或市、地及以上有关部门嘉奖的考生，烈士子女考生，可在当地文化录取分数线以下 20 分之内提供档案，交学校审查录取；少数民族考生，归侨、归侨子女、华侨子女和港澳台籍考生，可以在当地文化录取分数线以下 10 分之内提供档案，交学校审查录取。

1993 年，山东省共招收有实践经验人员 1360 名。其中农业系统 1080 名、水利系统 120 名、林业系统 80 名、农机系统 80 名。招生指标列入国家招生计划。招生对象也相应扩大为农业、水利、林业、农机基层单位的在职青年。

第七章 山东高等教育自学考试的发展

第一节 高等教育自学考试制度在山东的确立

一、高等教育自学考试制度的产生和发展顺应了社会发展的需要

1978 年党的十一届三中全会后,全党工作重点转移到以经济建设为中心,社会急需大批专门人才。例如,教育和人才分布发达的青岛市,到 1984 年,小学教师的学历达标率(中专)仅为 31%,初中教师的学历达标率(大专)仅为5.8%。① 在 1978 年至 1984 年这一时期,山东的农村基本上实行了以家庭承包经营为基础、统分结合的双层体制,到 1984 年低,全省 2109 个人民公社全部改建为乡、镇,农村微观经济组织基础发生了本质变化。以家庭承包经营为基础、统分结合的双层经营

① 林增斌:《我市学历教育现状及发展对策》,载山东省高等教育自学考试办公室编:《科研论文集》,山东大学出版社 2004 年版,第 767 页。

体制的确立，使得农村生产力与生产关系不适应的矛盾得到解决，农村生产力得到解放，农民的生产积极性得到激发，农业和农村经济迅速恢复。到1984年，全省粮、棉、油总产量分别比1978年增长32.9%、10.2倍和89.8%。农林牧渔总产值比1978年增长2倍多。农民人均纯收入增长2.4倍，全省农村基本解决了温饱问题。① 在这一时期，是以农村改革为先导、各项经济改革初步展开，对外开放开始起步的阶段。经济形势的好转，物质财富的增加，使得社会对教育更加重视，对教育的需求也迅速提高。

1977年恢复高考，满足了广大知识青年的求学愿望，社会上的学习热情不断高涨。与此同时，经济的迅速发展对人才的需求越来越迫切，数量要求越来越大。现有的普通高校短时间内很难满足社会对人才的需求。1984年，山东普通高校47所，本专科在校生规模6.64万人，校均规模1413人。全国的普通高校902所，本专科在校生规模139.6万人，校均规模1548人。经过教育结构改革以后，全省职业教育得到了较大发展，到1984年，由普通高中改办的农技中学385所，设专业近50种，在校生69300人，专任教师5500多人；农业初中346所，在校生63200人；城镇职业高中48所，职业高中班近500个，在校生28300人；普通中专188所，专业50余种，在校生84130人；技工学校119所，专业30余种，在校生19100人。全省中等职业技术学校在校生20.8万人，占高中阶段在校生总数的32.3%。在这一阶段，成人高等教育也得到了迅速发展。到1978年以后，成人教育纳入了为经济和社会发展服务的总体系中，成为提高文化技术素质、提高经济效益和工作效率的最

① 中共山东省委讲师团：《山东省纪念改革开放三十周年历史经验文集》，红旗出版社2009年版，第1页。

直接最有效的途径。在各类教育迅速发展的时期，在社会、经济迅速发展的阶段，深入挖掘社会教育资源，创新教育模式，满足广大人民不断增长的精神文化需求，在最大范围内、最公平的基础上，为广大青年开辟成才之路，就成为政府的迫切任务。

1978年五届人大一次会议的政府工作报告提出："我们必须打破常规去发现、培养和扶持各方面的优秀人才。""我们要建立适当的考核制度，业余学习的人们经过考核，证明达到高等学校毕业生同等水平的，就应该在使用上同等对待。"为贯彻落实这一精神，教育部征求有关部委和北京市的意见，向国务院提出了《关于〈高等教育自学考试试行办法〉的报告》。1980年10月，北京市政府作出"关于建立高等教育自学考核制度的决定"。1981年1月13日，国务院批转下发了教育部制定的《高等教育自学考试试行办法》，并决定在北京、上海、天津3市试行。1982年，五届人大通过新宪法，把国家"鼓励自学成才"列入了根本大法。1982年3月10日至16日，高等教育自学考试制度试点工作座谈会召开，会议总结了自学考试试点经验，认为高等教育自学考试是国家考试，要掌握好考试的标准，确保考试的质量。1983年5月3日，国务院批准成立全国高等教育自学考试指导委员会。同年5月23日至26日，全国高等教育自学考试指导委员会第一次全体会议在北京召开，会议通过了《关于设立专业委员会的意见》和《关于制定专业考试计划的意见》两个文件。以后参加试点的省逐年增加，到1985年全国各省、自治区、直辖市都开展了高等教育自学考试的试点。1988年3月3日，原国家教育委员会总结了各地的经验，报国务院批准颁布了《高等教育自学考试暂行条例》，对自学考试制度的性质、任务、地位、机构、开考专业、考试办法、毕业生使用等，以国家行政立法的形式作了明确规定，标志着我国高等教育自学考试事业走上了法制化的轨道。1999年1月1日起

实施的《中华人民共和国高等教育法》第二十一条明确规定："国家实行高等教育自学考试制度，经考试合格的，发给相应的学历证书或者其他学业证书。"这以法律的形式规定了高等教育自学考试制度的性质，以及它在我国高等教育基本制度中的重要地位。自学考试已成为落实《宪法》关于"鼓励自学成才"、落实《教育法》关于公民"依法享有平等的受教育机会"等条款的有力措施，成为终身教育的有效途径。

二、高等教育自学考试制度的确立

1988 年 3 月 3 日，国务院发布了《高等教育自学考试暂行条例》，对自学考试制度的性质、任务、地位、机构、开考专业、考试办法、毕业生使用等，以国家行政法规的形式进行规定，使我国的自学考试工作开始走上法制化轨道。经过近 20 多年的发展，自学考试已初步形成了包括本科、专科、中专和非学历证书在内的多层次、多规格、学科门类比较齐全的教育体系，以考试管理严格、科学、公正赢得了良好的社会信誉。到 2008 年，全国吸引了 5000 余万人，1.8亿人次参加自学考试，培养了 860 多万本、专科毕业生。自学考试在籍考生还有 2700 余万人。

自学考试制度的建立，是贯彻《宪法》规定的鼓励自学成才和《教育法》规定的公民享有平等教育权利的具体体现，为广大的社会青年开辟了广阔的成才之路。作为一种教育形式，自学考试继承了我国古代考试制度中的一些优秀传统，并与现代教育相结合，是有中国特色的社会主义教育制度的一个创举，也是目前我国高等教育事业中普通高校、成人高校不可代替的重要组成部分。

高等教育自学考试是对自学者进行以学历考试为主的高等教育国家考试，是个人自学、社会助学和国家考试相结合的高等教育形式。考生按照专业计划规定的课程和学分完成学业，经思想品德鉴定后，可获得毕业证书，国家承认学历。高等教育自学考试成为我国规模最大的社会化开放式高等教育形式。自学考试有权威性、开放性、灵活性、效益性的特点，从类型上分，有普通教育和职业教育，还有非学历的教育培训。从教育形式上看，有在校教育、函授教育、网络教育等。自学考试几乎可以涵盖高等教育的所有类型、所有层次。自学考试是一种体制、一种机制、一种终身学习的理念。自学考试的特点决定了自学考试的发展优势，可以与各类教育形式进行合作，实现与各类教育形式的相互衔接与沟通，优势互补，资源共享，构建高等教育立交桥，促进各类高等教育形式共同发展。高等教育自学考试以自主学习为主，创新了教育机制，是我国高等教育制度上的创新。高等教育自学考试率先打破计划经济的束缚，实现了面向社会需求、适应市场经济的机制体制，为教育改革进行了积极的探索。20 多年来，自学考试不断探索、发展，以质量求生存、以创新求发展，建立了良好的社会信誉，形成了多层次、多规格、多功能的学历教育和非学历教育并重的开放教育体系，满足了人们接受高等教育的迫切需求，为全体国民平等享有接受高等教育的机会提供了制度保障，成为我国继续教育、终身教育的重要组成部分，为培养数以亿计的高素质的劳动者，为构建现代国民教育体系、终身教育体系和形成学习型社会方面作出了很大贡献。

三、山东高等教育自学考试制度步入正轨

1983 年 8 月 24 日，山东省人民政府印发《山东省高等教育自学考试若干规定》，抄送省委各部门、省人大常委会办公厅、省政协办公厅、省法院、省检察院、省军区和济南军区。文件对自学考试的方针任务、组织机构、考试对象、报名手续、考试专业、考试方法、成绩管理、社会助学、毕业生使用、经费等作了系

统规定。这一份文件奠定了山东省自学考试发展的基础。

山东省高等教育自学考试委员会成立于1983年9月，副省长马长贵兼任主任。

全国设立高等教育自学考试指导委员会（简称“全国考委”），在国家教育部领导下，负责全国高等教育自学考试工作。全国考委由国务院教育、计划、财政、劳动人事部门的负责人，军队和有关人民团体的负责人，以及部分高等学校的校（院）长、专家、学者组成。全国考委根据工作需要设立若干专业委员会，负责拟订专业考试计划和课程自学考试大纲，组织编写和推荐适合自学的高等教育教材，对本专业考试工作进行业务指导和质量评估。专业委员会的委员都是由各高校或者是各学科的专家担任，保证了自学考试的教学和考核标准。教育部专门设立了高等教育自学考试工作管理机构，作为全国考委的日常办事机构，全称为全国高等教育自学考试委员会办公室（简称“全国考办”）。

山东省高等教育自学考试委员会（简称“省考委”），在省人民政府领导和全国考委指导下进行工作。省考委的组成，参照全国考委的组成确定。山东省高等教育自学考试委员会办公室是省高等教育自学考试工作管理机构，也是省考委的日常办事机构（简称“省自考办”）。地区、市设立高等教育自学考试工作委员会（简称“地市考委”），在地区行署或市人民政府领导和省考委的指导下进行工作。地市考委的日常工作由当地教育行政部门负责，设立地区或市自学考试办公室，区县设立区县自学考试办公室，负责考试事务的具体实施。1990年，省考委批准，胜利石油管理局成立高等教育自学考试委员会，至此，全省所有地市加上一个大企业均成立了地市级考委，地区或市自学考试办公室成为日常办事机构。

主考学校由省考委遴选专业师资力量较强的全日制普通

高等学校担任。主考学校在高等教育自学考试工作上接受省考委的领导，参与考试的命题和评卷，负责有关实践性学习环节的考核，在毕业证书上副署，办理省考委交办的其他有关工作。主考学校一般设立高等教育自学考试办事机构，根据任务配备专职工作人员，所需编制列入学校总编制数内，由学校主管部门解决。

经全国高等教育自学考试指导委员会批准同意后，1984年4月，山东省高等教育自学考试委员会在山东省组织了第一次自学考试。

1984年上半年，山东开考4个专业，报考人数为40217人，实考人数为30497人，实考率为75.8%，考试成绩合格获单科合格证书的为13188人，占实考人数的43%。山东省第一届自考办主任吴鸿章在1987年山东省首届高教自学考试理论研讨会上总结说，三年来，山东省“开考了十二个专业，累计应试者达七十八万一千多人次，全省已经有九万九千多人获得了二十五万张单科合格证书，去年的毕业生已有三千二百八十三人。中等专业教育我们开考了三个专业，仅师范专业就有一万多人获得毕业证书”①。

1985年6月25日，山东省教育厅文件印发《山东省高等教育自学考试工作细则》，按照普通高考的组考模式对报名、考试、评卷、统分、通知成绩、颁发证书和成绩管理等作出详细规定。这一份文件奠定了山东省自学考试考务和考籍管理工作的基础。

到1986年，山东省第一轮自学考试结束。归纳三年来取得的成绩，有如下多个方面。

① 《吴鸿章同志在山东省高教自学考试理论研讨会上的总结讲话》，资料来源于档案室。

开考专业高等教育已有汉语言文学、党政干部基础科、会计、法律、英语言文学、政治教育、农业经济管理、统计、历史、数学、价格学、体育 12 个，中专自学考试已有中师、物价、邮电 3 个专业，开考专业的逐年增加，不断满足了社会各方面的需要。但同时报考人数各专业又很不平衡，以第 6 次考试为例，党政干部基础科和汉语言文学两个专业的应试者占各专业总报考人数的 50%，而农业经济管理专业的应试者只占各专业总报考人数的0.73%。

高教自学考试的应试者已达 781353 人次，全省已发单科合格证书 253498 张，1984 年开考的 4 个高等自学考试专业已产生首批专科毕业证 3283 张。自学考试为社会培养了大量人才，但更多的则是根据学用一致的原则更好地安排使用。

从山东省司法系统举办法律自修大学，到党政系统举办“干部电大”，再到统计、物价、邮电专业的开考，自学考试出现了“主管部门办学、大面积电视辅导、自学考试”的模式。这种模式对于加强社会助学，确保自学考试质量、学员专业对口、学用一致，调动单位办学积极性，都有益处。

建立了省、地（市）、县（区）主考高校、主考系科的自学考试办公室，全省已有了一支数百人的专职办考队伍。

在命题工作中，山东提出了“命题与辅导两权分离”原则。但在试题的可比性问题上出现了分歧，对命题标准产生了疑问。如，1986 年最后一次考试中，党政干部基础科合格率为 81%，其中国际政治合格率为 98%，政治经济学合格率为 83%。再以哲学课程为例，首次考试合格率为34.5%，二次考试为 20%，三次考试为 70%，四次考试为 37%。

每次考试，省自学考试办公室向各地、市派遣考试检查组，派遣试题保密检查员，坚持在地、市之间对调监考人员，派遣国家考试巡视，等等，采取这些措施，对确保考试质量起了重大作用。

在评卷工作中，山东实行两级评卷质量检查制度，目的在于通过制约，促进评卷质量提高。要求 60 分上下的分数重点复查，目的是该升就升、该降就降，事实上基本是光升不降。

已取得单科合格证书的考生中，60 分至 70 分者占多数，如 1986 年最后一次考试，党政干部基础科专业哲学 60—70 分者占及格人数的 98%，政治经济学占 66%，大学语文占 99%。

至 1986 年第一轮自学考试结束这三年，为解决考生买书难，自学难，山东除成立发行组织订购自学教材外，在办好《高等自学考试》杂志和《自学指导报》的同时，还根据“大纲宜略，教材宜详，辅导宜精”的原则，组织编写了一套自学指导丛书，这些做法对考生自学、对自学教材建设起了积极作用。

自学考试各环节需要有严格的纪律作保证，这三年山东对违纪或作弊现象考生的处理比较严格，不少地市如聊城、济南等，对违纪和作弊都严肃对待，认真查处。

还有自学考试的宣传，采取各种措施做了大量工作，取得了较好的效果。特别是省内外新闻单位，为宣传自学考试作出了突出贡献，据初步统计，平均每周至少有一则自学考试信息发布。

省自学考试办公室开展各项工作的指导思想是“高标准、高质量、严要求”，强调从上至下牢固树立“质量第一、信誉第一”的思想，要求各级办考人员“做自学考试的开拓者，不做自学考试的掘墓人”。1984 年省自学考试办公室总结了“坚持高教自学考试的质量标准，不断地同单纯追求文凭风作斗争；精心组织考试，勇敢地同考试作弊作斗争；加强自学指导，有效地同猜题押宝风作斗争”的经验。1985 年又在总结与“三风”作斗争经验的基础上，在制定专业考试计划、编写课程考试大纲、实施各科命题、组织评卷、考试实施及办考队伍制约，以及考生

作弊防范、严格考试纪律、开展自学指导等涉及考试质量的每个环节上，都制定了比较完善和健全的制度和措施。1986 年省考委又进一步提出自学考试全面标准化，进一步完善国家考试制约论，有计划地开展自学考试理论研究等要求。①

1986 年山东省第一轮自学考试结束标志着山东自学考试步入正规。

第二节　高等教育自学考试制度的基本要义

一、性质和任务

高等教育自学考试制度是一种具有中国特色的开放学习体系，它既是一种集权的国家考试制度，也是一种开放的社会教育形态和终身教育体系。《高等教育自学考试暂行条例》将自学考试定性为："高等教育自学考试，是对自学者进行以学历考试为主的高等教育国家考试，是个人自学、社会助学和国家考试相结合的高等教育形式。"自学考试制度的建立是落实宪法第十九条"鼓励自学成才"，完善高等教育体系的重要举措，是我国高等教育的重要组成部分。

高等教育自学考试的任务，是通过国家考试促进广泛的个人自学和社会助学活动，推进在职专业教育和大学后继续教育，造就和选拔德才兼备的专门人才，提高全民族的思想道德、科学文化素质，适应社会主义现代化建设的需要。个人自学是指应考者在国家规定的专业考试计划和课程考试大纲指导下的自学，社会助学是机关、团体、学校、公民个人等社会各方面

---

① 刘荣源在山东省首届自学考试理论研讨会上的讲话：《总结经验加强理论研究开创我省自学考试工作新局面》，资料来源于档案室。

举办的自学辅导活动，国家考试是国家专设的考试机构对应考者进行的学历考试。

条例中明确规定，中华人民共和国公民不受性别、年龄、民族、种族和已受教育程度的限制，均可依照规定参加高等教育自学考试。自学考试以“高标准、高质量、严要求”的办考方针，赢得了较高的社会信誉。自学考试在国际上也产生了较好的影响。先后有美国、英国、日本、法国、德国、加拿大、澳大利亚、新加坡等 40 多个国家相继承认自学考试学历证书和单科合格证书，并已有其他国家和地区的人员报名参加自学考试。

高等教育自学考试，是以教育为社会主义建设服务为根本方向，讲求社会效益，保证人才质量。根据经济建设和社会发展的需要、人才需求的科学预测和开考条件的实际可能，设置考试专业。高等教育自学考试的专科（基础科）、本科等学历层次，与普通高等学校的学历层次水平的要求应相一致。

自学考试不受时间、空间及学习年限等诸因素的制约，完全由应考者根据自己的工作、生活及省自考委公布的开考计划等实际情况安排自己的学习计划，其方便、灵活、投资少、效益高等特点，满足了未能进入高等学校学习的干部、职工及社会青年等各类人员的要求，圆了他们的大学梦。我国自 1982 年开始举办自学考试以来，发展迅速，实现了学历教育和非学历教育并举的开放教育体系，与普通高等教育、成人高等教育形成了三足鼎立之势，在提高全民族文化素质方面起到了其他教育形式不能替代的重要作用。

二、考试对象

自学考试被称作“没有围墙的大学”，参加自学考试的群体非常广泛，一些领域是其他高等教育形式不能替代的。考生不仅有各类管理人员、专业技术人员、中小学教师、产业工人、

务农人员、解放军、武警官兵、公安干警，还有身残志坚的残疾人、甚至在高墙里的服刑人员等。他们中大多数人一边工作、一边学习完成学业。

三、考试办法

按照条例的要求，各专业考试计划的安排，专科（基础科）一般为3—4年，本科一般为4—5年。随着我国高等教育的发展，现今一个专业的所有课程一般在两年半至三年安排一遍。

按照专业考试计划的要求，每门课程进行一次性考试。考试以100分制计算，达到60分为及格。课程考试合格者，发给单科合格证书，并按规定计算学分。不及格者，可参加下一次该门课程的考试。

报考人员可在本地区的开考专业范围内，自愿选择考试专业，提倡在职人员按照学用一致的原则选择考试专业。但根据专业要求，有部分专业对报考对象在职业上进行了必要的限制，如公安管理、高等护理、药学等专业要求具有行业从业资格的人员报考。有些专业只在指定地区开考，如韩国语专业只在济南、青岛、烟台、威海和日照开考。

条例规定各级各类全日制学校的在校生不得报考，近年由于学生对提高自身学历水平的要求越来越高，限制报考不符合建设学习型社会和终身教育体系的要求，故在实际操作中各省已经逐步放开。而且学校组织在校学生参加自学考试，可以充分利用学校的师资和教学资源，组织考前助学、辅导活动，有效地提高了考生的学习成绩，有助于提高自学考试毕业生的质量。

报考人员应按本地区的有关规定，到省考委或地市考委指定的单位办理报名手续。已经取得高等学校研究生、本科生或专科生学历的人员参加高等教育自学考试的，可以按照有关规

定免考部分课程。报考自学考试本科专业的考生应具备国民教育系列的专科及专科以上毕业证。

高等教育自学考试以地区、市、直辖市的市辖区为单位设考场。有条件的,地市考委经省考委批准可在县设考场,由地市考委直接领导。考场应设在当地初中以上的中学,学校的条件要达到《山东省自学考试规范化考点标准》。

高等教育自学考试理论课程的考试一年安排4次,考试时间分别安排在每年1月、4月、7月和10月。4月份、10月份考试的报名时间安排6月或12月的18—24日;1月、7月考试的报名时间安排在每年的11月和5月的最后一个星期六、星期日。新生持身份证、老考生持准考证到当地自考办报名点办理报名手续。

实践性环节课程技能考核,含课程实验、设计、实习等的考核,本科专业的毕业论文、毕业设计等的考核和部分专科专业的毕业实习、综合作业等的考核,每年上、下半年各组织一次,报名时间为6月或12月的18—24日。

四、主考学校

主考学校由省考委遴选专业师资力量较强的全日制普通高等学校担任。主考学校在高等教育自学考试工作上接受省考委的领导,参与命题和评卷,负责有关实践性学习环节的考核,在毕业证书上副署,办理省考委交办的其他有关工作。

主考学校设立高等教育自学考试办事机构,根据任务配备专职工作人员,所需编制列入学校总编制数内,由学校主管部门解决。

为了充分发挥高等院校在自学考试中的作用,山东省从2003年起实行部分专业主考院校多元制。原确定的主考院校不变,在部分专业增加了主考院校。多个主考院校的专业由省

考办根据专业培养目标和专业基本要求组织相关主考院校制定实践环节、毕业环节考核大纲和实施细则并组织实施。对于多个主考院校的专业,考生可自愿选择其中一个院校参加实践环节、毕业环节的考核及申请毕业证书和学位。

五、社会助学

国家鼓励企业、事业单位和其他社会力量,根据高等教育自学考试的专业考试计划和课程自学考试大纲的要求,通过电视、广播、函授、面授等多种形式开展助学活动。

各种形式的社会助学活动,应当接受高等教育自学考试机构的指导和教育行政部门的管理,办理助学资格的审批备案工作。助学工作应在国家有关法律和规定下进行。

高等教育自学考试辅导材料的出版、发行,应遵守国家的有关规定。考试机构有责任为考生提供相应的教材和考试大纲。

六、开考专业

高等教育自学考试开考新专业,由省考委组织有关部门和专家进行论证,并提出申请,报全国考委审批。可以实行省际协作开考新专业。

开考新专业必须有健全的工作机构、必要的专职人员和经费,有符合规定的主考学校,有专业考试计划,有保证实践性环节考核的必要条件。开考承认学历的新专业,一般应在普通高等学校已有专业目录中选择确定。

国务院各部委、各直属机构和军队系统要求开考本系统所需专业的,可以委托所在省考委组织办理,或由全国考委协调办理。

全国考委每年一次集中进行专业审批。省考委一般应于

每年6月底前将申报材料报送全国考委,逾期者延至下一年度重新申报办理。审批结果由全国考委于当年第三季度内下达。凡批准开考的专业均可于次年接受报考,并于首次开考前半年向社会公布开考专业名称和专业考试计划。

根据报考人数和专业变化情况,会及时作出停考及转考专业的处理。作出停考决定的,本专业不能从其他专业借考的部分专业课程将在适当时机安排补考,有些专业不能作转考、借考专业处理的,补考后就停考;通过从其他专业中借考名称相同的课程,达到本专业考试计划毕业要求者,仍发给本专业毕业证书;通过补考或借考仍不能毕业者,可转入相近专业继续参加考试,按有关专业的课程确定免考情况,符合转考专业要求的,发给转考专业的毕业证书。

七、自学考试命题

(一)自学考试命题要紧扣自学考试标准系统

自学考试是目标参照性考试,它的参照标准就是普通高校和高职院校相同专业、相同课程的结业水平,其标准系统主要由总体培养目标、专业培养目标和标准、课程考核目标和标准构成。专业培养目标和标准、课程考核目标和标准体现在专业考试计划和课程自学考试大纲中。自学考试对人才培养的规格质量标准主要通过命题来体现,自学考试试卷的难度、效度等技术标准关系到人才的培养质量。自学考试的命题始终把考核学生掌握基本知识、基本理论、基本技能和分析问题、解决问题的能力作为指导思想,从而正确引导个人自学和社会助学,树立良好的学风。

(二)自学考试命题要符合自学考试培养目标的要求

根据自学考试培养目标的总体要求,专科专业课程的考试标准原则上参照高等职业院校的培养目标,课程内容体现应用

性和针对性，基本理论以保证必需、够用为度。本科或独立本科段专业课程的考试标准原则上参照一般普通高等学校的培养目标，课程内容体现一定的理论性，课程考核目标体现专业培养目标的要求。

（三）自学考试命题要达到科学、准确、规范、公平

自学考试命题的基本原则是科学、准确、规范、公平。

准确性是指命题必须严格按照课程自学考试大纲进行。按照课程自学考试大纲命题，不仅要求考试内容范围和认知层次不超纲，而且要求各章节认知层次比例、试题难度比例符合大纲规定。标准把握是否准确，最终要体现在对试卷及格分数的控制上。由于自学考试的及格分数（60 分）是固定的，不能像选拔性考试的录取线那样在考后根据招生计划进行调整，这就对自考命题工作提出了更高的要求。一方面要求试题要准确体现标准的要求，另一方面要求试题难易适度，能够使试卷及格分数反映出考生的基本水平。

合理性是指考试内容不超出课程自学考试大纲的范围，各章节内容分数比例得当，考核内容重点突出，试卷内容一般覆盖 80% 以上的章节；不同认知层次试题的分值比例符合考试大纲的要求；使用的题型题量体现课程的特色，各种题型的搭配及分值比例恰当，试卷分量合适，能够使“刚达标”的考生在规定的时间内从容答完试题；不同难度的试题分值比例与课程自学考试大纲规定一致，试题难易排列及分布合理；试卷及格分数控制准确，相当于“刚达标”考生作答恰好能够取得 60 分。

科学性是指试题内容和参考答案没有科学性的错误，试题表述在学术上没有争议，试卷中没有偏题、怪题。试题表述简明，用词准确、得当、规范，概念用语及符号表示与课程自学考试大纲及教材一致。试题的参考答案表述简明、完整、准确、无误，试题评分参考给分点选择恰当，要点或主要步骤赋分合适。

评分参考要体现一定的灵活性，鼓励考生多元化或有创新地正确作答。

规范性有如下几个方面的要求：(1) 试题编写规范。要求各类试题编制符合该类试题的编写原则。(2) 试题命制过程规范。要求命题按规范化的程序进行。主要程序包括根据课程自学考试大纲和教材的要求编写课程命题细目表，根据细目表选题(命题)，按照命题要求进行磨题、审题(自审)、校对。(3) 试卷、试题答案及评分参考的格式规范。试卷版面布局合理、规范，试题序号一致，同一题型试题的答案及评分参考结构一致。

公平性是指描述试题所用的素材对所有参加考试的应考者都是公平的，不会对某个或某些特定的群体产生与考试目的无关的过激反应，从而影响考试质量。素材不公平的试题可能对某个特定的群体产生某些方面的影响，并且这种影响所带来群体差异是与这道试题的考查目的无关的。通常引起不公平性争论的试题有冒犯性的试题、强化负面典型的试题、有争议或引起混乱的试题、与某些被试群体经验不相干的试题等。试题素材公平性问题容易引起社会关注。随着人们法制观念的加强，对试题的公平性要求越来越高。参加自学考试全国统一命题考试的应考者群体差异大、构成复杂，命题时更应注意试题素材选用的公平性。比如，要考虑不同民族的习俗，试题不能出现伤害少数民族感情的问题；要考虑地域差异，试题不要出现有利于局部地区而不利于其他地区的问题；要考虑性别因素，试题不能有利于某一性别而不利于另一性别，等等。

(四) 自学考试命题的基本要求

为保证命题质量，体现命题的指导思想，命题工作应该遵循以下基本要求：

1. 正确把握命题范围。严格按照课程自学考试大纲规定

的考试范围和考核要求设计命题细目表、编制试题。试题编写参照全国考委指定教材，当教材与大纲表述不一致时，应以大纲为准。

2. 题型的选用应适合该课程的特点，各种题型的命制应符合该类题型的编制原则。

3. 试题应结合自学考试的特点和课程教育目标，体现该课程的培养层次（专科、本科）要求，考查基本理论、基本知识和基本技能，注重对考生分析问题和解决问题等应用能力的考查。

4. 试题内容应具有考查意义，有明确的考核目标，不应出现考核目标不明确的试题。

5. 试题应体现标准参照考试的特点，考试内容覆盖面较大，试卷长度、试题分量适当，重点突出。

6. 试题不应出现政治性（如政策性、民族、宗教事务等）、科学性和技术性的错误，试卷中不应出现偏题、怪题以及尚未有定论的试题。

7. 题意应完整、明确、精练，易于理解，不产生歧义。

8. 试题难度适当，并且分布合理，同一种题型中的试题编排应体现由易到难的原则。

9. 按照命题细目表中规定的题型、难度、认知层次以及考核内容的比例组配试卷。

10. 同一份试卷中的试题之间相互独立，不应相互牵连或前后提示。

11. 在符合国家标准的前提下，名词术语、图表格式、数据规范应与指定教材中的表述相一致，对教材中表述不科学或有错误的地方命题时应予以适当回避。

12. 试题、试卷、答案及评分参考等的格式应符合规范化的要求。

13. 参考答案科学无误，评分参考合理、便于操作，应避免过繁或过简。

另外，为了保证自学考试命题的质量，还制定了“自学考试命题人员管理及保密规定”、“自学考试命题会议及入闱管理及保密规定”等一系列规章。

八、免考规定

根据《高等教育自学考试暂行条例》第二十二条的规定和全国高等教育自学考试指导委员会颁发的《关于高等教育自学考试免考课程的试行规定》，符合有关规定的，自考生提出免考课程的申请，按程序经过批准后可以免考部分课程。

国家承认学历的全日制普通高等学校和经国家教育部批准或同意备案的成人高等学校和民办高等学校的研究生、本科、专科毕业生以及高等教育自学考试毕业生，报考高等教育自学考试第二专业的，均可按规定免考确已学过且考试成绩合格的部分课程。考查合格的“考查”课程和民办高校的“校考课程”不属免考范围。

考生在专科及专科以上各类高校期间确已学过且考试成绩合格的公共政治课，可以免考高等教育自学考试专科及专科以上相同名称的公共政治课：已学过“哲学”或“辩证唯物主义和历史唯物主义”且考试成绩合格的，可免考“马克思主义哲学原理”；已学过“政治经济学”且考试成绩合格的，可免考“马克思主义政治经济学原理”；1998 年及以后入学的各类高校专科在校生及毕业生，公共政治课考试合格，报考高等教育自学考试专科专业，可免考公共政治课（马克思主义哲学原理、邓小平理论概论、法律基础与思想道德修养）；1998 年及以后入学的各类高校本科及以上在校生及毕业生，公共政治课考试合格，报考高等教育自学考试专、本科专业，可免考公共政治课

（马克思主义哲学原理、邓小平理论概论、法律基础与思想道德修养、毛泽东思想概论、马克思主义政治经济学原理）。

数学专业专科及以上毕业生，报考高等教育自学考试可免考专科和本科的高等数学课程；各类专业专科毕业生高等数学课程考试合格的，报考高等教育自学考试可免考专科的高等数学课程；各类专业本科毕业生高等数学课程考试合格的，报考高等教育自学考试可免考专科及本科高等数学课程。

专科及专科以上毕业生学过“物理”或“普通物理”且考试成绩合格的，或者是物理学类专业专科及以上毕业生，报考高等教育自学考试可以免考物理（工）。专科及专科以上毕业生已学过“大学语文”且考试成绩合格的，或者是汉语言文学、新闻、文秘及相近专业专科及专科以上毕业生，报考高等教育自学考试，可以免考大学语文。

考生符合下列4个条件之一的，报考高等教育自学考试，可以免考公共外语［英语（一）、英语（二）］：(1) 各类外语专业专科及专科以上毕业生。(2) 获得大学外语国家四级及以上合格证书者。(3) 各类专业专科毕业生学过“英语”，且考试成绩合格的，可免考“英语（一）”；各类专业本科毕业生，学过“英语”，且考试成绩合格的，可免考“英语（一）”或“英语（二）”。(4) 获得全国公共英语等级证书考试 PETS-2 级及以上级别合格证书者，可免考英语（一）；获得全国公共英语等级证书考试 PETS-3 级及以上级别合格证书者，可免考英语（二）。

考生符合下列5个条件之一的，报考高等教育自学考试，可以免考非计算机类专业“计算机应用基础”课程或“管理系统中计算机应用”课程：(1) 专科及专科以上毕业生已学过“计算机应用基础”并考试成绩合格的，可免考“计算机应用基础”课程。(2) 计算机类专业专科及以上毕业生。(3) 获得自学考试系统组织的“全国计算机等级考试”一级及以上级别合格证书者可免考“计算机应用基础”课程。(4) 获得自学考试系统组织的“全国计算机应用技术证书(NIT)考试”各模块之一合格证书者可免考“计算机应用基础”课程。(5) 获得自学考试系统组织的“全国计算机应用技术证书(NIT)考试《管理系统中信息技术的应用》”模块合格证书者可免考“管理系统中计算机应用”课程。

专业基础课及专业课的免考有3条规定:(1) 高等教育自学考试毕业生,报考第二专业专科或本科,可免考与原专业课程名称相同、要求相当或比原专业要求较低的课程。(2) 各类高校本科及以上毕业生,报考高等教育自学考试专科或本科专业,可免考与原专业课程名称相同、要求相当或比原专业要求较低的课程。(3) 各类高校专科毕业生,报考高等教育自学考试专科专业,可免考与原专业课程名称相同、要求相当或比原专业要求较低的课程。

各类高校的本科肄业生、退学生,参加高等教育自学考试,可以免考已学完且取得考试合格成绩的公共政治课、公共基础课。外省(市、自治区)籍的人员,按转考的有关规定转入山东省参加高等教育自学考试者,已经达到山东省某专业高等教育自学考试专科或本科毕业要求的,按照山东省高等教育自学考试的有关规定,发给相应的毕业证书,同样享受课程免考规定。已获得学位的本科毕业生、研究生,参加高等教育自学考试本科专业的考试,并获得毕业证书者,若与原毕业专业属于同学科门类的,只颁发新专业的毕业证书,不再授予第二学士学位证书。

课程免考要按照一定的手续办理。先由考生根据免考的要求,向其所在市自学考试办公室提出免考课程的申请,并提供所需的原始证件,经市自学考试办公室初审后,报省自学考试办公室审批。要求免考的应考者,须提供有关证明材料,这

些材料包括毕业证书原件、原毕业高等院校出具的原始成绩单复印件(应注明课程名称、学分、学时、考试成绩等,并加盖其院校教务部门的公章)、自学考试毕业生的成绩证明(应从本人的人事档案中复印"高等教育自学考试毕业生登记表",并加盖其主管人事部门的公章)。

关于免考的规定,在 1986 年的通知中可以看到一些影子。1986 年 6 月 18 日,山东省自学考试办公室下发通知《关于各专业之间部分相同或相近科目相互代替的有关规定》,就各专业之间部分相同或相近科目能否代替的问题,规定各专业之间内容相同的公共课可以相互代替,"中共党史"与"中国革命史"可以相互代替,"形式逻辑"与"普通逻辑"可以相互代替,"文学概论"与"写作"两门可以代替"大学语文"一门,"政治经济学"的财经类可以代替公共课,但公共课不能代替财经类。

九、考籍管理

高等教育自学考试应考者取得一门及一门以上课程的单科合格证书后,省考委即为其建立考籍管理档案。应考者因户口迁移或工作变动需要转地区或转专业参加考试的,按考籍管理办法办理有关手续,考生获得的合格成绩在全国范围内参加自学考试均认可。

高等教育自学考试应考者符合下列规定,可以取得毕业证书:考完专业考试计划规定的全部课程,并取得合格成绩;完成规定的毕业论文(设计)或其他教学实践任务;思想品德鉴定合格。

获得专科(基础科)或本科毕业证书者,国家承认其学历。

符合相应学位条件的高等教育自学考试本科毕业人员,由有学位授予权的主考学校依照《中华人民共和国学位条例》的规定,授予相应的学位。山东省教育厅对自学考试毕业生学位

授予的条件规定为：考试成绩必须达到一定要求，学习期间英语成绩考核合格，毕业答辩成绩良好以上，无违纪作弊记录，即可参加教育厅组织的学位外语考试，成绩合格，方可向主考院校申请授予学位。

高等教育自学考试应考者毕业时间为每年的 6 月和 12 月。

1986 年 12 月，为了做好山东省高等教育自学考试首届毕业生审定工作，根据省政府〔1983〕90 号文件精神，对毕业生审定工作提出了具体要求。

（一）毕业条件

准予毕业的条件是：拥护中国共产党的领导，热爱社会主义祖国，努力学习马列主义、毛泽东思想的基本原理，全心全意为人民服务；按专业考试计划规定的专科（含基础科）、本科阶段的课程全部考试合格；具有胜任本专业工作的身体素质。

不准毕业的情况：触犯国家刑律，被剥夺政治权利或正在服刑者；被劳动教养尚未期满者；品质恶劣，道德败坏，有盗窃行为或其他严重错误，受处分无改正表现者；在职考生连续旷工半年以上者；未经准许和办理手续到外地借考，持外地单科合格要求在本省办理毕业手续者。

因上述情形不能毕业者，可保留其考籍，待其解除劳教、刑满释放，恢复政治权利或撤销处分，或坚守岗位、工作表现好以后，本人可提出申请，经所在单位同意，再重新鉴定，合格者随本年度毕业生同期毕业。

（二）政治情况和工作表现鉴定

政治情况和工作表现鉴定的内容包括参加高教自学考试以来的政治觉悟、道德品质、工作态度、劳动表现。在职人员的鉴定由考生所在单位人事、政工部门负责，先由本人总结学习收获，并将自我鉴定填在毕业生登记表有关栏内，然后由所在班组、科室写出评语，主管部门审核后签署意见。非在职人员由街道办事处，以及考生临时工作单位或乡、镇人民政府负责鉴定，方法如上。

（三）毕业生审批

地方考生（包括中央直属单位在本省的考生）均由所在市、地高等教育自学考试办公室负责初审，人民解放军和武警部队的考生按系统由其主管部门协助初审。初审符合毕业条件者，由所在市、地自学考试办公室汇总，报送省高等教育自学考试指导委员会，会同主考高等院校审议批准毕业。毕业生登记表应密封送毕业生所在单位的人事、劳资部门存入本人档案，并在省高教自学考试办公室立档。

（四）毕业证书颁发

高等教育自学考试毕业证书由省高等教育自学考试指导委员会颁发，毕业证书须加盖省高等教育自学考试指导委员会和主考高等院校的印章，毕业时间从证书签发之日算起。

在考籍管理中存在转考问题，山东省高等教育自学考试指导委员会办公室 1987 年 10 月 5 日印发了《考生转考办法》，对转考作了详细规定。

1. 省内转考。(1) 转出。考生持单位介绍信和单科合格证书到所在市、地自考办申请转出，市、地自考办审查批准并负责填写考生转考登记卡一式三份，加盖公章。登记卡市、地自考办留一份，交转考考生两份并给其出具转考介绍信（由省自考办统一印制）。同时将合格科目登记表内该考生姓名注销并在“备注”栏内注明何时转往何处。市、地自考办转出考生收取手续费 1 元。(2) 转入。转考考生凭转出市、地介绍信、两份转考登记卡和单科合格证书到转入市、地自考办办理转入手续。转入市、地自考办续编其总号并填入转考登记卡“现总考号”一栏中，同时将考生情况及成绩编入考生合格科目登记表，在“备注”栏内注明何时由何处转来。转考卡一份留转入市、地自考办,一份由转入考办档案管理人员定期送省考办考籍组。转入市、地自考办向转考考生收手续费2元(交省考办1元)。(3)档案调转。考生转出市、地自考办负责到省自考办提出转出考生的档案交省自考办档案室暂管,然后由省考办考籍组负责转交转入市、地自考办,再由转入市、地自考办负责归档。档案调转在省考办进行,交接过程中经办人要填写交接清单,严格交接手续。

2. 省际间转考。(1)由本省转出。考生持单位介绍信(或证明信)及单科合格证书到所在市、地自考办办理转出手续,由市、地自考办填写转考登记卡一式三份并加盖公章。市地自考办留一份,交省自考办两份,由省考办出具省转考介绍信并按转考卡上考生的现通讯地址寄给考生,考生的原考试成绩由市、地自考办在合格科目登记表中注销并注明何时转往何处。考生应交转考手续费3元(市、地自考办转交省自考办1元)。如考生直接到自考办办理,手续同上。(2)由外省转入。考生须持转出省自考办转考介绍和单科合格证书到转入市、地自考办办理转入手续。考生档案由省自考办负责转交入市、地自考办归档。市、地自考办向考生收取转考手续费3元(交省自考办1元)。

3. 各市、地自考办到省自考办办理转考考生档案调转工作,时间定为每季度1次,固定在每季度末月的最后5天,由市、地自考办档案管理人员持转考卡来省自考办办理调转手续。

4. 中专考生的转考(市、地之间)可参照上述办法执行,由转出和转入市、地自考办直接办理。档案的调转用挂号邮寄。转考考生向转出和转入市、地自考办各交手续费1元。

十、毕业生使用

高等教育自学考试专科(基础科)或本科毕业证书获得者,在职人员由所在单位或其上级主管部门本着用其所学、发挥所长的原则,根据工作需要,调整他们的工作;非在职人员(包括农民)由省、自治区、直辖市劳动人事部门根据需要,在编制和增人指标范围内有计划地择优录用或聘用。

高等教育自学考试毕业证书获得者的工资待遇,非在职人员录用后,与普通高等学校同类毕业生相同;在职人员的工资待遇低于普通高等学校同类毕业生的,从获得毕业证书之日起,按普通高等学校同类毕业生工资标准执行。

山东省人事厅鲁人发〔2003〕21 号文件规定:考选国家公务员和机关工作者"除专业性较强的职位外,各市、各部门不得对报考人员的学历性质进行限制"。自学考试毕业生可参加考选国家公务员和律师资格考试、注册会计师的考试。

自学考试开展的初期至 20 世纪 90 年代,自学考试的毕业生得到了社会的认可,许多毕业生担任了单位的业务骨干,并在许多社会的考试如人事考试、司法资格考试中表现突出。但进入 21 世纪以后,普通高校毕业生也出现了就业难的问题,一些单位的考试开始限制自学考试毕业生参加,自考生的待遇难以落实,尽管各省市自考办也与有关部门进行了积极的磋商,但收效不大。只有少数几个省出台了相应的政策,也只限于普通高校在校参加自考的学生。

十一、考试经费

县以上各级所需高等教育自学考试经费,按照现行财政管理体制,在教育事业费中列支。地方各级人民政府应妥善安排,予以保证。

各业务部门和军队系统要求开考本部门、本系统所需专业的,须向高等教育自学考试机构提供考试补助费。

高等教育自学考试所收缴的报名费,应用于高等教育自学考试工作,不得挪作他用。

按照山东省物价局、财政厅鲁价费发〔2002〕68 号文件规定,4 月、10 月两次考试的报名考务费为每人每科次 32 元,1 月、7 月两次考试的报名考务费为每人每科次 40 元。实践课程考核费统一核定为每人每科次 50 元。毕业论文指导、答辩费(本科)文科类每人 180 元,理科类每人 200 元。毕业生审定费每人 40 元,含毕业证书工本费、材料费。在 1985 年公布的《山东省高等教育自学考试工作细则》中,规定每一科报名费 2 元。

十二、奖励和处罚

为鼓励自学考试发展,对于参加高等教育自学考试成绩特别优异或事迹突出的,从事高等教育自学考试工作并作出重大贡献的,从事高等教育自学考试的社会助学工作,取得显著成绩的,可由全国考委或省考委给予奖励。

对高等教育自学考试应考者在考试中有夹带、传递、抄袭、换卷、代考等舞弊行为以及其他违反考试规则的行为,省考委视情节轻重分别给予警告、取消考试成绩、停考 1—3 年的处罚。

高等教育自学考试工作人员和考试组织工作参与人员有下列行为之一的,省考委或其所在单位取消其考试工作人员资格或给予行政处分:(1) 涂改应考者试卷、考试分数及其他考籍档案材料的;(2) 在应考者证明材料中弄虚作假的;(3) 纵容他人实施本条(1)、(2)项舞弊行为的。

有下列破坏高等教育自学考试工作行为之一的个人,由公

安机关或司法机关依法追究法律责任:盗窃或泄露试题及其他有关保密材料的;扰乱考场秩序不听劝阻的;利用职权徇私舞弊,情节严重的。

为规范国家教育考试的违规处理,2004 年教育部颁发了《国家教育考试违规处理办法》,对国家教育考试,包括高考、成考、研考、自考等学历考试及其他证书类考试中发现的违纪现象的处理进行了明确规定。

第三节　山东省高等教育自学考试成绩显著

山东省自 1984 年 4 月开始组织高等教育自学考试,20 多年时间里,山东省先后共开考高等教育自学考试本、专科专业 150 多个,专业门类包括经济学、管理学、法学、教育学、文学、历史学、理学、工学、农学、医学等。山东省高等教育自学考试累计报考人数 200 多万人,建档在籍考生 126 万多人,颁发单科合格证书 300 多万张,共培养各类自学考试毕业生 50 多万人,其中,专科以上毕业生 40 多万人。在鼎盛期,每年有 3 万多人取得大专以上毕业证书,2005 年毕业人数超过 5 万人。截止到 2007 年底,全国参加自学考试学历教育累计 5049 万人,培养专、本科毕业生799.7万人,参加非学历证书考试 3524 万人次,约 1200 万人获得各类证书。山东省累计参加考试的考生为 1195 万人次,2495 万科次,培养本、专科毕业生 581368 人。参加非学历证书考试的有 526 万人次,有 200 多万人获得各类证书。①

① 孟庆旭:《山东教育改革发展三十年》,教育科学出版社 2008 年版,第 618—621 页。

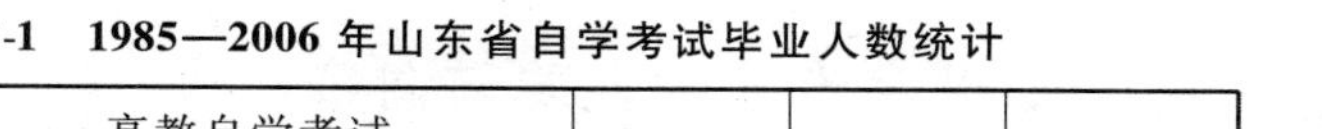

表 7-1 1985—2006 年山东省自学考试毕业人数统计

年度	高教自学考试			学历文凭	三沟通	年度合计
	上半年	下半年	全年合计			
1985 年		1284	1284			1284
1986 年		3626	3626			3626
1987 年	1706	2610	4316			4316
1988 年	2941	3785	6726			6726
1989 年	3524	3640	7164			7164
1990 年	1792	2123	3915			3915
1991 年	1581	2445	4026			4026
1992 年	6091	8633	14724			14724
1993 年	3621	4103	7724			7724
1994 年	5263	5788	11051		4431	15482
1995 年	10245	8433	18678		54228	72906
1996 年	7767	8551	16318		41919	58237
1997 年	6447	8599	15046		8058	23104
1998 年	10604	9449	20053		41	20094
1999 年	10539	14075	24614		189	24803
2000 年	19619	13211	32830		279	33109
2001 年	10300	30582	40882	840	143	41865
2002 年	22112	27874	49986	1728	105	51819
2003 年	19656	13463	33119	2829	111	36059
2004 年	18142	13728	31870	4120		35990
2005 年	13481	37213	50694	3992		54686
2006 年	16947	14096	31043	2476		33519
总计：	429689			15985	109504	555178

一、开考专业的发展与调整

山东省1984年开始试行高等教育自学考试，从最初的4个专业，到2005年开考105个专业(专科专业46个，本科专业59个)，涵盖经济、法律、教育、艺术、工、农、医等12大类，学历层次有专科和本科。停考专业43个。经过多年的发展，山东自学考试成为开考专业多、门类齐全，基本满足社会经济发展需要的高等教育力量。

自学考试专业考试计划的制定及其管理，是依据国务院公布的《高等教育自学考试暂行条例》，根据国家教委《高等教育自学考试开考专业管理办法》、教育部办公厅《关于加强和改进高等教育自学考试专业建设的若干意见》和全国考委《高等教育自学考试改革和发展纲要(2007—2012)》进行。

自学考试专业考试计划的制定及其管理的指导思想是，以邓小平理论和“三个代表”重要思想为指导，以科学发展观为统领，紧密围绕建设现代国民教育体系、构建终身教育体系和学习型社会的要求，不断满足人民群众日益增长的多样化、个性化的学历和非学历教育的需求，为经济建设、社会发展服务，为建设社会主义和谐社会服务。

自学考试专业考试计划制定及其管理的目标是加强专业管理，形成特色鲜明的专业及课程体系。科学定位人才培养目标，围绕造就数以亿计的高素质劳动者、数以千万计的专门人才的需要，以就业为导向，适应社会需要，培养技能型、应用型、复合型人才。实施专业结构调整，逐步拓宽开考专业层次，推进专业和课程的改革，科学设置专业和课程。完善学分制，探索从专业管理向课程管理过渡的路子。面向职业教育，建立与各类教育形式相互衔接、沟通的机制。发挥自学考试优势，专科专业向职业教育转型，开考职业教育专业，积极开展与中职

中技、高职高专等各类职业院校合作试点工作。学历教育和非学历证书教育并重发展，在开考学历教育专业的同时，开考相应的职业资格证书，完善学历证书与职业资格证书相结合的“双证书”制度，适应国家职业资格准入、劳动力就业和人才选拔评估的需要，满足社会多样化、个性化的需求。

严格遴选专业主考院校，遴选师资力量强、管理规范、机构健全、熟悉自学考试业务的高等院校担任自学考试主考院校。在制定和修改专业考试计划时，充分发挥主考院校作用，聘请主考院校专家认真调研讨论，制定符合教育规律，满足经济和社会发展需要，具有科学性、前瞻性的考试计划和课程设置。组织主考院校专家编制规范、科学、严谨的课程考试大纲，选择或编写适合自学考试的教材。

表 7-2　山东省自学考试 1984—2005 年专业开考情况

专业名称	开考时间	停考时间	停考或转考专业
汉语言文学(专)	198404		
法律(专)	198404		
会计(专)	198404		
英语(专)	198504		
金融(专)	198710		
汉语言文学(本)	198804		
中医(专)	198810	200510	停考
行政管理(专)	198904		
公安管理(专)	198910		
教育管理(专)	199004		
机电一体化工程(本)	199004		
计算机及其应用(专)	199104		
药学(专)	199304		

（续表）

专业名称	开考时间	停考时间	停考或转考专业
会计（本）	199310		
金融（本）	199310		
机电一体化工程（专）	199310		
计算机信息管理（专）	199310		
畜牧（专）	199404	200410	停考
兽医（专）	199404	200410	停考
学前教育（专）	199404		
工业工程（本）	199404	200410	停考
公共关系（专）	199410		
国际贸易（专）	199410		
市场营销（专）	199410		
英语（本）	199510		
社会工作管理（专）	199510		
小学教育（专）	199510		
房地产经营管理（专）	199510		
法律（本）	199604		
律师（专）	199604		
农林资源管理与利用（专）	199604	200410	停考
公安管理（本）	199704		
教育管理（本）	199704		
计算机信息管理（本）	199704		
临床医学（专）	199704		
日语（专）	199704		
电厂热能动力工程（专）	199810	200410	停考
电力系统及其自动化（专）	199810	200410	停考

（续表）

专业名称	开考时间	停考时间	停考或转考专业
监所管理(专)	199810	200410	停考
计算机通信工程(本)	199810		停考
邮电管理工程(本)	199810	200410	停考
电力系统及其自动化(本)	199910	200410	停考
学前教育 (本)	200010		
新闻学(专)	200010		
新闻学(本)	200010		
计算机网络(本)	200010		
道路与桥梁工程(专)	200010	200410	停考
交通运输(专)	200010	200410	停考
护理学(本)	200010		
农学(本)	200104	200410	停考
园艺(专)	200104	200410	停考
经济法学(本)	200110		
计算机及应用(本)	200110		
商务管理(专)	200201		
金融管理(专)	200201		
国际贸易(本科)	200204		
秘书学(本科)	200204		
市场营销(本科)	200210		
日语(本科)	200210		
电子工程(本科)	200210		
建筑工程(本科)	200210		
物业管理(本科)	200304		
电子商务(本科)	200304		

（续表）

专业名称	开考时间	停考时间	停考或转考专业
旅游管理（本科）	200304		
朝鲜语（本科）	200304		
广告学（本科）	200304		
设计艺术（本科）	200304		
音乐教育（本科）	200304		
人力资源管理（本科）	200404		
心理健康教育（本科）	200404		
商务英语（本科）	200404		
餐饮管理（专科）	200410		
餐饮管理（本科）	200410		
调查与分析（本科）	200504		
社会工作与管理（本科）	200504		
企业管理（本科）	200504		
企业管理（专科）	200504		
劳动和社会保障（专科）	200504		
劳动和社会保障（本科）	200504		
财税（专）	2001		转考
财税（本）	2001		转考
行政管理学（本）	2001		转考
房屋建筑工程（专）	2001		转考
卫生事业管理（专）	2001		转考
统计（专）	2001		转考
工商企业管理（专）	2001		转考
工商企业管理（本）	2001		转考
秘书（专）	2001		转考

（续表）

专业名称	开考时间	停考时间	停考或转考专业
电子技术（专）	2001		转考
管理工程（专）	2001	200410	停考
护理学（专）	2002		转考
中医护理学（专）	2002		转考
外贸英语（专）	2002		转考
饭店管理（专）	2002		转考
中国书画（专）	2002	200410	停考
服装艺术设计（专）	2002		转考
室内设计（专）	2002		转考
视觉传达设计（专）	2002		转考
中药学（专）	2002		转考
农业经济管理（专）	198504	199101	停考
政治教育（1）（专）	198504	199101	停考
历史（专）	198604	199201	停考
数学（专）	198604	199301	停考
价格学（专）	198610	199101	停考
体育（专）	198704	199201	停考
海关管理（专）	198810	199310	停考
染织设计（专）	198910	199610	停考
统计（本）	198910	200104	停考
采矿工程（专）	199104	199410	停考
锅炉压力容器（专）	199310	199610	停考
硅酸盐工程（专）	199410	199704	停考
办公自动化（专）	199604	200104	停考
化工工艺（专）	199604	200110	停考

（续表）

专业名称	开考时间	停考时间	停考或转考专业
食品科学与工程（专）	199610	200010	停考
工业工程（专）	199610	200104	停考
党政干部基础科	198404	199001	行政管理（专）
统计（专）	198510	199810	会计与统计核算
财政（专）	198710	2001	财税（专）
税收（专）	198710	2001	财税（专）
政治管理（专）	198904	2001	行政管理（专）
政治教育（2）	198904	199704	行政管理（专）
财政（本）	199004	2001	财税（本）
税收（本）	199004	2001	财税（本）
工业企业管理（专）	199104	2001	工商企业管理（专）
中药（专）	199104	2002	中药学（专）
行政管理（本）	199204	2001	行政管理学（本）
政治管理（本）	199204	2001	行政管理学（本）
工业与民用建筑（专）	199204	2001	房屋建筑工程（专）
物资会计（专）	199204	199610	会计（专）
物资经济（专）	199204	199610	会计（专）
文秘（专）	199304	2001	秘书（专）
高等护理（专）	199304	2002	护理学（专）
中医护理（专）	199304	2002	中医护理学（专）
经济管理干部专修科	199310	2001	工商企业管理（专）
装潢设计（专）	199310	2002	视觉传达设计（专）
服装设计（专）	199310	2002	服装艺术设计（专）
公司财务与会计（专）	199404	2001	会计（专）
环境设计（专）	199404	2002	室内设计（专）

（续表）

专业名称	开考时间	停考时间	停考或转考专业
国画（专）	199404	2002	中国书画（专）
书法（专）	199404	2002	中国书画（专）
计算机及其应用(2)	199404	199704	计算机及其应用（专）
应用电子技术（专）	199410	2001	电子技术（专）
室内装饰设计（专）	199504	199710	室内设计（专）
会计统计核算（专）	199510	2001	统计（专）
旅游管理（含饭店管理）	199510	2002	饭店管理（专）
英语教育（专）	199510	199704	英语（专）
工程技术经济（专）	199604	2001	管理工程（专）
经贸英语（专）	199604	2002	外贸英语（专）
经济管理 （本）	199704	2001	工商企业管理（本）
卫生管理（专）	199710	2001	卫生事业管理（专）

二、自学考试命题省内命题与全国命题兼顾

自学考试命题工作是自学考试标准工作体系的重要组成部分，是自学考试质量保证体系的核心环节，命题工作的质量决定着自学考试的考试质量。命题工作对自学考试中的考生自学和社会助学还起着导向作用，影响和决定着自学考试的质量。自学考试命题质量还关系到考试的公平、公正，做好命题工作对于保证自学考试的质量具有极其重要的意义。自学考试命题工作的指导思想是坚持课程标准，体现培养目标，确保试题质量，维护自考信誉。为了做好自学考试命题工作，山东不惜花大本钱、下大力气，培养专家队伍，组织专门人才，在长期的实践中，形成了规模齐全、人才齐备、水平稳定的专兼职相结合的自学考试命题队伍。

2002年，山东自考办申请建立山东命题中心，2002年11月22日全国高等教育自学考试指导委员会办公室批复，同意山东省筹建“高等教育自学考试济南命题中心”，主要任务是承担山东省高等教育自学考试的课程命题，并接受全国高等教育自学考试指导委员会办公室的委托，承担高等教育自学考试全国统考课程的命题任务及其他考试业务等。根据全国高等教育自学考试办公室《高等教育自学考试命题中心管理质量综合评估办法》的文件精神，以《高等教育自学考试命题中心管理办法》、《高等教育自学考试命题工作手册》和“高等教育自学考试命题中心管理评估指标体系”的要求为标准，2006年，山东省高等教育自学考试“济南命题中心”正式通过评估成立。为了做好自考命题工作，确保命题管理的科学化、规范化，提高命题质量，济南命题中心制定了《高等教育自学考试济南命题中心管理办法》、《高等教育自学考试命题工作手册》等命题管理的各项规章制度共13个。命题中心设有经过山东省保密局验收合格的保密室，主要用作题卡库和试卷库的存储。济南命题中心计算机专用机房内部布设局域网，主要供专职录入人员进行试题录入和排版。济南命题中心高等教育自学考试命题专家信息库经过多年的建设，以及信息积累、补充、完善，在命题教师的选聘、命题组的组建和命题过程的管理等方面，起到了方便、快速、提高工作效率的作用。

高等教育自学考试济南命题中心成立以后，重点抓了质量和保密管理等几项工作。

第一，坚持考试质量标准，加强命题队伍建设，做到试题水平体现培养目标。

第二，加强对命题工作的科学化管理。明确岗位分工，合理地制定命题工作计划；加强命题工作人员的业务学习；认真进行课程考试后的总结；进一步加强命题教师的培训工作，每

一次命题会议都对有关命题教师进行全面的命题业务培训,为提高试题质量提供了保证。

第三,加强命题的保密工作,从根本上杜绝泄密事件的发生。首先,进一步加强了保密教育工作。每次命题工作会都将保密工作作为重中之重,认真学习《保密法》等法律法规及有关规定,使所有参与命题的教师和工作人员都将保密工作放在首位。其次,进一步加强了保密管理工作。无论是有关命题的场所、人员还是各种必备工具的管理,都依据全国考办对命题单位的管理要求来进行管理,保密室安装报警器,增加保密柜等物品,进一步保障试题的安全性,努力做到了万无一失。

第四,根据国家考办颁发的《命题工作手册》,制定和完善山东省高等教育自学考试《命题工作手册》,并依此为指南来指导工作和培训命题教师。

具体来说,可以通过 2007 和 2008 两年的工作情况进行了解。

2007 年度自考命题完成的工作任务是:(1) 全国统考课程命题。山东省共承担自考全国统考课程 16 门的命题任务。该年度共在 1、4、7、10 月份的全国自考统考中向全国各省及单位供应山东省所承担的全国统考课程标准式样试题 36 套,供应量比上年翻了一番还多。未出现一次安全保密和试题质量方面的问题。(2) 高教自考省内命题。山东省高教自考每年 4 次考试,试题的消耗量大大增加,2007 年度上半年共命制 28 门课程 112 套试题,下半年共命制 22 门课程 88 套试题,全年共命制试题 200 套。(3) 中小学教师自考命题。组织有关高校的教师命制 7 门课程的 28 套试题。(4) 学历文凭考试命题。学历文凭考试到 2007 年 7 月组织最后一次考试后已结束。主要组织有关高校的教师命制了 14 门课程 28 套试题。

2008 年度自考命题完成的工作任务是:(1) 全国统考课

程命题。山东省共承担自考全国统考课程16门的命题任务，这是山东省20多年自考历史上，承担全国统考课程命题最多的时期，全国考办为保证命题质量，多次召开会议，下发多个文件，要求一定要做好全国统考课程的命题任务，并要求山东省每年提供4次考试用题（即1、4、7、10月自考）。针对全国考办的要求，山东多次组织命题管理人员和命题教师学习有关文件，特别是命题工作手册，要求相关人员深入领会文件精神和内涵，并将其落实到命题工作中，反映到高质量的试卷上。2008年共对7门全国统考课程进行了命题，命制试题30套，对试题题库进行了新建和补充工作，使试题的质量得到了保障，试题的内容更加反映了科技的进步和社会的发展。从使用情况看，试题得到了各省和全国考办的赞扬。（2）高教自考省内命题。全年共命制131门352套试题。（3）中小学教师助学自考命题。组织有关高校的教师命制了16门课程的64套试题，命制了英语听力2门课程的试题。（4）向全国各省市供应全国统考试题的标准样卷。2008年度共在1、4、7、10月份的全国自考统考中向全国各省及单位供应山东省所承担的全国统考课程标准式样的试题530套，供应量比2007年翻了一番还多。

三、考务实现标准化管理

山东省自学考试自1984年开考以后，坚持高标准、高质量、严要求的"两高一严"办考方针，把质量管理作为自学考试发展的生命线，较好地维护了国家考试的社会形象，树立了自学考试良好的社会信誉。山东省自学考试严格执行《高等教育自学考试暂行条例》、《高等教育自学考试考务、考籍管理工作规则》的规定，坚持科学、公正、公平、严肃的原则，在组织好历次考试的过程中，使考试实施由政策规定走向制度化，实现了自学考试考务管理的标准化。

（一）准备工作常规化

定期召开各类考务工作会，全面布置各项有关工作。每年年初，召开由教育厅分管厅长、各市教育局分管局长、各市（县）自考办主任、各主考院校成教院长、考办工作人员等参加的全省自学考试工作会议，总结上一年的工作情况，布置本年度的工作任务和工作重点，表彰工作成绩优秀的单位和个人。做到工作有部署、有检查、有落实、有总结。

山东省自学考试从2002年开始一年安排4次，按照全国考办要求的考试时间，分别安排在1月、4月、7月、10月。每次考试前，都要召开由各市考办主任、考务人员、高校检查组长参加的考前考务会，听取各市考前准备工作汇报，根据全国考办的工作要求和省考办工作会议精神，布置本次考试的工作安排及注意事项，结合上次考试中发现的问题和本次考试要求，布置考试检查工作的重点。考试结束后，及时将各市工作汇报、检查组检查报告进行汇总。统分工作结束后，召开全省考试工作会议，总结通报本次考试全省工作情况，布置下一轮考试的报名工作。

为更好地落实《高等教育自学考试考务、考籍管理工作规则》的要求，山东省自考办下发了《关于执行全国〈高等教育自学考试考务、考籍管理工作规则〉的通知》，要求各市自考办、主考院校等有关部门认真学习《规则》的各项规定，以便在工作中更好地贯彻执行。为有利于各级考办、院校、考点规范操作，将有关内容分别编制成了《山东省自学考试考务工作手册》、《山东省自学考试考试工作手册》、《山东省自学考试考务材料及使用办法》、《山东省自学考试主考院校工作手册》。根据山东省的实际情况，修订了《监考守则》、《考生守则》、《关于自学考试中违反规则及作弊问题的处理规定》。

每年的年底，省考办都要总结一年的工作，制定出新的一年的工作计划，列出《工作时间安排表》予以公布。

在做好各项工作的同时，采取多种形式，利用广播、电视、报刊、杂志、互联网等多种媒体，大力宣传自学考试。采取向社会公布举报电话、在考点设立举报箱等措施，接受社会的监督。及时倾听考生的呼声，及时解决考试组织过程中出现的问题。考生在考试过程中遇到的问题，可以通过多种渠道及时反馈到省考办，及时得到比较满意的答复。

每年报名工作之前，逐级召开考务人员参加的报名工作会，做好报名前的准备工作和人员培训，并及时将《报考简章》向社会公布，使考生了解考试安排和专业报考要求。报名期间，除在各区县考办设立报名点，办理考生报名工作外，还在规模比较大的系统部门、助学院校、乡镇助学工作站开设报名点，既扩大了自学考试的影响，又调动了各级办考单位的积极性，方便了考生的报考。许多报名点还采取了设立报名咨询台、延长报名时间等便民措施。济南市自考办利用现代技术手段，在济南市自考网站上试点了网上报名，取得了很好的效果。报名期间，各级考办工作人员做到培训上岗，对于专业要求比较明确的公安、医学等专业，严格按照专业开考的要求审核考生报名条件，必须是符合专业报考要求的考生才能报考。

（二）考试管理规范化

山东省自学考试开考以来，一直向规范化、标准化、程序化管理考试操作方向发展。山东严格按照《高等教育自学考试考务考籍管理工作规则》的要求，结合本省的实际情况，先后出台了《山东省规范化考点标准及考评办法》、《山东省自学考试监考培训 VCD》、《山东省自学考试考试工作手册》等规范性材料。

第一，山东省自学考试的考点布置，随着山东省《规范化考点标准及考评办法》的实施，逐步集中到地级市政府所在地，并逐步减少在小学等不适合安排成人考试的学校安排考试任务。

第二，山东省《规范化考点标准》中明确规定，各考点要严格按照规范化考点的标准做好考点的布置，悬挂横幅标语，统一设置宣传栏，张贴《报考简章》、《考点平面图》、《考生守则》、《关于对自学考试中违反规则及作弊问题的处理规定》等材料。采取考前向社会公布举报电话、设立举报箱、在网站上开设 BBS 论坛等方式，接受考生和社会各界的监督。

第三，1999 年编辑录制了《山东省自学考试监考培训 VCD》，统一了监考人员的考前培训，统一了监考操作。后来由于政策上的变化，原来的操作办法已经不适应工作的需要，于是 2003 年又编辑印制了《山东省自学考试考试工作手册》，对考试中的操作重新进行了统一。

在试卷的印刷校对、规范化考点的布置、监考人员操作、试卷评阅质量检查等环节，都制定了相应的《操作规范》，极大地方便了各类人员的操作，保证了施测统一、规范。

第四，各考区建立以当地教育行政主管部门领导为组长的领导小组，负责本考区的考试实施工作，加强"考试一把手工程"的建设。考试期间，各市分管教育的副市长、教育局长都亲自深入到考点，检查指导工作。各考点设有考务组、保密组、宣传组、后勤组、保卫组、医疗组、监察组等。在《山东省考务工作手册》中，制定了各业务组工作职责，对各业务组的工作，进行了明确分工。

考试中严格执行回避政策，凡有亲属参加自学考试的工作人员，考试期间不得从事命题、制卷、监考、阅卷、统分等工作。

第五，强化考前监考人员培训工作，考前召开各考点主考参加的考前考务会，将工作安排和要求传达到每个考点。参加监考工作的人员全部都要参加考前培训，做到考前有培训、有

考核,考核合格方可上岗,所有参加监考工作的人员要建立监考档案和培训记录,根据监考工作的质量作出评价。

第六,考试过程中,工作人员要严守工作岗位,认真履行工作职责,工作认真,大胆管理。监考人员在考试过程中,不得从事看书、看报、聊天、吸烟、做题等活动,不得对违纪作弊现象不管不问,更不得监外不监内,或者协同考生作弊。考试中发现的违纪作弊现象要如实记录在《考场记录单》上,并严肃查处。

试卷的装订不得出现露名、露号、倒装等现象,监考人员需要填写的内容要如实填写。如有考生带走试卷、草稿纸等考试材料,应及时追回。为保证考试装订的完整,各考点都专门设立了考务检查员,负责试卷装订的检查和验收,检查验收的项目按《验收单》上规定的内容执行,不得有遗漏。为保证《缺考违纪卡》填涂内容的准确性,由考点派专人负责填涂。

考试结束后,各考点要将监考人员的工作情况作出总结,并记录在案,作为监考人员年终考评的依据。对工作中不负责任,或出现违纪行为的监考人员,不再聘用参加自学考试工作,并视情节轻重给予处罚。

第七,坚持考试检查制度。山东自考办制定和下发了《关于派遣高校检查组的规定》,从山东省自学考试开考的初期一直坚持下来,取得了良好的效果,有力地促进了自学考试的发展。

每次考试前,由省考委安排检查任务,每个考点派检查人员 2 人,每考区派保密检查员 1 人。召开由各高校检查组长参加的检查组长会议,部署考试检查工作任务。高校检查组按任务要求抽调干部、教师组成各高校自学考试检查组,认真学习自学考试有关的规章制度,了解本次考试的工作部署,熟悉检查工作任务。由于高校检查组既代表省考委实施考试检查的职责,又体现了各高校的工作作风和精神面貌,各高校对此项工作极为重视,从人员选派和业务培训都能落到实处。

检查组的任务包括检查各市考办试卷保密工作、考前组织工作、监考人员培训、规范化考点建设、考风考纪情况,以及《考务考籍管理指标体系》的落实与实施,将检查情况如实填写《规范化考点检查表》、《考务考籍管理指标体系检查表》、《违纪作弊记录表》,并将各市的组考情况形成书面总结上报省考办。高校检查组的工作有力地促进了各市考办的工作,客观、公正地反映了各市考办的实际情况,并提供了一些好的建议,为省考办的管理提供了第一手资料。

考试期间,省考办的领导和工作人员、各市教育局的同志,都深入到考试第一线检查指导工作,有力地促进了各项政策的落实和实施。

(三)国际质量认证管理体系使自学考试管理更加规范

在各项管理工作实现标准化以后,山东省高等教育自学考试委员会于 2002 年底开始申请国际质量管理体系认证,并于 2003 年 7 月 16 日获得中国方圆标志认证委员会方圆认证中心颁发的《质量管理体系认证证书》,证明山东省高等教育自学考试委员会质量体系符合 GB/T19001 – 2000 idt IS09001:2000 标准,该质量体系适合高等教育自学考试服务,有效期为 2003 年 7 月 16 日至 2006 年 7 月 15 日。IS09001:2000 质量管理体系是国际认可论坛质量管理体系多边承认协议成员认可的。《山东省高等教育自学考试委员质量管理手册》(第一版)和《山东省高等教育自学考试委员程序文件》(第一版)于 2002 年 12 月 10 日发布并于当月 20 日实施,批准人为分管副省长、省自考委主任邵桂芳。《质量管理手册》包括的内容有山东省高等教育自学考试概况、山东省高等教育自学考试组织机构图、山东省高等教育自学考试服务质量管理体系结构图、山东

省高等教育自学考试服务质量管理体系过程职责分配表、颁布令、任命书、质量方针、质量目标、质量管理体系、质量管理体系总要求、文件要求、管理职责、管理承诺、以考生为关注焦点，等等，共36项内容，涉及了自学考试的各个方面。《程序文件》包括的内容有文件控制程序、质量记录控制程序、管理评审控制程序、人力资源控制程序、考试服务设施控制程序、质量计划控制程序，等等，共22项控制程序，对自学考试各项工作作了具体规定。比如人力资源控制程序，有目的、适用范围、职责分配、工作程序、支持性文件和相关记录6项要求。在22项控制程序中，第四项工作程序最为详细，也是区别于其他工作的主要要求。山东省高等教育自学考试委员办公室于2004年2月作出《山东省高等教育自学考试考务考籍工作质量指标体系自查报告》，于2004年4月作出《山东省高等教育自学考试考务考籍管理质量评审工作汇报》，两个文件从不同方面确认了IS09001:2000质量管理体系给山东省高等教育自学考试考务考籍管理带来的变化，质量管理体系对山东省的高等教育自学考试事业确实起到了极大的促进作用。

（四）评卷管理中的统与分

山东自学考试的评卷管理采取统分相结合的模式，评卷统一管理、分校进行，统计分数统一录入、分市核查。

考试结束后，各市考办将试卷清点清楚，用封闭车辆送至省考办指定试卷接收地点，各阅卷高校集中接收试卷，清点清楚，办理接收手续，然后由各高校将试卷运回学校评阅。阅卷期间要求各高校要集中阅卷，设立专门的答卷保管室，24小时值班看护，建立严格的试卷交接记录和值班记录。每天评阅的试卷当天领取，阅完后当天送回保管室存放，任何人不得将试卷带离阅卷场所。阅卷期间任何人不得无故拆封试卷，确因试卷装订问题影响试卷评阅的，由材料组人员重新封装后交阅卷教师评阅。阅卷过程中的试卷倒装、露名、露号或其他不符合装订要求的试卷，由阅卷学校做好记录。试卷评阅结束后，由阅卷学校写出试卷评阅工作总结，与问题记录一并交省考办处理。

山东省的试卷评阅工作依据《山东省高等教育自学考试评卷工作实施意见》执行，实行主考院校负责制，即公共课由山东大学、山东师范大学、山东经济学院等主要高校承担。为加强阅卷工作的管理，贯彻落实“教考分离”的原则，确保试卷评阅质量，不断调整试卷评阅学校和评阅科目，互相制约。

阅卷工作前，由省考办将阅卷任务分到各主考院校，并召开由主考院校成教院长及自考办主任参加的阅卷工作会议，通报上一次阅卷工作情况，部署本次阅卷工作任务，提出工作要求、注意事项。阅卷期间，省考办工作人员分工负责各主考院校阅卷工作的检查和联系，及时处理阅卷工作中发现的问题。各评卷点要成立由分管校长负责，各院（系）院长（主任）、后勤、保卫等处室参加的高校阅卷领导小组，全面管理本校阅卷工作，并成立评卷点办公室、材料组、统计组、质检组、后勤组、保卫组及各学科阅卷小组，做到分工合理，责任明确。

严格审核试卷评阅人员资格，按规定选聘评阅教师及工作人员。对参加阅卷工作的人员要进行相关法规的教育，树立保密意识，树立公平、公正的态度，严格遵守《评卷人员职责》、《评卷工作人员守则》，做到不该说的不说，不该做的不做。加强业务培训，熟悉自学考试阅卷工作规范的要求，所有参加阅卷工作的人员必须经过培训方可上岗。

试卷评阅公正准确、无差错。首先，由阅卷小组组长带领阅卷教师熟悉试卷内容、标准答案、评分标准，在统一认识、切实掌握标准的基础上，选取部分答卷进行试评。在试评的基础上制定出具体的《评分细则》。试评的时间一般安排1—2天。经过试评后，开始试卷的评阅工作。评阅中记分要规范，采用

百分制,只记得分,不记减分。客观题要标注对错和得分,主观题标注要点分。试题的得分记入题首得分栏,并由阅卷教师签字。评阅完的试卷由质检组派专人随时进行抽样检查,检查内容包括阅卷的规范和评阅的质量,对发现的问题及时解决,对不负责任的阅卷人员及时提出批评,拒不改正的取消其阅卷资格,问题严重的由学校作出处理。评阅完的试卷由统计组负责登分统计工作,实行两遍登分,并在登分人栏内签字。涉及到成绩变动后及格的试卷,要加盖成绩变更章。

山东省2003年4月首次使用全国考办编制的考务考籍管理程序,登分工作全部使用计算机管理,抽调专业录入人员录入成绩。录入结束后,打印出成绩单,交地市考办校对。校对中如发现成绩错误,要填写登分错误记录单,交省考办分管主任审核签字后,交考籍科修改成绩。为做好统分工作,山东省自考办从高校抽调部分专业教师,从各市自考办抽调工作人员,对评阅的试卷全部进行质量检查、评估、验收。检查分两部分,一部分由教师组成,有针对性地检查一些重点专业、重点学科,检查的重点为评阅规范的执行情况,评分标准的把握情况;另一部分由市自考办工作人员组成,全面检查所有试卷,看是否存在漏评、合分错误等问题,成绩变动是否合理,有无漏盖变更章的现象。对检查发现的阅卷差错达到千分之三以上的科目,按规定进行处罚,问题严重的,取消继续参加自学考试阅卷工作的资格。

(五) 从严处理违纪舞弊者

山东省一直将自学考试的考风考纪工作当做考试的重点来抓,教育厅长齐涛同志曾在自学考试考务会上明确指出:"自学考试的考风考纪建设,再严也不过分。"除正常的监考人员外,山东省从各高校抽调干部教师组成检查组,分赴各考区检查指导工作。检查组查出的违纪作弊现象直接报省考办处理。

对违纪作弊人数较多的市，将在全省考务总结工作会上提出建议，要求他们进行工作整改，促进市考办加强措施，完善工作。

凡查出的违纪作弊考生，将作弊情节如实记录在《考场记录单》上，并附上作弊材料上报省考办，由省视情节轻重按山东省《关于对自学考试中违反规则及作弊问题的处理规定》的相关条款作出处理。

为严肃考风考纪，维护自学考试信誉，根据国务院颁发的《高等教育自学考试暂行条例》第九章第三十七、三十八条规定，对违反自学考试考场管理规定者，视其情节轻重分别给予该科试卷判零分，本次考试各科成绩均判零分，直至取消其档案中所有考试成绩的处理。2003 年上半年，山东省共处理违纪作弊考生 7812 人次（其中违纪 4115 人，作弊 3668 人，替考 29 人）；2003 年下半年，共处理违纪作弊考生 6168 人次（其中违纪 5579 人，作弊 577 人，替考 12 人）。

四、社会助学提高了自学考试整体水平

高等教育自学考试是个人自学、社会助学、国家考试相结合的高等教育形式，是我国高等教育体系的组成部分。自 1984 年实施高教自学考试制度以来，山东省高等教育自学考试在全国考委、省教育厅、省考委的关怀与指导下，在各级考办、主考院校、民办高校、各社会助学单位的共同努力和推动下，自考功能不断拓展，办考规模和社会影响不断扩大。

个人自学、社会助学是高等教育自学考试系统中的教育活动，是国家考试的基础和重要条件，社会助学又是连接个人自学和国家考试的中间环节，它的存在使自学考试不仅仅是一种考试制度，同时也是一种高等教育形式。

社会助学的基本功能是帮助自学者理解和掌握课程自学考试大纲的内容，解惑答疑，指导自学方法，提高其自学能力。

随着自学考试规模的日益扩大,山东省的社会助学活动蓬勃发展,形成了多种力量、多种形式、多种途径、全方位的助学格局。全面加强社会助学工作成了发动生源、稳定生源、系统提高考生专业文化素质、有效提高实考率、及格率和办考效益的最佳途径。社会助学为广大渴求知识、立志成才的中青年人提供了较好的学习条件和环境,对提高自学者的学习效率,对促进人才的成长,都起到了很大作用。

通过多年的努力,各地市的社会助学活动开展良好,经济发达地区助学活动明显好于经济欠发达地区。尽管开展助学工作较为艰难,各地发展参差不齐,但各市工作各有亮点,各具特色,呈现出以下特点:一是自考不断向农村延伸;二是各部门与市考办紧密配合,坚持不懈抓助学;三是各类高校成了自学考试社会助学的主力军;四是民办高校也积极参与;五是各市考办通过规范管理、政策激励和优质服务,成了推动社会助学的重要动力;六是全日制脱产班与部门系统助学成为两种主要形式。

高等教育自学考试机构在管理的同时,加强了对社会助学工作的指导和监督。其主要职责是指导社会助学组织按照高等教育自学考试的培养目标、要求、规章、制度进行助学活动,制止各种违反自学考试原则和教育规律的错误行为发生,防止把助学变为"助考"。对助学的指导与监督采取了政策指导、考核评估、宣传表彰、教学研讨、咨询服务等手段进行,充分贯彻了"教考职责分离"的原则,"办考者不办学,办学者不办考,命题者不辅导",营造了公正、有序的助学环境。

为了使没有条件参加有关组织面授、函授等助学活动的自学应考者得到指导和帮助,各级自学考试管理部门认真研究落实李鹏总理 1994 年在全国教育工作会议上关于加强自学辅导的讲话精神,在严格教考分离的前提下,为自考应考者提供考试、辅导等方面的咨询服务。

2000年以后，普通高等院校招生规模扩大，引起了参加自学考试的考生发生了本质性的改变，专科人数下降，报考本科的人数上升，考生以普通高校专科毕业生或专科在校学生为主。根据变化，山东省及时调整了工作重点，积极扶持普通高校的助学工作，并采取了以下几项措施：(1) 在报名考生比较多的高校设立报名点，学校设立专门机构，安置专门人员为考生办理报考手续，解答有关问题，使考生不出校门就可以了解自学考试的有关信息，办理考试报名的手续，征订教材，并将工作中出现的有关情况及时反馈到考试机构。(2) 鼓励考生较多的高校组织助学班，采用面授、网络课件、答疑等多种方式帮助考生学习专业知识，提高学习成绩。主考院校、地市考办也充分利用网络资源，在各自的网站上建立相应的网络学校，开展网络助学。(3) 随着高校新校区建设，许多高校远离城市中心区，考生参加考试存在交通、安全、费用等多种问题，为方便考生参加考试，在考生比较多的大学园区设立考点，并从高中学校专门抽调监考人员负责监考，高校只提供后勤保障工作。这既方便了考生考试，又保证了考试质量。(4) 争取新的收费标准。山东省一直没有出台自学考试助学班的收费标准，借用成人高校全日制班的收费标准，时间早，标准比较低，给助学收费带来了困难。从2007年起，山东省招考院专门与物价、财政部门进行多次协商，争得了有关部门的支持，重新进行了物价监审工作，专门制定了自考助学班的收费标准，为高校助学工作的发展提供了必要的支持。

下面以山东大学社会助学为例，说明社会助学工作取得的成绩。山东大学自1996年试办自考助学班，到2007年办学学院发展到16个，招生专业发展到23个，在校人数达到4700多人。仅2005、2006年就有60多名自考本科毕业生考上国家统

考研究生,法学院助学班学院有15人考入国家“211工程”或“985工程”院校,还有不少同学通过国家司法考试和省市县公务员考试。①

五、严格的考籍、毕业管理使高等教育自学考试在社会上赢得了信誉

(一) 考籍的管理模式

考籍管理根据国务院发布的《高等教育自学考试暂行条例》、全国考委制定的《全国高等教育自学考试考籍管理试行办法》和山东考委制定的《山东省高等教育自学考试考籍管理试行办法》组织实施。山东省考籍管理实行省、市两级管理。省考办负责统一组织全省登分、统计工作,经核对录入无误后,打印成绩花名册、成绩通知单、课程合格证书及按要求进行考试情况统计,并将统计情况打印成册,报省考办。各市考办建立档案室,为合格的新考生建立档案,将老考生各科合格试卷合并归档。

符合毕业条件的考生可以申请毕业,省考办组织集中办理毕业生审档。在毕业生审档过程中,坚持对考生原始试卷与专业考试计划及考生的笔迹进行认真的核对。山东一直保留考生考试的原始资料,特别是合格试卷,以便为颁发课程合格证书、专业证书、毕业证书等提供依据。

山东省于1999年试制运行了“毕业生信息管理系统”,该系统包括用“光电阅读卡”收集毕业生信息,利用防伪手段(用水印纸及高水准印刷技术)印制毕业证,计算机打印毕业证,毕业生材料上网查询等内容,在全国率先实行了毕业生信息上网查询,有力地打击了不法分子,维护了自考的社会信誉。2002

① 2008年山东省教育招生考试工作会议材料,山东大学高等教育自学考试工作汇报。

年9月，山东省自考考务考籍管理采用全国考务考籍新系统。2002年上半年的毕业生信息采集及注册工作采用全国考务考籍管理系统，为此，山东省做了大量的准备工作，包括全国统一课程及专业的审批及设置，山东省自定义专业和课程的设置，各专业毕业条件的设置，各市、县行政国标码的设置，规定了照片标准和采集设备，修正了欧玛、清华文通图像采集与新系统的冲突，编写了程序使用说明及相关文档。与此同时，邀请专家完成了对市考办工作人员的培训工作，使市考办的工作人员基本掌握了新系统的系统设置，如考生信息（包括照片）的采集、考生信息归档、合格课程成绩的采集及归档等工作，为市自考办采用新系统进行毕业生档案管理、电子注册等工作做好了准备。

结合本省的工作特点，在全国考办的支持下，山东省对全国考务考籍系统进行了二次开发，编制了山东省老考生合格成绩向新系统过渡的程序、山东省登分管理程序及登分数据的统计程序，完成了毕业生合格课程及成绩的采集工作，使新系统能自动挑选毕业生并进行电子注册，使新系统能根据山东省的特点进行登分、统计。2002年上半年，山东省首先采用全国统一的毕业证书进行证书的打印。

（二）登分、统计

省考办负责统一组织的全省登分、统计工作是考籍管理的重要任务。每次考试评卷结束后，立即组织进行。

首先进行试卷质量检查，经登分办公室同意后，各市考办可进行试卷封面存根复原，复原后各市考办之间进行试卷交换，然后按专业科目、考场顺序号依次进行拆封。任何人不得擅自改动试卷分数，如确有错误的试卷，填写复核试卷申报单，交登分办公室处理。其次，各市考办根据考场记录和试卷情况，将缺考考生标注清楚，然后按专业将考生各科成绩填涂到成绩卡上，通过光电阅读器录入计算机并打印成绩花名册。根

据花名册提取考试中违纪、作弊考生的试卷(与作弊成绩花名册一并交省考办),同时将及格试卷与不及格试卷进行分检。在分检过程中,要求将分检后的试卷与所登录的成绩认真核实,及时纠正错误并更正软盘中的数据。同时,将及格试卷按专业、科目、考试号等由小到大排列整齐,将不及格试卷按专业、科目、考场号等装入原试卷袋内,交省考办存放。

为了加强对登分、统计工作的监督检查,要求各市考办在每一个工作环节中必须严格办理交接手续。每项工作必须做到对上一工序的检查,如在登分开始后,凡有成绩变动者,必须填写成绩质检情况统计表,对阅卷及阅卷质检工作作出评价。省考办组成登分质量检查验收组,专门对登分统计和试卷分检等工作环节检查验收,并提出具体要求,填写登分统计工作验收单,保证登分统计工作质量。

2003 年上半年,山东省首次采用全国考务考籍管理系统进行登分、统计。为了完成这项工作,进行了一系列调整:安装两台计算机数据服务器,并组成群机服务器,保证数据的两路并行安全保存;采用 CISCO3524 可堆叠交换机并连接 30 台台式计算机作为登分机器,每台登分机安装自学考试登分程序客户端软件;在服务器上创建 SQL server 分数据库(2 个),使用全国考务考籍管理系统载入考试基本信息;设置登分员 ID、登分员名称及权限;设置小题分,按考试试卷的要求,对所有开考的课程输入小题分标准;检查登分情况,并刻录光盘备份保存;统计成绩数据,下发地市;打印成绩校对单,由地市进行校对;修改成绩,根据成绩修改记录单修改试卷分数;按地市切分成绩数据并下发,打印合格证书。以后的工作进入规范化阶段,基本上按此程序运作。①

---

① 纪延华:《保证质量锐意改革》,载山东省高等教育自学考试办公室编:《纪念山东省高等教育自学考试实施 20 周年科研论文集》,山东大学出版社 2004 年版,第 515—519 页。

(三) 毕业审核

山东省高等教育自学考试的毕业审核制度一直采用人工纸介质审理档案制度,每年办理两次毕业手续。毕业时考生需提出毕业申请并填写《毕业生登记表》。首先由市考办对这些考生的档案进行初步审核,并对纸介质试卷进行笔迹核对鉴定。省考办综合各市考办的全部毕业档案,结合使用电子成绩数据进行毕业二次审核。毕业二次审核制度是为了杜绝不符合毕业条件的考生蒙混过关。在办理毕业手续的过程中,对省市两级考办的考籍使用印章逐步进行了统一管理,不准随意签发合格成绩、合格档案证明等。省考办对证书、印章进行统一管理,对使用时间、地点、次数进行严格的记录,做到有案可查。严格的考籍、毕业管理使高等教育自学考试在社会上赢得了信誉。

六、高等教育学历文凭考试

(一) 高等教育学历文凭考试的基本情况

高等教育学历文凭考试是国家对尚不具备颁发学历文凭资格的民办高校的学生组织的学历认定考试。它是国家教育考试制度的组成部分,目的是学校办学和国家考试相结合,实行宽进严出。“宽进”是指学生入学标准可低于普通高校录取标准,但是也必须达到一定的成绩要求或通过相应的入学考试。“严出”是指对毕业生质量水平的控制必须达到相应的学业要求,即维护国家高等教育学历文凭考试的严肃性,严把毕业生资格和教学水平的认定关。考试的实施实行教考分离的原则,即把课程教学环节与考试命题、评卷工作分开,形成教学与考试之间以相互制约关系为特点的全日制高等学校教育。

高等教育学历文凭考试的对象是经教育行政部门选定的部分全日制民办高校的在校学生,具有高中学历文化程度或者同等学力层次，学生必须在规定的民办高校接受完整的全日制高等学校教育，方可参加考试。按照国家教育部的有关规定，参加高等教育学历文凭考试试点的学校应根据专业计划设定和课程教学大纲要求，制定完善的教学计划，对学生进行系统的基础知识、专业知识和职业技能的培养。教学工作均为全日制教学，各专业课理论教学课程设置一般不少于 15 门，理论教学总学时不低于 1800 学时；专业教学计划中的理论教学课程分为全国、省统考课和试点学校考试课程，其中各专业全国和省统考课不少于 10 门，约占教学计划所设理论课程的 70%，其余 30% 的理论教学课程以及实验课和实践教学环节在省教委的监督下，由试点学校负责考试。

实施学历文凭考试的学校是办学，不是一般的助学，国家对其主干课程而不是全部课程组织统一的考试，学校有部分课程的考试权。学校要给考生提供接受高等学校教育的基本条件，并对学生受教育的全过程负责，保证学生在德、智、体等方面全面发展。

参加高等教育学历文凭考试的招生对象为普通高中、普通中专、成人中专、职业中专、职业高中的应届毕业生和具有同等学力的社会青年。应届普通高中毕业生可凭高考成绩通知单直接报考学历文凭考试试点学校，录取分数线掌握在普通高校录取线下 80 分。普通中专、成人中专、职业中专的应届毕业生和具有高中同等学力的社会青年报考学历文凭考试试点学校，需参加由省教委统一组织的入学考试，考试科目为语文、数学、英语，考试内容为现行高中课本知识。达到录取分数线的考生由省教育厅统一录取备案，方可参加高等教育学历考试试点学校的学习。考试的时间安排在每年的 9 月 13 日至 14 日。试点工作的学制为全日制 3 年。

高等教育学历文凭考试全国、省统考课的考试时间定在每

年的1月和7月，与普通高校的学期安排相一致。报考工作由各省、市自考办和试点学校统一组织。考试取得的合格成绩自注册之日起6年内有效。考生所有课程学习完毕并取得合格成绩后，经省自考办审查无误，发给国家承认的高等教育专科学历证书，证书由省自考委和试点学校共同盖章副署，享受同等学力待遇。

（二）山东省高等教育学历文凭考试的产生与发展

根据国家教委教成厅〔1998〕1号、教育部教考试〔1998〕1号、教育部教社政〔1999〕13号等文件关于学历文凭考试试点工作的有关规定，以及省教委教成字〔1998〕15号文件《关于印发〈山东省高等教育学历文凭考试试点方案〉的通知》精神，山东省于1999年2月正式试点开考高等教育学历文凭考试。山东省第一批试点的民办高校有14所，开考的专业有“计算机应用”等12个专业。自1998年以来，山东省参加学历文凭考试试点的民办高等学校有58所，开考专科专业28个，注册生达79455人，毕业生18955人。

从文件资料看，这项工作山东属于首先试点的省份。为支持民办高校的建设与发展，使参加普通高考的考生增加进入高校继续深造的机会，经省教委批准，1996年有8所民办高校招收参加普通高考的考生，进行专科水平的高等教育。对此，省教委于1996年6月25日发布《关于省政府批准筹办的民办高校招生问题的通知》（鲁教办字〔1996〕5号），就招生有关问题作了具体规定：（1）列入当年省招办招生工作范围的民办高校，仅限于省政府批准筹办的实施高等学历教育的民办高校。这些民办高校是民办山东职业学院、民办山东建设学院、民办山东东岳学院、民办华夏齐鲁学院、民办山东英华学院、民办山东沂蒙学院、民办威海外语学院、民办山东万杰医学院。（2）列入当年省招办招生工作范围的民办高校，将根据经济发

展对人才的需求，根据高等教育自学考试开考的专业，开设专业课程，制订教学计划，实施全日制教学管理，组织学生在修业期限内参加高等教育自学考试。考试成绩合格者，颁发高教自学考试毕业证书，国家承认学历。(3) 考生报考省政府批准筹办的民办高校，可自愿报名，由学校择优录取，发录取通知书。学生入学后不转户口，毕业后不包分配，自主择业。学校可提供双向就业指导。

根据国家教育部的规定，试点学校的资格，须是经省教育行政部门批准的、具备国家教委发布的《民办高等学校设置暂行规定》要求的办学条件、具有 2 年以上办学实践、教育质量有可靠保证的全日制民办高校。山东省教委根据教育部的规定，结合山东省实际，从领导班子、教师队伍、专业设置、办学条件、办学经费、学校管理及教育质量、遵纪守法、办学规划等方面提出了试点学校的具体标准，要求试点学校在自评的基础上申报。省教委专门成立了试点学校设置评议委员会，制定了设置评议委员会工作规程，组织专家评审组对申报试点的学校进行认真的检查评审，从申报的 33 处民办高校中评审出 14 所进行首批试点。第一批试点学校有山东烟台南山职业专修学院（现烟台南山学院）、私立青岛远东职业技术专修学院（现青岛滨海学院）、民办山东万杰医学院（现山东万杰医学院）等。随后几年，又陆续审批了 4 批民办高校，审批的试点学校由开始的 14 所发展到 78 所，但实际参加学历文凭考试的试点学校只有 58 所。

高等教育学历文凭试点学校为山东省的教育作出了巨大贡献。国办教育和民办教育并举，是世界各国教育发展的通例。改革开放后，特别是自 1997 年国务院颁发《社会力量办学条例》后，明确了“积极鼓励，大力支持，正确引导，加强管理”的方针。伴随着政策的实施，山东省的民办教育从无到有，从小到大，从弱到强，教育质量逐步提高，办学形式多样化发展，办学条件不断改善，已形成了一批办学好、质量高、有特色的民办高校，并具备了一定的规模。通过学历文凭考试，提高了山东省民办高等院校的办学水平和管理水平，推动了民办高等教育事业的发展，部分试点院校已发展成为具有独立颁发高等教育学历文凭的普通高校，青岛滨海学院、烟台南山学院、淄博万杰医学院、山东英才学院、潍坊科技学院已经迈进了具有独立颁发高等教育本科学历的院校行列。

高等教育学历文凭考试试点学校的培养目标是高等教育专科层次人才，基础理论课以必需、够用为度，突出专业课程和职业技能训练，加强实践性教学环节，使学生德、智、体全面发展，具有较强的动手能力和直接上岗能力。专业设置的原则是应用性、职业型、社会急需的专业。

山东省根据实际情况，经过充分论证，拟定的首批试点学校开设了计算机及应用、计算机信息管理、市场营销、英语、日语、会计、法律、高等护理等 12 个专业，专业涉及到文学、经济学、法学、工学、医学等学科。随着试点学校的发展，学生规模逐渐增多，社会需求逐步扩大，山东省又陆续开考了农学、艺术设计学，从 12 个专业发展到 28 个专业。参加试点学校的学生规模由最初的 3524 人，最高发展到有注册学生 79455 人。统考课程的报考规模一次考试达到 9 万多科次。高等教育学历文凭考试试点的开展，为广大落榜生提供了一条新的成才之路，保证了试点学校的教学质量和社会信誉，在一定程度上对社会的稳定起到了积极的作用。

从产业化的角度，教育提供的是服务产品，学生是教育服务的对象；从公益事业的角度，教育是培养人的社会活动，具有社会责任。因此，学历文凭试点学校办学过程中树立“以人为本，质量优先，百年育人，服务至上”的教育观念，在“以质量求生存，以改革促发展，以特色创品牌”的总体方针指导下，发扬“笃教博学”的优良学风，在教育服务产品及其内容的提供上，坚持“求高、求新、求特”的原则，确保教育给学生的服务是高质量的、最前沿的、个性化的。在学生的培养策略上，学历文凭试点学校坚持“实用、灵活、开放”的原则，保证学生在教育服务的影响下成为社会所需要的应用型、复合型、创造性人才。山东省 2001 年开始有学历文凭学生毕业，2001 年毕业生为 840 人，2002 年毕业生为 1728 人，2003 年毕业生为 2829 人，2004 年毕业生为 4120 人，2005 年毕业生为 3992 人，2006 年毕业生为 2476 人，2007 年毕业生为 2970 人，试点期间累计培养毕业生 18955 人。

高等教育学历文凭考试试点工作在山东省成功运作 10 年来，扶持了民办教育的发展，为社会培养了一大批人才，为学生提供了接受高等教育的机会，缓解了社会的高考压力和就业压力，功不可没。

（三）高等教育学历文凭考试停考及遗留问题

根据教育部教发〔2004〕24 号《教育部关于取消高等教育学历文凭考试的通知》和全国考委〔2004〕8 号《关于做好高等教育学历文凭考试有关工作的通知》精神，山东省自考委下发了鲁教考委〔2004〕14 号《关于停考高等教育学历文凭考试的通知》的文件，①2005 年 7 月召开了专门会议，布置停考工作，妥善处理停考的遗留问题。

首先，高等教育学历文凭考试各专业自 2005 年起一律不得招收新生。

其次，2005 年前已注册的学生，2007 年 7 月底前仍可按考

---

① 山东省教育招生考试院：《2004 年山东省高等教育自学考试绿皮书》，山东人民出版社 2005 年版，第 29—30 页。

试计划安排考试,2008 年起不再安排学历文凭考试,并不再办理学历文凭毕业手续。

再次,2008 年开始,尚未毕业的高等教育学历文凭考试学生,可自愿选择向高等教育自学考试过渡,参加高等教育自学考试相同或相近专业的考试,已经通过的学历文凭考试课程(包括国考课、省考课、校考课),名称与自学考试相同,学分不低于自学考试学分的,可以顶替自学考试的相应课程;学校考试课程在 6 年有效期内的,可顶替自学考试相同课程,超过有效期的课程不能顶替。完成相应高等教育自学考试专业计划的考核要求,颁发高等教育自学考试毕业证书。

复次,医学影像学和农村中医医疗两个专业根据全国考办考委办〔2002〕66 号文件的规定,应在 2005 年底前毕业,2006 年不再受理毕业申请。

2007 年是学历文凭试点工作的最后一年,山东省教育招生考试院为保证注册考生能够有更多的考试机会,一月和七月均安排了 3 天的考试,保证所有专业的课程都有一次考试机会。尽可能提前将考试安排通知到地市考办、试点高校,保证所有的考生都能够按时报名考试,完成学业。在考试的组织工作中,为考生提供最好的服务,尽可能减少专业停考给考生带来的不便,并制定了相应的补救措施,2007 年以后将全部在籍考生转入自学考试系列,保证未毕业考生仍然可以继续完成学业,保证民办高校学历文凭试点工作的顺利过渡。

由于及时调整了有关政策,增加了考试科目的考核次数,疏通了高等教育学历文凭考试与自学考试之间的沟通渠道,为考生完成学业或者为今后的学习提供了方便。但高等教育学历文凭考试注册考生 79455 人、毕业 18955 人的现实,也说明了学校教学水平、学生学习成绩与国家考试之间的极不协调,结果留有遗憾。

至此，高等教育学历文凭考试结束了短暂的发展历史。

七、山东省教师自学考试

自1988年开始，针对山东省中学教师学历水平状况，山东省面向全省中学教师先后开考了音像高师、卫电高师自学考试（1988年），中学教师“三沟通”自学考试（1991年），中学教师助学自考（1998年），中学教师高等教育自学考试（2002年），累计培训教师30多万人，其中取得专科学历的有9.8万人，取得本科学历的有4.9万人。

1988年3月4日，山东省高等教育自学考试委员会和山东省教育厅联合印发《关于在不具备国家规定合格学历的中小学教师中实行专业合格证书与学历证书衔接考试问题的通知》，①开了师资培训和自学考试相结合的先例。这一措施是理顺成人教育关系、加速师资培训工作步伐、减轻教师考试负担的一项改革。中小学教师专业合格证书是对中小学教师经过学习考核达到教师岗位所需相应学历层次的专业知识水平的一种证明，专业合格证书考试执行国家教委〔1986〕教师字9号文件规定的考试计划，获得专业合格证书者在教育岗位上可以作为评定专业技术职务或管理职务、任职资格的依据。文件规定，凡不具备国家规定合格学历的中小学教师，都应参加专业合格证书与学历证书相衔接的考试，其中尚未取得《教材教法考试合格证书》者，要同时参加教材教法考试合格证书的考试。专业合格证书考试与学历证书考试实行分类衔接，小学教师专业合格证书考试与中等师范专业学历衔接，初中教师专业合格证书考试与高等师范专业专科学历考试衔接，高中教师专业合格证书考试与高等师范专业本科学历考试相衔接。衔接

① 山东省高等教育自学考试委员会〔1988〕鲁考委字9号。

的办法是，应试者均须按照国家教委统一制定的考试计划先参加专业合格证书的考试，获得专业合格证书者若想继续参加考试，可根据考试计划要求再参加几门课程，达到学历证书要求者可取得相应的学历证书。衔接计划由山东省高等教育自学考试委员会公布。参加专业合格证书文化专业知识考试，各科成绩及格的学员，由教育厅同省高等教育自学考试委员会联合颁发《专业合格证书》。按国家教委规定，专业合格证书文化专业知识考试予以免试的中小学教师，如果志愿参加学历证书考试的，必须参加专业合格证书与学历证书相衔接考试的全部课程。

八、过程性考核

组织全省高校在校生参加高教自学考试本科考试的试点工作开始于 2002 年，到 2005 年，已经有 35 所高校参加了试点工作，16042 人注册参与本项试点工作。

（一）自学考试发展的新模式

根据社会对人才的需要情况，在高教自考现有专业中遴选了社会急需的 9 个热门专业对高校在校生进行试点，它们分别是汉语言文学（本科段）、秘书学（独立本科段）、会计（独立本科段）、法律（本科段）、英语（本科段）、计算机应用（独立本科段）、计算机信息管理（独立本科段）、国际贸易（独立本科段）、工商企业管理（独立本科段）。

试点的高校在试点的专业中选择本校在校生所需报考的专业，参加的考生必须是该校已注册的在校生，高校不得将社会考生纳入到在校生队伍中来。高校在校生报考自考主要包括两部分：一是高校在校专科生参加本科的学习考试；二是高校在校本科生参加二学历的学习考试和资格证书的学习考试。

关于本科考试计划的政策问题，省考办在制定各专业考试计划中,课程设置主要划分为两部分:一部分主要由公共政治课、公共基础课(这一部分课程可有条件免考)和专业基础课组成(约占总课程的三分之二),这一部分为国家考试和省内组织考试;另一部分主要由专业课组成(约占总课程的三分之一),这一部分为过程性考核课程,即在省考办的监督、指导下,由参加试点的高等院校具体组织实施教学与考试。

实施过程性考核的要求有:(1) 实施过程性考核的学校必须高度重视,切实按教育规律办事,本着对国家高度负责,对学生高度负责的态度,认真组织好教学、考核、评价、综合评价、建档等各项工作。做好学生的宣传、组织工作,做好报名注册以及参加国家统考课的安排等工作。(2) 实施这一模式的院校必须建立相应的管理机构,专人组织与管理,按照要求将各项工作落到实处。(3) 制订切实可行的教学计划。一方面,要对国家统考课要组织一定的辅导。另一方面,对过程性考核课,首先要组织专业教师认真分析教材和大纲,详细分析知识点,按照学分的要求和知识点编制好教学计划、过程性考核计划;其次要求任课的教师学习过程性考核的方法。过程性考核课程每一学分可转化为18学时,一般情况,一门4个学分的课程按知识点划分大概可有80—100个知识点,其中要突出对重点知识点的教学。(4) 过程性考核的实施。首先,实施过程性考核,必须以学生为本,因材施教,教学相长。切忌"一刀切"、"齐步走"的满堂灌式的教学授课方法。其次,实施过程性考核,强调采取多种形式的考核方法来检验学生的学习情况,掌握知识的水平,一般情况应按知识点进行考核。为了便于操作,要求每一学分所涵盖的内容,学习结束后应进行一次阶段性考核,本课程结束后进行一次综合水平考试。一般情况,阶段考核和综合考核要求用书面形式进行。再次,实施过程性考核的专业教师必须按要求认真负责地填写"过程性考核表",

通过每一个知识点的学习、考核,以及对学生学习过程的整体评价,合格的学生就取得该门课程的学分。在这个过程中,教师不仅要教学生知识,而且要教学生学习的方法,更重要的是注意挖掘和发现学生的创新思维、创新能力,并且在考核中予以体现。

过程性考核是因材施教的方法,因此每个学生的学习结果是不尽相同的。"考核表"也应根据不同的考生分别据实填写。

在考试计划中,对各专科专业学历的在校生原则上在试点专业中选择报考,凡报考者均按计划要求毕业,不再加试任何课程。

参加本科学历层次考试的在校生如果达到《中华人民共和国学位条例》的规定要求,同时符合自学考试有关具体规定者,可以由主考学校授予学士学位。自学考试在学位授予上的具体规定主要有:各科成绩平均在65分及以上;毕业论文达到良好及以上;无作弊记录;学位外语考试成绩及格。

关于在校生参加考试的免考政策,根据山东省高教自学考试课程免考细则的规定,对符合免考规定的课程给予免考。对开考的本科专业,报考的在校生已经学过并考试及格而又符合《山东省高等教育自学考试免考细则》规定的课程,可以实行免考。

首先,公共政治课的免考。考生在专科及专科以上各类高校已学过且考试成绩合格的公共政治课,可以免考专科及专科以上相同名称的公共政治课。公共政治课包括马克思主义哲学原理、邓小平理论概论、法律基础与思想道德修养、马克思主义政治经济学原理、毛泽东思想概论。已学过"哲学"或"辩证唯物主义和历史唯物主义"且成绩合格的,可以免考"马克思主义哲学原理"。已学过"政治经济学"且考试成绩合格的,可以免考"马克思主义政治经济学原理"。1998年及以后入学的

各类高校本科在校生及毕业生,公共政治课考试合格,报考高教自考本科,可以免考公共政治课。

其次,公共基础课的免考。公共基础课包括高等数学、大学语文、公共外语、计算机基础、管理系统中计算机应用。(1)高等数学课程的免考。数学专业专科及以上毕业生,可以免考专科和本科的高等数学课程(各类专业专科毕业生高等数学课程合格的,不能免考本科的高等数学课程);本科毕业生高等数学课程合格的,可免考本科自考的高等数学课程。(2)英语课程的免考。为了有利于在校生参加高教自考本科考试,省考办制定了凡符合免考条件的在校生可申请免试外语的政策。符合下列条件的之一的,报考高教自考本科考试,可以免考本科的英语课:各类外语专业专科及专科以上毕业生;获得大学外语国家四级及以上合格证书者;各类专业本科毕业生,学过英语,且考试成绩合格的,可以免考本科的英语课程;获得全国英语等级证书考试 PETS-3 级笔试合格成绩或合格证书者,可以免考本科英语课程。(3)管理系统中计算机应用课程的免考。计算机类专业专科及以上毕业生,获得自学考试系统组织的"全国计算机应用技术证书(NIT)考试《管理系统中信息技术的应用》"模块合格证书者,可免考管理系统中计算机应用课程。

再次,专业基础课及专业课的免考。各类高校本科及以上毕业生,报考高教自考专科或本科专业,可免考与原专业课程名称相同、要求相当或要求较低的课程。

为了更好地给各高校及在校生参加高教自考本科考试提供服务,省考办指定专人与各市考办、各高校联系并进行政策咨询,建立自考网络信息服务,建立教材供应快速反应机制,以快速良好的质量为考生服务,为高校提供方便,为在校生参加考试创造良好的考试环境和学习条件。

如果已开考专业不能满足在校生的报考需求,可以通过以下两方面的政策给予解决:一方面,各高校可根据本校在校生报考的专业情况,向省考办申报新的开考本科专业(应尽量从已开考的40多个本科专业中选取专业申报);另一方面,各高校也可以组织在校生参加高教自考本科学分制管理的经济法学(独立本科)、市场营销(独立本科)、教育管理(独立管理本科)3个本科专业的考试。

关于参加自学考试本科试点的几项具体技术要求,主要涉及以下几个方面。

首先是招生与注册。招生对象必须是本校的在读专科生或本科生。凡自愿参加这种模式学习的学生,学校应认真组织好报名工作,按专业进行编班,并按自学考试的规定,集体到当地市考办办理报考手续。报名结束,每位学生即取得自学考试的考试号,取得了考籍,学生就可以参加国家统考课的考试。山东省的自学考试每年举行4次。4月和10月的考试是自学考试的主考时间,一般情况,一个专业的全部课程均安排一次考试,考试课程相对固定。而7月和1月的两次考试,相对于4月和10月的考试是一次重考。考试的科目一般在100门左右,均为4月和10月考试安排的公共政治课、公共基础课和部分专业课。学生实行学年注册制,每年注册一次,每年的2月底之前结束注册工作。为了便于管理,各学校按省考办下发的注册系统盘进行数据的收集、上报,并对学生的成绩进行管理。

其次是学籍与考籍。学籍方面,学校对参加该项学习的每位学生的基本身份信息、照片信息和过程性考核具体信息及阶段思想政治鉴定等建立学籍档案,申请毕业时,一并送市、省考办审查。考籍方面,由省市考办分别建立,参加该项考试的学生应是首次报考自学考试者。他们应首先到当地考办报名参加自学考试,以取得准考证号,并参加自学考试统考课取得合

格成绩,则取得了考籍。注册的考生不可转校或者转专业。过程性考核合格成绩有效期为5年。

再次是考试与毕业。全日制在校生参加自学考试实行国家统考和过程性考核的管理模式。学生必须按照专业考试计划,全部统考课程、过程性考核、实践环节考核及毕业考核均在合格以上,经学校鉴定合格,并且专科毕业或本科学习3年以上,则可准予毕业,经省、市考办进行审查合格者授予本科毕业证书。一般情况,学生应在2年后、5年之内申请毕业。

(二)过程性考核意义深远

高等院校在校生参加自学考试,无论对高等院校、对在校学生,还是对自学考试事业来讲,都是一件实现多赢的好事情。

对高等院校而言,首先,可以充分提高学校教育资源的利用率,从而提高学校办学的社会效益和经济效益。学校可以通过充分发掘利用教育资源,在让学生接受普通高等教育的同时,接受自学考试教育。可以使学生在接受普通专科教育的同时取得自学考试本科学历,在接受普通本科教育的同时取得自学考试本科第二学历,在接受学历教育的同时取得自学考试非学历教育资格证书,并使学生在尽可能短的学习时间内完成必要的高等教育和技能教育。同时,学校在组织学生接受自学考试教育时,可以取得相应的经济回报,使学校在同一时间段内对同一批次学生实施多层次、多种类的教育,获得多种经济回报。就专科学生来讲,与参加普通高等教育的专升本相比,通过参加自学考试本科教育,可以提前达到其培养目的,提前走出校门,从而减少学生对学校教育资源的长期占用。其次,可以促进学校形成良好的学习风气。鼓励在校学生参加自学考试,可以正面引导多数学生将剩余时间和精力投入到学习上来,从而有助于学校良好学习风气的形成。再次,可以提高学校毕业生的就业率。学校通过组织在校生参加自学考试,可以提高学生的学历层次,使学生在获得学历证书的同时拥有非学历资格证书,从而可以在很大程度上提高学生的就业竞争能力,提高毕业生就业率。

对在校学生而言,首先,可以节约个人教育成本,加快个人成才速度。由于自学考试的收费标准较低,在校学生在接受普通高等教育的同时参加自学考试,可以以很低的教育投入达到理想的受教育目的;又由于是同时接受普通高等教育和自学考试高等教育,多数学生可以在取得普通高等教育学历的同时取得高一级别的自学考试学历、同一级别的自学考试第二学历或自学考试非学历资格证书,从而节约了个人受教育的时间,加快了成才速度。其次,可以提高个人就业竞争能力。在校学生参加自学考试,对大多数学生来说,专科生可以在专科毕业时取得本科学历,本科生可以在毕业时取得第二学历;而对参加非学历证书考试的学生来说,在取得学历的同时,还可以取得非学历教育资格证书。所有这些,都有助于提高学生个人的就业竞争力。再次,可以促进学生个人自学能力的提高,形成良好的学习习惯。自学考试以个人自学为主,这种教育形式,有助于学生掌握正确的学习方法,提高自学能力,形成良好的学习习惯,从而为个人的继续教育、终身教育奠定坚实的学习基础。

对自学考试事业而言,一方面可以充分调动普通高等院校的积极性,充分发挥普通高等院校在高等教育自学考试中的主导作用。另一方面,可以吸收广大在校学生加入自学考试行列,提高自学考生队伍素质,扩大自学考试规模,确保自学考试质量。

第八章 学校学业考试

学校学业考试包括的内容很多，不同类型的学校有不同的要求，在不同的历史阶段也会有不同的要求。在学校学业考试中，教育行政部门统一考试和学校独立考试相结合，文化考试和技能考核相结合，考试、测试、考查、评定相结合，贯彻德智体全面发展的教育方针，对学生进行全面考察。本章在描述学业考试时，不仅有学校内部的校内考试，也会涉及学校外部的初中、高中招生考试，以及某些教育行政部门组织的大型考试。因为在教育教学的发展过程中，有时就是将毕业考试和升学考试结合在一起进行的。

第一节 普通初级中学的招生考试

一、初中招生考试的制度

1962年，教育部发布了《关于有重点地办好一批全日制中、小学校的通知》，提出“这批中、小学校可以在较大的地区范围内择优录取德、智、体几方面条件较好的新生”。于是，各地的重点小学为了得到较好的生源，曾长期保留了对入学儿童

的测试（“文化大革命”时期除外）。1985 年 5 月 27 日颁发的《中共中央关于教育体制改革的决定》，指示要有步骤地实行九年制义务教育，“义务教育，即依法律规定适龄儿童和青少年都必须接受，国家、社会、家庭必须予以保证的国民教育，为现代生产发展和现代社会生活所必需，是现代文明的一个标志。我国基础教育还很落后，这同我国人民建设富强、民主、文明的现代化社会主义国家的迫切要求之间，存在着尖锐矛盾，决不能任其继续。现在，我们完全有必要也有可能把实行九年制义务教育当做关系民族素质提高和国家兴旺发达的一件大事，突出地提出来，动员全党、全社会和全国各族人民，用最大的努力，积极地、有步骤地予以实施。为此，需要制定义务教育法，经全国人民代表大会审议通过后颁行”。

1986 年 1 月 10 日，中共山东省委、山东省人民政府提出《关于贯彻〈中共中央关于教育体制改革的决定〉的意见》，指出“九年制义务教育是国民的基础教育。各级党委和政府一定要把这一工作当做一件大事来抓，力争一九八八年在全省普及小学教育，一九九〇年小学毕业升初中（含职业技术初中）的达到百分之七十五，本世纪末实现九年制义务教育”。“当前工作重点是实现小学阶段的义务教育，并积极准备条件，逐步实现初中阶段义务教育。”

1993 年 3 月，国家教委发布了《关于减轻义务教育阶段学生过重课业负担、全面提高教育质量的指示》，提出要“努力办好每一所小学和初级中学。义务教育阶段不应当分重点学校（班）与非重点学校（班）”。此后，重点小学的入学测试完全取消。其实，重点小学不提了，但因为优质教育资源分布不平衡，在没有实行划片上学之前，地理位置好的、学校设备条件优越的、师资力量配备强的小学仍然存在入学测试选拔问题。小学实行划片上学之后，又出现了择校生，择校的标准在统一经费

后就变成用入学测试进行选拔。但总起来看,小学的入学考试并不是大面积的、长期的,也没有什么明确的规定。

1956 年国务会议通过的《1956—1967 年全国农业发展纲要(草案)》中规定,“从 1956 年开始,按照各地情况,分别在 7 年或者 12 年内普及小学义务教育”,普及小学后,就要求所有的适龄儿童都要接受义务教育。普通初中阶段的教育在当时还远不能普及,因此,我国在相当长的历史时期内,小学毕业生不能全部升入初中,初中的入学考试存在的时间比较长。1951 年 10 月 1 日颁布的《政务院关于改革学制的决定》中就明确指出,学生“小学毕业后,得经过考试升入中学或其他中等学校”。

1962 年,教育部发布了《关于有重点地办好一批全日制中、小学校的通知》后,因为进入重点高中或重点初中的竞争,初中阶段的入学考试不断强化。1966 年“文化大革命”开始,农村普及小学教育的工作未能落实,产生了大量新文盲。各级、各类学校的入学考试被取消,一些大城市的小学毕业生全部免试进入初中学习。1977 年 5 月 24 日,邓小平同志与中央两位同志谈话时说:“要办重点小学、重点中学、重点大学。要经过严格考试,把最优秀的人集中在重点中学和大学。”1980 年,《教育部关于分期分批办好重点中学的决定》颁发后,由于社会上进入重点中学学习的需求不断加大,初中入学考试的选拔功能迅速强化。

1983 年 8 月 10 日发布的《教育部关于进一步提高普通中学教育质量的几点意见》提出初中划片入学,“改进中学的招生工作,使之既有利于发挥重点中学的优势,又有利于改善一般中学的生源,调动他们办学的积极性。初中已经普及和基本普及的地区,要逐步实行初中不进行招生考试,只进行小学毕业考试。初中招生原则上采取划片就近入学的办法,以利于把小学生从过重的负担和压力下解放出来”。1984 年 8 月 15 日，《教育部关于全日制六年制小学教学计划的安排意见》提出小学升初中不应再搞统一考试，“在已经普及初中的城市，小学升初中不应再搞统一考试，实行就近入学。对于少数重点中学，可划定较大服务区，向小学分配名额，由小学推荐，中学择优录取”。

1986 年 4 月 12 日，第六届全国人民代表大会第四次会议通过了《中华人民共和国义务教育法》，以法律的形式确立了我国“实行九年制义务教育”，规定“义务教育可以分为初等教育和初级中等教育两个阶段。在普及初等教育的基础上普及初级中等教育”。“地方各级人民政府应当合理设置小学、初级中等学校，使儿童、少年就近入学。”同年 3 月，国家教委还发布了《关于在普及初中的地方改革初中招生办法的通知》。《通知》要求各地“从已经普及初中教育的地方入手，抓紧改革初中招生办法。使小学校从片面追求升学率的压力下解脱出来”。同时，要求各地“积极而稳妥地取消初中招生考试，并按学籍管理规定，凡准予毕业的小学生就近直接升入初中学习。各地应积极创造条件，从 1986 年暑假招生开始执行”。此后，随着义务教育法的贯彻实施，各地陆续取消初中招生入学考试。农村地区推行比较顺利，城市（特别是大城市）阻力较大。直至 1998 年和 1999 年北京、南京市区相继取消初中入学考试后，国家教委关于“取消初中招生考试”的规定才在全国范围内得以完全落实。①

各地在实施初中入学考试制度时期，大都附以推行推荐保送制度。解放初，为扩大工农子女的入学比例，国家规定对一

① 杨学为：《中国考试通史》（卷五），首都师范大学出版社 2004 年版，第 1—5 页。

些表现较好的工农子女采取推荐保送或降分录取的办法进入初中学习。以后,为了鼓励学生努力学习,全面发展,对一部分德、智、体全面发展的小学三好生,毕业时免试保送进入初中学习。

二、初中招生考试的管理

解放初期初中的入学考试沿袭了解放前的做法,由各学校自行组织,或几校联合举办招生考试。每年暑假前夕或暑假期间,各校(或几校联合)接受考生的报名,自行命题,组织考试、阅卷,张榜公布考生的考试成绩和录取名单。

为加强对中学教育工作的管理,1952 年教育部颁发的《中学暂行规程(草案)》规定中学由省、市文教厅、局遵照中央和大行政区的规定统一领导。初、高中入学考试的管理权交由相应的教育行政部门管理。教育事业管理权按"统一领导,分工负责"的原则,曾几次下放,几次集中,初中入学考试的组织管理权也随着这种变化而变动。从全国范围看,多数年份内初中的入学考试是由区、县教育行政部门统一组织管理。一般是区、县单独或附设招生考试管理机构(常设或临时机构),负责组织统一报名、统一命题、统一施考、统一阅卷评分、统一录取。有些地区,在一些时期内,曾采取小学毕业考试与初中入学考试合并举行的方法。

三、初中招生考试的内容

解放初期,国家对初中入学考试内容没有统一要求,由学校自行确定。一般考试科目为语文、算术 2 科,或语文、算术、常识 3 科。考试内容以高小所学课本内容为依据。1950 年 9 月全国出版会议上确定了中小学教材必须统一供应的方针。1951 年秋季,人民教育出版社重编和修订的第一套中小学课

本陆续向全国供应，这为各地对初中入学考试内容的统一要求建立了基础。1955 年以前，各地初中入学考试的科目一般为语文、算术、常识，考试内容以统一使用的课本和教学大纲为依据。1955 年 7 月，教育部发布了《关于减轻中、小学学生过重负担的指示》，认为“1954 年秋季以后，发生了新的严重情况。主要问题是学生的课外作业繁重和考试多”。一直延续到“文化大革命”前，全国各地初中的入学考试陆续减为语文、算术 2 科。

“文化大革命”以后，从 1978 开始，全国各地陆续恢复初、高中的入学考试。初中入学考试仍为语文、算术 2 科。20 世纪 80 年代末开始，根据我国地域辽阔、人口众多、经济文化发展不平衡的国情，九年制义务教育的教材在统一基本要求、统一审定的前提下，实行多样化的改革。各地教育行政部门有权选用适合本地区的经国家审定或批准实验的教材。初中入学考试的内容开始以本地区使用的统一教学大纲和教材为依据。

1980 年，教育部根据中央的精神颁发了《关于分期分批办好重点中学的决定》，为了全面提高重点中学的新生质量，各地的初、高中入学考试又加试体育。具体测试的项目、标准的确定和测试的组织，由市、区、县教育行政部门负责。1983 年 11 月 7 日发布的《山东省教育厅关于贯彻教育部〔1983〕教中字 11 号、12 号文件的意见》提出，“要认真做好新生的体格检查工作。重点中学继续加试体育，考试成绩按比例计入总分”。

第二节　普通高级中学的招生考试

一、高中招生考试的制度

解放初期，为了贯彻“学校要为工农子女和工农青年开门”，提高工农干部的文化水平的原则，教育部曾规定了中等学

校工农子女入学的比例，对工农子女和工农青年采取了降分录取的办法。此外，1950—1954 年，国家还专门成立工农速成中学（1955 年停止招生，1958 年最后一届毕业），颁布了《工农速成中学暂行实施办法》，实行单独招生，采用单独的教学计划，用速成的办法使学生毕业时达到高中文化水平，其中部分直接升入高等学校或保送出国留学继续深造，部分走上国家各项建设事业的岗位。

"文化大革命"期间，普通高中因初中毕业生的上山下乡运动而中断了几年。1971 年后，各地普通高中陆续招生，但因"文化大革命"时期废止了一切文化课的考试，这个时期普通高中的新生选拔被代之以推荐保送的方式进行。1974 年后的几年，一些大城市还试行了普及高中阶段的教育，初中毕业生几乎全部就近免试升入高中学习。1977 年国家恢复高考后，各地参照《教育部关于一九七七年高等学校招生工作的意见》的有关精神，陆续恢复了高中入学考试。

1980 年教育部发布《关于分期分批办好重点中学的决定》，强调"重点中学是中学教育的骨干。办好重点中学是迅速提高中学教育质量的一项战略措施。这对于更快更好地培养人才，总结、积累经验，起示范作用，带动一般学校前进，以适应社会主义现代化的迫切需要，具有重要意义"。1983 年 8 月 10 日颁布的《教育部关于进一步提高普通中学教育质量的几点意见》继续强调高中招生要考试，"高中招生仍进行升学考试，采取德、智、体择优录取的办法。重点完中要办好初中，避免高中招生时本校初中毕业生大量被淘汰"。随着我国经济、文化的发展，广大人民群众对于子女得到良好教育的愿望越来越强烈。考入高中，尤其是考入重点高中的学生，毕业后考上大学的机会较大。学校、学生和家长，甚至整个社会对高中入学考试非常重视，高中入学考试的选拔功能越来越强，竞争也越来越激烈。

作为高中入学考试制度的补充，解放初期开始实行对初中优秀毕业生保送升入高中学习的制度，以鼓励学生努力学习，德、智、体全面发展。全国不同地区、不同历史时期的保送条件、运作方式虽有不同，但鼓励学生努力学习、全面发展的原则没有变化。

二、高中招生考试的管理

解放初期，普通高中的入学考试由各个学校自主进行或几个学校联合举行。

国家加强对教育的统一管理之后，私立学校陆续由政府接管。普通高中因层次较高，数量不多，一般在省、市教育行政部门的统一领导下设立专门的招生考试机构，举行统一的入学选拔考试。其工作的主要内容是统一计划、统一命题、统一施考、统一录取。

中等师范学校、中等专业技术学校、职业高中与普通高中同属一个教育层次，为了减少机构重叠，提高工作效率，做到一考多用，同时也为了减少考生的负担，一些地区的教育行政部门将上述各类学校或其中几类学校的入学考试与普通高中的入学考试合并在一起，统一领导，采取联合招生考试的办法。考生参加一次升学考试，可以同时报考几类学校。录取时，按照考生的志愿，依据考生的考试成绩，从高分到低分依次录取。国家教委对这种做法给予了支持。在1997年10月发布的《关于当前积极推进中小学实施素质教育的若干意见》中明确提出，“提倡中等学校招生实行普通高中、职业高中、技工学校、中专一次入学考试的做法，减轻学生考试负担”。

近年来，由于学生负担不断加重，影响了青少年德、智、体全面发展。为了减少考试次数，减轻学生的学习负担，一些地

区还试行初中毕业考试和进入中等学校(包括普通高中)的升学考试合卷进行,由地区教育行政部门统一领导实施。

教育部十分重视并积极支持各地初中毕业、升学考试的改革。1999年4月,教育部印发了《关于初中毕业、升学考试改革的指导意见》。《指导意见》强调:“初中毕业、升学考试是义务教育阶段的重要考试,进行考试改革,将对中小学实施素质教育产生积极的导向作用。”在考试管理改革的权限中明确指出:“初中毕业、升学考试的科目,以及考试如何组织进行,均由各省(直辖市、自治区)教委、教育厅确定或提出指导意见。”①

三、高中招生考试的内容

解放初期,高中入学考试没有统一要求,由各校自行确定,或举行联考的几校共同确定。考试科目和内容以初中主要课程和所学教材为依据。国家加强对中小学教育的统一管理后,初中实行统一的教学计划,使用统一的教材和教学大纲。各地教育行政部门在这个基础上,根据本地区的实际情况确定本地区高中入学考试的科目和考试内容。不同历史时期,不同地区考试科目不同,最多时有语文、数学、政治、理化、生物、外语、史地7科,最少时只有政治、语文、数学3科。考试的内容均以初中统一使用的教材和教学大纲为依据。“文化大革命”期间高中入学考试中断。1978年以后,全国各地陆续恢复了高中入学考试,考试科目也趋于一致,一般是语文、数学、政治、物理、化学、外语6科。由于九年制义务教育教材的多样化,各地高中入学考试的内容均以本地区使用的统一教学大纲和教材为依据。

---

① 杨学为:《中国考试通史》(卷五),首都师范大学出版社2004年版,第7—10页。

1980年,教育部《关于分期分批办好重点中学的决定》下发后,为了全面提高重点高中的新生质量,各地相继对报考重点高中的学生加试体育。1997年,为了全面贯彻教育方针,增强学生体质,在试点的基础上,国家教委于11月下发了《关于印发〈初中毕业生升学体育考试工作实施方案〉的通知》,决定从"1998年开始,在全国逐步实行初中毕业生升学体育考试。所有参加升学(即升入普通高中、职业中学、中等专业学校和中等师范学校)考试的初中毕业生其体育考试成绩均计入升学录取总分"。此后,全国各地在高中阶段的入学考试中又增加了体育科目的考试。近年来,为了更好地贯彻实施素质教育,减轻学生过重的课业负担,不少地区对高中阶段的入学考试进行了改革。有的地区在毕业考试的基础上适当减少了考试科目,或将物理、化学合卷,减少考试场次。有的地区除语文、数学、外语3科之外,每年由当地教育行政部门再从政治、物理、化学3科中抽考1科或2科。有的地区采取两次分流的办法,先利用毕业考试招收一批合格的初中毕业生进入某些技校、职业高中学习,赋予该考试一定的升学功能,再进行一次高中阶段的入学考试,以满足其他学生择校学习的愿望。

为了指导各地初中毕业、升学考试的改革,更好地实施素质教育,教育部在1999年印发的《关于初中毕业、升学考试改革的指导意见》中,对我国目前各地初中毕业、升学考试改革的指导思想、考试内容、考试管理等方面均提出了指导性意见。提出要"在国家规定的毕业年级文化学科范围内确定升学考试科目,要严格控制考试科目数"。"各地命题要以各省(直辖市、自治区)按原国家教育委员会《关于推进素质教育调整中小学教育教学内容、加强教学过程管理的意见》文件精神调整后的九年义务教育教学内容和要求为依据。"这就为各地进行高中阶段升学考试内容等方面的改革确立了统一的原则,以利于素质教育的贯彻与实施。

四、招收高水平学生运动员

1987年5月30日，山东省教育厅、山东省体委下达《关于在部分中学试办培养高水平学生运动员的通知》，为加强山东省学校体育课余训练工作，提高中学生运动技术水平，为高校和国家培养输送更多的具有较高体育运动技术水平的优秀人才，确定在省部分条件较好的中学体育传统项目学校试办高水平学生运动员学校。首批确定20所中学招生。为集中人才优势，进行系统训练，试点中学可在本市地范围内招收适合本校运动项目的体育优秀生。招生时，对其文化学习成绩应适当放宽要求，可按本校普通学生入学控制分数线的70%录取；对体育成绩突出，确有发展潜力和培养前途的学生，可给予适当照顾，在文化考试结束后，试点学校应对考生进行严格的面试和体育加试。各级教育、招生部门及有关学校，应对试点学校的招生工作给予大力支持，对符合条件的考生，只要考生本人自愿，任何单位和个人都不得干预学生报考试点学校和试点学校的招生工作。试点学校招生时，应对考生严格把关，保证质量，防止弄虚作假。①

第三节　普通中小学的学业考试

为了解、研究、改进学校教学计划完成情况和教师的教学情况，检查、督促学生的学习，学校对学生设有各种考试。普通中小学的学业考试是学校教学管理工作的重要组成部分，被明

① 山东省教育委员会办公室：《教育工作文件选编（1977.5—1987.12）》，内部文件，1989年，第546—548页。

文列入中小学工作条例或工作规程之中。小学、初中、高中校内的考试种类大致相同,但具体实施的形式、要求有所不同。

一、中小学学业考试的种类

一是平时考查,这是在教学过程中对学生掌握教学内容的程度进行及时检查和对教师教学效果进行及时反馈的一种考试。平时考查可以由教师在授课后当堂进行,也可以经过学生课后的消化、复习,在上新课前进行或兼而有之,通常有口头提问和书面小测验两种形式。平时考查是教师及时检查教学效果,改进教学的一种方法,也是督促学生课上认真学习,课后及时复习的一种手段。平时考查一般不事先通知学生。

二是阶段考试,这是在教学过程中完成了一个或几个章节、一个或几个单元后对学生进行的考试。阶段考试既对教师分阶段地检查自己的教学效果、查缺补漏有重要的作用,又能督促学生及时系统地、深入地掌握所学内容。阶段考试一般事先通知学生进行准备,多采用书面考试的形式。

三是期中考试,这是在每学期进行到一半左右时间时,由学校对学生所学主要科目统一安排复习并进行的考试。期中考试带有小结性:学校、教师小结并检查半个学期的教学效果,不断改进教学;学生小结并巩固自己半个学期学习的结果,及时弥补不足。期中考试由学校统一安排复习考试的时间,原则上由任课教师自行命题。

四是学期考试,这是一个学期结束时,对学生整个学期学习的内容进行的总结性考试。学期考试是由学校或县、区统一确定考试科目,统一安排考试时间,统一命制考题。在考试前,学校一般给学生安排一周左右的备考复习时间。在复习期间,教师对学生进行辅导、答疑。学期考试是县、区和学校及教师检查教学效果的重要手段,也是学生巩固、提高、评价自己学习成果的重要环节。

五是学年考试，这是一个学年结束时，对学生整个学年学习内容的终结性考试。学年考试的内容一般以第二学期的学习内容为主。学年考试也是由学校或县、区统一确定考试科目，统一安排考试时间，统一命制考题。学生通常有一周左右的备考复习时间。学年考试不仅用来评价学校、教师、学生教与学的效果，而且是学生升留级的依据。学生所学科目学年考试不及格，需在新学年开始前由学校或县、区安排他们补考。补考一般只有及格、不及格两等。学生所学科目补考不及格，根据学生学籍管理规定留级，或升级后随第二年结束时再行补考。

六是毕业考试，这是学生毕业时，学校对其所学科目进行的终结性考试。毕业考试的科目和内容一般以毕业年级所学的科目和内容为主。学校给学生较充分的备考复习时间。毕业考试主要是衡量学生能否毕业的依据，同时也兼有评价学校、教师教学效果的功能。如果学生毕业考试全部及格，操行合格，则可获得毕业证书。如果学生毕业考试有不及格科目，可于当年参加相应教育行政部门组织的补考。学生补考不及格，学校只能发给其肄业证书。中学的物理、化学、生物等学科的实验部分，以及中小学音乐、体育、美术、劳技等课程，由于其课型及学科内容的特殊性，它们的考查方法一般以实际操作或操练为基础，各有其特殊要求。

小学毕业考试的组织管理及命题权曾多次变动，就是同一个时期，全国各地也有差异。但就全国范围讲，在绝大多数年份里，小学的毕业考试是由市、区、县教育行政部门统一负责管理，统一命题，统一施考，统一评分标准。随着《义务教育法》的贯彻实施，1996 年国家教委颁布了《小学管理规程》，小学毕业考试的管理和命题权又还给学校（部分农村地区仍在县级教育行政部门指导下由乡中心小学命题)。

解放后不久,初中毕业考试就开始由市、区、县教育行政部门统一负责管理,统一组织命题、施考(个别年份和"文化大革命"期间除外)。从20世纪80年代中期开始,为了减轻学生的考试负担,一些地区采取了初中毕业考试和升学考试合卷进行。1990年高中实行毕业会考制度后,一些地区在初中也参照高中的模式实行初中毕业会考。近年来,为了全面实施素质教育,改革升学、毕业考试制度,增加学校办学自主权,更好地调动学校办学积极性,教育部提出了一系列指导性政策。明确提出,初中阶段一般不实行会考。教育部在1999年发布的《关于初中毕业、升学考试改革的指导意见》中提出,"初中毕业考试与升学考试,可以二考合一进行,也可以分开进行。但两考性质不同,如果二考合一进行,在选拔的同时还应充分体现九年义务教育水平考试的性质。如果两考分开进行,应提倡毕业考试逐步由学校自行命题并组织考试"。随后在《关于2000年初中毕业、升学考试改革的指导意见》中再次予以强调。

1990年以前,各地高中毕业考试一般由省、地、市统一管理,统一命题,统一施考。自1990年国家教委推出了普通高中毕业会考制度后,各省、自治区、直辖市均在普通高中建立了毕业会考制度。

二、中小学学业考试政策的变化

中小学的校内考试在学校的管理规程中均有明确的规定。由于我国解放后不同历史时期对中小学的管理政策和管理规程多有变化,所以中小学的校内考试政策在不同时期也有所不同。

1952年,教育部颁发试行了《小学暂行规程(草案)》和《中学暂行规程(草案)》(教育部1952年3月18日颁发试行）。对小学的校内考试，《小学暂行规程（草案）》规定：（1）平时考查：由教师于平时用口述和笔述的问题，让儿童口答和笔答，随时就成绩记分，每月至少2次，每学期总结2次，一学年共总结4次。（2）学年考查：第一、二、三、四学年各班，由教师于学年终根据儿童平时成绩的发展情况，酌定分数，作为学年总成绩，不举行学年考试。（3）毕业考查：由教师于儿童毕业时分科举行毕业考试，就成绩记分，和第五学年的学年成绩结合起来，作为毕业总成绩。

对小学学生升留级和毕业问题，《小学暂行规程（草案）》规定：修完一学年，各科学业成绩及格的，准予升级。对于不及格的，教师应负责予以补习，补习后语文、算术仍有1科不及格或其他科目仍有2科不及格的，应予以留级。小学儿童修完小学课程，操行和学业成绩及格的，准予毕业。学业成绩不及格的，教师应负责予以补习，补习后及格的仍予毕业，不及格的应予留级。

对中学的学业考试，《中学暂行规程（草案）》规定：中学学生的学业成绩考查，分平时考查、阶段考查（每学期举行1—2次）及学期考试。在各科学期成绩中，平时考查及阶段考试成绩应占60%，学期考试成绩应占40%，各科上下两学期成绩的平均数即为该科的学年成绩。

对中学生升留级和毕业问题，《中学暂行规程（草案）》规定：学生各科学年成绩均属及格者升级，有不及格学科者，由学校组织假期补习，于次一学年第一学期开始前补考，补考后全部及格，或不及格学科在3门以下者，仍准升级。但如有3门学科不及格，或本国语文、数学2门学科不及格，升级学习有困难者应令留级。获准升级的学生，若有不及格的学科，仍应令其继续补习及补考。学生修完初级中学或高级中学3年课程，各科学年成绩和操行成绩均及格，则准予其毕业。

上述规定对加强我国中小学的教育管理,提高中小学的教学质量,起到了积极作用。但是,在实施过程中又出现了学生考试过多、负担过重的问题。1955 年教育部发布了《关于减轻中、小学学生过重负担的指示》,文件指出,"中小学学生负担过重,是几年来存在着的一个问题。1954 年秋季以后,在部分地区和部分学校,这个问题变得更严重"。并指出考试过多是造成中小学学生负担过重的主要原因之一。为此,教育部要求学校在教学中加强平时的成绩考查及改善考试制度,要求学校减少书面考试的种类和次数,只举行学年考试和毕业考试。在平时成绩考查办法未能正确掌握以前,学期考试可以暂时继续举行。因当时条件不具备,统一考试不宜实行。试题必须以教科书或教学大纲为标准,不准超出标准多出试题或出深僻的难题。但是由于种种原因,中小学校内考试过多的问题始终未能妥善解决。

1963 年 1 月,教育部在《关于当前中学教学工作的几点意见》中再次强调中小学的考试次数不宜过多,规定每学期的考试次数为 2 次,即期中考试(初、高中考政治、语文、数学和外语,高中加考物理和化学)和学期或学年考试(除体育、音乐、图画外,各科都举行考试)。1963 年 3 月中共中央印发的《全日制小学暂行工作条例(草案)》和《全日制中学暂行工作条例(草案)》,又对中小学的考试作了明文规定。规定小学考试次数不要过多,语文、算术每学期可以举行 1 次或者 2 次阶段考试和 1 次学期考试,其他课程只举行学期考试。对中学的考试科目,《条例》虽没有作出具体规定,但明确要求考试的次数不宜过多,不要因为考试而造成学生过分紧张和劳累。

1964 年 2 月 13 日,毛泽东召开教育工作座谈会,指出了教育工作中存在的问题,要求学制、课程、教学方法、考试方法都要改。1964 年 3 月 10 日,他又对北京铁路二中校长的来信作

了批示，指出学校课程太多，对学生压力太大。此后，教育系统开始认真学习和贯彻毛主席的指示，着手进行教育、教学和考试的改革。但是不久“文化大革命”开始，各项改革均告中断。

“文化大革命”期间，中小学正常的教学秩序遭到破坏，校内考试也被废止。这种情况一直持续到“文化大革命”结束。1977 年，伴随着中小学教学秩序的恢复，考试过多的问题又重新浮现，名目繁多的统考、统测层出不穷。为此，1980 年教育部在《关于分期分批办好重点中学的决定》中，要求各地“坚决把学校和学生从频繁的考试中解放出来。除了招生和毕业考试外，教育部门不要搞统考、统测，学校只实行期中、期末考试”。此后，为了减轻中小学生过重的课业负担，贯彻义务教育法，全面实施素质教育，教育部又多次发出指示控制中小学的考试科目，减少考试次数。1984 年发布的《教育部关于全日制六年制小学教学计划的安排意见》对小学考试进行了限制，“对教学效果的检查应以平时课堂提问和作业考查为主，发现学生学习上的缺陷，及时弥补。条件较好的地方和学校，可试行不再举行期中考试，期末考试也只限语文、数学 2 科。小学的毕业考试制度亦应进行改革。农村小学毕业考试在县级教育部门的指导下，由中心小学根据教学大纲的基本要求命题，并对不同形式、不同要求的学校有所区别。城镇小学的毕业考试办法，暂由各省、自治区、直辖市教育部门自行决定，今后应逐步改由学校命题”。

1986 年 5 月 29 日，山东省教育厅发布《山东省中小学学籍管理条例》，对中小学校内考试作了规定。

其一，考试科目可根据学科特点，采取口试、笔试、实验、实际操作等多种形式。评分逐步采用等级制（即优秀、良好、及格、不及格），不要按分数排名次。

其二，学生各科学年成绩均及格以及经补考符合规定者，

应予升级。学年成绩不及格或未参加考试者，在下一学年第一学期开学前进行补考。经补考后，高中生有下列情况之一者，应予留级：语文、数学、外语3科中有2门不及格者；语文、数学、外语3科中有1门不及格，其他学科有2门不及格者；语文、数学、外语3科均及格，其他学科有4门不及格者。在实施义务教育的地区，对补考仍不及格的小学和初中学生，可采用留科不留级的制度。如果所留学科到毕业考试时仍不及格，则根据规定，发给相应的证书。在暂时还没有实施义务教育的地区，应严格控制小学和初中的留级人数，对确实不能跟班学习的学生，也应按不超过同级学生数的5%予以留级。中学毕业班学生不准留级。

其三，学生修业期满，经考核，品德、智力、体育等方面均达到合格要求，准予毕业，由学校发给毕业证书。学生毕业考试成绩有不及格者，准予补考1次。对于中学，补考后有下列情况之一者，不予毕业，由学校发给结业证书：语文、数学、外语3科中有2门不及格者；语文、数学、外语3科有1门不及格，其他学科有2门不及格者；语文、数学、外语3科均及格，其他学科有4门以上不及格者。对于小学，语文、数学2科均不及格者，不予毕业，由学校发给结业证书。①

1987年9月29日下发的《山东省教育厅关于实施九年制义务教育几个问题的通知》规定："从今年开始，九年制义务教育学校对有三门以上学科不及格、跟班学习有困难的学生，除加强辅导、促其提高外，小学、初中阶段各给予一次留级机会。毕业班一律不准留级。对一门或两门学科不及格的学生，采取留科不留级的办法，留到毕业仍不及格，达不到毕业程度的，按

① 山东省教育委员会办公室：《教育工作文件选编（1977.5—1987.12）》，内部文件，1989年，第573—574页。

规定发给结业证书。要严格禁止初中举办毕业生全日制升学复读班和接受插班生复读。”

1992年，国家教委颁布的《九年义务教育全日制小学、初级中学课程计划（试行）》对小学和初级中学的考试作了具体、完整的规定。

第一，义务教育阶段的学期、学年和毕业的终结性考查、考试是对学生的合格水平的考核。考核要全面，要通过对学科和活动的有关知识和能力等方面的考核，促进学生整体素质的提高和特长的发展。

第二，小学毕业考核，语文、数学为考试学科，其他为考查科目。语文、数学考试合格，思想品德考查合格，达到小学生体育合格标准，则允许毕业。小学毕业考试在县级教育部门的指导下，一般由学校命题，农村也可由乡、镇教育管理机构组织命题，在基本普及初中教育的地区，不另举行小学升学考试。

初中毕业考核在国家统一规定的毕业年级文化学科范围内确定考试学科，要严格控制考试学科数。其他科目则实行结业考试或考查。考试学科命题权限由各省、自治区、直辖市教委、教育厅（局）确定。考试合格，思想品德考查合格，达到初中学生体育合格标准，则允许毕业。地方安排的学科考核要求，由各省、自治区、直辖市教委、教育厅（局）决定。

第三，考试以每学期进行1次为宜，考查着重在平时进行。除毕业考试外，各级教育行政部门要严格控制统一考试。

第四，考试、考查可采取闭卷、开卷的书面形式，也可以采用口试、操作等方式。成绩评定可以采用百分制，也可以采用等级制、评语制。

第五，考试命题要以教学大纲为依据，体现教学的目的和要求。要建立必要的审题制度。

1996年，国家教委颁布了《小学管理规程》。在普及义务教育的新形势下,该规程对小学的校内考试作出简要规定:"小学应按照课程计划和教学大纲的要求,通过多种形式评测教学质量。学期末的考试科目为语文和数学,其他学科通过平时考查评定成绩。""小学毕业考试由学校命题(农村地区在县级教育行政部门指导下由乡中心小学命题),考试科目为语文和数学。"

此外,《小学管理规程》对小学生的升留级作了新的规定:"要做好学习困难学生的辅导工作,积极创造条件,逐步取消留级制度。现阶段仍实行留级制度的地方,要创造条件,逐步降低学生留级比例和减少留级次数。"

为了进一步减轻中小学生过重的课业负担,1998 年国家教委对中小学的校内考试还作了如下规定:"逐步取消义务教育阶段任何形式的统考,初中阶段一般不实行会考;期末考试及平时考查应由学校组织任课教师进行命题,要严格控制试题量和难度。"

1987 年 12 月 7 日,山东省教育厅转发国家教委《关于发布〈中学生体育合格标准的试行办法〉通知》,决定从 1988 年起严格执行对体育不合格的学生毕业时"只发结业证书,不得报考高一级学校"的规定。

三、山东省的学分认定

自 2004 年秋季开学起,山东省普通高中实行学分认定,综合高中、招收普通高中班的职业高中、职业中专等高级中等学校参照实施。①

普通高中学生毕业的条件是:学生每学年在每个学习领域

---

① 孟庆旭:《山东教育改革发展三十年》,教育科学出版社 2008 年版,第 55 页。

都必须获得一定学分;3 个学年必须获得 116 个必修学分(包括研究性学习活动 15 学分,社区服务 2 学分,社会实践 6 学分),在选修课程 II 中要至少获得 6 个学分,总学分达到 144 个;学业水平考试成绩合格;基础素养评定合格。获得普通高中课程方案规定的最低毕业要求学分,是学生毕业的必要条件,但不是充分必要条件。

普通高中学生学分认定的主体是普通高中。普通高中要成立学分认定委员会,并根据不同学习领域的特点设立若干学分认定小组。学分认定委员会成员由学校领导干部和骨干教师担任,校长是学分认定的第一责任人;学分认定小组成员由同学科或同课程内容的任课教师担任。学生修习的课程(模块)达到课程标准要求的条件是:学生修习时间要至少达到课程标准要求修习课时的五分之四以上,其中,综合实践活动每个学分不低于 15 个课时;学分认定考试成绩合格;实验操作、日常作业(报告)、技能、参与过程(社会实践和社区服务)表现等考核合格。

学生按规定完成课程(模块)修习并经考试、考核后可填写学分认定申请表,提出学分认定申请。

对学生提出的学分认定申请,教学班任课教师要综合学生出勤情况、考试考核情况等进行审核,并提出是否予以认定的初步意见。社会实践和社区服务学分的认定,须有实践场所、服务对象单位的书面评鉴意见和学生在社会实践和社区服务过程的翔实记录。

学分认定委员会下设的学分认定小组对任课教师提出的初步意见和学生相关资料进行复审,向学分认定委员会提出是否认定学分的意见。学分认定委员会召开全体会议,确定是否认定学分。学分认定委员会主任签署认定意见,公告获得学分的学生名单。

对不能获得学分的学生，学分认定委员会要书面向学生通知原因。未获学分认定的学生对学校认定意见如有异议，可在得到通知之日起 15 日内向学校学分认定委员会提出复议申请。学校学分认定委员会自接到学生复议申请之日起 15 日内召集有关教师、认定小组复议，作出决定并通知学生。学生对学校给予其他学生的学分认定如有异议，可以书面向学校学分认定委员会反映，阐明提出异议的理由并有权得到答复。

学生因学分认定考试成绩不合格而不能获得学分的，可以申请补考或申请参加其他教学班相同学习模块的考试，补考时间由学校安排。补考或参加其他教学班相同学习模块的考试不得超过 2 次，仍不及格者，可申请重修、改修或放弃（必修课程和有必修学分要求的选修课程不得放弃，选修课程中要求获得必修学分的模块有其他选择的除外）。重修要在接到不认定学分的通知后 1 年之内完成，重修所用时间不得与先前修习所用时间累加。同科课程（模块）重修不得超过 2 次。学生因修习时间不足不能获得学分的，可在补足修习时间后认定。

参加省级以上学科竞赛且成绩特别优秀的学生，经个人申请、学校批准，其相应学科的必修课程可以免听部分或全部学时，但不可免考。

普通高中不得奖励学生学分。学生学习成绩特别优秀，或在某一方面表现特别突出，可在普通高中学生发展评价报告相应栏目予以真实记录。

本省普通高中之间学生所得学分可以互认。跨省转学的学生，其学分是否被承认，依据转入省（市、区）的规定确定。普通高中学生经学校同意在高等院校、职业学校修习的课程可以作为学分认定的依据。

学分认定情况要分别记入学校学分认定档案（包括纸质档

案和电子档案)、普通高中学生发展评价报告。学生学分认定档案内容应包括学生在该课程(模块)修习过程中所用时间(课时)、考试、考查、考核成绩、学分认定时间(年、月)等。

为了保证学分认定的公正性,有关部门还建立起了一套监督和处罚措施。

其一,学校要建立和逐步完善学分认定的工作制度并严格执行,特别要建立学分认定的诚信制度。学校要为任课教师、学分认定小组成员、学分认定委员会成员建立诚信档案。在学分认定工作中有弄虚作假行为的,要及时通报批评,造成恶劣影响的,要暂停或终止其学分认定资格。

其二,县级以上教育行政部门对辖区内有行政管理隶属关系的普通高中学校的学分认定工作进行指导监督。省、市教育行政部门要对普通高中学分认定工作进行指导、监督和评估。

其三,文化课学习领域科目学分认定质量的检查评估以学生学业水平考试为主要手段,其他学习内容学分认定质量以学校为单位,采用验证、访谈、考试考查、试题试卷分析等方法进行检查评估。学分认定质量检查评估的依据是课程标准的基本要求。

其四,省、市、县(市、区)教育行政部门要定期公告普通高中学分认定质量情况。学分认定质量的检查评估结果作为评价普通高中贯彻教育方针和课程方案情况及其教育教学质量的主要依据,同时作为评估普通高中是否达到合格学校标准,以及是否达到省、市级规范化学校或国家及省级示范性学校的重要依据。对学分认定工作存在严重问题的学校,视其情节轻重,分别给予通报批评、警告、暂停认定资格、取消认定资格,直至责令停止招生的处罚。

第四节 普通高级中学毕业会考

一、普通高中毕业会考制度建立的背景

普通高中是我国基础教育中的最高层次。解放以来,我国普通高中得到了很大发展,为高等院校输送了大批合格的新生,也为各行各业培养了大批优秀的劳动者。但是,由于中国的特殊国情,高中毕业后的升学竞争异常激烈。这种竞争一方面激发了普通高中教与学的风气,但另一方面又迫使普通高中在办学中难免偏离党的教育方针,被推上片面追求升学率的轨道。长期以来,学校的一切工作都围绕高考进行,高考升学率被用来作为评价普通高中办学水平的唯一标尺。一些严重扭曲普通高中教育性质和任务的做法比较普遍:高考开考的科目就教、就学,高考不考的科目就少教、少学,甚至不教、不学;教学只面向升学有望的学生,而不是面向全体学生,等等。于是出现了重智育,轻德育、体育;重书本,轻实践;重升学有望的学生,轻升学无望的学生,以及高中学生知识结构不合理(偏科或缺科)等现象。

产生上述问题的原因是复杂的,解决这些问题需要教育内部、外部多方面、各环节综合治理。其中,改革考试及评价制度,建立一套能够体现教育方针的、科学的考核普通高中毕业生资格的办法是重要的一环。为此,1983 年教育部在《关于进一步提高普通中学教育质量的几点意见》中提出,“建立、健全升留级和毕业制度,各地可根据自己的实际情况,随着教育质量的提高,逐步严格执行。每学完一门课程,即进行考试或考查,学习成绩应计入学生档案。毕业考试可只考本学年所学课程。对没有学完教学计划所规定的课程,德、智、体没有达到合

格要求的学生，只发给结业证书；一年内在学校补考及格，才可发给毕业证书；中途退学的只发给肄业证书。毕业考试要和升学考试分开进行，有条件的地方可按基本教材命题，试行初、高中会考”。

1985年，上海率先进行普通高中毕业会考与高考改革的实验，1988年浙江省进行了高中毕业会考，1989年海南、云南、湖南3省也开始试行普通高中毕业会考。1990年，国家教委总结了一些省、直辖市试行普通高中毕业会考的经验，指出实行普通高中毕业会考制度，对于全面贯彻教育方针，落实高中教学计划，加强教学管理，克服偏科现象，全面提高教育质量，都具有重要作用。因此，国家教委决定，从1990年起，用2年左右的时间有计划地在全国逐步实行普通高中毕业会考制度。

二、普通高中毕业会考制度的主要内容

实行普通高中毕业会考的目的是为了全面贯彻教育方针，加强教学管理，推动教学改革，大面积提高教育质量，给中学教学以正确的导向。

普通高中毕业会考是国家承认的省级普通高中文化课毕业水平考试，是检查、评价普通高中教学质量的一种手段，也是考核普通高中学生文化课学习是否达到必修课教学大纲规定的基本要求的重要手段。

普通高中毕业会考的方式分考试和考查两种。考试科目为语文、数学、外语、政治、物理、化学、生物、历史、地理，考查项目为劳动技术课和物理、化学、生物的实验操作。体育课由各校按教学大纲规定的内容进行考试。各科的会考范围和标准由各省、自治区、直辖市教委、教育厅（局）根据必修课教学大纲的基本要求，结合本地区中学的教学实际情况制定。考试和考查一律在本学科教学全部结束后进行，学完一门考一门。会

考成绩原始得分用百分制,报告成绩用等级分制。考查项目的成绩只分合格、不合格两个等级。会考的考试科目由各省、自治区、直辖市统一命题,统一评卷,统一统计分析和报告成绩。会考的考查项目由市、县根据统一的会考标准命题并组织实施。凡思想品德表现合格,会考成绩达到学籍管理中毕业生文化课成绩合格标准,体育达到合格标准的学生,可以取得普通高中毕业证书。会考成绩不及格的学生可参加补考,补考的具体办法由各省、自治区、直辖市制定。

各省、自治区、直辖市教育行政部门还有权批准一批学校进行综合改革试点,对于办学指导思想端正,教育质量很高的学校,可以不参加会考。这些学校的高中毕业考试由学校自行命题,组织实施。其试题报送省级会考机构审验,其成绩予以承认。

三、山东省的会考组织情况

1991 年 11 月,山东省教委下发《关于印发山东省普通高中毕业会考实施意见的通知》,决定自 1991 年秋季入学的高中一年级开始,在全省实行普通高中毕业会考制度。高中会考工作由省教委统一组织领导,市(地)、县(市、区)分工协作,共同实施。省教委设立专门机构(普通高中毕业会考办公室,挂靠省招生委员会办公室),负责会考的组织实施和管理等各项工作。其中,省教委基础教育处负责制定全省有关普通高中会考的政策、规划,监督执行招生计划和教学计划,核发毕业证书;省教研室负责制定会考标准、考试大纲,组织命题,制订评分标准、标准答案,承担命题科研课题,指导教学改革;省招生委员会办公室负责制定考试的各项具体规定,印发试卷,组织考试,进行成绩管理,核发会考准考证、合格证,并负责向社会有关部门出具会考成绩证明等工作。市地教委(教育局)负责会考的

具体工作，主要包括建立学生考籍、学籍档案，实施考试、阅卷、统计。县区教委（教育局）负责具体考务工作。①

山东省普通高中毕业会考包括考试科目和考查科目两部分。考试科目为语文、数学、外语、政治、物理、化学、生物、历史、地理9科，考查科目为劳动技术教育、社会实践和物理、化学、生物的实验操作。体育课和选修课的考试由学校组织实施。会考采取3年分散考试的办法，即按照国家教委印发的《现行普通高中教学计划的调整意见》和山东省贯彻意见中规定的课程、科目安排。

1993年11月，省教委下发《关于转发国家教委〈关于稳步推进普通高中毕业会考工作的意见〉的通知》、《关于印发山东省普通高中毕业会考工作管理暂行规定的通知》，对考籍注册、考籍变更、会考标准、命题及考试、评卷、成绩报告、会考证书、经费、奖惩等作出具体安排，同时对考务工作、试题印刷与保管、违纪及舞弊考生的处理、违纪监考人员的处理、主考职责、考试实施程序及监考人员守则、考生守则等事项统一了要求。1994年2月，省教委下发《关于印发山东省普通高中毕业会考考查科目考查办法的通知》，对高中会考考查科目进行了规定。1996年，省教委下发《关于进一步强化会考纪律维护会考信誉的通知》，要求提高认识，增强维护会考纪律的自觉性，强化会考全程管理，严肃查处违纪事件，创造加强考风考纪建设的良好舆论环境。

1997年，省教委下发《关于进一步加强高中毕业会考工作的通知》，文件规定，必须充分利用会考成绩，加强对普通高中学校的教学评价，把会考实施情况列入各级规范化学校和各级

① 孟庆旭：《山东教育改革发展三十年》，教育科学出版社2008年版，第54—55页。

教育督导评估的范围，把会考成绩列入各级评定“三好学生”、“优秀学生干部”的条件；建立制度，利用会考成绩评价教师教学；凡没有获得普通高中毕业会考合格证的普通高中学生，一律不得报考普通高等院校；社会青年报考普通高等院校，必须具备高中阶段的学历证书或取得普通高中毕业会考合格证。1998 年，省教委下发《关于印发〈山东省普通高中毕业会考管理工作细则〉的通知》，作为全省进一步加强普通高中毕业会考管理工作规范，对信息采集、考务管理、评卷、考籍管理、成绩管理、会考证书管理、命题等进一步细化，建立了全省点对点微机通信网络，实现了从学生入学到学生毕业全过程的微机管理。研制开发了新一代“山东省高中毕业会考管理系统”，实现了会考试卷卷面的全面采集，强化了会考成绩的综合统计分析，加强了对会考成绩和会考异动情况的监控，规范了管理过程。同年，下发《关于高中毕业会考英语考试增加听力测试的通知》，决定在英语考试中增加听力测试。

2001 年，省教育厅下发《关于改革高中毕业会考制度的意见》，决定对全省高中毕业会考制度进行改革。一是调整考试科目。根据教育部新颁课程方案，在校生毕业会考考试科目确定为思想政治、物理、化学、生物、历史、地理、信息技术 7 科，原会考考试科目语文、数学、外语的毕业考试由市教育行政部门决定组织形式，考试成绩由省市统一管理；毕业会考考查科目为体育与健康、艺术 2 科以及物理、化学、生物的实验操作。二是调整考试时间。毕业会考考试科目每年开考 3 次，第一次考试在每年 3 月中旬，第二次在每年 6 月中旬，第三次在每年 9 月下旬至 10 月下旬之间。由市教育行政部门决定考试组织形式的语文、数学、外语 3 科的毕业考试时间为每年 1 月。三是允许提前参加会考。四是实行免考制度。五是面向社会开考。允许社会青年报名参加普通高中毕业会考，鼓励社会青年通过

自学、参加校外辅导等方式获得普通高中会考合格证书；允许高中段职业学校学生参加高中毕业会考。六是会考合格和毕业资格认证。

四、山东省的普通高中学生学业水平考试

山东省从2004级普通高中学生开始实行普通高中学生学业水平考试。普通高中学生学业水平考试取代了高中毕业会考制度。

普通高中学生学业水平考试由山东省教育厅基教处组织，各市、县（市、区）教育行政部门参与实施。学业水平考试根据课程改革方案和课程标准的要求，组织建立并逐步完善学业水平考试题库，逐步实现学业水平考试的标准化。开发和应用符合组织、管理学业水平考试和实施教育质量监测工作需要的网络化管理软件系统，对学业水平考试和普通高中课程开设、学分认定等行为进行及时跟踪、监测、评估和反馈，实现对普通高中教育质量监测工作的信息化。

学业水平考试是鉴定学生文化课学习领域学科学习质量的考试，不同于旨在考查学生学习量和学习过程综合表现的学分认定考试考核。学业水平考试成绩是决定普通高中学生是否具备毕业资格的必要条件，是检查普通高中文化课学习领域学分认定质量的主要手段之一。

学业水平考试的科目为思想政治、语文、外语、数学、历史、地理、物理、化学、生物9个学科和信息技术的必修课程，考试范围为课程（模块）标准要求的基础知识和基本技能。在课程改革实验的第1个周期，先组织必修课程的考试，在条件成熟后，开考选修课程Ⅰ的相关内容。学业水平考试每学年组织2次，时间在每学年上下学期结束前3周进行。每次开考10科，由学生自主选择参加科目。学业水平考试成绩按照实际考分

和等第记录在普通高中学生发展评价报告(纸质与电子系统)和省、市学业水平考试计算机管理系统中。考试成绩等第分A、B、C、D四级,分别为优秀、良好、合格和不合格。学生在校期间可以多次参加同一科目考试,成绩按最高的一次记录。不能按时毕业的学生,离校后允许参加2次考试。

实行普通高中学生学业水平考试制度具有重要意义。建立普通高中教育质量监督检查机制,规范普通高中的教育教学行为,使普通高中按照国家新的课程方案和课程标准组织和开展教育教学活动,促进学生全面、主动、健康发展,是教育行政部门的重要职责。实行普通高中学生学业水平考试制度,是监测普通高中文化课教育教学质量,指导普通高中教育教学改革工作的重要手段,有利于促进普通高中的课程建设、师资队伍建设,有利于促进普通高中办学条件的改善和优化,促进普通高中的均衡发展;有利于保证学生在主要模块修习完成高中学业的情况下,及时复习、整理、贯通所学科目的基本学习内容,构建完整的知识结构体系;有利于促进普通高中按照教育行政部门制定的学生学分认定规则客观、公正地认定学生学分,保证普通高中学生毕业资格认定的客观性、公正性和严肃性;有利于高校招生考试制度的改革;有利于保持普通高中毕业证书的社会服务功能,能够适应外省市对我省高中学生毕业资格确认、社会有关单位录用工作人员、部分国家高等院校在招收留学生时参照高中毕业学生高中文化课学业水平考试成绩的需要。

第五节 高等学校学业考试

高等学校学业考试是学校教育的重要组成部分,既是检查、评定学生学业成绩和教学效果的一种方法,又是加强学籍管理的重要手段,按教学阶段可分为平时考试、期中考试、期末考试、学年考试。期中考试是学期中间所举行的阶段性考试;期末考试也叫"学期考试",是对某门课程一个学期全部教学内容的总考核;学年考试是一个学年结束前的考试,一般与该学年最后一个学期的期末考试结合进行。按考试形式可以分为口试、笔试。笔试是主要形式,笔试又分为开卷考试和闭卷考试两种。考查多用于实践性强的课程和技能技巧类课程,如实验课、生产实习、毕业实习、毕业设计等。考查一般通过学生平时作业、测验、课堂讨论等方面的情况综合评定成绩。

一、社会主义改造时期的高等学校学业考试(1949—1956)

1950 年 6 月,第一次全国高等教育会议召开,讨论了新中国高等教育方针、任务等重要问题。7 月,政务院批准了这次会议提出的《高等学校暂行规程》、《专科学校暂行规程》、《私立高等学校管理暂行办法》等文件,规定了大学、专门学院和专科学校的考试分为入学考试、平时考试、学期考试及毕业考试。大学及专门学院的学生须于最后一学年确定专题经系主任核准,由教学研究指导组主任或其指定的老师指导,撰写毕业论文或专题报告。学生依照规定课程修业期满,成绩及格者,由学校报请中央教育部批准发给毕业证书。①

从 1952 年开始,全国高等学校学习前苏联教育经验,结合我国高等教育情况,开展了教育思想、教学内容、教学制度、教学方法的全面改革。在考试管理方面,1954 年 7 月 9 日,高等教育部颁布了《高等学校课程考试与考查规程》,1955 年 12 月 15 日,针对实施中反映出的问题,又进行了修改,并重新发布。

---

① 杨学为:《中国考试通史》(卷五),首都师范大学出版社 2004 年版,第 183—195 页。

《高等学校课程考试与考查规程》是新中国第一部关于高等学校考试管理的法规,标志着新中国高等学校考试制度的正式建立。该《规程》共 16 条,包括考试形式、考试命题、考试实施、成绩评定与记载、成绩使用等。《规程》指出,高等学校课程的考试、考查,不仅是检查学生学习成绩的标准,也是巩固学生所学知识和检查学校教学工作的重要方法。为了保证高等学校培养合乎规格的建设人才,对考试、考查必须严格要求。《规程》规定,为了正确地检查学生所学知识的理解程度和实际运用能力,课程的考试原则上采用口试。考试题目要根据教学大纲的要求拟定,并且按适当的分量分配在考签上。考试按"优等"、"良好"、"及格"、"不及格"四级评定成绩;考查按"及格"、"不及格"两级评定成绩,但生产实习、课程设计等按 4 级评定考查成绩。考试和考查的成绩,分别登记在成绩登记表和记分册上。未按时参加考试的,按缺考处理,另安排考试。无正当理由不参加考试或考查的,该门课程按不及格处理。每学期考试后,有 4 门以上课程不及格的学生,由校长、院长令其退学,有 3 门以下课程不及格的学生,应该进行补考。留级生以往所修课程中得到"优等"或"良好"成绩的,该课程免修并且免除该课程的考试或考查。

为了审查毕业学生的学业程度是否符合教学计划所要求的规格,保证毕业生的质量,1956 年高等教育部决定在高等学校实行国家考试制度,同年 5 月 14 日,颁布了《中华人民共和国高等学校国家考试条例草案》,并决定在少数高等学校试行。学生学完教学计划所规定的全部理论课程和实习作业,并且所有学校考试和考查都及格后,才能参加国家考试。国家考试的试行虽获得一定的成绩,但参与的毕业生多,耗时大,难操作,1957 年 3 月 4 日,高等教育部通知暂行停止国家考试办法。此后,高等学校国家考试制度不再推行。

二、开始全面建设社会主义时期的高等学校学业考试(1957—1966)

这一时期为探索建立适合中国国情的社会主义高等教育，进行了全方位的改革和实验。1958 年至 1960 年，我国高等教育事业有了很大发展，学校数和在校学生数成倍增长。同时，高等学校从勤工俭学组织学生参加生产劳动开始，逐步展开以克服脱离劳动、脱离群众和忽视政治为主要内容的教育革命。一些学校实行了半工半读制度。1961 年，为了总结教育革命的经验教训，发扬成绩，纠正错误，明确工作方向，中共中央主持制定了《教育部直属高等学校暂行工作条例(草案)》(简称《高教六十条》)。《高教六十条》的发布和试行，推动了我国高等教育事业的健康发展。1961—1965 年，高等学校秩序稳定，各项工作逐步推进，学生培养和管理工作规范化、制度化，教育质量不断提高。

1962 年 11 月 20 日，教育部根据《高教六十条》的精神，发布了《教育部直属高等学校学生成绩考核暂行规程(草案)》，同时宣布 1955 年 12 月 15 日高等教育部颁布的《高等学校课程考试与考查规程》废止。《教育部直属高等学校学生成绩考核暂行规程(草案)》比较《高等学校课程考试与考查规程》，增加了关于学生德育、体育、毕业设计、毕业论文等方面的考核内容：(1) 对德育方面的考核，包括对学生的政治觉悟、思想意识、道德品质及劳动表现的考查。此方面的考查主要采取做鉴定的办法，不采取记分办法。政治思想方面的鉴定，着重于基本的政治态度和思想状况，不涉及生活细节。鉴定必须实事求是，允许本人申述或者保留不同意见。生产劳动的考核，主要检查学生的劳动态度。学生的升级和留级，应该以学业成绩为准；处理学生退学，除根据学生的学业成绩以外，还应该考虑学生的政治、思想和劳动表现等全面情况。(2) 对体育的考核，主要是为了督促学生积极参加体育锻炼,促进身体健康。身体条件不宜上体育课的学生,经医生证明和体育教研室主任同意,可以免修。(3)关于毕业设计、毕业论文的考核。毕业论文是对本科学生集中进行科学研究训练的教学活动,目的在于培养学生的科学研究能力,加强综合运用所学知识、理论和技能解决实际问题的训练,从总体上考查学生本科阶段学习所达到的学业水平。其成绩评定一般通过答辩方式进行。毕业设计、毕业论文均按4级记分的办法评定成绩,一般应该组织委员会进行答辩,也可以由指导教师提出评定成绩的意见,经教研室讨论通过。没有做毕业设计、毕业论文,或毕业设计、毕业论文答辩不及格的学生,应该补做。(4)对考试违纪行为作出了处理规定:考试作弊的学生,不论考试成绩好坏,本门课程均以不及格论,并由学校根据情节轻重予以纪律处分。此外,《教育部直属高等学校学生成绩考核暂行规程(草案)》还对考试方式、成绩评定、不及格课程的补考等方面内容进行了补充,规定得更具体,并且有一定的灵活性,如关于考试成绩的评定,不再一概要求采取4级记分办法,对少数有特殊需要的课程,允许用百分制办法记分。对考查课程的成绩评定,也不再一概采用"合格"、"不合格"的方法,对个别有特殊需要的课程,允许用4级办法记分。关于考试方式,允许根据课程的特点、班级的大小和教师人数的多少,分别采取口试、笔试,或口试、笔试兼用的办法。实践表明,《教育部直属高等学校学生成绩考核暂行规程(草案)》比《高等学校课程考试与考查规程》更符合教学实际情况,有利于管理,便于操作。它的实施丰富了我国高等学校考试制度,促进了教育质量的提高。

三、改革开放时期的高等学校学业考试(1977—)

1966—1976年,在长达10年的"文化大革命"中,高校教

学秩序全部被破坏，取消了课程考试、毕业论文、毕业设计等，教学质量严重下降。原有的学校考试、考查规定都被废除。

从粉碎“四人帮”开始，特别是在党的十一届三中全会之后，我国的高等教育走上了健康发展的轨道，经过一系列改革，取得了前所未有的成就。这一时期，高等学校考试经过了恢复、发展和全面改革三个阶段，呈现出繁荣发展的好局面。

粉碎“四人帮”后，高等学校教育教学活动得以恢复，原有的考试制度、办法得以继续实行。1978 年 12 月 13 日，教育部在总结以往经验的基础上，制定颁发了《高等学校学生学籍管理的暂行规定》，对高等学校课程考试的次数、成绩评定和课程免修作了原则规定，首次对实行学分制教学制度的高等学校课程考试办法、成绩评定作了规定，对拨乱反正，恢复正常的教学秩序，加强学籍管理，起到了积极作用。

1980 年 11 月 20 日，教育部发布《广播电视大学学生学籍管理暂行规定》，对广播电视大学学生的成绩考核和毕业作出具体规定：

第一，电大学生的成绩考核，应包括学业和操行两个方面。学业方面，要按教学计划的规定，考核学生的学习成绩；操行方面，要对学生的政治觉悟、思想意识、道德品质，以及在学习和劳动中的表现进行考察评定。

第二，广播电视大学实行学分制，学分的计算办法按经批准的教学计划有关学分的规定执行。对学生学业成绩的考核，主要采取考试的办法。根据考试结果评定学业成绩，作为学生取得学分的依据。学期及毕业考试的课程门数，中央电大开的课程按中央电大的教学计划规定执行，并由电大统一命题，统一评分标准，统一考试日期。

第三，严格执行考试纪律。在考试中，凡有抄袭、舞弊行为者，其所考课程的成绩作零分处理，毕业前视其认识和改正情

况，决定是否给予一次补考机会。协助考生舞弊者，应视其情节轻重，给予批评教育或纪律处分。

第四，在学期、毕业考试期间，在册的全科生不准无故请假。单科生原则上不批准出差或休假，如遇特殊情况，考试时经准假外出到其他地区，则可向当地广播电视大学工作站（或分校）提出参加考试的申请，并交验学生证和有关准假休假证明。当地广播电视大学工作站（或分校）应该认真审查证件，严格履行考试手续，准予参加考试，并将考生的考试试卷密封寄考生所属广播电视大学工作站（或分校）。因病或其他原因不能参加考试者，因病必须有医疗单位医生证明，因事必须持有关证明，向教学班办理请假手续，报经电大工作站（或分校）批准，准予补考；无故不参加考试者，取消其补考资格。凡经批准补考的学生，其补考成绩不管是多少分数，在成绩单上只记"补考及格"或"补考不及格"。

第五，电大在册学理、工科的学生，原则上必须完成规定的实验课，方能准予毕业。学生应进行学期（或学年）操行评定和毕业鉴定，先由学生写个人小结，经全班学生集体讨论评定，并写出书面评语。

第六，全科生学完电大规定的全部课程，并取得了规定的总学分，教学班就其操行、身体健康情况进行全面鉴定，报工作站（或分校）审核，经省、市、自治区广播电视大学批准，合格者发给毕业证书。如有的全科生只取得部分单科的学分，可发给单科结业证书。单科生学完所学单科课程，并取得该科规定的学分，可按上述手续发给单科结业证书。凡通过单科学习方式，陆续学完所学专业规定的全部课程，并取得各单科结业证书者，可持各单科结业证书和该生所在单位对其操行、身体情况鉴定的证明，向广播电视大学工作站（或分校）申请领取毕业证书。工作站（或分校）应认真核实情况，报省、市、自治区

电大批准，发给毕业证书。

1983年1月20日，教育部发布《全日制普通高等学校学生学籍管理办法》，明确了高校管理中的成绩考核与记载办法，升级与留、降级办法，以及大学生准予毕业的有关规定。成绩考核与记载办法规定：

第一，学生必须参加教学计划规定的课程考核。考核成绩载入成绩记分册，并归入本人档案。每学期考试课程的门数，由各校从严掌握，自行确定。考核分为考试和考查两种。考核成绩的评定，采用百分制或五级制（优秀、良好、中等、及格、不及格）记分。考试成绩评分，以学期末考试成绩为主，适当参考平时成绩。平时成绩占该课程成绩的比重，由各校自行确定。考查成绩是指对学生平时听课、完成实验、实习、课外作业、习题课、课堂讨论的情况以及平时测验成绩等的综合评定。实行学分制的学校，学生按照教学计划规定学完某门课程，考核及格，即获得该门课程的学分。

第二，对学生德育的考察，主要通过鉴定，采用写品德评语的办法。公共体育课为必修课，补考后仍不及格者应重修。重修安排有困难的，可限期再补考一次。因缺课不及格的，不能补考，必须重修。经过学生自学的课程，本人申请，学校考核，学业成绩确实达到"良好"以上水平的，可以免修。免修课程的考核和审定，每学期进行一次。免修考核成绩作为该课程的成绩记载。

第三，学生因故不能参加考核，必须事先向本系申请，经教务部门批准后可以缓考。缓考不及格者可补考1次。学生每学期不及格的课程，均可补考1次。补考按学校规定时间进行。记分时注明"补考"字样。

第四，凡擅自缺考或考试作弊者，该课程成绩以零分计，并不准正常补考。如确实有悔改表现的，经教务部门批准，在毕

业前可给一次补考机会。考试作弊情节严重的，应给予纪律处分。学生无故缺课，累计超过某门课程教学时数三分之一者，不得参加本课程的考核，并视其具体情况决定是否给予补考机会。

升级与留、降级办法规定：(1) 学生学完本学年教学计划规定的课程，经考核成绩及格，准予升级。学业成绩特别优秀的学生，如本人申请跳级，可按照跳越年级教学计划规定的课程进行考核，主要课程成绩达到“良好”以上水平，其他课程及格的，经学校批准，允许跳级。主要课程由各校根据本专业的性质和教学计划的要求自行确定。(2) 经过补考，学期或学年累计有 3 门课程或 2 门主要课程不及格者，应予留、降级。一年级学生第一学期补考后不及格课程达到留、降级规定时，可跟班试读，准许于第一学年结束时再补考 1 次。补考后不及格课程或连同第二学期补考不及格的课程累计达到留、降级规定者，作留级处理。实行学分制的学校，学生在一学年不及格课程学分总数达到学年所选学分总数的三分之一者，经学校批准，可编入下一年级。凡编入下一年级的学生，已取得的有关学分仍然有效。学生留级时不及格课程门数，按下列规定办理：凡 1 门课程分几个学期讲授，而每个学期都进行考核时，应每学期均按 1 门课程计算；凡按教学计划规定的各种实践教学环节，如单独进行考核不及格时，均各按 1 门课程不及格计；毕业设计、毕业论文、毕业实习不及格者，各按 1 门主要课程不及格对待；公共体育课不及格，不计入留、降级课程门数。(3) 学生留、降级前考核成绩达到“及格”以上水平的课程，允许免学。学生学有余力，经学校批准，可以学习部分后续课程。考核及格的，以后可以免修；考核不及格的，可不补考，也不计入不及格课程的门数，以后重修。(4) 本科学生在校学习期间留、降级不得超过 2 次；同一年级不能留、降级 2 次。专科学生在校学习期间只能留、降级1次。

准予毕业的有关规定:(1)学生毕业时作全面鉴定,其内容包括德、智、体三个方面。着重点放在对政治觉悟、思想意识、道德品质以及学习、劳动态度和健康状况等方面,作出评语。肯定成绩,找出差距,明确努力方向,走又红又专的道路。(2)有正式学籍的学生,德、体合格,学完或提前学完教学计划规定的全部课程,考核及格或修满学分,可准予毕业,并发给毕业证书。(3)毕业设计(论文)、毕业实习或毕业时的课程考核不及格的课程未达到留级门数者,先发给结业证书。在分配工作后1年内向学校申请补考(补作)1次,及格者换发毕业证书。经补考(补作)仍不及格的课程以后不再补考(补作)。(4)公共体育课重修或限期补考仍不及格者,不准毕业,作结业处理。(5)学生历年如有不及格的课程(未达到规定留级门数者),学校应在学生在校学习期间分期安排重新修读。修读不及格者,不准补考,毕业时作结业处理。如无时间安排重修,可按下列办法处理:毕业分配前再补考1次,补考后仍不及格者,发给结业证书,不及格的课程以后不再补考;毕业时发给结业证书,不及格的课程在结业后1年内可申请补考1次,及格后换发毕业证书。逾期不补考或补考不及格者,以后不再补考。(6)实行学分制的学校,未修满必修课(含指定选修课)学分或总学分的学生,毕业时作结业处理或延长修业期1年。(7)学生毕业后必须服从国家统一分配,按规定时间到所分配的单位报到。对不顾国家需要,坚持个人无理要求,经批评教育拒不服从分配,从学校公布分配名单之日起,逾期3个月不去报到者,经地方主管调配部门批准,由学校宣布取消分配资格,限期离校。

1983年5月,教育部发布《职工大学、职工业余大学学生学籍管理暂行规定(草案)》,成绩考核办法规定:(1)职工大

学、职工业余大学学生的成绩考核应包括学业和操行。学业方面，要按照教学计划、教学大纲的要求，采取严格易行、确有实效的考核办法，检查学生对所学知识的理解程度与对技能的运用能力，以达到衡量学生实际学业水平的目的。操行方面，要对学生在坚持社会主义道路，坚持无产阶级专政，坚持共产党的领导，坚持马列主义、毛泽东思想四项基本原则以及思想品德等方面的表现，通过鉴定，采用写评语的办法进行考察。(2) 每学期和学年结束，各校要根据上级教育行政部门制定的考试办法，按教学计划规定的课程进行考试、考查。考试科目一学期一般规定为 3 门。缺课时数、缺作业或缺实验报告数在 25% 以上者，不能参加本门课程的考试，成绩按不及格处理。考试成绩评分一般实行百分制，以期末考试成绩为主，适当参考平时成绩。考查成绩是指对学生平时听课、完成实验、实习、课外作业、习题课、课堂讨论的情况以及平时测验成绩等的综合评定，一般采用 5 级制(优秀、良好、中等、及格、不及格)记分。不及格课程允许补考 1 次，补考成绩只记"补考及格"或"补考不及格"字样。跨学期的课程，一般按每学期 1 门课程记载成绩。(3) 严格执行考场纪律。考试中凡有抄袭、舞弊行为者，视其情节轻重进行批评教育或纪律处分，其成绩按"0"分记载，并注明"考试舞弊"字样。学生因故不能参加考试者，经学校批准可以缓考。未经批准不参加考试者，其成绩按"0"分记载。(4) 学生每学年做 1 次个人总结，班级、学校进行操行评定，毕业时做毕业鉴定。每学年(或学期)学校应将学生操行评定和考试、考查成绩，奖励或处分，通知学生原单位。考核成绩载入记分册，并归入本人档案。升级、留级、退学办法规定：学生每学年学完教学计划所规定的课程，经过考试、考查，成绩及格者，准予升级。每学期不及格的课程，可以补考 1 次，经补考仍有 2 门不及格者(包括累计 2 门不及格者)，全脱产学习的应予退学，业余学习的可以留级，无级可留的（即本校下届无相同的专业）也应予以退学。留级一次仍不能升级者，应予退学。

毕业、结业、肄业毕业办法规定：（1）学生毕业前，学校应填写《毕业生登记表》，报省（市、自治区）高教（教育）厅（局）、主管业务部门和地（市）教育行政部门。国务院部委直属及直属单位办的学校，应将《毕业生登记表》报本部委教育司（局）和学校所在省（市、自治区）高教（教育）厅（局）。（2）学生学完教学计划规定的课程，学习期满，成绩及格者，准予毕业，发给毕业证书。（3）学生毕业前仍有1门课程成绩（包括毕业设计、毕业论文）不及格者，由学校发给结业证书，结业1年内，由本人申请，学校准予补考1次。补考及格者，换发毕业证书。学生未学完教学计划规定的课程，中途退学者（不包括开除学籍者）由学校发给肄业证书，并出具已结业学科的成绩证明。

1984年8月27日，山东省教育厅发布《山东省省、市（地）教育学院学员学籍管理规定（试行草案）》，1986年7月26日发布《山东省高等学校干部专修科、管理干部学院学员学籍管理暂行规定》，1986年10月24日发布《山东省普通高等学校举办的函授（非高师）、夜大学学生学籍管理暂行规定》，1987年6月17日发布《山东省普通高等师范院校和教育学院函授生学籍管理规定（修订草案）》，参照教育部《全日制普通高等学校学生学籍管理办法》，对山东省的教育学院等成人高校的学员学籍管理作出规定，成绩考核、鉴定、毕业管理基本办法大同小异。

至1985年，高等教育事业取得了较大发展，同时进一步改革了高等学校的考试制度。课程考核实行了新的成绩评定办法：采用百分制或五级制，五级制为优秀、良好、中等、及格、不及格。与以往规定比，增加了"中等"等级。同时，严肃了考试纪律，完善了违纪处理。明确规定，因缺课而造成考试不及格的，不能补考，必须重修。凡擅自缺考或考试作弊者，该课程成绩以零分计，并不准正常补考。如确实有悔改表现的，经教务部门批准，在毕业前可给一次补考机会。考试作弊情节严重，应给予纪律处分。学生无故缺课，累计超过某门课程教学时数三分之一者，不得参加本课程的考核，并视其具体情况决定是否给予补考机会。

1985 年，《中共中央关于教育体制改革的决定》公布，提出要改革教学内容、教学方法、教学制度，要针对现存的弊端，积极进行教学改革的各种试验。从此，高等学校纷纷结合我国和本校的实际情况，在考试内容、考试办法、考试形式和成绩使用等方面，积极进行了许多有意义的探索和改革，发展了高等学校的考试制度。其主要的试验有学分制、德智体综合测评制度、中期筛选制等。

学分制是一种较为灵活的教学管理制度。新中国成立后，与国家经济、政治特征相适应，逐步建立了以学年制为核心的教学管理制度。它要求高等学校按专业的培养目标规定修业年限，制订教学计划，规定每一学年学习的课程和每一门课程的教学时数，学生必须按学年学满每门课程的教学时数并考试合格后逐年升级，直至毕业。这种教学管理制度可以保证绝大多数学生的培养质量，便于管理，但是也存在一些不足，主要是过分强调统一性和标准化，缺乏必要的灵活，难以有效地因材施教，不利于发展学生的个性和才能，不利于促进新兴的边缘学科的发展。1978 年党的十一届三中全会之后，高等学校开始学习研究世界各国的教学管理制度，探索适合我国高等教育实际情况的教学管理制度。

从 1978 年开始，清华大学、武汉大学等少数高校相继试行学分制，1985 年，《中共中央关于教育体制改革的决定》公布

后，更多的学校加入学分制的行列，至20世纪末全国有三分之一以上的高等学校试用各种形式的学分制。学分制是用学分来反映课程的地位、要求和计算学习量的一种教学制度。它不规定学习年限，只规定每个学期修习的学分总数和每个专业的学分总数，学生修满规定的总学分，即可毕业。每门课程学分的计算则是以这门课在课内外所费的总时数为依据，通常是1门课程每周上课1小时，课外自习2小时，读满1个学期，并经考试及格，为1学分。实行学分制，在教师的指导下，学生可以根据专业教学计划的要求和本人的能力、志向有计划地选修课程。学分制有利于贯彻因材施教的原则，调动学生的主动性，有利于各学科专业间加强联系，有利于促进教师发挥业务专长，不断更新教学内容。

试行学分制的高等学校也制定了相应的课程考试办法，国家教委1987年2月印发的《部分高等学校试行学分制工作座谈会纪要》建议：学生修读的课程均应参加考核，成绩在及格和及格以上，方可获得学分。必修课和限定性选修课考核不及格者，允许补考1次，补考不及格应重修。非限定性选修课考核不及格者，可要求补考，也可另选。允许学习成绩好且自学能力强的学生申请自学，经批准免听有关课程的全部或部分，但须参加平时测验和实践教学环节，参加期末考试，成绩在及格以上者获得该课程学分。学生提前修满规定毕业的总学分者，于半年前提出申请，经学校批准，可提前毕业。

德智体综合测评的一般做法是把学生必须具备的德育素质量化，和“智”、“体”一起排队来评价学生的综合质量。德育测评标准的制定，一般是把教学大纲对学生德育的要求和内容分成政治品质、学习态度、法纪观念、集体观念、社会公德5个方面，每个方面又分为优、良、中、差4个等级，制定出具体要求和行为规范，并相应测算成分数，5个方面的总分为100分。测评一般是采取平时测记和集中测评相结合的方法，平时测记的分数占总分的30%，集中测评的分数占70%。集中测评一般在学年末进行，按照测评标准通过自测、互测和班主任辅导员测评三个过程来完成。德智体综合测评的试行，在引导学生全面发展上起到了积极作用，增强了学生的竞争意识，培养了学生自我教育、自我管理的能力，改善了学生评优工作。但是，用打分的办法对学生德育进行量化是否科学，还值得商榷。

中期筛选制又称中期选拔。为了打破"一考定终身"(指高等学校学生入学考试)的状况，在高等学校教育教学中引进竞争机制，调动学生的学习积极性，自1985年开始，一些高等学校陆续试行了"中期筛选"制度，又称"中期选拔"，后来又称"本专科交叉"或"专升本"。即在本科学生学习过程中，一般在第二学年末，集中进行一次较全面的综合考核测试，品学兼优者作为优秀生重点培养，成绩优异者在修完本科时即升研究生，成绩优秀者可以免修一些课程；绝大多数成绩合格者，继续完成高年级学业；少数不合格者，转到专科继续读一年，按专科生毕业；个别极差的学生，作肄业处理，劝其退学。少数优秀专科生也可升入本科学习。中期选拔制度确实在一定程度上调动了学生学习的积极性，但也有人认为，专科和本科是高等教育中的不同层次，培养不同规格的专业人才，两种人才各有所长，各有其用，实行中期选拔必将冲击专科教育，实际上也难以行得通。

严肃考试纪律，改进考试方式，制止考试作弊，建立优良考风，是所有考试需要完成的长期而艰巨的任务。高等学校在不断改进教育内容、考试方法、考试手段的同时，一直重视对考试舞弊的治理，重视建立良好的考风和学风。高等学校学生考试作弊的形式主要有偷看、夹带、传递、暗示、代考、换卷。随着现代化通讯、计算工具的发展，考试作弊手段也越来越多样化、现代化。1985 年，国家教委连续下发了三个通知，要求高等学校立即采取切实可行的措施，治理考试舞弊现象。大多数高等学校采取实际措施，贯彻国家教委的通知精神，绝大多数学生也赞同这一行动。1993 年，国家教委提出抓考试管理的目标和要求：在两三年内使高等学校的考风有一个较大的转变。为了达到这一目标，1995 年 6 月 6 日，召开了“加强学风建设、抓好考试管理”全国电话会议。1996 年下发了严格高等学校考试管理及有关问题的通知。1997 年 1 月，国家教委向各地转发了南开大学等 7 所高等学校学生的“倡议书”。“倡议书”号召大学生自觉行动起来，杜绝考试舞弊，做精神文明的典范。1997 年 6 月 17 日，临近期末考试，国家教委又召开了“抓考试管理、促学风建设”电视会议，高等学校纷纷认真贯彻落实国家教委的精神。经过 5 年的治理整顿，取得了一定成效，考试管理进一步严格规范，考风明显好转。

第九章 山东社会证书考试的兴盛

社会证书考试是一种非学历考试，它是随着社会的发展而产生的一种新的学习、教育形式，是随着社会的进步与发展，根据社会对人才的需求而开设的资格证书考试。社会证书考试由政府授权，社会行业或组织委托，或与国外考试机构合作开发，由考试机构主持，面向社会实施。社会证书考试具有开放性、广泛性、非学历性、权威性、灵活性、时效性、实用性的特点。开放性是指不受年龄、职业、受教育程度的限制；广泛性是指考试测评的领域非常广泛，可以涉及到各行各业的各个领域；非学历性是指考查应试者是否具有某一能力，达到某一水平；权威性是指考试由国家行政部门或教育主管部门组织管理，可信度高；灵活性是指考试根据需要开设，并可随时更新；时效性是指考试的内容紧跟时代步伐，时效性强；实用性是指每一种证书只针对社会行业、职业的特定岗位或技能，具有高度面向实际应用的特性，考生获得证书后基本上就具备了某一岗位、某一行业的从业资格。

经教育部考试中心批准开办的社会证书考试项目有全国计算机等级考试、全国英语等级考试、全国计算机应用技术考试、全国少儿计算机考试、剑桥少儿英语考试、剑桥秘书证书考试等，该类考试由教育部考试中心批准，具有较高的权威性，证书全国通用。经山东省教育厅批准的考试项目有山东省中小学信息技术等级证书考试，该项目旨在普及山东省中小学生信息技术教育，一般作为中小学学生毕业、升学的一项重要依据。另外，合作开考项目中的中国餐饮业职业经理人资格证书考试、劳动和社会保障岗位资格证书考试、调查分析师证书考试、中国物流职业经理资格证书考试和山东省工商管理职业资格证书考试等，在行业里迅速被认可，有的行业已将合作开考项目的资格证书作为上岗证。合作考试项目开考时间不一，在坚持发展自学考试学历教育的基础上，大力发展非学历教育，实现非学历证书的考试课程与自考学历课程相互衔接和认可，以满足考生学习和用人单位聘用的个性化、多样化需求。“双证书”制度促进了非学历教育与学历教育的共同发展，是一种高效率的教育模式。

山东省高等教育自学考试办公室从1994年开展社会证书考试以来，相继开考了全国计算机等级考试、全国英语等级考试、全国计算机应用能力考试、剑桥少儿英语考试、CYLES、少儿NIT、全国大学英语四六级考试，以及山东省中小学信息技术等级证书考试、山东省中国书画艺术等级考试等证书考试项目。在各级部门的高度关心与支持下，各项目得到快速发展，1994年全省报考人数只有1000人，2007年各项证书考试合计报考人数已逾190万人次，其中教育部考试中心开考的全国社会证书考试报考人数近130万人。山东省自主开发的证书考试报考人数逾60万人。1994—2007年，全国计算机等级考试累计报考人数约221万人，全国英语等级考试累计报考73万人，全国计算机应用能力考试累计报考近14万人，少儿NIT累计报考4.4万人，CYLES累计报考7.2万人。2005—2007年全国大学英语四六级考试累计报考近207万人。2002—2007年山东省中小学信息技术等级证书考试累计报考总人数为331万人。各类证书考试合计报考858万人(其中全国类社会证书考试项目527万人,省内社会证书考试项目331万人)。①

第一节　计算机等级考试

一、全国计算机等级考试(NCRE)

全国计算机等级考试是经国家教育部批准,由国家教育部考试中心主办、各级自学考试机构承办,测试应试者计算机应用知识和能力的等级水平考试。山东省于1995年开考。

考试级别:根据社会和用人部门使用计算机的需求,经专家论证,全国计算机等级考试目前设4个等级。一级(分一级B、一级MS OFFICE,一级WPS OFFICE)考核应试者的计算机初步知识和使用微机系统的初步能力。主要是为从事文字、表格处理和常规信息检索、办公信息处理的人员设立的,仅考Windows版本。二级考核应试者软、硬件基础知识和使用一种高级计算机程序设计语言编制程序、上机调试的能力。主要是为从事计算机或数据库管理软件使用的人员设立的。三级分四个类别,分别为PC技术、信息管理技术、网络技术、数据库技术。四级考核应试者应具有计算机及应用的基础知识,熟悉计算机操作系统、软件工程和数据库技术原理及其应用知识,具有计算机网络和通讯的基础知识,具有计算机应用项目开发、分析和组织实施的基本能力,具有计算机应用系统安全性和保密性知识。主要是为从事计算机应用系统的人员设立的。

① 孟庆旭:《山东教育改革发展三十年》,教育科学出版社2008年版,第623页。

报名地点:考生可以在各市自学考试办公室指定的地点报名,也可以在省内考生就近的考点报名。

报名时间:上半年的考试,各市自考办的报名时间为前一年的12月18—24日,各考点的报名时间为前一年的11月25日至12月24日。下半年的考试,各市自考办的报名时间为当年6月18—24日,各考点的报名时间为当年5月25日至6月24日。考试每年举行2次,每次有笔试和上机考试两部分。上半年考一级B、一、二、三级,在四月份的第一个星期六上午全国统考笔试(一级B没有笔试),上机考试从笔试的当天下午开始,考生分批进行。下半年考一级B、一、二、三、四级,在九月份倒数第二个星期六上午全国统考笔试(一级B没有笔试),上机考试从笔试的当天下午开始,考生分批进行。

成绩确定和证书发放:全国计算机等级考试的考试成绩分优秀、良好、合格、不合格四等,笔试和上机均在合格以上者,由国家教育部考试中心颁发合格证书,笔试和上机考试成绩优秀者在合格证书上注明"优秀"字样,笔试或上机成绩只有1门合格者,下次考试时合格的1门免试,仅补考不合格的1门,补考合格,仍可颁发合格证书。但每个考生一个级别的考试仅在相近的下一次考试中有1次补考机会。

考试后约40天考生可获知成绩,考后约70天合格者可拿到合格证书。全国计算机等级考试合格证书的内容用中、英两种文字书写,全国通用,该合格证书可作为择业、人才流动人员的计算机应用知识与能力水平的证明,可作为用人部门录用和考核工作人员的凭证。获得"全国计算机等级考试"一级及以上级别合格证书者,可以申请免考山东省高等教育自学考试非计算机类专业"计算机应用基础"课程。

二、全国计算机应用技术证书考试(NIT)

全国计算机应用技术证书考试是教育部考试中心主办的

计算机应用技能培训考试系统。它借鉴了英国剑桥大学考试委员会举办的剑桥信息技术(CIT)的成功经验并与之接轨。NIT 采用了系统化的设计,模块化的结构,个性化的教学,规范化的考试和国际化的标准,为用人单位提供了一个客观、统一、规范的标准,适合各种待业人员岗位培训的需要,可供用人单位录用、考核工作人员参考。山东省于 1997 年开考。

全国计算机应用技术证书考试时间为每年 3 月份的第三个星期六和星期日,9 月份的第二个星期六和星期日。报名时间为每年 6 月 1—24 日(9 月份考试)和每年 12 月 1—24 日(第二年 3 月份考试)。考生以培训机构为单位,到当地自学考试办公室集体办理报名手续。

获得 NIT 考试各模块之一合格证书者,可免考高等教育自学考试非计算机类专业“计算机应用基础”课程。

从 2004 年起全面采用 ATA 平台进行 NIT 考试,老考试软件在安排一次补考后停考。

三、全国少儿计算机考试(简称少儿 NIT)

全国少儿计算机考试是由教育部考试中心组织计算机专家、教育心理学专家,针对 5—16 岁少年儿童认知能力和心理特点研究设计的计算机应用能力培训与考试系统。目的是贯彻落实小平同志“计算机教育要从娃娃抓起”的重要指示和党中央科教兴国的战略方针,以及教育部《全国教育事业九五计划和 2010 年发展规划》、《面向 21 世纪教育振兴行动计划》的有关精神,普及计算机教育,培养 21 世纪人才。山东省于 2001 年开考。

少儿 NIT 考试分为过程式考核、作品设计、上机考试三部分。凡是年龄在 5—16 岁之间的少年儿童,都可报名参加少儿 NIT 培训考试。学员可根据自己的兴趣和年龄,选择不同的模

块和级别，也可以根据自身情况跨级别参加培训考试。

该考试的时间为每年2、5、8、11月底的最后一个星期六和星期日。参加每个模块、每个级别考试的学员均可获得由教育部考试中心颁发的写实性证书。凡是获得3个模块证书的学员，可获得全国少儿计算机考试铜牌证书；获得6个模块证书的学员，可获得银牌证书；获得10个模块证书的学员，可获得金牌证书。

四、山东省中小学信息技术等级证书考试

山东省中小学信息技术等级证书考试是根据教育部《关于印发中小学信息技术课程指导纲要（试行）通知》（教基〔2000〕35号）精神，经山东省教育厅批准，由山东省中小学信息技术等级证书考试办公室主办（山东省教育厅于2001年4月成立了山东省中小学信息技术等级证书考试领导小组和专家委员会），面向全省中小学开展信息技术等级证书考试。举办该考试的目的是通过对中小学在校学生信息技术课程等级水平的测试，进一步加快中小学信息技术教育步伐，全面推进素质教育。培养学生信息获取、信息分析、信息加工的能力，以适应21世纪信息化社会的需要，达到“以考促学，以考促教，以考促进中小学信息技术教育的普及和发展”。①

该项考试由山东省中小学信息技术等级证书考试办公室主办，实行省、市二级管理体制，各市根据生源、学校、机房设施等条件下设若干考点。凡具备相应计算机基础知识的在校中小学学生均可报名参加考试。考生在市中小学信息技术等级证书考试办公室指定学校报名。考试采用“无纸化”考试形

---

① 张锡霞：《浅谈山东省中小学信息技术等级证书考试系统的开发研制与使用》，载山东省高等教育自学考试办公室编：《纪念山东省高等教育自学考试实施20周年科研论文集》，山东大学出版社2004年版，第694—697页。

式，考生在计算机上完成考试答题。考试内容参照山东省中小学信息技术等级证书考试大纲和样题。按照省物价局、省财政厅、省教育厅（鲁价费发〔2002〕124 号）文件规定，“中学信息技术等级证书考试收费标准确定为每人 28 元”。2001 年 4 月，山东省中小学信息技术等级证书考试首次在滨州开考。

山东省中小学信息技术等级证书考试成绩分 A、B、C、D 四个等级，C 级以上者（含 C 级）由省中小学信息技术等级证书考试办公室颁发等级证书。

山东省中小学信息技术等级证书考试办公室面向全省有关计算机公司及大专院校公开招标，经过反复论证，最后由招标领导小组确定由山东师范大学信息管理学院具体承担考试系统的开发与研制。考试系统的具体技术要求是实现全省范围内中小学信息技术课程的网络化、无纸化考试，实现各种考试题型的计算机阅卷，实现省、市、考点等各级网络化信息管理。《山东省中小学信息技术等级证书考试系统》是一个省级的考试系统，整个考试系统基于网络运行，考生的考试过程（登录、抽题、交卷、考试过程管理）在网络上进行，省级、市级、考点等考试管理机构通过计算机网络完成有关的数据通信，设置能够反映中小学信息技术课程基础知识、基本技能的考试项目，建立相应的有一定规模的考试题库并提供题库管理功能，实现各种考试项目的计算机自动评分，数据通信具有较高的安全性、可靠性和效率，软件操作简便、界面友好、稳定可靠。2002 年底，经山东省科学技术厅有关专家鉴定，认为该系统在省级中小学信息技术等级证书考试方面居国内领先水平。

高中获得等级证书的，相当于高中信息技术会考合格，可免于参加信息技术会考。

小学、初中获得等级证书的，可免信息技术课程考试，并可根据证书等级在中考录取中酌情加分。

表 9-1　山东省中学信息技术等级证书考试 2002—2005 年报名人数统计

	2002	2003	2004	2005	合计
济南	3890				3890
青岛	18566	54094	47315	24807	144782
淄博		22222	89361	57412	168995
枣庄			19767	38500	58267
烟台					
潍坊	85304	76312	83061	63178	307855
临沂	896				896
泰安	37586	95483	101574	79038	313681
济宁	14497			113728	128225
菏泽	44393	107432	157345	119748	428918
滨州	16996	14173	21761	23929	76859
德州				64580	64580
聊城	28250	35946	84132	77895	226223
东营	51258	20925	37023	46513	155719
威海			27399	30145	57544
日照	6115				6115
油田	11007	2333	12005		25345
莱芜	2843	1544			4387
合计	321601	430464	680743	739473	2172281

第二节　外语等级考试

一、全国英语等级考试(PETS)

全国英语等级考试是经教育部批准,由教育部考试中心主办,各级自学考试机构承办,测试应试者英语知识和能力的等级水平考试。目的是更好地为国家改革开放及对外交流的不断扩大服务。山东省于1997年开考。

全国英语等级考试共分5个水平层次的考试。考试标准按照中、英两国文化交流项目之一的全国英语考试等级标准执行。PETS1级B是PETS1级的附属级,标准略低于PETS1级的要求,更注重口语和日常最基本的交际需要。PETS1级是5个级别中的初始级,其标准略高于我国九年义务教育初中毕业时的英语水平。参加该级考试的考生应能适当运用基础的语法知识,并掌握1000左右词汇以及相关词组。通过该级考试的考生,其英语水平应基本符合诸如出租车司机、宾馆行李员、门卫、交通警等工作以及同层次其他工作在对外交往中的基本需要。PETS2级是5个级别中的中下级,其标准相当于我国普通高中优秀毕业生的英语水平。参加该级考试的考生应能适当运用基本语法知识,掌握2000左右词汇以及相关词组。通过该级考试的考生,其英语水平基本满足进入高等院校继续学习的要求,同时也基本符合诸如宾馆前台服务员、一般银行职员、涉外企业一般员工,以及其他工作在对外交往中的基本需要。PETS3级是5个级别中的中间级,其标准相当于我国普通高中毕业后在大专院校又学习了2年公共英语或自学了同等程度的英语课程的水平。该级考试的考生应能运用有关语法知识,掌握4000左右的词汇以及相关词组。通过该级别考试

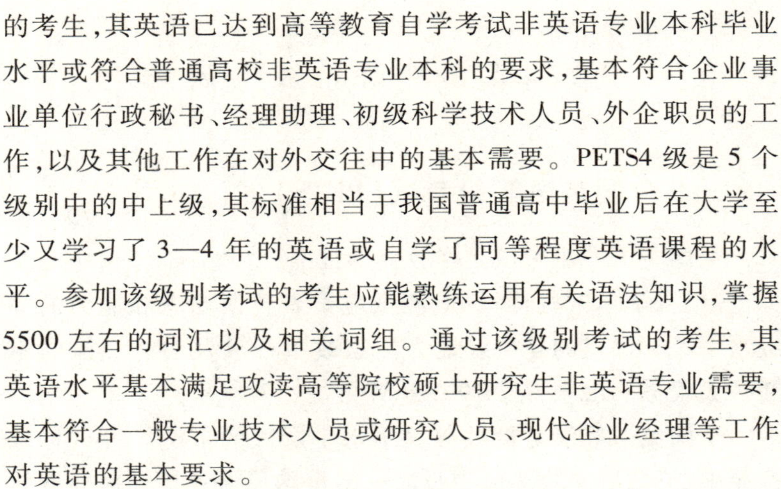

的考生，其英语已达到高等教育自学考试非英语专业本科毕业水平或符合普通高校非英语专业本科的要求，基本符合企业事业单位行政秘书、经理助理、初级科学技术人员、外企职员的工作，以及其他工作在对外交往中的基本需要。PETS4 级是 5 个级别中的中上级，其标准相当于我国普通高中毕业后在大学至少又学习了 3—4 年的英语或自学了同等程度英语课程的水平。参加该级别考试的考生应能熟练运用有关语法知识，掌握 5500 左右的词汇以及相关词组。通过该级别考试的考生，其英语水平基本满足攻读高等院校硕士研究生非英语专业需要，基本符合一般专业技术人员或研究人员、现代企业经理等工作对英语的基本要求。

全国英语等级考试是面向社会、开放的非学历性英语等级证书考试。考生具备其中任何一个级别的水平，均可参加该级别的考试，并不受年龄、职业和受教育程度的限制。笔试和口试成绩合格者由教育部考试中心统一颁发全国英语等级证书考试合格证书。笔试或口试单项合格者，将获得笔试合格证书或口试合格证书，并允许在下一相邻考次参加不合格项的补考，补考合格者将获得 PETS 合格证书。

PETS 考试与自学考试英语接轨。全国英语等级考试 PETS2 级、PETS3 级与高教自学考试英语（一）、英语（二）实现单通，即获得 PETS2 级及以上笔试合格成绩或证书者，可免考高教自考英语（一）课程；获得 PETS3 级及以上笔试合格成绩或证书者，可免考高教自考英语（二）课程。

中等职业学校参加考试是毕业条件之一。根据山东省教育厅《关于组织中等职业学校学生参加全国英语等级考试的通知》文件精神，从 2001 年下半年开始，中等职业学校的学生需参加全国英语等级考试。参加考试的级别分别为 PETS1 级 B、PETS1 级和 PETS2 级。普通专业可选 PETS1 级、PETS2 级的考试，少数专业英语课程课时不足，可选 PETS1 级 B 的考试。体育、艺术类专业学生不作统一规定。成人中专和职业高中组织在校学生自愿报名参加其中一个级别的考试，普通中专在校生和 2002 年及以后入学的普通中专成人和职业高中学生必须参加其中一个级别的考试。PETS 考试成绩作为毕业证验印的条件之一。

全国英语等级考试各级别考试分散在每年春季和秋季举行。上半年考试时间为 3 月，5 个考试级别都安排考试；下半年考试时间为 9 月，考试级别为 PETS1 级、PETS2 级和 PETS3 级。考试分笔试和口试两部分，笔试由听力、英语语言运用、阅读理解、写作构成，口试由口试老师通过与考生对话对考生打分。各级别的《全国英语等级考试大纲》中均有相应级别的考试要求、内容、词汇表以及样题等。教育部考试中心严格按照《考试大纲》要求命题。

参加考试的考生持身份证报名，没有身份证的未成年人凭户口本报名，军人凭军人身份证报名。考生报名时应按教育部考试中心印发的全国英语等级证书考试《考生须知》中的代码和要求如实填写报名卡，并提交近期正面半身免冠 1 寸照片 1 张或现场照相（准考证用），按规定交纳报名考试费。报名时间为上半年 6 月 1—24 日，下半年 12 月 1—24 日。报名地点由各市自学考试办公室指定。考试费用为低级别 85 元（PETS1 级 B、PETS2 级、PETS3 级），高级别 115 元（PETS3 级、PETS4 级）。考试时间为每年 3 月和 9 月的第二个星期六和星期日各举行 1 次，每次考试的第一天上午全部笔试，下午和第二天全天进行口试。

二、剑桥少儿英语考试

剑桥少儿英语学习系统由教育部考试中心中英中心选定

并主办。引进该项目的目的在于落实教育部《全国教育事业九五计划和2010年发展规划》中教育要从“三个面向”出发，使教育事业适应未来需要的精神，适应我国基础教育从“应试教育”向“素质教育”转变的要求，使学生在轻松活泼的气氛中愉快地学习和使用英语，为其进一步学习提高奠定良好的基础。

剑桥少儿英语学习系统以学习、培训为重点，从培养少年儿童的英语基础语言能力和语感入手，培养学生的英语思维能力，建立起对英语学习的自信心和荣誉感。该系统的学习特点是“基础—轻松—有趣—实用—连续”，并与剑桥大学考试委员会英语5级水平测试相衔接。山东省于1997年开考剑桥少儿英语考试。

剑桥少儿英语学习系统考试分3级，分别学完3个级别的指定用书上、下册后，即可参加该级别的考试。考试分为笔试和口试两部分，笔试又分为听力和读写两部分。每年3月、9月各举行1次预备级、一级、二级、三级的考试。

该考试的报名时间为上半年6月1—24日，下半年12月1—24日。考生以培训机构为单位，到市自学考试办公室集体办理手续。考试时间为每年3月、9月的第三个星期六和星期日考试。

剑桥少儿英语学习系统的培训和考核将采用“面向社会、自愿报名”的原则，在有条件的学校和社会教学单位中进行推广。通过培训考试的学生均可获得由教育部考试中心中英中心和剑桥大学考试委员会（UCLES）联合签发的证书，证书以中、英文两种文字书写。

三、全国大学英语四六级考试（CET）

大学英语四、六级考试于1986年末开始筹备，1987年正式实施。它是一种尺度相关——常模参照考试。1987年10月，

由国家教委任命成立了“大学英语四、六级标准化考试设计组”。设计组由来自不同地区、不同类型高校的语言学、语言测试学和教学法等方面的专家、教授组成,并设正、副组长各1人。设计组在国家教委高教司的直接领导下,在学术、考务和组织上对大学英语四、六级考试全面负责。经国家教委批准,“大学英语四、六级标准化考试设计组”于1994年3月29日正式更名为“全国大学英语四、六级考试委员会”。全国大学英语四、六级考试委员会设主任委员1名,副主任委员若干名。考试委员和正副主任委员均由国家教育部高等教育司任命。全国大学英语四、六级考试委员会对全国大学英语四、六级考试全面负责,包括试题设计、考务组织、考试材料的准备与分发、阅卷评分、成绩统计和分析、成绩发布以及其他有关的管理和研究工作。全国大学英语四、六级考试委员会办公室是全国大学英语四、六级考试委员会的常设机构,在考试委员会的领导下完成各项具体工作。全国大学英语四、六级考试委员会在北京、上海和武汉设立3个大学英语四、六级考试中心,分片协助考试委员会工作。①

全国大学英语四级和六级考试的主要对象分别是高等学校修完大学英语四级或六级课程的在校大学生。同等程度的大专生或硕士研究生经所在学校同意,可以在本校报名参加考试。同等程度的夜大或函授大学学生经所在学校同意,也可以在本校报名参加考试。1988年后毕业的历届本科生如确需补考全国大学英语四级或六级考试,各省、自治区、直辖市总主考可安排专门的考点接受他们的报名。但历届本科毕业生参加考试必须由总主考审查并从严控制报名资格。报考大学英语

① 杨学为:《中国考试通史》(卷五),首都师范大学出版社2004年版,第190—195页。

四级的条件是已修完大学英语四级课程的在校大学生，报考大学英语六级的条件是修完大学英语六级课程并已通过了大学英语四级考试的在校大学生，必须持有四级合格证书才能报名参加六级考试。

大学英语四、六级考试笔试部分由试卷一和试卷二组成。其中试卷一包括听力理解测试、阅读理解测试、词汇语法结构测试和综合测试等几个部分。试卷一采用的主要是客观题型，也有部分主观题，占总分的75%—85%。试卷二主要是主观题型，包括短文写作，占总分的15%—25%。整个考试时间为120分钟，其中的试卷二短文写作时间占30分钟，并且与试卷一在时间上是分开的。笔试成绩中试卷一的原始分数要进行分数等值处理后才记入总分，试卷二的作文原始分数也要用计算机滤去评分员误差后才记入总分。最终的考试成绩是一个正态化的常模分数。大学英语四、六级考试是一种尺度相关——常模参照考试，采用正态分制反映考生成绩，均值为72分，标准差为12分。大学英语四、六级考试目前笔试部分只提供考试总成绩（考试委员会可以根据用人单位要求提供考生成绩的单项分）和相应的通过的等级（其中60到84.5分之间为“通过”等级，85分以上为“优秀”等级）。全国大学英语四、六级考试委员会从1999年起，开始施行“大学英语四、六级考试口语考试（CET－SET）”。报名条件是已参加了大学英语四、六级考试的笔试，并且四级成绩在80分以上（含80分）或六级成绩在75分以上（含75分）的在校大学生；口语考试采取面对面的形式，每场考试由2名主考和3（或4）名考生组成；评定的等级分为A、B、C、D四个等级；大学英语口语考试单独发布考试的成绩（等级）并颁发证书。两者的发证单位都是“国家教育部高等教育司”，委托发证单位是“全国大学英语四、六级考试委员会”。大学英语四、六级考试证书主要证明持证人英语水平已达到了国家教育部所规定的大学英语四、六级教学要求,也可以是用人单位了解持证人的英语水平的参考依据。

根据《教育部办公厅关于大学英语四六级考试部分考务管理工作交接的通知》,自2005年6月开始,全国大学英语四、六级考试的全国性部分考务管理工作由教育部考试中心负责。

山东省教育招生考试院负责经费管理和部分考务管理工作,主要包括按照有关规章制度和业务规范,结合本地实际,制订具体的考务细则和实施方案;确定报名点;设置考点,汇总报名数据并在规定的时间内上报教育部考试中心;编排考场;安排考试工作人员并进行培训;接收通过机要交通部门送达的试卷,做好安全保密工作;完成考试实施,做好考风考纪工作;回收答卷并以机要方式寄送指定地点;将在考场内发现的违规情况及处理意见通报省级教育政策部门和高校;提出本地收费标准及使用办法,并在规定的时间内上缴经费;各市自考办参与组织与管理,对考点实行属地管理,对省教育招生考试院负责。

该考试每年上、下半年各举行1次,一般为6月和12月,具体时间以教育部考试中心文件为准。考试时间为1天,上午考四级,下午考六级。考试成绩在220分以上的将获得成绩通知单。报名时间由省教育招生考试院通知确定,一般为考前两个月左右。报名考试费四级、六级均为32元。

四、山东省英语口语等级证书考试

山东省英语口语等级证书考试是山东省教育厅、山东省精神文明办公室等9个部门为响应党的十六大提出的关于"形成全民学习,终身学习的学习型社会"的号召,推动全省人民积极学习外语,提高对外交流能力和水平,为我省的经济发展提供急需的人才资源而开设的考试。该项考试以语言交际能力为核心,根据英语学习者的英语水平和用人单位的不同需求,由低到高，分一级、二级、三级、四级四个级别。该项考试于2004年上半年开考，一年2次，每年的3月、9月中旬报名，5月、11月中旬考试。

表9-2　国家社会证书考试2005年以前累计报考人数

年度	合计	PETS	NCRE	NIT	CYLES	少儿NIT	CET
合计	2806688	506566	1512689	132385	50016	35384	569648
1995	1000		1000				
1996	5486		5486				
1997	29427	5310	20727	2072	1318		
1998	56047	975	37901	13373	3798		
1999	101735	3096	75711	18934	3994		
2000	149764	4186	126407	15638	3533		
2001	223770	13895	174719	26220	3052	5884	
2002	308717	79088	199565	11267	3816	14981	
2003	362588	102602	237118	9609	6682	6577	
2004	459028	136097	292031	16220	10391	4289	
2005	1109126	161317	342024	19052	13432	3653	569648

表9-3　国家社会证书考试2005年以前累计合格人数

年度	合计	PETS	NCRE	NIT	CYLES	少儿NIT	CET
合计	948067	229090	529602	104076	50016	35283	0
1995	325		325				
1996	2030		2030				
1997	13766	3237	7441	1770	1318		
1998	34239	735	17633	12073	3798		
1999	50784	1631	29799	15360	3994		

（续表）

年度	合计	PETS	NCRE	NIT	CYLES	少儿 NIT	CET
2000	57281	1976	40204	11568	3533		
2001	87872	6201	53130	19651	3052	5838	
2002	127676	43619	56395	8909	3816	14937	
2003	142576	45055	76512	7761	6682	6566	
2004	207090	61633	118688	12089	10391	4289	
2005	224428	65003	127445	14895	13432	3653	

第三节　职业资格证书考试

职业资格证书考试是联合行业协会开考的职业证书考试。其目的一是得到行业协会的认可，二是为从业人员提供就业资格证明，三是为行业预备后备从业人员，四是以考促学加快学习型社会建设。根据社会需要，只要条件成熟，可以开考若干类证书考试。以下几种为代表性的证书考试，主要从开考目的、开考内容、开考课程、适用范围反映这一时期社会证书考试的发展方向。

一、中国餐饮业职业经理人资格证书考试

该项考试是为贯彻国务院第四次全国职业教育工作会议精神，提高我国餐饮业专业管理人员、技术人员的知识水平和职业能力，增加职业教育中的科教含量，由全国考办与中国烹饪协会联合推出的考试项目，双方联合下发的《关于合作开考高等教育自学考试餐饮管理专业和实施中国餐饮业职业经理人资格证书考试的通知》（考委〔2003〕2 号）指出，双方将开展长期合作，在共同开设自学考试“餐饮管理”专业（专科、独立

本科段)的同时,开展“餐饮业职业经理人资格证书”(包括经理人和高级经理人两种)的培训和认证工作。《中共中央国务院关于深化教育改革全面推进素质教育的决定》指出,“在全社会实行学业证书和职业资格证书并重的制度”。职业资格证书制度是劳动就业制度的一项重要内容。它是指按照国家制定的职业技能标准或任职资格条件,通过政府认定的考核鉴定机构,对劳动者的技能水平或职业资格进行客观公正、科学规范的评价和鉴定,对合格者授予相应的国家职业资格证书。这项考试适应了我国大力推进职业教育改革与发展的形势,发挥了全国餐饮行业社团和教育考试机构的权威作用,将学历资格培训与考试、专业技能与理论知识、宽泛学习与国家标准相结合,将学历证书和职业资格证书相结合,将餐饮业职业经理人资格培训和认证工作推向深入。

经山东省高等教育自学考试委员会、山东省烹饪协会协商,山东省高等教育自学考试餐饮管理专业(专科、独立本科段)于2004年上半年开考,一年2次,每年的3月、9月中旬报名,5月、11月中旬考试。省考委按全国考委统一制定的《中国餐饮业职业经理人资格证书考试计划》、《高等教育自学考试餐饮管理专业(专科、独立本科段)考试计划》、课程考试大纲和开考计划,组织考试、评卷、考绩管理,颁发课程合格证书和毕业证书等工作,并对本专业的助学工作进行指导和监督。山东省商业职业技术学院为本专业的主考院校。省烹饪协会设立工作机构与省考办共同负责此项工作的助学、教材供应和考试的集体报名等工作。本专业报考实行集体报名办法。职业经理人资格证书课程报考者(含不参加助学辅导的社会自学应考者)到各市烹饪协会报名,由省烹协到省考办办理集体报名手续;其他专、本科学历课程报考者(含不参加助学辅导的社会自学应考者)到各地烹协报名,由各市烹协到各市考办办理集体报名手续。高等教育自学考试餐饮管理专业(专科、独立本科段)的应考者参加该专业考试,专业考试计划规定的所有课程考试合格(包括笔试与实践性环节考核),思想品德经鉴定符合要求,准予毕业,发给相应的专科或本科毕业证书。

根据《中华人民共和国高等教育法》和《中华人民共和国学位条例》的有关规定及省考委有关具体规定,授予符合条件的考生管理学学士学位。取得专科计划中餐饮管理与实务、餐饮市场营销、现代厨房管理、食品卫生与安全 4 门课程合格证书,由中国烹饪协会和全国考办联合颁发中国餐饮业中级职业经理人资格证书;取得中国餐饮业中级职业经理人资格证书,有 5 年工作经历并取得独立本科段计划中餐饮企业人力资源管理、餐饮企业财务管理、餐饮企业信息管理、餐饮企业战略管理 4 门课程合格证书,由中国烹饪协会和全国考办联合颁发中国餐饮业高级职业经理人资格证书。该专业开始只面向济南、青岛、东营 3 市开考。①

二、调查分析师证书考试

调查分析师证书是根据《中华人民共和国职业教育法》、《中华人民共和国劳动法》和《国务院关于深化教育改革全面推进素质教育的决定》精神设立的。其目的是提高我国调查与分析工作人员的业务素质、管理水平和职业能力,促进调查与分析事业的健康发展。该项考试是全国高等教育自学考试指导委员会与国家统计局合作开发和联合实施的考试与培训项目,旨在积极贯彻《中共中央国务院关于进一步加强人才工作的决定》精神,落实全国高等教育自学考试指导委员会提出的

① 山东省教育招生考试院:《山东省高等教育自学考试专业考试计划文件汇编》(1997—2007),内部资料,第 494—495 页。

大力开展非学历证书教育的意见，提高调查与分析工作人员的业务素质和学历层次，为行业培养业务强、素质高的急需人才。调查分析师证书与全国高等教育自学考试调查与分析专业（独立本科段）相应课程学分互认。该证书分为初、中和高3个级别，于2004年下半年开考，一年2次，每年的3月、9月中旬报名，5月、11月中旬考试。基本要求是通过有关课程的学习，培养具备调查与分析的基本理论、专业知识，能够应用调查与分析的基本知识解决实际问题的应用型人才。调查分析师证书获得者能够从事调查、统计、预测、营销、咨询、分析、管理、策划等工作。

山东经济学院为本专业主考院校。省统计局设立工作机构与省考办共同负责此项工作的助学、教材供应和考试的集体报名等工作。省统计局负责组织实施证书课程实践环节的考核。该专业报考实行集体报名办法。调查分析师证书课程报考者（含不参加助学辅导的社会自学应考者）到各市由省统计局指定的报名点报名，由省统计局到省考办办理集体报名手续；其他学历课程报考者（含不参加助学辅导的社会自学应考者）到各市由省统计局指定的报名点报名，由各市报名点到各市考办办理集体报名手续。高等教育自学考试调查与分析师专业（独立本科段）的应考者参加该专业考试，专业考试计划规定的所有课程考试合格（包括笔试与实践性环节考核），思想品德经鉴定符合要求，则准予毕业，发给本科毕业证书。根据《中华人民共和国高等教育法》和《中华人民共和国学位条例》的有关规定及省考委有关具体规定，授予符合条件的考生学士学位。参加调查分析师证书考试，符合各等级课程的规定和要求，由国家统计局统计教育中心和教育部考试中心共同颁发调查与分析师证书。

高中或高中以上学历毕业，取得社会经济调查方法与实务、初等数量分析、调查报告写作3门课程单科合格证书者,可以获得调查分析师证书(初级)。专科或专科以上学历毕业,取得消费者行为学、市场调查实务、调查概论、抽样技术、调查数据分析5门课程(含实践)单科合格证书者,可以获得调查分析师证书(中级)。本科或本科以上学历毕业,取得市场分析方法、预测与决策、经济计量分析、商务统计4门课程单科合格证书者,可以获得调查分析师证书(高级)。取得调查与分析师证书考试课程单科合格证书,可以在自学考试调查与分析专业中获得相应课程的学分。①

三、劳动和社会保障岗位资格证书考试

劳动和社会保障岗位资格证书是根据《中华人民共和国职业教育法》、《中华人民共和国劳动法》和《国务院关于深化教育改革全面推进素质教育的决定》精神设立的。其指导思想是大力推进我国劳动和社会保障岗位用人制度的改革,提高劳动和社会保障工作人员的业务素质、管理水平和职业能力,促进劳动和社会保障事业的健康发展。劳动和社会保障岗位资格证书考试(简称LSSEP)是由劳动和社会保障部人事教育司、教育培训中心与教育部高等教育自学考试办公室共同推出并组织实施的岗位资格考试。劳动和社会保障岗位资格证书与全国高等教育自学考试劳动和社会保障专业(专科)相应课程学分互认。基本要求是,通过有关课程的学习,培养具备劳动和社会保障基本理论、专业知识,能够适应新形势下劳动和社会保障岗位要求的应用型人才,并具备运用所学知识解决实际问题的能力、协调和沟通能力、基本调研能力,以服务于劳动和社

① 山东省教育招生考试院:《山东省高等教育自学考试专业考试计划文件汇编》(1997—2007),内部资料,第507—508页。

会保障部门、劳动和社会保障系统及其中介机构和企业相关部门。该项考试于2005年下半年开考，一年2次，每年的3月、9月中旬报名，5月、11月份中旬考试。

山东轻工业学院为本专业主考院校。省劳动和社会保障厅设立工作机构与省考办共同负责此项工作的助学、教材供应和考试的集体报名等工作。该专业报考实行集体报名办法。省劳动和社会保障岗位资格证书课程报考者（含不参加助学辅导的社会自学应考者）到各市指定的报名点报名，由省劳动和社会保障厅到省考办办理集体报名手续，其他学历课程报考者（含不参加助学辅导的社会自学应考者）到各市指定的报名点报名，由各市报名点到各市考办办理集体报名手续。高等教育自学考试省劳动和社会保障专业的应考者参加该专业考试，专业考试计划规定的所有课程考试合格（包括笔试与实践性环节考核），思想品德经鉴定符合要求，则准予毕业，发给毕业证书。根据《中华人民共和国高等教育法》和《中华人民共和国学位条例》的有关规定及省考委有关具体规定，授予符合条件的考生学士学位。劳动和社会保障岗位资格证书课程共设置就业与培训、劳动关系、养老保险、失业保险、医疗与生育保险、工伤保险6门课程，6门课程全部合格后，由劳动和社会保障部人事教育司、教育培训中心和教育部自考办共同审核、签署，共同颁发劳动和社会保障岗位资格证书。①

四、中国机械工程师资格认证考试

机械工程师资格认证考试是由中国机械工程学会与教育部考试中心联合开展的机械工程师资格认证项目。随着我国

① 山东省教育招生考试院：《山东省高等教育自学考试专业考试计划文件汇编》（1997—2007），内部资料，第522—523页。

加入 WTO 后经济的发展和科学技术的进步，机械行业越来越需要既掌握行业标准、又具有专业知识的高素质人才。加快构建机械行业终身教育体系，培养专业技术人员的学习能力、实践能力和创新能力，提高专业技术人员队伍的整体素质，是我国由制造大国变为制造强国的需要。该项考试于 2004 年开考，一年 1 次，每年的 9 月中旬报名，11 月中旬考试。

五、山东省工商管理职业资格证书考试

为贯彻落实国家关于实行学历证书、培训证书、职业资格证书相结合的制度和在国有企业逐步推行工商管理职业资格证书制度的部署，搞好职业资格证书与高等教育自学考试的相互衔接，加快培养一支职业化的企业经营管理人才队伍，设立了此项证书考试。该考试设中级和高级两个级别。凡具有高中（中专）及以上学历（力）水平的社会各界人士，均可报名参加工商管理职业资格证书考试，重点是企业现职经营管理人员和后备人员。报名采取集体报名和个人报名相结合的办法。根据省考办下发的同类证书考试的要求，考生到所在市经贸委（经委或职教办）报名（个人或单位报名均可），再由各市经贸委（经委或职教办）到各市自考办办理集体报名手续，同时向省经贸委职教办干教处备案。报考中级工商管理职业资格证书者，考试科目包括经济法概论（财）、企业管理概论、市场营销学、人力资源管理（一）、国际商务 5 门课程。报考高级工商管理职业资格证书者，须在获得中级工商管理职业资格证书或者参加中级工商管理职业资格证书要求的 5 门考试课程并合格的基础上，再加考国际贸易理论与实务、企业财务管理、企业经营战略、组织行为学、企业管理咨询 5 门课程（直接报考高级工商管理职业资格证书者，须参加中、高级全部 10 门课程的考试）。

凡考试合格者，由山东省高等教育自学考试委员会和山东省经济贸易委员会共同颁发相应级别的证书。工商管理职业资格证书考试实行单科结业的方式，省自考办对学员考试合格的科目统一颁发单科合格证书，学员考试不合格的科目可继续参加下一轮的考试，直到合格为止。学员取得中级工商管理职业资格证书考试规定的全部科目（5门课程）的单科合格证书后，由省自考委、省经贸委统一颁发山东省中级工商管理职业资格证书。学员取得高级工商管理职业资格证书考试规定的全部科目（5门课程，直接报考者为10门课程）的单科合格证书后，由省自考委、省经贸委统一颁发山东省高级工商管理职业资格证书。报考者取得山东省工商管理职业资格证书，是对其从事工商管理、企业管理等职业所必备学识及能力的证明，是取得职业经理人资格和竞聘上岗、任职的重要条件。凡取得该中级资格证书者，参加高等教育自学考试企业管理专业专科考试时，可免考该专业专科考试计划中相应的5门课程；凡取得高级资格证书者，参加高等教育自学考试企业管理专业本科考试时，可免考该专业本科考试计划中相应的5门课程。凡取得工商管理、企业管理、经济管理专业专科学历证书的报考者，以及参加省教育厅批准、省经贸委验印的大专专业证书教育（企业管理、工商管理、经济管理专业）并取得合格证书者，均可免考中级工商管理职业资格证书课程考试，但须参加经营管理综合素质培训与测评，合格者凭专科学历证书（或大专专业证书）和综合素质测评证书向省自考委、省经贸委申请领取山东省中级工商管理职业资格证书；取得上述各专业本科及以上学历或学位的报考者，可免考高级工商管理职业资格证书课程考试，但须参加经营管理综合素质培训与测评，合格者凭本科及以上学历、学位证书和综合素质测评证书向省自考委、省经贸委申请领取山东省高级工商管理职业资格证书。

自“九五”以来，凡参加过省经贸委、原国家经贸委或国家有关部委系统组织的中级或高级工商管理培训并取得合格证书者，经省经贸委职教办、省自考办严格审查后，可免相应中级或高级工商管理职业资格证书课程的考试，但须参加经营管理综合素质培训与测评，合格者凭中级或高级工商管理培训证书和综合素质测评证书向省自考委、省经贸委申请领取山东省中级（或高级）工商管理职业资格证书。

该项考试于2005年上半年开考，一年2次，每年的3月、9月中旬报名，5月、11月中旬考试。①

六、山东省企业职业经理人资格证书考试

根据中央组织部、国家经贸委《“十五”期间全国企业经营管理人员培训纲要》的部署，贯彻全国高等教育自学考试指导委员会五届二次会议精神，建设一支政治素质高、系统掌握现代管理知识和现代科技专业知识、经营管理能力强的企业经营管理队伍，建设具有创新精神及创业能力、适应国际竞争需要的高层次、复合型的企业家队伍，推行企业管理职业经理人资格证书与高等教育自学考试相衔接的考试模式，经省考委和省经贸委商定，全国考办批准（考委办函〔2004〕108号），自2005年4月起面向全省开考高等教育自学考试企业管理专业（专、本科），并于2005年5月起实施山东省企业职业经理人资格证书考试。山东省企业职业经理人中、高级资格证书考试，培养从事企业管理的中、高级职业经理人。基本要求是通过有关课程的学习，掌握企业管理的基本知识，培养良好的职业道德，具备决策、管理、设计、咨询等能力，能够从事企业的运作经营和

① 山东省教育招生考试院：《山东省高等教育自学考试专业考试计划文件汇编》（1997—2007），内部资料，第544—547页。

行业策划、咨询工作。

省考委负责制定专业考试计划、课程考试大纲，编写教材，组织考试、评卷、考绩管理，颁发课程合格证书和毕业证书等工作，并对本专业的助学工作进行监督和指导。山东经济学院、山东轻工业学院为本专业的主考学校。主考院校可参与制定专业考试计划、编制课程考试大纲、阅卷、实践环节考核、毕业环节考核、毕业证书副署及授予学士学位等工作。山东省经贸委负责全省企业管理的宏观管理和规划协调工作，山东省经贸委职教办与省考办共同负责此项工作的助学、教材供应和考试的集体报名等组织管理工作。

凡具有高中及以上文化程度者可报考该专业专科，具有专科及以上学历者可报考该专业本科。该专业实行集体报名办法，报考者（含不参加助学辅导的社会自学应考者）到各地经贸委有关部门报名，由各市经贸委有关部门到各市考办办理集体报名手续。参加企业职业经理人资格证书课程考试报考者（含不参加助学辅导的社会自学应考者）到各地经贸委有关部门报名，由各市经贸委有关部门报省经贸委职教办，由省经贸委职教办到省考办办理集体报名手续。参加高等教育自学考试企业管理专业专科的考试者，达到专业考试计划规定的要求，所有课程考试合格（包括笔试与实践性环节考核），思想品德经鉴定符合要求，则准予毕业，发给专科毕业证书。参加高等教育自学考试企业管理专业本科的考试者，达到专业考试计划规定的要求，所有课程考试合格（包括笔试与实践性环节考核），思想品德经鉴定符合要求，并已具有国民教育专科毕业证书，则准予毕业，发给本科毕业证书。

根据《中华人民共和国高等教育法》和《中华人民共和国学位条例》的有关规定及省考委有关具体规定，授予符合条件的考生管理学学士学位。取得考试计划中企业管理概论、国际商务、经济法概论(财)、市场营销学、人力资源管理(一)5 门课程合格证书,由省经贸委和省考委联合颁发山东省企业职业经理人中级资格证书;取得山东省企业职业经理人中级资格证书,有 5 年工作经历并取得考试计划中组织行为学、企业财务管理、企业经营战略、企业管理咨询、国际贸易理论与实务 5 门课程合格证书者,由省经贸委和省考委联合颁发山东省企业职业经理人高级资格证书。取得山东省企业职业经理人中、高级资格证书,可以在自学考试企业管理专业中获得相应课程的学分。①

① 山东省教育招生考试院:《山东省高等教育自学考试专业考试计划文件汇编》(1997—2007),内部资料,第 517—521 页。

第十章 招生考试队伍建设

第一节 招生考试机构的沿革

一、招生机构

1951年5月25日，山东省高等学校1951年联合招生委员会成立，讨论通过了招生委员会组织简则和招生计划。1952年7月18日，山东省高级中学、中等技术学校、中等师范学校统一招生委员会成立。同年7月26日，山东省高等学校招生委员会成立，委员会在济南、青岛、徐州分设办事处。高等学校从这年开始实行全国统一招生。

教育部于1957年11月18日在《征求对于高等学校招生方式的意见》中，提出以后要改进招生工作办法，"以往高等学校统一招生，集中大区一级招生机构录取新生"，有严重缺点，"最突出的是，大区一级的行政机构撤销以后，招生工作失去依靠，作为招生工作重要阶段的录取新生工作，各省党委无力顾及"，"录取新生工作实际上一般只是由大区一级招生机构和有关高等学校派去的工作人员负责进行"，"我们初步考虑，拟从明年起，不设置大区一级的招生机构，将原来由大区一级招生机构负责的录取新生工作，分散到各省市进行。也就是说，除了招生计划、政治审查标准、健康检查标准、试题等由高等教育部和教育部统一拟订外，其余的全部招生工作，都交由省市负责进行”。1958 年，教育部向各省、市、自治区教育厅和高等学校招生委员会、全国高等学校发布《关于高等学校 1958 年招考新生的规定》，要求各省建立招生机构，“各省、市、自治区的教育厅（局）、高等教育厅（局）应会同有关部门组织本省、市、自治区范围内的高等学校，建立省、市、自治区的招生机构，并会同考区所在地的有关部门建立考区办事处，统一组织领导当地的招生工作。省、市、自治区招生机构和考区办事处，负责对考生进行政治审查工作，协助卫生部门做好健康检查工作，协助本省、市、自治区的学校和外地在本省、市、自治区招生的学校办理报名、考试等工作。高等学校应该在招生所在地招生机构的领导下进行工作”。1959 年教育部重新强调，“所有招生的高等学校，均应在当地党委和招生机构的统一领导下，进行招生工作”。山东省在总结 1959 年中学、中师招生工作时指出，全省各级党委对招生工作极为重视。山东省于 6 月 3 日发布了当年招生工作的通知。各专署（市）、县、公社都分别于 6 月下旬或 7 月初先后成立了由党委书记、宣传部长、文教县长、社长等参加的招生工作委员会或小组。在新中国成立后的一段时间内，山东省招生委员会办公室属于临时机构。

1966 年 3 月 6 日，山东省教育厅《关于一九六六年高等学校招生工作的意见》提出，“从今年起，统一考试的日期定为七月一日举行”。“我省从今年起建立招生的常设机构，招生办公室先配备专职干部 9 人”，编制由各高等学校承担，“山大 1 人、山师 1 人、山工 1 人、山医 1 人、山财 1 人、山煤 1 人、山农 1 人、曲师 1 人、海洋 1 人”。“招生办公室的日常工作由教育厅领导。""文革"后期，山东省革命委员会招生工作办公室负责各类招生工作，各市地、县都设有招生办公室，有关大企业包括铁路局、胜利油田、莱芜钢铁厂、胜利石油化工总厂、张家洼工程指挥部都设有招生负责人员。

"文革"后，山东省招生委员会于1977年成立，由16名同志组成，主任高启云，副主任李子超、王众音、徐建春、姚士昌、丁方明，成员由省计委、省工办、省农办、省财办、省卫生局、省人事局、省知青办、省教育局、山东大学、山东师范学院派领导担任，这一任招委主任要求党委负责同志担任。山东省招生委员会办公室1977年设立，招生办主任由省教育局副局长宁汉戈兼任。1981年，山东省招生委员会成员有所调整，调整后的招生委员会由21名成员组成，主任委员为副省长王众音，副主任委员为副省长丁方明、团省委书记徐建春、省文卫副主任邵阳、省教育厅厅长高维真，成员由省纪委、省委宣传部、省计委、省经委、省财委、省农委、省军区政治部、省公安厅、省人事厅、省出版局、大众日报社、省广播局、省卫生厅、省教育厅、山东大学、山东师范学院派领导担任。1984年5月，山东省编制委员会《关于省招生委员会办公室机构建制和人员编制的批复》将省招生办列为事业编制，"事业编制十五人，统一负责普通高等学校、成人高等学校和中等专业学校的招生工作。招生办原使用的七名行政编制收回"。到成立省教育招生考试院前，山东省招生委员会办公室编制41人，经费实行六四差额拨款。2001年以前，省招生办设办公室、计算机组、普通考务组、成人考务组、研究生考务组、中专考务组6个组。2001年3月至2005年下设普招一科、普招二科、成人招生科、政策研究科、研究生招生科、秘书行政科、计划信息科、财务科。秘书行政科综合协调省招生办日常工作，负责文秘、收发、印鉴、档案管理、会议组织安排、接待、财务、车辆、房产、固定资产管理和其他生活后勤服务工作，以及人事、党群、离（退）休干部和计划生育等工作。政策研究科负责各类招生考试宣传、政策调研工作，撰写编印有关重要文章、招生年鉴、宣传资料，组织有关招生资料的征订与发行工作，以及招生政策、法规及招生理论的培训，宏观协调与管理普通中专招生工作。研究生招生科负责普通高校和科研单位招收研究生工作，组织报名、考试、阅卷及录取，组织思想政治教育第二学士学位招生的报名、考试工作。普通高校招生一科负责普通高等学校本、专科（高职）招生工作，组织考生报名、体检、政审、考试，组建考生档案，印制试题，阅卷，组织考生填报志愿和学校录取工作。普通高校招生二科负责对口高职、艺术、体育、保送生、实践生、中师推荐生、招飞等特殊类别的招生，同时组织考生报名、考试，印（命）制试题，阅卷，组织考生填报志愿和学校录取。成人高校招生科负责成人高校、普通高校举办的成人教育招生工作，组织考生报名、填报志愿、考试，组建考生档案，印制试题，组织阅卷和学校录取。计划信息科负责编制各类学校招生来源计划，采集各类招生考试信息，统计汇总考生成绩和有关信息资料，组织学校网上录取。纪检监察科负责各类招生考试纪检监察工作，接待来信来访，调查核实各类招生考试中考生、招生工作人员的违纪违法事件，监督检查学校、招办工作人员执行招生政策和招生纪律的情况，督促检查有关部门对遗留问题的处理情况。

各市地、县区的招生机构随着工作的开展，随着市县区划的调整进行调整。1981 年 1 月 9 日，山东省招生委员会批准成立胜利油田招生委员会，这是山东省成立的第一个大企业招生委员会。后来石化、煤炭相继成立招生机构，但存在时间都不长。

二、自考机构

1983 年 9 月 9 日，山东省高等教育自学考试指导委员会成

立，副省长马长贵兼任主任。山东省高等教育自学考试指导委员会办公室作为山东省高等教育自学考试指导委员会的办事机构，是正处级事业单位，编制60人，负责高等教育自学考试。1995年，其业务范围增加各类社会证书考试。1984年，省高等院校科技开发服务中心成立，属于正处级事业单位，编制5人。1988年编制增至15人。1999年，省高等院校科技开发服务中心由省自考办代管，两单位合署办公。到成立省教育招生考试院前，2003年至2005年省自考办的科室设置及其职责如下：

计划与助学科：主要负责开考新专业的论证，考试计划的编制，教材的选定，以及社会助学的指导与管理等工作。

命题管理科：负责高教自学考试、学历文凭考试等学历考试的试题命制的组织与管理工作。命题工作有全国命题、省级协作命题和省级命题三种命题模式。

考务管理与监察科：负责从考试的报名开始，考点的设置，考场的编排，试卷的印制、运送、保存，考试的具体组织与实施。并负责试卷的评阅及评阅试卷院校评卷工作的检查验收等国家考试实施全过程的组织与管理，以及在校生参加自考的注册管理工作。

考籍管理科：主要负责历次考试的分数统计工作、成绩发布工作以及对毕业生资格的审查、甄别和颁证工作，同时负责考籍档案的管理工作。

教材供应管理科：负责各类考试教材的供应管理工作。

社会证书考试一科：负责教育部批准的各类社会证书考试的组织管理工作。

社会证书考试二科：负责山东省中小学信息技术等级考试的组织管理工作。

《现代教育》编辑部：主要负责我省高等教育自学考试杂志《现代教育》的编辑发行和自学考试科研工作。

山东省教育考试服务中心：主要负责“升学与就业指导”测验、餐饮业经理人执业资格证书考试、国际电脑使用执照考试、中介考试服务项目，以及其他与国内外考试机构合作的考试项目。

综合科：主要负责文件、档案、印鉴、人事、宣传、信访、综合性文件材料起草、办公室集体活动的人员调派、老干部、计划生育等工作。

行政科：主要负责各项后勤保障工作。

信息技术科：主要负责计算机网络建设和改造、山东自考信息网信息发布管理、计算机设备维护维修和管理、计算机设备政府采购工作。

财务科：主要负责对本单位的经济活动进行财务控制，监督、协助厅财管办编制预算、决算，收入上缴工作和厅确定的福利、补贴、奖金发放政策的执行，本单位及所属经营实体的财务管理及各项支出结算，经营实体的各项收入、工资发放、纳税申报、编制记账凭单和现金、银行日记账的记载，固定资产的核算管理。

第二节　山东省教育招生考试院成立

2004 年，为成立山东省教育招生考试院，教育厅组织省招生办等部门进行调研。

成立考试院的目的主要是为进一步加强对全省招生考试工作的领导和统筹管理，整合现有力量，更好地发挥招生考试工作为经济建设和社会发展选拔培养人才的作用。本着精简、统一、效能的原则，撤销山东省招生委员会办公室（山东省高中毕业会考办公室）、山东省高等教育自学考试委员会办公室、山东省高等院校科技开发中心 3 个正处级单位建制，成立山东省教育招生考试院。

山东省是经济大省，也是人口大省、教育大省，做好各类高等院校和普通中等专业学校的招生考试以及自学考试、继续教育等考试工作，是推动素质教育全面实施，提高教育质量和人口素质，实施“科教兴鲁”战略的一项重要措施。成立考试院前，省招生委员会办公室负责全省研究生、普通高校、成人高校、普通中等专业学校和第二学士学位的招生考试工作，每年组织 5 次大规模考试，2003 年超过 110 万人参加考试，录取新生超过 69 万人，其中参加普通高考人数为 53 万人，占全国考生总数的十分之一；省自学考试委员会办公室负责全省大中专自学考试，2003 年考生参加考试 182 万科次；省高中毕业会考办公室负责全省高中各年级的会考工作，2003 年考生达 146 万人。2003 年，全省参加各类考试的考生超过 300 万人，在全国是考生最多、工作量最重的省份。省招生委员会办公室（省高中毕业会考办）和省自学考试委员会办公室分设，力量分散，机构规格偏低，不利于工作的开展和与大中专院校及各市招生考试机构的协调，在一定程度上制约了我省教育事业的发展。

在新一轮高考改革中，教育部将高考命题权下放，要求各省自己组织高考命题。2004 年，全国已经有 11 个省和直辖市自行组织命题。但因时间太紧和省招生委员会办公室人力所限，山东省没有及时跟上教育部改革的步伐。按照山东省高中课改方案和教育部部署，山东省从 2005 年开始将自己组织命题。命题是一项科学含量很高的工作，没有一支稳定的掌握现代命题技术的管理队伍，难以命制高水平的试题，难以保证选拔的公正、公平与择优，不利于山东教育事业的发展。

为加强对招生考试工作的统筹管理，国家教育部 1987 年就成立了国家教育考试中心。到 2004 年，天津、北京、河北、海南、上海、河南、辽宁、黑龙江、内蒙、山西、陕西、湖北、湖南、广东、广西15个省(市、区)已将招生和自学考试工作机构合并，成立了招生考试院(局、中心)，均为正厅级或副厅级事业单位。江苏、福建、浙江也正在酝酿成立招生考试局(院)。青岛、大连、武汉等计划单列市也已将招生、自学考试机构合并为副厅级单位。西藏每年几千考生，也成立了西藏考试院。山东省18个市地级(17个市、1个大企业)招办，已有13家与自考合并，有9家确定为处级事业单位，1家确定为副厅级事业单位。

在这种情况下，从全国发展的形势考虑，从全省教育事业发展的需要出发，为全省招生考试工作发展的需要着想，成立山东省教育招生考试院就迫在眉睫。

一、组建山东省教育招生考试院

根据山东省编委会鲁编〔2005〕6号文件，原省招生办、省自考办及省高等院校科技开发服务中心合并组建省教育招生考试院。负责原省招生办、省自考办负责的普通高等教育、成人教育招生考试、研究生招生、普通中专招生、自学考试、社会证书考试及高中毕业生会考工作。内设办公室、普通高校与研究生招生考试处、成人高校招生考试处、自学考试处、命题处(省高中毕业生会考办公室)、信息管理处。核定事业编制90人，为省教育厅所属副厅级经费自理事业单位，配备院长1名、副院长3名，副处级领导职数6名。

2005年3月到2006年2月，王坦院长到任，但其他领导成员没有配备，两个单位没有进行实质性合并，仍然按过去的分工开展工作。2006年3月，正式合并组成省教育招生考试院。原来各科室基本维持原状，工作职能基本不动，行政、财务、秘书等部门合并，形成6个处、22个科室。

省教育招生考试院成立以后，科级以下干部为内部聘任。

二、部门工作职责

(一) 办公室

办公室主要是协助院领导综合协调本院政务、事务工作,协调落实院领导的公务活动。负责文秘、宣传、档案、保密、信访、纪检、安全保卫、老干部、人事、财务和行政管理工作。负责本院大型活动人员的统一调配、各处室之间的联系沟通以及与外部门、单位的联系工作。在院党组织领导下,组织开展本院政治理论学习工作、党建工作、精神文明创建工作。负责本院工会等群众组织工作、民主党派的联络工作及计划生育工作,管理山东教育考试服务中心的经营活动。负责本处室重要工作问题的调研和科研活动,为领导决策和制定政策提供依据。下设秘书科、行政科、财务部、考试服务中心、政工科、纪检科。

(二) 普通高校与研究生招生考试处

普通高校与研究生招生考试处负责研究拟定全省普通高校、研究生、高中阶段教育学校招生工作实施方案,组织实施并进行监督检查。负责普通高校本科、专科(高职)招生的报名、体检、考生档案组建、印卷、考试、评卷及录取工作,以及研究生招生的报名、考试、评卷、录取工作,统筹管理高中阶段教育学校招生工作。负责本处室重要工作问题的调研和科研活动,为领导决策和制定政策提供依据。下设普通招生一科、普通招生二科、研究生招生科、中专中学招生科。

(三) 成人高校招生考试处

成人高校招生考试处负责研究拟定全省成人高校招生工作和各类社会证书考试政策及实施方案,组织实施并进行监督检查。负责成人高校招生的报名、体检、考生档案组建、印卷、考试、评卷及录取工作,以及各类社会证书考试的报名、考试、评卷、证书制作及发放工作,开展成人高校招生、各类社会证书

考试的科研工作。负责本处室重要工作问题的调研和科研活动,为领导决策和制定政策提供依据。下设成人招生科、社会证书考试一科、社会证书考试二科。

(四)自学考试处

自学考试处主要负责研究拟定高等教育自学考试工作政策及实施方案,组织实施并进行监督检查。负责自学考试专业建设与改革、考试计划安排及课程大纲、教材建设工作,自学考试的组织实施和安全保密工作,自学考试考生考籍管理工作,自学考试社会助学指导、管理工作,自学考试宣传与生源组织工作。负责高等教育学会自学考试分会山东片区的管理与组织工作。负责本处室重要工作问题的调研和科研活动,为领导决策和制定政策提供依据。下设自学考试计划科、自学考试考务科、自学考试考籍科、自学考试助学科。

(五)命题处(省高中毕业生会考办公室)

命题处负责命题管理文件的编制、使用和保管,制定命题工作计划及实施方案。负责组建命题教师队伍并组织培训,组织命题工作的具体实施,组织试题审查、试卷组配和试卷验收工作,管理试题以及相关资料,拟定命题工作制度规定并落实安全保密措施,做好命题安全保密工作,组织试卷的质量分析、评价和有关科研工作。负责本处室重要工作问题的调研和科研活动,为领导决策和制定政策提供依据。下设自学考试命题科、高考命题科。

(六)信息管理处

信息管理处负责普通高校、成人高校和硕士研究生招生及较大型考试技术系统的开发、运行管理。负责普通高校和成人高校生源计划编制、汇总和数据整理,普通高校、成人高校和硕士研究生招生及较大型考试信息的采集、管理和统计分析。负责本院 IT 设备的采购、管理、维护、维修,以及本院网站及办公

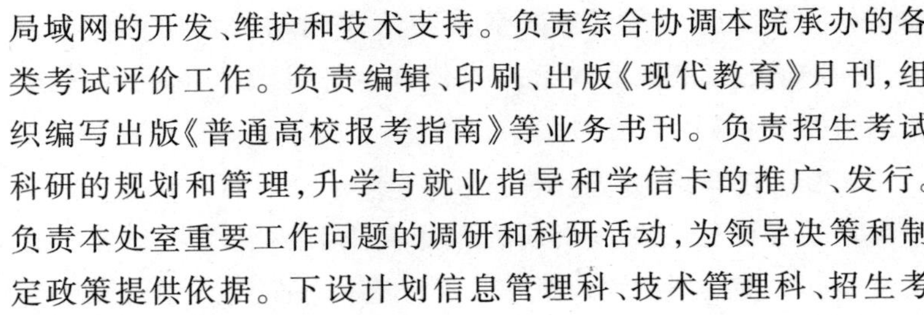
局域网的开发、维护和技术支持。负责综合协调本院承办的各类考试评价工作。负责编辑、印刷、出版《现代教育》月刊，组织编写出版《普通高校报考指南》等业务书刊。负责招生考试科研的规划和管理，升学与就业指导和学信卡的推广、发行。负责本处室重要工作问题的调研和科研活动，为领导决策和制定政策提供依据。下设计划信息管理科、技术管理科、招生考试院杂志社。

山东省教育招生考试院的成立，整合了山东省教育招生考试资源，翻开了山东招生考试工作的新篇章。

大事年表

1949 年

3 月 1 日,山东省人民政府教育厅成立。厅长王哲。

10 月 21 日,山东省第一次初等教育会议在济南召开。

12 月 23 日,教育部召开了第一次全国教育工作会议。

山东省人民政府颁发《山东省小学教育实施办法》。

1950 年

4 月 1 日至 17 日,山东省第一次中等教育会议在济南召开。

5 月 26 日,教育部发布了《关于高等学校 1950 年度暑假招考新生的规定》。

6 月 1 日至 9 日,中央召开了第一次全国高等教育工作会议。

12 月 5 日,经中央人民政府教育部批准,华东大学与山东大学合并,仍用山东大学校名,校址设在青岛。

1951 年

3 月 7 日,山东省人民政府颁发《关于创办工农干部文化补习学校的决定》。

5 月 4 日至 11 日,山东省第二次中等教育会议在济南召开。

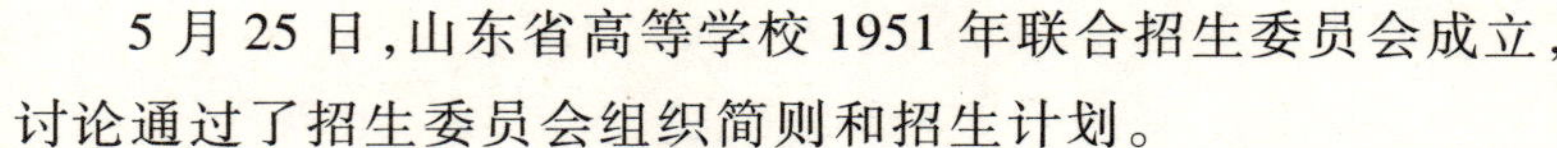

5 月 25 日，山东省高等学校 1951 年联合招生委员会成立，讨论通过了招生委员会组织简则和招生计划。

8 月 17 日，山东省第一工农速成中学在济南成立。第一期从省直属机关、鲁中南、渤海 3 所干校招收 4 个班。

10 月 1 日，《政务院关于改革学制的决定》颁布，要求学生“小学毕业后，得经过考试升入中学或其他中等学校”。

1952 年

7 月 18 日，山东省高级中学、中等技术学校、中等师范学校统一招生委员会成立。

7 月 26 日，山东省高等学校招生委员会成立。委员会在济南、青岛、徐州分设办事处。高等学校从这一年开始实行全国统一招生。

9 月 10 日，山东省人民政府决定，山东省文教厅分设为山东省教育厅和山东省文化事业管理局。王哲任山东省教育厅厅长。

1953 年

4 月，山东省教育厅在济南召开工农速成中学与有关高等学校会议，按照教育部的指示，确定将工农速成中学移交高等学校，作为高等学校的预备学校。学生毕业后，直接升入该高等学校继续深造。

1954 年

5 月 28 日，山东省人民政府副主席晁哲甫在山东省第一届人民代表大会上作《政府工作报告》，其中提到“在中、小学教育中片面强调升学”问题。

8 月 21 日，山东省教育厅发出《关于在高中毕业生中选拔留苏预备生的通知》。

1955 年

7 月，山东省教育厅发出通知，工农速成中学从该年起停

止招生。

1956 年

5 月 14 日,颁布了《中华人民共和国高等学校国家考试条例草案》。

1957 年

3 月 4 日,高等教育部通知暂行停止国家考试办法。此后,高等学校国家考试制度不再推行。

1958 年

3 月 15 日,山东省教育厅公布《山东省中学学生学籍处理暂行办法(草案)》。

6 月 12 日,山东省教育厅发出通知,从该年起,按照一定条件和办法,保送工农速成中学毕业生、工人、农民、工农干部和老干部及少数优秀高中毕业生免试直升高等学校学习。

7 月 1 日,教育部发布《关于高等学校 1958 年招考新生的规定》,进一步明确"改变高等学校全国统一招生制度,实行学校单独招生或者联合招生"。

7 月 21 日,山东省人民委员会发出《关于 1958 年高等学校工农预科招生的通知》,决定在各高等学校设置工农预科。

10 月,山东大学由青岛迁往济南。

1959 年

10 月 27 日至 31 日,山东省教育厅召开全省函授师范教育工作座谈会,要求在年底前凡没有普及函授师范的县,要争取让符合函授师范条件的高小教师全部入学。

教育部发文,要求"改变 1958 年各校单独招生或联合招生的办法,恢复全国统一命题、一次考试、分批录取的办法"。

1960 年

1 月 29 日至 31 日,全省各地举行扫盲和业余教育大会考,共有 878 万人参加。其中 285 万人摘掉文盲帽子,21 万人达到高小水平。

4 月 5 日，山东省广播业余大学正式成立。8 日，教育厅要求各地组织中等学校教师入校学习。20 日正式开课。

山东实行春、秋两季招生。

1961 年

9 月，山东省高等学校开始贯彻执行《教育部直属高等学校暂行工作条例（草案）》。

12 月，山东省教育厅提交《关于整顿清理 1960 年高等学校新生及核实新生人数工作情况的汇报》。

1962 年

8 月 4 日，山东省人民委员会下达《1962 年山东省高等学校和中等专业学校调整方案》，全省保留高等学校 13 所，停办 27 所；保留中等专业学校 70 所，停办 126 所。

1963 年

6 月 13 日，山东省人民委员会批转山东省农业厅报告，决定在部分农业学校试行从公社招生，毕业后回公社工作的办法。24 日，教育厅和农业厅联合发文，规定当年暑期先在 6 所中等农业学校试行。

1964 年

6 月 30 日，山东省人民委员会批转山东省农业厅、林业厅、卫生厅、教育厅报告，决定当年暑期全省 9 所农科中专、1 所林科中专、5 所医科中专招收“社来社去”学生。

试行推荐报考与参加全国统一招生考试相结合的办法。

1965 年

3 月初，全国高等教育工作会议决定，从 1965 年开始，积极试办半工半读高等教育。同年 9 月，昌潍医学专科学校根据省人民委员会的决定，改为半工半读学校，定名为昌潍医学院，学制暂定 5 年，每年按国家统一计划招生 120 人。同时，山东还新设了山东农业科学院半工半读农业专科学校，由省农业厅主

管，学制暂定为4年，从当年暑假开始招生，每年招收80人。另外，还有山东大学、山东农学院、曲阜师范学院等学校的8个专业进行了半工半读高等教育的试点。这些学校都建立了生产劳动基地，实行选秀加考试和“从公社来，回公社去”的办法招生。劳动和教学时间比例为4∶6或5∶5。

10月20日，教育厅发出通知，要求全省各级各类学校立即贯彻毛泽东“七三”指示，减轻学生学习负担。

1966年

3月6日，山东省教育厅《关于一九六六年高等学校招生工作的意见》提出，“改进招生方式，实行两种招生制度”，“全日制高等学校（包括全日制改半工半读的专业）仍实行统一招生和由国家统筹分配；独立设置或厂矿企业举办的半工（农）半读高等学校，实行‘社来社去’、‘厂来厂去’或‘城来社去’”。提出“从今年起，统一考试的日期定为七月一日举行”。“我省从今年起建立招生的常设机构，招生办公室先配备专职干部9人”，“招生办公室的日常工作由教育厅领导”。

6月13日，中共中央、国务院发出《关于改革高等学校招生考试办法的通知》，7月12日山东省委、山东省人民委员会批转省教育厅党组《关于贯彻执行〈中共中央、国务院批转教育部党组关于改革高级中学招生办法的请示报告〉的具体意见》，提出“废止现行的高级中学招生考试办法，实行推荐与选拔相结合的办法”，“初中和高小的招生，一般仍维持原有办法”。

7月24日，中共中央、国务院再次发出《关于改革高等学校招生工作的通知》，决定停止执行6月1日中央批转的高教部党委的《请示报告》，并提出从当年起，高校招生工作下放到省、市、自治区办理；高校招生取消考试，采取推荐与选拔相结合的办法。

全省高等学校、中等专业学校、技工学校停止招生。全省绝大多数高中、初中未招生。

1967 年

秋季开学后，全省高中、初中恢复招生，办法是推荐与选拔相结合。

1970 年

2 月 24 日，山东省革委政治部发出《关于中小学实行春季始业几个问题的通知》，规定从 1970 年起全省中小学实行春季始业。

11 月 8 日，山东省革委政治部印发《关于省属大学一九七一年度招生方案》，决定从 1971 年开始高等学校恢复招生。废除招生考试制度，实行"自愿报名、群众推荐、领导批准、学校复审"。学生条件是政治思想好，身体健康，具有 3 年以上实践经验，年龄在 20 岁左右，有相当于初中以上文化程度的工人、贫下中农、解放军战士和青年干部。有丰富实践经验的工人、贫下中农，不受年龄和文化程度的限制。

1971 年

4 月，山东省高等学校恢复招生，6000 余名工农兵新生入学。

12 月 31 日，山东省革委生产指挥部核心小组发出《关于认真办好省属中等专业学校的意见》，规定普通班招收有实践经验的工农兵入学。学生来源主要从本系统本行业基层单位职工中选送，也可以招收一部分经过 2 年以上劳动锻炼的知识青年和复员军人。

1972 年

全省中等专业学校恢复招生。

1973 年

7 月 2 日，山东省革委发出《关于中小学改为秋季始业的

通知》,确定从1974年起全省中小学一律改为秋季始业。

全省技工学校恢复招生。

1975年

7月,山东省革委教育局在济南召开高等学校和中等专业学校1975年招生工作会议。会议确定全省农业院校一般实行"社来社去",林、医、师范院校根据需要部分试行"社来社去",其他各类院校根据不同情况进行"社来社去"试点。

1976年

8月3日,山东省革命委员会批转省教育局《关于进一步改革招生和分配制度做好一九七六年高等学校和中等专业学校招生工作的请示报告》,招生工作要实行"社来社去"、"厂来厂去"、"哪来哪去"的原则。

1977年

5月24日,邓小平同志同中央两位同志谈话时说:"要办重点小学、重点中学、重点大学。要经过严格考试,把最优秀的人集中在重点中学和大学。"

6月29日至7月29日,教育部在太原市召开了1977年高等学校招生工作座谈会。

8月8日,邓小平在科研人员和教师座谈会上发表了重要的"八八讲话"。

教育部于当年8月13日至9月25日在北京重新召开了1977年高等学校招生工作座谈会。

10月12日,国务院以〔1977〕112号文件发布《关于一九七七年高等学校招生工作意见》。

10月22日至11月4日,全省招生工作会议在济南召开。会议根据国务院批转教育部《关于一九七七年高等学校招生工作意见》,讨论了大中专招生工作。规定凡是工人、农民、上山下乡和回乡知识青年、复员军人、干部和应届高中毕业生,年龄

20岁左右，不超过25周岁（实践经验比较丰富并钻研有成绩或确有专长的，年龄放宽到30岁），具有高中毕业或相当于高中毕业的文化水平，符合条件者均可报考。应届高中毕业生的招收比例，可占招生总数的20%—30%。招生办法是自愿报名，统一考试，地市初选，学校录取，省招生委员会批准。考试分文理两类，由省命题，县、区组织考试。

山东省高等学校招生考试时间为12月9—11日3天进行，9日考语文、理化（或史地），10日考政治、数学，11日加试外语。中专、技工学校招生考试于12月13—14日两天进行，13日考语文、理化，14日考政治、数学。

《人民日报》1997年11月21日在《伟大的转折》一文中说："任何有希望的民族都高度重视教育，恢复高考，挽救了我们的民族和国家。"

1978年

1月，教育部发出《关于高等学校1978年研究生招生工作安排意见》。

2月28日，根据教育部、国家计委联合通知精神，山东普通高等学校在完成招生计划以后，试行招收走读生，以增加招生名额。

6月，省招生委员会召开会议，贯彻国务院批转教育部《关于一九七八年高等学校和中等专业学校招生工作的意见》，确定自当年起，高等学校主要招收20岁左右的青年，不再限定录取应届高中毕业生的比例，实行全国统一命题，由省组织考试、评卷。

全国统一考试时间为7月20日至22日。

1979年

2月6日，山东广播电视大学开学，首届招生1.02万人，其中本科生6361人。外语进入统考。

4月14—24日，山东省革委会召开全省教育工作会议。会议对只抓智育、忽视德育和体育、忽视大多数学生、片面追求升学率的倾向提出了批评。

7月27日，山东省革委会教育局发出《关于印发山东省中、小学学籍管理条例（试行草案）》。

高考时间定为7月7—9日，一直延续到2002年。

1980年

7月15日，山东省教育厅下达《关于印发〈山东省全日制三年制高中教学计划（试行草案）〉的通知》，提出分期分批将高中二年制改为三年制，并在三年制高中增设专业技术教育课。

7月17日，山东省委决定在省委党校、山东大学、山东农学院等8所高等学校开设干部培训班，学员毕业后达到大专程度。

11月20日，教育部发布《广播电视大学学生学籍管理暂行规定》。

1981年

2月，经山东省人民政府批准，1981年高等学校招生将进行预选。按招生计划总数的4倍作为预选指标，分配到学校。预选在6月上旬与高中考试结合进行。

3月10日至17日，山东省教育厅召开中等专业教育工作会议，提出争取每年多招一些学生。

4月，山东省教育厅转发教育部通知，决定将中学的学制逐步改为6年，并要求多数地区在1985年以前完成由现行的五年制向六年制的过渡。

8月，山东省教育厅发出通知，要求全省中小学从新学年开始，一律不得再按分数高低把学生分编快慢班。在初中设"法律常识"课，并将这一课程列为今后初中毕业生升学政治考试的课程之一。

1982 年

1 月 29 日，经国务院批准，山东大学、山东海洋学院、山东医学院的 10 个学科和专业获得博士学位授予权，8 所高等院校的 72 个学科和专业获得硕士学位授予权。

1983 年

1 月 20 日，教育部发布《全日制普通高等学校学生学籍管理办法》，明确了高校管理中的成绩考核与记载办法，升级与留、降级办法，以及大学生准予毕业的有关规定。

5 月 3 日，国务院批准成立全国高等教育自学考试指导委员会。

5 月 23 日至 26 日，全国高等教育自学考试指导委员会第一次全体会议在北京召开。

7 月 13 日至 21 日，中国共产党山东省第四次代表大会在济南召开。会议提出，高等学校要逐步扩大定向招生、定向分配的范围。

8 月 10 日，《教育部关于进一步提高普通中学教育质量的几点意见》继续强调高中招生要考试。

8 月 24 日，山东省人民政府印发《山东省高等教育自学考试若干规定》。

9 月 9 日，山东省高等教育自学考试指导委员会成立，副省长马长贵兼任主任。

1983 年，教育部正式提出“定向招生、定向分配”的办法，“委托培养”招生办法也出台。

山东省教育厅机关进行机构改革，设 14 个处室，省招生委员会办公室设 7 个行政编制。

普通高考时间改为 7 月 15—17 日。

1984 年

4 月 21 日，山东省高等教育自学考试委员会在山东省组

织了第一次自学考试。全省共有4.68万人次参加了哲学、大学语文、文学理论和法学基础理论4个学科的考试。1.63万人次单科合格。

5月，山东省编制委员会《关于省招生委员会办公室机构建制和人员编制的批复》将省招办列为事业编制。

8月27日，山东省教育厅发布《山东省省、市（地）教育学院学员学籍管理规定（试行草案）》。

8月15日，《教育部关于全日制六年制小学教学计划的安排意见》提出，小学升初中不应再搞统一考试。

普通高考录取采取“根据志愿，按比例投档”的办法。

保送生制度开始实行。山东在22所重点中学试行以统考为主、辅以推荐相结合的招生办法，录取了536名推荐生。

1985年

6月25日，山东省教育厅印发《山东省高等教育自学考试工作细则》。

1986年

1月10日，中共山东省委、山东省人民政府提出《关于贯彻〈中共中央关于教育体制改革的决定〉的意见》。

4月12日，第六届全国人民代表大会第四次会议通过了《中华人民共和国义务教育法》。

5月29日，山东省教育厅发布《山东省中小学学籍管理条例》。

9月9日，山东省六届人大常委会第二十一次会议通过并颁布《山东省实施〈中华人民共和国义务教育法〉》。

10月24，山东省教育厅发布《山东省普通高等学校举办的函授（非高师）、夜大学学生学籍管理暂行规定》。

12月31日，山东省教育厅发布《山东省职业高中学生学籍管理暂行规定》。

山东省第一轮自学考试结束。

1987 年

5月30日，山东省教育厅、山东省体委下达《关于在部分中学试办培养高水平学生运动员的通知》。

6月17日，发布《山东省普通高等师范院校和教育学院函授生学籍管理规定（修订草案）》。

9月1日，山东省六届人大常委会第二十七次会议通过《山东省中等职业技术教育条例》。

9月29日，《山东省教育厅关于实施九年制义务教育几个问题的通知》规定："从今年开始，九年制义务教育学校对有三门以上学科不及格、跟班学习有困难的学生，除加强辅导、促其提高外，小学、初中阶段各给予一次留级机会，毕业班一律不准留级。对一、二门学科不及格的学生，采取留科不留级的办法，留到毕业仍不及格，达不到毕业程度的，按规定发给结业证书。要严格禁止初中举办毕业生全日制升学复读班和接受插班生复读。"

12月7日，山东省教育厅转发国家教委《关于发布〈中学生体育合格标准的试行办法〉通知》。

大学英语四、六级考试1986年末开始筹备，1987年正式实施。

教育部颁发《普通高等学校招生暂行条例》。

山东省召开首届高教自学考试理论研讨会。

1988 年

3月3日，国务院发布了《高等教育自学考试暂行条例》。

3月4日，山东省高等教育自学考试委员会和山东省教育厅下达《关于在不具备国家规定合格学历的中小学教师中实行专业合格证书与学历证书衔接考试问题的通知》，将全省卫星电视教育和中小学教师专业合格证书考试统一纳入自学考试轨道,实行专业合格证书与学历证书相衔接的考试办法。

4 月 22 日,山东省教育厅颁发《山东省普通中专学生学籍管理暂行规定》。教育部颁发《普通高等学校定向招生、定向就业暂行规定》、《普通高等学校招收保送生的暂行规定》。

1989 年

教育部发出《关于试行普通高中毕业会考制度的意见》。

全国实行英语科标准化考试。

1990 年

山东省高校招生、分配工作进行重大改革,全省实行了将高校招生计划分配到市地的办法。

山东农业大学的畜牧专业招收了 30 名有实践经验的专科学生。

1991 年

6 月 27 日,省招委委员换届,副省长宋法棠任招生委员会主任。

普通高考取消汇总站,考生成绩单由各市地单独组织贴在考生档案袋上。

普通高考 9 科全部实行分卷考试(卷一为客观题,计算机评阅;卷二为主观题,人工评阅)。

普通高考考生的试卷不再装入考生档案。

师范院校改革招生办法,提前单独录取,增加面试,单独划线。

师范类美术专业统一测试。统一命题、统一考试、统一评卷、分数通用。

成人招生实行档案卡,取代了原来的档案袋、信息卡和考生登记表。

首次将录取信息输入计算机系统,本科 1、2 志愿采用计算机投档。研究生招生考试由省招办统一评阅英语。

山东省高中毕业生会考办公室成立，设在山东省招生委员会办公室，编制 15 人。

11 月，山东省教委下发《关于印发山东省普通高中毕业会考实施意见的通知》，自 1991 年秋季入学的高中一年级开始，在全省实行普通高中毕业会考制度。

1992 年

使用微机自行完成普通高考成绩统计(以前委托省计算中心或济南市计算中心组织)。

在普通高考招生录取过程中实现了计算机辅助录取。所有高校录取的新生名单都由计算机统一打印。

首次在招生现场公布招生院校上线情况分段表。

首次由省招办统一管理集中自行完成客观题机器评卷。

普通高考恢复全省统一成立汇总站。

11 月 12 日，国家教委办公厅发出《关于认真进行新生资格复查的通知》，针对当年高校扩招要求进一步加强对学历文凭的管理。

研究生招生考试由省招办统一组织评阅统考科目。

1993 年

2 月 13 日，中共中央、国务院印发《中国教育改革和发展纲要》，提出改变全部按国家统一计划招生的体制，实行国家任务计划和调节性计划相结合。

3 月，原国家教委发布了《关于减轻义务教育阶段学生过重课业负担、全面提高教育质量的指示》，提出要“努力办好每一所小学和初级中学。义务教育阶段不应当分重点学校(班)与非重点学校(班)”。

成人高考实行“3 + 2”科目改革。

研究生招生在全国统一划线的基础上，按生源确定规模，使我省硕士生招生数量大幅增加。

我省首次颁布招生考试信息标准。

考生信息卡装入档案袋,录取时以读卡方式输入录取的考生信息。

1994 年

3 月 12 日,召开自学考试制度建立 10 周年纪念大会,副省长张瑞凤到会讲话。

成人高考实行分卷考试,部分试题使用计算机评阅。

5 月 31 日,省考委委员换届,成立山东省第二届考委,副省长张瑞凤任省考委主任。

6 月 14 日,省招委委员换届,副省长张瑞凤、吴爱英任省招生委员会主任。

启用“成人高考录取章”、“中专学校录取章”。

试行普通高校招生计划“并轨”和收费制度改革。

《招生考试报》创刊。

“山东省高等教育自学考试指导委员会”改为“山东省高等教育自学考试委员会”。

普通中专招生录取工作实行全省集中统一管理。

在高中毕业会考的基础上,高考实行文理分科(各考 5 门)。

“大学英语四、六级标准化考试设计组”于 1994 年 3 月 29 日正式更名为“全国大学英语四、六级考试委员会”。

1995 年

除农业、师范外的本科,全省统一划线录取。

农业院校和师范院校合并为一类成为师农类,单编考号、单设考场、单独填报志愿、参加统考、单独划线、提前单独录取。

省招委公布招生工作人员廉洁勤政守则十二条。

普通高考考生在卷二试卷卷首、准考证科目处、答题卡姓名处按右手食指手印。

山东开考全国计算机等级考试。

1996 年

6 月 9 日，省招办首次和《齐鲁晚报》共同组织“高考咨询”活动。

普通高考成绩实行标准分报告制度。

硕士生招生实行全过程计算机辅助管理。

普通高考实行主考、副主考省招办备案制度。

高考录取现场录检使用计算机系统管理，调剂录取实行随机调剂投档。

1997 年

普通高校招生计划形式全部实行“并轨”。

张兆松任省高等教育自学考试委员会办公室主任。

普通高考开始实行政治思想品德等级考核。

普通高考中学档案与高考档案分离，高考采用卡片式档案。

普通高考填报志愿时间改在考试成绩公布后进行。

省招办首次实行监考员登记制度，实行全省招生考试工作人员登记制度。

开始在普通高校和普通中专学校招生录取期间成立督察信访组。

山东开考全国英语等级考试、全国计算机应用技术证书考试、剑桥少儿英语考试。

1998 年

8 月 29 日，九届全国人大常委会第四次会议表决通过了《高等教育法》。

12 月 10 日，召开自学考试制度实施 15 周年新闻发布会。

山东省推出了共建招生计划。

开始组织高等教育学历文凭考试试点工作。

普通中专招生考试由各市、地自行命题。

普通高考新增"高职班"招生品种,利用成人招生计划录取普通高考学生,该部分考生享受普通高校新生待遇。

普通高考采用条码技术,将考生准考证、考生成绩单上加上防伪条形码,全部由省统一打印、统一下发。

省考委委员换届,成立山东省第三届考委,副省长邵桂芳任省考委主任。

高考录取由原来的"根据志愿按比例投档"改为"学校负责、招办监督"的录取体制,责权利统一。已录取考生的专业安排由学校确定,投档的考生由学校审查择优录取,凡投档后不录取的由招生学校负责向考生解释,省招办进行监督。

1999 年

4 月,山东省自学考试报考规模达到49.9万人,位列全国第一。

"对口高职班"正式纳入普通高校招生计划,单独命题,单编考场,单独录取。

开始试行网上录取,50 所高校参加了网上录取实验。

山东省省高等院校科技开发服务中心由省自考办代管,两单位合署办公。

编辑、录制了《山东省自学考试监考培训 VCD》,统一了监考人员的考前培训,统一了监考操作。

2000 年

3 月 1 日,省教委任命张海泉为省招生委员会办公室主任。

高考录取现场档案实行集中管理方式。

高考信息采集由市招办采集转为由县区招办采集,并实行签字确认制度。

普通高校招生省内全部实行局域网录取,省外院校现场打

印电子档案。

普通高考提高了艺术专长加分幅度。甲等 50 分(原来 30 分),乙等 30 分(原来 20 分),丙等 20 分(原来 10 分)。

2001 年

6 月 16 日,山东省招办从济南和平路 84 号迁入文化路 29 号新办公楼。

中专不再招收高中毕业生。

在外语考试科目中增加外语听力测试。

在 34 所国家级重点普通中专和部分高校试行五年一贯制大专班。

15 所普通中专学校实行自主招生。

普通高考成绩实行原始分报告制度。

普通高校招生录取使用局域网,9 所院校进行了远程网上录取试点。

高考录取现场取消纸质档案管理,改为考生报到时到县区招办提档交给录取的高校。

成人高校招生完全实现远程化录取。

普通中专招生实行省、市两级管理。

山东省开考中小学信息技术等级证书考试。

7 月 10 日,《中国青年报》以《山东某中学替考已成公开秘密》为题,披露了曹县一中部分学生在高考中的舞弊行为。同时,梁山县也发现有 30 人涉嫌替考。有关部门对 14 名有关责任人进行了严肃处理。

2002 年

硕士研究生考试外语考试增加听力测试。

4 月,全国考务考籍管理系统在淄博、滨州试点。

普通高考考试科目实行“3 + 文(理)综合”。

体育专业测试中首次投入使用电子计量设备。

普通高考统分外语科目实行抱卷上机模式。

普通高校招生全部实现远程网上录取。

开始中小学教师高等教育自学考试。

高等教育自学考试实行学分制改革试点。

山东省开考中小学信息技术等级证书考试。

开始组织全省高校在校生参加高教自学考试本科考试的试点工作。

第一次规范了招生新闻发布制度，平时以简报形式对内沟通、对外发布，重要阶段召开了8次新闻发布会。

普通高考调整照顾政策。取消应届高中毕业生加10分的规定。艺术特长降低加分照顾分值，甲等20分、乙等10分、丙等5分。“省优干”照顾分值为10分，“市优干”照顾政策改为同等条件下优先录取。

2003年

4月，全国考务考籍管理系统在山东实施。

普通高考统分全部实行抱卷上机。

首次对省外艺术专业测试集中管理，在济南等3个市集中设置测试点。

省属5所高校参加自主招生改革试点。

山东省首次采用全国考务考籍管理系统进行登分、统计。

农业院校不再享受降分照顾。鉴于近几年农业院校专业结构发生了很大变化，办学水平及社会声誉不断提高，生源数量及质量都有了较大改善的实际，为提高农业院校的人才培养质量，取消“第一志愿生源不足可降10分的录取政策”。

青岛大学、烟台大学、山东师范大学、山东科技大学、青岛科技大学等5所高等学校进行自主选拔录取的试点。

2004年

5月，山东省开考中国餐饮业职业经理人资格证书考试。

7月1日，山东省教育厅任命王坦为山东省高等教育自学考试委员会办公室主任。

11月，山东省开考调查分析师证书考试、中国机械工程师资格认证考试。

11月29日，省招委委员换届，副省长王军民任省招生委员会主任。

对口高职开始全省统一阅卷，统分实行抱卷上机模式。

山东省开考职业资格证书与学历相衔接高等教育自学考试专业。

山东省开考英语口语等级证书考试。

从当年起普通高考取消“省优秀学生干部”加10分投档的规定，改由招生学校通过预留计划及自主选拔录取等多种渠道择优录取。

2005年

3月1日，山东省编委批准成立山东省教育招生考试院。撤销山东省招生委员会办公室、山东省高等教育自学考试办公室、山东省高等院校科技开发服务中心。

3月25日，山东省人民政府任命王坦为山东省教育招生考试院院长。

5月，山东省工商管理职业资格证书考试、山东省企业职业经理人资格证书考试开考。

5月20—21日，山东省举行对口高职考试，将对口高职考试和普通高考分离。

6月，全国大学英语四、六级考试（CET）的全国性部分考务管理工作由省教育招生考试院负责。

11月，山东省开考劳动和社会保障岗位资格证书考试。

高等教育学历文凭考试各专业自2005年起一律不得招收新生。

普通高考语文科成功实现网上评卷。

山东省自行组织普通高考的语文、数学和英语3科的命题工作。

2006年

3月15日，山东省召开普通中专招生工作会议，传达了全国中等职业学校招生工作会议精神，总结了2005年我省中专招生工作，并对2006年招生工作进行部署。

3月9日，省考办、省招办实质性合并完成，正式合并组成省教育招生考试院。

12月1日，《山东省2007年度普通高校招生考试各科目考试说明》公布。

"高等教育自学考试济南命题中心"正式挂牌成立。

2007年

实施普通高中新课程标准后的首次高考，自行组织各科目命题，考试科目采用"3+X+1"模式。

山东省教育招生考试院研究制定了《山东省教育招生考试科学研究规划要点(2007—2010)》，提出了针对现实问题进行科研的计划，共117个课题。

王坦主持的《中学实施新课程标准后的高考制度研究》被批准列为教育部一级课题。

参考文献

1　中国考试杂志社. 恢复高考 30 年. 北京:中国传媒大学出版社,2007

2　马文卿,刘文超. 中国高考走向. 济南:山东人民出版社,2002

3　山东省地方史志编纂委员会. 山东省志·教育志. 济南:山东人民出版社,2003

4　刘生章. 自学考试风云录. 北京:中国文联出版社,2000

5　刘文超,丁秀菊. 考务管理. 呼和浩特:远方出版社,2000

6　山东省高等教育自学考试办公室. 科研论文集. 济南:山东大学出版社,2004

7　何沁. 中华人民共和国史. 北京:高等教育出版社,2007

8　杨学为. 中国考试通史. 北京:首都师范大学出版社,2001

9　杨学为. 中国考试史文献集成. 北京:高等教育出版社,2003

10　闫蒙钢. 中学考试学概论. 合肥:安徽人民出版社,2008

11　山东省教育考试院. 2004 山东省高等教育自学考试绿皮书. 济南:山东人民出版社,2005

12　孟庆旭. 山东教育改革发展三十年(1978—2008). 北京:教育科学出版社,2008

13　改革开放三十年中国教育改革与发展课题组. 教育大国的崛起:1978—2008. 北京:教育科学出版社,2008

14　中共山东省委讲师团. 山东省纪念改革开放三十周年历史经验文集. 北京:红旗出版社,2009

15　吕可英,尹钧荣. 山东教育四十年. 济南:山东教育出版社,1989

16　田建荣. 中国考试思想史. 北京:商务印书馆,2004

17　山东省高等教育自学考试办公室. 纪念山东省高等教育自学考试实施 20 周年. 济南:山东大学出版社,2004

18　山东省招生办公室. 山东省大中专学校招生优秀论文集. 济南:山东人民出版社,2004

19　高军峰,姚润田. 新中国高考史. 福州:福建人民出版社,2004

后 记

经过几年的酝酿和各位专家的辛勤劳动,立足于山东招生考试制度研究的《山东考试通史》终于完成了。这部书稿系山东省社会科学规划重点课题"新时期高考制度改革研究"和山东省教育科学规划"十一五"重点课题"山东教育考试史研究"的研究成果,是课题组集体智慧的结晶。本书编写组由王坦研究员、刘文超研究员、张书丰教授、张良才教授、广少奎博士、卢岩红副研究员组成,王坦任主编,刘文超、张书丰、张良才任副主编。

本书的撰写分工为:古代部分由张良才、广少奎负责;近现代部分由张书丰负责;当代部分由王坦、刘文超负责;材料搜集、管理由卢岩红负责。全书分上下两卷,统稿由王坦负责。上卷有关章节编写者如下:张良才(第一章);广少奎(第二章、第三章、第四章、第五章);广少奎、刘京京(第六章);张书丰(第七章,第八章第一、二、四节,第九章);范星(第八章第三节);虞宁宁(第十章)。下卷由王坦、刘文超编写。另外,古代部分"大事年表"和"参考文献"由郑玲玲和广少奎编写。

在编写过程中，我们得到了山东省档案局、山东教育出版社、山东省教育厅档案室的大力支持，参考了大量的同行及其他领域专家的著作、论文，在此一并致以衷心的感谢。

由于水平所限，差错难免，敬请指正。

编　者

2011 年 10 月

山东考试通史

王　坦　主编

主　管：山东出版集团
出版者：山东教育出版社
（济南市纬一路 321 号　邮编：250001）
电　话：(0531)82092663　传真：(0531)82092663
网　址：http://www. sjs. com. cn
发行者：山东教育出版社
印　刷：山东新华印刷厂
版　次：2011 年 11 月第 1 版第 1 次印刷
规　格：787mm × 1092mm　16 开本
印　张：62. 5 印张
字　数：700 千字
书　号：ISBN 978 - 7 - 5328 - 7070 - 7
定　价：180. 00 元（上下卷）

（如印装质量有问题，请与印刷厂联系调换）
印厂电话：(0531)82079112